大清地理志

Tá-tsĭng-tí-lĭ-tchí.

VOCABULAIRE GÉOGRAPHIQUE

CHINOIS.

PRONONCIATION.

Les tons chinois primordiaux sont au nombre de quatre, savoir :

  1° *Pĭng,*
  2° *Shăng,*
  3° *Kŭ,*
  4° *Jĭ.*

Mais on en a reconnu cinq, le premier étant divisé en deux. Ces cinq tons sont eux-mêmes subdivisés chacun en deux, ce qui fait dix tons, tant primitifs que secondaires.

Pour distinguer ces différentes nuances de tons ou intonations, les Anglais, comme R. Morrison et Médhurst, ont adopté les accents grave ʽ, aigu ʼ, bref ˘, indiquant certaines intonations par l'esprit rude ʽ des Grecs. Les Américains, comme Bridgman et Wells Williams, n'ont fait usage que de l'accent aigu, ajoutant pour les intonations certains signes particuliers, tels que l'esprit doux ʼ, l'esprit rude ʽ, les signes semicirculaires ˒ et ˓, qui désignent les différentes phases de la prononciation chinoise. Klaproth, Rémusat, Biot et la plupart des sinologues français, ont adopté, sauf quelques légères modifications, l'usage de quelques accents, avec addition de la lettre *h*, pour indiquer les aspirations.

Nous avons suivi la méthode des missionnaires catholiques, mise en évidence par le P. Basile de Glemona, et si bien rendue dans le dictionnaire de de Guignes. Ce système d'accentuation nous a paru le plus simple et le plus rationnel, surtout pour les personnes qui ont quelque idée de la prosodie grecque, latine et française. Nous avons donc conservé les accents suivants :

¯ long	pour le 1er ton	égal et clair	appelé *Sháng-pĭng*,
^ circonflexe	— 2e —	égal et obscur	— *Hía-pĭng*,
` grave	— 3e —	élevé	— *Shàng*,
´ aigu	— 4e —	traînant	— *Kŭ*,
˘ bref	— 5e —	rentrant	— *Jĭ*.

Avec addition de l'esprit ' pour les intonations secondaires :

῾¯ long	pointé	pour le	1er ton.
῾^ circonflexe	—	—	2e —
῾` grave	—	—	3e —
῾´ aigu	—	—	4e —
῾˘ bref	—	—	5e —

De Guignes comprend 344 tons primordiaux, nous en avons indiqué 384, Morrison en désigne 411, A. Rémusat 450 et Wells Williams 553. Si chaque ton comprenait dix sons, comme *Pi* et *Tso*, nous aurions au moins 3,000 et 5,000 et plus d'intonations; mais comme beaucoup de tons ont peu de variantes, comme *Fa*, *He* et autres, il s'ensuit que l'on ne trouve dans de Guignes que 1,387 intonations. Nous en avons signalé 1,429 et Wells Williams 1,500; mais les puristes chinois comptent jusqu'à 4,040 intonations diverses.

EXEMPLES DE L'EMPLOI DES ACCENTS.

Kān, Wáng, Fàn, Háng, Pă; Păng, Pán, Kàn, Káng, Tă;
Pēn, Hêng, Fèn, Jé, Hĕ; Kĕng, Tchĕn, Tsë, Pĕng, Kĕ;
Shī, Yng, Yn, Pí, Tĭ; Pĭ, Tĭng, Kĭ, Tsĭn, Tsĭ;
Fōng, Lông, Hò, Hóng, Lŏ; Tchŏng, Tŏng, Tö, Tŏu, Tsö;
Shū, Yû, Jù, Lún, Sŭ; Kŭ, Kŭn, Tsŭ, Tsŭn, Tchŭ.

PRONONCIATION.

Les diphthongues et voyelles composées ne forment qu'un seul ton, comme dans *Hao, Mey, Lie, Tsou, Tchue, Leao, Piao, Mieou, Kiao, Kiay*, etc.

La lettre *h* est toujours aspirée, comme dans le français *haleine, hauteur*. La voyelle *i* peut être remplacée par la lettre *y*; ainsi l'on peut écrire également *pi* et *py*, *ing* et *yng*, *ieou* et *yeou*. La lettre *w* est toujours prononcée *ou*, comme dans l'américain *Washington* et l'anglais *whist*. Les consonnes finales sont toujours sonnantes, comme dans l'anglais. *Fan, Hang, Pen, Sin, Yn, Ming, Yng, Wong, Lun*, doivent toujours être prononcés comme si nous lisions en français *Fann, Hangue, Penn, Sinn, Ynn, Mingue, Ingue, Ouongue, Lunn*, etc.

Voici des exemples de prononciations comparées, où l'on a placé : 1° la série des tons primitifs; 2° la prononciation en français; 3° le nombre d'intonations pour chaque ton en particulier; 4° le nombre général des intonations.

NOMENCLATURE

DE TOUS LES SONS CHINOIS.

Série de sons.	Prononciat. française.	Nomb. d'intón. pour chaque son.	Total.	Série de sons.	Prononciat. française.	Nomb. d'intón. pour chaque son.	Total.
1 Eul,	Eul et Eule.	3	3	16 Hay,	Haïe et Haye.	3	48
2 Fa,	Fa.	1	4	17 He,	Hé.	1	49
3 Fan,	Fane et Fann.	4	8	18 Hen,	Hène et Henn.	3	52
4 Fang,	Fangue.	4	12	19 Heng,	Hengue.	2	54
5 Fen,	Fène et Fenn.	4	16	20 Heou,	Héou.	4	58
6 Feou,	Féou.	3	19	21 Hi,	Hi et Hy.	5	63
7 Fey,	Feye et Feïe.	4	21	22 Hia,	Hia.	5	68
8 Fi,	Fi et Fy.	1	24	23 Hiang,	Hiangue.	4	72
9 Fo,	Fo.	1	25	24 Hiao,	Hiao.	4	76
10 Foe,	Foé.	1	26	25 Hiay,	Hiaïe et Hiaye.	3	79
11 Fong,	Fongue.	4	30	26 Hie,	Hié.	1	80
12 Fou,	Fou.	4	34	27 Hien,	Hiène et Hienn.	4	84
13 Han,	Hane et Hann.	4	38	28 Hieou,	Hiéou.	3	87
14 Hang,	Hangue.	3	41	29 Hieu,	Hieu.	1	88
15 Hao,	Hao.	4	45	30 Hin,	Hine et Hinn.	3	91

VOCABULAIRE GÉOGRAPHIQUE CHINOIS.

Série de sons.	Prononciat. française.	Nomb. d'inton. pour chaque son.	Total.	Série de sons.	Prononciat. française.	Nomb. d'inton. pour chaque son.	Total.
31 Hing,	Hingue.	4	95	71 Ken,	Kenn.	3	222
32 Hio,	Hio.	1	96	72 Keng,	Kengue.	6	228
33 Hiong,	Hiongue.	4	100	73 Keou,	Kéou.	6	234
34 Ho,	Ho.	5	105	74 Ki,	Ki et Ky.	9	243
35 Hoa,	Hoa.	5	110	75 Kia,	Kia.	7	250
36 Hoan,	Hoann.	4	114	76 Kiang,	Kiangue.	6	256
37 Hoang,	Hoangue.	4	118	77 Kiao,	Kiao.	7	263
38 Hoay,	Hoaïe.	2	120	78 Kiay,	Kiaïe.	6	269
39 Hoe,	Hoé.	1	121	79 Kie,	Kié.	3	272
40 Hoen,	Hoenn.	4	125	80 Kien,	Kienn.	7	279
41 Hoey,	Hoeïe.	4	129	81 Kieou,	Kiéou.	8	287
42 Hong,	Hongue.	5	134	82 Kin,	Kinn.	7	294
43 Hou,	Hou.	4	138	83 King,	Kingue.	7	301
44 Hu,	Hu.	3	141	84 Kio,	Kio.	2	303
45 Hue,	Hué.	2	143	85 Kiong,	Kiongue.	5	308
46 Huen,	Huenn.	4	147	86 Kiu,	Kiu.	1	309
47 Hun,	Hunn.	2	149	87 Kiun,	Kiunn.	1	310
48 Hwan,	Houann.	3	152	88 Kiwe,	Kioué.	1	311
49 Hwo,	Houo.	1	153	89 Kiwey,	Kioueïe.	2	313
50 I,	I et Y.	5	158	90 Ko,	Ko.	8	321
51 Jang,	Jangue.	3	161	91 Koeu,	Koeu.	1	322
52 Jao,	Jao.	2	163	92 Kong,	Kongue.	6	328
53 Je,	Jé.	3	166	93 Kou,	Kou.	6	334
54 Jen,	Jenn.	4	170	94 Ku,	Ku.	7	341
55 Jeng,	Jengue.	2	172	95 Kue,	Kué.	2	343
56 Jeou,	Jéou.	3	175	96 Kuen,	Kuenn.	7	350
57 Ji,	Ji et Jy.	1	176	97 Kun,	Kunn.	5	355
58 Jin,	Jinn.	3	179	98 Kuu,	Kuu.	5	360
59 Jo,	Jo.	1	180	99 Kwa,	Koua.	7	367
60 Jong,	Jongue.	3	183	100 Kwan,	Kouan.	5	372
61 Jou,	Jou.	1	184	101 Kwang,	Kouangue.	7	379
62 Ju,	Ju.	3	187	102 Kway,	Kouaïe.	5	384
63 Juen,	Juenn.	2	189	103 Kwe,	Koué.	1	385
64 Jun,	Junn.	2	191	104 Kwen,	Kouenn.	6	391
65 Jwi,	Joui.	3	194	105 Kwey,	Koueïe.	7	398
66 Kan,	Kann.	6	200	106 Kwo,	Kouo.	3	401
67 Kang,	Kangue.	5	205	107 Kwoe,	Kouoé.	1	402
68 Kao,	Kao.	6	211	108 La,	La.	2	404
69 Kay,	Kaïe.	6	217	109 Lan,	Lann.	3	407
70 Ke,	Ké.	2	219	110 Lang,	Langue.	3	410

PRONONCIATION.

Série de sons.	Prononciat. française.	Nomb. d'inton. pour chaque son.	Total.	Série de sons.	Prononciat. française.	Nomb. d'inton. pour chaque son.	Total.
111 Lao,	Lao.	3	413	151 Min,	Minn.	2	513
112 Lay,	Laïe.	3	416	152 Ming,	Mingue.	3	516
113 Le,	Lé.	1	417	153 Mo,	Mo.	4	520
114 Leang,	Léangue.	3	420	154 Moen,	Moenn.	3	523
115 Leao,	Léao.	3	423	155 Mong,	Mongue.	3	526
116 Leng,	Lengue.	3	426	156 Mou,	Mou.	3	529
117 Leou,	Léou.	3	429	157 Mwan,	Mouann.	1	530
118 Li,	Li et Ly.	5	434	158 Na,	Na.	4	534
119 Lie,	Lié.	1	435	159 Nan,	Nann.	3	537
120 Lien,	Lienn.	3	438	160 Nang,	Nangue.	3	540
121 Lieou,	Liéou.	3	441	161 Nao,	Nao.	3	543
122 Lin,	Linn.	3	444	162 Nay,	Naïe.	3	546
123 Ling,	Lingue.	3	447	163 Neng,	Nengue.	1	547
124 Lio,	Lio.	1	448	164 Neou,	Néou.	2	549
125 Liu,	Liu.	1	449	165 Ney,	Neïe.	1	550
126 Liwe,	Lioué.	1	450	166 Ngan,	Ngann.		554
127 Liwen,	Liouenn.	1	454	167 Ngang,	Ngang.	1	555
128 Lo,	Lo.	4	455	168 Ngao,	Ngao.	4	559
129 Loen,	Loenn.	1	456	169 Ngay,	Ngaïe.	3	562
130 Long,	Longue.	3	459	170 Nge,	Nghé.	2	564
131 Lou,	Lou.	3	462	171 Ngen,	Nghenn.	1	565
132 Lu,	Lu.	3	465	172 Ngeng,	Nghengue.	1	566
133 Luen,	Luenn.	1	466	173 Ngeou,	Nghéou.	4	570
134 Lun,	Lunn.	3	469	174 Ngo,	Ngo.	5	575
135 Lwan,	Louann.	2	471	175 Ni,	Ni et Ny.	4	579
136 Lwi,	Loui.	3	474	176 Niang,	Niangue.	3	582
137 Ma,	Ma.	4	478	177 Niao,	Niao.	2	584
138 Man,	Mann.	3	481	178 Nie,	Nié.	1	585
139 Mang,	Mangue.	2	483	179 Nien,	Nienn.	3	588
140 Mao,	Mao.	3	486	180 Nieou,	Niéou.	2	590
141 May,	Maïe.	3	489	181 Nin,	Ninn.	1	591
142 Me,	Mé.	1	490	182 Ning,	Ningue.	3	594
143 Men,	Menn.	2	492	183 Nio,	Nio.	1	595
144 Meou,	Méou.	3	495	184 Niu,	Niu.	3	598
145 Mey,	Meïe.	3	498	185 No,	No.	4	602
146 Mi,	Mi.	4	502	186 Nong,	Nongue.	3	605
147 Miao,	Miao.	3	505	187 Nou,	Nou.	3	608
148 Mie,	Mié.	1	506	188 Nu,	Nu.	1	609
149 Mien,	Mienn.	3	509	189 Nun,	Nunn.	1	610
150 Mieou,	Miéou.	2	511	190 Nwan,	Nouann.	2	612

VOCABULAIRE GÉOGRAPHIQUE CHINOIS.

Série de sons.	Prononciat. française.	Nomb. d'inton. pour chaque son.	Total.	Série de sons.	Prononciat. française.	Nomb. d'inton. pour chaque son.	Total.
191 Nwe,	Noué.	1	613	231 Shang,	Changue.	3	781
192 Nwi,	Noui.	2	615	232 Shao,	Chao.	4	785
193 O,	O.	3	618	233 Shay,	Chaï.	3	788
194 Oey,	Oeïe.	4	622	234 She,	Ché.	4	792
195 Ong,	Ongue.	3	625	235 Shen,	Chène.	4	796
196 Ou,	Ou.	4	629	236 Sheou,	Chéou.	3	799
197 Oua,	Ôua.	1	630	237 Shi,	Chi.	5	804
198 Pa,	Pa.	7	637	238 Shie,	Chié.	1	805
199 Pan,	Pann.	8	645	239 Shin,	Chine.	4	809
200 Pang,	Pangue.	6	651	240 Shing,	Chingue.	4	813
201 Pao,	Pao.	6	657	241 Sho,	Cho.	1	814
202 Pay,	Païe.	4	661	242 Shoa,	Choa.	2	816
203 Pe,	Pé.	2	663	243 Shoang,	Choangue.	2	818
204 Pen,	Penn.	6	669	244 Shoay,	Choaï.	1	819
205 Peng,	Pengue.	3	672	245 Shou,	Chou.	1	820
206 Peou,	Péou.	3	675	246 Shu,	Chu.	4	824
207 Pey,	Peïe.	8	683	247 Shue,	Chué.	1	825
208 Pi,	Pi et Py.	10	693	248 Shun,	Chune.	3	828
209 Piao,	Piao.	7	700	249 Shwan,	Chouane.	1	829
210 Pie,	Pié.	2	702	250 Shwi,	Choui.	3	832
211 Pien,	Pienn.	7	709	251 Si,	Si.	4	836
212 Pieou,	Piéou.	1	710	252 Siang,	Siangue.	3	839
213 Pin,	Pinn.	5	715	253 Siao,	Siao.	3	842
214 Ping,	Pingue.	7	722	254 Sie,	Sié.	5	847
215 Po,	Po.	9	731	255 Sien,	Siène.	4	851
216 Poen,	Poène.	2	733	256 Sieou,	Siéou.	3	854
217 Pong,	Pongue.	5	738	257 Sin,	Sine.	4	858
218 Pou,	Pou.	8	746	258 Sing,	Singue.	4	862
219 Pwan,	Pouane.	3	749	259 Sio,	Sio.	1	863
220 Sa,	Sa.	1	750	260 Siu,	Siu.	1	864
221 San,	Sann.	3	753	261 Siun,	Siune.	1	865
222 Sang,	Sangue.	3	756	262 So,	So.	3	868
223 Sao,	Sao.	3	759	263 Soe,	Soé.	1	869
224 Say,	Saïe.	2	761	264 Soen,	Soène.	3	872
225 Se,	Sé.	1	762	265 Song,	Songue.	3	875
226 Sen,	Sène.	3	765	266 Sou,	Sou.	4	879
227 Seng,	Sengue.	3	768	267 Sse,	Seu.	3	882
228 Seou,	Séou.	3	771	268 Su,	Su.	4	886
229 Sha,	Cha.	4	775	269 Sue,	Sué.	1	887
230 Shan,	Chane.	3	778	270 Suen,	Suéne.	4	891

PRONONCIATION.

Série de sons.	Prononciat. française.	Nomb. d'inton. pour chaque son.	Total.	Série de sons.	Prononciat. française.	Nomb. d'inton. pour chaque son.	Total.
271 Sun,	Sune.	3	894	311 Tiey,	Tieï.	3	1096
272 Swi,	Soui.	4	898	312 Tien,	Tiéne.	7	1103
273 Ta,	Ta.	5	903	313 Tieou,	Tiéou.	1	1104
274 Tan,	Tane.	7	910	314 Ting,	Tingue.	7	1111
275 Tang,	Tangue.	7	917	315 To,	To.	9	1120
276 Tao,	Tao.	8	925	316 Toen,	Toêne.	2	1122
277 Tay,	Taï.	7	932	317 Tong,	Tongue.	8	1130
278 Tcha,	Tcha.	8	940	318 Tou,	Tou.	8	1138
279 Tchan,	Tchane.	5	945	319 Tsa,	Tsa.	2	1140
280 Tchang,	Tchangue.	8	953	320 Tsan,	Tsane.	8	1148
281 Tchao,	Tchao.	7	960	321 Tsang,	Tsangue.	6	1154
282 Tchay,	Tchaï.	6	966	322 Tsao,	Tsao.	7	1161
283 Tche,	Tché.	7	973	323 Tsay,	Tsaï.	7	1168
284 Tchen,	Tchène.	6	979	324 Tse,	Tsé.	9	1177
285 Tcheng,	Tchengue.	1	980	325 Tsen,	Tséne.	3	1180
286 Tcheou,	Tchéou.	7	987	326 Tseng,	Tsengue.	6	1186
287 Tchi,	Tchi et Tchy.	9	996	327 Tseou,	Tséou.	7	1193
288 Tchieou,	Tchiéou.	1	997	328 Tsey,	Tseï.	2	1195
289 Tchin,	Tchine.	8	1005	329 Tsi,	Tsi et Tsy.	9	1204
290 Tching,	Tchingue.	7	1012	330 Tsiang,	Tsiangue.	8	1212
291 Tcho,	Tcho.	2	1014	331 Tsiao,	Tsiao.	7	1219
292 Tchoa,	Tchoa.	1	1015	332 Tsie,	Tsié.	7	1226
293 Tchoang,	Tchoangue.	6	1021	333 Tsiei,	Tsieï.	3	1229
294 Tchong,	Tchongue.	7	1028	334 Tsien,	Tsiéne.	8	1237
295 Tchou,	Tchou.	1	1029	335 Tsieou,	Tsiéou.	6	1243
296 Tchu,	Tchu.	9	1038	336 Tsin,	Tsinn.	7	1250
297 Tchue,	Tchué.	2	1040	337 Tsing,	Tsingue.	7	1257
298 Tchun,	Tcheune.	5	1045	338 Tsio,	Tsio.	2	1259
299 Tchwa,	Tchoua.	1	1046	339 Tsiwe,	Tsioué.	1	1260
300 Tchway,	Tchouaï.	1	1047	340 Tso,	Tso.	10	1270
301 Tchwe,	Tchoué.	1	1048	341 Tsong,	Tsongue.	5	1275
302 Tchwen,	Tchouène.	7	1055	342 Tsou,	Tsou.	7	1282
303 Tchwi,	Tchoui.	7	1062	343 Tsu,	Tsu.	6	1288
304 Te,	Té.	2	1064	344 Tsue,	Tsué.	1	1289
305 Teng,	Tengue.	4	1068	345 Tsuen,	Tsuéne.	4	1293
306 Teou,	Téou.	7	1075	346 Tsun,	Tsunn.	7	1300
307 Tey,	Teï.	2	1077	347 Tswan,	Tsouane.	6	1306
308 Ti,	Ti et Ty.	7	1084	348 Tswi,	Tsoui.	6	1312
309 Tiao,	Tiao.	8	1092	349 Tun,	Tune.	7	1319
310 Tie,	Tié.	1	1093	350 Twan,	Touane.	7	1326

Série de sons.	Prononciat. française.	Nomb. d'inton. pour chaque son.	Total.	Série de sons.	Prononciat. française.	Nomb. d'inton. pour chaque son.	Total.
351 Twi,	Toui.	7	1333	368 Ya,	Ia.	5	1376
352 Two,	Touo.	2	1335	369 Yang,	Iangue.	4	1380
353 Voe,	Voé.	1	1336	370 Yao,	Iao.	4	1384
354 Vou,	Voù.	3	1339	371 Yay,	Iaï.	4	1388
355 Wa,	Oua.	4	1343	372 Ye,	Ié.	4	1392
356 Wan,	Ouane.	4	1347	373 Yen,	Iéne.	4	1396
357 Wang,	Ouangue.	4	1351	374 Yeou,	Iéou.	4	1400
358 Way,	Ouaï.	2	1353	375 Yi,	Ii.	1	1401
359 We,	Oué.	1	1354	376 Yn,	Ine.	4	1405
360 Wen,	Ouéne.	4	1358	377 Yng,	Ingue.	4	1409
361 Wey,	Oueï.	3	1361	378 Yo,	Io.	1	1410
362 Wi,	Oui.	1	1362	379 Yong,	Iongue.	4	1414
363 Wo,	Ouo.	3	1365	380 Yu,	Iu.	5	1419
364 Woe,	Ouoé.	1	1366	381 Yun,	Iune.	4	1423
365 Won,	Ouone.	1	1367	382 Ywe,	Ioué.	1	1424
366 Wou,	Ouou.	3	1370	383 Ywen,	Iouéne.	4	1428
367 Woue,	Ououé.	1	1371	384 Ywey,	Ioueï.	1	1429

PRONONCIATION COMPARÉE.

A	Voir *Hia*, *Ya*.
An	Voir *Ngan*.
B	N'existe pas en chinois, excepté dans certains dialectes locaux; ce son est remplacé par celui de *Pe*.
C	Voir *Se*, *Sse*.
Cha	Voir *Sha*. — Le son *Ch* français devant une voyelle, comme dans *champignon*, *chélidoine*, *Chine*, *chou*, *chûte*, est le même que celui de *sh* de certains noms de notre langue tirés de l'étranger, comme ceux de *shah*, *shérif*, *shiste*, *shorée*, *shutzer*. Ce son est représenté par la lettre russe Ш et par la lettre portugaise X; dans le polonais par *sz* et en anglais invariablement par *sh*.
D	N'existe pas en chinois, excepté dans certains dialectes locaux; ce son est remplacé par celui de *Te*.
E	Voir *Nge*.
En	Voir *Ngen*.

SON *EUL*.

Prononciation française . . . . *Eul, Eule, OEl, OEle, OEul, OEule*
— américaine, anglaise . . *El, Lh, Rh, Urh.*
— espagnole, portugaise. *Oll, Olr.*

ORDRE DES CLEFS :

二 佴 兒 尒 尓 峏 洱 爾 而 耳 貳 隔

CLEFS :	7	9	10	11	42	46	85	89	126	128	154	170
TRAITS :		6	6	3	2	6	6	10			5	6

二 *Eúl.* — Voir *Lóu-eúl-mên* (F. S.).

丨方 *Eúl-fāng* (*Cart. Jap.*), Les deux régions. — Préfecture de la province de *Tsōu-mà* (*Tatsima*) sur Nifon et située près de la frontière de *Yn-fān* (*Inaba*), à environ 165 *ri* (1) de *Yédo*.

丨服 *Eúl-fŏ* (*Cart. Jap.*), Les deux habits. — Iles situées sur la côte orientale de la province japonaise de *Sado*, dans la baie de *Minatomats*.

丨服 *Eúl-hán* (*Cart. Jap.*), Les deux talons. — Iles au sud de la province japonaise de *Tsó-tóu* (*Sado*).

丨鑊 *Eúl-hŏ* (*G.C.*), Petit chaudron, par opposition à *Tá-hŏ*. — Ile de la côte sud-est du *Kwàng-tōng*, vulgairement appelée *Nievok*.

丨虎 *Eúl-hoù* (*Ch. Rep.*), Tigre moyen. — Ile du district de *Sīn-hoéy, Kwàng-tchēou-foù*. (*Kwàng-tōng*.) (*Ch. Rep.*)

丨見 *Eúl-kién* (*Cart. Jap.*), Les deux vues. — Deux îlots au sud de l'île *Sado*.

(1) Le *ri* du Japon est dix fois plus long que le *li* de la Chine.

二金 *Eúl-kīn* (G. C.). — Ile sur la côte méridionale du *Kwàng-tōng*, dans le district de *Sīn-nîng*, département de *Kwàng-tcheōu*.

| 菊 *Eúl-kio* (Cart. Jap.), Les deux poignées. — Station de la province de *Lîng-ngáo* (*Mudsu*) sur Nifon, par opposition à *San-kio*, Les trois poignées, autre station voisine, situées l'une et l'autre au nord de la baie de *Sōng-táo*.

| 股 *Eúl-kòu* (Cart. Jap.), Les deux hanches. — Station de la province de *Kīa-hó* (*Kaga*) sur Nifon, et située près de la préfecture appelée *Shĭ-tchwĕn*.

| 官筆 *Eúl-kwān-pĭ* (Ch. Rep.), Plumeau de deux bonnets. — Ile au sud du district de *Sīn-ngān*, *Kwàng-tcheōu-foù* (*Kwàng-tōng*).

| 龜 *Eúl-kwēy* (Cart. Jap.), Les deux tortues. — Deux îles à l'ouest de la province japonaise de *Tsó-tóu* (*Sado*).

| 門 *Eúl-mên* (G. C.), Second passage. — Détroit ou canal de l'archipel qui se trouve à l'embouchure de la rivière de Canton, formé par les deux îles *Yè-tcheōu* et *Eúl-tcheōu* (*Morr*.

| 捕 *Eúl-póu* (Cart. Jap.), Les deux pointes. — Cap nord de la province de *Lîng-ngáo* (*Mudsu*) sur Nifon, et situé à l'entrée du détroit de *Tsougar*.

| 上山 *Eúl-shàng-shān* (Cart. Jap.), Montagne aux deux sommets. — Montagne située à l'ouest de la province de *Tá-hò* (*Jamato*), près de la limite de celle de *Hô-nwi* (*Kwatsi*) sur Nifon.

| 十九島 *Eúl-shĭ-kieòu-táo* (Cart. Jap.), Les vingt-neuf îles. — Archipel situé autour de l'île principale de *Fŏ-kiāng*, et dont les îlots principaux sont *Tchĭ-táo*, *Kièn-táo*, *Hĕ-táo*, *Nân-táo*, *Niú-táo* et autres moins considérables.

| 夕瀨橋 *Eúl-sĭ-twĭ-kiáo* (Cart. Jap.). — Pont de la rivière appelée *Eúl-sĭ-twĭ* que l'on rencontre sur le *Tokaïdo*, entre les stations appelées *Kwà-tcheōu* et *Táy-tsìng*.

| 夕瀨川 *Eúl-sĭ-twĭ-tchwĕn* (Cart. Jap.). — Ruisseau ou rivière entre les stations *Jĭ-fàn* et *Táy-tsìng*, sur le *Tokaïdo*.

| 島 *Eúl-táo* (Alb. Jap.), Les deux archipels, en japonais *Nito* (Ab. Rem.). — Circonscription japonaise formée de deux provinces, îles ou archipels, appelés *ĭ-kĭ* (*Iki*) et *Twĭ-má* (*Tsusima*). — Voir la géographie japonaise, intitulée *Kwĕ-kún-tsuĕn-tōu*, et la grammaire japonaise d'Abel Rémusat.

二大松 *Eúl-tày-sōng (Cart. Jap.)*, Les deux grands pins. — Cité de la province de *Ling-ngáo (Mudsu)* sur Nifon, et éloignée de 70 *ri* de *Yédo*.

｜洲 *Eúl-tcheōu (G. C.)*. — Ile de l'archipel de la rivière de Canton, en face de *Yè-tcheōu*, et formant le passage appelé *Eúl-mên*. *(Morr.)*

｜久瀨川 *Eúl-tchi-láy-tchwĕn (Alb. Jap.)*. — Cours d'eau de la province de *Totomi (Ywĕn-kiāng)*, entre *Kwá-tchwĕn* et *Táy-tsìng*.

｜階堂 *Eúl-tchù-tăng (Alb. Jap.)*, Pagode des deux îles. — Temple situé prés de *Hóu-tchòng*, 5ᵉ station du *Tokaïdo*.

｜川 *Eúl-tchwĕn (Cart. Jap.)*, Ruisseau double. — 33ᵉ station du *Tokaïdo*, située entre *Pĕ-sū-hó* et *Kĭ-tiēn*.

｜条 *Eúl-tiăo (Cart. Jap.)*, Deuxième série, autrement *Eúl-tiăo-yú-tchĭng (Alb. Jap.)*. — Nom donné à *Miako* ou *Kioto*, province de *Shăn-tchĭng (Jamasiro)*. — Voir la géographie japonaise, intitulée *Kwĕ-kŭn-tsuĕn-tŏu*, où sont indiquées toutes les séries jusqu'au nombre neuf.

｜｜御城 *Eúl-tiăo-yú-tchĭng (Alb. Jap.)*, Deuxième cité impériale. — Province de *Shăn-tchĭng (Jamasiro)*. — Nom de *Miako*, autrement appelé *Kioto*. Le caractère *Tiăo*, qui est une forme japonaise, désigne un caractère numéral. Voir *Kīng-tōu (Alb. Jap.)*.

｜丁 *Eúl-tīng (Cart. Jap.)*, Les deux clous. — Station de la province de *Jĭ-hiáng (Hiuga)* sur *Kiusiu* et située entre les cités *Kién-féy* et *Tsò-tŏu-ywên*.

｜澤元 *Eúl-tsĕ-ywên (Cart. Ch.)*, Source des deux lacs. — Nom donné au lac formé par deux cours d'eau, l'un appelé *Shī-mĭng-hŏ* et l'autre *Lă-năo-teōu*, et qui est regardé comme le réservoir supérieur de la source du fleuve Jaune. Ce bassin naturel se trouve dans le territoire de *Hò-pŏu-nò-eúl*. Voir *Hò-ywên (Ch. Rep.)*.

｜増峙 *Eúl-tsēng-tchī (Alb. Jap.)*, Colline à double élévation. — Montagne, plantée de pins, qui domine le *Tokaïdo*, entre *Hóu-tchòng* et *Tĕng-tsè*.

｜幡 *Eúl-tsín (Cart. chin.)*. — Montagne du département et de la province du *Hó-nán*.

｜屋 *Eúl-wŏ (Alb. Jap.)*, Les deux habitations. — Station du *Tokaïdo*.

｜崖 *Eúl-yây (Ch. Rep.)*, Double précipice. — Ile de la côte orientale du district de *Sīn-nìng*, *Kwàng-tcheōu-foù*, *Kwàng-tōng*.

二玉門 *Eúl-yŏ-mén* (*Alb. Jap.*), Poste des deux diamants. — Temple situé près de *Tĕng-tsè*, 6ᵉ station du *Tokaïdo*.

丨丨山 *Eúl-yŏ-shān* (*Cart. Jap.*), Montagne des deux diamants. — Montagne située au N. E. de la province de *Kīa-hó* (*Kaga*) sur Nifon.

伲 *Eúl*. — Nom de lieu, d'après Morrison. Localité du *Yûn-nân, Kăng*. Ce caractère est prononcé *Ní* par Medhurst et *úrh* par Morrison. *Kăng-hī* indique d'abord une prononciation intermédiaire entre *Jin* et *Ssè*, ce qui ferait *Jè;* puis une autre entre *Noú* et *Táy;* enfin, une troisième entre *Này* et *Táy*, ce qui produirait incontestablement *Náy*, d'après le système des homophones, qui consiste à prendre la consonne initiale d'un premier caractère et la voyelle finale d'un deuxième, pour figurer un son. — Voir la *Grammaire* d'Abel Rémusat, page 33.

兒 *Eûl*. — Voir *Pĕ-eûl-tsè, Kwŏ-eûl-kĕ* (*Ch. Rep.*).

丨海 *Eúl-hày* (*C. K.*), Mer des Petits enfans. — Grand lac de la province du *Yûn-nân*, situé entre les monts *Tièn-tsăng* et *Tíng-kī* du département de *Tá-lì*. On dit qu'il a 100 milles (160 kilom.) de long, sur 20 milles (32 kilom.) de large. Il reçoit, au nord, plusieurs torrens et se dégage, au sud, dans le *Lân-tsăng* et le *Hō-tĭ-kiāng*, branches supérieures du *Meïkon*, grand fleuve de la Cochinchine, ce qui permet, quoiqu'à une distance de 1,600 kilomètres, une communication aux habitans de la Chine avec l'océan Indien. Les jonques mettraient deux ans pour effectuer le voyage de Saïgon à Pé-king. Ce lac est à peu de distance (20 milles) du *Kīn-shā*, nom du *Tá-kiāng*, qui, lui-même, prend plus bas celui de *Yang-tsè-kiāng*, ou fleuve Bleu.

丨島 *Eûl-tào* (*Cart. Jap.*), Ile des Petits enfants. — Cité inférieure, située sur une langue de terre ou presqu'île suivant une direction horizontale à la côte de la province de Bitsyu de Nifon, sur la mer intérieure, en face de la province de Sanuki de Sikok. Il y a en outre sur cette presqu'île deux stations, *Hiá-tsīn-tsīng* et *Tchăng-shān*, ainsi qu'une montagne appelée *Yù-kiā-shān* et deux caps, *Sièo-tchwĕn* et *Tchŭ-kĭ*.

丨玉 *Eûl-yŏ* (*Cart. Jap.*), Pierre précieuse des Petits enfans. — Une des 22 préfectures de la province japonaise de *Où-tsăng* (*Musasi*), située au nord.

尒 *Eùl* ou *Nì* (*Medh.*). — Caractère auxiliaire, synonyme du suivant.

尓 *Eûl* (*D. G.*). — Voir *Ngĕ-eul-koù-nă-hô*, — *Tchĭ-eùl-sĕ-tchĭng*, — *Ngō-eùl-hoĕn-hô*, — *Kĕ-eùl-kĕ-poù-lŏ*, — *Kĕ-lă-ngĕ-eùl-tsĭ-kĕ*, — *Ngō-eùl-tăy-shān*, — *Tsă-hàn-ngĕ-eùl-tsĭ-kĕ* (*Cart. Ch.*).

㞦 *Eûl* (*Medh.*). — Nom de colline (*Medh.*).

洱 Eûl (Medh.), nom d'une rivière du *Hô-nan*. — Voir *Pŏu-eŭl-foù*, — *Ning-eûl-hién*.

爾 Eûl. — Voir *Fŏ-lĕ-eùl-lĕ-lĭ*, — *Hô-lĭn-kĕ-eùt-tĭng*, — *Hoû-mà-eùl*, — *Kĕ-eùl-kĕ-hŏ*, — *Kĕ-eùl-kĕ-poŭ*, — *Kĕ-eul-lă-tsîn*, — *Kĕ-eùl-pĭ-tsĭ-hĭ*, — *Kĕ-eùl-pĭ-tsĭ-hô*, — *Kĕ-lĕ-eùl-hô*, — *Kĕ-loă-shā-eùl-tchîng*, — *Kĕ-shĭ-kiĕ-eùl-tchîng*, — *Kĕ-shĭ-nù-eùl*, — *Kŏ-eùl-kĕe*, — *Kŏ-eùl-lô-ssē*, — *Kō-eùl-tsîn-pŏu*, — *Koŭ-eùl-hô*, — *Koŭ-kŏ-nŏ-eùl*, — *Mĕ-eùl-kēn-tchîng*, — *Ngĕ-eùl-kĕ-hò*, — *Ngĕ-eùl-kòu-nă-hŏ*, — *Ngŏ-eùl*, — *Ngŏ-eùl-shún*, — *Ngŏ-eùl-tō-kwēn*, — *Ngŏ-eùl-tō-ssē*, — *Ngŏ-lă-kĕ-shā-eùl*, — *Ngō-lă-kĕ-shē-eùl*, — *Ngō-loù-kŏ-eùl-tsîn*, — *Ngŏ-nă-eùl*, — *Ngŏ-yà-eùl-pŏ*, — *Nîng-eùl*, — *Ou-eùl-kĭ-ngŏ*, — *Oû-eùl-ssē-hô*, — *Pā-eùl-koŭ-eùl*, — *Pā-eùl-koŭ-lĕ*, — *Pā-eùl-pŏu-hô*, — *Pā-eùl-tăn-hô*, — *Pĕ-eùl-shĕ*, — *Sī-eùl-hŏ-eùl-sún-hô*, — *Tă-eùl-hăn-shán*, — *Tă-eùl-kĭ-tchîng*, — *Tá-eùl-pā-ngŏ-tăy*, — *Tá-lĭ-eùl-mŏ*, — *Tă-tă-eùl*, — *Tă-tă-eùl*, — *Tchŏ-eùl*, — *Toŭ-eùl-pĕ-tĕ*, — *Tsĭ-tsĭ-hŏ-eùl-tchîng*, — *Wō-eùl-kĭ-eùl*.

根河 Eùl-kēn-hô (C. K.). — Rivière du pays *Ortous*, vulgairement appelée *Targuen* ou *Tourgouen*, qui se jette dans le *Hoâng-hô* ou fleuve Jaune, vers le 41° de latitude nord et le 5° de longitude ouest, au nord de la province de *Shèn-sĭ*.

道靜 Eùl-táo-tsíng (C. K.). — Station du *Shíng-kīng*, située au pied du *I-oŭ-lŭ-shān*, par 41° 50′ lat. N. et 5° 56′ long. E.

而 Eûl. — Voir *Piăo-eùl-loù*.

陑橋 Eûl-kiăo (N. L.), Pont des Tuiles, vulgairement *Yijeou*. — Localité du territoire sérifère du *Kiāng-soū*, d'après une carte du génie militaire anglais.

耳 Eûl. — Nom d'un certain pays, d'après *Morrison* et *Medhurst*. — Même nom, pour désigner une certaine colline, d'après les mêmes. — Voir *Pĕ-eùl-sĭ*, — *Toŭ-eùl-kĭ*, — *Má-eùl-fōng*, — *Hôang-eùl-shān*, — *Tĭ-eùl-siāo*, — *Tān-eùl*, — *Hiōng-eùl*.

貳部 Eúl-pŏu (Cart. Jap.), Les deux juridictions. — Cité de la province de *Jĭ-hiáng* (Hiuga) sur Kiusiu et éloignée de 343 *ri* de *Yédo*.

十二史 Eúl-shĭ-eùl-ssè (Morr.). — Les trente-deux historiens de la Chine, jusqu'à l'avénement de la dynastie mantchoue (*Morr.*).

陑 Eûl (Medh.). — Nom de lieu (Medh.).

SON *FA*.

Prononciation française. . . . . *Fa;*
— américaine, anglaise. *Fa, Fah;*
— espagnole, portugaise. *Fa.*

ORDRE DES CLEFS :

坺 法 發

CLEFS : 32   85   105
TRAITS : 5   5   7

坺   *Fă (Medh. Morr.).* — Nom de lieu *(Medh.).* D'après Morrison, ce caractère se prononce également *Pă* et *Pŏu.*

丨田巜   *Fă-tiĕn-tchwĕn (Cart. Jap.)*, Ruisseau du champ réglé. — Cours d'eau de la province de *Tchŭ-yù (Deiwa)* sur Nifon, et qui se jette dans le mer du Japon, près de la cité appelée *Pĕng-nwi.*

法國   *Fă-kwĕ (Ch. Rep.).* — Nom abrégé de la France.

丨蘭西   *Fă-lăn-sī (Bridg.)* ou *Fă-lăn-sī-kwĕ (Morr.)* ou *Fŏ-lăn-si*, ou *Fă-lâng-sī (Ch. Rep.).* — Nom de la France.

丨丨丨人   *Fă-lăn-sī-jin (Bridg.).* — Français ou hommes du pays de France.

丨丨丨國   *Fă-lăn-sī-kwĕ* ou *Fŏ-lâng-sī-kwĕ (Morr.).* — Nom du royaume ou de l'Empire français.

丨郎西   *Fă-lâng-sī (Ch. Rep.)* ou *Fă-lăn-sī (Bridg.).* — Nom de la France ou des Français, d'après la *Géographie universelle*, mentionnée dans le *Chinese Repository*, vol. XX, page 469, et la *Chrestomathie chinoise*, page 410.

發   *Fă (Morr.).* — Nom de district. *(Morr.)* — Voir *Tsĭng-fă (Morr.).*

丨杬山   *Fă-kiĕou-shān (C. K.)*, Montagne qui produit des abricots. — C'est une chaîne de montagnes qui longe la rivière appelée *Tsĭn-shwi*, au sud du *Lóu-ngān-fòu*, province du *Shān-sī*.

SON FAN.

Prononciation française. . . . . Fan, Fane, Fann;
— américaine, anglaise, . . Fan;
— espagnole, portugaise. Fan.

ORDRE DES CLEFS :

凡	坂	岃	岅	幡	旛	梵	樊	汎	沉	汳
CLEFS :	16	32	46	46	50	61	75	75	85	85	85
TRAITS :	1	4	4	4	12	12	7	11	2	3	4

潘	煩	番	礬	玣	繁	范	薯	凡	樊	限	餀
CLEFS :	85	86	102	112	119	120	140	140	163	163	170	184
TRAITS :	12	9	7	12	3	11	5	12	3	15	4	4

凡 *Fán (Morr.).* — Nom de pays (*Morr.*).

丨城 *Fán-tching,* Cité commune, ancien nom de *Hoēy-hién, Oéy-hoēy-fòu,* (*Hô-nán*), sous les *Táng* (Biot).

丨有天下乏國 *Fán-yèou-tiēn-hiá-tchī-kwĕ.* — Toutes les contrées de la terre (*Morr.*).

坂 *Fàn* ou *Pàn* (*Morr.*), Éminence, penchant de colline (*Morr.*).

丨下 *Fàn-hía* (*Cart. Jap.*), Bas de la colline. — 48ᵉ station du *Tŏ-kaïdo,* située au pied du *Ling-lŏ-shān,* entre les stations appelées *Kwān* et *Töu-shān.*

岃 *Fán (Morr.).* — Nom de colline (*Morr.*). Le caractère est dans *Kăng-hī.*

岅 *Fàn (Morr.).* — Nom de colline, synonyme de 坂 *Fàn (Morr.).*

幡羅郡 *Fān-lŏ-kún* (*Cart. Jap.*). — Une des 22 préfectures de la province japonaise de *Où-tsāng* (*Musasi*) située au nord.

幡水 *Fān-shwĭ* ou *Fān-shwĭ* (Biot). — Nom d'un ancien arrondissement sous les *Táng,* au N.-W. de *Kāo-tcheōu-fòu* (*Kwàng-tŏng*).

梵 *Fân (Morr.).* — Contrée de l'Inde d'où est sorti Boudha.

| 言 *Fân-yên (Morr.).* — Langue du pays de *Fân*, par opposition à la langue de la Chine, appelée *Hôa-fân*.

樊 *Fân.* — Nom de lieu *(Morr.)*.

| 興 *Fán-hīng (Biot.).* — Ancien nom de *Tsĭng-ywèn-hién*, département de *Páo-tíng (Tchĭ-lí)*.

| 城 *Fân-tchĭng (Biot)*, Cité des haies. — Nom d'une ancienne ville, sur le *Hán-kiāng*, près de *Siāng-yâng-fou (Hôu-pĕ)*. Actuellement (1867) c'est une ville remarquable par son commerce et son mouvement. Placée sur la rivière *Hán*, à mi-chemin entre *Hán-tchōng-fòu*, du *Shèn-sī*, et *Hán-kĕou*, du département de *Hán-yâng (Hôu-pĕ)*, en face de *Siāng-yâng-fòu*, sur la rive nord du fleuve, elle est la station ordinaire de la grande voie de Canton à *Pĕ-kīng*. C'est là qu'on laisse la voie fluviale, pour prendre celle de terre : c'est un point très fréquenté par les marchands du *Shèn-sī*, du *Shān-si*, du *Hôu-nân* et du *Tchĭ-lí*. Elle est appelée, si les troubles intérieurs, qui ont affligé principalement ces deux dernières provinces, viennent à cesser, à devenir le principal entrepôt provisoire de tous les articles étrangers qui vont se concentrer à *Hán-kĕou*.

| 巛 *Fân-tchwĕn (Biot).* — Ancien nom de *Hiên-nìng-hién*, département de *Sī-ngān (Shèn-sī)*, sous les *Sóng*.

氾 *Fán (Morr.).* — Nom de rivière, nom de contrée *(Morr.)*.

汎 *Fán* ou *Fóng (Morr.).* — Nom de rivière, nom de village *(Morr.)*.

汳 *Fán* ou *Pán (Morr.)*, ou *Pién (D. G. Medh.).* — Rivière qui descend d'une montagne du *Hô-nan*, puis court au nord-est, jusqu'à ce qu'elle se jette dans le fleuve Jaune *(Morr.)*. Même nom, pour désigner une rivière qui se jette dans le *Ssé-hô (Kiāng-nân) (Morr.)*.

潘 *Fān* car. *Pán.* — Nom de ville *(Morr.)*, nom d'une ancienne ville, nom d'une rivière du *Hô-nan (Medh.)*, nom d'un fleuve qui coule dans la province du *Hó-nân (D. G.)*.

煩 *Fân (Morr.).* — Nom de lieu.

番 *Fān.* — Nom qui signifie étranger *(Morr.)*. Voir *Sī-fān* et *Tŏu-fān*. *(Ch. Rep.)*.

| 鬼 *Fān-kwèy (Medh.)*, Diables étrangers. — Nom donné, à Canton, aux gens de l'Occident, à cause de leurs habitudes étranges et bruyantes.

| | 帽 *Fān-kwèy-máo (Com. Guid.)*, Bonnet du diable étranger. — Ile à l'est du district de *Sīn-níng*, département de *Kwāng-tcheōu (Kwàng-tōng)*.

番邦　*Fān-pāng (Medh.).* — États étrangers (*Medh.*).

｜水　ou *Fān-shwĭ*, noms d'un ancien arrondissement des *Táng*, au N.-W. de *Sāo-tchēou-fòu* (*Kwāng-tōng*) (Biot).

｜州　*Fān-tcheōu* ou *Fan* (Biot.). — Ancien nom de *Kwāng-tcheōu-fòu* (*Kwāng-tōng*), sous les *Swï*, et de *Kĭo-kiāng-hién*, département de *Shâo-tcheōu*, sous les *Táng* (Biot).

｜禹　*Fān-yú* ou *Pān-yú-hién*. — Ancien nom de *Kwáng-tcheōu-fòu* (*Kwāng-tōng*), sous les *Swï* (Biot).—Voir *Pān-yú-hién* (Ch. Rep.).

礬石　*Fân-shĭ*. (*Morr.*), Pierre d'alun. — Ile du district de *Yāng-kiāng*, département de *Tchāo-kīng*, côte méridionale du *Kwāng-tōng*, vulgairement *Fansyak* ou *Fanshek*, suivant les dialectes, et d'après le *Guide commercial* de R. Morrisson.

羿　*Fân* (*Morr.*). — Nom de colline, nom de district.

｜盧　*Fân-lôu (C. K.).* — Station du *Kiāng-sĭ*, située sur les frontières du *Tchĕ-kiāng* et du *Fóu-kién*, par 28° 22' lat. N. ét 2° 44' long. E.

繁縣　*Fân-hién*. — Ancien nom de *Sīn-fân-hién*, département de *Tchĭng-tōu* (*Ssé-tchwĕn*) (Biot).

｜水　*Fân-shwĭ*. — Ancien nom de *Nân-lŏ-hién*, département de *Tá-nîng* (*Tchĭ-lĭ*), sous les *Swï* (Biot).

｜昌　*Fân-tchāng* (Lumières nombreuses)*-hién*, (Ch. Rep.). L'un des 3 districts du département de *Táy-pīng* de la province du *Ngān-hoēy*. Le chef-lieu est situé sur un petit affluent du grand fleuve Bleu (*Yáng-tsè*), par 31° 46' lat. N. et 4° 36' 6" long. E.

｜峙　*Fân-tchĭ* (Nombreuses collines escarpées)*-hién* (Ch. Rep.). — Un des trois districts du département inférieur, appelé *Táy-tcheōu* (*Shān-sĭ*). Le chef-lieu est situé sur la rivière *Hōu-tŏ-hô*, par 39° 12' lat. N. et 3° 12' 30" long. W.

范縣　*Fân-hién* (district des abeilles) (Ch. Rep.). — Un des 11 districts du département de *Tsâo-tcheōu* (*Shān-tōng*). Le chef-lieu est situé près de la petite rivière appelée *Oéy-hô*, par 36° lat. N. et 0° 43' 30" long. W. Biot comprend ce district dans le département de *Tōng-tchāng*. Il ajoute que sous les *Hán*, il a pris le nom de *Fân-hién* et sous les *Táng*, celui de *Fân-tcheōu*.

｜州　*Fân-tcheōu* (Contrée des Abeilles). — Ancien nom de *Fân-hién*, *Tsâo-tcheōu-fou* (*Shān-tōng*), sous les *Táng* (Biot).

｜陽　*Fân-yâng* (Biot). — Ancienne province du Nord. Ancien nom de *Tsĕ-tchĕou-fòu* et de *Fâng-shān-hién*, de *Shŭn-ĭ-hién*, sous les *Hán* et les *Oéy*; sous les *Oéy*, de *Tchŏ-tcheōu-hién*; sous les *Táng*, de *Shŭn-tiĕn-fòu*; sous les *Swï*, de *Tĭng-hĭng-hien*, département de *Pào-tìng* (*Tchĭ-lĭ*).

蕃 Fán. — Ancien nom de Tĕng-hién (Kwĕn-tcheōu-fōu, Shān-tōng), sous les Hán (Biot).

邡 Fán (Morr.). — Nom de lieu.

樊 Fán. — Nom de village (Morr.); — nom de lieu (Medh.)

阪 Fàn (D. G.). — Nom de lieu (Morr.). Voir Pàn-tsùen (M^d.).

飯能 Fán-néng (Cart. Jap.), Connaissance alimentaire. — Cité de la province de Sháng-tsŏng (Kadsusa), éloignée de 22 ri de Yédo.

｜山 Fán-shān (Cart. Jap.), Montagne des Repas. — Cité de la province de Sìn-nóng (Sinano), éloignée de 64 ri de Yédo.

｜田 Fán-tién (Cart. Jap.), Champ des Repas. — Cité de la province de Sìn-nóng (Sinano), éloignée de 70 ri de Yédo.

SON FANG.

Prononciation française . . . . Fang, Fangue.
— américaine, anglaise . Fang.
— espagnole, portugaise. Fam.

ORDRE DES CLEFS :

坊 房 放 方 滂 祊 芳 防

CLEFS :	32	63	66	70	85	113	140	170
TRAITS :	4	4	4	—	8	4	4	4

坊 Fang, (Morr.). — Nom de lieu. (Morr.).

｜岬 Fāng-kiă (Cart. Jap.), Cap du Village, en japonais Fosaki. — Cap sud-ouest de la province de Să-mò (Satsuma), sur Kiusiu, à l'entrée du golfe de Kagosima.

房 *Fâng*, District des Cloisons-*hién* (*C. R.*). — Un des 6 districts du département de *Yún-Yāng* (*Hôu-pĕ*). Le chef-lieu est situé au pied du versant occidental des *Yn-tiáo-ling*, sur les bords d'un petit affluent de la rivière *Hán*, par 32° 1′ lat. N. et 5° 46′ 30″ long. W.

| 河 *Fâng-hô*, Rivière du *Shān-tōng*. — Affluent du *I-hô*. Prend sa source dans le district de *Pí* et se jette dans le *I-hô*, près de *I-tcheōu-fòu* (*C. K.*).

| 里舍 *Fâng-li-shĕ*. — Station de *Tăy-wān* (île Formose), située sur la côte occidentale (*C. K.*).

| 陵 *Fâng-ling* et *Fâng-tcheōu*. — Anciens noms de *Fâng-hién*, sous les *Hán* (*Biot*).

| 山 *Fâng-shān* (*Ch. Rep.*), Montagne à cellules. — Montagne des environs de *Fóu-tcheōu-fòu* (*Fóu-kién*), où l'on recueille une excellente qualité de thé, appelé *Lóu-yă*. — Montagne du département de *Lôu* (*Ssé-tchwĕn*). — Montagne au sud du *Ngān-hoĕy*, département de *Hoĕy-tcheōu*, sur la lisière du *Tchĕ-kiāng*. — Nom, sous les *Swī*, de *Pĭng-shān-hien*, département de *Tchíng-tíng* (*Tchĭ-li*).

| | 県 *Fâng-shān-hién* (*Ch. Rep.*). — District de la montagne à cloisons, l'un des 5 districts de la commanderie de *Sĭ-lóu*, département de *Shún-tiĕn* (*Tchĭ-li*). Le chef-lieu est situé à l'est des montagnes appelées *Shĭ-kīng-shān* (*Tchĭ-li*), sur un affluent du lac appelé *Tcháy-hô-tien*, par 39° 43′ lat. E. et 0° 25′ 30″ long. W.

| 所舍 *Fâng-sò-shĕ*. — Station de *Tăy-wān* (île Formose), située au sud-ouest de l'île (*C. K.*).

| 洲 *Fâng-tcheōu* et *Fâng-ling* (*Biot*).

| 子邑 *Fâng-tsè-ĭ*. — Ancien nom de *Lĭn-tchíng-hién* (*Biot*).

| | 國 *Fâng-tsè-kwĕ*. — Ancien nom de *Swī-pĭng-hién*, à l'époque du *Tchŭn-tsiĕou* (*Biot*).

放雞山 *Fáng-kĭ-shān* (*Ch. Rep.*). — Petite île, sur la côte ouest du district de *Tcháo-yâng* (*Kwàng-tōng*).

| 仔 | *Fâng-tsè-shān* (*Ch. Rep*). — Pointe méridionale ou *Lŏng-tăn-pí*, sur la baie de *Tsiĕn-ngáo*, côte-ouest du district de *Tcháo-yâng* (*Kwàng-tōng*).

方 *Fāng* (*D. G., Medh., Morr.*). — Nom de lieu, de région (*D. G., Medh., Morr.*).

| 義 *Fāng-i*. — Ancien nom de *Pŏng-kĭ-hién*, sous les *Oéy* occidentaux (*Biot*).

| 渠 *Fāng-kŭ*. — Ancien nom de *Hôan-hién*, sous les *Hán* (*Biot*).

方西 *Fāng-sī* (*Voc. Aub.*), autrement *Piēn-si* (*Voc. Aub.*), vulgairement *Phuong-tây* et *Bentay*. — Nom donné à l'Europe en Cochinchine. Les Européens sont appelés *Nguoi-tay* (*Vocabulaire anamite*).

| 州 *Fāng-tcheōu*. — Ancien nom de *I-lóng-hién*, sous les *Tāng* (*Biot*).

| 城 *Fāng-tching*. — Ancien nom de *Yû-tcheōu* (*Nân-yâng-fòu*) et de *Kóu-ngān-hién*, sous les *Hán* (*Biot*).

| 亭 *Fāng-tĭng*. — Ancien nom de *Shĭ-fāng-hién*, sous les *Tchēou* postérieurs (*Biot*).

| 與 *Fāng-yù*. — Ancien nom de *Yû-tăy-hién*, sous les *Hán* (*Biot*).

滂 *Fāng* (*Medh.*, *Morr.*). — Nom de rivière. (*Medh.*, *Morr.*).

舫 *Fāng*, car. *Pōng* (*Morr.*, *Medh.*). — Nom de ville (*Morr.*, *Medh.*).

芳 *Fang* (*Medh.*). — Nom de lieu (*Medh.*).

| 賀郡 *Fāng-hó-kún* (*Cart. Jap.*). — Une des 9 préfectures de la province japonaise de *Hía-yè* (*Simodske*) située à l'est.

防 *Fāng* (*Morr.*, *Medh.*). — Le nom d'une ville et d'un territoire dans le pays de *Lòu* (*Medh.*).

| *Fāng* (*Medh.*, *Morr.*). — Nom de lieu, (*Medh. Morr.*). — Voir *Shĭ-fāng-hién* (*Ch. Rep.*).

| 風 *Fâng-fōng* (*Morr.*). — Ancien nom, du temps des *Hiá*, de la contrée actuellement occupée par le département de *Hôu-tcheōu* (*Tchĕ-kiāng*). — Nom d'une contrée. (*Medh.*)

| | 氏 *Fâng-fōng-shí* (*B.*). — Ancien nom de *Où-kăng-hién*, département de *Hŏu-tcheōu* (*T'chĕ-kiāng*).

| 海 *Fâng-hày* ou *Fâng-hày-pào-tăy* (*Fl. sin*), Mer endiguée, vulgairement *Pang-haïe*. — Fort situé à l'entrée du goulet de la baie de Tourane, Cochinchine.

| | 堡臺 *Fâng-hày-pào-tăy* (*Fl. sin.*), vulgairement *Pang-haïe-peae-taie*. — Tour qui défend l'entrée de la mer : telle est l'inscription placée sur la porte du fort appelé *Fâng-hày*, situé à l'entrée du goulet de la baie de Tourane, Cochinchine.

| | 闍 *Fâng-hày-tchä* (*Fl. sin.*), Portes de la mer endiguée, vulgairement *Pan-hoïe-tchïa*. — Fort situé à l'entrée du goulet de la baie de Tourane.

SON *FAY*.

Ce son, que l'on rencontre dans différens dialectes particuliers, tels que ceux du *Kwāng-tōng* et de Cochinchine, se confond avec les sons réunis *Féy* 費 et *Kwây* 快. Nous ne le trouvons nulle part mentionné dans les lexiques chinois.

Prononciations française . . . . *Faï, Fay. Faïe, Faye.*
— américaine, anglaise. . *Fae, Fai.*
— portugaise . . . . *Fay.*

ORDRE DES CLEFS :

泚 賁 費

CLEFS :	85	154	154
TRAITS :	8	5	5

泚坎 *Fây* ou *Féy-fŏ* (*Fl. Sin.*), Iles du fleuve *Féy*. — Située au fond d'un isthme, à 40 milles (64 kilom.) de Tourane et 10 milles de la mer, cette ville n'est pas très considérable, mais elle est très importante, au point de vue des industries sérifère et sérigène. Elle est presque entièrement habitée par des Chinois. Dans les environs, sur les bords de la rivière ou bras de mer qui mène à Tourane, sont plantés beaucoup de mûriers. On y élève des vers à soie blanche et jaune ; mais les gréges *Lua* qu'on en obtient sont de médiocre qualité. On y fabrique des gazes à fil de tour *Lua-to* et *Lua-la*, des taffetas unis et façonnés *Tang-ong*, des satins *Lanh-lua*, des velours *Nhung-lua*, même des crêpes *Nhien*, de la dentelle *Ren* et des rubans *Daye-lua*.

賁 *Fây, car. Féy* (D. G.). — Nom de lieu.

費山 *Fáy-shān* (C. H.) ou *Féy-shān* (C. H.). — Ile de la côte du *Tchĕ-Kiāng*, située par 29° 38′ lat. N. et 5° 40′ long. E. près de *Tá-mŏ-shān*.

SON FEN.

Prononciation française.. . . . . Fen, Fène, Fenn.
— américaine, anglaise. . Fan, Fun, Fuen.
— espagnole, portugaise. . Fen.

ORDRE DES CLEFS :

分 汾 玢 蕡 領

CLEFS :   18   85   150   154   181
TRAITS : 2   4   4   5   5

分宜 *Fēn-î.* — Nom, sous les *Sóng*, de *Fēn-î-hién* (Biot).

| | *Fen-î-hién* (*Ch. Rep.*). — Un des 4 districts du département de *Ywēn-tcheōu* (*Kiāng-si*). Le chef-lieu est situé sur le *Siéou-Kiāng*, par 27° 46′ lat. N. et 1° 45′ 30″ long. W.

| 寧 *Fēn-nîng.* — Nom, sous les *Sóng*, de *Nîng-tcheōu-h*, dép¹ de *Nân-tchăng* (*Kiāng-sī*), sous les *Sóng* (B.).

| 洒阞 *Fēn-shày-lǐng* (*C. K.*). — Montagne qui sépare le *Yŭn-nán* du *Ssé-tchwĕn*.

| 涉 | *Fēn-shē-lǐng* (*C. K.*). — Montagne qui sépare le *Ssé-tchwĕn* du *Yŭn-nan* et du *Kwéy-tcheōu*, au sud-ouest de *Yông-nîng-oéy*, d'une part, et au sud-est de *Héou-sī*, d'autre part.

| 水縣 *Fēn-shwǐ-hién* (*Ch. Rep.*). — Un des 6 districts de *Yén-tcheōu-fòu* (*Tchĕ-Kiāng*). Le chef-lieu est situé sur une branche supérieure du *Shwǐ-yâng-hô*, par 29° 59′ lat. N. et 2° 51′ 30″ long. E. (*Biot.*).

| | 河 *Fēn-shwǐ-hô* (*C. K.*). — Rivière du *Ssé-tchwĕn*, qui se jette à *Kwéy-tcheōu-fòu*, dans le *Tá-kìāng* (*fleuve Bleu*).

| | 阞 *Fēn-shwǐ-lǐng* (*C. K.*). — Montagne au sud-ouest du *Kwāng-tōng*, près de la limite du *Tōng-Kīng*.

分 西 縣 *Fĕn-sī-hién* (F. S.). — Voir *Fĕn-sī-hién* (Ch. Rep.).

汾 *Fĕn* (Morr.). — Nom de ruisseau, de rivière, de territoire et de royaume (Morr.).

| 河 *Fĕn-hô* (C. R.), ou *Fĕn-shwi* (Ch. Rep.) à sa naissance. — Rivière du *Shān-sī* qui descend des sommets du *Kwàn-tsin* et qui se jette dans le *Hôang-hô* (fleuve Jaune), après avoir traversé les quatre départemens de *Tăy-ywĕn*, de *Fĕn-tcheōu*, de *Pĭng-yâng* et de *Kiâng*.

| 水 *Fĕn-shwi* (C. R.). — Nom du *Fĕn-hô*, rivière du *Shān-sī*, à sa naissance. — Même nom (C. R.). Rivière ou canal naturel de l'île d'*Hày-nân*, qui de *Kiŏng-shān-hién* communique à *Tān-tcheōu-hién*. — Station située à la pointe sud du *Fòu-Kién*, près de la limite du *Kwàng-tōng*, 23° 46′ lat. N. et 0° 48′ long. E. (C. K.). — Station du *Kiāng-sī*, située sur la limite nord-ouest du *Fóu-kién*, par 27° 52′ lat. N. et 1° 29′ long. E.

| | 關 *Fĕn-shwi-kwān* (C. H.) ou simplement *Fĕn-shwi* (C. K.). — Station de douane du *Fŏ-kién*, située sur la limite du *Kwàng-tōng*, par 23° 44′ lat. N. et 0° 44′ long. E.

| | 嶺 *Fĕn-shwi-ling* (C. K.). — Montagne du *Kān-sŏ*, district du *Tĭ-taó*, département de *Lân-tcheōu*. — Station du *Hôu-pĕ*, département de *Shī-nân*, située dans les montagnes *Lông*, au sud-ouest, sur la limite du *Ssé-tchwĕn*.

| 西 *Fĕn-sī* (occident de la rivière *Fĕn*)-hién (Ch. Rep.). — Un des 11 districts du département de *Pĭng-yâng* (*Shān-sī*). Le chef-lieu est situé sur un petit affluent de la rivière *Fĕn*, par 36° 40′ lat. N. et 4° 56′ 30″ long. W. Le caractère *Fĕn* est quelquefois écrit *Fēn*.

| 州 *Fĕn-tcheōu*. — Ancien nom de *Yâng-kĭo-hién*, département de *Tăy-Ywĕn* et de *Hŏ-tcheōu*, sous les *Swī*; et sous les *Heóu-tcheōu*, de *Kĭ-tcheōu*, département de *Pĭng-yâng* (*Shān-sī*), de *Ngān-ting-hién*, département de *Yĕn-ngān* (*Shĕn-si*), sous les *Oéy* occidentaux (Biot).

| | *Fĕn-tcheōu* (contrée de la rivière *Fĕn*)-foù (Ch. Rep.). — Un des 20 départements de la province du *Shān-sī*, comprenant 8 districts, dont 7 *Hién* et 1 *Tcheōu*, savoir : *Fĕn-Yâng*, *Hiáo-i*, *Kiáy-hiéou*, *Pĭng-yáo*, *Shĭ-leóu*, *Lin*, *Nĭng-hiâng* et *Yòng-ning*. Le chef-lieu, à 1380 *li* de *Pĕ-King*, est situé à l'ouest de la rivière *Fĕn*, par 37° 19′ lat. N. et 4° 47′ 30″ long. W.

| 川 *Fĕn-tchwĕn*. — Nom d'un ancien arrondissement de 3ᵉ ordre établi par les *Tcheōu* postérieurs, à l'est de *I-tchwĕn* (Biot).

| 陽 *Fĕn-yâng*. — Ancien nom, sous les *Hán*, de *Hīng-hién* et de *Lân-hién* (Biot). — *Fĕn-yâng* (Biot). — Nom, sous les *Sóng*, de *Fĕn-tcheōu-fòu* (*Shān-sī*).

汾 洋 *Fên-yáng* (territoire de la rivière *Fên*)-*hién* (*Ch. Rep.*). — Un des 8 districts du département de *Fên-tcheōu* (*Shān-sī*). Le chef-lieu est au département même par 37° 19′ 12″ lat. N. et 4° 47′ 54″ long. W.

｜陽 州 *Fên-yáng-tcheōu* (*C. K.*). — Nom d'une île d'*Hày-nân*, située sur la côte nord-est, par 19° 55′ lat. N. et 5° 5′ long. W.

｜陰 *Fên-ȳn*. — Ancien nom de *Wán-tsuen-hién* (*Shān-sī*), sous les *Hán*, et de *Yòng-hô-hién* (*Shān-sī*), sous les *Tsîn* (*Biot*).

岔 谷 *Fên-kŏ* (*Medh.*). — Nom d'une vallée du *Shāng-tōng* (*Medh.*).

賁 古 *Fên*, (car. *Pí*)-*Kŏu* (*Biot*). — Nom d'un ancien arrondissement établi par les *Hán*, sur le territoire de *Kién-shwĭ-tcheōu*, département de *Lin-ngān* (*Yûn-nân*).

領 *Fên*, car. *Pān* (*Morr.*). — Nom de lieu.

SON *FEOU*.

Prononciation française. . . . . *Féou*.
— américaine, anglaise . . *Fau, Feu, Fow.*
— espagnole, portugaise. . *Fau, Feu, Fou, Fù.*

ORDRE DES CLEFS :

埠 浮 涪 濆 罘 苿 阜

CLEFS :	32	85	85	85	122	140	170
TRAITS :	8	7	8	13	4	4	

埠 *Feŏu* (*Morr.*). — Port, marché, rivage (*Morr.*). Ce caractère est également prononcé *Péy* et *Póu* par *Medhurst*, *Morrison* et *de Guignes*. Voir *Sīn-feóu* (*Morr.*).

𡵛 *Feóu* (Morr.). — Nom de colline. *Medh.*

浮 *Feôu* (Medh., Morr.). — Nom de rivière, nom de colline (*Medh. Morr.*).

| 溪 *Feôu-kī* (C. R.), Ruisseau qui déborde. — Rivière de *Tchĕ-Kiāng*.

| 江 *Feôu-kiāng* (C. K.). — Rivière du *Ssé-tchwĕn*, affluent du *Fŏ-kiāng*. — Même nom (C. K.). — Rivière du département de *Tŏng-tchwĕn*, tributaire de la rivière *Péy-Kiāng*.

| 梁 *Feôu-léang* (Pont de bateaux)-*hién* (Ch. Rep.). — Un des 7 districts du dép¹ de *Jâo-tchēou* (*Kiāng-sī*). Le chef-lieu est situé sur la rivière *Tchāng*, par 29° 20′ lat. N. et 0° 50′ 30″ long. E. C'est dans ce district que se trouvent les grandes et célèbres fabriques de porcelaine de *King-tĕ-tchin*.

| 蓮塔 *Feôu-lién-tă* (G. C.), Pagode du nénuphar flottant. — Tour que l'on aperçoit à la seconde barre de la rivière de Canton (*Kwāng-tcheōu*).

| 山 *Feôu-shăn* (montagnes brillantes)-*hién* (Ch. Rep.). — Un des 11 districts du département de *Píng-yâng* (*Shan-sī*). Le chef-lieu est situé sur un affluent du *Fén-hô*, par 35° 59′ lat. N. et 4° 33′ 30″ long. W.

| 水 *Feôu-shwì*. — Ancien nom de *Yén-shān-hién* sous les *Suī* (Biot).

| 島河 *Feôu-tào-hô* (C. I.), Rivière des îles flottantes. — Cours d'eau qui coule au pied du *Fouzi-yama*, devant la station du Tokaïdo, route orientale du Japon, appelée *Tchào-tsīn*, département de *ȳn-tōng*, province de *Tsín-hô* (*Surug*). C'est une branche orientale du *Tchāng-tchwĕn*.

| 城 *Feôu-tchíng*. — Nom d'un ancien arrondissement de 3ᵉ ordre, établi par les *Oéy*, dans le district actuel de *Yng-tchíng-hién* (Biot).

| 陽 *Feôu-yâng*. — Nom d'un ancien arrondissement, au nord de *Nân-pî-hién* (Biot).

涪縣 *Feôu-hién* ou *Feôu-tching*. — Nom d'une ancienne ville des *Hán*, territoire de *Tŏng-tchwĕn-fou* (*Ssé-tchwĕn*), au nord-ouest du chef-lieu. C'était aussi le nom pour désigner, sous les *Hán*, la contrée de *Miên-tcheôu* et celle de *Tchōng-ming-hién*.

| 陵 *Feôu-ling* (Biot). — Nom, sous les *Hán*, de *Feôu-tcheôu* et de *Où-lông*, département de *Tchóng-king* (*Ssé-tchwĕn*).

| 州 *Feôu-tcheōu* (Ch. Rep.). — Nom d'un arrondissement et d'une ville de 2ᵉ ordre, département de *Tchóng-King-fòu* (*Ssé-*

tchwĕn). Le chef-lieu est situé sur la rive droite du grand fleuve; près de l'embouchure du *Kiĕn-kiāng*, par 29° 45′ lat. N. et 8° 52′ 30″ long. W. On y trouve trois qualités particulières de thé. — Même nom pour désigner l'ancien district de *Hô-tcheōu*, du même département, sous les *Swĭ*. (*B*.)

涪城 *Feôu-tchîng* et *Feôu-hién* (Biot).

眾 *Feôu* (*Medh*.). — Voir *Tchī-feôu*, nom de colline (*Medh*.).

茉 *Feôu* (*Morr*.). — Nom de colline (*Morr*.).

| 騩 *Feôu-kwèy* (*Medh*.). — Nom de colline (*Medh*.).

福岡 *Feóu* ou *Fóu-kāng*, (*Cart. Jap*.). — Cité de la province de *Tchŏ-tsiên* (*Sikuzen*), sur *Kiusiu*, et éloignée de 298 *ris* de *Yédo*.

| 島 *Feóu* ou *Fóu-táo* (*Cart. Jap*.). — Cité de la province de *Lingngáo* (*Mudsu*), sur *Nifon*, et éloignée de 71 *ris* de *Yédo*.

邳 *Feóu* ou *Pĕy* (*Morr*.). — Nom de lieu, de district et de colline (*Morr*.). Voir *Hiá-pĕy* (*D. G*.).

阜 *Feòu* (*Medh*., *Morr*.). — Nom de pays, nom de colline (*Medh*., *Morr*.).

| 康縣 *Feòu-kăng-hién*, ou *Feòu-kăng-tchîng* (*Ch. Rep*.). — Un des trois districts du département inférieur, appelé *Tĭhóa-tcheōu*, (*Kan-sŏ*).

| | 城 *Feòu-kăng-tchîng* ou *Feòu-kăng-hién* (*Ch. Rep*.).

| 溪 *Feòu-kī* (*C. R*.), ruisseau des buttes. — Rivière de *Tchĕ-Kiāng*.

| 陵 *Feòu-lîng*. — Nom d'un ancien arrondissement des *Hán*, au sud-ouest de *Tchŭ-tcheōu* (*Tchĕ-Kiāng*) (Biot).

| 寧縣 *Feòu-nîng-hién* (*Ch. Rep*.). — Un des 6 districts du département de *Hoáy-ngān* (*Kiang-sōu*). Le chef-lieu est situé près du lac appelé *Shé-yâng-hôu*, par 33° 43′ lat. N. et 3° 22′ 30″ long. E.

| 平 *Feòu-pîng-hién* (*Ch. Rep*.), district tranquille des buttes. L'un des 14 districts du département de *Tchíng-ting* (*Tchĭ-lĭ*). Le

chef-lieu est situé sur une branche supérieure du *Shā-hô*, par 38° 52' lat. N. et 2° 11' 30 long. W. Sous les *Swī*, territoire de *Hĭng-tăng*, actuellement, dit Biot, département de *Yng-tcheōu*.

阜城 *Feòu-tching-hién (Ch. Rep.)*, District de la cité aux buttes. — L'un des 11 districts du département de *Hô-Kiēn (Tchĭ-lĭ)*. Le chef-lieu est situé sur le *Lào-tchăng-shŏ-hô*, par 37° 55' lat. N. et 0° 15' 30'' long. W. Sous les *Tăng*, *Hán-feòu (B.)*.

| 阳 *Feòu-yáng* (élément des buttes)-*hién (Ch. Rep.)*. — L'un des 6 districts du département de *Yng-tcheŏu (Ngān-hoēy)*. Le chef-lieu est au département même, par 32° 58' lat. N. et 0° 31' 54'' long. W.

SON *FEY*.

Prononciation française........ *Feï, Fey;*
— américaine anglaise. . *Fei, Fe, Fi, Fy;*
— espagnole, portugaise. *Fei, Fi, Fy.*

ORDRE DES CLEFS :

匪 吠 廢 沸 淝 肥 費 非 飛

CLEFS :   22   30   53   85   85   130   154   175   183
TRAITS : 8   4   12   5   8   4   5

匪 *Fēy (Medh.)*, Bandits *(Medh.)*. Voir *Niĕn-fēy (N. C.)*.

| 支 *Fēy-tchū (Bridg.)*. — Archipel de Viti, dont l'île principale, appelée *Viti-levou*, est située par 18° 16' lat. S. et 60° 38' long. E. On y trouve beaucoup de nids d'hirondelles dont les Chinois sont très-friands.

吠狗 *Fèy-keŏu (Medh.)*. — Nom de pays *(Medh.)*. Médhurst dit qu'à l'ouest des monts *Himalaya*, on trouve une nation d'êtres, à têtes de chiens et corps d'hommes, qui ne portent aucun vêtement et n'ont aucun langage humain. Cette nation est appelée *Keòu-kwĕ*.

廢丘 *Féy-kieōu.* — Ancien nom de *Hīng-pĭng-hién*, département de *Sī-ngān (Shèn-sī)*, sous les *Tsĭn*. (*Biot.*)

沸 *Féy*, car. *Fŏ* (D. G. — Nom de rivière (*Morr.*).

洭 *Féy* (D. C. M. *Medh.*). — Le nom d'un fleuve, d'une rivière. (D. C. M.) Le nom d'une rivière qui descend des montagnes à l'opposé du lac *Pŏ-yâng*. (*Medh.*)

| 河 *Féy-hò* (F. S.). — Rivière du *Ngān-hoēy* qui parcourt le département de *ȳng-tcheōu* et se jette dans le *Hoây*.

| 水 *Féy-shwi.* — Ancien nom de *Mông-tching-hién* (*Yun-nân*), sous les *Swĭ*. (*Biot.*)

| | 陰 *Féy-shwi-ling* (C. K.). — Montagne du district de *Kĭn*, département de *Liên-tcheōu* (*Kwāng-tōng*). Elle est au sud de *Lŏ-feòu-shān*.

| 泉 | *Féy-tsùen-ling* (C. K.). — Montagne du département de *Tchăo-tcheōu* (*Kwăng-tōng*).

肥 *Fêy.* — Nom de district, de royaume, de rivière. (*Medh.*)

| 後 *Féy-heóu* (*Cart. Jap.*), Derrière fertile, en japonais *Figo* ou *Higo.* — Province sur *Kiusiu*, baignée à l'ouest par le golfe de *Yeóu-ming-tchóng* et limitée au N.-W. par *Tchŏ-héou* (*Sikugo*); au N., par *Fōng-héou* (*Bongo*); au S.-E., par *Jĭ-hiáng* (*Hinga*); au S., par *Săͅ-mô* *Satsuma*).

Cette province comprend 3 cités, 15 préfectures et 3 stations. Voici les plus importantes :

Hiông-pèn, cité éloignée de 388 *ris* de Yédo.
Jîn-kĭ,   —   350 *ris*   —
Pă-táy,   —   382 *ris*   —
Yù-toŭ, station   —   392 *ris*

Au sud de cette province est un cours d'eau appelé *Pă-táy-tchwĕn*, qui se jette dans le golfe de *Yeóu-ming-tchóng*. Au N.-E., près de la limite de la province voisine de *Fōng-héou* (*Bongo*), est un volcan en activité appelé *Ngō-tsăo-yŏ*.

| 鄕 縣 *Fêy-hiāng-hién* (Ch. Rep.). — District du territoire gras, l'un des 10 districts du département de *Kwăng-pĭng* (*Tchĭ-li*). Le chef-lieu est situé sur le *Tchăng-shwi*, par 36° 39' 55" lat. N. et 1° 26' 30" long. W.

| 城 *Fêy-tching* (cité grasse)-*hién* (Ch. Rep.). — L'un des 7 districts du département de *Tăy-ngān* (*Shān-tōng*). Le chef-lieu est situé au sud des monts appelés *Táy-shān*, par 36° 20' lat. N. et 0° 24' 30" ong. Est.

肥子國 *Fêy-tsĕ-kwĕ.* — Ancien nom de *Fêy-tching-hién* et de *Lôu-lông-hién*, département de *Yŏng-pĭng* (*Tchĭ-lĭ*). (Biot.,

| 前 *Fêy-tsiên* (*Cart. Jap.*), Devant fertile, en japonais *Fidsen* ou *Fisen*. — Province de l'île *Kiusiu*, formant au S.-W. une presqu'île déchiquetée en pointes et golfes, sur la mer de Corée ou de Chine. Elle est limitée au N.-E. par *Tchŏ-heóu* (*Sikugo*) et *Tchŏ-tsiĕn* (*Sikuzen*) et comprend 11 préfectures, 6 cités et 6 stations ou juridictions inférieures. Voici les principales :

Tsó-hó, cité éloignée de 319 *ris* de *Yédo*.
Tá-tsŭn, — 350 *ris* —
Taò-tsŭen, — 301 *ris* —
Pĭng-hoú, — 319 *ris* —
Tsĭ-tsīn, — 311 *ris* —
Fŏ-kiāng, — 391 *ris* —

Cette dernière cité fait partie du groupe ou archipel de *Où-tào*, situé à l'ouest de la province et appelé *Fêy-tsiên-où-tào*. Il y a en outre un autre groupe ou archipel, dit les 99 îles, *Kieòu-shĭ-kieòu-tào*.

La célèbre ville de *Nangasaki* (*Tchăng-kĭ*), est située au S.-E. d'une baie, vers la pointe S.-W. de la presqu'île qui termine la province sur la mer de Corée. Sur une autre presqu'île, s'avançant dans une mer intérieure, ou golfe de *Yeóu-mĭng-tchóng*, à l'ouest de la cité de *Tào-tsŭen*, est un volcan en activité.

Les stations de la province de *Fizen* sont :

Siào-tchĭng, éloignée de 312 *ris* de *Yédo*.
Liên-kiāng, — 347 *ris* —
Liên-niào, — 351 *ris* —

La préfecture appelée *Sōng-poŭ* et située au N.-W. de la province est éloignée de 35 *ris* de *Shĭng-pèn*, autre préfecture située sur l'île et province voisine appelée *ĭ-kĭ* (*Iki*).

| | 國長崎津 *Fêy-tsiên-kwĕ-tchăng-kĭ-tsīn* (*Cart. Jap.*). — Plan de la ville de Nangasaki, province de *Fizen*. Ce plan qui donne la topographie de cette ville, avec l'île de *Desima*, représente plusieurs formes de navires et de personnages étrangers, principalement Chinois, Hollandais, Cochinchinois, Indiens, Malais, Russes, etc. Un tableau des distances est placé sur un des côtés de cette carte, ainsi qu'il suit :

Tcheōu-shān, 330 *ris*; *Nân-kīng*, 340 *r.*; *Tchăng-tcheōu*, 360 *r.*; *Tăy-tcheōu*, 370 *r.*; *Jĭn-mây*, 430 *r.*; *Pĕ-kīng*, 480 *r.*; *Fòu-tcheōu*, 510 *r.*; *Tsuên-tcheōu*, 570 *r.*; *Tchāng-tcheōu*, 630 *r.*; *Kāo-shā*, 640 *r.*; *Hiá-mên*, 660 *r.*; *Ngān-hày*, 670 *r.*; *Tchăo-tcheōu*, 800 *r.*; *Tuĭ-shĭ-oéy*, 800 *r.*; *Kwăng-tōng*, 880 *r.*; *Kwăng-nân*, 1400 *r.*; *Tōng-kīng*, 1600 *r.*; *Tsĕng-tchīng*, 1700 *r.*, *Tōng-pŏu-tiên*, 1900 *r.*; *Tá-nī*, 2200 *r.*; *Hày-liĕou-pa*, 3300 *r.*; *Ngō-lân-tŏ*, 13000 *r.*; et autres. Mais ces distances qui peuvent être assez exactes pour les localités rapprochées, deviennent hypothétiques pour celles éloignées.

| | | 天草郡 *Fêy-tsiên-kwĕ-tiên-tsào-kún* (*Cart. Jap.*), Pays des plantes célestes du royaume de *Fizen*, en japonais *Amakusa*. — Archipel ou groupe d'îles situées entre les provinces de *Fêy-tsiên* (*Fizen*), *Fêy-heóu* (*Figo*) et *Să-mô* (*Satsuma*),

de la grande île de *Kiusiu*. Les principales îles du groupe sont: *Tiĕn-tsăo* et *Tséng-tào*, sur chacune desquelles est une cité; puis *Shăng-yùn-kĭ* et *Hiá-yûn-hĭ*, sur chacune desquelles est une station; puis *Tchăng-tào*, *Tchōng-tséng-tào*, *Shĭ-tào*, *Tá-tiĕn-tào* et *Tá-tào*.

肥前五島 *Féy-tsiĕn-où-tào* (*Cart. Jap.*), Les cinq îles de la province de *Fizen*. — Tel est le nom d'un archipel ou groupe de la mer de Corée, à l'ouest de la province de *Fizen*. La cité située sur l'île principale est appelée *Fŏ-kiāng*. Elle est éloignée de 394 *r.* de *Yédo*. Les autres îles sont *Tchĭ-tào*, *Kiĕn-tăo*, *Hĕ-tào* et *Nân-tào*. Quelques autres îles, telles que *Niù-tào* forment le groupe secondaire des vingt-neuf îles ou *Eúl-shĭ-kièou-tào*, et *Twân-tào* et autres forment plus particulièrement l'archipel de *Gotto*.

費縣 *Féy* ou *Pĭ-hién* (*Ch. Rep.*), District de la bienveillance). — L'un des 7 districts du département de *ĭ-tcheōu* (*Shān-tōng*). Le chef-lieu est situé sur les bords du *Fāng-hô*, par 35° 48′ lat. N. et 0° 36′ 30″ long. E.

| 毛 *Fēy-shān* (*Fl. sin*) ou *Fáy-shān* (*C. H.*).

| 雅喀 *Féy-yà-kĕ* (*Ch. Rep.*), en mandchou *Fiyaks*. — Peuplade du Sagalien près des frontières de la Russie, et sur laquelle l'autorité, établie à *Yà-kĕ-să*, percevait un tribut de bois de sapin. Cette peuplade fut asservie par les Cosaques vers le commencement du XVIIᵉ siècle. (*Ch. Rep.*, vol. XIX, page 295).

| | 達 *Féy-yà-tă*, en mandchou *Fiatta* (*Ch. Rep.*). — Peuplade qui habite le nord de l'île *Tarakay* (*Pē-hĭa-fŏ*).

非 *Fēy* (*D. G.*). — Nom de colline (*Morr.*)

飛狐口 *Fēy-hôu-keŏu*. — Ancien nom de *Kwàng-tchăng-hién*, dépᵗ de I-*tcheou* (*Tchĭ-lĭ*) (*Biot*).

| 禽島 *Fēy-kĭn-tào* (*Ch. Rep.*), Ile des oiseaux volants. — Ile de la mer Jaune du district de *Lŏ tcheōu*, département de *Tsuĕn-lŏ*, située par 34° 44′ lat. N., à l'ouest de la grande île coréenne, appelée *Quelpart*. Voir la relation du naufrage du baleinier français le *Narval*, *Ch. Rep.*, vol. XX, page 500.

| 鳥 *Fēy-niào*. — Nom d'un ancien arrondissement établi par les *Swĭ*, au sud-est de *Tchōng-kiāng-hién*, département de *Lông-tchwĕn* (*Ssé-tchwĕn* (*Biot*).

| 沙村 *Fēy-shā-tsŭn* (*C. R.*). — Village d'une île de la côte du *Kwāng-tōng*, près de *T'iĕ-lôu*.

飛彈 *Fēy-tăn (Cart. Jap.)*, grand vol. — En japonais, *Fída*. Province centrale de l'île Nifon, située entre *Mèy-Nòng (Mino)*, au Sud ; *Sìn-nòng (Sinano)*, au N.-E. ; *Ywĕ-tchōng (Yetsyu)*, au Nord ; *Kiā-hó (Kaga)*, à l'Ouest, et *Ywĕ-tsiĕn (Yetsizen)*, au S.-W.
Cette province comprend 4 préfectures, et 1 cité appelée *Kāo-shăn*, et éloignée de 120 ris de *Yédo*.

| 英塔 *Fēy-yng-tă (Médh.)*. C'est-à-dire tour des fleurs volantes. — Nom de la plus haute pagode de la cité de *Hŏu-tcheōu (Tchĕ-kiāng)*.

| 雲江 *Fēy-yûn-kiāng (Ch. Rep.)*. Fleuve des nuages volans. — C'est un simple ruisseau qui descend des monts *Tiĕn-Kwānt* se divise en deux branches, et coule au sud de la province, vers la ville de *Tây-shún*, du département de *Wēn-tcheōu*.

| 月陰 *Fēy-ywĕ-ling (C. K.)*. — Montagne au sud-ouest de *Yà-tcheōu (Ssé-tchwĕn)*.

SON FI.

Prononciation française. . . . . . . *Fi, Fy, Fey.*
   — américaine, anglaise. *Fe, Fi.*
   — espagnole, portugaise. *Fi, Fy.*

ORDRE DES CLEFS :

吡 非

CLEFS : 30 175
TRAITS : 4

吡 *Fí.* — Nom de lieu *(Medh.)*.

非 *Fī*, car. *Fēy (Medh. Morr.)*. — Nom de colline. *(Medh. Morr.)*.

SON *FO*.

Prononciation française. . . . . *Fo, Foa.*
— américaine, anglaise . *Fo, Foh.*
— espagnole, portugaise. *Foa, Foe, Fo, Fu.*

ORDRE DES CLEFS :

伐	佛	垘	復	福
CLEFS : 9	9	32	60	113
TRAITS : 8	5	6	9	9

伐江 *Fŏ-kiāng* (C. K.), fleuve de Boudha. — Rivière du *Ssĕ-tchwĕn*, qui se jette dans le *Kiā-lĭng-kiang*, à *Hŏ-tcheōu*. — Autre rivière du même nom, dans le *Kwàng-sī*, formée de deux branches supérieures, et qui prend le nom de *Kīn-kiāng*, dans le département de *Oū-tcheōu*.

| | *Fŏ-kiāng* (rivière de Boudha) *hién* (Ch. Rep.). — Un des 10 districts du département de *Kòng-tchăng* (*Kān-sŏ*). Le chef-lieu est situé sur le *Oéy-hŏ*, par 34° 38′ lat. N. et 10° 28′ 30″ long. W.

| 陸 *Fŏ-lŏ*. — Ancien nom de *Kān-tsŭen-hién*, sous les *Tăng*. (Biot.)

| 堂門 *Fŏ-tăng-mĕn* (G. C.). — Chenal du temple de Boudha, autrement appelé *Tá-tōng-mĕn*, passage entre le côté oriental de *Hiāng-kiāng* et la terre ferme. — Archipel de la rivière de Canton (*Kwàng-tōng*).

| 城 *Fŏ-tchíng*. — Nom d'un ancien bourg, à l'ouest de *Tăng-hién Pào-tíng-fòu* (*Tchĭ-lĭ*). (Biot.)

| 燉浮 *Fŏ-tûn-kĭ* (F. S.). — Rivière qui descend du N.-O. du *Foú-kién* et qui est considérée comme une des trois branches de la rivière *Min*.

| 岡 *Fŏ-kāng* (sommets des montagnes de Boudha)-*tĭng* (Ch. Rep.). — Un des 15 départements, mais inférieur, de la province du *Kwàng-tōng*, ne comprenant que cette seule station ou commanderie militaire, limitée au nord par *Sháo-tcheōu-fòu*, à l'est par *Hoèy-tcheōu-fòu*, au sud par *Kwàng-tcheōu-fòu*, et à l'ouest par *Tcháo-kĭng-fòu* et par *Liĕn-tcheōu-fòu*.

佛家 *Fŏ-kiā (Morr.)* Famille de Boudha. — Boudhistes, adhérens de *Boudha* ou *Fo*, disciples qui suivent le Boudhisme, ou religion de *Fŏ*, apportée de l'Inde, au premier siècle de notre ère, sous *Ming-tì*, 2ᵉ empereur de la dynastie des *Hán* orientaux; auparavant, on ne connaissait, en Chine, que la loi de Confucius et les doctrines professées par ses successeurs.

| 江 *Fŏ-kiāng (F. S.).* — Rivière du *Ssé-tchwĕn*, tributaire du *Kiā-ling*.

| 閣 *Fŏ-kŏ (Cart. Jap.).* Terrasse de Boudha. Nom donné aux temples Boudhistes, ou consacrés au dieu *Fŏ*. Voir la carte intitulée : *Tā-jĭ-pèn-kwĕ-kún-yù-tĭ-tsuĕn-toŭ (Cart. Jap.).*

| 蘭西 *Fŏ-lân-sī (Cart. chin.)*, France. Voir *Fă-lâng-sī (Ch. Rep.).*
— *Sú ki-yú*, dans sa Géographie universelle, a exprimé un jugement assez curieux sur les Français : les conquêtes de Napoléon qui conduisait ses troupes comme un dieu, et sa méthode de renverser les trônes de l'Europe, y sont décrites avec beaucoup de feu ; les Français y sont considérés comme le peuple le plus guerrier de cette contrée. (*Ch. Rep.*, vol. XX, page 185.)

| 蘭 | 岡 *Fŏ-lân-sī-kāng (G. C.).* — Folie-Française, nom donné à une île de la rivière de Canton (*Kwàng-tōng*).

| 郞西 *Fŏ-lâng-sī (Morr.).* — Nom de la France, nom des Français. (*Morr.*) Voir *Fă-lâng-sī*.

| 勒爾勒釐 *Fŏ-lĕ-eùl-lĕ-lĭ (Ch. Rep.)* Floride. — Nom de l'un des États-Unis d'Amérique.

| 山 *Fŏ-shān (Ch. Rep.)* ou *Fŏ-shān-tchín.* — Petite ville manufacturière en soieries, située sur le *Tchū-kiāng*, en amont de Canton, par 23° 6′ lat. N. et 3° 15′ long. W. Elle est vulgairement appelée *Fatshane*.

| | 鎭 *Fŏ-shān-tchín (Ch. Rep.)* ou simplement *Fŏ-shan.* — Ville manufacturière en soieries, du district de *Nān-hày*, département de *Kwàng-tcheōu (Kwàng-tōng).*

| | | 同知 *Fŏ-shān-tchín-tōng-tchĭ (Ch. Rep.)*, ou simplement *Fŏ-shān-tchín*. — Petite ville du district de *Nān-hày*, *Kwàng-tcheōu-foù*, *Kwàng-tōng*, renommée pour ses fabriques de soieries.

| 肚山 *Fŏ-tóu-shān (C. G.).* — Ile située sur la côte du *Tchĕ kiāng*, département de *Ning-pŏ*, en face de *Wēn-tcheōu-sú*.

坲 *Fŏ (D. G.).* — Terre élevée au milieu des eaux.

VOCAB. GÉOG. CHINOIS.

復洲 *Fŏ* ou *Fóu-tcheōu* ou *Fŏ-tcheōu-tchîng* (*Ch. Rep.*). — Un des 11 districts du département de *Fòng-tiĕn* (*Shíng-kīng*).

| | *Fŏ* ou *Fŏu-tcheōu*. — Ancien nom de *Kìng-lîng*, département de *Ngān-lŏ* (*Hôu-pĕ*), sous les *Swī*. (*Biot*.)

| | 城 *Fŏ* ou *Fóu-tcheōu-tchîng* ou *Fŏ-tcheōu*. — Une des 13 garnisons inférieures du département de *Fōng-tiĕn*, subordonnées à celle supérieure de *Shíng-kīng*, située par 39° 40' lat. N. et 5° 14' 6" long. E.

| 陽 *Fŏ* ou *Fŏu-yâng*. — Ancien nom de *Tŏng-pĕ-hién*, département de *Nân-yâng* (*Hô-nân*), sous les *Hán*. (*Biot*.)

福江 *Fŏ-kiāng* (*Cart. Jap.*). Fleuve fortuné. En japonais, *Fukuyé*, cité principale de l'île la plus occidentale et la plus grande de l'archipel *Où-taò* (*Gotto*), éloignée de *Yédo* d'environ 394 ris et située par 32°5' l. N. et 12°20' l. E. Cette île, sur laquelle se trouve une autre cité moins importante, appelée *Fóu-kiāng*, est entourée de plusieurs petites îles, telles que *Tchî-tào*, *Tá-tào*, *Tchin-tào*, etc.

| 臨 *Fō-lîn* (*Ch. Rep.*). Recherche du bonheur, Palestine, Judée, ancienne contrée asiatique, limitrophe de l'Afrique. Voir *Yĕou-tí-yá*, *medh*.

| | 人 *Fŏ-lîn-jîn* (*N. C.*). Hommes qui soupirent après le bonheur, Juifs, habitans de la Judée ou Palestine appelée *Fŏ-lîn*, voir *Ch. Rep*, vol. XIX, *page* 648. On leur donne également le nom d'Hébreux et d'Israélites. Les Juifs ont été signalés en Chine depuis les temps les plus reculés. Année 1720, *A. E.* Voir *Ch. Rep.*, vol. III, p. 172.

| 安 *Fŏ-ngān* (*Voc. An.*). Repos heureux. Vulgairement, *Phwoc. an*. — *Huyen*, en Chinois, *Hién* (district). La préfecture est appelée en cochinchinois *Phu*, en chinois *Foù* (département). La cité ou citadelle en cochinchinois *Thanh* et *Thieng*, en chinois, *Tchíng*. — Sous-préfecture de la province cochinchinoise de *Bien hoa*. Vocabulaire Aubaret, pages 385 et 514.

| *Fŏ-shān* (*Cart. Jap.*). Montagne fortunée, cité de la province de *Tān-pō* (*Tango*), sur Nifon, éloignée de 142 ris de *Yédo*.

SON *FONG.*

Prononciation française. . . . . *Fong, Fongue, Foung.*
— américaine, anglaise . *Foung, Fung.*
— espagnole, portugaise. *Fom, Fum.*

ORDRE DES CLEFS :

丰	伂	奉	封	峯	峯	嶏	楓	滏	豐	酆
CLEFS :	2	9	37	41	46	46	46	75	85	151	63
TRAITS :	3	9	5	6	7	9	18	9	11	11	18

鋒	隝	風	馮	鳳
CLEFS :	167	170	182	187	196
TRAITS :	7	9	2	3

丰賀沼 *Fŏng-hó-tchào* (C. J.). — Lac ou grand amas d'eau de la côte orientale de l'île de Nifon, province de *Tchăng-lŏ* (*Simosa*), au nord-est de *Yédo*.

佩 *Fóng* (*Medh.*). — Nom de pays. (*Medh.*)

奉 *Fòng* (*Morr.*). — Nom de district, nom de nation. (*Morr.*) — Territoire de 50 mesures de superficie, affecté aux nobles et aux princes, comme apanage, par les empereurs.

| 符 *Fòng-fòu.* — Ancien nom de *Tăy-ngān-fòu,* sous les *Sóng.* (*Biot.*)

| 賢縣 *Fòng-hién-hién* (*Ch. Rep.*). — Un des 8 districts du département de *Sōng-kiāng* (*Kiang-sōu*). Le chef-lieu est situé à peu de distance de la côte, par 30° 58' lat. N. et 4° 20' long. E.

| 化縣 *Fòng-hóa-hién* (*Ch. Rep.*). — Un des 6 districts de *Ning-pō* (*Tchĕ-kiāng*). Le chef-lieu est situé par 29° 45' lat. N. et 4° 50' 30" long. W. Dans les environs se trouve la montagne volcanique appelée *Kī-kiā*. Le voyageur américain Pumpelly dit que ce district possède des mines de cuivre (*G. R.*).

| 議州 *Fòng-i-tcheōu* (*Ch. Rep.*). — Nom d'un district et d'un chef-lieu du département de *Tchín-ngān* (*Kwăng-sī*). Le chef-lieu est situé près d'une branche supérieure du *Yù-kiāng,* par 23° 42' lat. N. et 9° 49' 30" long. W.

| 國   *Fòng-kwĕ.* — Nom d'un ancien arrondissement de 3ᵉ ordre, établi par les *Leáng*, au sud-est de *Tsăng-kī-hién*. (*Biot.*)

奉明   *Fòng-ming.* — Nom d'un ancien arrondissement des *Hán*, à l'est de l'ancien *Tchăng-ngān*. (*Biot.*)

| 聖   *Fòng-shíng.* — Ancien nom de *Pào-ngān-tcheōu*, sous les *Leáo* (?). (*Biot.*)

| 先   *Fòng-siēn.* — Ancien nom de *Făng-shān-hién*, sous les *Kīn*. et de *Pŏu-tching-hién* (*Shèn-sī*) sous les *Táng*. (*Biot.*)

| 新   *Fòng-sīn.* — Nom d'une ancienne ville de 3ᵉ ordre, établie par les *Oú*, au sud-ouest de la ville actuelle de *Hīng-kwĕ-tcheōu*, département de *Où-tchăng* (*Hôu-pĕ*). (*Biot.*)

| | 縣   *Fòng-sīn-hién* (*Ch. Rep.*). — Un des 8 districts du département de *Nán-tchāng* (*Kiāng-sī*). Le chef-lieu est situé sur une rivière appelée *Lóng-kiāng*, par 28° 44′ lat. N. et 4° 9′ 30″ long. W. On trouve dans ce district du fer et du sable aurifère, ainsi que de l'anthracite, dans le lieu appelé *Lào-hŏu-keŏu* (*G. R.*).

| 天   *Fòng-tiĕn.* — Ancien nom de *Kán-tcheōu-hién*, sous les *Táng*. (*Biot.*)

| | 府   *Fòng-tiĕn-fóu*, en mantchou *Moukden* (*Ch. Rep.*). — Un des 2 départements de la province de *Shíng-kīng*, comprenant 12 districts, savoir : 7 *hién*, *Tchĭng-tĕ*, *Siéou-yên*, *Káy-pĭng*, *Kăy-ywên*, *Tĭe-lìng*, *Hăy-tchíng* et *Níng-hàu*; 2 *tcheōu*, *Leáo-yáng* et *Fŏ*, et 3 *tĭng*, *Hīng-kīng-lĭ ssé*, *Fóng-hoáng* et *Tchăng-tŏu*. Le chef-lieu, à 4460 *lĭ* de *Pĕ-kīng*, est situé par 44° 50′ 30″ lat. N. et 7° 8′ 36″ long. E. sur la rivière *Leáo*, au nord-est du golfe de *Leáo-tōng*.

| 節 縣   *Fòng-tsĭe-hién* (*Ch. Rep.*). — Un des 6 districts du département de *Kwĕy-tcheōu* (*Ssé-tchwĕn*). Il est cité comme possédant des puits artésiens, pour l'extraction du sel minéral (*G. R.*).

封父   *Fōng-fòu.* — Ancien nom de *Fōng-kiĕou-hién*. (*Biot.*)

| 鄉   *Fōng-hiāng.* — Nom d'un ancien arrondissement du temps des *Hán*, 100 *lĭ* à l'est de *Hó-hién*, (*Tíng-lŏ fòu*) (*Kwàng-sī*) (*Biot.*)

| 興   *Fōng-hīng.* — Ancienne ville des *Tsīn*, au nord-est de *Fōng-tchwĕn-hién*. (*Biot.*)

| 邱 縣   *Fōng-kiĕou-hién.* — Un des 10 districts du département de *Oéy-hoēy*. Le chef-lieu est situé sur la rive gauche du fleuve Jaune, par 35° 5′ lat. N. et 4° 54′ 30″ long. W.

| 溪   *Fōng-kĭ* (*Ch. Rep.*), ruisseau des collines. — Ruisseau du *Tchĕ-kiāng*.

封樒 *Fōng-lŏ* et *Fōng-pĭng*. (Biot.)

| 平 *Fōng-pĭng* et *Fōng-lŏ*. — Noms de deux anciens arrondissemens établis par les *Tsĭn* et les premiers *Sóng*, à l'ouest de *Sīn hoéy-hién*, *Kwàng-tcheōu-fòu* (*Kwàng-tōng*. (Biot.)

| 山 *Fōng-shān*. — Nom d'un ancien arrondissement des *Tsĭ*, au sud-ouest de *Hŏ-pöu-hién*. (Biot.)

| 州 *Fōng-tcheōu*. — Ancien nom de *Pĭng-hiāng-hién*, département de *Shùn-tĕ* (*Tchĭ-lĭ*), sous les *Tăng*. (Biot.) Même nom pour désigner un arrondissement des *Swĭ*, comprenant celui de *Fōng-tchwĕn*, département de *Shào-kĭng* (*Ssé-tchwĕn*). (Biot.)

| 巛 *Fōng-tchwĕn* (rivière des tertres)-*hién* (*Ch. Rep.*). — Un des 13 districts du département de *Tcháo-kĭng* (*Kwàng-tōng*). Le chef-lieu est situé sur le *Sī-kiāng*, par 23° 25' lat. N. et 5° 25' 54" long. W.

| 陽 *Fōng-yáng*. — Ancien nom de *Tăy-kién hién*, département de *Tcháo-kĭng* (*Kwàng-tōng*), sous les *Hán*. (Biot.)

峯 *Fōng* (D. G.). — Sommet d'une montagne, nom de ville (D. G.).

| 山 *Fōng-shān* (*Cart. Jap.*). Montagne du Pic. — En japonais, *Ubama* (C. H.). Station de la province de *Tān-héou* (*Tongo*), éloignée de 150 *ris* de *Yédo*.

封 *Fōng* (Medh.) — Montagne du *Kwàng-sī*. (Medh.). Morrison ajoute qu'elle est célèbre dans la chronique légendaire.

巂 *Fōng* (Medh. Morr.). — Nom de colline. (Medh. Morr.)

楓門 *Fōng-mên* (F. S.). — Porte inférieure du faubourg oriental de *Sōu-tcheōu* (*Kiāng-sōu*), éloignée :

De la porte supérieure, appelée *Lóu-mên*, de	5.744	mètres.
De ce dernier point au coin nord-est,	1.338	—
Du coin nord-est à *Tsi-mên*,	2.478	—
De *Tsi-mên* (porte septentrionale) à *Shĭng-tâng*,	2.934	—
Du fossé de *Shĭng-tâng* au coin nord-ouest,	1.444	—
Du coin nord-ouest à *Tchăng-mên*,	1.672	—
De *Tchăng-mên* (porte occidentale) à *Sú-mên*,	4.301	—
De *Sú-mên* (autre porte occidentale) à *Păn-mên*,	2.706	—
De *Păn-mên* (porte sud-ouest) au coin sud-est,	5.614	—
Du coin sud-est des remparts à *Fōng-mên*,	1.976	—
Total	30.217	mètres.

A la porte de *Lóu-mên* est le grand fleuve de *Kwēn-shān* appelé *Kwēn-shān-tá hô*. A la porte de *Sú-mên* est le fleuve de *Sú* appelé *Sú-kiāng*.

Renvoi au plan de la ville de *Sōu-tchēou-fòu*, inséré dans la *Description méthodique des produits divers de la Chine*, page 79.

濠 *Fōng* (Medh. Morr.). — Nom de rivière. (*Medh. Morr.*)

豐 *Fōng.* — Nom de l'ancienne résidence des *Tcheōu*, district de *Sī-ngān-fòu.* (*Biot.*) Nom de fleuve. Nom de cité. Nom de montagne. (D. G.)

| 後 *Fōng-héou* (*Cart. Jap.*), en japonais, *Bongo.* Province de *Kiu-Siu*, baignée, à l'Est, par la mer intérieure et formant avec la province de *I-twí*, sur l'île de *Sikok*, le large détroit qui conduit à l'Océan oriental. Cette province est limitée au Nord par *Fōng-tsiên*, au N.-W., par *Tchŏ-tsiên* et *Tchŏ-héou*, au S.-W., par *Fêy-héou*, au S.-E., par *Jĭ-hiāng*.

Cette province comprend 6 cités, 8 préfectures et 3 stations.

   Kāng-tchĭ, cité, éloignée de 271 *ris* de *Yédo.*
   Kieŏu-mâo, — — 278 —
   Mâo-tchŏ, — — 261 —
   Fi-tchŭ, — — 262 —
   Foù-nwí, — — 262 —
   Tsó-pĕ, — — 266 —
   Sān-tchĭ, station, — 272 —

A l'Est, sur la mer intérieure, il y a une grande baie où se rendent plusieurs cours d'eau dont le principal est *Tcheōu-kāng-tchwĕn*. Le détroit qui sépare les îles *Kiu-Siu* et *Sikoff* porte le nom de Détroit du canal de *Bongo*; sur la carte du P. du Halde, il est appelé *Caminoseki*.

| 鄉 *Fōng-hiāng.* — Nom d'une ancienne ville de 3ᵉ ordre, fondée par les *Tsĭ* du Nord, dans le territoire actuel de *Kīng-mên-tcheōu* (*Hôu-pĕ*). (*Biot.*)

| 縣 *Fōng-hién* (*Ch. Rep.*). — Un des 8 districts du département de *Sû-tcheōu* (*Kiāng-sōu*). Le chef-lieu est situé à l'extrémité nord-ouest de la province, par 34° 46′ lat. N. et 0° 21′ 30″ long. E.

| 邑 *Fōng-ĭ.* — Ancien nom de *Fōng-hién*, département de *Sû-tcheōu* (*Kiāng-sōu*) sous les *Tsĭn.* (*Biot.*)

| 潤 縣 *Fōng-joún-hién* (*Ch. Rep.*). — District humide et fertile, L'un des 2 districts du département de *Tsūn-hóa* (*Tchĭ-lí*). Le chef-lieu est situé sur un affluent du *Kí-tcheōu-yún-hò*, par 39° 54′ lat. N. et 1° 44′ 30″ long. E.

| 國 *Fōng-kwĕ* (*Medh.*). — Certain pays dont le souverain perdit la possession, à cause de son penchant pour le vin.

| 安 *Fōng-ngān.* — Nom d'une ancienne ville de 3ᵉ ordre, fondée par les *Hán*, au sud-ouest de *Pŏu-kiāng-hién* (*Tchĕ-kiāng*). *Biot.*)

豐寧 *Fōng-ning*. — Nom d'un nouveau département au nord de *Yòng-pǐng-fòu* (*Tchĭ-lì*). (Biot.)

| 県糸 *Fōng-ning-hién* (*Ch. Rep.*). — District pacifique et fertile, l'un des 6 districts du département de *Tchîng-tĕ*. Le chef-lieu est situé au nord-ouest de la ville départementale (*Tchĭ-lì*).

| 白 *Fōng-pĕ-tĭng* (N. L.). — District du département de *Sù-tcheōu* (*Kiāng-sōu*). Cité dans un document du ministère des affaires étrangères à Pékin, mais probablement synonyme de *Fōng-hién*, ci-dessus désigné. On dit que ce fut dans ce district, qu'à la suite des grandes crues de 1858, le fleuve Jaune se créa, vers la direction du Sud, un nouveau lit et une nouvelle embouchure (G. R.).

| 順 *Fōng-shún* (obéissance et fertilité)-*hién* (*Ch. Rep.*). — Un des 10 districts du département de *Tchăo-tcheōu* (*Kwàng-tōng*). Le chef-lieu est situé au sud-ouest de celui du département.

| 州 *Fōng-tcheōu*. — Ancien nom de *Nân-ngān-hién* (*Fŏ-kién*). (Biot.) — Même nom pour désigner un arrondissement établi par les *Sóng*, sur le territoire de *Fòu-kŏ-hién* et de *Yû-lìn-fòu* (*Shèn-sĭ*). (Biot.)

| 鎮廳 *Fōng-tchín-tĭng* (*Ch. Rep.*) (district du marché favorable). — Un des 10 districts du département de *Tá-tŏng* (*Shān-sĭ*).

| 城 *Fōng-tching*. — Nom d'une ancienne construction du temps des *Oéy*, arrondissement de *Shéou-kwāng-hién*, département de *Tsĭng-tcheōu* (*Shān-tōng*). (Biot.). — Même nom pour désigner une station de la Mongolie, située dans une plaine marécageuse, au delà de la grande muraille qui ferme le *Shān-sĭ*, et près de la vallée du lac *Kirnor* (G. R.).

| 県糸 *Fōng-tching-hién* (*Ch. Rep.*). — Un des 8 districts du département de *Nân-tchăng* (*Kiāng-sĭ*). Le chef-lieu est situé sur le *Tchăng-kiāng*, par 28° 10′ lat. N. et 0° 44′ 30″ long. W.

| 巛 *Fōng-tchwĕn* (*Cart. Jap.*). Rivière de la province de *Mikava* (*Sān-hô*), près de la cité appelée *Kĭ-tiĕn*.

| 都県糸 *Fōng-tōu-hién* (district de l'enfer) (*Ch. Rep.*). — Un des 3 districts du département moyen appelé *Tchōng*, de la province du *Ssé-tchwĕn*. Le chef-lieu est situé sur le grand fleuve Bleu, par 30° 10′ lat. N. et 8° 40′ 30″ long. W. C'est dans ce district que l'on rencontre des *Hò-tsìng* ou puits de feu, restes de volcans éteints, qui fournissent du sel minéral, et que l'on purifie au moyen du gaz hydrogène. Voir *Tsĕ-lieôu-tsìng* (*Ch. Rep.*). Ce district possède aussi des minerais de fer (G. R.).

| 前 *Fōng-tsiên* (*Cart. Jap.*). En Japonais, *Buzen*. Province de *Kiu-Siu*, située au N.-E. sur la mer intérieure et formant, avec la province voisine de *Tchŏ-tsiĕn*, le côté sud du détroit de *Simonoseki*.

Cette province est limitée à l'Est par celle de *Fōng-héou*. Elle comprend 2 cités, 8 préfectures et 2 stations.

Siào-tsăng, cité, probablement *Simonoseki*, éloignée de 269 *ris* de *Yédo*.
Tchōng-tsīn, cité, — 268 —

豐陽 *Fōng-yáng*. — Ancien nom de *Tchĭn-ngān-hién*, et sous les *Tsĭn* de *Shān-yâng-hién* (*Shĕn-sī*). (Biot.)

酆 *Fōng* (D. G.) Nom de royaume. Nom de rivière. (*Morr*.) — D'après Medhurst, c'est l'ancienne capitale de *Wĕn-wâng* (roi des lettres), premier empereur de la dynastie des *Tchēou*. Cette ville était située près du district de *Hóu*, par 34° 6′ lat. N. et 7° 50′ long. W., province du *Shĕn-sı*.

| 酆兜 *Fōng-tòu* (D. G.). — Montagne de la province du *Ssé-tchwĕn* (D. G.). — Même nom pour désigner un arrondissement des *Tsĭn*, au sud-ouest de *Kiēn-lí-hién*, département de *Kīng-tcheōu*. (Biot.)

鋒 *Fōng* (*Morr*.). — Nom d'État. (*Morr*.)

| 氏 *Fōng-sí* (Medh.). — Nom de pays. (Medh.)

𩙺 *Fōng* (Medh.). — Nom de lieu. (Medh.)

風 *Fōng*. (*Morr*.) Nom de lieu. (*Morr*.) — Voir *Fâng-fōng-shı*. (Biot.)

| 鳥地 *Fōng-niào-tì* (N. L.), Terre des oiseaux du paradis. — Autrement appelée *Tiĕn-tăng-niào-tào* (N. L.). Grande île de l'archipel Indien, au nord de l'Australie, et à laquelle on a donné les différens noms de *Nouvelle-Guinée, Papouasie, Terre des Papous, Pays des Noirs*, etc. C'est la seule où l'on trouve des oiseaux de paradis. Sa surface est estimée à 542,447 kilomètres carrés, à peu près la grandeur de la France. Les Chinois visitent la côte ouest pour en tirer des écailles de tortue, des peaux d'oiseaux, de la poudre d'or et du sagou.

| 定邑 *Fōng-tíng-y* (C. H.). — Station du département de *Tsŭen-tcheōu* (*Fóu-kién*), située par 25° 19′ lat. N. et 2° 38 long. E.

冯翊 *Fông* ou *Pĭng-ĭ* (Medh.). — Nom de lieu, situé près du district de *Fōu-shí*, département de *Yên-ngān* (*Shèn-sī*).

| 乘 *Fóng-shĭng*. — Ancien nom de *Kiāng-hôa-hién* (*Hôu-nân*), sous les *Hán*. (Biot.) — Même nom, pour désigner un ancien district comprenant, sous les *Hán*, la partie orientale du territoire de *Fóu-tchwĕn-hién* (*Kwàng-sī*).

鳳縣 *Fóng-hién* (Ch. Rep.) (district du Phénix). — Un des 11 districts du département de *Hán-tchōng* (*Shèn-sī*). Le chef-lieu est situé sur la rivière *Sïe-yû hô*, par 33° 55′ lat. N. et 9° 46′ 30″ long. W. A 60 *li*, au sud de ce district, on trouve des gisements de réalgar ou sulfate rouge d'arsenic (*sulfuret of arsenic*) (G. R.).

鳳鶴門 *Fóng-hŏ-mĕn* (C. H.. — Détroit au nord du *Fŏ-kién*, département de *Fŏ-nîng*.

| 化 *Fōng-hóa*. — Nom d'un ancien arrondissement des *Míng*, au nord de *Ssē-ngĕn-fòu* (*Kwàng-sī*). (Biot.)

| 凰山 *Fóng-hoáng-shān* (Ch. Rep.). — Montagne sur laquelle est située la place forte, appelée *Fóng-hoáng-tĭng* (*Shíng-kīng*). — Même nom pour désigner une île de la côte du département de *Wēn-tcheōu* (*Tchĕ-Kiāng*). — Même nom pour désigner une montagne du *Ssé-tchwĕn*, au sud de *Tchóng-kīng*.

| | 城 *Fóng-hoáng-tchíng*. — Station du *Kiāng-sōu*, située sur l'île de *Yù-tcheōu*, département de *Hày*. (C. K.)

| | 城 *Fóng-hoáng-tchíng*, ou *Fóng-hoáng-tĭng* (Ch. Rep.).

| | 廳 *Fóng-hoáng-tĭng* (Ch. Rep.). — Un des 11 districts du département de *Fòng-tiĕn*, vulgairement *Moukden*, (*Shíng-kīng*). Le chef-lieu est situé sur le penchant des *Mŏ-tiĕn-ling*, près d'un affluent du *Yâ-lŏ-kiāng*, par 40° 32′ lat. N. et 7° 40′ long. E.

| | | *Fóng-hoáng-tĭng*, ou *Fóng-hoáng-tchíng* (Ch. Rep.), c'est-à-dire garnison du Phénix. — Département de *Fŏng-tiĕn*, de la province de *Shíng-kīng*. Le chef-lieu est une ville frontière de la Corée, située à l'embouchure de la rivière appelée *Tăy-ywĕn*, dans le golfe de *Leâo-tōng*. C'est une des 13 garnisons inférieures subordonnées à celle supérieure de *Shíng-kīng*.

| | *Fóng-hoâng* (phénix)-*tĭng* (Ch. Rep.). — Un des 16 départemens, mais inférieur, de la province de *Hôu-nân*, ne comprenant qu'une seule station militaire, située sur la rivière appelée *Oū-tsào*, et limitée, au nord, par le département supérieur de *Ywĕn-tcheōu*, à l'ouest par la province de *Kwĕy-tcheōu*. Sa position géographique n'est pas clairement indiquée. Ce département, ainsi que les deux autres inférieurs, appelés *Yòng-swī* et *Kiĕn-tcheōu*, ont été détachés du département supérieur, appelé *Shīn-tcheōu*. Tous trois sont situés sur la frontière occidentale de la province : *Yòng-swī* est le plus au nord, entre deux vient *Kiĕn-tcheōu*, puis le plus au sud est *Fóng-hoâng*. Néanmoins, la position géographique de ces trois postes militaires n'est, nulle part, clairement indiquée.

| 雛子 *Fóng-kī-tsè* (G. C.). — Ilot à l'entrée de la baie de *Tiĕn-pē-hién*, département de *Kāo-tcheōu* (*Kwàng-tōng*).

| 馬島 *Fóng-mà-tào* (Morr.). Ile du Griffon. — Ile située au sud de la péninsule coréenne (*Morr.*). D'après la carte du

Père jésuite Charlevoix, cette île est appelée *Quelpaert* ou *Sehesure*, et, d'après les cartes anglaises et hollandaises, *Quelpart*. C'est une terre très-montagneuse, d'environ 80 à 90 kilom. de tour, et à une distance pareille du continent. D'après la carte japonaise de l'amirauté anglaise, la montagne située au centre de l'île, et appelée *Aukland*, se trouve par 38° 32′ lat. N. et 10° 3′ long. E. ; sa hauteur, au-dessus du niveau de la mer, est d'environ 2,000 mètres (6,558 pieds). Cette île a été découverte en 1653, par les Hollandais.

鳳寧 *Fóng-ning* (*C. K.*) ou *Fóng-ning-kīa-sse* (*C. H.*). — Localité du département de *Tōu-yŭn* (*Kwéy-tcheōu*), située dans les montagnes, près des tribus indépendantes de *Miáo-tsè*, par 25° 22′ lat. N. et 9° 10′ long. W.

｜｜家司 *Fóng-ning-kīa-ssē* (*C. H.*) ou *Fóng-ning* (*C. K.*).

｜山 *Fóng-shān* (montagne du Phénix)-*hién* (*Ch. Rep.*). — L'un des 6 districts du département de *Táy-wān*, île de Formose (*Fóu-kién*). Le chef-lieu est situé sur la côte méridionale, au fond d'une baie, par 22° 40′ 48″ lat. N. et 3° 37′ 20″ long. E. Dans les montagnes de *Kīn* (monts d'or), qui font partie de ce district, on trouve des mines d'or. (*G. R.*)

｜山溪 *Fóng-shān-kī*. — Petite rivière de *Táy-wān* (île Formose) de la côte occidentale. (*C. K.*)

｜棲 *Fóng-sī*. — Ancien nom de *Līn-yéou-hién*, département de *Fóng-tsiāng* (*Shèn-sī*), sous les *Swī*. (*Biot.*)

｜象 *Fóng-siáng* (*N. L.*), Éléphants et Phénix. — Gorge du fleuve bleu, département de *í-tchăng* (*Hoû-pĕ*), laquelle n'a pas plus de 100 mètres de large, tandis qu'en amont, le fleuve présente une largeur de plus de 900 mètres. Le voyageur Blackiston prétend que le calcaire (*limestone*), dont est formée cette gorge, atteint l'épaisseur prodigieuse de 11,600 pieds (3,866 mètres). (*G. R.*)

｜臺 *Fóng-táy* (observatoire du Phénix)-*hién*. (*Ch. Rep.*) — Un des 7 districts du département de *Fóng-yáng* (*Ngān-hoēy*). Le chef-lieu est situé sur le versant oriental des monts *Shī-pīng* par 32° 20′ lat. N. et 0° 52′ long. E. — Même nom pour désigner un des 5 districts du département de *Tsĕ-tcheōu* (*Shān-sī*), dont la position géographique n'est pas bien déterminée, mais qui se trouve au sein d'une chaîne de montagnes, limites orientales de la province du *Shān-sī* et de celle du *Hô-nān*, sous les différents noms de *Fă-kiĕou*, *Mi-oû*, *Pāo-lóu*, *Sī-tchíng*, *Sōu-mên*, *Táy-lóng* et *Wáng-oû-shān*.

｜洲 *Fóng-tcheōu*. — Ancien nom de *Fóng-hién*, sous les *Oéy* occidentaux. (*Biot.*)

｜翔 *Fóng-tsiāng* (Phénix qui tourne en volant)-*hién* (*Ch. Rep.*). — Un des 8 districts du département de même nom du *Shèn-sī*, où se trouvent les montagnes appelées *Lóng*, *Oû* et *Kī*.

鳳翔府 *Fóng-tsiăng-fòu* (*Ch. Rep.*), département du Phénix qui tourne en volant. — Un des 12 départements de la province du *Shèn-sī*, comprenant 8 districts, savoir 7 *hién* et 1 *tcheōu*, comme suit : *Fóng-tsiăng, Kĭ-shān, Fòu-fōng, Méy, Păo-kī, Lĭn-yeōu, Kiĕn-yăng* et *Lòng-tcheōu*. Son chef-lieu est situé à 2075 *li* de *Pĕ-kīng*, sur la rivière *Yōng-shwi*, par 34° 25' 12" lat. N. et 8° 58' 55" long. W.

Un oiseau fabuleux que les Chinois représentent avec une grande variété de couleurs, et qu'ils peignent ou qu'ils tissent sur leurs vêtements et sur leurs meubles, a donné son nom à ce département, dont l'air est sain et tempéré. Tout le pays, très-giboyeux, est parfaitement cultivé. Il est d'ailleurs fertilisé par de nombreux ruisseaux et de belles rivières, dont la principale est le *Oéy-hô*. On y chasse beaucoup au moyen du faucon dressé.

Ce département possède des mines de fer. A 30 *li* au S. E. du district de *Kiĕn-yăng*, on rencontre des grottes ou cavernes dans le calcaire Dévonien (*Devonian limestone*). (*G. R.*)

宗縣 *Fóng-tsōng-hién* (N. L.). — Le voyageur Pumpelly, dans ses recherches géologiques sur la Chine, cite ce district (?) comme appartenant au département de *Où-tchăng* (*Hoû-pĕ*) ; il ajoute que, dans les montagnes de *Siĕ*, qui en font partie, on trouve des mines d'étain. (*G. R.*)

陽 *Fóng-yăng* (territoire du Phénix)-*fòu* (*Ch. Rep.*). — Un des 13 départements du *Ngăn-hoĕy*, comprenant 7 districts, dont 5 *hién* et 2 *tcheōu*, savoir : *Fóng-yăng, Tíng-ywèn, Fóng-tăy, Lĭng-pĭ, Hoăy-ywèn*; puis *Sheóu* et *Sŏ*, outre les districts inférieurs de *Hông* et de *Lĭn-hoăy* mentionnés par Biot.

Le chef-lieu, à 1985 *li* de *Pĕ-kīng*, est situé à quelques kilomètres au sud de la rivière *Oéy*, par 32° 55' 30" lat. N. et 1° 1' 26" long. W.

Le P. du Halde dit que cette ville a donné naissance à *Tăy-tsòu*, fondateur de la dynastie des *Mîng*, qui en fit quelque temps le siége de son empire, avant de le transférer à *Nân-kīng*.

Ce département possède des mines d'alun. (*G. R.*)

| | *Fóng-yăng* (territoire du Phénix)-*hién* (*Ch. Rep.*). — Un des 7 districts du département de *Fóng-yăng* (*Ngăn-Hoĕy*). Le chef-lieu, affecté à celui du département, est, comme ce dernier, situé par 32° 55' 30" lat. N. et 1° 1' 26" long. W.

SON *FOU*.

Prononciation française. . . . . *Fou.*
— américaine, anglaise . *Foo, Fu.*
— espagnole, portugaise. *Fu.*

ORDRE DES CLEFS :

傅	夫	孚	富	岵	府	復	扶	撫	敷	斧
CLEFS : 9	37	39	40	46	53	60	64	64	66	69
TRAITS : 10	1	9	9	4	5	9	4	12	11	4

福	澓	父	甫	福	符	膚	莆	福	負	賦
CLEFS : 75	85	88	101	113	118	130	140	145	154	154
TRAITS : 9	13		2	9	5	10	7	9	2	7

邨	鄜	鈇	釜	附	鳧
CLEFS : 163	163	167	167	170	196
TRAITS : 4	11	4	4	5	2

傅通院 *Fóu-tŏng-ywén* (*C. J.*). Demeure pénétrable aux supérieurs. — Palais de plaisance, situé dans le *midsi*, à *Yédo*, près du *Siao-shĭ-tchwĕn.*

夫 *Fōu* (*Medh.*). — Nom de colline, nom de ville. (*Medh.*) — Nom de colline, nom de cité. (*Morr.*)

丨夷 *Fōu-i*, ancien nom de *Sīn-nìng-hién* (*Pào-kīng-fòu*), sous les *Hán.* (*Biot.*)

丨人城 *Fōu-jin-tching*, cité de la Dame. — Nom d'une ancienne construction des *Tsīn*, au nord-ouest de *Siāng-yâug-fòu.* (*Biot.*)

丨嵎 *Fōu-yù*. (*D. G.*) — Nom d'un certain royaume.

孚州 *Fōu-tcheōu.* — Ancien nom de *Nô-tt-tcheōu*, sous les *Sóng*, département de *Kīng-ywèn* (*Kwàng-sĭ*). (*Biot.*)

孚陽河 *Fōu-yâng-hô* (C. K.). — Rivière du *Shĕn-sī*, affluent du
Hán-kiāng. — Même nom, rivière du *Tchĭ-lĭ*, tributaire
du lac *Tá-lŏ-tsè*.

｜遠城 *Fōu-ywĕn-tchîng* (Ch. Rep.), autrement appelé *Kŏu-tching*.
— Ville fortifiée du département inférieur appelé *Tĭ-hōa-cheōu* (*Kăn-sŏ*).

富江 *Fóu-kiāng* (Cart. Jap.). Fleuve riche. — Cité secondaire de l'île
principale du groupe de *Gotto* (*Où-táo*).

｜荣 *Fóu-láo*. — Nom d'un arrondissement et d'une ville de 3º ordre.
District de *Hiáng-où*, sous les *Ywĕn*, à 30 *li* au nord du chef-lieu. (*Biot.*)

｜林 *Fóu-lin*. — Nom d'un ancien arrondissement du temps des
Tăng, 100 *li* au nord de *Yâng-tchŭn-hién*. (*Biot.*)

｜羅 *Fóu-lô* (*Biot*). — Nom d'un ancien arrondissement du temps
des *Tăng*, au sud-ouest de *Tăn-tcheōu* (*Hày-nân*).

｜民 *Fóu-mîn* (peuple riche)-*hién* (Ch. Rep.). — Un des 11 districts
du département et province de *Yûn-nân*. Le chef-lieu est situé
sur le *Pŏu-tóu-hô*, par 25º 20′ lat. N. et 13º 45′ 30″ long. W.

｜平 *Fóu-pĭng* (tranquille et riche)-*hién* (Ch. Rep.). — Un des 18 districts
du département de *Sī-ngān* (*Shĕn-sī*). Le chef-lieu est
situé près du *Tsién-shwĭ*, par 34º 42′ lat. N. et 7º 41′ 30″ long. W.

｜山 *Fóu-shan* (Cart. Jap.). Montagne élevée. — En japonais, *Fu-chu*. Cité de la province de *Ywĕ-tchōng* (*Yetsyu*) sur *Nifon*;
éloignée de 166 *ris* de *Yédo*, et située entre deux cours d'eau, le *Yâng-tchwĕn* et le *Shĭn-tōng-tchwĕn*.

｜順 *Fóu-shún* (obéissant et riche)-*hién* (Ch. Rep.). — Un des 13 districts
du département de *Sú-tcheōu* (*Ssé-tchwĕn*). Le chef-lieu
est situé sur le *Tchōng-kĭ-hô*, par 29º 19′ lat. N. et 11º 25′ 30″ long. W. Il y
a dans ce district des puits artésiens, pour la recherche du sel minéral;
il y a également des mines de houille, où les couches ont jusqu'à 12 mètres
d'épaisseur. (G. R.)

｜水 *Fóu=shwĭ*. — Ancien nom de *Fóu-tchwĕn-hién*, département de
Pĭng-lŏ (*Kwăng-sī*), sous les *Tăng*. (*Biot.*)

｜士 *Fóu-ssé* (Cart. Jap.). En japonais, *Fouzi*. Préfecture de la province
de *Tsún-hô* (*Surug*) sur *Nifon*, située à la base S.-E. du
Fouziyama.

｜｜見橋 *Fóu-ssé-kién-kiáo* (C. J.). Pont qui regarde le *Fouzi*.
— Pont sur un cours d'eau qui traverse le *Tokaïdo*,

route orientale du Japon, et qui se trouve entre les stations de *Tchwĕn kĭ* et de *Shīn-náy-tchwĕn*.

富 ｜ 郡 *Fóu-ssé-kún (C. J.).* Une des 7 préfectures de la province japonaise de *Tsún-hô (Surug)*, située à la base sud-ouest de la montagne volcanique appelée le *Fouzi-yama*.

｜ ｜ 山 *Fóu-ssé-shān (Cart. Jap.).* Montagne du docteur élevée. — En japonais, *Fouzi*, *Fouzi-yama* ou simplement *Fusi*. — Montagne ou piton volcanique, située, par 34° 50′ lat. N. et 22° 36′ long. E., à 80 milles (130 kilom.) environ au sud-ouest de *Yédo* et à l'ouest de *Yokohama*, à 50 milles nautiques de la côte la plus rapprochée. Le cratère est appelé *Tá-jĭ* (grand soleil); il est élevé de 14,450 pieds (environ 4,000 mètres). Le sommet est presque toujours enveloppé de brouillards et couvert de neige; il est appelé *Fóu-ssé-shān-tsuĕ-ting*. A sa base est une chaîne de collines et un lac, appelés *Akoni*.

｜ ｜ ｜ 絶頂 *Fóu-ssé-shān-tsŭe-ting (C. J.).* Sommet du Piton volcanique, le *Fouzi-yama*.

｜ ｜ 川 *Fóu-ssé-tchwĕn (C. J.).* Ruisseau du docteur élevé. — En japonais, *Fouzikava*. Rivière ou fleuve du Japon, qui prend sa source dans les montagnes du département de *Shān-lĭ*, sur les limites des provinces de *Kay* et de *Musasi*, en divers points appelés *Tchwĕn-póu*, *Shāng-kīn-kān*, *Hīa-kīn-keŏu* contourne le côté ouest du *Fouzi-yama*, dont elle prend le nom et se jette dans le golfe de *Surug*.

｜ 道 *Fóu-táo (N. L.).* Route élevée.—Vulgairement *Futau*. Localité à 5 *lĭ*, moins de 5 kilomètres, et à une hauteur de 50 à 60 mètres au-dessus de *Chaitang*, ouest de Pékin, où se trouvent des mines de houille, dont les couches varient de 2 à 4 mètres d'épaisseur, Cette houille, de l'espèce dite *Steam coal*, charbon employé pour les machines à vapeur, est égale, sinon supérieure, au meilleur charbon du pays de Galles (*Welsh*). Elle se présente brillante, bitumineuse; est propre à faire du coke. L'analyse faite au laboratoire de Sheffield (Yale college) a donné l'analyse suivante :

```
              Carbone. . . . . . . .   85,77
              Matière volatile. . . .  11,94
              Eau. . . . . . . . . . .    35
              Cendre. . . . . . . . .   1,94
                                       ─────
                                       100  »
```

sur un poids spécifique de 1,30.

｜ 州 *Fóu-tcheōu.* — Nom d'un arrondissement et d'une ville de 2ᵉ ordre, département de *Kwàng-nān (Yûn-nân)*. Le chef-lieu est situé par 23° 35′ lat. N. et 10° 58′ 30″ long. W. (*Biot*.) — Même nom pour désigner un ancien arrondissement sous les *Swĭ*, situé dans le territoire de *Hīng-kwĕ-tcheōu*. (*Biot*.)

｜ 城 *Fóu-tching.* — Ancien nom de *Fōng-tching-hién*, sous les *Oú*. (*Biot*.)

富春 *Fôu-tchŭn.* — Ancien nom de *Fóu-yâng-hién* et de *Kién-tŏ-hién (Tchĕ-kiāng).*

｜｜江 *Fóu-tchŭn-kiāng* (*Ch. Rep.*), fleuve du printemps riche. — Rivière du *Tchĕ-kiāng.*

｜川 *Fóu-tchwĕn* (ruisseau abondant)-*hién* (*Ch. Rep.*). — Un des 8 districts du département de *Pĭng-lŏ* (*Kwăng-sī*). Le chef-lieu est situé à la naissance du *Hŏ-kiāng*, par 24° 33′ lat. N. et 5° 25′ 30″ long. W. Dans ce district, on trouve de l'étain et de l'argent. (*G. R.*)

｜陽 *Fóu-yâng* (territoire riche)-*hién* (*Ch. Rep.*). — Un des 9 districts du département de *Hâng-tcheōu* (*Tchĕ-kiāng*). Le chef-lieu est situé près du *Kwăn-shān*, sur un ruisseau qui se jette dans le *Tsiĕn-tâng*, au sud-est, par 30° 4′ 57″ lat. N. et 3° 27′ 7″ long. E.

｜雲 *Fóu-yŭn.* — Nom d'un ancien arrondissement du temps des *Tăng*, au sud-ouest de *Wăn-tcheōu-hién* (*Hăy-nân*). (*Biot.*)

峬 *Fòu* (*Medh. Morr.*). — Nom de colline. (*Medh. Morr.*)

｜勒爾地 *Fòu-lĕ-eùl-tí* (*N. L.*). — Flores. Grande île de l'Archipel indien située entre Sambawa, Sandal et Timor. La pointe S.-O. est par 8° 55′ *L. S.* et 3° 28′ *L. E.* Sa superficie est estimée à 6,300 milles carrés (16,317 kilom. car.). Les Chinois fréquentent le port de Monbas, situé dans le détroit du Mangerye. Voir *Kŏu-tí-wén* et *Tchĭ-hién* (*Cart. Ch.*).

府 *Fòu* (*D. G.*). — Nom de cité de premier ordre. Nom de département ou de préfecture (*D. G.*). Caractère très-fréquent en géographie. (*Voir la table des Prolégomènes.*)

｜境 *Fòu-kìng* (*Cart. Chin.*). Frontières supérieures. — Localité d'une île de la mer de Chine, appelée *Tsīng-lân* et présumée être sur l'île d'*Hăy-nân*. Le texte porte : ｜｜南百一千一百四十里東西八百里 *Fòu-kìng Nân-pĕ-ĭ-tsiĕn-ĭ-pĕ-ssé-shí-lì-tōng-sī-pă-pĕ-lì*, c'est-à-dire que cette localité comprend 1,140 *lì* du midi au nord et 800 *lì* de l'Orient à l'Occident.

｜谷 *Fòu-kŏ* (vallée des dignitaires)-*hién* (*Ch. Rep.*). — Un des 5 districts du département de *Yú-lîn* (*Shèn-sī*). Le chef-lieu est situé à l'extrémité nord de la province, sur un petit affluent du fleuve Jaune, par 39° 8′ lat. N. et 5° 45′ 30″ long. W. — Sous les *Tsĭn*, *Tăy-ywĕn*. (*Biot.*) On trouve de l'agate dans ce district. (*G. R.*)

｜內 *Fòu-nwí* (*Cart. Jap.*). En japonais, *Funaï.* — Cité de la province de *Fōng-héou* (*Bongo*) sur *Kíu-síu*; éloignée de 262 *ris* de *Yédo*, et qui se trouve au fond d'une grande baie.

府中 *Fòu-tchōng (Cart. Jap.).* Centre d'administration. — 19e station du *Tokaïdo* entre *Kiāng-kăo* et *Kĭŏ-tsè*. — Cité importante située sur la rive droite au pied de montagnes boisées, appelées *Kièou-nêng-yŭ-shān*, sur la rive gauche d'une petite rivière appelée *Ngān-péy-tchwĕn*. Cette station est une sous-préfecture du département de *Yéou-tóu*, province de *Tsŭn-hŏ*. (*Surug.*) — Même nom pour désigner une station de la province de *Tchăng-lŏ* (*Fitats*) sur *Nifon*; éloignée de 21 *ris* de *Yédo*. — Même nom pour une station de la province de *Tchăng-mén* (*Negato*) sur *Nifon*; éloignée de 280 *ris* de *Yédo*. — Même nom pour désigner une cité de la province de *Kay*, île de *Nifon*; elle est éloignée de 36 *ris* de *Yédo*. — Même nom pour désigner une cité de la province de *Twĭ-mà* (*Tsusima*), située sur une île moyenne, à l'est de la principale du groupe; elle est éloignée de 371 *ris* de *Yédo*, et à 48 *ris* de l'île et province de *I-kĭ* (*Iki*).

| 泉所 *Fòu-tsuên-sò* (*C. H.*), fort de la fontaine des dignitaires. — Fortification sur la côte du *Fóu-kién*, située par 24° 37′ lat. N. et 2° 27′ long. E.

復 *Fóu* ou *Fŏ*. — Voir *Yŭ-fóu* (Biot). Ce caractère est prononcé *Fŏ* et *Féou*, par de Guignes. (*Ch. Rep.*)

| *Fŏu*, car. *Fŏ*. — Voir *Fŏ-tcheōu-tchīng*. (*Ch. Rep.*)

扶風 *Fôu-fōng* ou *Yéou-fôu-fōng*. (*Biot.*)

| | 縣 *Fôu-fōng-hién* (*Ch. Rep.*). — Un des 8 districts du département de *Fóng-tsiāng* (*Shèn-sī*). Le chef-lieu est situé sur un petit affluent du *Oéy-hô*, par 34° 20′ lat. N. et 8° 32′ 40″ long. W.

| | 郡 *Fôu-fōng-kŭn*. — Nom d'un ancien arrondissement du temps des *Tsĭn*, au nord-est de *Kŏ-tchīng-tcheōu*. (*Biot.*)

| 澅縣 *Fôu-keōu-hién* (*Ch. Rep.*). — Un des 7 districts du département de *Tchĭn-tcheōu*, situé près du confluent de deux branches supérieures du *Shā-hô* (*Hô-nān*), par 34° 42′ lat. N. et 1° 54′ 30″ long. W.

| 江 *Fôu-kiāng* (*F. S.*). Rivière du *Kwāng-sī*, département de *Pĭng-lŏ*.

| 萊 *Fôu-lây*. — Nom d'un ancien arrondissement des *Tăng*, à l'est de *Pĕ-leôu* (*Tíng-hīng-hién*). (*Biot.*)

| 祿 *Fôu-lŏ*, bonheur et assistance. — Nom d'un ancien arrondissement des *Tăng*, à l'est de *Kwéy-lĭn-fòu*. (*Biot.*) — Même nom pour désigner un ancien arrondissement des *Hán*, à l'est de *Sŏ-tcheōu* (*Kān-sŏ*). (*Biot.*)

| 桑 *Fôu-sāng* (*D. G.*), Mûrier protecteur. — Nom d'une contrée de l'Orient, d'où le soleil se lève (*D. G.*). Nom de contrée, faisant

partie des dénominations locales insérées dans le dictionnaire des signes idéographiques de M. Léon de Rosny.

扶陽 *Fòu-yâng*, territoire protecteur. — Nom d'un ancien district du *Kwéy-tcheòu*, sous les *Swĭ*, département de *Ssé-nân*. La ville était à 85 *li*, au nord-ouest du chef-lieu actuel. (*Biot.*)

撫 *Fòu* (*Morr.*). — Nom de district (*Morr.*).

| 彝廳 *Fòu-î-tīng* (*Ch. Rep.*). Station militaire. — Un des 3 districts du département, et à l'est de *Kān-tcheŏu*. (*Kān-sŏ*.)

| 寧縣 *Fòu-ning-hién* (*Ch. Rep.*). District de la tranquillité consolante. — L'un des 7 districts du département de *Yŏng-pĭng* (*Tchĭ-li*). Le chef-lieu est situé par 39° 56' lat. N. et 2° 51' 6'' long. E. Dans les montagnes de *Lieòu-lôu* et de *Shĭ-ling*, qui font partie de ce district, on trouve de la houille ; dans celles de *Yù-hôang*, il y a des mines d'argent. (*G. R.*)

| 水 *Fòu-shwi*. Eau pacifiante. — Nom d'un ancien arrondissement établi par les *Tăng*, au nord-ouest de *Yòng-hién*, *Lieòu-tcheŏu-fòu* (*Kwāng-sĭ*). (*Biot.*)

| 仙湖 *Fòu-sién* (fées protectrices)-*hôu* (*Ch. Rep.*) ou simplement appelé *Siēn-hôu*. — Un des plus grands lacs de la province de *Yûn-nân*, qui se trouve au sud de *Tchīng-kiāng*.

| 州 *Fòu-tcheou* (contrée des consolations) *fòu* (*Ch. Rep.*). Un des 14 départements de la province du *Kiāng-sĭ*, qui comprend 6 districts, savoir : *Lĭn-tchwĕn*, *Kĭn-kĭ*, *î-hoâng*, *Lŏ-ngān*, *Tsŏng-jĭn* et *Tōng-hiāng*. Le chef-lieu est situé, à 3,455 *li* de *Pĕ-kīng*, sur la rivière appelée *Tōng-kiāng*, par 27° 56' 24'' lat. N. et 0° 10' 30'' long. W. Ce département est très-diversifié par ses plaines, ses vallées, ses collines et ses montagnes. Le climat est sain et le sol y est sillonné par de nombreux cours d'eau, outre la rivière principale qui vient des frontières de la province, coule du sud-est au nord-est, et, passant à travers le chef-lieu, se divise en deux branches pour aller se jeter plus loin dans le lac *Pŏ-Yâng*. A 40 *li* à l'ouest du district de *Lĭn-tchwĕn*, il y a des mines d'or. (*G. R.*)

敷州 *Fŏu-tcheŏu*. Même désignation.

| 城 *Fōu-tchīng*, ancien nom de l'arrondissement de *Lŏ-tchuĕn*. — département de *Fōu-tcheŏu* (*Shĕn-sĭ*). (*Biot.*)

| 裕 *Fōu-yú-shān* (*C. K.*). Montagne du district de *Yú*, département de *Nân-yâng* (*Hô-nân*). Carte de Klaproth.

| 文 *Fōu-wĕn*, ancien nom de *Tsĭng-lòu-oéy*, département de *Lân-tcheŏu* (*Kānsŏ*), sous les *Sŏng*. (*Biot.*)

VOCAB. GÉOG. CHINOIS.

斧頭湖 *Fòu-teōu-hôu* (*Ch. Rep.*). Lac de la Petite Hâche, situé à l'ouest du chef-lieu du département de *Où-tchăng* (*Hou-pĕ*), et qui est lié au lac, appelé *Leâng-tsè*, par un canal qui débouche dans le *Yâng-tsè-kiāng*.

福山 *Fóu-shān* (*Cart. Jap.*). Montagne des pêcheurs. — En japonais, *Nasíma* (*C. H.*). Cité de la province de *Pí-héou* (*Bingo*), éloignée de 194 *ris* de *Yédo*, et située à l'embouchure de deux bras d'un fleuve qui se jette dans la Mer intérieure.

| 島 *Fóu-tào* (*Cart. Jap.*). Ile des pêcheurs. — Station du territoire de *Sōng-tsiĕn* (*Matsmaï*) sur *Yéso*. — Auprès, est une montagne située par 41° 35′ lat. N. et 23° 43′ long. E., élevée de 3,570 pieds, soit 1,200 mètres environ, au dessus du niveau de la mer.

| 井 *Fóu-tsìng* (*Cart. Jap.*). Puits des pêcheurs. — En japonais, *Foukoëï*. Cité de la province de *Ywĕ-tsiĕn* (*Yetsyzen*), éloignée de 130 *ris* de *Yédo*.

滏陽 *Fóu-yâng*. — Ancien nom de *Tsĕ-tcheōu*, département de *Kwàng-ping* (*Tchĭ-lí*), sous les *Heōu* postérieurs. (*Biot*).

父城 *Fóu-tchîng* (cité paternelle.) — Ancien nom de *Pào-fóng-hiĕn*, département de *Jù-tcheōu* (*Hô-nân*), sous les *Hán*. (*Biot*).

甫 *Fòu* (*Morr.*). Nom de contrée. Nom de lieu. Nom de colline (*Morr.*).

福建省 *Fóu* ou *Fŏ-kiĕn* (heureux établissement)-*Sēng*. Une des 5 provinces orientales de la Chine propre ou intérieure (*Tchōng-kwĕ*), qui comprend 12 départements, dont 10 *Fóu* et 2 *Tcheōu*, savoir : *Fóu-tcheōu*, métropole, *Tsuĕn-tcheōu*, *Kiĕn-ning*, *Yĕn-píng*, *Tíng-tcheōu*, *Hīng-hóa*, *Sháo-òu*, *Tchāng-tcheōu*, *Fóu-ning*, *Tăy-wān* ou l'île de *Formose*; puis, *Yòng-tchŭn* et *Lông-yèn*.

Les montagnes élevées sont rares dans cette province, si ce n'est dans l'île de *Formose*. La plus célèbre de la province est celle du département de *Kiĕn-ning*, appelée *Où-í*, qui a donné son nom aux thés noirs, appelés par corruption *Boui*.

Cette province produit un chanvre remarquable, produit de l'*urtica-nivea*, de la soie assez médiocre, produite par des vers qui se nourrissent de la variété du mûrier, dit *multicaule*, indigène de cette localité. On y recueille encore du sucre, du tabac, du camphre, des oranges, des grenades, des bananes, du gingembre. On y trouve surtout ces fruits si remarquables connus, sous les noms de *Lí-tchī* et de *Lông-yèn*, produits de l'arbre *Euphoria*. (*D. C.*)

La principale rivière du *Fóu-kiĕn* est le *Mín-hô*, qui se compose de trois branches principales, l'une appelée *Tōng-kĭ*, et qui, venant du *Tchĕ-kiāng*, traverse les contrées théifères les plus importantes ; les deux autres, appelées *Tá-ssĕ-kĭ* ou *Tá-ssĕ-kiāng* ou *Tá-sù-kŏ* et *Fŏ-tŭn-kĭ*, viennent des montagnes de l'ouest, qui forment la limite de la province du *Kiāng-sĭ*. On cite encore le *Tsín-kiāng*, du département de *Tsuĕn-tcheōu*, le *Kièou-lông*

— 51 —

et le *Lông-kiāng*, du département de *Tchāng-tcheōu*. La carte de Klaproth cite plusieurs autres noms, dont quelques-uns peuvent être synonymes ou alliés de ceux déjà cités. Tels sont les suivans : *Wáy-mido-kĭ*, *Tŏ-kĭ*, *Pīng-kĭ*, *Kiáo-kĭ*, *Tchă-kĭ*, *Tŏng-jīn-kĭ*, *Kién-shwì*, *Kīn-kĭ*, *Shoāng-kĭ*, *Où-lóng-kiāng* et *Kōng-kiāng*.

Les rivières de l'île Formose ou *Táy-wān* sont particulièrement mentionnées à l'article spécial de ce département.

La carte du *Fóu-kién* par le P. du Halde mentionne encore, parmi les camps retranchés : *Fòu-lí-tcháy*, *Siáo-ȳn-tcháy*, *Pĭ-teōu-tcháy*, *Wán-ngān-tcháy*, *Shāng-tĭ-shwì-tcháy*;

Parmi les marchés : *Hày-tăn-tchín*, *Nân-tchín*;
Parmi les bureaux de poste : *Pĕ-shān-sín*;
Parmi les juridictions inférieures ou de 3e ordre : *Pĕ-kiáo-ssē*;

Enfin, parmi d'autres attributions dont les noms ne sont pas assez significatifs, tels que les suivants : *Hiá-hōu-pòu*, *Tăng-tăy-póu*, *Tchāng-kĭ-pŏu*, *Kwān-tsīng*, *Tchū-kién*, *Hòu-sī-tchi*, *Fōng-tíng-ĭ*, *Tōng-shān-ȳn*, *Pĕ-tēng Mĭ-tcheōu-kŭ*, *Pĕ-tá-yáng*, *Lién-kĭ*.

Quant aux articles qui concernent plus particulièrement l'île de Formose (*Tăy-wān*) et l'archipel des pêcheurs (*Pēng-hòu-tīng*), ils sont décrits dans ces deux dénominations spéciales.

La carte de *Fóu-kién* donnée par le P. du Halde signale une nombreuse nomenclature que nous avons essayé de déterminer, sans toutefois assurer la certitude des caractères.

Pour les douanes : *Kīn-yáng-kwān*, *Wên-sīng-kwān*, *Tōng-mòu-kwān*, *Mŏ-sháo-kwān*, *Tie-niéou-kwān*, *Hoăng-tŏu-kwān*, *Pĕ-kào-kwān*, *Fên-shwì-kwān*.

Pour les îles : *Hòu-tsūn-sú*, *Nân-tíng-sú*, *Òu-sú*, *Sīng-sú*, *Lĭe-sú*, *Tá-tīng-sú*, *Nân-ngĕ-sú*, *Siáo-ngĕ-sú*, *Tchăng-sú*, *Tsăo-sú*, *Tōng-siāng-sú*.

Pour les îles, encore : *Siáo-siāng-shān*, *Tá-siāng-shān*, *Tá-tíng-shān*, *Tá-tōng-shān*, *Hiá-mó-shān*, *Tōng-lô-shān*, *Tōng-ȳn-shān*, *Tōng-shú-shān*, *Sī-yáng-shān*, *Táy-shān*, *Mă-tché-shān*, *Hòu-ȳn-shān*, *Hò-yên-shān*, *Nân-sān-shān*, *Pĕ-sān-shān*, *Tsĭ-sīng-shān*, et même *Tōng-shā*.

Pour les baies : *Tá-ngáo*, *Nân-fōng-ngáo*, *Tsē-ngáo*, *Siáo-sú-ngáo*, *Hoăng-kĭ-ngáo*, *Lán-mì-ngáo*.

Pour les détroits et passages : *Pā-tchĕ-mên*, *Tān-mên*, *Kò-mên*, *Òu-hòu-mên*, *Pă-mà-mên*, *Pòu-mên*, *Fóng-hŏ-mên*, et même *Leâo-tŏ-keōu*.

Pour les forts détachés : *Tá-kīn-sŏ*, *Kīn-mên-sŏ*, *Fòu-tsûen-sŏ*, *Mêy-hòu-sŏ*, *Tíng-hày-sŏ*, *Tchōng-òu-sŏ*.

Pour les postes fortifiés : *Pīng-hày-oéy*.

Pour les cités de guerre : *Tchĭ-hòu-tchíng*, *Tōng-shān-tchíng*, *Shĭ-hòu-tchíng*, *Yá-tchíng*, *Mín-ngān-tchíng*.

La carte de Klaproth indique d'autres noms du *Fóu-kién*, que nous transcrivons, sans être sûrs des caractères. Tels sont : *Fên-shwì*, *Shān-ngān*, *Hày-tcheōu-tchíng*, *Shāng-tăy-tsing-tchíng*, *Nân-tīng-siéou*, *Tchín-hày-tchíng*, *Hiá-mên*, *Hòu-sī-tchíng*, *Tchíng-hày*, *Wán-sōng*, *Pīng-hày-oéy*, *Kwān-ȳn-ngáo*, *Nân-kwān*, *Pòu-mên-sŏ* et *Pĕ-kwān*.

L'embouchure de la rivière *Min* a été particulièrement étudiée, au point de vue de la navigation. On cite, comme lieu de refuge, en cas de mauvais temps, la baie de *Tīng-hày;* comme danger à éviter, l'île de l'Alligator *Tōng-shā*). On remarque le pic de *Tōng-yòng;* plus loin, un groupe d'îles appelées *Pĕ-shāng-shān* et *Tsĭ-sīng*. Au nord, est une île élevée de 566 mètres et appelée *Fóu-yáo-shān*, et, à l'est de celle-ci, un groupe de petites îles appelées *Tăy-shān*, ainsi que les îles, ports et douanes de *Pĕ-kwān* et de *Nân-kwān*, qui se trouvent sur la limite de la province de *Fóu-kién*, vers le *Tchĕ-kiāng*.

Il est utile de mentionner ici la nomenclature du groupe d'îles appelé archipel Madjicosima (Voir *Pā-tchōng-shān*), et qui se trouve sur la route de l'archipel de *Lieŏu-kieŏu* et du Japon; îles qui offrent une situation exceptionnelle, un gouvernement particulier, tributaire à la fois de la Chine et du Japon. Cette nomenclature se trouve en son lieu et place. Voir *Pā-tchōng-shān*.

La côte du *Fóu-kién* offre différens points mentionnés sur les cartes maritimes de l'amirauté anglaise. Après avoir doublé le *Cap de Bonne-Espérance* (*Mà-eùl-fōng*), pointe le plus au nord-est de la province voisine du *Kwàng-tōng*, et dépassé *Namoh* (*Nân-ngáo*), l'île la plus considérable de ces parages, on atteint, dans le département de *Tchāng-tcheōu*, les points suivans : *Tōng-shān-yng*, *Kòu-lwĭ-teŏu*, *Hóu-teŏu-shān;* puis Amoy (*Hiá-mén*), autour duquel se groupent *Tōng-ting*, ou l'île de la Chapelle, *Kŏu-láng-sú* et *Nân-ting* ou Lamtia; enfin, *Tá-tsiāo* ou Chauchat, *Tá-pǎn*, *Tsīng-sú*, *Oú-sú* et *Jĭ-sú*. En continuant vers le nord, et dans le département de *Tsŭen-tcheōu*, on rencontre *Tá-siāo*, *Hoāng-kwā*, *Siào-tán* et *Tá-tán*, *Kĭ-sú*, *Kīn-mên*, *Leâo-lô*, *Heŏu-sú*, *Pĕ-tíng*, *Oéy-teŏu*, la pagode de la baie Chimmo, appelée *Kŏu-sào-tă*, les trois îles appelées *Oū kieŏu-sú*, *Nân-jĭ* ou Lamyet, *Hày-tăn* et son pic *Kūn-shān*, *Pĕ kuĕn* et *Hóu-kiāng*.

A l'embouchure de la rivière *Min*, on rencontre la pointe appelée *Fóu-teŏu*, puis une petite ville au-dessus, appelée *Mĭn-ngān*, et la pagode de *Lô-sīng-tă*. En revenant au nord du Chien Blanc (*Pĕ-kuĕn*), on trouve une grande île appelée *Mà-tsŏu-shān*, et, à 3 milles plus loin, une autre grande île appelée *Tchāng-kĭ-shān*.

La province du *Foú-kién* comprenait, en 1844, une population de près de 15 millions d'individus, sur une superficie de 138,543 kilom. car. D'après le *Ch. Rep.*, vol. XVI, pag. 80, il y aurait de la houille dans le département de *Hīng-hoá*, et de l'anthracite dans les monts *Anko*, du district de *Tsĭn-kiāng*. Le voyageur américain Pumpelly, en 1866, signale de l'or dans les monts *Kin*, à Formose, district de *Fóng-shān*, ainsi que dans le département de *Fóu-tchēou*. Il y a du fer dans les districts de *Fóu-tsīng* et de *Min*, du département de *Fóu-tchēou*; dans ceux de *Tōng-ngān* et de *Ngān-kĭ*, département de *Tsŭen-tcheōu*; dans ceux de *Kién-ngān*, *Tsōng-ngān*, *Ngáo-ning* et *Sōng-kĭ*, département de *Kién-ning;* dans ceux de *Nân-píng*, *Yù-kĭ* et *Tsiāng-lŏ*, département de *Yên-píng;* dans ceux de *Shán-háng*, *Ning-hóa* et *Yòng-ting*, département de *Tíng-tcheōu;* dans celui de *Lông-kĭ*, département de *Tchāng-tcheōu;* dans celui de *Ning-tĕ*, département de *Fóu-ning*, et dans celui de *Tĕ-hóa*, département de *Yòng-tchŭn*. Il y a de l'argent dans le district de *Kién-ngān*, *Kién-yàng*, *Pŏu-tchíng* et *Tsōng-ngān*, département de *Kién-ning;* ainsi qu'à *Lóng-mĭn-tsāng*, du district de *Ning-hóa*, département de *Ting-tcheóu*, à *Hoàng-pĕ-tsāng* et à *Ngān-fōng-tsāng*, du district de *Yòng-ting*, département de *Pîng tcheōu*. Il y a du cuivre dans le district de *Kién-yàng*, département de *Kién-ning;* dans ceux de *Nân-píng*, *Shā* et *Yù-kĭ*, département de *Yên-píng*. Il y a du plomb dans le district de *Tá-tiĕn*, département de *Yòng-tchŭn*, ainsi qu'à *Săn-tsìng-mìng* et *Tsĭ-oéy-tsè-kŏng*, du département de *Lông-ngăn*. Il y a de l'étain dans les monts *Hiāng-pāŏ*, du district de *Yòng-ting*, département de *Tíng-tchēou*. Il y a du soufre dans le district de *Tchăng-hóa*, île de Formose. Il y a du cristal de roche dans le district de *Tchăng-pòu*, département de *Tchăng-tchēou*; enfin on signale des grottes ou cavernes très-curieuses dans les départemens de *Tchăng-tchēou*, de *Fóu-nìng* et de *Tsuên-tchēou*.

福建頭   *Fóu-kién-teôu* (C. G.), tête du *Fŏu-kién*. — Ile au sud du district de *Sīn-ngăn* (*Kwàng-tōng*).

| 祿   *Fóu-lŏ*. Nom d'un ancien arrondissement des *Tāng*, à l'est de *Kwéy-lĭn-fòu* (*Kwăng-sī*). B. — Même nom pour désigner un ancien arrondissement des *Hán*, à l'est de *Sŏ-tcheōu* (*Kān-sŏ*). B.

| 安   *Fóu-ngăn*. — Ancien nom de *Fóu-nìng-fòu*, sous les *Sóng*. (*Biot*.)

| | *Fóu-ngăn* (heureuse paix)-*hién* (Ch. Rep.). L'un des 5 districts du département de *Fóu-nìng* (*Fóu-kién*). Le chef-lieu est situé sur une petite rivière appelée *Kiáo-kī*, par 27° 4' 48" lat. N. et 3° 18' 40" l. E.

| 寧府   *Foú* ou *Fó-ning* (heureux repos)-*fòu* (Ch. Rep.). L'un des 12 départements de la province du *Fóu-kién*, comprenant 5 districts, savoir : *Hia-pòu*, *Nìng-tĕ*, *Fóu-ngăn*, *Shéou-nìng* et *Fóu-tìng*. Le chef-lieu, à 5,400 lì de Pékin, est situé sur la côte, au fond d'une baie, par 26° 54' lat. N. et 3° 40' long. E.

| 山   *Fóu-shān* (montagne heureuse)-*hién* (Ch. Rep.). L'un des 11 districts du département de *Tēng-tchēou* (*Shān-tōng*). Le chef-lieu est situé sur la côte, à l'embouchure d'une petite rivière appelée *Tsìng-Yáng-hô*, par 37° 33' lat. N. et 5° 6' 30" long. E.

| *Fóu*, car *Fŏ-tcheōu* (contrée heureuse) *fòu* (C. R.). L'un des départements de la province du *Fóu-kién*, et qui comprend 10 districts *hién*, savoir : *Mín*, *Heôu-Kwān*, *Fóu-tsīng*, *Tchăng-lŏ*, *Yòng-fŏ*, *Liên-kiāng*, *Lô-ywên*, *Mín-tsīng*, *Kòu-tién* et *Pîng-uăn*. Le chef-lieu de ce département, à 4,845 lì de Pĕ-king, capitale de la province, est une ville de 800,000 habitans, considérée comme le principal entrepôt du commerce des thés noirs. C'est la résidence du gouverneur des deux provinces du *Fóu-kién* et du *Tchĕ-kiāng*; elle est située sur la rive gauche de la rivière *Mín*, à 34 milles (54 kilom.) de son embouchure, par 26° 7' lat. N. et 2° 46' long. E. Sa pagode, appelée *Lô-sìng-tă*, son temple appelé *Fóu-téou* et son pont surtout, sont des monumens vraiment remarquables. Le point culminant des environs de cette ville est élevé de 175 mètres au-dessus du niveau de la mer. Le climat est réputé salubre ; mais les résidens étrangers doivent se précautionner contre le soleil d'été, dont la chaleur est excessive, variant de 34 à 35° centigr. En hiver, elle descend jusqu'à + 4°, minimum. C'est un des ports intérieurs ouverts, par le traité de *Nân-kìng*, au commerce étranger. Dans ce département, on trouve du fer dans les districts de *Fóu-tsīng* et de *Mín*. On y trouve aussi de l'or (*coarse gold*). (G. R.)

｜斗 *Fóu-teóu (C. G.).* — Pointe de la côte du *Fóu-kién*, près de l'embouchure de la rivière *Min*, par 26° 8′ 9″ lat. N. et 3° 10′ 14″ long. E. (*M. G.*, page 9.)

福鼎 *Fóu-tǐng* (heureuse région)-*hién* (*Ch. Rep.*). L'un des 5 districts du département de *Fóu-ning* (*Fóu-kién*). Le chef-lieu est situé au fond d'une baie, par 27° 10′ lat. N. et 3° 50′ long. E.

｜土 *Fóu-tŏu. (N. L.).* — Montagne à 60 *li* au sud du district de *Fóng*, département de *Hán-tchōng* (*Shèn-sĭ*), où l'on trouve du réalgar ou sulfure rouge d'arsenic (*sulfuret ot arsenic*). (G. R.)

｜津 *Fóu-tsīn.* — Nom d'un ancien arrondissement du temps des *Tāng*, dans le district actuel de *Kiāy* (*Kān-sŏ*). (*Biot*).

｜清 *Fóu-tsǐng* (clarté heureuse)-*hién* (*Ch. Rep.*). Un des 10 districts du département de *Fóu-tcheōu* (*Fóu-kién*). Le chef-lieu est situé près de la côte, par 25° 40′ 48″ lat. N. et 3° 8′ long. E.

｜瑤山 *Fóu-yâo-shān (C. G.).* — Grande île située sur la côte du *Fóu-kién*, dont le sommet est élevé de 566 mètres au-dessus du niveau de la mer. Elle posséde une bonne baie, située par 26° 56′ 1″ lat. N. et 3° 53′ 12″ long. E.

符縣 *Fóu-hién*, ancien nom de *Hŏ-kiāng-hién*. Département de *Lôu-tcheōu* (*Ssé-tchwēn*), sous les *Hán*. (*Biot*.)

｜離 *Fôu-li*, ancien nom de *Sŏ-tcheōu*, département de *Fóng-yáng* (*Ngān-hoëy*), sous les *Sóng*. (*Biot*.)

｜秦 *Fôu-tsīn*, ancien nom de *Oéy-nán*, suivant Biot.

膚 *Fōu (Medh.).* Nom de lieu (*Medh.*).

｜施縣 *Fōu-shǐ-hién (Ch. Rep.).* — Un des 10 districts du département de *Yèn-ngān* (*Shèn-sĭ*). Le chef-lieu affecté à celui du département est, comme ce dernier, situé par 36° 42′ 20″ lat. N. et 7° 0′ 30″ long. W. Biot, probablement par erreur, lui donne le nom de *Lôu-shǐ*.

蕾 *Fŏu* ou *Pŏu (Medh.).* — Nom de lieu (*Medh.*).

福襄江 *Fóu-tswī-kiāng.* Rivière du département de *Li-pǐng*, province du *Kwèy-tchēou*.

負 *Fóu (D G.).* — Nom de royaume (*D. G.*).

賦路爾 *Fóu-lôu-eŭl (N. L.).* Race de mahométans qui vivent sous des huttes de terre. Ils ne possèdent qu'un dialecte parlé et ne savent ni lire et écrire. Ils n'entendent nullement le langage des autres mahométans, et vivent pêle-mêle, hommes et femmes, comme des brutes. Ils sont adonnés au vol et au pillage, et vendent leurs enfants comme esclaves.

邿 *Fôu (Medh.).* — Nom de district du canton de *Láng-yĕ (Medh.).* Voir *Mŏ-fôu. (Cart. Chin.).*

廊 *Fōu (Morr.).* — Nom de lieu *(Morr.).*

| 県 *Fóu-hién (Biot).* — Ancien nom de *Fōu-tcheōu* et de *Lŏ-tchwĕn-hién (Shèn-sī),* sous les *Hán. (Biot).*

| 州 *Fōu-tcheōu. (Ch. Rep.).* — Un des 12 départements, mais moyen, de la province de *Shèn-sī,* comprenant 3 districts, savoir : *Lŏ-tchwĕn, Tchōng-póu* et *ī-kūn.* Le chef-lieu de ce département, à 2500 *li* de *Pĕ-kīng,* est situé dans la vallée de la rivière *Lŏ,* par 36° 5' lat. N. et 7° 40' 30" long. W. Dans les districts de *Tchōng-póu* et d'*I-kūn,* on trouve du fer en pyrites. Il y a également du soufre. (G. R.).

| 時 *Fōu-tchì (Medh.).* — Nom de district, près de *Fông-ĭ (Medh.).* Le caractère *tchi* étant prononcé *shi* par Medhurst, on peut supposer qu'il a voulu désigner *Fōu-shī-hién,* cité plus haut.

鈇門 *Fōu-mên (Cart. Chin.).* Porte de la Hache. — Passage du grand désert pour franchir les limites du territoire de *Samarcande.*

釜 *Fóu. (N. L.)* — Nom de colline. *(Morr.).*

Fóu. Voir *Nwĭ-fóu. (Biot).*

| 皋 *Fôu-kāo. (N. L.).* Rivage élevé. — En japonais, *Foutoro.* Terrain volcanique de l'île *Jesso,* situé sur la côte ouest, au sud de la rivière *Toshibets,* dont les roches accusent une origine trachytique ou phonolitique. Leur base repose sur le granit ou la syénite. (G. R.).

| 樓 *Fóu-leôu (D. G.).* — Petite montagne *(D. G.).*

| 鄘 *Fóu-yông (D. G.).* — Certain petit royaume *(D. G.).*

鳧 *Fôu (Morr.).* — Nom de colline *(Morr.).*

N. B. — Les caractères des sons *Fo* et *Fou* sont souvent synonymes; aussi, ceux que l'on ne rencontrerait pas sous une forme doivent être cherchés sous l'autre, *vice versâ.*

SON G.

Le son de cette lettre, dans son intonation dure, comme dans les noms français de *Gange, Gorée, Guèbres*, est remplacé en chinois par le son de *Ng*, comme dans les noms chinois de *Ngay, Nge, Ngo*. Toutefois, les Anglais, tels que Médhurst et Morrison, écrivent ces derniers noms avec la lettre G, comme dans *Gae, Gan, Gang, Gaou, Go* et *Gow*.

Le son du *G* doux, comme dans *Gélons, Gilolo*, prend le son du J, et se remplace en chinois par les sons de *Je* et de *Ji*.

SON HAN.

Prononciation française.	*Han, Hane, Hann.*
— américaine, anglaise .	*Han.*
— espagnole, portugaise.	*Han.*

ORDRE DES CLEFS :

	函	凾	含	咸	寒	峆	庈	开	㹝	旱	汗
CLEFS :	17	17	30	30	40	46	53	57	64	72	85
TRAITS :	6	7	4	6	9	8	6	3	6	3	3

	浛	涵	漢	瀚	罕	邗	邯	閈	韓	馯
CLEFS :	85	85	85	85	122	163	163	169	178	187
TRAITS :	7	8	11	16	3	3	5	3	8	3

函谷 *Hân-kŏ*. — Ancien nom de *Lîng-pào-hién*, sous les *Tsîn (Biot.)*.

凾| *Hân-kŏ (Cart. Ch.)*, vallée circonscrite. — Douane située sur la frontière du *Hô-nân*, district de *Wán-hiáng*, département de *Shèn*, près de la limite du *Shèn-sĩ*.

含山 *Hân-shān* (montagne de la complaisance)-*hién (Ch. Rep.* — Le seul district du département inférieur de *Hô (Ngān-hoēy)*. Le chef-lieu est situé sur un affluent navigable du fleuve Bleu, à environ 6 kilomètres de son embouchure, par 31° 47' lat. N. et 4° 34' 30'' long. E.

咸 *Hân* ou *Hiên (Morr.)*. — Nom de lieu. Nom de rivière *(Morr.)*.

|亨 *Hân*, car. *hiên-hēng (Ch. Rep.)*. — Époque de la dynastie des *Tâng*, vers l'an 670 de notre ère, sous le règne de l'empereur *Kāo-tsōng*. C'est l'époque où l'on présume, entre 654 et 678, que le christianisme a été introduit en Chine, par les Nestoriens.

寒河香峯 *Hân-hô-hiāng-ʃōng (Cart. Ch.)*. — Terres du pôle arctique.

|川郡 *Hân-tchwĕn-kún (Cart. Jap.)*. — Une des 9 préfectures de la province japonaise de *Hía-tsŏng (Simosa)*, située au sud-est.

峆 *Hân (Medh.)*. — Nom de montagne.

|谷 *Hân-kŏ (Medh.)*. — Nom d'un défilé du *Hô-nan*.

庈都斯但 *Hân*, car. *Hiēn-tōu-ssē-tān (Ch. Rep.)*. — Nom figuré de l'Inde. — Voir *Yīn-tòu (Ch. Rep.)*.

VOCAB. GÉOG. CHINOIS. 8

犴 *Hán* (*Morr.*). — Nom de district (*Morr.*).

掀 *Hán* (*Medh.*). — Sens formé des radicaux *main* et *limite*. — Voir *Sān-hán* (*Cart. Jap.*).

旱 *Hán* (*Medh.*).—Nom donné à certains étrangers de l'Orient (*Medh.*).

汗 *Hán* (*Morr.*). — Nom de quelques anciens districts. Le terme de *Kŏ-hán* s'applique au nom de *Khan*, ancien chef tartare (*Morr.*).

浛 *Hán* (*Morr.*). — Nom de lieu (*Morr.*).

浛溟宗 *Hán-mîng-tsōng* (*Cart. Ch.*). — Nom donné à une partie du Grand Océan, situé entre le *Tá-tōng-yâng* et le *Tōng-nân-hày*, à l'ouest de l'Amérique du Sud.

漢 *Hán* (*D. G. Medh. Morr.*). — Nom de dynastie. — Nom de pays. — Nom de rivière du *Hôu-kwàng*.

| 阜 *Hán-feòu*. — Ancien nom de *Fèou-tching-hién*, sous les *Tăng* (*Biot.*).

| 豐 *Hán-fōng*. — Ancien nom de *Kăy-hién*, sous les *Hán* (*Biot.*).

| 海 *Hán-hày*. — Mer de *Hán* ou mer de Chine, comprend :
1° *Tcheōu-hày*, mer des Iles ou mer de Chine propre, depuis l'entrée orientale du détroit de Malaka, jusqu'au sud du détroit de Formose;
2° *Tōng-hày*, mer Orientale, ou *Tsăng-hày*, mer Bleue, depuis le nord du détroit de Formose, jusqu'au sud du détroit de Corée;
3° *Hoâng-hày*, mer Jaune, avec le golfe du *Tchĭ-lì*, comprenant les golfes de *Pĕ-king* et de *Leâo-tong*;
4° *Jĭ-hày*, mer du Soleil ou mer du Japon, formant un grand bassin, depuis le détroit de Corée jusqu'à celui de La Pérouse;
5° *Pĕ-hày*, mer du Nord ou mer d'Okhotsk, appelée également Manche de Tartarie, depuis le détroit de La Pérouse jusqu'au Kamtchatka.
Cette mer de Chine s'étend depuis l'équateur, est bornée à l'est par la côte nord de Bornéo, suit les archipels de Soulou et des Philippines, les îles Babuyanes et Bashees, Formose, les archipels de *Madjicosima* et de *Lieôu-kieou*; enfin, par les nombreuses et grandes îles de l'empire du Japon, jusqu'à la Manche de Tartarie, qui débouche à la naissance du Kamtchatka.

| 興 *Hán-hīng*. — Ancien nom de *Pŏu-tching-hién* (*Fŏ-kién*), sous les *Hán* (*Biot.*).

| 王都 *Hán-hoâng-tōu* (*Biot.*). — Ancien nom de *Hán-tchŏng-fòu*, sous les *Hán*. — Voir *Hán-tŏu*.

漢口 *Hán-keŏu*, vulgairement *Hán-kăŏ* (*Ch. Rep.*), embouchure de la rivière *Hán*, n'est pas, à proprement parler, une cité; c'est un faubourg colossal des villes de *Où-tchăng* et de *Hán-yáng*, de la province du *Hôu-pĕ*, situé par 30° 33′ 54″ lat. N. et 2° 8′ 44″ long. W. C'est le siége d'un consulat britannique, l'entrepôt le plus considérable de la Chine intérieure. C'est là que passent et que se distribuent presque toutes les marchandises débitées pour les marchés intérieur et extérieur : les soies du *Tchĕ-kiāng*, du *Kiāng-sōu* et du *Ssé-tchwĕn*, les thés du *Hôu-nán* et du *Kiāng-sī*, les *mă* du midi et les huiles du nord, etc. On évalue que ce commerce peut s'élever à près de cent millions de piastres par an. La réunion de *Hán-keŏu* et des deux grandes métropoles qui forment un triangle à l'embouchure du *Hán*, dans le *Yáng-tsè-kiāng*, constitue une des plus grandes agglomérations commerciales qui soient au monde. Il existe à *Hán-keŏu* quelques industries dont les principales sont des teintureries et des verreries, mais l'industrie manufacturière est fort peu considérable; tout est dans le mouvement commercial du va-et-vient continuel des marchandises qui entrent et qui sortent. Les produits principaux sont :

La cire d'insectes (*Tchŏng-pĕ-lă*) du *Ssé-tchwĕn* et du *Kwéy-tcheŏu;*
Le suif d'arbre (*Mŏ-kăo*) des provinces centrales;
Les graisses de ricin (*tá-mă-tsè*) du *Hôu-pĕ* et du *Hôu-nán*, à.............. 25 francs le picul.
Les graisses de sésame (*tchī-mă*) du *Hôu-pĕ* et du *Hôu-nán;* de 13 à........... 14 —
L'huile de sésame entier (*mă-yéou*), à.... 47 —
L'huile de sésame broyé (*yén-yéou*), à.... 60 —
L'huile de l'herbe *tse-tse* (*tsĭ-tsăy*, moutarde?), à................. 47 —
L'huile de camellia (*tchă-yéou*), à...... 47 —
L'huile de coton (*mién-yéou*), à........ 39 —
L'huile de l'arbre *mou-hé-tchoi-yen* (*yi-yéou*, cocotier), à.................. 39 —
L'huile de *tong-yen* blanche (*Pĕ-tŏng-yéou*), vernis, à................... 26 50 —
L'huile de *tong-yen* noire *sciou-yen* (*sī-oû-yéou*), à.................... 40 —
La houille (*méy-tăn*) en trois qualités, de 2 à........................ 3 25 —
Le cuivre blanc (*pĕ-tŏng*), à.......... 240 —
Le mercure (*shwĭ-yn*), à............ 500 —
L'anis étoilé (*tá-hoëy*), à............ 144 —
L'arsenic (*tsĕ-shoāng*), à........... 44 —
Le borax (*pŏng-shā*), à............. 112 —
L'encre de Chine (*mĕ-méy*), de 10 centimes à 10 fr. le bâton.
Le musc (*shé-hiāng*), à............. 27 fr. le vésicule.
La malachite (*shĭ-lŏ*), substance tinctoriale minérale, de 280 à............. 320 francs le picul.
Le vermillon (*yīn-tchū*), substance minérale employée en peinture, de 270 à..... 430 —

Le cucurma (*hoång-kiāng*), substance tinctoriale végétale, de 24 à	40	francs le picul.
Le *hong-fe-ko* (*hông-fŏ-kŏ*), pour teindre en rouge et rose, à	44	—
Le *hoang-ting* (*hoâng-tĭng*), pour teindre en jaune, à	40	—
Le *kwey-hou* (*kwéy-hōa*), pour teindre et parfumer le thé, à	144	—
Le *mok-hoa* (*mŏ-hōa*), pour teindre en brun cannelle et puce, de 28 à	30	—
Le *tche-houang-pa* (*tché-hoâng-pă*), pour teindre en jaune, à	35	—
Le *pei-tse* (*pĕy-tsè*), pour teindre en noir, à	60	—
Le *tse-ko* (*tsè-kō*), pour teindre en jaune (ou noir?), à	20	—
Les thés du *Hôu-nân*, depuis 128 successivement jusqu'à	344	—
Le thé en briques, appelé *tschi-ko*, à	45	cent. la brique.
Les cocons de soie du *Ssé-tchwĕn*, à	1	fr. 50 le kilogr.
La soie grége du *Ssé-tchwĕn*, à	1,200	francs, le picul.
La soie tissée du *Ssé-tchwĕn*, à	1,500	—
La soie grége blanche du *Hôu-pĕ*, à	1,200	—
La soie tissée du *Hôu-pĕ*, à	1,440	—
Les cocons, à	1	fr. 80 le kilogr.
La soie tissée grise du *Ssé-tchwĕn* (*kia-tinn*), à	1,440	francs, le picul.
La soie tissée jaune du *Ssé-tchwĕn* (*shi-kong*), à	1,360	—
La soie tissée jaune du *Hôu-pĕ* (*hwan-tcheōu*, à	1,440	—
La soie tissée blanche du *Ngān-hoëy* (*fikhon*).		
Les chanvres ou *mâ* du *Kiāng-si*, de 55 à	57	—
Les chanvres du *Ssé-tchwĕn*, de 40 à	52	—
Les vernis, en différentes qualités, depuis 121 jusqu'à	297	—

Voici, par ordre d'importance, le mouvement commercial, c'est-à-dire le montant des importations et exportations réunies du commerce étranger, dans les onze ports suivants, ouverts en 1863.

Sháng-hày, Kiāng-sōu	1,524,000,000	francs.
Hàn-keŏu (Han-kao), *Hôu-pĕ*	183,000,000	—
Fou-tcheōu, Fŏ-kién	176,000,000	—
Kwàng-tcheōu (Canton), *Kwàng-tōng*	154,000,000	—
Ning-pŏ, Tchĕ-kiāng	138,000,000	—
Hiá-mên (Amoy), *Fŏ-kién*	88,000,000	—
Kieòu-kiāng (Kiou-kiang), *Kiāng-sī*	68,000,000	—
Tchào-tcheōu (Swatow), *Kwàng-tōng*	64,000,000	—
Tiĕn-tsīn, Tchĭ-lĭ	60,000,000	—
Tchin-kiāng, Kiāng-sōu	42,000,000	—
Tchī-fōu (Tchefou), *Shān-tōng*	32,000,000	—
Total	2,529,000,000	francs.

Outre ce qui peut se faire dans les autres ports ouverts au commerce étranger, par le traité de *Tiĕn-tsīn*, en 1860, tels que *Tăy-wăn*, *Kiŏng-tcheŏu*, *Tēng-tcheōu*, *Niĕou-tchôang*, etc.

Les principaux marchés qui se fournissent sur celui de *Hán-keŏu*, sont les villes de *Siāng-yâng* et de *Fan-tching* (*Hôu-pĕ*), au nord; celles de *Shā-shĭ* (*Hôu-nân*) et de *Tchōng-kĭng* (*Ssé-tchwĕn*, à l'ouest, et de *Tchăng-shā* et de *Siāng-tân* (*Hôu-nân*), au sud.

漢紀 *Hán-kì* (*Ch. Rep.*). — 8ᵉ dynastie dite des *Hán* ou des hommes forts, qui a suivi celle des *Heóu-tsîn*, et dont voici la nomenclature :

高祖 *Kāo-tsòu* (*Ch. Rep.*), origine suprême. — 84ᵉ empereur, avant notre ère, 202. Ce prince, primitivement appelé *Lieòu-pâng*, était un simple chef de partisans, plein de toutes sortes de qualités, qui parvint à l'empire par la force des circonstances. L'histoire en fait le plus grand éloge.

惠帝 *Hoéy-tì* (*Ch. Rep.*), souverain bienfaisant. — 85ᵉ empereur, 194. Fils du précédent.

呂后 *Lù-heóu* (*Ch. Rep.*), reine auxiliaire. — 86ᵉ règne, 187. Mère du précédent, usurpa le trône et se rendit odieuse par ses crimes et sa tyrannie.

文帝 *Wên-tì* (*Ch. Rep.*), le roi des lettres. — 87ᵉ empereur, 179. Second fils de *Kāo-tsòu*, se distingua par ses vertus et sa sagesse. Il devint le protecteur des arts et permit de reproduire les livres qui avaient été sauvés de l'incendie ordonné par *Shi-hoâng*, 67 ans auparavant. C'est sous son règne que l'on a inventé le papier de bambou, les pinceaux et l'encre. Auparavant on n'écrivait que sur des écorces de bambou avec un poinçon de fer.

景 *Kìng-tì* (*Ch. Rep.*), souverain brillant. — 88ᵉ empereur, 156. Fils du précédent. Sous son règne vivait l'historien *Ssé-mà-tsiĕn*, surnommé l'Hérodote de la Chine (145).

武 *Où-tì* (*Ch. Rep.*), souverain guerrier. — 89ᵉ empereur, 140. Fils du précédent, un des empereurs les plus célèbres de la Chine par sa valeur, son application au gouvernement, son inclination pour les sciences et la protection qu'il donna aux lettres. Il porta ses armes victorieuses jusqu'à Pégou, à Siam, au Camboge et au Bengal. Époque de l'introduction de la vigne (*Pôu-tăo*) en Chine (126) par le général *Tchăng-kiāng*. D'après Partonopcus de Blois, le pays des Sères était alors connu de Carthage.

昭 *Tchāo-tì* (*Ch. Rep.*), souverain brillant. — 90ᵉ empereur, 86. Fils du précédent.

宣 *Suēn-tì* (*Ch. Rep.*), souverain proclamé. — 91ᵉ empereur, 73. Petit-fils de *Où-tì*, se rendit digne de son aïeul par sa sagesse, son application constante aux affaires de l'État et par les lois salutaires qu'il institua. Sous son règne, il y eut de violents tremblements de terre qui durèrent pendant 22 jours. L'empire s'étendait alors jusqu'à la mer Caspienne. C'est l'époque des premières liaisons commerciales entre les Chinois et les Tartares.

元帝 *Ywên-tí (Ch. Rep.)*, souverain supérieur. — 92ᵉ empereur, 48. Fils du précédent, passionné pour l'étude et pour les lettres.

成 | *Tchǐng-tí (Ch. Rep.)*, souverain accompli. — 93ᵉ empereur, 32. Fils du précédent, n'a pas justifié le nom qui ui fut donné, car ce fut un mauvais prince.

哀 | *Ngāy-tí (Ch. Rep.)*, souverain aimé. — 94ᵉ empereur, 6. Neveu du précédent. Le P. du Halde lui donne le nom de *Hiáo-ngāy-tí*.

平 | *Pǐng-tí (Ch. Rep.)*, souverain de paix. — 95ᵉ empereur. D. E. 1. Descendant de *Ywên-tí*. Le P. du Halde lui donne le nom de *Hiáo-pǐng-tí*. Depuis l'empereur *Pǐng-tí*, la dynastie des *Hán* prend quelquefois le nom de *Sī-hán* ou *Hán* occidentaux, par opposition aux *Hán* orientaux qui leur succédèrent.

孺子嬰 *Jú-tsè-īng (Ch. Rep.)*, petit enfant. — 96ᵉ empereur, 6. Descendant de *Suēn-tí*. — Ici l'on place l'interrègne de l'usurpateur *Wâng-máng*, qui donna à sa famille le nom de *Tsǐn* 親 qui veut dire *nouveau*.

淮陽王 *Hoǎy-yâng-hoǎng (Ch. Rep.)*, prince dégradé. — 97ᵉ empereur, 23. Descendant de *Kǐng-tí*. Son règne fut éphémère et termina la première série de la grande dynastie des *Hán* et la sous-dynastie des *Sī-hán*, qui précédèrent la dynastie des *Tōng-hán* ou *Hán* occidentaux.

漢嘉 *Hán-kiā*. — Ancien nom de *Kiā-tǐng-fòu*, sous les *Hán*, et de *Mǐng-shān-hién*, sous les *Hán* orientaux (Biot.).

| 江 *Hán-kiāng (C. K.)*. Autrement *Hán-shwi (C. R.)*. — Grande rivière qui a donné son nom à une des dynasties chinoises les plus célèbres. Elle descend de la base sud de la grande chaîne appelée *Tsǐn-lǐng*, parcourt la partie nord de la province du *Hôu-pĕ*, en deux grandes branches, qui se soudent à *Siāng-yâng-fòu*, puis poursuit son cours majestueux, pour se subdiviser, plus loin, en nombreuses ramifications et tomber dans les lacs multiples qui bordent le cours du fleuve Bleu (*Yâng-tsè*), près de *Hán-keǒu*.

| 谷河 *Hán-kǒ-hǒ (Ch. Rep.)*. — Rivière de la vallée de *Hán*, du département moyen, appelé *Kiĕn (Shèn-sī)*.

| 梨木 *Hán-li-mǒ (N. L.)*. — Ville mahométane à 80 *li* à l'est de *Pày-tching* et 210 *li* N.-W. de *Kòu-tché*. Elle se trouve sur

la route des *Sŭe-shān*. Dans ses environs on recueille du seigle, de l'orge, des melons et des raisins. — Voir *Ch. Rep.*, vol. IX, page 126.

漢南 *Hán-nán*. — Nom d'un ancien arrondissement des *Oéy*, au nord d'*ĭ-tchīng-hién* (*Siāng-yâng-fòu* (Biot.).

| 安 *Hán-ngān*. — Ancien nom de *Kiāng-ngān-hién*, sous les *Tsĭn* (Biot.).

| 寧 *Hán-níng*. — Ancien nom de *Hīng-níng-hién* (*Tchĭn-tcheōu-fòu*), sous les *Hán* (Biot.).

| 平 *Hán-píng*. — Ancien nom de *Feôu-tcheōu*, sous les *Tcheōu* postérieurs (Biot.).

| 壽 *Hán-shéou*. — Ancien nom de *Kwàng-ywên-hién*, sous les *Hán* et de *Tchăng-tĕ-fòu* (*Hôu-nân*), à l'époque des 3 royaumes (Biot.).

| 水 *Hán-shwi* (*Ch. Rep.*). — Rivière *Hán*, appelée *Hán-kiāng* sur la carte de Klaproth, descend des montagnes sud-ouest du *Shèn-sī*, passe à *Hán-tchōng-fòu* et à *Hīng-ngān-fòu* de cette province, entre dans le *Hôu-pĕ*, près de *Yún-yâng-fòu*, parcourt les départements de *Siāng-yâng*, où elle est navigable pour les petits steamers, de *Ngān-lŏ*, de *Hán-yâng*, pour se jeter, par plusieurs bras, dans le fleuve Bleu (*Yâng-tsè-kiāng*), à *Hán-keŏu*, après un parcours total de plus de 600 milles (1,000 kilomètres). Une des stations les plus célèbres du commerce intérieur est *Fân-tchīng*, du département de *Siāng-yâng*.

| 鄲 *Hán-tān* (D. G.). — Nom d'un ancien royaume. — Nom d'une ancienne ville.

| 昌 *Hán-tchăng*. — Ancien nom de *Tchăng-míng-hién* (*Lông-ngān-fòu*) et de *Tsăng-kī-hién*, sous les *Hán* (Biot.).

| 州 *Hán-tcheōu* (*Ch. Rep.*), district des *Hán*. — Un des 16 districts du département de *Tchīng-tōu* (*Ssé-tchwĕn*). Le chef-lieu est situé, à la naissance du *Tchōng-kiāng*, par 31° lat. N. et 12° 6' 30" long. W.

| 城 *Hán-tchīng* (C. H.) ou *Hán-yâng-tchīng*.

| | *Hán-tchīng* (cité murée)-*hién* (*Ch. Rep.*). — Un des 10 districts du département de *Tōng-tcheōu* (*Shèn-sī*). Le chef-lieu est situé sur un petit affluent du fleuve Jaune, par 35° 32' lat. N. et 6° 4' 30" long. W.

| 中府 *Hán-tchōng-fòu* (*Ch. Rep.*), département du milieu de la rivière *Hán*. — Un des 12 départements de la province du *Shèn-sī*, comprenant 11 districts, savoir 2 *tīng*, 1 *tcheōu* et 8 *hién*, comme suit : *Nán-tchīng*, *Sī-hiāng*; *Tīng-ywĕn-tīng*; *Níng-kiāng-tcheōu*, *Tchīng-*

kóu, *Yǎng-hién*, *Pāo-tchìng*, *Mièn-hién*, *Lǐo-yâng*, *Fóng-hién* et *Liéou-pá-tǐng*. Le chef-lieu, à 3,600 *lì* de *Pĕ-king*, est situé au confluent des rivières *Pāo-shwǐ* et *Hán-kiāng*, par 32° 56′ 10″ lat. N. et 9° 16′ 5″ long. W. Ce département fournit du miel et de la cire en quantité, beaucoup de musc et de cinabre. Les bêtes fauves y sont en grand nombre, surtout les cerfs, les daims et les ours. On y rencontre une espèce de faucon, très-estimé pour la chasse, et appelé *Hày-tsǐng*.

漢 巛 *Hăn-tchwĕn-hién*. — Un des 5 districts du département de *Hân-yâng* (*Hoú-pĕ*). — Le chef-lieu est situé sur un des nombreux affluents de la rivière *Hán*, par 30° 43′ lat. N. et 2° 46′ 30″ long. W.

| 東 *Hán-tōng*. — Ancien nom de *Swí-tcheōu*, sous les *Swí* (*Biot.*).

| 都 *Hán-tōu*. — Ancien nom de *Hô-nân-fòu* et de *Hán-tchōng-fòu* (*Biot.*). — Voir *Hán-hoâng-tōu*.

| 字 西 議 *Hán-tsé-sī-ǐ* (*D. G.*). — Traduction des langues occidentales (*sī*) en caractères chinois (*hán-tsè*), autrement appelée Dictionnaire chinois-français-latin, par De Guignes, Paris, 1813, d'après le manuscrit du P. Basile de Glémona, qui porte le même titre et la date de 1714, ouvrage qui avait un système orthographique emprunté au latin, au français, à l'espagnol, à l'italien et au portugais. Celui de De Guignes possède 13,316 caractères, d'après Morrison, mais 14,000 en y comprenant les doubles caractères. Il contient une introduction, où l'auteur explique les moyens et le but de son œuvre. Il l'a fait suivre par un tableau de l'orthographe et de la prononciation; puis, vient sa préface, qui est, à la fois, historique, critique et lexicographique; enfin, une méthode pour trouver les caractères, au moyen des 214 clefs, dont la table présente toutes les séries, par nombre de traits, depuis 1 jusqu'à 17, en indiquant le caractère, la prononciation, l'accentuation, le numéro d'ordre et la pagination dans le cours de l'ouvrage. A la fin du dictionnaire, l'auteur a placé des tableaux des caractères numériques, de ceux joints avec le mot *ta*, de ceux qui servent à compter, de ceux omis par le P. Basile, de noms propres; enfin, des tables de mots chinois par tons, de particules numériques, de mots joints avec *ta*, de caractères numériques et de noms propres. Ce dictionnaire, qui a été le plus en usage chez les missionnaires catholiques et les Français qui ont étudié le chinois, a été vivement critiqué par les missionnaires protestants, notamment par Morrison. Klaproth l'a surtout vivement attaqué. On a publié, en 1860, en Chine, une nouvelle édition, où se trouvent indiqués les caractères omis par De Guignes dans les mots composés.

| | | | 補 *Hán-tsé-sī-ǐ-pòu* (*Kl.*). — Supplément au Dictionnaire chinois-latin de De Guignes, par Jules Klaproth, Paris, 1819. Cet ouvrage contient une préface explicative du dictionnaire primitif du P. Basile de Glémona et de celui de De Guignes, un examen critique de ces deux œuvres, dont la dernière ne serait que la copie altérée et mutilée de la première, considérée comme le meilleur des dictionnaires produits par les missionnaires. Il contient en outre : 1° des additions à la table des noms propres; 2° des expressions employées avec

la particule *ta*; 3° des tables de caractères employés, par inadvertance, l'un pour l'autre; 4° de caractères vulgaires; 5° de groupes anciens qui se trouvent encore dans la composition de certains caractères modernes; 6° des caractères examinés, par ordre de clefs et nombre de traits; 7° un petit supplément de caractères oubliés ou cassés; 8° une liste de caractères d'une signification opposée; enfin, 9° un supplément au dictionnaire chinois-latin, examen critique et littéraire de toutes expressions douteuses, travail très-soigné, mais qui ne va pas au delà de la clef 64. Il est regrettable que M. Klaproth ait mis tant de passion, contre l'œuvre de M. De Guignes, qu'il aurait mieux fait de compléter, dans ce qu'elle pouvait avoir de défectueux.

漢陽 *Hán-yâng*. — Ancien nom de *Kòng-tchǎng-fòu*, sous les *Hán* orientaux, de *Fŏ-kiăng-hién* et de *Lĭ-hién (Tsĭn-tcheōu-fòu)*, sous les *Hán (Biot.).* — Même nom pour désigner un ancien arrondissement des *Hán*, au sud-ouest de *King-fòu-hién (Biot.).*

| | *Hán-yâng* (territoire de la rivière *Hán*)-*fòu (Ch. Rep.).* — Un des 11 départements de la province de *Hôu-pĕ*, comprenant 5 districts, dont 4 *hién* et 1 *tcheōu*, savoir : *Hán-yâng, Hán-tchwĕn, Hiáokàn, Hoâng-pī* et *Mièn-yâng*. Ce département, sillonné par des lacs et des cours d'eau, est remarquable par ses jardins fruitiers. Son chef-lieu, à 3,150 *li* de *Pĕ-kīng*, est situé en face de la ville départementale, appelée *Où-tchǎng*, au pied d'une colline appelée *Tá-pĭe*, par 30° 34' 38'' lat. N. et 2° 18' 23'' long. W.

| | 府 *Hán-yâng-fòu (N. L.)*, en coréen *Séoul*. — Capitale de la Corée. Voir *Hán-yâng-tchīng (C. H.).*

| | *Hán-yâng* (territoire de la rivière *Hán*)-*hién (Ch. Rep.).* — Un des 5 districts du département du même nom *(Hôu-pĕ)*. Le chef-lieu de district est situé au chef-lieu de département.

| 洋合字彙 *Hán-yâng-hŏ-tsé-oéy (G.).* — Dictionnaire chinois (*hán*) et portugais (*yâng*), publié à Macao, en 1833, par Gonzalvès, ouvrage estimé, à cause du grand nombre de mots composés qu'il a cités, mais qui pèche par le système de classification qu'il a adopté, et qui est contraire aux règles de formation des caractères chinois. Il s'en est suivi qu'en voulant simplifier la classification, en réduisant à 126 le nombre des 214 clefs ou radicaux, Gonzalvès a embrouillé l'étude du chinois, au lieu de la faciliter. — Voir *Ch. Rep.*, vol. XV, page 69.

| 陽城 *Hán-yâng-tchīng*, ou simplement *Hán-tchīng (C. H.).* — Capitale de la Corée. — Voir *King-kĭ-táo*.

| 陰廳 *Hán-īn-tīng (Ch. Rep.).* — Un des 7 districts, mais inférieur, station militaire du département de *Hīng-ngān (Shĕn-sī)*. Le chef-lieu est situé sur un affluent du *Hán-kiāng*, par 32° 40' lat. N. et 8° 0' 54'' long. W. On trouve de l'or (*coarse gold*) dans cette rivière *Hán (G. R.).*

瀚海 *Hán-hày (Ch. Rep.)*, mer du désert. — Nom donné au grand désert de Cobbi, en chinois *Kō-pĭ*. Voir *Shū-mŏ (Cart. chin.)*.

||石 *Hán-hày-shĭ (N. L.)*, pierre du désert. — Le voyageur américain Pumpelly raconte qu'on lui a montré à Pékin du bois pétrifié, concrétion siliceuse (*silicified wood*), qui porte le nom de *hán-hày-shĭ*, c'est-à-dire pierre de la mer de sable, qui peut être celui du minéral même, ou d'une localité particulière du grand désert de *Gobi*, ou *Shamo*.

罕東衞 *Hàn-tōng-oéy*. — Nom d'un district à l'ouest de *Sŏ-tcheōu (Biot.)*.

邘 *Hân (D. G.)*. — Nom de royaume. — Voir *Yû (Biot et Medh.)*.

|溝 *Hân-keōu*. — Ancien nom de *Kāo-yéou-tcheōu*, sous les *Oû (Biot.)*.

|龍 *Hân-lông (Car. Kl.)*. — Station située sur la frontière de l'empire birman, par 23° 45′ lat. N. et 18° 28′ long. W., près de la rive gauche de la rivière *Lŏng-tchwĕn*. — Voir *Lông-hân-kwān (C. H.)*.

|洲 *Hân-tcheōu*. — Ancien nom de *Yâng-tcheōu-foù*, sous les *Tāng (Biot.)*.

邯 *Hán (Morr.)*. — Nom d'un ancien pays. — Nom de rivière *(Morr.)*.

|・浦 *Hân-keōu*. — Nom d'une ancienne ville des *Hán*, arrondissement de *Fêy-hiāng-hién*, département de *Kwàng-pĭng (Tchĭ-lĭ) (Biot.)*.

|鄲 *Hán-tān (Medh.)*. — Nom d'une ville du pays de *Tchào*, située par 36° 43′ lat. N. et 11° 50′ long. W., actuellement province de *Kān-sŏ*.

||県糸 *Hán-tān-hién (Ch. Rep.)*, district de la fin de la colline. — L'un des 10 districts du département de *Kwàng-pĭng (Tchĭ-lĭ)*. Le chef-lieu est situé sur la lisière occidentale de la province, près du *Fōu-yàng-hô*, par 36° 40′ lat. N. et 1° 48′ 54″ long. W.

閈 *Hán (Fl. Sin.)*, cité murée, c'est-à-dire tour ou fort de *Hán*. — Nom de Tourane, en anglais *Turon*, ville de Cochinchine, partie médiale, située par 16° 7′ lat. N. et 8° 46′ 30″ long. W., au fond d'une baie de 10 kilomètres de large et fermée par un goulet, en tire-bouchon, dont une rive présente une montagne boisée appelée *Tsŏng-shān* et peuplée de singes à culotte rouge. Dans ses environs, en remontant la rivière ou le bras de mer qui conduit à *Fây-fŏ*, et sur le territoire appelé *Yâng-hô-shān*, on rencontre cinq roches de marbre, *Où-kièou-shān*, dans les excavations desquelles on rencontre des grottes mystérieuses, appelées *Yûn-nân-tōng* et *Huên-yào-tōng*. Tourane a, comme la capitale *Hué*, des fortifications à l'européenne. Les forts situés sur la rivière, rive gauche, sont appelés *Tá-hán-hày-shān* et *Hán-hày-shān*, ceux de la rive droite *Hán-hày-shān*, *Hí-hán* et *Tíng-hán-shān*. Le port de Tourane est appelé *Kwā-hán*. La grande plage qui mène à la rivière de Tourane est appelée *Hông-tông*. La petite île de l'Observatoire, qui est à l'entrée de la rade, est appelée *Môu-hǐe*, et les forts qui défendent le goulet *Fâng-hày-pào-tây* et *Fâng-hày tchă*.

閒海山 *Hán-hày-shān* (*Fl. Sin.*), montagne de la mer défendue, vulgairement *Háne-hoïe-tagne*, fort de Tourane, Cochinchine, placé sur la rive droite de la rivière. Celui de la rive gauche, appelé *Tá-hày-hán-shān*, est plus important.

韓 *Hán*. — Nom d'une ancienne principauté feudataire, du temps des *Tcheōu*, dans le *Shèn-sī* méridional (*Biot.*).

｜江 *Hán-kiāng* (*Ch. Rep.*). — Rivière qui vient des montagnes du district de *Tá-póu* (*Kwàng-tōng*) et qui forme un vaste estuaire sur la côte du district de *Tchīng-hày*. On donne à ses différentes branches, qui descendent des départements de *Kīa-yīng* et de *Tchăo-tcheōu*, en commençant par le nord-est, les noms de *Tchāng-lín* et *Tōng-lòng-kiàng*, de *Shān-teōu-tsè-kiàng*, de *Pĕ-kiàng*, de *Nān-kiàng*, de *Sīn-kiàng*, de *Ngeōu-tǐng-kiàng* et de *Kǐ-tōng*. La principale station à son embouchure, est *Tchăo-tcheōu* (*Swa-tow*), port ouvert au commerce étranger.

｜嶺 *Hán-lìng* (*C. R.*). — Village situé sur les bords du lac *Tōng-tsiĕn*, environs de *Nīng-pō-foù* (*Tchĕ-king*).

｜州 *Hán-tcheōu*. — Ancien nom de *Siāng-ywĕn-hién*, sous les *Tcheōu* postérieurs (*Biot.*).

馯 *Hán* (*Medh.*). — Nom donné à certains étrangers de l'Orient (*Medh.*).

SON *HANG.*

Prononciation française. . . . . *Hang, Hangue.*
— américaine, anglaise. *Hang.*
— espagnole, portugaise. *Ham.*

Ce son se confond quelquefois avec ceux de *Heng* et de *Hing.*

ORDRE DES CLEFS :

杏 杭

CLEF : 75 75
TRAITS : 3 4

杏花村 *Hàng* ou *Hèng*, car. *Hīng-hōa-tsun (Morr.)*, village des fleurs d'amandier. — Nom d'un endroit célèbre sous la dynastie des *Tăng* (620 à 609, D. E.). (*Morr.*)

杭 *Hâng (Morr.).* — Ville où s'arrêta *Tsîn (Hoâng-tchīng),* premier monarque universel de la Chine, lorsqu'il visita le sud de son empire. Il venait d'un ancien territoire du *Shèn-sī.*

| 丹 *Hâng-tān (Fl. Sin.).* — Nom d'un bourg ou village du district de *Shún-tĕ, Kwàng-tōng-fòu (Kwàng-tōng),* mentionné dans le commerce des soies, comme en produisant une certaine qualité assez remarquable.

| 州 *Hâng-tcheōu (Biot).* — Ancien nom, sous les *Swî,* de *Hâng-tcheōu-fòu (Tchĕ-kiāng).*

| | 府 *Hâng-tcheōu-fòu (Ch. Rep.).* — Un des 11 départements de la province du *Tchĕ-kiāng,* qui comprend neuf districts *hiĕn,* savoir : *Tsiĕn-tăng, Jīn-hô, Hày-nìng, Fóu-yâng, Yú-hâng, Lìn-ngān, Yū-tsiĕn, Sīn-tching* et *Tchăng-hóa.* La ville de *Hâng-tcheōu,* située par 30° 20' 20" lat. N. et 3° 39' 4" long. E., à 3,20) *li* de *Pĕ-kīng,* sur une des rives du fleuve *Tsiĕn-tăng,* est l'ancienne *Kīng-ssē* de Marco Polo ; c'est un des grands foyers de l'industrie sérigène. Elle est protégée, du côté du sud, par différentes chaînes de collines appelées *Oú-lìng* et *Wàn-sōng-lìng.* Cette métropole de la province du *Tchĕ-kiāng* est, selon les Chinois, le Paradis de la terre. Elle est située au bord d'un petit lac nommé *Sī-hôu,* qui baigne le pied de ses murailles du côté de l'occident ; l'eau en est pure et limpide et ses bords sont presque partout couverts de fleurs.

Au milieu de ce lac s'élèvent deux petites îles, où l'on se rend ordinairement, après avoir pris le plaisir de la promenade en bateau. (*Grosier*, vol. I, page 73.) Cette célèbre ville forme l'extrémité sud du grand canal qui communique avec Pékin. Le département de *Hâng-tcheōu* est limité au nord par ceux de *Kiā-hīng* et de *Hôu-tcheōu* ; à l'est, par celui de *Shào-hīng* et par la mer ; au sud, par ceux de *Yèn-tcheōu* et de *Ngān-hoëy*.

SON *HAO*.

Prononciation française. . . . . *Hao.*
—   américaine, anglaise . *Haou.*
—   espagnole, portugaise. *Hao.*

ORDRE DES CLEFS :

壕 好 峈 昊 浩 滈 濠 蒿 蠔 豪 鎬

CLEFS :	32	38	46	72	85	85	85	140	142	154	167
TRAITS :	14	3	5	4	7	10	14	10	14	7	10

壕 *Hâo* (*Medh. Morr.*). — Nom de lieu. (*Medh. Morr.*)

好溪 *Hào-kī* (*Ch. Rep.*), beau ruisseau. — Cours d'eau du *Tchĕ-kiāng.*

峈 *Háo* (*Medh. Morr.*). — Nom de colline. (*Medh. Morr.*)

昊橋 *Háo-kiáo* (*N. L.*), grand pont, vulgairement *Hajow*. — Territoire sérifère du *Kiāng-sōu*, désigné dans une carte anglaise.

浩州 *Hào-tcheōu*. — Nom du territoire de *Fên-tcheōu-fòu* (*Shèn-sī*), sous les *Táng* (*Biot*).

|齊特 *Hào-tsĭ-tĕ* (*Ch. Rep.*), en mongol *Haoutchits*. — Une des 5 tribus, sous deux bannières, et faisant partie du corps

des *Sĭ-lĭn-kŏ-lĕ*. Sa situation est indiquée sur la carte de Danville par 44° lat. N. et 1° long. E., sur les bords de la rivière *Kalka*. Sur une carte chinoise, le caractère *Hào* est écrit *Hāo* 蒿.

滈 *Hào (Medh.)*. — Nom de rivière. — Nom de pays. *(Medh.)*

｜州 *Hào-tcheōu (Biot)*. — Nom d'un ancien chef-lieu, sous les *Táng*, au sud de *Pĭng-shān-hién*, département de *Sú-tcheōu* (*Ssé-tchwĕn*).

濠 *Háo (Morr.)*. — Nom de rivière. — Nom d'un district du *Kiāng-nân*. *(Morr.)*

｜鐘澳 *Hâo-king-ngáo (Morr.)*, port des miroirs fangeux. — Ancien nom de Macao. — Voir *Ngáo-mên*.

｜畔街 *Hâo-pán-kiāy (Morr.)*, rue de la limite des fossés. — Nom donné à une rue de Canton. — Voir *Kwàng-tcheōu-fòu*.

｜州 *Hâo-tcheōu*. — Nom du pays de *Fóng-yâng-fòu (Ngān-hoĕy)*, sous les *Swī*, les *Táng* et les *Sóng (Biot)*.

蒿山 *Hāo-shān (C. K.)*. — Montagnes au nord et sur la limite du *Kiāng-sī*. Elles se lient avec la chaîne voisine des montagnes du *Ngān-hoĕy* appelées *Shĭ-mên-shān*, dont elles sont séparées par le fleuve Bleu et le lac *Pŏ-yâng*.

蠔壑淺 *Hâo-tūn-tsiĕn (G. C.)*, vase du banc d'huîtres. — Barre et crique de la rivière de Canton (*Kwàng-tōng*).

｜石 *Hâo-shĭ (Biot)*, pierre des sangliers. — Nom d'un arrondissement fondé par les *Táng*, à l'est de *Pĕ-leôu-hién*, département de *Yŏ-lîn (Kwàng-sī)*.

豪靜 *Hâo-tsíng*, repos des sangliers *(Biot)*. — Nom d'un arrondissement des *Leâng*, au sud de *Tchâo-pĭng-hién*, département de *Pĭng-lŏ (Kwàng-sī)*.

鎬京 *Hào-kīng*. — Nom du territoire de *Tchăng-ngān-hién*, département de *Sī-ngān (Shèn-sī)* sous les *Tcheōu (Biot)*. On dit que le caractère *Hào* désigne le lieu choisi par *Où-wâng*, premier souverain de la dynastie des *Tcheōu*, pour la capitale de son empire, l'an 1122 A. E.

SON *HAY.*

Prononciation française. . . . . . . *Haï, Hay.*
— américaine, anglaise . *Hae, Hai.*
— espagnole, portugaise. *Hay.*

ORDRE DES CLEFS :

CLEFS :	30	32	85
TRAITS :	5	10	7

哈 塩 海

哈 嗅 吧   *Hày-hiéou-pā (Cart. Jap.)* ou *Yá-lă-pě (Bridgm.).* — Arabie. Distance de *Nangasaki,* 3,300 *ris.* — Voir *Féy-tsiên-kwĕ-tchăng-kĭ-tsīn.*

塩 谷 郡   *Háy- kŏ-kún (C. J.).* — Une des 9 préfectures de la province japonaise de *Hia-yè (Simodske),* située au centre.

海   *Hày (Medh.).* — Nom de la mer, de l'océan. — Nom également appliqué à de grands lacs intérieurs, tels que la mer d'Aral, le lac Baïkal, etc.

| 豐 縣   *Hày-fōng-hién,* district fertile et maritime *(Ch. Rep.).* — Un des 10 districts du département de *Où-tíng (Shăn-tōng).* Le chef-lieu est situé par 37° 50′ lat. N. et 1° 47′ 30″ long. E. Sous les *Hán,* territoire de *Yâng-sŏ;* sous les *Swĭ, Où-tĕ (Biot).* — Même nom pour désigner un des 10 districts du département de *Hoéy-tcheōu (Kwàng-tōng),* dont la ville principale est *Hày-fōng-tching* ou *Hày-fōng-hién-tching,* située par 22° 54′ lat. N. et 1° 10′ long. W., près de la petite rivière appelée, à l'est, *Tá-tĕ-kiāng,* et à l'ouest, *Tchăng-shā-kiāng·* Ces deux branches forment une presqu'île, sur laquelle sont deux villes murées, savoir : *Tsĭe-shíng-tching,* autrement dite *Tsĭe-shíng-sò,* à l'est, et *Hày-fōng-hién-tching,* autrement dite *Tūn-hiá-tcháy.* Le banc qui se trouve à l'embouchure de cette rivière porte, à sa partie supérieure, le nom de *Shăng-ȳng,* et, à sa partie inférieure, celui de *Hiá-ȳng.* Il forme une espèce de lac ou bassin naturel, appelé *Pĕ-shā-hóu,* qui est dominé par une éminence appelée *Shĭ-ssē-teŏu.* Au large, on rencontre les îles d'Or *(Kīn-sú).* Plus loin, au sud-ouest, paraît la terre de *Tchē-láng-piāo,* puis la baie de *Tsĕ-ngáo.* Enfin, devant la ville de *Tsĭe-shíng,* on distingue un grand nombre de rochers ou d'îles, savoir : *Măng-sú, Kwéy-lìng-sú, Tsăy-sú, Hia-pŏ-tsiāo* et *Kiāng-*

mòu-sú. Plus loin, à l'ouest, près de l'embouchure des petites rivières appelées *Heóu-mên* et *Siào-mŏ*, on rencontre les îles appelées *Kī-lŏng-shān*, *Kī-sīn-sú*, *Kiāng-meòu-sú* et *Mâo-sú*. Au nord de *Hày-fŏng-hién*, on trouve de nombreuses montagnes appelées *Oû-pŏ-lìng* et *Wán-fōng-shān*.

海豐縣丞 *Hày-fōng-hién-tchîng (C. G.)*. — Ville murée, autrement dite *Tūn-hiá-tcháy*, située sur une presqu'île formée par les deux branches de la rivière *Tá-tĕ (Kwàng-tōng)*. — Voir *Hày-fōng-hién*.

｜｜縣城 *Hày-fōng-hién-tchîng (Ch. Rep.)*. — Voir *Hày-fōng-hién (Ch. Rep.)*. — Ce nom est une variante du précédent.

｜｜江 *Hày-fòng-kiāng (C. K.)*. — Station située sur la côte occidentale de *Tǎy-wān (Formose)*.

｜閈山 *Hày-hán-shān (Fl. Sin.)*, montagne de la mer défendue, vulgairement *Hoïe-hane-tagne*. — Fort de Tourane, Cochinchine.

｜昏 *Hày-hoēn*. — Ancien nom de *Fòng-sīn-hién*, de *Kién-tchăng-hién* et de *Où-nìng-hién*, *Nân-tchăng-fòu (Kiāng-sī)*, sous les *Hán (Biot)*.

｜康 *Hày-kăng-hién (C. R.)*. — Un des 3 districts du département de *Lwî-tcheōu (Kwàng-tōng)*. Il est situé sur la côte orientale, où se trouvent les îles importantes de *Lŏ-tcheōu* et de *Sīn-mâo-tào*. Le chef-lieu est établi sur le *Tá-tóu-hó*, près de la mer. Sous les *Hán*, territoire de *Sû-wên (Biot)*.

｜口所 *Hày-keòu-sŏ (C. R.)*, vulgairement *Hoihao*. — Port de *Kiōng-tcheōu-fòu (Kwàng-tōng)*. — Voir île d'*Hày-nân*.

｜陘 *Hày-kīng (Medh.)*. — Défilés du pays de *Lòu (Shān-tōng)*.

｜曲 *Hày-kio*. — Ancien nom de *Jĭ-tcháo-hién*, sous les *Hán*, département de *î-tcheōu (Shān-tōng. (Biot)*.

｜關 *Hày-kwān (C. H.)*, douane de la mer. — Poste intérieur du *Yûn-nân*, situé au sud-ouest du grand lac appelé *Eùl-hày*, par 25° 36' lat. N. et 16° 12' long. W.

｜國圖址 *Hày-kwĕ-tŏu-tchì (Cart. Chin.)* — Géographie historique, avec cartes des États maritimes, c'est-à-dire de tous les pays du globe, excepté la Chine, par *Lin*, gouverneur des deux *Kwàng*; édition de 1853, 32 *pèn* (volumes) en 100 *kuèn* (livres). — Cette grande encyclopédie géographique chinoise parut pour la première fois, en 1844, en 50 livres, mais elle n'eut qu'une faible publicité. Une seconde édition, déjà augmentée, parut en 1847. Celle-ci fut augmentée encore de 50 livres et parut en 1853. Ces trois éditions, dans l'espace de sept ans, démontrent, mieux que tous les raisonnemens, que les Chinois ne sont pas aussi insoucieux et aussi ignorans des pays étrangers qu'on se le figure généralement dans les pays occidentaux.

L'ouvrage de *Lin*, exécuté à l'aide de plusieurs savans lettrés chinois, est un des plus importans qui aient été publiés, pour la connaissance historique et géographique de l'Asie. Il a paru à l'Exposition universelle de Paris, en 1867, et a été noté par M. Pauthier.

海國圖志 *Hày-kwĕ-tŏu-tchí (Ch. Rep.).* — Notices illustrées des royaumes maritimes (étrangers), publiées en 1847, par *Lin-tsè-sû*, en 55 volumes. — Voir *Ch. Rep.*, vol. XVI, page 447, et vol. XIX, page 135.

｜｜聞見錄 *Hày-kwĕ-wên-kièn-lŏ (Bridgm.).* — Notices sur les choses vues et apprises dans les contrées maritimes, par *Tchĭn-lùn-kiòng*, du district de *Tōng-ngān* (*Fóu-kién*).

｜陵 *Hày-lìng.* — Ancien nom de *Hày-mên-tĭng* et de *Tŏng-tcheōu-fòu* (*Kiāng-sōu*), sous les *Hán*, de *Hīng-hóa-hién* (*Yâng-tcheōu-fòu*) et de *Tăy-tcheōu-fòu*, sous les *Tăng* (Biot).

｜｜山 *Hày-lìng-shān (C. G.)*, montagne des collines maritimes. — Ile du district de *Yâng-kiāng*, côte méridionale du *Kwàng-tōng*, département de *Tcháo-kĭng*. Le port est formé par deux îles, appelées *Mà-oèy-tcheōu*.

｜錄 *Hày-lŏ (Bridgm.).* — Notices sur les mers, par *Yâng-pĭng-nân*, du département de *Kiā-ȳng* (*Kwàng-tōng*). C'est un des meilleurs ouvrages publiés sur ce sujet. Le voyageur, des îles autour de Macao, passe en Cochinchine, au Camboge, à Siam, contourne la péninsule malaise, va à Calcutta, à Bombay, à Surat, aux principaux ports de l'archipel Indien. Il décrit même l'Amérique, le Cap et les principales îles de l'océan Pacifique. — Voir *Ch. Rep.*, vol. IX, page 22.

｜門 *Hày-mên.* — Nom d'une bourgade, à l'est de *Tăy-tcheōu-fòu* (*Tchĕ-kiāng*) (Biot). — Voir *Hày-mên-oéy.* — Même nom pour désigner une station navale et commerciale sur la côte est du *Kwàng-tōng*, un peu au nord de *Tsĭng-hày*.

｜｜縣 *Hày-mên-hién (Ch. Rep.).* — District du département de *Hày-mên* (*Kiāng-sōu*). Le chef-lieu est situé au département.

｜｜衞 *Hày-mên-oéy (C. K.).* — Nom d'une station, sur la côte orientale du *Tchĕ-kiāng*, district de *Hoăng-yén*, département de *Tày-tcheōu*. Biot et le P. du Halde l'appellent *Hày-mên*.

｜｜所 *Hày-mên-sò (C. G.).* — Poste fortifié, sur une grande île, côte ouest du district de *Tchăo-yâng* (*Kwàng-tōng*).

｜｜廳 *Hày-mên-tĭng (Ch. Rep.)*, porte de la mer. — Un des 12 départemens de la province du *Kiāng-sōu*, qui n'a qu'un seul district, celui de *Hày-mên*. Le chef-lieu, à 2,725 *lĭ* de *Pĕ-kīng*, est situé sur la côte, près des montagnes appelées *Hoăng-nĭ-shān*, par 32° 12' lat. N. et 4° 37' 30" long. E., à l'embouchure du fleuve Bleu.

海目嶺 *Hày-mŏ-ling* (C. K.). — Montagnes au sud de la province de *Kwàng-tōng*, suite du *Lông-mŏ-ling*, département de *Lwi-tcheōu*.

|南 *Hày-nân* (C. R.), midi de la mer. — Grande île située au midi de la Chine, ayant environ 55 lieues (300 kilomètres) de long sur 35 (190 kilomètres) de large. C'est une contrée montagneuse, où croissent des arbres bons pour le chauffage et non pour la construction, tels que les cocotiers, les aréquiers et autres des contrées équatoriales et tropicales. Elle forme le département de *Kiōng-tcheōu*, de la province du *Kwàng-tōng*. Dans l'intérieur de l'île, est une tribu indépendante à laquelle on donne le nom de *Lĭ*.

|安 *Hày-ngān*. — Ancien nom de *Ngān-tōng-hién*, sous les *Oéy* orientaux et de *Yâng-kiāng-hién*, sous les *Où*, ainsi que celui d'un ancien arrondissement des *Tâng*, dans le district de *Kĭn-tcheōu* (Biot).

||漘 *Hày-ngān-sŏ* (C. R.), vulgairement *Hoïon*. — Mouillage du port de *Hày-keŏu-sŏ*, où se trouve un magistrat de 3ᵉ ordre (*Kiōng-tcheōu-fòu*, *Kwàng-tōng*).

|寧 *Hày-ning*. — Nom d'un arrondissement d'ordre inférieur, établi, sous les *Mîng*, à l'ouest de *Hày-yên-hién* (Biot).

|| *Hày-ning-hién* (Ch. Rep.). — Un des 9 districts de *Hâng-tcheōu-fòu* (*Tchĕ-kiāng*). Le chef-lieu est situé près de la côte, par 30° 28' lat. N. et 3° 57' 30" long. E. Il est environné d'un canal qui communique avec les nombreux cours d'eau de la province.

|平 *Hày-pîng*. — Nom d'un arrondissement des *Leâng*, dans le district de *Kĭn-tcheōu*, département de *Liên-tcheōu* (*Kwàng-tōng*). (Biot.)

||所 *Hày-pîng-sò* (C. K.). — Forteresse située sur la côte du *Kwàng-tōng*, département de *Hoéy-tcheōu* (C. K.).

|山 *Hày-shān* (N. L.). — Montagne à 40 *lĭ* à l'ouest du district de *Shā-ho*, département de *Shún-tĕ* (*Tchĭ-lĭ*), où l'on trouve du fer (G. R.).

|上郡 *Hày-shâng-kún* (C. J.). — Une des 12 préfectures de la province de *Hìa-tsōng* (*Simosa*), située au nord-est.

|水 *Hày-shwi* (N. L.), en mongol *Tourgengol*. — Rivière de Mongolie, qui coule dans la vallée du Kirnor, et tributaire du fleuve Jaune. Ses bords présentent de nombreux dépôts alluviaux (G. R.).

海大 *Hày-tá (C. K.)*. — Station portée sur la carte de Klaproth, sous le nom de *Hata*, et située par 42° 30′ lat. N. et 8° 6′ long. E. Cette dénomination de *Hata* n'est pas facile à traduire en chinois, pas plus que *Lwang-koo*, que nous avons expliqué par *Hoăng-kòu*. La carte des missionnaires ne nous a pas mieux renseigné, quoique plus détaillée que celle de Klaproth.

| 壇 *Hày-tăn (C. R., G. C.)* ou *Hày-tăn-tchín (C. H.)*. — Ile de la côte du *Fŏ-kién*, située par 25° 35′ 7″ lat. N. et 3° 22′ 9″ long. E. La hauteur du pic principal, appelé *Kūn-shān*, est de 473 mètres au-dessus du niveau de la mer.

| | 鎭 *Hày-tăn-tchín (C. H.)* ou *Hày-tăn (G. C. M. G.*, page 8).

| 昌 *Hày-tchăng*. — Nom d'un ancien arrondissement des *Leăng*, au nord-est de *Tién-pĕ-hién*, département de *Kăo-tcheōu* (*Kwăng-tōng*). (Biot).

| 幢寺 *Hày-tchăng-ssé (Morr.)*, temple du voile maritime. — Grande pagode située à Canton, sur la rive droite du fleuve, en face des Factoreries étrangères, et appelée *Temple d'Honan*.

| 州 *Hày-tcheōu (Bridgm.)*, îles maritimes. — Polynésie. Sous ce titre, les Chinois comprennent la *Malaisie*, l'*archipel Indien* et plusieurs des contrées que nous appelons généralement *Indo-Chine*. Dans ce nombre, figurent l'Australie ou Nouvelle-Hollande (*Sīn-hŏ-lăn*), la terre des Papous (*Pā-póu-wō*) et la Nouvelle-Zélande (*Sīn-sī-lăn*); Luçon et les Philippines (*Lù-sóng*), dont la capitale est Manille (*Mà-nĭ-lă*), Java (*Tchào-wă*) et Batavia (*Kīa-lieŏu-pă*), les Moluques (*Mèy-lŏ-kū*), Célèbes (*Sī-lĭ-wa*) et Macassar (*Măng-kīa-să*); Sumatra (*Sōu-mĕn-tă-lă*), Achen (*Yá-tsī*), Nicobar (*Nĭ-kòu-pā-lă*), Nias (*Nĭ-shī*) et Padang (*Pă-tāng*); Sincapore (*Sīn-kīa-pŏ*), Malaca (*Mă-lŏ-hīa*) et Pinang (*Sīn-póu*); Soulo (*Sōu-lŏ*) et Timor (*Tĭ-wán*); les îles Sandwich (*Tăn-hiăng-shăn*), l'archipel Viti (*Fèy-tchī*), Madagascar (*Mà-tĭ-kīa-ssé-kīa*) et Maurice (*Miăo-lĭ-ssé*) et les Mascareignes (*Mŏ-shĭ-wă*); la péninsule malaise (*Tă-nĭ*), les îles de la Sonde (*Wŏu-sŏng-tiĕn*), les archipels Sandwich (*Tăn-hiăng-shăn*), Marianes (*Miăo-oú-yĕn*), Madjicosima (*Tă-pĭng-shān*), Hawai (*Wō-wă-hī*) et autres, dont la nomenclature serait trop longue, mais dont les noms figureront à leur place respective.

| | *Hày-tcheōu (Ch. Rep.)*. — Un des 12 départemens de la province du *Kiăng-sōu*, détaché du département de *Hoăy-ngăn* et qui comprend 2 districts, savoir : *Mŏ-yăng* et *Kán-yŭ*. Le chef-lieu, à 1,700 *li* de *Pĕ-kīng*, est situé dans un estuaire formé par divers cours d'eau, sur la côte, par 34° 32′ 24″ lat. N. et 2° 55′ 23″ long. E. En face se trouve l'île appelée *Yù-tcheōu* ou *Yùn-tăy-shăn*, et sur laquelle sont situés les ports de *Hieŏu-keŏu-tchíng* et de *Lŏng-hoăng-tching*. Biot dit que c'était jadis l'ancienne principauté de *Tăn*. — Même nom pour désigner une île, au sud du district de *Sīn-ngăn (Kwăng-tōng) (G. C.)*. — Même nom pour désigner une ville de la Corée occidentale, située par 38° 40′ lat. N. (*Biot*). — Même nom pour désigner un arrondissement et une ville de deuxième

ordre, province de *Leáo-tōng*, située par 40° 55' lat. N. et 6° 24' 30" long. E. (*Biot*). — Même nom pour désigner celui de *Tăy-tcheōu-fòu* (*Tchĕ-kiāng*) et celui de *Lĭn-hày-hién* (*Tăy-tcheōu-fòu*), sous les *Táng* (*Biot*).

海州城 *Hày-tcheōu-tchĭng* (*C. K.*). — Station située au sud du *Fóu-kién*, près de la limite du *Kwàng-tōng*.

| 池山 *Hày-tchĭ-shān* (*N. L.*), montagne des étangs maritimes. — Montagne à 120 *lĭ* à l'ouest de *Hoéy-lĭ-tcheōu*, où l'on trouve du cuivre blanc (*pĕ-tōng*), vraisemblablement minerai complexe. On y trouve également des carbonates de cuivre bleu et vert (*G. R.*).

| 城 *Hày-tchĭng* (*C. K.*), cité maritime, ou *Hày-tchĭng-hién* (*Ch. Rep.*). — Ville du *Shĭng-kīng*, située sur un affluent du *Leáo-hô*, par 40° 58' lat. N. et 5° 46' long. E.

| | 縣 *Hày-tchĭng-hién* (*Ch. Rep.*), district de la ville maritime. — Un des 11 districts du département de *Fòng-tiĕn* (*Shĭng-kīng*). Le chef-lieu est situé sur un affluent de la rivière *Leáo*, par 40° 58' lat. N. et 6° 15' long. E.

| 澄 *Hày-tchĭng* (eau claire et limpide de la mer)-*hién* (*Ch. Rep.*). — Un des 8 districts du département de *Tchāng-tcheōu* (*Fŏ-kién*). Le chef-lieu est situé par 24° 25' lat. N. et 1° 34' 30" long. E.

| 珠炮臺 *Hày-tchū-pào-tăy* (*G. C.*), fort de la perle maritime. — Connu sous le nom de *Folie danoise*, île près de Canton (*Kwàng-tōng*).

| | 寺 *Hày-tchū-ssé* (*Morr.*). — Fort situé sur un îlot de la rivière de Canton, appelé la *Folie hollandaise*.

| 頭營 *Hày-teōu-ȳng* (*C. R.*). — Poste du district de *Hày-kăng*, département de *Lwĭ-tcheōu* (*Kwàng-tōng*).

| 翌 *Hày-tswĭ*, hirondelle de mer (*Fl. Sin.*), (*Azé*, en dialecte de *Nìng-pō*). — Bourg du département de *Kīa-hĭng* (*Tchĕ-kiāng*), mentionné dans l'ouvrage de M. N. Rondot, sur le *Lo-kao* ou vert de Chine.

| 陽 *Hày-yáng*. — Nom d'une ancienne ville du temps des *Hán*, arrondissement de *Yòng-pĭng-fòu* et d'une autre ville du temps des *Tsĭ*, dans l'arrondissement de *Tchāng-shŏ* (*Biot*). — Même nom pour désigner l'ancien nom de *Lwān-tcheōu*, sous les *Hán*, de *Hieōu-nĭng-hién*, sous les *Oû* et de *Tăy-tcheōu* sous les *Tsĭn* (*Biot*). — Même nom pour désigner une place située au nord-est du cap de Bonne-Espérance (*Kwàng-ngáo*) de la province du *Kwàng-tōng* (*G. C.*).

| | *Hày-yáng* (territoire maritime)-*hién* (*Ch. Rep.*). — Un des 10 districts du département de *Tēng-tcheōu* (*Shān-tōng*). Le chef-lieu est situé sur la côte, à l'embouchure d'une petite rivière, par 36° 50

lat. N. et 5° 29' 30" long. E. — Même nom, pour désigner un des 10 districts du département de *Tchâo-tcheou* (*Kwàng-tōng*).

海眼 *Hày-yèn* (*Ch. Rep.*), œil de la mer. — Puits qui se trouve à 3 milles de distance de l'hôpital de *Shàng-hày*, près du village de *Tsĭng-hién*, et qui contient du gaz hydrogène, provenant probablement de quelque fissure de mine de houille. — Voir *Ch. Rep.*, vol. XIX, page 310.

| 鹽 *Hày-yén* (sel de mer)-*hién* (*Biot*). — Un des 7 districts du département de *Kīa-hīng* (*Tchĕ-kiāng*). Le chef-lieu est situé sur la côte et près d'un cours d'eau qui commmunique avec *Hày-nìng-hién*, par 30° 35' lat. N. et 4° 11' 30" long. E. Ce district contient du minerai de fer. Le *Chinese Repository* écrit *yèn* 帖. Ce caractère, qui n'est pas dans le dictionnaire de *Kăng-hī*, se trouve dans le vocabulaire de Wells-Williams.

| 沟所 *Hày-yéou-sŏ* (*C. H.* — Fort de la côte du *Tchĕ-hiāng*, district de *Nìng-hày*, département de *Tăy-tcheou*, situé par 29° 19' lat. N. et 4° 55' long. E.

| 虞 *Hày-yû*. — Ancien nom de *Tchàng-shŏ-hién*, département de *Sōu-tcheōu* (*Kiāng-sōu*). (*Biot.*)

| 雲島 *Hày-yûn-tào* (*C. A.*), île des nuages maritimes. — Ile de la mer Jaune, située, d'après la carte de l'amirauté anglaise, par 39° 5' lat. N. et 6° 41' long. E.

SON *HE*.

Prononciation française. . . . . *He, Heu.*
   —   américaine, anglaise. . . *Hi, He.*
   —   espagnole, portugaise. *He.*

ORDRE DES CLEFS :

霰 黑

CLEFS : 146 203
TRAITS : 12

霰浦 *Hĕ-pŏu (Cart. Jap.).* — Grand lac de la province de *Tchăng-lŏ-kwĕ* (*Fitats*), qui communique avec plusieurs grands cours d'eau, et qui se déverse dans la mer par un large canal, au-dessus de la préfecture de *Hày-shâng*, de la province de *Simosa*.

黑海 *Hĕ-hày (Ch. Rep.).* — Mer Noire ou Pont-Euxin, en turc *Kątadenghis*, mer intérieure qui baigne les côtes de l'Europe et de l'Asie et communique avec la mer Méditerranée par le détroit des Dardanelles.

| 河 *Hĕ-hô.* — Affluent du *Tăo-lăy-hô*, rivière du *Kăn-sŏ*, à l'extrémité de la province, vers le désert de *Cobi* (*C. K.*).

| 花 | *Hĕ-hōa-sĭn (C. H.).* — Marché du *Kwéy-tcheōu*, situé dans le district de *Oéy-nĭng*, département de *Tá-tĭng*, par 26° 20′ lat. N. et 11° 28′ long. W.

| 崎 *Hĕ-kĭ (Cart. Jap.),* pointe noire, vulgairement *Hooge-tafel-berg* (*P. H.*). Cap de la côte est de la province de *Mudsu* (*Ling-ngáo*).

| 脚 *Hĕ-kĭo (Ch. Rep.).* — Tribu de *Miâo-tsè*, dite pieds noirs, habitant le *Kwéy-tcheōu*, principalement les districts de *Tsĭng-kiāng* et de *Tăy-kòng*, du département de *Tchĭn-ywèn*.

| 樓 *Hĕ-leôu (Ch. Rep.).* — Tribu noire soumise de *Miâo-tsè*, habitant le *Kwéy-tcheōu*, principalement autour du district de *Tsĭng-kiāng*, département de *Tchĭn-ywèn*.

| 龍江 *Hĕ-lông-kiāng (Ch. Rep.),* autrement appelée *Tsitsihar*. — Une des 3 provinces de la Mantchourie (*Moèn-tcheōu*), divisée en 6 garnisons ou commandemens militaires, savoir : *Tsĭ-tsĭ-hŏ-eùl-tching, Hôu-lăn-tching, Póu-tĕ-hŏ-tching, Mĕ-eùl-kēn-tching, Hĕ-lông-kiāng-tching* et *Hôu-lùn-pèy-eùl-tching*. — Même nom, qui signifie fleuve du dragon noir, désigne ce grand cours d'eau, dit le fleuve Noir, appelé *Amour*, ou plutôt *Yamour*, nom dérivé du langage chiliak, par les tribus qui habitent sur le penchant des monts *Hĕng-ngăn*, et *Sagalien-oula* ou rivière noire des Mandchoux. (Voir *Ch. Rep.*, vol. XIX, page 289.) Ce fleuve prend sa source au pied d'un pic de l'Altaï, appelé le *Burkan-*

kaldun ou mont *Kèng-tĕ*. Ses deux premiers affluens sont le *Ngâo-nún* et le *Kĕ-lòu-lûn*, vers 50° lat. N. et 7° 29′ long. W., qui coulent, à l'est, au milieu des monts *Pā-yén-tsĭ-lòu-kĕ*, et au nord-est au pied des monts *Tá-eùl-hàn*. Dans cette partie, il reçoit plusieurs affluens, parmi lesquels figure un des principaux, le *Kŏ-lĕ-sōu-hô*, non loin du lac *Houron* (*Hōu-lûn-tchĭ*); puis, il reçoit le *Ngŏ-eùl-shún*, le *Kĕ-eùl-kĕ-hô* et le *Kĕ-lĕ-eùl-hô*. Après avoir traversé les *Hīng-ngān* intérieurs et extérieurs, il reçoit encore le *Tchŏ-lòu-kĕ-tsĭ-hô*, le *Kĕ-eùl-pĭ-tsĭ-hô*, le *Ngŏ-eùl-hô*, le *Ngŏ-eùl-tō-kwēn-hô*, le *Oŭ-eùl-ssē-hô*, le *Pō-lô-mŏ-kĕ-hô*, le *Ngĕ-eùl-kĕ-hô* et le *Pā-eùl-tăn-hô*. Tous ces tributaires viennent des montagnes désertes appelées *Yablonnoi*; on n'y trouve qu'un seul point habité, c'est la ville ou poste appelé *Yà-kĕ-să*, en mandchou *Yaksa*. Au delà de 8° 4′ 6″ long. E. de *Pĕ-kīng*, le Sagalien ne reçoit qu'un seul affluent, le *Hōu-mà-eùl*, qu sort des monts *ī-lĕ-hôu-lì* et longe la base septentrionale des monts *Sialkoi*, jusqu'à sa jonction, par 51° 30′ lat. N. et 10° long. W., vers la ville ou poste militaire de *Oŭ-lòu-sōu-mĕ-tān*. Après avoir dépassé ces montagnes, le Sagalien reçoit, à *Ngáy-hoēn*, un de ses plus grands tributaires, la rivière appelée *Tsīng-kĭ-lì*, qui elle-même a uni ses eaux avec celles du *Sī-līn-mŏ-ĭ*, du *Yâng-kĭ-nī* et du *Kīn-tōu*. Plus loin, vers le nord, il reçoit le *Tchŏ-lûn-kĭ*, puis son plus grand tributaire, le *Sōng-hóa-hô* ou Songari, qui a reçu lui-même le *Nún-hô* et le *Hōu-eùl-ngŏ*, unis aux eaux du *Tō-lă* et du *Tchŏ-eùl*, et qui, sous le nom de *Kwēn-tōng*, coule au nord-est, où il reçoit encore de nouveaux tributaires, tels que les rivières de *Lă-līn*, de *Ngŏ-lĕ-tsōu-kĕ* et de *Hōu-lân*. Après un long circuit, au milieu de contrées peu connues des étrangers, le Sagalien reçoit un de ses plus forts tributaires, l'*Oŭ-sōu-lì*, grossi de deux forts affluens, le *Mŏ-lôn* et le *Nŏ-lô*. Enfin, après de longs circuits, resserré à l'est par les monts *Sĭ-hĕ-tĕ*, et à l'ouest par les monts *Hīng-ngān*, il roule ses vastes eaux jusqu'à la manche de Tartarie, recevant encore à son embouchure, sur la partie nord, deux forts affluens, le *Hīng-kwēn* et le *Kĕ-līng*, après des sinuosités évaluées à 2,300 milles (3,680 kilomètres). Cette embouchure est située par 53° lat. N. et 24° 1′ long. E., vis-à-vis la grande île de Tarakay, appelée par les Chinois et les Japonais *Pĕ-hĭa-ĭ*. Les autres principales îles sont, au nord, *Oèy-sīn* et *Tsŏu-lòu-ngŏ-tă*, et au midi *Tsŏu-eùl-kŏu* et *Yè-pŏu-kĕ-lì*. (Ch. Rep., vol. XIX, page 204.)

D'après le traité conclu entre la Chine et la Russie, en 1858, dans la ville d'*Aighoun*, la rive droite de l'*Amour*, en aval jusqu'à la rivière *Oussouri* appartiendra à l'empire des *Tá-tsīng*; mais les territoires et endroits situés entre cette rivière *Oussouri* et la mer, connus jusqu'à présent, seront possédés en commun par l'empire des *Tá-tsīng* et par l'empire de Russie. La rive gauche de l'*Amour*, en amont à partir de la rivière *Arg-roun* jusqu'à l'embouchure de l'*Amour*, dans la manche de Tartarie, appartiendra à l'empire de Russie.

黑龍江 *Hĕ-lông-kiāng* ou *kāng* (Fl. Sin.). — Rivière du *Shèn-sī*, autrement appelée *Pāo-shwì* et tributaire du *Hán* (Klap.).

丨丨丨至 *Hĕ-lông-kiāng-tchĭ* (Cart. Chin.), sommet de la rivière du dragon noir, en mandchou *Sagalien-angahata*, c'est-à-dire île de la bouche de la rivière noire, autrement appelée *Tarakaï* ou *Sagalien*. — Grande île située à l'embouchure du *Sagalien-oula*, dans la manche de Tartarie, au nord de l'île japonaise de *Jesso*. Les noms indigènes ou japonais de cette grande île seraient *Karafto* ou *Tchoka*, ou enfin *Oku Jesso*, c'est-à-dire *Jesso* du nord. — Voir *Ch. Rep.*, vol. XIX, page 296. — Voir *Pĕ-hīa-ī (Ch. Rep.)*.

黑龍江城 *Hĕ-lông-kiāng-tching (Ch. Rep.)*, en mandchou *Sagalien oula*. — Une des 6 garnisons de la province du même nom, située sur le fleuve Noir, par 50° lat. N. et 15° 11′ 54″ long. E.

| 生 *Hĕ-sēng (Ch. Rep.)*. — Tribu noire de *Miâo-tsè* soumis, qui vit sur les bords du *Tsīng-shwi-kiāng* et se livre au pillage et au meurtre.

| 沙洋 *Hĕ-shā-yâng (G. C.)*, mer au sable noir. — Partie du passage intérieur. *(Tá-hoâng-keŏu)*, dans le voisinage de *Hoâng-leâng-tōu (Kwàng-tōng)*.

| 山 *Hĕ-shān (C. G.)*, île noire. — Groupe d'îles, sur la côte du *Tchĕ-kiāng*, département de *Tăy-tcheōu*. La plus grande et la plus méridionale est faite en forme de selle. Elle a un pic élevé de 96 mètres au-dessus du niveau de la mer et est située par 28° 50′ 8″ lat. N. et 5° 45′ 10″ long. E. Celle la plus au nord est remarquable par ses roches minées par la mer, de sorte qu'elle présente l'aspect du chapeau d'un large mousseron. — Même nom pour désigner une montagne du *Tchĭ-lì*, au nord. — Même nom, pour désigner une tribu de *Miâo-tsè* soumis du *Kwéy-tcheōu*, qui se livre à la *Bohème* et qui habite les montagnes des districts de *Tăykòng* et de *Tsīng-kiāng*, département de *Tchin-ywèn*.

| 石 *Hĕ-shĭ (Cart. Jap.)*, pierre noire. — Station de la province de *Ling-ngáo* sur Nifon *(Mudsu)*, éloignés de 186 *ris* de *Yédo*. — Même nom pour désigner un point signalé au sud-ouest de l'île de *Wŏkièou-tào (Yakunosima)*.

| 水河 *Hĕ-shwi-hô (Fl. Sin.)*. — Rivière du *Ssé-tchwĕn*, branche supérieure du *Min-kiāng*.

| | 江 *Hĕ-shwi-kiāng (Fl. Sin.)*. — Rivière commune au *Kān-sŏ* et au *Ssé-tchwĕn*, branche supérieure du *Kiā-ling*.

| 島 *Hĕ-tào (Cart. Jap.)*, île noire. — Île de la province de *Twi-mà (Tsusima)*, qui est à l'entrée est du détroit qui sépare les deux terres principales. — Même nom pour désigner une île au sud du groupe des 29 îles *Eŭl-shĭ-kièou-tào*, faisant partie d'un archipel au sud-ouest du Japon. — Même nom, pour désigner une île de la province de *Satsuma*, appelée en japonais *Iwogasima*, et que nous appelons île du Soufre. — Même nom, pour désigner une des 9 îles du groupe de *Madjicosima*. — Voir *Pă-tchóng-shān*.

| 長汛 *Hĕ-tchăng-sin (C. H.)*. — Marché du *Kwéy-tcheōu*, situé par 26° 59′ lat. N. et 11° 47′ long. W.

黑仲家 *Hĕ-tchóng-kiā (Ch. Rep.).* — Tribu noire de *Miáo-tsè* du *Kwéy-tcheóu*, qui vend du bois et prête de l'argent. Elle fait sa résidence dans le district de *Tsĭng-kiāng*, département de *Tchin-ywèn*.

| 川 *Hĕ-tchwĕn (Cart. Jap.)*, ruisseau noir. — Station de la province de *Ywĕ-héou (Yetsigo)* sur Nifon, éloignée de 97 *ris* de *Yédo*.

| 洋 *Hĕ-yâng (N. L.)*, courant noir, en japonais *Kuro-siwo*. — Courant d'eau froide, qui existe dans les mers du Japon et de la Chine, provenant de l'Océan Polaire, par le détroit de *Behering* C'est un phénomène, en sens contraire du *gulf stream*, venant du Mexique, et qui explique les températures excessivement froides des côtes orientales, comparées à celles des contrées occidentales.

| 御河 *Hĕ-yŭ-hò.* — Rivière du *Kān-sŏ*, qui descend des *Pŏ-kiā-shān* et se réunit au *Sī-nieôu-kiāng*, pour tomber dans le *Kiā-lĭng-kiāng*, au-dessous de *Hoéy-hién*, département de *Tsĭn (C. K.).*

SON *HENG.*

Prononciation française. . . . . *Heng, Hengue.*
— américaine, anglaise . . *Hang, Hweng.*
— espagnole, portugaise . *Ham, Hem.*

ORDRE DES CLEFS :

恆 恒 浿 衡

| CLEFS : | 61/6 | 61/6 | 85/6 | 144/10 |

恆 *Hêng (Morr.).* Nom de colline et de district *(Morr.)*.

| 水 *Hêng-shwĭ (Fl. Sin.).* — Nom du Gange, fleuve de l'Inde, d'après M. G. Pauthier.

VOCAB. GÉOG. CHINOIS.

恒 *Hêng (Morr.).* — Nom de colline et de district (*Morr.*).

｜河 *Hêng-hô (Ch. Rep.).* — Rivière au nord de la province de *Hŏ nân* et qui se jette dans le *Oéy-hô*.

｜江 *Hêng-kiāng (C. K.).* — Rivière du *Ssé-tchwĕn*, qui descend des montagnes du *Yŭn-nân*, appelées *Leâng-shān*, et se jette dans le *Kīn-shā-kiang*, au-dessus de *Sŭ-tcheōu-fŏu*, rive droite (*C. K.*).

｜山 *Hêng-shān (Bridgm.)* ou *Hīng-ngān-shān (Ch. Rep.).* — Montagne septentrionale, située dans le département de *Tchíng-tíng (Tchĭ-lĭ)*. Elle est considérée comme une des 5 principales montagnes, dites sacrées, de la Chine propre. Elle fait partie de la grande chaîne des monts Daouriens ou *Hīng-ngān*. — Voir *Où-yŏ (Medh.)*.

｜州 *Hêng-tcheōu.* — Nom d'un ancien district des *Oéy* occidentaux, sur le territoire de *Kîng-yâng-fŏu (Kān-sŏ), (Biot)*.

｜陽 *Hêng-yâng.* — Ancien territoire de *Kĭo-yâng-hién*, département de *Tíng-tcheōu (Tchĭ-lĭ), (Biot)*.

衡山 *Hêng-shān (Ch. Rep.),* synonyme de *Hŏ-shān.* — Montagne du département de *Lŏ-ngān (Ngān-hoéy)*, renommée pour ses cultures de thé.

Hêng (Medh.). — Nom de lieu, de montagne et de rivière (*Medh.*). — De Guignes l'appelle *montagne du sacrifice méridional*.

｜山 *Hêng-shān (Bridgm.).* — Montagne méridionale du département de *Hêng-tcheōu (Hôu-nân)*, qui est considérée comme une des 5 plus hautes montagnes de la Chine propre. Elle fait partie de la grande chaîne des *Nân-lĭng*. Elle s'étend dans un espace de 80 lieues (plus de 300 kilomètres). Au mot *Hŏ* ou *Hêng*, M. de Rienzi, dans son *Dictionnaire usuel et scientifique de géographie*, dit que c'est une montagne du département de *Lôu-tcheōu (Ngān-hoéy)*. C'est le fameux *yŏ* du midi, c'est-à-dire la plus méridionale des 4 montagnes ou *yŏ*, qui marquait le terme, où le souverain s'arrêtait autrefois, pour pratiquer diverses cérémonies religieuses, lors des visites solennelles qu'il devait faire dans les parties de son empire qui répondaient aux quatre points cardinaux. — Voir *Où-yŏ (Morr.).* — Même nom, pour désigner l'ancien nom, sous les *Swĭ*, de *Hêng-tcheōu-fŏu (Hôu-nân). (Biot)*.

｜｜ *Hêng-shān* (montagne des châtaignes d'eau)-*hien (Ch. Rep.).* — Un des 7 districts du département de *Hêng-tcheōu (Hôu-nân).* Le chef-lieu est situé au confluent du *Siāng-kiāng* et du *Tchîn-lĭng-hô*, par 27° 14′ 24″ lat. N. et 3° 50′ 40″ long. W.

｜水 *Hêng-shwĭ* (eau des trappes)-*hién (Ch. Rep.).* — Un des 5 districts du département de *Kĭ-tcheōu (Tchĭ-lĭ).* Le chef-lieu est situé par 37° 45′ lat. N. et 1° 45′ 30″ long. W. Anciennement, territoire de *Tăo-hién*, sous les *Hán (Biot)*.

衡州 *Hêng-tcheōu (Biot).* — Ancien nom de *Hêng-tcheōu-fòu (Hôu-nân)*, sous les *Leâng (Biot)*.

| | 府 *Hêng-tcheōu-fòu (Ch. Rep.)*, contrée des châtaignes d'eau. — Un des 16 départements de la province du *Hôu-nân*, comprenant 7 districts *hién*, savoir : *Hêng-yâng, Tsĭng-tsûen, Tchăng-ning, Ngān-jĭn, Hêng-shān, Lwĭ-yâng* et *Lîng*. Le chef-lieu, à 3,965 *lĭ* de *Pĕ-kīng*, est situé au pied des montagnes de même nom, à peu de distance de la rivière *Siāng*, par 26° 55′ 12″ lat. N. et 4° 5′ 30″ long. W. C'est une contrée fertile et très-boisée.

| | 衞 *Hêng-tcheōu-oéy (Biot).* — Nom d'une ville inférieure, station militaire, au sud-est de *Hêng-tcheōu-fòu (Hôu-nân)*, et dépendante de son arrondissement.

| 陽 *Hêng-yâng* (territoire des trappes)-*hién (Ch. Rep.)*. — Un des 7 districts du département de *Hêng-tcheōu (Hôu-nân)*. Le chef-lieu est situé dans la métropole départementale, par 26° 55′ 12″ lat. N. et 4° 5′ 30″ long. W. C'est une contrée qui produit beaucoup de châtaignes d'eau (*trapa bicornis*, Lin.).

SON *HEOU.*

Prononciation française. . . . . *Heou.*
— américaine, anglaise . . *Hau, How.*
— espagnole, portugaise . *Heu.*

ORDRE DES CLEFS :

侯 厚 後 猴 鮜

CLEFS	9	27	60	94	195
TRAITS	8	7	6	9	6

侯雞 *Heôu-kī (Ch. Rep.)*. — Ile sur la côte du *Shān-tōng*, près de *Tŏ-kĭ*.

侯官 *Heôu-kwān (Biot)*. — Ancien nom de *Nân-ngān-hién*, département de *Tsuên-tcheōu*; de *Nân pîng-hién*, département de *Yên-pîng*. — Nom, sous les *Hán*, de *Kòu tiên-hién*, département de *Fôu-tcheōu* et de *Tŏng-ngān-hién*, département de *Tsuên-tcheōu* (*Fŏ-kién*).

｜｜ *Heôu-kwān* (officier dignitaire)-*hién* (*Ch. Rep.*). — Un des 10 districts du département de *Fŏ-tcheōu* (*Fŏ-kièn*). Le chef-lieu est situé dans la métropole provinciale et départementale.

厚丘 *Heóu-kieōu (Biot)*. — Nom, sous les *Hán*, de *Mŏ-yâng-hién*, département de *Hày-tcheōu* (*Kiāng-sōu*).

後漢紀 *Heóu-hán-kì* (*Ch. Rep.*). — 10ᵉ dynastie, dite des 1ᵉʳˢ *Hán postérieurs*, qui fait suite à celle de *Tōng-hán*.

昭烈帝 *Tchāo-liĕ-tí* (*Ch. Rep.*), grand et majestueux. — 110ᵉ empereur, 221, D. E. Descendant de *King-tí*, de la dynastie des *Hán*. C'est de cette époque que l'on fixe l'invention, par le général *Tchū kŏ* (*Ch. Rep.*), qui habitait le *Ssé-tchwĕn*, de l'artillerie et des convois automates, pour le transport des provisions, appelés *Mŏ-nieôu-lieóu-mà*. Il est question aussi des chars à foudre, produisant le même effet que nos canons. (Abel Rémusat, *Messager asiatique*, vol. I, pag. 408.)

後｜ *Heóu-tí* (*Ch. Rep.*), prince postérieur. — 111ᵉ empereur, 223. Fils du précédent. Cet empereur porta sa cour à *Tchĩng-tōu-fòu*, de la province du *Ssé-tchwĕn*.
Ici finit la dynastie des 1ᵉʳˢ *Hán postérieurs*, qui est suivie d'une nouvelle dynastie appelée *Tsin-kì*.

後漢紀 *Heóu-hán-kì* (*Ch. Rep.*). — 22ᵉ dynastie, dite des 2ᵉˢ *Hán postérieurs*, et qui a suivi celle des *Heóu-tsin*.

高祖 *Kāo-tsòu* (*Ch. Rep*), origine suprême. — 181ᵉ empereur, 947, D. E. Ce prince, sous le nom de *Lieòu-tchi-ywĕn*, avait été général des armées chargées de repousser les Tartares; il profita de sa position pour s'emparer de la couronne.

隱帝 *Yn-tí* (*Ch. Rep.*), prince obscur. — 182ᵉ empereur, 948. Les désordres intérieurs, l'invasion des Barbares et la faiblesse du souverain furent les causes de la chute de cette dynastie, qui fut remplacée par celle des *Heóu-tcheōu*.

後河原 *Heóu-hô-ywên* (*Cart. Jap.*), en japonais *Jumotto*. — Village qui se trouve près du *Tokaïdo*, en venant de *Yédo*, à la montée de la chaîne d'*Akoni*. On y trouve des eaux chaudes et minérales. Sur la carte générale du Japon, on donne à ces établissements le nom de *Wēn-tsũen-tchăng*.

｜溪 *Heóu-kĭ* (*Ch. Rep.*), ruisseau descendant. — Cours d'eau du *Tchĕ-kiāng*.

後溪港 *Heóu-kĭ-kiàng (Ch. Rep.)*, rivière extérieure. — Embouchure d'une petite rivière, à l'est de la ville de *Tchāo-yāng (Kwàng-tōng)*.

| 江 *Heóu-kiāng (C. K.)*, fleuve extérieur. — Rivière du *Ssé-tchwĕn*, qui prend sa source sur les frontières du *Shèn-sī* et qui se réunit au *Tchōng-kiāng*, pour tomber dans le *Tōng-kiāng (C. K.)*.

| 梁紀 *Heóu-leáng-kì (Ch. Rep.)*. — 19ᵉ dynastie, dite des *Leáng postérieurs*, qui suivit celle des *Suí*.

天祖 *Tāy-tsòu (Ch. Rep.)*, grande origine. — 173ᵉ empereur, 907, D. E. Chef de partisans, sous le nom de *Tchou-uen*, il parvint à usurper le trône et à fonder une nouvelle dynastie, qui ne poussa pas de profondes racines. Il avait fixé sa cour dans la province du *Hô-nán*.

梁主瑱 *Leáng-tchù-tiĕn (Ch. Rep.)*, splendeur et ornement de la dynastie. — 174ᵉ empereur, 913. Ce prince ne justifia pas son titre, car il ne parvint au trône que par un parricide et devint lui-même la victime de son frère *Mŏ-tí*, qui est porté, comme second empereur, dans la nomenclature du P. du Halde.
Ici finit la dynastie des *Heóu-leáng*, qui est suivie de celle des *Heóu-tăng*, faisant partie, toutes deux, des cinq dynasties postérieures appelées *Heóu-où-tăy*.

| 五代 *Heóu-où-tăy (D. C.)*, les cinq dynasties postérieures, savoir : *Heóu-leáng*, *Heóu-tăng*, *Heóu-tsín*, *Heóu-hán*, *Heóu-tcheōu*, qui ont régné depuis l'année 907, de notre ère, après la chute des *Tăng*, jusqu'à l'année 960, à l'avènement de la dynastie des *Sóng*.

| 唐紀 *Heóu-tăng-kì (Ch. Rep.)*. — 20ᵉ dynastie, dite des *Tăng supérieurs*, qui a suivi celle des *Heóu-leáng*.

莊宗 *Tchoāng sōng (Ch. Rep.)*, honorabilité et diligence. — 175ᵉ empereur, 923, D. E. Fils de *Lì-kĕ-yōng*, guerrier célèbre, qui avait rendu de grands services aux empereurs de la précédente dynastie, héritier de l'humeur martiale et des qualités de son père, il conquit une couronne qu'il se croyait plus digne de porter. En effet, il eût mérité d'être mis au rang des héros, s'il n'eût terni la gloire de ses premières années, par un amour immodéré des spectacles, par une avarice sordide.

明 | *Míng-tsōng (Ch. Rep.)*, honorabilité et splendeur. — 176ᵉ empereur, 926. Adopté par *Lì-kĕ-yōng*, il hérita des vertus et des qualités de son père adoptif. Ce fut sous son règne que l'imprimerie fut inventée. Morrison dit qu'elle est due à un ministre d'État, appelé *Fōng-táo*, et qu'il est question de l'impression sur pierre, qui a précédé celle sur bois.

閔 | *Mìn-tsōng (Ch. Rep.)*, honorabilité. — 177ᵉ empereur, 934. Fils du précédent.

廢帝 *Féy-tí (Ch. Rep.)*, prince dégradé. — 178ᵉ empereur, 935. Auparavant, appelé *Lô-wàng*, il avait été adopté par *Mìn-tsōng*. Ce fut le dernier empereur de cette dynastie, qui fut remplacée par celle des *Tsín postérieurs*.

後周紀 *Heóu-tcheōu-kì (Ch. Rep.)*. — 23ᵉ dynastie, dite des *Tcheōu postérieurs*.

天祖 *Tăy-tsòu (Ch. Rep.)*, grande origine. — 183ᵉ empereur, 951, D. E. Ce prince, sous le nom de *Kò-oéy*, était général de l'armée qui avait repoussé les Tartares et fut proclamé empereur. Il se rendit digne du trône par ses bonnes qualités. C'est vers cette époque que l'on croit que les mahométans s'établirent en Chine, mais quelques auteurs pensent que ce fut auparavant; il en est fait mention sous la dynastie des *Tăng*, en 629. — Voir *Hiāng-fàn (Ch. Rep.)*.

世宗 *Shí-tsōng (Ch. Rep.)*, honorabilité héréditaire. — 184ᵉ empereur, 954. Fils adoptif du précédent empereur, il hérita de ses vertus. Il fut le protecteur des sciences et des lettres et fit fondre les idoles et les vases des temples de Boudha pour venir au secours du trésor.

恭衡 *Kōng-tí (Ch. Rep.)*, prince respecté. — 185ᵉ empereur, 960. Fils du précédent, remplacé à cause de sa jeunesse.
Ici, finit la dynastie des *Tcheōu postérieurs*, qui fut la dernière des cinq dynasties postérieures, appelées *Heóu-où-táy*, et qui fut suivie par la dynastie remarquable des *Sóng*.

後藏 *Heóu-tsāng (Ch. Rep.)*, Thibet ultérieur ou extérieur. — Un des 3 gouvernements du Thibet (*Tŏu-pĕ-tĕ*), divisé en 7 garnisons, savoir :

1° *Tchă-shĭ-lûn-póu*, ou *Tchasi-hilombou*.
2° *Kïe-tíng*, ou *Ghieding*.
3° *Jông-hĭe*, ou *Jonghia*.
4° *Nĭe-lă-mŏ*, ou *Nielam*.
5° *Tsì-lóng*, ou *Dzielong*.
6° *Tsōng-kĕ*, ou *Dzonggar*.
7° *Ngŏ-lì*, ou *Ngari*.

晉紀 *Heóu-tsín-kì (Ch. Rep.)*. — 21ᵉ dynastie, dite des *Tsín postérieurs*, et qui fait suite à celle des *Heóu-tăng*.

高宗 *Kāo-tsòu (Ch. Rep.)*, suprême origine. — 179ᵉ empereur, 936, D. E. Ce prince, gendre de *Mìng-tsōng*, 2ᵉ souverain de la dynastie précédente, et appelé *Shĕ-kīng-tăng*, ayant fait périr les deux derniers empereurs, avec l'aide des Tartares, devint le fondateur, mais peu recommandable, de la présente dynastie.

出帝 *Tchŭ-tí (Ch. Rep.)*, prince étranger. — 180ᵉ empereur, 944. Le *Chinese Repository* dit, au sujet des deux empereurs de cette dynastie, que *Yâng-yèn-tchìng*, l'écorcheur du pauvre peuple, porta le siège de son empire dans le *Fóu-kièn*. Le P. du Halde donne à

Kāo-tsòu son neveu *Tsì-wâng* pour successeur, qui ne fut pas plus recommandable. Cette dynastie fut suivie par celle des *Heóu-hán* ou 2ᵉˢ *Hán* postérieurs.

後秦紀 *Heóu-tsĭn-kì* (Ch. Rep.). 7ᵉ dynastie, dite des *Tsĭn* postérieurs, qui a remplacé celle des *Tsĭn*.

始皇帝 *Shĭ-hoâng-ti* (Ch. Rep.), premier empereur. — 82ᵉ empereur, 246, A. E. Fils adoptif de *Tchoāng-siāng*. Construction de la grande muraille (215) pour se garantir contre les invasions des nations errantes *Hīng-kwĕ* et des Huns appelés *Hiông-nòu* et *Hièn-yŭn*. Destruction de tous les livres, autres que ceux de l'agriculture et de la médecine. Ces livres étaient des planchettes de bambou de 20 centimètres de long, et contenant de 20 à 25 caractères ou monogrammes.
On lit dans l'histoire de Canton que, sous le règne de cet empereur, les peuples du Sud se révoltèrent et 500,000 hommes furent envoyés pour les faire rentrer dans le devoir. L'armée était divisée en cinq corps et supporta pendant trois ans toutes les rigueurs de sa position. A la fin, les vivres ayant manqué, elle fut détruite par les habitants exaspérés, et l'on vit des flots de sang, dans l'espace de plusieurs *lĭ*. Ces peuples ne rentrèrent dans le devoir que sous la dynastie suivante.

二 | | | *Eúl-shĭ-hoâng-tì* (Ch. Rep.) ou simplement *Eúl-shĭ* (D. H.), deuxième génération. — 83ᵉ empereur, 209. Second fils du précédent.
Ici, le P. du Halde place un empereur du nom de *Yng-wâng*, petit-neveu du précédent, mais qui ne régna que quarante-cinq jours.
Là, se termine la petite dynastie des *Heóu-tsĭn*, qui fait place à la grande et célèbre dynastie des *Hán*.

猴山 *Heóu-shān* (Ch. Rep.). — Montagne du Singe, qui se trouve près de *Sháo-hīng-fòu* (*Tchĕ-kiāng*), et offre beaucoup d'agréments aux habitants de cette ville.

| 嶼 *Heóu-sú* (Ch. Rep.). — Ile du Singe, située près d'*Amoy* (*Fŏ-kién*).

| 河 *Heóu-hô* (C. K.). — Rivière du *Ssé-tchĕn*, département de *Tchōng*, tributaire du fleuve Bleu, rive droite.

鮜門港 *Heóu-mĕn-kiàng* (C. K.). — Petite rivière du *Kwàng-tōng*, sur la côte méridionale du district de *Hày-fōng*, département de *Hoéy-tcheōu*.

| 西 *Heóu-sĭ* (C. K.). — Station située sur les frontières du *Ssé-tchwĕn*, du *Yŭn-nân* et du *Kwéy-tcheōu*, entre les *Fēn-shĕ-ling* au nord et les *Sūe-shān* au sud.

SON *HI.*

Prononciation française. . . . . *Hi, Hy.*
— américaine, anglaise . *He, Heh, Hi, Hih.*
— espagnole, portugaise. *Hi, Hy.*

ORDRE DES CLEFS :

喜 樤 希 戲 歙 汜 熙 凞 耆 翕 朕 開 釁

CLEFS :	30	46	50	62	76	85	86	86	112	124	130	169	173
TRAITS :	9	9	4	12	12	3	9	10	4	6	4	4	14

喜峯口 *Hi-fōng-keöu* (Ch. Rep.). — Une des célèbres passes de la grande muraille, située par 40° 26' lat. N., dans le département de *Suēn-hóa* (*Tchĭ-lĭ*).

｜光 *Hi-kwāng* (Cart. Jap.). — Cité de la province de *Yetsiyu*, Japon.

｜島 *Hi-tào* (Cart. Jap.), île agréable. — Station de la province de *Hiá-yè* (*Simodske*) sur *Nifon*, éloignée de 36 *ris* de *Yédo*.

樤 *Hi* (D. G.). — Nom de montagne, près de *Hang-tcheōu* (*Tchĕ-kiāng?*) (D. G.).

｜山 *Hi-shān* (N. L.). — Montagne du district de *i-shān*, département de *King-ywĕn* (*Kwàng-sī*), où l'on trouve du cinabre (G. R.).

希臘 *Hī-lă* (Ch. Rep.) ou *Hī-lĭe* (Biot). — Grèce, contrée orientale de l'Europe.

｜獵 *Hī-lĭe* (Biot) ou *Hī-lă* (Ch. Rep.).

戲陽城 *Hi-yâng-tchîng* (Biot). — Nom d'une ancienne ville à l'époque du *Tchŭn-tsiĕou*, à l'est de *Tchăng-tĕ-fòu*, province du *Hôu-nân*.

歙縣 *Hĭ-hién (Ch. Rep.).* — Un des 6 districts du département de Hoëy-tcheōu (Ngān-hoëy). Le chef-lieu est situé par 30° 4' lat. N. et 4° 33' 30" long. E. — Ancien territoire de *Hĭ-tcheōu*, sous les *Swĭ*. Ce nom est écrit *ī-hién* dans le *Chinese Repository*. Biot dit que le caractère *Hĭ* est synonyme de *Hĭ* 翕. Il écrit aussi *ī-hién*. — Voir *Kĭ-mên*.

汽 *Hī (Medh.).* — Nom de ruisseau. Medhurst prononce *Hĭe*.

熙 *Hī ou ī.* — Voir *Tsĭn-ī-kŭn (Biot).*

| 安 *Hī-ngān (Biot).* — Ancien nom de *Fān-yŭ-hién (Kwàng-tōng)*, sous les premiers *Sóng*.

| 平 *Hī-pĭng (Biot).* — Nom d'un ancien arrondissement du temps des *Oû*, à l'ouest de *Liên-shān (Kwàng-tōng)*.

| 州 *Hī-tcheōu (Biot).* — Ancien nom de *Hoâŷ-nĭng-hién (Ngān-hoëy)*, sous les *Swĭ*.

| 春城 *Hī-tchŭn-tchĭng (Ch. Rep.).* — Une des 9 villes fortifiées du département de *Hoéy-ywên*, située au nord de *Hoéy-ywèn-tching*, province de *Dzongarie (Tiĕn-shān-pĕ-lòu)*.

熙 *Hī (D. G.).* — Synonyme de *Hī* 熙. — Voir *Hī-tcheōu*.

春松 *Hĭ-sōng (Cart. Jap.),* en japonais *Wakamats*. — Cité de la province de *Lĭng-ngáo (Moutsou)* sur *Nifon*, éloignée de 60 *ris* de *Yédo*, par 37° 31' lat. N. et 23° 33' long. E., près du lac appelé *Inabasiro*. Le caractère *Hĭ* est aussi prononcé *Hŏ* et *Hoĕ (D. G.)*. Dans la carte routière de la province d'*Osyou (Moutsou)*, insérée dans le *Traité de l'éducation des vers à soie au Japon*, par M. L. de Rosny, cette ville est indiquée sous le nom de *Aydzou-wakamatsou*. — Voir *Hoéy-tsīn (Cart. Jap.)*.

翕 *Hĭ (Biot).* — Synonyme de *Hĭ* 歙. — Voir *Hĭ-hién*.

朡頓 *Hĭ-hĭe (Medh.).* — Ancien nom de royaume (*Medh.*).

開閉 *Hĭ-hán (Fl. Sin.),* murailles fermées, vulgairement *Hathane*. — Fort de Tourane, Cochinchine.

靉見橋 *Hĭ-kién-kiáo (Alb. Jap.),* pont d'où l'on voit les nuages. — Pont sur la rivière appelée *Pă-kiāng-tchwĕn*, sur le *Tokaïdo*, entre *Tchwĕn-kĭ* et *Shĭn-náy-tchĭn*.

VOCAB. GÉOG. CHINOIS.

SON *HIA*.

Prononciation française . . . . *Hia*.
— américaine, anglaise . *Hea, Hia, Hiah*.
— espagnole, portugaise. *Hia*.

ORDRE DES CLEFS :

下	匣	厦	呷	哈	夏	峽	洽	狹
CLEFS : 1	22	27	30	30	35	46	85	94
TRAITS : 2	5	10	5	6	7	7	6	7

瑕	蝦	陝	霞
CLEFS : 96	142	170	173
TRAITS : 9	9	7	9

下 *Hia*. — Caractère qui signifie le bas, l'inférieur, par opposition à *Sháng*, qui désigne le haut, le supérieur.

| 總 *Hiá-hoān* (*Cart. Jap.*), nœud d'en bas. — Préfecture de la province de *Tuí-mā* (*Tsusima*), située au midi, par opposition à *Sháng-hoăn*.

| 湖浦 *Hía-hôu-pòu* (*C. H.*). — Port du *Fóu-kién*, situé par 26° 36' lat. N. et 3° 38' long. E.

| 邑 *Hiá-ĭ* (*Cart. Jap.*), ville inférieure. — Point signalé sur l'île de *Tséng-tào*, du groupe de *Tséng-tào-pă-să-tchí*, située au nord-ouest de la province de *Satsuma* (*Să-mô*) sur *Kiusiu*. — Même nom, sous les *Hán*, pour désigner *Hía-ĭ-hién*, département de *Kwéy-tĕ* (*Hô-nân*). — Même nom (*Biot*). Synonyme de *Hía-ĭ-hién* (*Ch. Rep.*).

| 岡 *Hiá-kāng* (*Cart. Jap.*), en bas de la montagne, en japonais *Simonoseki*. — Cap et station, à peu de distance, à l'ouest de la cité de *Fòu-tchōng*, province de *Négato* sur *Nifon*. C'est l'entrée du détroit qui donne passage, de la mer de Corée, dans la mer intérieure. Une petite île, appelée *Hikousima* ou *Firosima* et placée en travers, ne laisse

entre elle et la terre de *Kiusiu* qu'un espace de 5 kilomètres de long sur 3/4 de large. La ville de *Simonoseki* se trouve en face de *Kokura*, qui est située sur l'île de *Kiusiu*. C'est une ancienne place de commerce, qui fut, jusqu'à la fondation de *Yokohama*, le principal entrepôt de trafic international; car, bien avant les traités de 1853 et 1858, elle entretenait des relations avec la Chine, la Corée et la factorerie hollandaise de *Desima*.

下溪 *Hià-kĭ* (Ch. Rep.), ruisseau inférieur.

| 江 *Hià-kiāng* (Cart. Jap.). — Point signalé sur l'île de *Sháng-yŭn-kĭ*, du groupe de *Tiĕn-tsào*.

| | *Hià-kiāng* (fleuve inférieur)-*tĭng* (Ch. Rep.). — Un des 5 districts, mais inférieur et station militaire du département de *Lì-pĭng* (*Kwéy-tcheōu*). Le chef-lieu est situé par 27° 32′ lat. et 1° 14′ 30″ long. W.

| 金口 *Hià-kĭn-keŏu* (Cart. Jap.). — Une des sources de la rivière japonaise le *Fóu-ssé-tchwĕn*.

| 曲陽 *Hià-kĭo-yáng* (Biot). — Nom d'un ancien arrondissement des *Hàn*, au nord de *Tsĭn-tcheōu*, du département de *Tchíng-tĭng* (*Tchĭ-lì*).

| 館 *Hià-kwàn* (Cart. Jap.), bureau inférieur. — Cité de la province de *Tchăng-lŏ* (*Fitats*) sur *Nifon*, éloignée de 22 *ris* de *Yédo*. Elle est située près des limites de *Hià-yè* et de *Hià-tsŏng*.

| 洭 *Hià-kuén* (Cart. Ch.). — Ile de l'archipel Indien, au sud de la mer de Chine, près des îles *Yá-tsĭ* et *Ngō-lieôu-pā*. Le titre porte | | 古閣婆元名永哇 *Hià-kuén-kŏu-lōu-pŏ-ywĕn-mĭng-tching-wā*.

| 邦 *Hià-kwēy* (Biot). — Ancien nom de *Oéy-năn*, du département de *Sī-ngān* (*Shèn-sĭ*).

| 魯密生番 *Hià-lòu-mĭ-sēng-fàn* (Cart. Ch.). — Tribus sauvages, fixées au sud du *Hoáy-lì-hò-lŏ-hô*.

| 雷州 *Hià-lwĭ-tcheōu* (Biot). — Nom du district du département de *Nân-nĭng* (*Kwàng-sĭ*), situé par 22° 55′ lat. N. et 9° 54′ 30″ long. W.

| 馬嶺 *Hià-mà-lĭng* (N. L.), montagne des cheveux bas. — Montagnes au nord du *Tchĭ-lì*, remarquables par des porphyres éruptifs (G. R.).

| 磨山 *Hià-mô-shān* (C. H.). — Ile du *Fóu-kién*, située par 26° 15′ lat. N. et 3° 44′ long. E.

| | 島 *Hià-mô-tào* (C. G.). — Ile au sud du district de *Sīn-ngān* (*Kwàng-tōng*), par opposition à celle qui est au nord, appelée *Sháng-mô-tāo* (G. C.).

下邳　*Hia-pĕy (Biot).* — Nom, sous les *Tsin*, de *Pĕy-tcheōu*, département de *Sû-tcheōu (Kiāng-sōu).*

｜博　*Hia-pŏ (Biot).* — Sous les *Hán*, territoire de *Shin-tcheōu*, de la province du *Tchĭ-lì.*

｜石　*Hiá-shĭ (Fl. Sin.)* ou *Hiá-shĭ-sī-tcheōu (Biot).*

｜｜西州　*Hiá-shĭ-sī-tcheōu (Biot)* ou *Hiá-shĭ.* — Nom d'un arrondissement et d'une ville de 2ᵉ ordre, du département de *Ssē-mìng (Kwàng-sī)*, situé par 22° 40′ lat. N. et 9° 52′ 30″ long. W. — Premier établissement, sous les *Sóng (Biot).*

｜相　*Hia-siāng (Biot).* — Ancien nom de *Sŏ-tsiĕn*, département de *Sû-tcheōu*, sous les *Tsin (Biot).*

｜大陳山　*Hiá-tá-tchĭn-shān (C. G.).* — Grande île située au midi d'un groupe, dit de *Tăy-tcheōu*, sur la côte du *Tchĕ-kiāng*, département de *Tăy-tcheōu.* Son point culminant est élevé de 225 mètres au-dessus du niveau de la mer, par 28° 26′ 2″ lat. N. et 5° 24′ 13″ long. E. (*G. C.*).

｜塘河　*Hia-tâng-hô (Ch. Rep.)*, rivière de l'étang inférieur (*Tchĕ-kiāng*).

｜雉　*Hia-tchĭ (Biot).* — Nom d'une ancienne ville du 3ᵉ ordre, établie sous les *Hán*, dans le district de *Hing-kwĕ (Biot).*

｜竹山　*Hiá-tchŏ-shān (C. G.)*, île du bambou inférieur. — Ile, le plus au sud du groupe de *Tăy-tcheōu*, et située par 28° 15′ 8″ lat. N. et 5° 15′ 44″ long. E. (*G. C.*).

｜巛｜　*Hiá-tchwĕn-shān (C. G.)*, ou *Hia-tsùn (Morr.)*, montagne du torrent inférieur. — Grande île à l'ouest de *Sháng-tchwĕn*, et qui fait partie du district de *Sin-nìng (Kwàng-tōng).* On l'appelle vulgairement le *Faux Saint-Jean*, par opposition à la véritable île *Saint-Jean (Sháng-tchwĕn).*

｜田　*Hiá-tiĕn (Cart. Jap.)*, champ inférieur, vulgairement cap *Yzou (C. S.).* — Station de la province de *Idsu*, île de Nifon; elle est située devant les 7 îles orientales et est éloignée de 20 *ris* de *Yédo.* — Même nom, pour désigner un point signalé au nord-ouest de l'île de *Tchòng-tsè-tào (Tanegasima).*

｜東　*Hia-tōng (C. K.).* — Station du *Hôu-nân*, département de *Yòng-shún*, située sur une des branches supérieures du *Li-shwì*, par 29° 48′ lat. N. et 6° 33′ long. W.

｜蔡　*Hiá-tsăy (Biot).* — Ancien nom, sous les *Leâng*, de *Yng-sháng*, du département de *Yng-tcheōu (Ngān-hoĕy).*

下飯島 *Hiá-tséng-tào (Cart. Jap.)*, île des vases abaissés. — Ile principale du groupe appelé *Tséng-tào-pă-să-tchi*, et située au nord-ouest de la province de *Satsuma (Să-mô)* sur *Kiusiu*. Sur cette île, on voit figurer les noms de *Tséng-tào*, comme cité; de *Hiá-tséng-tào*, comme station, et ceux de *Li-tsŭn* et *Tchōng-kĭ* comme localités diverses, ainsi que ceux de *Hiá-ĭ*, *Nwĭ-pŏu* et *Wáy-pŏu*.

| 妻 *Hiá-tsī (Cart. Jap.)*. — Station de la province de *Tchăng-lŏ (Fitats)* sur *Nifon*, éloignée de 20 *ris* de *Yédo*.

| 津井 *Hiá-tsīn-tsìng (Cart. Jap.)*. — Station de la presqu'île de *Eŭl-tào*, province de *Bitsyu (Pi-tchōng)*, sur Nifon.

| 總 *Hiá-tsŏng (Cart. Jap.)*, ou *Hia-tsòng-kwĕ (Cart. Jap.)*, en japonais *Simosa*. — Province de *Nifon*, baignée, partie par la baie de Yédo, partie par l'océan Oriental et limitée au sud par *Shàng-tsŏng (Kadsusa)*; à l'ouest par *Oŭ-tsăng (Musasi)* et *Shàng-yĕ (Kodske)*; au nord-ouest par *Hiá-yĕ (Simodske)* et *Tchăng-lŏ (Fitats)*.
Cette province comprend 4 cités, 11 préfectures et 8 stations.

Tsó-tsăng, cité	éloignée de	13 *ris* de *Yédo*.
Kŏu-hô, cité	—	16	—
Mên-sŏ, cité	—	13	—
Tcheŏu-tchĭng, cité	—	19	—
Tō-kŏu, station	—	18	—
Kāo-kāng, station	—	19	—
Siào-kién-tchwĕn, station	—	22	—
Sēng-shĭ, station	—	12	—

Le fleuve qui limite cette province de celle de *Où-tsăng (Musasi)* est appelé *Li-hán-tchwĕn*; la baie intérieure qui la sépare de celle de *Tchăng-lŏ (Fitats)*, est appelée *Tōng-pŏu*; il y a en outre un lac intérieur, appelé *Yn-păn-tchào*. Les renseignemens diffèrent, suivant les cartes consultées.

Des environs de *Youki*, territoire sérifère de la province de *Simosa*, dit Bonafous, on exporte des quantités considérables de graines de vers à soie.

| 總國 *Hia-tsòng-kwĕ (Cart. Jap.)*, ou *Hia-tsòng (Cart. Jap.)*, en japonais *Simosa*. — Une des 52 provinces de l'île de Nifon, située à l'est du Japon. Elle comprend 12 préfectures *kún*, savoir: *Ywĕn-sēng*, *Hiāng-tsŭ* et *Lieòu-tching*, au nord; *Hày-shàng* et *Lì-tiĕn*, au nord-est; *Tsă-tsĕ* et *Yn-fān*, au sud-est; *Shĭ-yĕ*, au sud; *Kŏ-ssē*, au sud-ouest; *Siāng-mâ*, à l'ouest; *Pidò-tào* et *Kāng-tiĕn*, au nord-ouest.

| 雋 *Hia-tsuèn (Biot)*. — Ancienne dénomination de diverses villes.

| 村 *Hia-tsùn*, ou *Nân-ngào (Morr.)*. — Ile appelée le *Faux Saint-Jean*. — Voir *Hia-tchwĕn-shān*.

| 鴨里 *Hia-yă-lì (Ch. Rep.)*. — Localité mentionnée sur la carte de *Hong-kong (Hiang-kiang)*, et faisant opposition à *Shàng-yă-lì* 上鴨里.

下野 *Hiá-yè* (*Cart. Jap.*), ou *Hía-yè-kwĕ* (*Cart. Jap.*), désert inférieur, en japonais *Simodske*. — Province centrale de Nifon, limitée au nord par *Lĭng-ngào* (*Mudsu*); à l'est par *Tchâng-lŏ* (*Fitats*); au sud-est par *Hiá-tsōng* (*Simosa*); au sud-ouest par *Sháng-yè* (*Kodske*). Cette province comprend 3 cités, 9 préfectures et 12 stations.

Nĭng-tōu-kōng, cité	éloignée de	38	*ris* de *Yédo*.
Tsò-sēng, cité	—	33	—
Kieōu-shān, station	—	35	—
Tá-tiĕn-ywĕn, cité	—	37	—
Tsó-yè, station	—	22	—
Hoĕ-tŏu, station	—	23	—
Lì-yù, station	—	37	—
Tsŏ-lì, station	—	20	—
Hì-tào, station	—	36	—

Le P. du Halde signale une ville appelée *Ashicanga* (?).

野國 *Hia-yè-kwĕ* (*Cart. Jap*), ou *Hia-yè* (*Cart. Jap.*), en japonais *Simodske*. — Province centrale de l'île de Nifon, qui comprend 9 préfectures *kún*, savoir : 1 au nord, *Nô-méy*; 1 à l'est, *Fāng-hó*; 3 au centre, *Tōu-hó*, *Hó-nwí* et *Hày-kŏ*; 1 au sud-est, *Hân-tchwĕn*, et 3 au sud-ouest, *Jèn-tiĕn*, *Tsŏ-lì* et *Ngān-hêng*. Autant de cartes, autant de désignations différentes.

英 *Hiá-yng* (*C. G.*). — Nom de l'extrémité inférieure d'un banc de sable, formé par le *Tá-tĕ-kiáng*, district de *Hày-fōng*, département de *Tchào-tcheōu* (*Kwàng-tōng*).

于度 *Hiá-yū-tóu* (*Cart. Jap.*). — Station de la province de *Lĭng-ngáo* (*Mudsu*) sur *Nifon*, éloignée de 55 *ris* de *Yédo*.

岣岐 *Hiá-yûn-kĭ* (*Cart. Jap.*), rochers des précipices profonds. — Grande île faisant partie du groupe appelé *Tiĕn-tsăo-kún*, province de *Fizen* sur *Kiusiu*.

匣什葛爾 *Hia-shĭ-kŏ-eùl* (*N. L.*), autrement *Ki-shĭ-ki-eùl* (*Ch. Rep.*), vulgairement *Cashgar* ou *Kashkar*. — Une des 8 cités mahométanes du Turkestan. 8 autres villes inférieures sont sous sa dépendance, savoir :

1° *Yng-yă-lông-eùl* (*N. L.*), à 200 *li* S. de *Yarkand*;
2° *Péy-tsè-pā-tĕ* (*N. L.*), à 30 *li* E. de *Yarkand*;
3° *Tá-shĭ-pĕ-lì-kō* (*N. L.*), à 200 *li* N.-W. de *Yarkand*;
4° *Yă-lă-tōu-shĭ* (*N. L.*), à 80 *li* N.-E. de *Yarkand*;
5° *Pĭ-shĭ-kō-lì-mŏ* (*N. L.*), à 10 *li* E. de *Yarkand*;
6° *Yō-sōu-nă-eùl-tōu-shĭ* (*N. L.*), à 130 *li* N.-W. de *Yarkand*;
7° *Yă-eùl-kō* (*N. L.*), près des monts Neigeux (*Suĕ-shān*);
8° *Wō-ĭ-eùl* (*N. L.*).

Le pays est assez fertile et produit du riz, du blé, des pois, des haricots, des courges, des melons et les divers fruits communs aux contrées tempérées. On y trouve des mousserons noirs (?) sur des arbres et des morilles. Voir *Ch. Rep.*, vol. IX, page 128.

厦門 *Hiá-mên* (porte de la grande maison)-*tchíng* (*C. G.*), appelé *Amoy* en dialecte local et *Emoui* en anglais. — Port considérable, situé par 24° 10' 3" lat. N. et 1° 44' 11" long. E. C'est une grande ville commerciale, qui n'a aucun rang dans la hiérarchie géographique des Chinois, mais qui, par son importance et sa grandeur, peut être mise au rang de celles de 3ᵉ classe. Elle avait été, depuis le traité de *Nân-kīng*, un des 5 ports ouverts au commerce étranger.

Les environs de cette ville présentent un aspect désolé et sont couverts de roches de granit, entre lesquelles s'élèvent quelquefois des figuiers de pagodes (*ficus religiosa*). M. Fortune a signalé dans les jardins quelques jolis arbrisseaux, tels que le *jasmin sambac*, l'*olea fragrans*, le rosier de la Chine, des chrysanthèmes et autres espèces ordinaires. L'île voisine de *Kòu-láng-ssé* possède plusieurs indigoteries où l'on manipule l'*isatis*. On y trouve aussi le *caryoptera mastacantha* (*Fl. Sin.*).

呷 *Hĭa* (*Cart. Chin.*). — Le Cap, cap de Bonne-Espérance, colonie anglaise, au sud de l'Afrique.

| 地 *Hiă-tĭ* (*Morr.*). — Nom de Malaca, ville de la péninsule malaise, autrement appelée *Mă-lŏ-hiă* (*Ch. Rep.*), *Mâ-lŏ-kiă* (*Morr.*), *Mâ-lă-kiă* (*Cart. Ch.*) et *Moèn-lă-kiă* (*Morr.*).

哈 | *Hĭa*, car. *ngŏ-tĭ* (*Bridgm.*). — Hayti, ou Saint-Domingue, île d'Amérique.

夏 *Hiá* (*Biot*). — Royaume étranger, sous les *Tsĭn*. — Voir *Nĭng-hiá-fòu* (*Kān-sŏ*).

| *Hĭa* (*Medh.*) ou *Hĭa-kì*. — Nom de la 1ʳᵉ dynastie des temps historiques, qui a commencé à régner en 2205, jusqu'en 1765 avant notre ère. Auparavant, s'est écoulée l'époque crypto-historique, celle des cinq souverains *Où-tĭ-kì*, qui commence à l'an 2852 et finit à l'an 2205, avant notre ère. Cette époque avait été précédée de l'époque mythologique, appelée celle des trois souverains *San-hoâng-kì*, dont les faits se perdent dans la nuit des temps.

| 県 *Hĭa-hién* (*Ch. Rep.*), district de l'été. — Un des 4 districts du département inférieur, appelé *Kiày-tcheōu* (*Shān-sī*). Le chef-lieu, ancienne résidence de l'empereur *Yù*, est situé par 35° 10' lat. N. et 5° 16' 30" long. W.

| 邑 *Hĭa-ĭ* (cité de l'été)-*hién* (*Ch. Rep.*). — Un des 8 districts du département de *Kwēy-tĕ* (*Hŏ-nân*). Le chef-lieu est situé par 34° 20' lat. N. et 0° 9' 30" long. W. Synonyme de *Hiá-ĭ* (*Biot*).

| 汭 *Hĭa-jwĭ* (*Biot*). — Nom du territoire de *Où-tchăng-fòu* (*Hôu-pĕ*), dépendance du royaume de *Où*, à l'époque du *Tchăn-tsiĕou* (*Biot*).

| 口城 *Hĭa-keŏu-tchíng* (*Biot*). — Nom d'une ancienne ville, sous les premiers *Sóng*, près de *Où-tchăng-fòu* (*Hôu-pĕ*).

夏紀 *Hia-ki* (*Ch. Rep.*), dynastie des *Hia* ou de l'été. — 1ʳᵉ dynastie des temps historiques, ou 3ᵉ dynastie, qui suit celle des cinq souverains appelés *Où-tì-ki*.

大禹 *Tá-yù*, ou simplement *Yù*. — 1ᵉʳ empereur, 2205 A. E. Fondation de l'empire. Vases de bronze appelés *Ting*, où est gravée la carte de cette époque indiquant 9 provinces. Invention des boissons alcooliques.

帝啓 *Tí-kì*, enseignement des souverains. — 2ᵉ empereur, 2197. Cet empereur fut digne de son père et continua son œuvre.

太康 *Tăy-kăng*, grandeur et tranquillité. — 3ᵉ empereur, 2188. Division de l'empire en principautés. Mauvaise conduite de l'empereur. Il est dépossédé.

仲¦ *Tchóng-kăng*, le second et tranquille. — 4ᵉ empereur, 2159. Célèbre éclipse de soleil, au temps de la conjonction de cet astre avec la constellation *Fâng*, qui comprend certaines étoiles du Scorpion. — Voir Dict. Morrison, part. II, page 1064.

帝相 *Tí-siāng*, examen des souverains. — 5ᵉ empereur, 2146. L'empereur perd la couronne et la vie, à la suite de séditions.

Ici le P. du Halde place un 6ᵉ empereur appelé *Hán-tsò* et qui est désigné comme usurpateur.

少康 *Shào-kăng*, faiblesse et tranquillité. — 6ᵉ empereur, 2118. Fils de *Tí-siāng*, il remonta sur le trône et vengea la mort de son père.

帝杼 *Tí-tchù*, épreuves des souverains. — 7ᵉ empereur, 2057. L'ordre et la tranquillité règnent dans tout l'empire.

¦槐 *Tí-hoây*, parfum des souverains. — 8ᵉ empereur, 2040. Ambassades étrangères venant offrir le tribut à la Chine.

¦芒 *Tí-mâng*, barbe souveraine. — 9ᵉ empereur, 2014. La cour, livrée à l'oisiveté et à l'indolence, se transporte vers le fleuve Jaune.

¦世 *Tí-sĭe*, nombreux souverains. — 10ᵉ empereur, 1996. L'ordre, la justice et la tranquillité règnent dans tout l'empire.

¦不降 *Tí-pŏ-kiáng*, ascension souveraine. — 11ᵉ empereur, 1980. Suite de la tranquillité de l'empire. Ce règne est un des plus longs qui soient signalés, puisqu'il a duré 59 ans.

¦扁 *Tí-kiõng*, limite souveraine. — 12ᵉ empereur, 1921. Ce souverain, heureux usurpateur, profita des travaux fructueux de ses prédécesseurs.

帝堇 *Tĭ-kĭn*, abri des souverains. — 13ᵉ empereur, 1,900. Fils du précédent usurpateur, il jouit en paix de l'héritage illégitime de son père, mais laissa un nom méprisé.

孔甲 *Kŏng-kiă*, illustre rejeton. — 14ᵉ empereur, 1,879. Fils de *Tĭ-pŏ-kiáng*, il ne répondit pas aux espérances publiques et se livra aux délices d'une vie molle et voluptueuse.

帝皋 *Tĭ-kāo*, éminent souverain. — 15ᵉ empereur, 1,848. Fils du précédent, il imita son père dans ses vices et ses débauches.

｜發 *Tĭ-fă*, exaltation souveraine. — 16ᵉ empereur, 1,837. L'histoire ne dit rien de cet empereur, si ce n'est du malheur qu'il eut de donner le jour au plus méchant des souverains, qui fut son successeur.

桀癸 *Kie-kwày*, mesure des héros. — 17ᵉ empereur, 1818. Ce souverain a été surnommé le Néron de la Chine. Il avait une femme aussi méchante et aussi cruelle que lui. Ses débauches et ses crimes soulevèrent l'animadversion de ses sujets, qui le renversèrent et anéantirent sa dynastie, celle des *Hía*, qui avait subsisté pendant 439 ans et qui fut suivie par celle des *Shāng*.

La fabrication des étoffes de soie existait certainement à cette époque, soit à Canton, soit dans toute autre ville de la Chine. On a trouvé dans les anciens sarcophages de l'Égypte des tissus peluchés, rayés, unis et façonnés, en soie, de provenance chinoise et qui peuvent dater de trois à quatre mille ans. — Voir *Description méth.*, page 221.

夏丘 *Hía-kiĕou (Biot)*. — Nom, sous les *Hán*, de *Hŏng-hién*, département de *Fóng-yâng (Ngān-hoĕy)*.

｜伯邑 *Hía-pĕ-ĭ (Biot)*. — Ancien apanage du prince *Hía (Biot)*.

｜州 *Hía-tcheōu (Biot)*. — Ancien nom, sous les *Heóu-tcheōu*, de *ĭ-lĭng-tcheōu (Hôu-pĕ)*.

｜津 *Hía-tsīn* (baç de l'été)-*hién (Ch. Rep.)*. — Un des 3 districts du département inférieur appelé *Lĭn-tsĭng (Shān-tōng)*. Le chef-lieu est situé par 37° 3′ lat. N. et 0° 18′ 30″ long. W.

｜屋 *Hĭa-wŏ (Biot)*. — Nom d'une ancienne ville, au nord de *Tăng-hién*, province du *Tchĭ-lí*.

｜陽 *Hía-yâng (Biot)*. — Nom, sous les *Tsín*, de *Hăn-tchĭng-hién*, département de *Tŏng-tcheōu (Shèn-sī)*.

｜溶 *Hía-yŏng (Ch. Rep.)*. — Petite ville du district de *Nán-hày*, département de *Kwàng-tcheōu (Kwàng-tōng)*.

峽江 **Hïa-kiāng** (district du fleuve qui vient des montagnes)-*hién (Ch. Rep.).* — Un des 4 districts du département de *Lĭn-kiāng (Kiāng-sī).* Le chef-lieu se trouve situé sur la rive gauche du *Tchāng-kiāng,* par 27° 32′ lat. N. et 44° 30′ long. E.

丨州 **Hia-tcheōu** *(Biot).* — Ancien nom de *Nĭng-hĭa-fòu (Kān-sŏ),* sous les seconds *Oéy* et les *Tāng (Biot).*

洽河 **Hïa-hô** *(Fl. Sin.).* — Rivière du département de *Pào-nĭng (Ssé-tchwēn),* où se trouvent les montagnes appelées *Pā-shān,* renommées pour les gros arbres à thé.

丨頭嶺 **Hïa-teŏu-lìng** *(Fl. Sin.).* — Montagne du département de *Shâo-tcheōu,* au nord du *Kwàng-tōng,* et qui sépare cette province de celle du *Kwàng-sī.*

狹門 **Hïa-mên** *(Ch. Rep.),* passage étroit. — Ile de *Tcheōu-shān,* district de *Tĭng-hày,* département de *Nĭng-pō (Tchĕ-kiāng).*

瑕 **Hïa** *(Biot).* — Nom d'une ancienne ville, au sud-ouest du département de *Kiày (Shān-sī).*

丨丘 **Hïa-kiĕou** *(Biot).* — Ancien nom, sous les *Hán,* de *Tsē-yâng-hién,* département de *Kwān-tcheōu (Shān-tōng).*

蝦夷 **Hïa-î** *(Ch. Rep.),* crapauds barbares, autrement *ĭ-hiâ (Kœmpf.),* en japonais *Jéso, Jésogasima, Yézo* ou *Yesso.* — Ile la plus septentrionale du Japon, séparée de celle de Nifon par le détroit de *Tsougar* ou de *Matsmaï.* La capitale et cité principale est *Matsmaï,* située à l'ouest; la deuxième cité est *Hacodadi,* autre port, mais situé plus à l'est.

Les articles d'exportation sont l'*awabi,* espèce d'huître pêchée en mai et juin à *Hacodadi,* tandis que celles des provinces voisines de *Shandaï,* de *Hanbou* et de *Tsougarou* ne sont livrées au commerce étranger qu'en octobre et novembre. L'île de *Jéso* a des mines de houille. Elle est couverte d'immenses forêts et produit d'excellents bois de construction, tels que le chêne, le frêne et le pin. Cette île fournit aussi des cornes de cerf et des herbes marines très-recherchées comme aliment par les Chinois, à cause de leurs propriétés salines. On cite celles de *Midzouchi* et de *Nedanneï.* La première est subdivisée en 3 sortes : *Bashio, Koustouri* et *Akeshi :* cette dernière est la plus estimée. — Voir *Pĕ-hiâ-î (Ch. Rep.).*

C'est dans l'île de *Jéso* que l'on trouve les *Aïnos,* peuples désignés sur la carte Bonafous, ainsi que les *Parapits* indiqués sur celle du P. du Halde. Au centre, est une montagne très-élevée à laquelle on a donné le nom du célèbre naturaliste berlinois *Pallas,* auteur du Vocabulaire des langues du monde entier. Au nord, le détroit de La Pérouse sépare cette île de celle voisine de *Tarakaï;* on y trouve le golfe d'*Aniwa,* les caps *Austouko* et *Romanzoff,* les ports *Aria* et *Nosjab.*

Au nord-est, on rencontre la ville *Athesi* et la baie de *Walvis,* dont le cap extrême est par 30° long. E., vers l'archipel russo-japonais des *Kourilles,* qui court au nord-est jusqu'au Kamtchatka : c'est le point le plus oriental de l'empire du Japon. Dans la même direction est l'île *Houroupé.*

A l'est, on trouve la terre des *Ombits,* une petite île appelée *Erori,* la baie de *Bonne-Espérance*, les caps *Broughton* et *Eroën* ou *Froën*, une île appelée *Musima*; au sud, la contrée des *Albosari*, celle de *Jesamasima*, le détroit de *Tsougar*, qui sépare *Jéso* de l'île voisine de *Nifon*, le port célèbre d'*Hacodadi*, la ville de *Matsmaï* et la contrée de *Matsaki*; au sud-est la baie des *Volcans*, le cap *Esarmé* et l'île d'*Oetsoeyra*.

Au sud-ouest de *Jéso* sont les ports d'*Asavigava*, de *Famonotz* et de *Gokamatz*, la baie de *Suchetelen*, le cap *Sinekosava*, les îles *Jemasima*, *Kubitesima* et *Okosir*; à l'ouest, la terre de *Testoï*, la côte *Minami*, le golfe de *Sirogonov*, les caps *Kotuzou* et *Malespina*, l'île *Kosima*, la pointe *Kovosilzoov*; au nord-ouest, les îles *Ousima*, *Refunchery* et *Teurire*.

Jéso est séparée de l'île Sagalien, au nord, par le détroit de La Pérouse; de l'île Konnachir et de l'archipel des Kourilles, à l'est, par le détroit de *Jéso*; de Niphon, au sud, par le détroit de Sangar ou Matsmaï; à l'ouest, par le golfe de Tartarie. Bonafous signale sur cette île une tribu sino-japonaise appelée *Ayando* ou *Ayabé*.

Biot donne le même nom de *Hia-ï* aux naturels de l'île *Yézo*, au nord du Japon.

蝦岐門 *Hia-kĭ-mèn* (C. G.), passage du cap aux crabes. — Passage de l'île *Vernon* (*Hia-kĭ-shān*), côte du *Tchĕ-kiāng*, département de *Ning-pō* (G. C.).

｜｜山 *Hia-kĭ-shān* (C. G.), montagne du cap aux crabes. — Ile de la côte du *Tchĕ-kiāng*, département de *Ning-pō*, appelée en anglais *Vernon island*. Elle est située par 29° 44′ 2″ lat. N. et 5° 49′ 14″ long. E.

｜婆礁 *Hia-pŏ-tsiāo* (C. G.). — Ile, en roches brûlées, appelée le crapaud femelle, sur la côte méridionale du district de *Hày-fōng*, département de *Tchâo-ïcheōu* (*Kwàng-tōng*).

陝 *Hiă*. — Voir *Ning-hiă* (Biot).

霞浦 *Hia-pŏu* (bords de nuages de couleur rouge)-*hién* (Ch. Rep.). — Un des 5 districts du département de *Fóu-ning* (*Fóu-kién*). Le chef-lieu est situé par 26° 54′ lat. N. et 3° 39′ 36″ long. W.

SON *HIANG*.

Prononciation française. . . . . *Hiang, Hiangue;*
— américaine, anglaise . . *Heang, Hiang;*
— espagnole, portugaise . *Hiam.*

ORDRE DES CLEFS :

向 巷 鄉 響 項 饗 香

CLEFS :	30	49	163	180	181	184	186
TRAITS :	3	6	10	13	3	14	

向 *Hiáng (Morr.).* — Nom de lieu, de cité, de pays (*Morr.*). — Nom d'une ancienne principauté féodatairé et d'un arrondissement des *Hàn,* sur le territoire de *Hàn-shān,* département de *Hô* (*Ngàn-hoëy*) (*Biot*).

| 武州 *Hiáng-où-tcheōu (Ch. Rep.).* — District inférieur du département de *Tchìn-ngān* (*Kwàng-sī*). Le chef-lieu est situé par 23° 12′ lat. N. et 9° 43′ 54″ long. W.

| 島 *Hiáng-tào (Cart. Jap.),* île en face. — Ile au fond d'un golfe de la province de *Sǎ-mô* (*Satsuma*), devant laquelle est l'île et cité de *Kagosima.* — Voir *Tsǐ-tào (Cart. Jap.).*

| 州 *Hiáng-tcheōu (Biot).* — Nom d'un ancien district du *Ssé-tchwěn,* comprenant, sous les *Tăng,* une partie de l'arrondissement de *Meóu-tcheōu (Ssé-tchwěn).*

| 陽寺 *Hiáng-yáng-ssé (Alb. Jap.),* pagode des lumières. — Temple situé sur le *Tokaïdo,* entre *Hóu-tchòng* et *Tĕng-tsè.*

巷 *Hiáng (D. G.).* — Allée, chemin public, rue, petite rue, sentier (*D. G., Medh., Morr.*).

鄉 *Hiăng (D. G.)*, bourg, territoire. — Dans le calcul des Chinois, pour l'énumération de la population, ce caractère représente 2,500 maisons, ou familles. — Voir, pour le complément, à la page xv des *Prolégomènes*.

｜寧 *Hiăng-nîng (paix des bourgs)-hién (Ch. Rep.)*. — Un des 11 districts du département de *Pîng-yâng (Shān-sī)*. Le chef-lieu est situé sur un petit affluent du fleuve Jaune, par 36° lat. N. et 5° 42′ 30″ long. W.

響洋 *Hiàng-yâng (Cart. Jap.)*, mer des échos. — Mer de Corée, située en dehors du détroit de *Simoneseki*, au delà du cap nord de la province de *Fizen*, sur *Kiusiu*.

項 *Hiáng (Biot)*. — Ancienne principauté, territoire de *Hiáng-tchîng-hién*, département de *Tchĭn-tcheōu (Hô-nân)*.

｜城 *Hiáng-tchîng (Biot)*. — Nom, sous les *Hán*, de *Hiáng-tchîng-hién*, département de *Tchĭn-tcheōu (Hô-nân)*.

｜｜県 *Hiáng-tchîng-hién (Ch. Rep.)*. — Un des 7 districts du département de *Tchĭn-tcheōu (Hô-nân)*, situé par 33° 20′ lat. N. et 1° 35′ 30″ long. W., sur une des branches de la rivière *Kō*.

｜子國 *Hiáng-tsè-kwĕ (Biot)*. — Ancienne principauté, territoire de *Hiáng-tchîng-hién*, département de *Tchĭn-tcheōu (Hô-nân)*.

饗街 *Hiàng-fén (Ch. Rep.)*, mosquée des sacrifices. — Temple musulman qui se trouve près de Canton.

香 *Hiāng (Morr.)*. — Nom de montagne, de rivière *(Morr.)*.

｜河県 *Hiáng-hô-hién (Ch. Rep.)*, district de la rivière odoriférante. — Un des 7 districts de la commanderie de *Tōng-lóu (Tchĭ-lĭ)*. Le chef-lieu est situé par 39° 46′ lat. N. et 0° 33′ 30″ long. E.

｜港 *Hiăng-kiàng (Ch. Rep.)*, en cantonais *Hong-kong* (Biot écrit *Hông-kiăng*), c'est-à-dire ruisseaux odorans, est une île, colonie anglaise, qui faisait autrefois partie du district de *Sīn-ngān (Kwăng-tōng)*. Sa principale ville est *Victoria*, située par 22° 16′ 30″ lat. N. et 2° 20′ 24″ long. W., siège du gouvernement, ville de compte du commerce britannique. L'île, très-échancrée, comprend environ 66 kilomètres de circonférence et une population de plus de 25,000 habitants, dont 20,000 Chinois. Le point culminant ou pic *Victoria* est élevé de 547 mètres au-dessus du niveau de la mer. Le sol est mélangé de trapp, de granite (syénite) et d'hornblende. Le calcaire n'existe pas. L'intérieur de l'île offre la végétation la plus active et les sites les plus pittoresques. Le port, considéré comme un des plus vastes et des meilleurs de la Chine, est une espèce de canal qui règne devant *Victoria* et la côte opposée de *Kièou-lông*, dont la pointe sud est appelée *Tsiēn-shā-tswì*.

Le *Chinese Repository* a inséré de nombreuses descriptions de cette île intéressante, principalement dans le vol. XIV, pag. 291 ; mais ce que nous savons de plus circonstancié sur son climat et ses conditions physiques, au point de vue de sa flore, est principalement dû, d'abord, à M. Hinds, dans le *Journal botanique* de M. Hooker, année 1842, vol. Ier, pag. 476, à l'article *Remarques sur l'aspect physique et la végétation de Hong-kong;* puis, au Dr Seeman, dans sa botanique du voyage du navire le *Herald*, en 1857, à l'article intitulé *Introduction à la flore de Hong-kong*. Ces deux écrivains représentent l'aspect général de cette île, vue du sud-est, pendant l'hiver, c'est-à-dire la saison sèche, comme triste et désolée, sans aucune apparence de végétation. Mais au contraire, au nord et à l'ouest, des vallées et des ravins plus abrités, plus saturés des longues pluies du printemps et de l'été, présentent au botaniste une flore extraordinaire et très-variée. La plus grande partie de cette flore est caractérisée par des arbres élevés et des arbustes. Le pin de la Chine, le *Ternstrœmia* du Japon garnissent les sommités les plus exposées, tandis que de nombreuses espèces de chênes, de figuiers, remplissent les vallées les plus profondes.

La température est aussi variable que l'humidité, eu égard à la réverbération d'un soleil tropical sur des masses granitiques, alternant avec les fraîcheurs, suite des *Tây-fōng*, ouragans fréquens pendant la saison d'été (du 20 juin au milieu d'octobre). La température moyenne de *Hong-kong*, d'après une table de six années d'observations, est de $+12°$ minimum à $+36°$ maximum centigrades.

La mortalité y était très-considérable dans les premiers temps de l'occupation, mais l'île est devenue, depuis, un des points les plus sains des colonies anglaises.

Voici, d'après George Bentham, les principaux botanistes qui ont exploré le sol de *Hong-kong*.

En 1847, le colonel Champion (alors capitaine) du 95e régiment, y recueillit 500 à 600 espèces de cryptogames et de phanérogames, parmi lesquelles se trouvent la plus grande partie des dicotylédones, des orchidées et des fougères qui ont été depuis reconnues dans le voisinage de *Victoria*, dans les riches vallées arrosées et boisées du nord-ouest, depuis *West Point* « la pointe ouest » jusqu'à la vallée Heureuse, et enfin jusqu'aux sommets des principaux pics *Victoria, Gough* et *Parker*. Ses travaux ont été consignés dans le *Journal botanique de Kew,* par M. Hooker, depuis le vol. III jusqu'à VII et IX.

En 1844, le Dr H.-F. Hance s'appliquait à l'étude de la flore de *Hongkong* et donnait, soit à M. W.-J. Hooker pour son *Journal botanique de Kew*, soit au Dr Walpers pour ses *Annales botanices systematicœ*, de nombreuses descriptions de plantes. En 1850, il se mit en rapport avec le Dr Berthold Seeman, naturaliste à bord du *Herald*, et lui communiqua toutes ses collections, qui comprirent 773 phanérogames et fougères.

En 1857, le Dr W.-A. Harland, chirurgien du gouvernement, est mentionné pour avoir recueilli des plantes remarquables, sur le territoire de *Hong-kong*.

En 1854, M. Ch. Wright, naturaliste américain, à bord du navire le *Vincennes,* a fourni 500 espèces pour la flore de *Hong-kong*. M. Bentham dit les avoir connues par l'entremise du Dr Asa Gray.

En 1857, M. Ch. Wilford, collecteur pour le jardin royal de Kew, a remis environ 400 espèces de la flore de *Hong-kong*, dans l'herbier de M. Hooker.

M. G. Bentham cite encore le général Eyre, R.-A., qui lui a fourni de magnifiques dessins de plantes, le colonel Urquhart, le Dr Dill, MM. J.-C. Bowman et T. Alexander, qui lui ont transmis de jolis échantillons de fougères; enfin le colonel Munro, qui a déterminé toutes les graminées de l'île et lui a fourni d'importantes communications sur leurs caractères et leur arrangement méthodique.

Le caractère général de la flore de *Hong-kong* est celui de l'Asie tropicale. En prenant en détail les parties les plus restreintes de cette flore, celles des ravins les plus humides et les plus boisés, qui se trouvent au nord et à l'ouest de l'île, nous trouvons une alliance intime avec la flore du nord-est et de l'Inde (*Khasia*, *Assam* et *Sikkim*), flore qui se lie par une transition graduelle avec celle de la Chine méridionale, les plantes de *Hong-kong* montrant généralement moins de luxe de végétation, mais de plus grandes fleurs, et certaines particularités dues à leur situation.

Certaines espèces ont une physionomie tropicale qui les rapproche de la flore de l'archipel Indien, de celle de la péninsule Malaise, de celle de Ceylan, et même de celle de l'Afrique tropicale, sans toutefois qu'on les signale dans la flore de l'Inde centrale.

Au nord de *Hong-kong*, la végétation paraît changer beaucoup plus rapidement. Quelques espèces reconnues depuis l'Himalaya jusqu'au Japon, et qui se montrent jusque près d'*Amoy*, à 2° de différence de latitude de *Hong-kong*, ne paraissent plus dans la flore de cette île. Toutefois, les flores du Japon et de *Hong-kong* présentent de nombreux rapports de connexion; on signale plus de 80 espèces communes aux deux contrées, parmi lesquelles nous citerons les *Kadsura*, *Stauntonia*, *Arctinidia*, *Camellia*, *Eriobotrya*, *Distylium*, *Liquidambar*, *Benthamia*, *Farfugium*, *Houthynia*, etc.

La flore de *Hong-kong* présente quelques points curieux de connexion avec celle de l'Australie, soit comme espèces, soit comme genres, tels que les *Pycnospora*, *Lagenophora*, *Stylidium*, *Mitrasacme*, *Thysanotus*, *Philydrum*, *Lipocarpa microcephala*, *Arthrostyles*, *Zoysia*, etc. Un petit nombre d'espèces maritimes, dans le genre du *Carex pumila*, s'étendent de l'Australie au Japon; d'autres plantes maritimes, appartenant aux flores septentrionales ou du Japon, telles que l'*Ixeris debilis* et *repens*, paraissent avoir leurs limites sud à *Hong-kong*.

La flore de *Hong-kong* n'a aucune connexion directe avec celle de l'Amérique. Au milieu de la zone singulière qui croise l'Amérique du Nord et reparaît au Japon, pour mourir, au delà de la Mantchourie, dans l'Asie centrale, végètent quelques espèces que l'on retrouve vers l'Himalaya, en suivant une ligne passant au nord de *Hong-kong*; mais on peut cependant y retrouver quelques types particuliers, tels que les *Lespepeza*, *Solidago*, *Eupatorium*, *Olea marginata*, *Gelsemium*, etc. Les espèces que l'île de *Hong-kong* possède en commun avec l'Amérique tropicale sont presque toutes généralement répandues en Asie et en Afrique, sous les tropiques, et n'offrent rien d'exceptionnel dans leur distribution, si nous en exceptons toutefois le *Teucrium inflatum* des Indes occidentales, qui paraît être abondant dans plusieurs îles de l'Océan Pacifique, mais inconnu généralement dans l'Asie tropicale.

Le nombre total des espèces énumérées dans la flore de *Hong-kong* de George Bentham s'élève à 1,056, distribuées en 591 genres et 125 ordres. Il faut en déduire 25 genres et 32 espèces, que l'on regarde avec raison comme des *échappées de culture (escapes from cultivation)*, c'est-à-dire des plantes transportées par l'homme et qui se sont propagées naturellement. Plus de 100 espèces peuvent être considérées comme des plantes cultivées malgré la volonté de l'homme (*weeds of cultivation*), et que l'on trouve exclusivement dans les champs de riz et dans les autres terrains cultivés.

TABLE DES PLANTES DE L'ILE DE HONG-KONG

SUIVANT LEUR DISTRIBUTION GÉOGRAPHIQUE.

	Arbres, arbrisseaux.	Herbes, sous-arbrisseaux.	Proportion des espèces ligneuses aux espèces herbacées.	Nombre total.
Flore de l'Asie tropicale.	48	350	1 à 7,292	398
— de l'Inde nord-est.	34	85	1 à 2,500	119
— de l'Inde sud-est.	24	50	1 à 2,083	74
— de l'Archipel et du Pacifique.	20	36	1 à 1,800	56
— de la Chine.	102	85	1 à 833	187
— endémique.	94	65	1 à 691	159
— de l'Asie tempérée.	1	9	1 à 9,000	10
	323	680	1 à 2,605	1,003

Parmi les plantes de la Chine, figurent celles inconnues au sud et à l'ouest de cette contrée ; quelques-unes cependant sont signalées dans la Chine méridionale. D'autres s'étendent vers le nord à *Sháng-hày, Chusan* et le *Japon*, même jusqu'à *Pé-king*.

Quant à la flore endémique, on n'y comprend que les plantes qui ne sont connues qu'à *Hong-kong*, quoiqu'on puisse les rencontrer sur les montagnes voisines des côtes de la terre ferme. Il est toutefois probable qu'elles ne s'étendent pas beaucoup au loin et qu'elles ont une limite géographique très-restreinte.

Par la flore de l'Asie tempérée, nous entendons les plantes de la Sibérie méridionale, de la Dahourie, de la Mantchourie et du Japon.

Voici la nomenclature comparative, en série décroissante, des principaux ordres de la flore de *Hong-kong*.

Graminées	86	espèces.
Fougères	75	—
Légumineuses	72	—
Composées	67	—
Cypéracées	62	—

Euphorbiacées............	52	—
Rubiacées...............	42	—
Orchisacées.............	36	—
Urticacées..............	27	—
Scrophulariacées.........	21	—
Acanthacées.............	18	—
Verbenacées.............	17	—
Lamiacées...............	16	—
Myrtinacées.............	15	—
Laurinées...............	14	—
Apocynacées.............	13	—
Convolvulacées..........	13	—
Liliacées...............	13	—
Ternstræmiacées.........	12	—
Malvacées...............	12	—
Rosacées................	11	—
Asclépiasacées..........	11	—
Solanacées..............	10	—
Polygonacées............	10	—
Amentacées..............	10	—

Voici la série des genres de la flore de *Hong-kong* qui présentent le plus d'espèces.

Panicum.................	16	espèces.
Ficus...................	15	—
Aspidium................	13	—
Fimbristyles............	13	—
Cyperus.................	12	—
Asplenium...............	10	—
Polygonum...............	9	—
Carex...................	9	—
Eragrostis..............	9	—
Desmodium...............	8	—
Phyllanthus.............	8	—
Quercus.................	8	—
Solanum.................	8	—

Voici les noms principaux des lieux voisins de *Hong-kong*.

1° *Ngéng-teŏu-shān;*
2° *Shǎng-wān;*
3° *Tchōng-wān;*
4° *Hía-wān;*
5° *Kŭn-tǎy-lóu;*
6° *Hoǎng-ni-tchòng;*
7° *Sào-kān-póu;*
8° *Tēng-lóng-tcheōu;*
9° *Hông-hiāng-lôu;*
10° *Kĭ-tchǎ-mên;*
11° *Shāo-kĭ-wān;*
12° *Tchǎy-wān;*
13° *Lì-yû-mên;*
14° *Tà-láng-kĭo;*
15° *Tà-láng-wān;*
16° *Sí-wān;*
17° *Shĭ-ngáo;*
18° *Sàn-shĭ-wān;*
19° *Shoāng-tchú-mên;*
20° *Tá-tăn-teŏu;*
21° *Tá-tǎn;*
22° *Lán-tchǎy-kĭo;*
23° *Tchĭ-tchú;*
24° *Tchŏng-kăn-kĭo;*

VOCAB. GÉOG. CHINOIS.

25° *Tsiĕn-shwì-wān;*
26° *Shīn-shwì-wān;*
27° *Shĭ-păy-wān;*
28° *Tá-shŭ-wān;*
29° *Mà-leáo-hô;*
30° *Tá-keŏu-wān;*
31° *Kèng shān-teŏu;*
32° *I-lŭ-wān;*
33° *Nân-tăng;*
34° *Lô-tcheōu;*
35° *Mā-kāng;*
36° *Tsīng-tcheōu;*
37° *Hía-yă-lì;*

38° *Shăng-yă-lì;*
39° *Măo-tă;*
40° *Hoăng-tchŏ-kĭo;*
41° *Ywên-kĭo-teŏu;*
42° *Shīn-wān;*
43° *Ywên-kĭo;*
44° *Nân-yā-wèy;*
45° *Tá-wān-tí;*
46° *Pŏu-lôu-tswì;*
47° *Yông-shŭ-wān;*
48° *Pĕ-kĭo-teŏu;*
49° *Sĕ-kōu-wān;*
50° *Kiáo-ì-tcheōu.*

香料島 *Hiāng-leáo-tào* (N. L.), îles des épices. — Moluques. — Voir *Mĭ-lŏ-kòu* (Bridgm.).

| 羅甸 *Hiāng-lô-tién* (Biot). — Nom d'un arrondissement de 3e ordre, établi sous les *Ming*, dans le district de *Pào-shān*, département de *Lí-kiāng* (*Yûn-nân*).

| 爐 *Hiāng-lôu* (Ch. Rep.), fourneau odorant. — Ile de l'archipel ou district de *Pĕng-hôu*, département de *Tăy-wān* (*Fôu-kièn*).

| 盧峯 *Hiāng-lôu-fōng* (C. K.). — Montagnes orientales du *Kiāng-sĭ*.

| 爐山 *Hiāng-lôu-shān* (N. L.), montagne des réchauds odoriférans. — Montagne du district de *Tchīng-pĭng*, département de *Tōu-yûn* (*Kwèy-tcheōu*), où l'on trouve du minerai de plomb (G. R.). Le terme de *Hiāng-lôu* désigne le vase où les Chinois font brûler des bâtons parfumés.

| 苞山 *Hiāng-pāo-shān* (N. L.), montagne des herbes odoriférantes. — Localité du district de *Yōng-tíng*, département de *Tíng-tcheōu* (*Fôu-kièn*), signalée par le voyageur américain Pumpelly, en 1866, comme ayant des mines d'étain.

| 山 *Hiāng-shān* (Cart. Chin.), montagne odorante. — Montagne au sud du *Sōng-shān*, département et province de *Hô-nân*.

| | *Hiāng-shān* (montagne odoriférante)-*hién* (Ch. Rep.). — Un des 15 districts du département de *Kwàng-tcheōu* (*Kwàng-tōng*). Ile ou presqu'île formée par les nombreuses branches du *Tchū-kiāng*, avant son embouchure. A l'extrémité sud-est de la péninsule se trouve *Macao* (*Ngáo-mên*). Voici les points principaux de ce district signalé dans l'industrie de la soie et pour la culture du sucre et du tabac : *Wán-shān, Lào-wán-shān, Kĭ-ngáo, Kīn-sīng-mên, Lĕng-kĭo-shān, Kieòu-sīng, Shĭ-tsè-mên, Tsīng-tcheōu, Mà-lieôu-tcheōu, Sŏ-tsú, Liên-wān-tcheōu, Siáo-hoâng-kĭn-shān, Tá-hoâng-kĭn-shān, Hŏ-tcheōu* et *Pĕ-tĕng-tcheōu*. A l'extrémité sud-ouest du district, se trouve *Hoâng-leâng-tōu-ssē*. Le chef-lieu est situé sur un des bras de l'estuaire de la rivière de Canton, par 22° 32′ 24″ lat. N. et 3° 30′ long. W.

香水部 *Hiăng-shwĭ-póu* (N. L.). — Village au nord du *Tchĭ-lĭ* sur la route de *Suèn-hóa-fòu* au grand plateau, où l'on aperçoit les couches de calcaire qui forment la limite du terrain houiller (G. R.).

│島 *Hiăng-tào* (Cart. Jap.), île odoriférante. — Ile au sud de *Shĭn-tào* et faisant partie du groupe ou archipel des quatre-vingt-dix-neuf îles, *Kièou-shĭ-kièou-tào*.

│取郡 *Hiăng-tsŭ-kún* (Cart. Jap.). — Une des 12 préfectures de la province de *Hia-tsòng* (*Simosa*), située au nord.

SON *HIAO*.

Prononciation française . . . . *Hiao*.
— américaine, anglaise . . *Heaou, Hiau*.
— espagnole, portugaise . *Hiao*.

ORDRE DES CLEFS :

僥	孝	崤	曉	洨	淆	鄗
CLEFS : 9 / 39 / 46 / 72 / 85 / 85 / 163
TRAITS : 12 / 11 / 8 / 12 / 6 / 8 / 8

僥 *Hiăo* (D. G.), pygmées. — Nom que les Chinois donnent aux Barbares situés à l'occident de la Chine, et qui n'ont, selon eux, que trois pieds de haut (D. G.). — Ce caractère est prononcé *Yao* par Morrison.

孝豐縣 *Hiáo-fōng-hién* (Ch. Rep.). — Un des 7 districts de *Hôu-tcheōu* (*Tchĕ-kiāng*). Le chef-lieu est situé sur un affluent du grand canal, par 30° 30' lat. N. et 3° 7' 30" long. E.

| 義 *Hido-i* (justice et obéissance)-*hién* (Ch. Rep.). — Un des 8 districts du département de *Fēn-tcheōu* (*Shān-sī*), renommé pour les minerais de fer (R. P.). Le chef-lieu est situé sur les bords du *Fēn-hó*, au pied des montagnes appelées *Hōu-kĭ-shān*, par 37° 40' lat. N. et 4° 43' 54" long. W.

| | *Hido-i* (justice et obéissance)-*tīng* (Ch. Rep.). — Un des 48 districts, mais inférieur, station militaire du département de *Sī-ngān* (*Shèn-sī*).

| 感 *Hido-kàn* (expression respectueuse)-*hién* (Ch. Rep.). — Un des 5 districts du département de *Hán-yáng* (*Hôu-pĕ*). Le chef-lieu est situé sur un des affluens du *Hán-kiāng*, par 30° 56' lat. N. et 2° 38' 30" long. W.

| 昌 *Hido-tchăng* (Biot). — Nom, sous les premiers *Sóng*, de *Hido-kàn*, département de *Hán-yáng* (*Hôu-pĕ*).

崤 *Hido* (D. G., Medh., Morr.). — Nom d'une montagne et d'un fleuve (D. G., Medh., Morr.).

曉峯嶺 *Hido-fōng-lĭng* (Ch. Rep.). — Passage de l'archipel de *Tcheōu-shān*, district de *Tíng-hăy*, département de *Níng-pō* (*Tchĕ-kiāng*).

洨 *Hiāo* (Medh., Morr.). — Nom d'une rivière qui prend sa source dans les monts *Tchăng*. — Autre du district de *Pĕy*, département de *Sōu-tcheōu* (*Kiāng-sōu*) (Medh.).

淆 *Hido* (Morr.). — Nom de rivière (Morr.).

鄗 *Hido* (Morr.). — Nom de cité. — Nom de montagne (Morr.).

SON *HIE*.

Prononciation française. . . . . *Hie, Hié.*
— américaine, anglaise. . *Hee, Hieh, Heih.*
— espagnole, portugaise . *Hie.*

ORDRE DES CLEFS :

協 汔 繋 頓 闟

CLEFS :	24	85	120	142	169
TRAITS :	6	3	6	9	12

協州 *Hie-tcheōu (Biot).* — Nom d'une ancienne ville de 2ᵉ ordre établie par les *Swï*, à l'est de *Kĭo-tsĭng-fòu (Yún-nân).* L'arrondissement comprenait une partie du territoire de *I-pīng*, département de *Sú-tcheōu (Ssé-tchwĕn).*

汔 *Hïe ou Hï (Medh.).* — Nom de ruisseau.

繋 *Hïe (D. G., Morr.).* — Nom de fleuve (D. G., Morr.).

頓丘 *Hïe-kieōu (Biot).* — Nom, sous les premiers *Sóng*, de *Láyngān*, département de *Tchú-tcheōu (Ngān-hoëy).*

闟 *Hïe (Morr.).* — Nom de lieu (*Morr.*).

SON *HIEN*.

Prononciation française. . . . . *Hien, Hiene, Hienn.*
— américaine, anglaise . . *Heen, Hien.*
— espagnole, portugaise . *Hien.*

ORDRE DES CLEFS :

咸 嫌 峴 崊 痕 弦 憲 獻 獫 睍

CLEFS : 30 34 46 46 53 57 61 94 94 109
TRAITS : 6 13 7 8 6 5 12 16 20 7

祆 縣 脥 軒 閑 晛 險 顯 鹹

CLEFS : 113 120 130 159 169 170 170 181 197
TRAITS : 4 10 5 3 4 7 13 16 9

咸豐 *Hiĕn* ou *Hân-fōng* (fertilité et concorde)-*hiĕn* (*Ch. Rep.*). – Un des 6 districts du département de *Shī-nân* (*Hôu-pĕ*). Le chef-lieu est situé au pied du *Lông-shān*, par 29° 54' lat. N. et 4° 20' 30' long. W.

｜鏡 *Hiĕn* ou *Hân-kíng* (*Biot*), tout heureux. — Nom d'une province de la Corée, au nord-ouest. C'est l'ancien territoire du *Kāo-kieòu-lì* (*C. H.*).

｜安 *Hiĕn-ngān* (*Biot*). — Ancien nom de *Pŏng-tcheōu*, département de *Shún-kíng* (*Ssé-tchwĕn*).

｜寧 *Hiĕn-níng* (*Biot*). — Nom, sous les *Tăng*, de *Nân-hày-hiĕn*, département de *Kwàng-tcheōu* (*Kwàng-tŏng*).

咸寧縣 *Hiên-ning-hién (Ch. Rep.).* — Un des 10 districts du département de *Où-tchŏng (Hôu-pĕ)*. Le chef-lieu est situé sur un petit affluent du fleuve Jaune, par 29° 55' lat. N. et 2° 22' 30" long. W. Sous les *Swĭ*, territoire de *Kiāng-hiá*; sous les *Tăng*, de *Yòng-ngān, Foù-kién (Biot)*. — Même nom, pour désigner un des 18 districts de *Sī-ngān-fòu (Shèn-sī)*. Le chef-lieu est situé par 34° 16' 45" lat. N. et 7° 40' 9" long. W.

｜平 *Hiên-pîng (Biot).* — Territoire de *Tŏng-hù-hién*, département de *Kăy-fōng (Hô-nân)*, sous les *Sóng*.

｜陽 *Hiên* ou *Hân-yâng* (territoire de la concorde)-*hién (Ch. Rep.)*. — Un des 18 districts du département de *Sī-ngān (Shèn-sī)*. Le chef-lieu est situé sur le *Oéy-hô*, par 34° 20' lat. N. et 8° 10' 30" long. W.

嫌玉郡 *Hiên-yŏ-kùn (Cart. Jap.).* — Une des 12 préfectures de la province japonaise de *Ywên-kiāng (Totomi)*, située à l'ouest.

峴 *Hién (Medh.).* — Montagne peu élevée, mais escarpée. — Table ou plateau au sommet d'une montagne *(Medh.)*.

｜山 *Hién-shān (Cart. Chin.)*, montagne peu élevée, mais escarpée. — Montagne du département de *Siáng-yâng*, province du *Hôu-pĕ*.

峴 *Hiên (D. G.).* — Nom de montagne *(D. G.)*.

庉都斯但 *Hiēn* ou *Hān-tōu-ssē-tán (Ch. Rep.).* — Nom figuré de l'Indostan. — Voir *Yn-tóu (Ch. Rep.)*.

弦 *Hiên (D. G., Morr.).* — Nom de royaume *(D. G.)*. — Nom de plusieurs lieux. — Nom de pays *(Morr.)*.

｜國 *Hiên-kwĕ (Biot).* — Nom d'un royaume, à l'époque du *Tchŭn-tsieŏu*. — Voir *Kwàng-shān-hién*, département de *Jóu-nîng (Hô-nân)*.

憲 *Hién (Morr.).* — Nom de district *(Morr.)*.

獻縣 *Hién-hién (Ch. Rep.)*, district des gens intelligens. — Un des 14 districts du département de *Hô-kién (Tchĭ-lĭ)*. Le chef-lieu est situé sur la rivière *Hōu-tŏ*, par 38° 17' lat. N. et 0° 45' 30" long. W.

獵狁 *Hién-yùn* ou *Hiōng-nôu*. — Anciens peuples de la Mongolie, d'après Biot. — Peuples septentrionaux, d'après De Guignes. — Tribu tartare, d'après Médhurst.

睍水口 *Hièn-shwĭ-keŏu (N. L.)*, porte de l'eau claire. — Passage sur la rivière du *Pĕ-hô (Tchĭ-lĭ)*, situé par 39° 4' lat. N. et 1° 3' long. E., qui se trouve actuellement à 18 milles (30 kilomètres) de la mer, et qui est cité, en l'an 500 de notre ère, comme ayant été à l'embouchure du fleuve, ce qui démontre un rapprochement de 84 pieds (27 mètres) par an ; tandis que *Pŏu-tăy-hién*, du département de *Où-tíny* (*Shān-tōng*), qui, en 1730, se trouvait à 140 *lĭ* à l'intérieur, n'était qu'à un seul *lĭ* (444 m.) à l'ouest de la mer, l'an 220 A. E.; ce qui démontrerait un éloignement, en sens inverse, de la mer de 100 pieds (33 mètres) par an (*G. R.*).

祆 *Hiēn* (*Medh.*, *Morr.*). — Nom local donné au ciel, et par métonymie, à Dieu, dans le nord-ouest de la Chine. C'est le synonyme des termes *Tiēn*, *Sháng-tĭ* et autres dénominations données à l'Être suprême. Le culte du *Hiēn* (V. *Hiēn-shín*) était considéré comme celui généralement pratiqué par les peuples occidentaux. Aussi, y avait-il jadis un fonctionnaire spécial chargé, en Chine, de la surveillance des sectes *Hiēn*, lesquelles comprenaient, probablement, musulmans, juifs, chrétiens, parsis, etc., qui, à ce qu'il paraît, étaient très-nombreux. En effet, les Phéniciens entretenaient depuis longtemps des relations nombreuses avec l'extrême Orient. Dès le temps de *Wĕn-tí*, de la dynastie des *Hán* (an 107 D. E.), différens peuples de l'Occident apportaient déjà des tributs à la Chine (V. *Ch. Rep.*, vol. Ier, pag. 9). La première citation, à leur égard, est celle de l'Arabe Abouzeydal Hassan. Il raconte les faits qu'il a appris de ses concitoyens qui avaient voyagé en Chine, notamment de deux de ses compatriotes, qui s'y trouvèrent, vers la fin de la dynastie des *Táng*, de 850 à 877 D. E. Son histoire paraît avoir été écrite au XIIe siècle D. E. Au sujet du massacre qui eut lieu à *Kan-fou*, en 878, il s'exprime ainsi : « Des personnes qui sont au courant des événements rapportent qu'il périt à cette occasion 120,000 musulmans, juifs, chrétiens et mages (*parsis*), établis dans cette ville, et qui s'y livraient au commerce, sans compter les personnes qui furent tuées parmi les indigènes. On a pu indiquer le nombre précis des personnes de ces quatre religions qui perdirent la vie dans cette circonstance, parce que le gouvernement chinois prélevait sur elles un impôt personnel. »

祆神 *Hiēn-shín* (N. L.), adorateurs de l'esprit *Hiēn*. — Pour bien comprendre l'explication de ce terme, qui embrasse toutes les croyances des nations situées à l'occident de la Chine, il est nécessaire de reproduire l'explication fournie par *Siū-kí-yû*, dans sa *Géographie des pays étrangers* : « A partir de la Judée, à l'occident, toutes les nations adorent l'esprit *Tiēn*. Ce culte doit son origine à Moïse, et prit naissance vers le commencement de la dynastie des *Sháng* (1766 A. E.). Il est dit que l'esprit de Dieu descendit sur le mont Sinaï et prescrivit dix commandements pour servir de guide au genre humain. C'est à cette source que la religion catholique a pris ses inspirations. Dès le temps des cinq précédentes dynasties (du Xe siècle à nos jours), il y avait des temples élevés à l'esprit *Hiēn*; il y en avait aussi à l'esprit étranger *Hôu-hiēn*, et à l'esprit du feu *Hò-hiēn*. Nous trouvons que ce caractère *Hiēn* est composé de deux parties, l'une 示 *Shì* qui signifie *influence spirituelle* et 天 *Tiēn*, qui désigne le *ciel*, deux termes équivalents à *esprit du ciel*. Cette religion, qui embrasse les différentes croyances chrétiennes répandues dans l'Occident, prit naissance en Judée, sur les frontières de l'empire romain, et, de là, s'est répandue sur la presque généralité du globe. Quant au *Hò-shín* ou religion des partis, c'est une croyance peu répandue. Elle vient de la Perse et n'a aucun rapport avec celle des hébreux, des chrétiens et des mahométans. En résumé, le culte *Hiēn* embrasse les différentes croyances occidentales, telles que celles des Syriens (*Tá-tsín*), des Persans (*Pō-ssé*), des mahométans (*Mŏ-nán*), des nestoriens (*Kíng-kiāo*), des manichéens (*Mŏ-ní*), etc. »

縣 *Hièn* (*D. G.*). — Ville de 3ᵉ ordre (*D. G.*). — Nom de district (*Medh.*). — Ce caractère désigne à la fois, la ville, le district et le magistrat chargé de leur administration. — Voir aux *Caractères fréquens en géographie*, page xii des *Prolégomènes*.

| 學宮 *Hièn-hĭo-kōng* (*Ch. Rep.*), salle littéraire du district. — C'est ainsi qu'on appelle le *temple de Confucius*, ou l'édifice consacré pour les études littéraires du district; celui du département reçoit le nom de *Fòu-hĭo-kōng*, c'est-à-dire salle littéraire du département.

胘 *Hièn* (*Medh.*, *Morr.*). — Nom de pays. — Nom de plusieurs lieux (*Morr.*).

軒 *Hièn* (*Morr.*). — Nom de lieu (*Morr.*).

開 *Hièn* ou *Kièn* (*D. G.*, *Medh.*, *Morr.*). — Nom de lieu (*D. G.*, *Medh.*, *Morr.*).

阢 *Hièn* (*D. G.*). — Nom de lieu (*D. G.*).

| 契口 *Hièn-kĭe-keŏu* (*C. H.*). — Station du *Kwéy-tcheōu*, sur la limite du *Ssé-tchwĕn*, située par 28° 9′ lat. N. et 8° 28′ long. W.

陰 *Hièn* (*Medh.*, *Morr.*). — Nom de lieu (*Medh.*, *Morr.*).

| 礁 *Hièn-tsiāo* (*Ch. Rep.*), rochers dangereux. — Ile de l'archipel ou district de *Pĕng-hōu*, département de *Tăy-wān* (*Fóu-kién*), située par 23° 44′ lat. N. et 3° 8′ long. E. La carte du P. du Halde lui donne le nom de *Kièn-kiāo-sù*. Le caractère *Tsiāo* n'est pas classique.

顯州 *Hièn-tcheōu* (*Biot*). — Nom de *Tăng-hièn*, département de *Nán-yăng* (*Hô-nân*), sous les *Swî*; de *Pào-kī-hièn*, département de *Fóng-tsiăng* (*Shèn-sī*), sous les *Heōu-tcheōu* (*Biot*).

鹹 *Hièn* ou *Hán* (*Medh.*). — Nom de lieu du pays d'*Oéy*, *Hô-nân* (*Medh.*).

| 河 *Hièn-hô* (*C. K.*). — Rivière du département et province de *Hô-nân* (*C. K.*).

| 池 *Hièn-tchĭ* (*Ch. Rep.*), étang salé. — Lac du *Shān-sī*.

SON *HIEOU.*

Prononciation française. . . . . *Hieou.*
— américaine, anglaise . . *Hew, Hiu.*
— espagnole, portugaise . *Hieu.*

ORDRE DES CLEFS :

休 歹 髟

CLEFS :	9	78	159
TRAITS :	4	2	6

休 *Hieōu* (*Morr.*). — Nom de lieu (*Morr.*).

| 河 *Hieōu-hô.* — Rivière du *Ssé-tchwēn*, qui se jette dans le grand fleuve Bleu, au-dessous de *Shĭ-tchù-tĭng*.

| 口城 *Hieōu-keòu-tching.* — Station du *Kiāng-sōu*, située au nord de l'île de *Yù-tcheōu*, département de *Hày* (*C. K.*).

| 吉 *Hieōu-kĭ* (*Biot*). — Nom d'un ancien arrondissement du temps des *Swĭ*, à l'est de *Hô-ywên* (*Kwàng-tōng*) (*Biot*).

| 納 *Hieōu-nă* (*Biot*). — Nom d'un chef-lieu de 3ᵉ ordre, établi par les *Ywên*, dans le territoire actuel de *Sīn-hīng-tcheōu* (*Tchĭn-kiāng-fòu*), *Yûn-nân* (*Biot*).

| 寧 *Hieōu-ning* (*Biot*). — Nom, sous les *Swĭ*, de *Où-ywên-hién*, département de *Hoēy-tcheōu* (*Ngān-hoēy*).

| | *Hieōu-ning-hién* (*Ch. Rep.*). — Un des 6 districts du département de *Hoēy-tcheōu* (*Ngān-hoēy*). Le chef-lieu est situé sur un affluent du *Swī-ngān-kiāng*, par 29° 33′ lat. N. et 4° 48′ 30″ long. E. — Territoire de *Hày-yâng*, sous les *Où* (*Biot*).

休循 *Hieōu-sún (Biot).* — Ancien État situé à l'occident des *Tsŏng-ling* ou montagnes Grises.

屑澤 *Hieōu-tŏu-tsĕ (Cart. Chin.).* — Lac du désert de *Cobi*.

朽 *Hieòu (Morr.).* — Nom de lieu. — Nom de montagne (*Morr.*).

鬃山衞 *Hieōu-shān-oéy (C. H.)*, fort de la montagne du vernis noir. — Côte du *Tchë-kiāng*, par 30° 12' lat. N. et 4° 43' long. E.

SON *HIN*.

Prononciation française. . . . . *Hin, Hine, Hinn.*
— américaine, anglaise . . *Hin.*
— espagnole, portugaise . *Hin.*

ORDRE DES CLEFS :

忻 欣

CLEFS :	61	76
TRAITS :	4	4

忻州 *Hīn-tcheōu (Ch. Rep.)*, département inférieur de la joie. — Un des 20 départements de la province du *Shăn-sĭ*, comprenant 2 districts, savoir : *Tsīng-lŏ* et *Tíng-siāng*. Dans le premier, on cite des mines d'anthracite; dans le second, des puits artésiens pour l'extraction du sel minéral (R. P.). Le chef-lieu, à 1,300 *lĭ* de *Pĕ-kīng*, est situé, près des montagnes appelées *Yŭn-tchōng*, sur un affluent de la rivière appelée *Hōu-tŏ*, par 38° 26' lat. N. et 3° 45' 30" long. W.

忻城 *Hĭn-tchĭng (Biot)* ou *Hĭn-tchĭng-hién*, suivant le *Chinese Repository*. — Nom d'un arrondissement et d'une ville de 3ᵉ ordre du département de *Kĭng-ywên (Kwàng-sĭ)*. Le chef-lieu est situé par 24° lat. N. et 8° 3′ 54″ long. W.

｜｜縣 *Hĭn-tchĭng-hién (Ch. Rep.)* ou *Hĭn-tchĭng Biot)*.

欣 *Hĭn (Morr.).* — Nom de district *(Morr.)*.

｜河 *Hĭn-hô (Fl. Sin.).* — Rivière du *Shăn-sĭ*, tributaire du fleuve Jaune *(Fl. Sin.)*.

｜道 *Hĭn-tào (Biot).* — Nom d'un ancien arrondissement, sous les *Tăng*, à 80 *lĭ*, au nord-ouest de *Yông-hién (Oŭ-tcheōu-fòu) (Kwàng-sĭ)*.

｜都司 *Hĭn-tōu-ssē (Morr.).* — Nom des Indous, dans l'histoire chinoise *(Morr.).* — Voir *Hăn*, ou *Hiēn-tōu-ssē-tán* et *Yn-tóu (Ch. Rep.)*.

SON HING.

Prononciation française. . . . . *Hing, Hingue.*
— américaine, anglaise . . *Hing.*
— espagnole, portugaise . *Him.*

ORDRE DES CLEFS :

幸 砯 與 行 邢 陘

CLEF :	51	112	134	144	163	170
TRAIT :	5	6	9	—	4	7

幸 *Hĭng.* — Voir *Kĭ-hing (Morr.)*.

硎 Hĭng (Medh.). — Nom de vallée (Medh.). De Guignes dit que ce caractère désigne la pierre meulière, espèce de grès très-répandue en Chine.

興 Hĭng (Morr.). — Nom de district. — Nom de palais (Morr.).

｜ 縣 Hĭng-hién (Ch. Rep.), district élevé. — Un des 11 districts du département de Tăy-ywĕn (Shān-sī). Le chef-lieu est situé sur le Yŭ-suēn-shwĭ, par 38° 38' lat. N. et 5° 26' 30" long. W.

｜ 化 Hĭng-hóa (établissement élevé)-fŏu (Ch. Rep.). — L'un des 12 départements de la province du Fŏu-kién, comprenant 2 districts, savoir : Pŏu-tiĕn et Siĕn-yeŏu. Le chef-lieu, à 5,105 lĭ de Pĕ-kīng, est situé au confluent de deux petites rivières, qui se jettent dans la mer, à peu de distance, par 25° 23' 22" lat. N. et 1° 48' 50" long. E. C'est un département de petite étendue, mais très-peuplé et d'où ont lieu beaucoup d'émigrations. Il y existe des mines d'anthracite; le terrain houiller s'étend tout le long de la côte maritime. Le fruit du Lĭ-tchĭ y est meilleur que dans tout le reste de la province.

｜｜ 縣 Hĭng-hóa-hién (Ch. Rep.). — Un des 8 districts du département de Yáng-tcheōu (Kiāng-sōu). Le chef-lieu est situé sur le canal naturel qui unit les lacs Tá-tsōng et Lŭ-yáng, par 32° 56' lat. N. et 3° 47' 30" long. E.

｜ 寰 Hĭng-hwân (Cart. Jap.), palais entouré de murs. — Cité portée sur la carte au nord-ouest de Kīng-tōu, province de Shān-tchīng (Jamasu).

｜ 義 Hĭng-ĭ (bonté éminente)-fŏu (Ch. Rep.). — Un des 16 départements de la province de Kwéy-tcheōu, comprenant 4 districts, dont 3 hién et 1 tcheōu, savoir : Hĭng-ĭ, Pŏu-ngān, Ngān-nán et Tchīng-fōng. Biot cite un 5ᵉ district qu'il appelle Lĭng-ĭ. Ce département, de récente création, est limité au nord par celui de Ngān-shún, à l'est par celui de Kwéy-yáng, au sud par la province de Kwăng-sī, à l'ouest par celle du Yŭn-nán et au nord-ouest par le département inférieur de Pŏu-ngān. La position géographique de son chef-lieu est, d'après la carte de Klaproth, par 24° 55' lat. N. et 11° 30' long. W., près du Mà-pĭe-hô et à 5,367 lĭ de Pĕ-kīng. Dans les monts Péy-nién, il existe des mines de réalgar et de mercure (R. P.).

｜｜ 縣 Hĭng-ĭ-hién (Ch. Rep.). — Un des 4 districts du département du même nom (Kwăng-sī). La ville est située au chef-lieu du département.

｜ 仁 Hĭng-jĭn (Biot). — Nom donné, sous les Sóng, au territoire de Tsáo-tcheōu (Shān-tōng).

｜ 凱湖 Hĭng-kăy-hôu (Ch. Rep.), en mandchou Hinkaï ou Tapacen. — Lac de plus de 100 miles (160 kilomètres) de circonférence, situé par 45° lat. N. et 17° long. E., et qui donne naissance à de grands cours d'eau, dont le principal est l'Ousouri Oula. Dans les cartes chinoises, le caractère Kăy est écrit 開.

興京理事廳 *Hīng-kīng-lì-ssé-tĭng* (*Ch. Rep.*). — Un des 11 districts du département de *Fòng-tiēn* (*Shĭng-kīng*), qui a acquis une certaine notoriété, parce que c'est le berceau de la dynastie actuelle (*Tá-tsĭng*).

| | 城 *Hīng-kīng-tchīng* (*Ch. Rep.*). — Une des 13 garnisons inférieures, subordonnées à celle supérieure de *Shĭng-kīng*.

| 古 *Hīng-kŏu* (*Biot*). — Nom, sous les *Hán*, de *Pŏu-ngān-tcheōu* (*Kwéy-tcheōu*) et de *Kīo-tsĭng-fòu* (*Yûn-nán*).

| 國 *Hīng-kwĕ* (*D. C.*), royaumes paraboliques. — Nations errantes dans le genre des Huns, appelés *Hién-yûn* et *Hiông-nòu*. — Voir J.-F. Davis, vol. I, page 164.

| | 県 *Hīng-kwĕ-hién* (*Ch. Rep.*), district du royaume élevé. — L'un des 9 districts du département de *Kán-tcheōu* (*Kiāng-sī*). Le chef-lieu est situé au pied des monts *Où-kōng*, au confluent du *Swi-kiāng* et du *Liên-shwi*, par 26° 22' lat. N. et 1° 16' 30" long. W. — Autrefois, enceinte établie pour se défendre contre les inondations.

| | 州 *Hīng-kwĕ-tcheōu* (*Ch. Rep.*). — Un des 10 districts, mais moyen, du département de *Où-tchāng* (*Hôu-pĕ*). A peu de distance, sont des montagnes, appelées *Hoáng-kŏ*, où se trouvent des minerais de fer, dans le voisinage de minerais d'argent (*R. P.*). Le chef-lieu est situé sur la rivière *Tchāng*, par 29° 51' 36" lat. N. et 1° 23' 30" long. W.

| 滾河 *Hīng-kwĕn-hô* (*Ch. Rep.*), en mandchou *Henkon*. — Grande rivière qui se jette au nord de l'embouchure du *Sagalien*.

| 樂 *Hīng-lŏ* (*Biot*). — Nom du territoire de *Sīn-tōu*, département de *Tchīng-tōu* (*Ssé-tchwĕn*), sous les *Swi*.

| 隆衞 *Hīng-lông-oéy* (*Biot*). — Nom d'un district militaire et de son chef-lieu, dans la partie nord-est du *Kwéy-tcheōu*, 70 *lì* à l'est de *Hoáng-pĭng-tcheōu*. — Sous les *Hán* et les *Táng*, territoire de *Tsāng-kō*. — Sous les *Sóng*, dépendance de *Hoáng-pĭng-fòu*.

| 龍山 *Hīng-lông-shān* (*Ch. Rep.*), montagne des dragons élevés. — Elle est située, d'après la carte de Klaproth, au nord-est du *Kān-sŏ*, sur la limite de cette province avec le *Shèn-sī*.

| 安 *Hīng-ngān* (*Biot*). — District du territoire de *Hīng-hóa-fòu* (*Fóu-kién*), sous les *Sóng*, et de *Kwáng-ywĕn-hién*, département de *Pào-nĭng* (*Ssē-tchwĕn*).

| | *Hīng-ngān* (repos élevé)-*fòu* (*Ch. Rep.*). — Un des 12 départements du *Shèn-sī*, comprenant 7 districts, dont 6 *hién* et 1 *tĭng*, savoir : *Ngān-kāng*, *Pĭng-li*, *Tsè-yáng*, *Shĭ-tsuén*, *Pĕ-hô* et *Sūn-yáng*; enfin,

Hán-ȳn. Sur les bords de la rivière *Hán*, qui coule au sud de ce dernier, les habitants recueillent du sable d'or. Entre les districts de *Pĕ-hô* et de *Sūn-yâng*, on rencontre du jade et des minerais de cuivre carbonaté vert et bleu (*R. P.*).

Le chef-lieu, à 3,205 *li* de *Pĕ-kīng*, est situé sur les bords de la rivière *Hán*, par 32° 31' 20" lat. N. et 7° 7' 43" long. W.

Les montagnes de ce département sont célèbres dans les guerres civiles de la Chine; à la chute de la dynastie des *Tcheōu*, sa capitale devint le siège de l'empire des *Tsĭn*, et, plus tard encore, celui de la dynastie des *Hán*.

興安縣 *Hīng-ngān-hién* (*Ch. Rep.*), district du repos élevé. — Un des 7 districts du département de *Kwàng-sín* (*Kiāng-sĭ*). Le chef-lieu est situé sur un petit affluent du *Kīn-kiāng*, par 28° 25' lat. N. et 1° 44' 30" long. E. — Autre de même nom, l'un des 10 districts du département de *Kwéy-lín* (*Kwāng-sĭ*). Le chef-lieu est situé sur un affluent du *Siāng-kiāng*, par 25° 32' lat. N. et 5° 52' 30" long. E.

｜｜嶺 *Hīng-ngān-lìng* (*Ch. Rep.*), en mandchou *Hingan* ou *Daurian*. — Montagnes au nord de la Mantchourie (*Moēn-tcheōu*), sur les frontières de Russie, du 50° au 55° lat. N. On distingue les unes intérieures et les autres extérieures. De nombreuses rivières s'échappent de ses flancs et portent la fertilité dans ses vallées et ses plaines. Les *Hingan* extérieurs (*Wáy-hīng-ngān*), autrement appelées *Yablonoï* ou *Stanovoï*, atteignent de grandes élévations, mais ceux de l'intérieur (*Nwi-hīng-ngān*), autrement appelées *Sialkoï*, en ont de moindres, ce qui fait que les rives du *Nún-hô*, du *Sōng-hōa-hô*, du *Hôu-eùl-ngŏ-hô*, du *Oû-sōu-li* et du *Hĕ-lông-kiāng* jouissent d'une plus douce température. Aussi, l'on y rencontre des forêts de chênes, de noisetiers, de tilleuls et de cerisiers; l'on aperçoit de nombreuses cultures d'orge, de seigle, de froment et de sarrasin, tandis que de nombreux bestiaux paissent dans ses prairies. Ces montagnes sont quelquefois appelées *Hīng-ngān-shān* et même *Héng-shān*.

｜｜山 *Hīng-ngān-shān* (*Cart. Chin.*). — Monts *Dauriens*, *Hinkan*, *Khingghan*, suivant les auteurs, grande chaîne de montagnes, qui règne sur les frontières des possessions sino-russes.

｜｜州 *Hīng-ngān-tcheōu* (*Fl. Sin.*), contrée du repos élevé. — Daourie, territoire de la Mantchourie, situé sur les frontières de la Russie, du 50° au 55° de latitude nord, entre les monts Dauriens intérieurs (*Nwi-hīng-ngān*) et les monts Dauriens extérieurs (*Wáy-hīng-ngān*).

｜業縣 *Hīng-nie-hién* (*Ch. Rep.*). — Un des 4 districts du département inférieur appelé *Yŏ-lín* (*Kwàng-sĭ*). Le chef-lieu est situé par 22° 45' lat. N. et 6° 58' 54" long. W.

｜寧 *Hīng-níng* (paisible et élevé)-*hién* (*Ch. Rep.*). — Un des 4 districts du département moyen appelé *Kiā-ȳng* (*Kwàng-tōng*). Le chef-lieu est situé par 24° 3' 36" lat. N. et 0° 46' 40" long. W. C'est un terrain calcaire, où se trouvent quelques minerais d'étain (R. P.). — Sous les *Hán*, territoire de *Lŏng-tchwĕn* (Biot). — Autre de même nom, du département moyen appelé *Tchĭn-tcheōu* (*Hôu-nán*). Le chef-lieu est situé par 25° 54′ 40″ lat. N. et 4° 29′ 16″ long. W.

興那國 *Hīng-nô-kwĕ* (Ch. Rep.), vulgairement appelé *Yunakuni* ou *Psenbang-yah*. — Une des 9 îles d'un groupe faisant partie de l'archipel de *Liĕou-kiĕou*, à l'est de celui de *Madjicosima*, et remarquable par sa base tabulaire et son pic élevé de plus de 500 mètres. — Voir *Pă-tchóng-shān*.

| 武英 *Hīng-où-ȳng* (C. H.). — Station ou poste d'observation, situé au nord du *Shèn-sī*, sur la limite des *Ortous*.

| 平 *Hīng-pĭng* (Biot). — Nom d'un ancien arrondissement des *Táng*, dans le territoire de *Hoáy-tsī*, département de *Où-tcheōu* (*Kwàng-sī*) (Biot). — Même nom, pour désigner un arrondissement de 3ᵉ ordre sous les *Où*, à l'ouest de *Lö-ngān*, département de *Fòu-tcheōu* (*Kiāng-sī*).

| | *Hīng-pĭng* (paisible et élevé)-*hién* (Ch. Rep.). — Un des 18 districts du département de *Sī-ngān* (*Shèn-sī*). Le chef-lieu est situé sur un petit affluent du *Oéy-hò*, par 34° 18′ lat. N. et 8° 3′ 30″ long. W.

| 山 *Hīng-shān* (montagne élevée)-*hién* (Ch. Rep.). — Un des 7 districts de la province du *Hôu-pě*, département de *I-tchāng*, suivant le *Chinese Repository*, et de *Kīng-tcheōu*, suivant Biot. Le chef-lieu est situé, au pied de la chaîne de *Oú-shān*, sur un affluent du *Tá-kiāng*, par 34° 10′ lat. N. et 5° 42′ 30″ long. W.

| 聖 *Hīng-shíng* (Biot). — Nom d'une ancienne ville de 3ᵉ ordre, fondée par les *Táng*, sur le territoire actuel de *Tchāng-míng* (*Ssé-tchwěn*).

| 道 *Hīng-táo* (Biot). — Nom d'un ancien arrondissement du *Kwàng-sī*, sous les *Tsīn*, au sud-est de *Hông-tcheōu*, département de *Nân-níng* (*Kwàng-sī*) (Biot). — Même nom pour désigner un arrondissement créé par les *Tsīn*, sur le territoire de *Hán-tchōng-fòu* (*Shèn-sī*).

| 歹 *Hīng-tày* (Cart. Jap.). — Station de la province de *Ywĕ-heóu* (*Yetsigo*), sur *Nifon*, éloignée de 103 *ris* de *Yédo*.
Le caractère *Hīng* est écrit 与 . — Voir *Synonymes de Medh*.

| 州 *Hīng-tcheōu* (Biot). — Nom de *Níng-hía-fòu* (*Kān-sŏ*), sous les *Sóng*; de *Mièn-hién*, département de *Hán-tchōng* (*Shèn-sī*), sous les *Oéy* occidentaux; de *Kūn-tcheōu*, département de *Siāng-yâng* (*Hôu-pě*), sous les *Léang*, et de *Hīng-hién*, département de *Tày-ywěn* (*Shèn-sī*), actuellement (Biot).

興地全圖 Hīng-tĭ-tsuĕn-tŏu (Cart. Chin.). — Tel est le titre inférieur d'une carte générale de la Chine, surmontée de deux hémisphères terrestres et intitulée Tsĭn-pàn-tiēn-tĭ-tsuĕn-tŏu (Cart. Chin.).

| 濟 Hīng-tsî (Biot). — Nom d'un arrondissement et d'une ville de 3ᵉ ordre, département de Hŏ-kiēn (Tchĭ-lì). La position géographique peut être comptée approximativement, d'après les cartes chinoises, à 38° 25′ lat. N. et 0° 25′ long. E., c'est-à-dire à 180 lĭ de la métropole départementale et 80 lĭ de Tsăng-tcheōu.

| 文 Hīng-wĕn (caractères élevés)-hién (Ch. Rep.). — Un des 13 districts du département de Sŭ-tcheōu (Ssĕ-tchwĕn). Le chef-lieu est situé par 28° 10′ lat. N. et 11° 26′ 30″ long. W.

| 阮 Hīng-ywĕn (Biot). — Nom de Hán-tchōng-fòu (Shèn-sī), sous les Tăng et les Sóng.

行 Hĭng ou Hâng (Morr.). — Route. Sentier (Morr.).

| 方郡 Hîng-fāng-kún (Cart. Jap.). — Une des 11 villes préfectorales de la province de Tchăng-lŏ-kwĕ (Fitatṣ), située au nord-ouest du grand lac appelé Hĕ-pòu.

| 宮 Hĭng-kōng (Morr.). — Palais propre à recevoir l'empereur dans ses excursions (Morr.).

| 唐縣 Hīng-tăng-hién (Ch. Rep.), district des Chinois promeneurs. — Un des 14 districts du département de Tchĭng-tíng (Tchĭ-lì). Le chef-lieu est situé au nord-est du Tsŭ-hô, par 38° 27′ lat. N. et 1° 46′ 30″ long. W.

| 臺 Hĭng-tăy (Ch. Rep.). — Station pour la réception des dignitaires, près de Sī-nân-tchĭn, district de Sān-shwĭ, département de Kwàng-tcheōu (Kwàng-tōng).

邢 Hīng (D. G., Morr.). — Nom de district. — Nom d'une ancienne principauté (Morr.). — Nom de ville. — Nom de pays. — Caractère également prononcé Tsíng (D. G.).

| 臺縣 Hĭng-tăy-hién (Ch. Rep.), district ouvert et élevé. — Un des 9 districts du département de Shún-tĕ (Tchĭ-lì). Le chef-lieu est situé par 37° 7′ 45″ lat. N. et 1° 49′ 54″ long. W.

| 州 Hīng-tcheōu (Biot). — Ancien nom de Shún-tĕ-fòu (Tchĭ-lì), sous les Swî (Biot).

陘 Hīng (Medh.). — Nom de lieu. — Nom de colline.

Vocab. géogr. chinois.

SON *HIO*.

Prononciation française. . . . . *Hio.*
— américaine, anglaise . . *Heo, Hioh.*
— espagnole, portugaise . *Hio.*

ORDRE DES CLEFS :

學 嵒 旭

CLEFS : 39   46   72
TRAITS : 13   13   2

學 *Hio (Medh.).* — École. Collége. Établissement propre à l'étude (*Medh.*).

嵒 *Hio (Medh., Morr.).* — Montagne qui a de grandes et de grosses pierres (*D. G.*). — Montagne rocheuse (*Medh.*). — Ce caractère se prononce également *Kio* (*Morr.*).

旭巛 *Hio-tchwĕn (Biot),* ruisseau du soleil levant. — Ancien nom de *Yông-hién,* département de *Kiā-ting* (*Ssé-tchwĕn*), sous les *Tăng.*

SON *HIONG*.

Prononciation française. . . . . *Hiong, Hiongue.*
— américaine, anglaise. . . *Heong, Hiung.*
— espagnole, portugaise. . . *Hium.*

ORDRE DES CLEFS :

兄 兇 匈 洞 熊 雄

CLEFS :	10	10	20	85	86	172
TRAITS :	3	4	4	5	10	4

兄弟國 *Hiōng-tī-kwĕ (Morr.)*, nation des seize frères. — Dénomination donnée à la Chine, à l'époque de Confucius, quand elle était divisée en 16 provinces.

兇奴 *Hiōng-nôu (Voc. An.)*, esclaves méchants, vulgairement *Hung-no.* — Nom des Huns, des Tartares en Cochinchine (*Vocabulaire Anbaret*). — Voir ci-après.

匈 | *Hiōng-nôu*, vils esclaves. — Peuples de la Mongolie, sous les *Tsĭn* et les *Hán*. Précédemment, ils étaient nommés *Hién-yŭn* d'après Biot. — Voir ci-dessus.

洞 *Hiōng (Medh., Morr.)*. — Nom de lieu (*Medh.*). — Nom d'un certain marais. — Nom d'une montagne sauvage, située au milieu d'un grand désert (*Morr.*).

熊耳 *Hiông-eŭl (Biot)*. — Nom, sous les *Oéy* occidentaux, de *Yòng-ning-hién*, département et province de *Hô-nân*.

| | *Hiông-eŭl* (oreille d'ours)-*shān (Ch. Rep.)*. — Montagne du *Hô-nân*, qui forme la continuation des monts *Tsĭn-lìng* du *Shèn-sī* et qui fait partie de la grande chaîne du *Pĕ-lìng*.

熊本 *Hiông-pèn (Cart. Jap.)*, patrie des ours. — Cité de la province de *Buzen* sur l'île de *Kiusiu* (Japon). — Même nom, pour désigner une cité de la province de *Féy-heóu (Higo)* sur *Kiusiu*, éloignée de 388 ris de *Yédo*.

| 陝 *Hiông-shèn (N. L.)*. — Ville du *Shān-tōng*, à 70 miles (112 kilomètres) de *Chéfou*, qui est le centre d'un grand commerce.

| 石 *Hiông-shǐ (Cart. Jap.)*, pierre des ours. — Préfecture de la province de *Tá-yú (Osumi)* sur *Kiusiu*, située sur une île au sud-est, appelée *Tchòng-tsè-tào (Tanegasima)*.

| 湘 *Hiông-siāng (Biot)*. — Ancien nom de *Tchăng-shā-fòu (Hôu-nàn (Biot)*.

| 巛 *Hiông-tchwĕn (Cart. Jap.)*, ruisseau des ours. — Rivière de Corée, située au sud, et marquée sur une grande carte du Japon. — Voir *Nĕng-tchwĕn (Cart. Jap.)*.

| 岳 *Hiông-yŏ* (montagne de l'ours)-*tchîng (Ch. Rep.)*. — Une des 13 garnisons inférieures, subordonnées à celle supérieure de *Shĭn-kĭng*. Cette place est mentionnée sur la carte de Klaproth, près de la côte du *Leăo-tōng*, mais sa situation n'est pas précisée.

雄縣 *Hiông-hién (Ch. Rep.)*, district de l'oiseau mâle. — L'un des 17 districts du département de *Pào-tíng (Tchǐ-lì)*. Le chef-lieu est situé au confluent du *Kùu-mà-hô* avec une autre rivière, près du lac *Tcháy-hô-tiĕn*, par 39° 1′ 5″ lat. N. et 0° 18′ 27″ long. W. Sous les *Hán*, appelé *I-hién*, sous les *Tsîn*, *I-tchíng*, sous les *Tăng*, *Kwēy-i (Biot)*.

| 路鎮 *Hiông-lòu-tchín (Medh.)*, marché du chemin du coq. — Village à 3 miles au sud de *Tsǐ-kǐ*, près de *Hoëy-tcheōu-fòu (Ngān-hoēy)*. Voyage de Medhurst à travers les pays de la soie, du thé et de la porcelaine.

| 州 *Hiông-tcheōu (Biot)*. — Ancien nom de *Nân-hiông-tcheōu (Kwàng-tōng)*, sous les *Hán*, de *Lŏ-hô-hién*, département de *Kiāng-níng (Kiāng-sōu)*, et de *Hiông-hién*, département de *Pào-tíng (Tchǐ-lì)*, sous les 5 dynasties postérieures *(Biot)*.

| 勇鎮 *Hiông-yòng-tchín (Biot)*. — Ancien nom de *Hô-kĭo-hién*, département de *Pào-tĕ (Shān-sǐ) (Biot)*.

SON *HO.*

Prononciation française. . . . . *Ho.*
— américaine, anglaise. . *Ho, Hoh.*
— espagnole, portugaise . *Ho.*

ORDRE DES CLEFS :

合	呵	和	哈	壑	忽	嗀	河	火	縠
CLEFS : 30	30	30	30	32	61	79	85	86	120
TRAITS : 3	5	5	6	14	4	12	5	—	10

荷	賀	郝	郃	郝	霍	鶴
CLEFS : 140	154	163	163	163	173	196
TRAITS : 7	5	4	6	7	8	10

合肥 *Hŏ-féy* (graisse réunie)-*hién (Ch. Rep.).* — L'un des 5 districts du département de *Lôu-tcheōu* (*Ngăn-hoëy*). Le chef-lieu est situé par 31° 56′ 57″ lat. N. et 0° 46′ 26″ long. E.

| 河 *Hŏ-hô (Biot),* rivières réunies. — Nom, sous les *Tăng,* de *Hīng-hién,* département de *Tây-ywén (Shăn-sī).*

| 溪 *Hŏ-kī (Ch. Rep.),* ruisseaux réunis. — Cours d'eau du *Tchĕ-kiāng.*

| 江 *Hŏ-kiāng (Biot),* fleuves réunis. — Nom d'un ancien arrondissement des *Ywên,* au sud-est de *Tōu-yŭn-fòu (Kwèy-tcheōu).*

| | 県 *Hŏ-kiāng-hién (Ch. Rep.).* — Un des 3 districts du département moyen, appelé *Lôu (Ssé-tchwĕn).* Le chef-lieu est situé, près du confluent du *Tchĭ-shwĭ,* dans le grand fleuve, par 28° 48′ lat. N. et 10° 32′ 30″ long. W. — Sous les *Hán,* territoire de *Fòu-hién (Biot).*

| 合國 *Hŏ-kwĕ (Medh.).* — États-Unis d'Amérique. — Voir *Hŏ-sóu-kwĕ (Medh.).*

| 浦 *Hŏ-pŏu* (rives contiguës)-*hién (Ch. Rep.).* — Un des 3 districts du département de *Liên-tcheōu (Kwàng-tōng).* Le chef-lieu est situé par 21° 38′ 54″ lat. N. et 7° 30′ 4″ long. W.

| 水 *Hŏ-shwĭ* (eaux réunies)-*hién (Ch. Rep.).* — Un des 5 districts du département de *King-yâng (Kān-sŏ).* Le chef-lieu est situé sur une des branches supérieures du *Kīng-hŏ,* au pied des monts appelés *Tsē-oŭ-ling,* par 36° 3′ lat. N. et 8° 30′ 30″ long. W.

| 數國 *Hŏ-sóu-kwĕ (Medh.).* — États-Unis d'Amérique. — Voir *Hŏ-kwĕ (Medh.).*

| 州 *Hŏ-tcheōu (Ch. Rep.),* district contigu). — Un des 14 districts du département de *Tchóng-king (Ssé-tchwĕn).* Le chef-lieu est situé, près de l'embouchure du *Feōu-kiāng,* dans le *Kiā-ling-kiāng,* par 30° 8′ 24″ lat. N. et 10° 4′ 30″ long. W. — Même nom, pour désigner *Lôu-tcheōu-fòu (Ngān-hoĕy),* sous les *Leâng*; *Liên-tcheōu-fòu* et *Lwï-tcheōu-fòu (Kwàng-tōng),* sous les *Swï*; enfin *Kïo-yâng (Tchĭ-lì) (Biot).* — Même nom, d'après Biot, pour désigner, sous les *Tâng, Lŏ-ngān-tcheōu (Ngān-hoĕy).*

| 眞非呀哈 *Hŏ-tchĭn-fēy-yā-hŏ (Cart. Chin.).* — Tribu, campée au nord de la Mantchourie, appelée généralement *Fiattas,* et qui a un langage particulier.

| 眔國 *Hŏ-tchóng-kwĕ (Ch. Rep.)* ou *Tá-hŏ-tchóng-kwĕ (Ch. Rep.).* — États-Unis d'Amérique. Tel est le nom officiel, pris par cette nation, dans le traité de *Wàng-hia.*

呵上山 *Hō-shàng-shān (Fl. Sin.).* — Montagne du *Ssé-tchwĕn,* département de *Kiā-ting.*

| 寨沈 *Hō-tcháy-sìn (C. H.).* — Bureau de poste ou marché du *Kwéy-tcheōu,* à l'ouest du lac appelé *I-hày,* district de *Oéy-ning,* département de *Tá-ting,* et situé par 26° 37′ lat. N. et 11° 42′ long. W.

| 底江 *Hō-tĭ-kiāng (Ch. Rep.),* autrement appelé *Lĭ-hōa.* — Rivière qui débouche, soit du lac *Eùl-hày,* soit des hautes montagnes de la province du *Yún-nân.* Elle reçoit le *Pā-pién-kiāng,* qui devient le *Lĭ-siēn-hô*; puis le *Sān-tchā-hô* et le *Pán-lông-hô.* De là, elle entre dans le Tonquin, où elle prend le nom de *Song-koï* ou *Singka,* passe à Kesho, puis à Nam-dinh, ville de 20,000 âmes, ensuite à *Hoan* ou *Hoen,* ancien comptoir des Anglais et des Hollandais au milieu du XVIᵉ siècle; enfin, elle se jette dans le golfe du Tonquin, en face de l'île de *Hây-nân,* à la même hauteur que *Kiông-tcheōu-fòu,* par deux branches principales, l'une septentrionale, touchant à *Domea,* ville assez commerçante, et l'autre débouchant à *Cua-kohho.*

呵底汛 *Hô-tĭ-sĭn (C. H.)*. — Bureau de poste ou marché du *Kwéy-tcheōu*, situé par 27° 6′ lat. N. et 12° 28′ long. W.

和干 *Hô-kān (N. L.)*, boucliers réunis, vulgairement *Khodjend*. — Contrée de l'Asie centrale, faisant partie du territoire de la Boukharie. La ville, située sur les bords du *Sihoun*, branche du grand cours d'eau appelé *Syrderia*, se trouve par 41° 30′ lat. N. et 65° 48′ 30″ long. W.

| 曲州 *Hô-kĭo-tcheōu (Biot)*. — Nom d'un arrondissement et d'une ville de 2ᵉ ordre, à 30 *li*, au sud-ouest de *Où-tĭng-tcheōu*, de la province de *Yŭn-nân*.

| 哥山 *Hô-kō-shān (Cart. Jap.)*, montagne des frères réunis. — Cité de la province de *Sma* (Japon).

| 瓢山 *Hô-kō-shān (Cart. Jap.)*. — Cité de la province de *Kĭ-ī (Kii)* sur Nifon, éloignée de 146 *ris* de *Yédo*.

| 郡 *Hô-kún (Cart. Jap.)*. — Nom d'un point sur la terre de *Tchăo-siĕn* (Corée).

| 林格爾廳 *Hô-lĭn-kĕ-eùl-tĭng (Ch. Rep.)*. — Un des 5 districts de l'arrondissement de *Kwĕy-swĭ (Shān-sī)*. Le chef-lieu est vulgairement appelé *Horin-kar*.

| 平縣 *Hô-pĭng-hiĕn (Ch. Rep.)*. — Un des 10 districts du département de *Hoĕy-tcheōu (Kwàng-tōng)*, situé par 24° 30′ lat. N. et 1° 34′ long. W., à l'extrémité nord de la province.

| | 橋 *Hô-pĭng-kiăo (C. G.)*. — Pont sur la petite rivière appelée *Tsiĕn-kĭ*, côte ouest du district de *Tchăo-yăng (Kwàng-tōng)*.

| 尚 *Hô-sháng (D. G.)*. — Prêtres ou ministres de Boudha. On appelle *Tá-hô-sháng* les prêtres supérieurs. Au Japon, on les appelle *Bonzes*; à Siam, *Talapoins*; au Thibet et en Mongolie, *Lamas*. — Voir *Fŏ-kĭa (Morr.)*.

| 市 *Hô-shĭ (Ch. Rep.)*, en japonais *Kwashi*. — Localité du Japon où se trouve le marché des cuivres des mines de *Pĭe-tsĭ*, de *Tsiĕou-tiĕn* et de *Nân-póu*, dans le genre de celui de *Nangasaki*. — Voir *Chinese Repository*, vol. IX, page 96.

| 碩特部 *Hô-shĭ-tĕ-póu (Ch. Rep.)*. — Tribu des nouveaux *Hoshoïts*. Une des 9 tribus de la colonie mongole de *Kŏ-póu-tō*, ne comprenant qu'une seule bannière. On distingue les vieux et les nouveaux *Hoshoïts*. Les vieux *Hoshoïts* sont appelés *Tsĭng-hày-hô-shĭ-tĕ*, c'est-à-dire *Hoshoïts* ou *Élus* de la province de *Tsĭng-hày*.

和 順 *Hŏ-shŭn* (obéissance et union)-*hién* (*Ch. Rep.*). — Un des 2 districts du département inférieur, appelé *Leâo-tcheŏu* (*Shān-sī*). Le chef-lieu est situé sur un affluent de la rivière appelée *Tĭng-tchăng-hô*, au pied du *Mŏ-tiĕn-shān*, par 37° 20′ lat. N. et 2° 52′ 30″ long. W.

| 州 *Hô-tcheôu* (*Ch. Rep.*), pays de l'union. — Département inférieur, l'un des 13 départemens de la province du *Ngān-hoëy*, et ne comprenant qu'un seul district, celui de *Hân-shān*. Le chef-lieu, à 2,280 *lì* de *Pĕ-kīng*, est situé à peu de distance de la rive gauche du grand fleuve, par 31° 44′ lat. N. et 1° 51′ 30″ long. E. — Même nom, pour désigner, sous les *Tăng*, le district de *Nân-hô*, département de *Shŭn-tĕ* (*Tchĭ-lĭ*), et, sous les *Heòu-tcheóu*, le département de *Jù* (*Hô-nân*) (*Biot*).

| 城 *Hô-tchîng* (*Biot*). — Nom d'une ancienne ville des *Leâng*, à 220 *lì* à l'est de *Pŏng-tsè*, du département de *Kieòu-kiāng* (*Kiāng-sī*).

| 闐 *Hô-tiĕn* (*Fl. Sin.*), multitudes réunies. — Terme chinois de l'appellation annamite de *Ha-tien*, nom d'une ville préfectorale et d'une province de la basse Cochinchine (*Tchĕn-tchīng*), ancienne possession du roi *Tuduc*, située près de l'embouchure du fleuve Camboge.

| | 城 *Hô-tiĕn-tchîng* ou *Yū-tiĕn* (*Ch. Rep.*), en turkestan *Hoten* ou *Koten*. — Une des 8 cités mahométanes du Turkestan oriental (*Tiĕn-shān-nân-lóu*), ville fortifiée, à l'ouest du grand désert, et sur les limites du Thibet ultérieur. Elle est située par 35° lat. N. et 30° 53′ 30″ long. W.

| 泉 *Hô-tsûen* (*Cart. Jap.*), fontaines réunies, en japonais *Isumi*. — Province de *Nifon*, baignée à l'ouest par la mer intérieure, et limitée au nord par *Yâng-tsīn*, à l'est par *Hô-nwï*, et au sud par *Kì-ĭ*. Elle comprend 1 cité, 3 préfectures et 1 station. Les principaux points sont :

Ngān-lieôu, cité éloignée de 141 *ris* de *Yédo*;
Pĕ-tây, ville — 139

Cette province est limitée au nord par le fleuve appelé *Tá-hô-tchwĕn*.
La mer intérieure devant cette province est appelée *Isuminada* (*Hô-tsuĕn-yâng*, ou *yōng*).

| | 瀸 *Hô-tsûen-yōng* (*Cart. Jap.*), rivière des fontaines réunies, en japonais *Isuminada*. — Mer intérieure, devant la province d'*Isumi*, au fond de laquelle sont *Hiogo* et *Osaka*.

哈 *Hŏ* (*Morr.*). — Royaume des Turcs (*D. G.*).

| 喇沙拉 *Hŏ-lă-shā-lă* (*Ch. Rep.*), autrement *Kĕ-lă-shā-eùl-tchîng*, en turkestan *H'harashar*. — Une des 8 cités mahométanes de la province de *Dzongarie* (*Tiĕn-shān-nân-lóu*).

哈密廳 *Hŏ-mĭ-tĭng*, ou *Hami*, ou *Khamil* en mongol (*Ch. Rep.*). — Un des 4 districts du département de *Tchin-sī* (*Kān-sŏ*). Le chef-lieu est une petite ville de 2 à 3 kilomètres de tour, située par 42° 43' lat. N. et 21° 53' 30'' long. W., au nord de la grande muraille, dans le désert de *Kō-pĭ*. Ce pays, autrefois royaume indépendant, passe, quoique environné de contrées désertes, pour une des plus délicieuses régions de l'univers. La terre y produit en abondance des grains, des fruits, des légumes, des herbages de toute espèce. Le riz qu'on y recueille est singulièrement estimé des Chinois. Les grenades, les oranges, les pêches, les raisins, les prunes y ont une saveur exquise; les jujubes même y sont juteuses et d'un goût si ambré, que les Chinois leur ont donné le surnom de jujubes parfumées 香棗 *hiāng-tsăo* (*Fl. Sin.*). Rien de plus délicat, de plus avidement recherché que les melons de *Hami*, qu'on transporte à *Pĕ-kīng* pour la table de l'empereur. Mais la production la plus utile et la plus estimée, dit l'abbé Grosier, vol. I, pag. 363, ce sont des raisins secs qui sont de deux espèces. La première, fort estimée dans la médecine chinoise, paraît semblable à celle que nous connaissons sous le nom de *Corinthe*. La seconde, qui est plus recherchée pour les tables, est plus petite et plus délicate que nos meilleurs raisins du Midi. Le climat y est très-favorable à la culture de la vigne. Il y pleut rarement, et l'on n'y voit jamais ni brouillard, ni rosée.

| 薩克 *Hŏ-să-kĕ* (*Ch. Rep.*), en turkestan *Cosaques, Cossacks, Kassacks* et' *Kirghis*, c'est-à-dire voleurs. — Hordes sauvages, qui habitent au nord-ouest de *Tarbagatay*, dans la direction de *Samarkand* et de *Badakshan*.

壑 *Hŏ* (*D. G.*). — Vallée. Fossé. Lit d'un torrent qui roule du haut d'une montagne. Petite crique de rivière. On appelle *Tá-hŏ* et *Kŭ-kŏ* la mer, l'océan (*Morr.*).

忽蘭水 *Hŏ-lăn-shwĭ* (*Cart. Chin.*). — Rivière près de la source du fleuve Jaune.

觳州 *Hó*, car. *Kó-tcheōu* (*Biot*). — Nom, sous les *Tăng*, de *Lông-yeŏu-hién*, département de *Kŭ-tcheōu* (*Tchĕ-kiāng*).

河 *Hô* (*Ch. Rep.*). — Nom donné, par excellence, aux rivières, comme celui de *Kiāng* aux fleuves et celui de *Hôu* aux lacs. D'après le dictionnaire du P. Perny, on compte 1,472 rivières, fleuves ou lacs, en Chine. Les plus considérables sont le *Yâng-tsè-kiāng* et le *Hĕ-lông-kiāng*, le *Hoâng-hô* et le *Oéy-hô*, le *Pŏ-yâng* et le *Tōng-ting*. D'après Morrison, l'expression de *Sān-hô*, les trois rivières, désigne le nord, l'est et le sud de la rivière Jaune, et l'expression de *Kieòu-hô*, les neuf rivières, se rapporte au temps du déluge chinois.

| 海 *Hô-hày* (*N. L.*), mer des rivières, en mongol *Kirnor*. — Lac de Mongolie, situé au delà de la grande muraille, sur la route du *Shān-sī* au grand désert, vers 40° 50' lat. N. et 3° 10' long. W. La vallée où se trouve la station de *Fōng-tchŭng* est au pied du grand plateau de la Mongolie; c'est celle qui renferme le lac de *Kirnor*, tandis que la vallée voisine contient le lac de *Daikha*.

河間 *Hô-kiēn* (entre les rivières)-*fòu* (*Ch. Rep.*). — Un des 19 départemens du *Tchĭ-lì*, comprenant 11 districts, savoir : *Hô-kiēn, Hién, Kóu-tching, Kiāo-hô, Feôu-tching, Tōng-kwāng, Kìng-tcheōu, Oû-kiáo, Jin-kiéou, Sŏ-ning* et *Ning-tsīn*. Le chef-lieu, à 410 *lì* de *Pĕ-kīng*, est situé par 38° 30′ lat. N. et 0° 9′ 30″ long. W.

Le nom de ce département, qui signifie *région située entre les rivières*, indique qu'il est renfermé par des cours d'eau et qu'il est uni et peu accidenté.

河間 *Hô-kiēn* (entre les rivières)-*hién* (*Ch. Rep.*). — Un des 11 districts du département de *Hô-kiēn* (*Tchĭ-lì*). Le chef-lieu est situé dans la métropole départementale.

河曲 *Hô-kĭo* (variété de rivières)-*hién* (*Ch. Rep.*). — Le seul district du département inférieur, appelé *Pào-tĕ* (*Shān-sī*). Le chef-lieu est situé à l'embouchure de la rivière *Lôu-wên-hô*, dans le fleuve Jaune, par 39° 15′ lat. N. et 5° 26′ 30″ long. W. — Autrefois *Hiŏng-yòng-tchín*; sous les *Sóng, Hò-shān* (*Biot*).

河蘭 *Hô-lân* (*Cart. Chin.*). — Hollande. — Voir *Hô*, à la clef 140.

河路溪 *Hô-lóu-kī* (*Medh.*). — Ville populeuse, sur la route de *Kwàng-tĕ* à *Tsī-kĭ* (*Ngān-hoēy*). Elle est aussi appelée *Hô-tóu-tchín* (*Medh.*).

河南 *Hô-nân* (*Ch. Rep.*). — Midi du fleuve, île et faubourg de la ville de Canton (*Kwàng-tōng*), situés sur la rive droite du fleuve des perles (*Tchū-kiāng*). Là, se trouve un célèbre temple boudhiste, appelé *Hăy-tchāng-ssé*.

河南 *Hô-nân* (midi du fleuve)-*fòu* (*Ch. Rep.*). — Un des 13 départements du *Hô-nân*, comprenant 10 districts *hién*, savoir : *Lŏ-yâng, Tēng-fōng, I-yâng, Sóng, Yŏng-ning, Yèn-ssē, Kòng, Móng-tsīn, Sin-ngān* et *Mìn-tchĭ*.

Le chef-lieu, à 1,800 *lì* de *Pĕ-kīng*, est situé sur la rivière *Lŏ*, par 34° 43′ 15″ lat. N. et 4° 0′ 50″ long. W.

Ce territoire est regardé par les Chinois comme le centre de l'empire, non pas tant à cause de sa situation centrale, que par les premiers établissemens qui y furent créés, lors des premiers temps de l'histoire chinoise, sous *Fŏ-hī* et ses successeurs. Tout le pays en général porte la trace de nombreux événemens historiques. — Voir *Lŏ-yâng-hién* et *Tēng-fōng-hién*.

河南 *Hô-nân* (sud de la rivière)-*sēng* (*Ch. Rep.*). — Une des 5 provinces septentrionales de la Chine propre (*Tchōng-kwĕ*), qui comprend 13 départemens, dont 9 *fou* et 4 *tcheou*, savoir : *Kăy-fōng*, métropole, *Tchín-tcheōu, Kwēy-tĕ, Tchāng-tĕ, Oéy-hoēy, Hoây-kìng, Hô-nân, Nân-yâng* et *Jù-ning* ; puis *Hù, Shèn, Kwàng* et *Jù*.

La montagne la plus célèbre est le *Sōng-shān*, souvent citée, comme une des 5 montagnes les plus remarquables de la Chine (*Où-yŏ*). On mentionne encore le *Hiŏng-eùl-shān*, qui est la continuation des *Tsĭn-lìng*, eux-mêmes, partie, de la grande chaîne des *Pĕ-lĭng*. La carte de Klaproth indique, en outre, au nord, les *Yú-fŏng* et *Sōu-mén*; à l'ouest, les *Tăy-hĭng, Mà-où, Kién, Tsăn, Hoăng-eùl*; au centre de la province, les *Móu-tá* et *Fōu-yŭ*; au sud-ouest, les *Shĭ-tŏng*; au sud, les *Lĭng* et, à l'est, les *Tăng*.

Les postes de douanes et militaires, les marchés et autres stations d'un ordre inférieur, indiqués sur la carte de Klaproth, sont : *Tchăo-ywén, Kĭng-ssē, Tchŭ-siēn-chĭn, Tōu-hièn-tchĭng, I-fōng, Hoăng-tŏu* et *Sōng-tsè*.

Les contrées de la province du *Hŏ-nân*, situées au nord du fleuve Jaune (*Hoăng-hŏ*), sont arrosées par le *Oéy-hŏ*, dont les tributaires sont: le *Tchŏ-tchāng*, le *Tchāng*, le *I*, le *Kĭ*, le *Siăo-tán*, le *Tsĭn*, le *Hŏng-nŏng*, le *Lŏ* et ses nombreux affluens, le *Tchén*, le *Kŭ*, le *Hién*, le *I*. Les contrées, situées au sud-est, sont plus particulièrement sillonnées par les nombreux tributaires du *Hoăy-hŏ*, qui sont le *Lôu-kiā*, le *Tchăo*, le *Pĭ*, le *Ssē*, le *Siăo-hoăng*, le *Kŭ*, le *Shĭ-kwēy*, le *Ssé*, le *Où-tcháy*, le *Siăo-shŏ*, le *Teòu*, le *Swī*, le *Kwáy*, le *Jù*, affluent du *Shā*, le *Jù*, affluent du *Hŏng*, le *Kō*, le *Kwŏ*, le *Tchŭ*, le *Yng*, le *Hoăng*, le *Oéy*, affluent du *Kōu-lôu*, le *Kièou-hoăng* et le *Tăng*; tandis que des tributaires du *Hán-kiāng*, de la province voisine du *Hôu-pĕ*, parcourent les contrées montagneuses du sud-ouest de la province de *Hŏ-nân*. Ce sont les *Tán, Lào-kwān, Twàn, Pĕ* et *Lĭ*.

Cette province est renommée par sa fertilité, qui lui a valu le nom de *Tchōng-hôa* (fleur centrale), nom appliqué ensuite par extension à la Chine propre. On l'appelle généralement, *le jardin de la Chine*; comme nous disons de la Touraine, *le jardin de la France*. L'air y est tempéré et sain. Tout ce qu'on peut désirer s'y trouve : Riz, froment, thé, soie, chanvre, oranges, fruits de toutes sortes, légumes, pâturages, plantes médicinales, fer, aimant, pierres précieuses, musc, houille, fer, cuivre, etc. — La population était estimée, en 1843, à 23,037,171 habitants, sur une superficie de 16,831,936 hectares.

河 內 *Hô-néy*, car. *nwi* (*Cart. Jap.*), intérieur de la rivière, en japonais *Kwa-tsi*. — Province centrale de *Nifon*, limitée au nord par *Shān-tchĭng*, à l'est par *Tá-hŏ*, au sud-est par *Kĭ-ĭ*, au sud-ouest par *Hô-tsuēn* et *Yâng-tsĭn*. Cette province comprend 15 préfectures et 5 stations ou juridictions inférieures. Voici les points principaux :

Tān-nán, ville éloignée de 135 *ris* de *Yédo*;
Lây-shān — 132 —

Cette province est traversée par le fleuve appelé *Tá-hô-tchwĕn*.

Même nom, pour désigner, d'après Biot, une province du temps des *Hán*, comprenant une partie du *Shān-sĭ*. — Voir *Hoăy-kĭng* et *Oéy-hoēy-fòu* (*Hŏ-nân*).

| | 県糸 *Hô-néy* car. *nwi-hién* (*Ch. Rep.*). — Un des 8 districts du département de *Hoăy-kĭng* (*Hŏ-nân*). Biot prononce *néy* le caractère *nwi*. Le chef-lieu est situé par 35° 6′ 34″ lat. N. et 3° 28′ 54″ long. W. — Sous les *Hán*, territoire de *Yé-hwăng*. — Sous les *Tăng*, *Hoăy-tcheōu* (*Biot*). — Même nom, pour désigner, sous les *Hán*, *Sĭn-hiăng-hién*, *Oéy-hoēy-fòu* et *Hoăy-kĭng-fòu* (*Hŏ-nân*), ainsi qu'une province, comprenant partie du *Shān-sĭ* (*Biot*).

河內郡 *Hô-nwí-kún (Cart. Jap.)*, cité à l'intérieur des cours d'eau, en japonais *Simodatsi (C. B.)*. — Une des 11 villes préfectorales de la province de *Fitats (Tchăng-lŏ-kwĕ)*, située au sud, près des grands lacs et des cours d'eau qui règnent dans cette partie de la province. — Même nom, pour désigner une des 9 préfectures de la province japonaise de *Hia-kăo (Simodske)*, située au centre.

｜ 伯 *Hô-pĕ (Perny)*. — Génie des rivières. Esprit des cours d'eau. Outre les divinités proprement dites, les Chinois honorent des esprits ou génies particuliers. Tels sont les génies de la terre, de l'eau, de la mer, de chaque ville, du milieu des maisons, etc.

｜ 北 *Hô-pĕ (Biot)*, nord du fleuve. — Ancienne province comprenant une partie du *Shān-sī (Biot)*. — Voir *Pĭng-lŏ-fŏu*. — Ancien nom d'une partie de la province de *Hô-nân*, actuellement comprise dans le *Shèn-sī (Ch. Rep.)*.

｜ 西 *Hô-sī (Biot)*, ouest du fleuve. — Nom d'une ancienne province du nord de la Chine *(Biot)*.

｜ ｜ *Hô-sī* (occident de la rivière)-*hién*. — Un des 8 districts du département de *Lĭn-ngān (Yûn-nân)*. Le chef-lieu est situé, près du lac appelé *Sīng-yûn*, par 24° 15' lat. N. et 13° 45' 6" long. W. — Sous les *Tăng*, territoire de *Tsōng-tcheōu (Biot)*.

｜ ｜ 汛 *Hô-sī-sĭn (C. H.)*. — Marché du *Yûn-nân*, situé sur une des branches supérieures du *Lân-tsăng-kiāng*, par 26° 55' lat. N. et 16° 53' long. W.

｜ ｜ 泑 *Hô-sī-yéou (Fl. Sin.)*. — Village du *Tchĭ-lí*, près de *Tōng-tcheōu*, cité dans l'expédition anglo-française, en 1860.

｜ 套 *Hô-tăo (Ch. Rep.)*, coude de la rivière. — Pays d'*Ortous*, compris dans le grand coude formé par le fleuve Jaune. Il est situé au nord du *Shān-sī*, et fait partie de la Mongolie.

｜ 摺亞諾洽 *Hô-tchĕ-yá-nŏ-hán (Cart. Chin.)*. — Partie de l'Océan Atlantique, située entre l'Amérique du Sud et l'Europe.

｜ 洲 *Hô-tcheōu (Ch. Rep.)*, district de la rivière. — Un des 7 districts du département de *Lân-tcheōu (Kān-sŏ)*. Le chef-lieu est situé sur le *Hông-shwĭ-hô*, par 35° 44' lat. N. et 13° 28' 30" long. W.

｜ ｜ 衛 *Hô-tcheōu-oéy (Ch. Rep.)*. — Poste militaire attaché au district de *Hô-tcheōu*, département de *Lân-tcheōu*, par 36° lat. N. et 14° long. W., situé sur les bords du *Hoâng-hô*, à son entrée dans le *Kān-sŏ*.

｜ 池 *Hô-tchĭ (Biot)*. — Ancien nom de *Fóng-hién*, département de *Hán-tchóng (Shèn-sī)*, sous les *Swí*, et de *Hoëy-tcheōu*, département de *Tsîn (Kān-sŏ)*, sous les *Hán (Biot)*.

河池 *Hô-tchī* (fossés de la rivière)-*tcheōu* (*Ch. Rep.*). — Un des 5 districts, mais inférieur, du département de *Kīng-ywèn* (*Kwàng-sī*). Le chef-lieu est situé sur un des affluens supérieurs de *Lôngkiāng*, par 24° 42′ lat. N. et 8° 45′ 20″ long. W. — Sous les *Tăng*, territoire de *Tchí-tcheōu* (*Biot*).

| 中 *Hô-tchōng* (*Biot*). — Nom d'une ancienne province, sous les *Tăng*, formant partie de celle actuelle du *Shān-sī*, dans le département de *Pôu-tcheōu*.

| 東 *Hô-tōng*, est du fleuve. — Ancien nom de *Tsĕ-tcheōu-fòu* (*Shān-sī*), sous les seconds *Oéy*. — Ancienne province comprenant la partie occidentale du *Shān-sī*. — Voir, sous les seconds *Oéy*, les départemens de *Tăy-ywên*, *Tsē-tcheōu* et de *Pîng-yáng* (*Biot*). — Même nom, pour désigner une localité du district de *Wên-hì* (*Shān-sī*), patrie de *Kwŏ-pŏ*, éditeur du *Eùl-yà*, une des plus anciennes encyclopédies chinoises. *Chinese Repository*, vol. XIX, pag. 169.

| 渡河 *Hô-tóu-hô* (*Fl. Sin.*). — Rivière du *Kwéy-tcheōu*, à l'ouest de cette province, dans le district de *Oēy-nîng*, département de *Tá-tíng*, et qui est portée sur la carte de du Halde.

| | 門 *Hô-tóu-mên* (*C. G.*), passage du bac de la rivière. — Se trouve au sud de l'île de *Tă-hǎo-sù*, sur la côte ouest du district de *Tchǎo-yâng* (*Kwàng-tōng*).

| | 鎮 *Hô-tóu-tchìn* (*Medh.*), marché du passage de la rivière. — Ville du district de *Où-hôu* (*Ngān-hoēy*), près du *Shwĭyâng-hô*. Excursion dans le pays de la soie, du thé et de la porcelaine. — Voir *Hô-lóu-kī*.

| 澤縣 *Hô-tsĕ-hién* (*Ch. Rep.*). — Un des 11 districts du département de *Tsâo-tcheōu* (*Shān-tōng*). Le chef-lieu est situé par 35° 20′ lat. N. et 0° 52′ 54″ long. W. Le caractère *Hô* est écrit à la clef 140 dans le *Chinese Repository*.

| 津縣 *Hô-tsīn-hién* (*Ch. Rep.*). — Nom d'un arrondissement et d'une ville de 3ᵉ ordre, département de *Kiāng*, précédemment de *Pîng-yáng* (*Shān-sī*). Le chef-lieu est situé, sur la rive droite du *Fên-hô*, par 35° 38′ lat. N. et 5° 42′ 30″ long. W.
Autrefois principauté de *Kèng* ; sous les *Tsĭn*, territoire de *Pĕ-shĭ* ; sous les seconds *Oéy*, *Lông-mên* ; sous les *Tăng*, *Tsĭn-tcheōu* (*Biot*).

| 清 *Hô-tsĭng* (*Biot*). — Ancien nom de *Móng-tsīn-hién*, sous les *Tăng*, et de *Tăng-ĭ-hién*, sous les cinq dynasties postérieures (*Biot*).

| 陽 *Hô-yâng* (*Biot*). — Nom, sous les *Hán*, du district de *Móng-tsīn*, du département et de la province de *Hô-nân*.

| | *Hô-yâng* (territoire de la rivière)-*hién* (*Ch. Rep.*). — Un des 4 districts du département de *Tchĭng-kiāng* (*Yûn-nân*). Le chef-lieu est situé par 24° 42′ 12″ lat. et 13° 24′ 16″ long. W.

河鹽山 *Hô-yên-shān (C. H.).* — Ile du *Fóu-kién*, située par 26° 49′ lat. N. et 3° 56′ long. E., département de *Fón-ning*.

| 陰縣 *Hô-ȳn-hién (Ch. Rep.).* — Nom d'un arrondissement et d'une ville de 3ᵉ ordre, département de *Kăy-fōng (Hó-nân)*. Le chef-lieu est situé sur la rive droite du fleuve Jaune, par 34° 58′ lat. N. et 2° 46′ 30″ long. W. — Sous les *Tsĭn*, territoire de *Pĭng-ȳn (Biot)*.

| 源 *Hô-ywên (Ch. Rep.),* source de la rivière. — Nom donné à la principale source du fleuve Jaune, au pied du mont Katasu-Kaulau (*Ngáy-tă-sóu-tsĭ-lào-shān*), par 25° lat. N. et 18° 58′ 54″ long. W. — A la source du fleuve Jaune, on voit, dit M. Ed. Biot, une masse de fer malléable, qui contraste avec toutes les roches voisines ; on l'appelle le *rocher du nord (Pĕ-shĭ)*, et l'on raconte qu'elle est tombée du ciel, à la suite d'un météore de feu.

| | 縣 *Hô-ywên-hién (Ch. Rep.).* — Un des 10 districts du département de *Hoéy-tcheōu (Kwáng-tōng)*. Le chef-lieu est situé sur la rivière *Tōng*, par 23° 42′ lat. N. et 1° 54′ 40″ long. W.

火林 *Hò-lîn (Ch. Rep.),* forêt de feu. — Territoire présumé l'ancien *Karakorin (Ch. Rep.)*. District de Mongolie, situé par 46° 40′ lat. N. et 13° 34′ 30″ long. W.

| 山 *Hò-shān (Biot),* mont de feu, volcan. — Ancien nom de *Hŏ-kĭo,* sous les *Sóng (Biot).*

| 神 *Hò-shîn (N. L.),* esprit du feu. — Culte des adorateurs du feu, enseigné par Zoroastre. Ses disciples portent différens noms, tels que *Gaures, Ghèbres, Mages* et *Parsis.* Ce dernier nom est celui sous lequel on les connaît à Canton. — Voir *Pĕ-sîng* et *Hiĕn.*

| 州 *Hò-tcheōu (Ch. Rep.),* contrée du feu, en mongol *Tourfan* ou *Bischbalik.* — Volcan en activité qui se trouve dans le district de *Tourfan,* d'après les uns ; d'autres disent que c'est un ancien nom de district, donné à celui de *Tourfan,* du département de *Tchîn-sĭ (Kān-sŏ),* d'après l'aspect éblouissant du sable vitreux de la région du désert de *Kō-pĭ.* Il est situé par 42° 40′ lat. N. et 25° 40′ 30″ long. W.

| 井 *Hò-tsing (Biot),* puits de feu. — Nom d'un ancien arrondissement, établi par les *Heóu-tcheōu,* au sud-ouest de *Kiŏng-tcheōu (Ssé-tchwĕn).* — Voir *Fōng-tōu-hién,* département de *Tchōng.* — Même nom, pour désigner, dans les provinces du *Yûn-nân* et du *Ssé-tchwĕn,* les puits artésiens pour se procurer du gaz hydrogène, soit pour l'éclairage, soit pour l'évaporation des eaux salées.

縠州 *Hŏ-tcheōu (Biot).* — Nom, sous les *Tăng,* de *Lông-yeôu-hién,* département de *Kŭ-tcheōu (Tchĕ-kiāng) (Biot).*

荷花塘 *Hô-hōa-tăng (Fl. Sin.),* étang des nénuphars. — Nom vulgaire du lac *Tchāo-tiĕn,* situé près du village de *Tchăng-lŏ,* dans le district de *Pîng-kiāng,* du département de *Yŏ-tcheōu (Hôu-nân).*

荷蘭 *Hô-lân (Bridgm.).* — Hollande, contrée septentrionale d'Europe, ou bien *Hô-lân-kwĕ (Biot).* Le royaume de Hollande est appelé le pays des étrangers rouges *(Biot).* — Voir *Hô,* à la clef 85.

｜｜國 *Hô-lân-kwĕ (Bridgm.).* — Irlande, île de la Grande-Bretagne. D'après le *Chinese Repository,* on prononce *Ælan,* en chinois.

｜德所口 *Hô-tĕ-sŏ-keŏu (C. H.).* — Passage de la côte du *Tchĕ-kiāng,* district de *Fóng-hóa,* département de *Ning-pō,* situé par 29° 38' lat. N. et 4° 54' long. E.

｜澤 *Hô-tsĕ* (lac *Hô)-hién (Ch. Rep.).* — L'un des 11 districts du département de *Tsăo-tcheōu (Shān-tōng).* — Le caractère *Hô* est écrit à la clef 85, dans Biot.

賀縣 *Hó-hién (Ch. Rep.).* — Un des 8 districts du département de *Pĭng-lŏ (Kwàng-sī).* Le chef-lieu est situé sur le *Hó-kiāng,* au pied du *Kwéy-lìng,* par 24° 8' 24" lat. N. et 5° 12' long. W.

｜江 *Hó-kiāng (Fl. Sin.).* — Rivière du *Kwàng-sī,* district de *Hó,* département de *Pĭng-lŏ,* qui prend sa source dans les montagnes appelées *Kwéy-lìng,* et se réunit au *Swī-kiāng,* sur les frontières du *Kwàng-tōng.* D'après le *Chinese Repository,* cette rivière serait tributaire du *Tchū-kiāng* (fleuve des perles).

｜蘭山 *Hó-lân-shān (Cart. Chin.),* en mongol *Alashan.* — Chaîne de montagnes formant la continuation des *Kĭ-lién-shān* et des *Yn-shān;* elle s'élève de 1,000 à 1,400 mètres au-dessus du fleuve Jaune, qui coule à ses pieds, et constitue le bord oriental du grand plateau central de la Mongolie.

｜美 *Hŏ-mèy (Cart. Jap.)* ou *Kīa-tsŏng,* d'après une autre carte. — Une des 22 préfectures de la province japonaise de *Où-tsâng (Musasi),* située au nord-ouest.

｜州 *Hó-tcheōu (Biot).* — Ancien nom, sous les *Táng,* de *Hó-hién,* département de *Pĭng-lŏ (Kwàng-sī) (Biot).*

邟 *Hò (Medh., Morr.).* — Nom de lieu.

｜蒲那爾 *Hò-pŏu-nô-eùl (N. L.).* — Villages mahométans, situés à 500 *lì* au sud-ouest de *Tourfan,* aux sources du fleuve Jaune, où l'on parle un certain dialecte, différent de celui ou de ceux des autres peuples voisins. Les habitans vivent des produits du sol, sans se livrer à aucune culture. — Voir *Chinese Repository,* vol. IX, page 122.
Ce nom est, d'après le *Chinese Repository,* vol. IX, page 124, celui d'un territoire au sud de *Shā-yâ-eùl.*

｜展 *Hò-tchèn (N. L.).* — Territoire mahométan, sur la route de *Pijan* au Tibet. — Voir *Chinese Repository,* vol. IX, page 122.

郃 *Hŏ (Morr.).* — Nom de district *(Morr.).* Ce caractère, qui présente une légère différence avec celui des lexiques anglais, est prononcé *Héou* par Médhurst, qui l'applique à une cité, en lat. N. 35° 12', et en long. E. 0° 4', qui existait, jadis, dans l'ancienne contrée *Lòu*, près du district de *Tōng-pĭng*, département de *Táy-ngān (Shān-tōng).*

|陽 *Hŏ-yáng* (territoire de la concorde)-*hién (Ch. Rep.).* — Un des 10 districts du département de *Tŏng-tcheōu (Shèn-sī).* Biot le place dans le département de *Sī-ngān.* Le chef-lieu est situé par 35° 48' lat. N. et 6° 23' 30" long. W.

郝 *Hŏ (D. G., Medh.).* — Nom d'un village, près du district de *Fòu-fōng*, département de *Fōng-tsiāng (Shèn-sī) (Medh.).*

霍 *Hŏ (D. G.).* — Nom d'un certain royaume *(D. G.).* — Nom d'une certaine montagne du *Hôu-nân*, également appelée *Tiĕn-tchŭ-shān, Hêng-shān* et *Nân-yŏ (D. G.).*

|罕 *Hŏ-hàn (Ch. Rep.),* en turkestan *Khokand*, ancien *Ferganah.* — Pays des *Tá-ywèn*, district du Turkestan, à l'ouest de la chaîne des *Tsŏng-lìng.* Le chef-lieu est situé par 41° 40' lat. N. et 46° 38' 30" long. W. Ce territoire forme une grande vallée, au pied d'une chaîne de montagnes, qui suit le cours du *Syrdaria.*

|邑 *Hŏ-ĭ (Biot).* — Nom, sous les *Swī*, de *Hŏ-tcheōu (Shān-sī).*

|邱 *Hŏ-kiĕou* (sommet des piliers du ciel)-*hién (Ch. Rep.).* — L'un des 6 districts du département de *Yng-tcheōu (Ngān-hoēy).* Le chef-lieu est situé, près du confluent du *Pí-hô*, au pied du *Kiĕou-tchăng-tiĕn-shān*, par 32° 23' lat. N. et 0° 45' 30" long. W.

|卷 *Hŏ-kuén (Cart. Jap.),* cosse de pois. — Station de la province de *Sháng-tsōng (Kadsusa)* sur Nifon, éloignée de 16 *ris* de *Yédo.*

|山 *Hŏ-shān (Biot).* — Nom, sous les *Swī*, de *Lŏ-ngān-tcheōu (Ngān-hoēy).* — Même nom, pour désigner une montagne du *Ngān-hoēy*, département de *Lŏ-ngān.* De Guignes dit qu'on l'appelle aussi *Tiĕn-tchŭ-shān, Hêng-shān* et *Nân-yŏ.* — Même nom, pour désigner une chaîne de montagnes du *Hôu-nân*, également appelée *Piliers du ciel (Tiĕn-tchŭ (Medh.).* — Même nom, pour désigner une montagne du *Shān-sī*, à l'est de *Hŏ-tcheōu;* elle se lie au nord-ouest avec les *Tá-hīng* et *Mŏ-tiĕn*, près de la frontière du *Tchī-lì*, et, au sud, avec les *Sī-pĭng* et les *Wâng-où*, sur la frontière du *Hŏ-nân.*

| | *Hŏ-shān* (montagne, pilier du ciel)-*hién (Ch. Rep.).* — Un des 2 districts du département de *Lŏ-ngān (Ngān-hoēy),* renommé par ses cultures et productions de thé.
Le chef-lieu est situé, sur le *Pí-hô*, à l'ouest du *Hŏ-shān,* par 31° 30' lat. N. et 0° 8' 30" long. W.

霍叔封邑 *Hŏ-shŏ-fōng-ĭ (Biot)*. — Nom, sous les *Tcheōu*, de *Hŏ-kiĕou-hién*, département de *Yng-tcheōu (Ngăn-hoéy)*.

| 州 *Hŏ-tcheōu (Ch. Rep.)*, département des piliers du ciel. — Un des 20 départemens, mais inférieur, de la province du *Shăn-sĭ*, comprenant 2 districts, savoir : *Tchào-tchĭng* et *Lĭng-shĭ*. Le chef-lieu, à 1,550 *lĭ* de *Pĕ-kīng*, est situé sur les bords du *Fĕn-hŏ*, à l'ouest des *Hŏ-shān*, par 36° 34′ lat. N. et 4° 45′ 30″ long. W. — Même nom, pour désigner, sous les *Tăng*, le département de *Lŏ-ngān (Ngān-hoĕy)*.

鶴峯州 *Hŏ-fōng-tcheōu (Ch. Rep.)*.— Un des 7 districts du département de *I-tchăng (Hôu-pĕ)*.
Le chef-lieu est situé, sur un affluent du *Tsĭn-kiāng*, par 30° 20′ lat. N. et 108° 8′ long. W. (calc. appr.).

| 函八幡官 *Hŏ-hân-pă-fān-kwān (Alb. Jap.)*, habitation officielle des huit enseignes des cigognes enfermées. — Édifice habité par les magistrats, chargés de la garde du temple, élevé à la mémoire des grands hommes, sur la montagne de *Kamakoura*. — Voir *Tá-tchĭn-shān (Alb. Jap.)*.

| 金河山 *Hŏ-kĭn-hŏ-shān (N. L.)*. — Montagne du district de *Yèn-ywĕn*, département de *Nĭng-ywĕn (Ssé-tchwĕn)*, où l'on trouve de l'or.

| 慶 *Hŏ-kĭng (Biot)*. — Anciennement territoire de *Hŏ-kĭng-tcheōu*, département de *Lĭ-kiāng (Yûn-nân)*.

| | *Hŏ-kĭng* (bonheur des cigognes)-*tcheōu (Ch. Rep.)*. — Un des 5 districts, mais inférieur, du département de *Lĭ-kiāng (Yûn-nân)*. Le pays est renommé pour sa production de musc et de pommes de pin. Le chef-lieu est situé au pied des montagnes appelées *Lào-kŭn-shān*, près d'un petit affluent du *Kĭn-shă-kiāng*, par 26° 32′ lat. N. et 16° 6′ 54″ long. W.
Anciennement territoire de *Hŏ-tcheōu*. — Sous les *Ywĕn*, territoire de *Hŏ-kĭng (Biot)*.

| 嶺 *Hŏ-lĭng (Ch. Rep.)*, montagnes des cigognes, où l'on trouve d'excellent thé. *Chinese Repository*, vol. XVIII, pag. 14.

| 山 *Hŏ-shān (C. K.)*, montagnes des cigognes. — Montagnes de *Sheóu-tcheōu*, département de *Fōng-yăng (Ngān-hoĕy)*, où l'on recueille une espèce de thé appelée *Hoăng-yâ*. — Voir *Tăy-hŏ-shān (Fl. Sin.)*.

| | 縣 *Hŏ-shān-hién (Ch. Rep.)*. — Un des 13 districts du département de *Tchào-kĭng (Kwàng-tōng)*, renommé dans les industries du thé et de la soie. Le chef-lieu est situé au sud-est de la métropole départementale, par 23° 8′ lat. N. et 4° 0′ 30″ long. W.

鶴州 Hŏ-tcheōu (C. G.), île aux cigognes. — Se trouve dans les environs de Macao, district de Hiāng-shān (Kwàng-tōng). — Même nom, pour désigner anciennement le territoire de Hŏ-kĭng-tcheōu, département de Lĭ-kiāng (Yûn-nân). — Même nom, pour désigner, d'après Biot, un arrondissement et une ville du 2ᵉ ordre, département de Lĭn-tào (Kān-sŏ), situés par 35° lat. N. et 13° 38′ 30″ long. W.

La longitude paraîtrait trop forte d'un demi degré, dit Biot, d'après les distances en li, à Lân-tcheōu-fòu et à Sī-ning-fòu, indiquées par les géographies chinoises.

Renvoi à Hô-tcheōu-oéy et à Hô-tcheōu, département de Lân-tcheōu (Kān-sŏ) (Ch. Rep.).

| 城 Hŏ-tchĭng (Biot). — Nom d'une ancienne ville du royaume de Oéy, sur le territoire de Tchăng-ywĕn (Tchĭ-lĭ).

| 牠 Hŏ-tŏ (Cart. Jap.), demeure des cigognes. — Cité de la province de Shăng-tsŏng (Kadsusa), éloignée d'environ 15 ris de Yédo, et située près de la limite de Hiá-tsōng (Simosa) sur Nifon.

SON HOA.

Prononciation française. . . . . Hoa.
— américaine, anglaise . . Hwa, Hwah.
— espagnole, portugaise . Hoa.

ORDRE DES CLEFS :

化 滑 畫 花 華 蠻

CLEFS :	21	85	129	140	140	140
TRAITS :	2	10	4	4	8	12

化關所 Hóa-kŭ-sŏ (C. H.). — Fort de la côte du Tchĕ-kiāng, district de Fòng-hóa, département de Ning-pō, situé par 29° 52′ lat. N. et 5° 20′ long. E.

| 嶺 Hóa-lĭng (C. K.). — Station du Ssé-tchwĕn, dans les montagnes de Fēy-ywĕ, district de Tiĕn-tsuĕn, du département de Yà-tcheōu.

化穆 *Hŏa-mŏ*. — Nom d'un ancien district, probablement de *Tchâo-king-fòu (Kwàng-tōng)*.

| 蒙 *Hŏa-mông*. — Nom d'un ancien district, probablement de *Tchâo-king-fòu (Kwàng-tōng)*.

| 州 *Hŏa-tcheōu (Ch. Rep.)*, contrée créée. — Un des 6 districts du département de *Kāo-tcheōu (Kwàng-tōng)*. Le chef-lieu est situé sur une petite rivière, par 21° 37′ 42″ lat. N. et 6° 47′ 20″ long. W. — Sous les *Tsĭn*, pays compris dans la province de *Siâng-kún*; sous les *Leâng*, *Lô-tcheōu*; sous les *Swî*, *Shĭ-lông*; sous les *Tâng*, *Pân-tcheōu* et *Ling-shwi* (Biot).

| 城 *Hŏa-tching*. — Ancien nom de *Pā-tcheōu*, département de *Pào-ning (Ssé-tchwĕn)*, sous les *Heóu-tcheōu* (Biot).

| 注 *Hŏa-tchú* (Biot). — Nom de trois anciens arrondissemens du temps des premiers et deuxièmes *Sóng*, attenant au district de *Kwàng-ning*, département de *Tchâo-king (Kwàng-tōng)*.

滑縣 *Hŏa-hién* (Biot). — Nom d'un arrondissement et d'une ville de 3ᵉ ordre, département de *Tây-ming (Tchĭ-li)*. Le chef-lieu est situé par 35° 38′ lat. N. et 1° 40′ 30″ long. W.

| 州 *Hŏa-tcheōu* (Biot). — Territoire, sous les *Swî*, de *Hŏa-hién*, département de *Tây-ming (Tchĭ-li)*.

畫 *Hŏa* (Morr.). — Nom de lieu. Nom de montagne.

| 眉橋 *Hŏa-mêy-kiáo* (Medh.), pont aux sourcils peints, autrement appelé *Tŏng-ngān-kiáo* (Medh.). — Pont, formé d'une seule dalle de granite de 30 pieds (10 mètres) de longueur, et élevé sur un cours d'eau qui communique avec le grand canal à *Ping-wáng*, du district de *Tsĭng-pŏu (Kiāng-sōu)*. *Excursion dans les pays de la soie, du thé et de la porcelaine*.

花 *Hōa (Ch. Rep.)*, *Hōa-sú (C. H.)*. — Ile du district de *Pĕng-hôu*, département de *Tây-wān (Fóu-kién)*, située par 23° 28″ lat. N. et 2° 52′ long. E. Le caractère *Hōa* qui est le terme générique des fleurs, désigne le nom d'un certain district, d'après Morrison.

| 海 *Hōa-hày (Cart. Chin.)*. — Lac de la Mongolie intérieure, à l'ouest du *Kān-sŏ*.

| 縣 *Hōa-hién (Ch. Rep.)*, district des fleurs. — L'un des 15 districts du département de *Kwàng-tcheōu (Kwàng-tōng)*. Le chef-lieu est situé sur un des affluens du *Pĕ-kiàng*, par 23° 24′ lat. N. et 3° 18′ 30″ long. W.

| 旗國 *Hōa-kĭ-kwĕ (Ch. Rep.)*, royaume du pavillon fleuri. — Nom donné aux États-Unis d'Amérique, autrement appelés *Náy-yeōu-ssē-tie* et *Hô-tchōng-kwĕ*.

花甲子 *Hŏa-kĭa-tsè (Ch. Rep.).* — Cycle de 60 années, qui sert aux Chinois à compter le temps. L'ère chinoise et le 1ᵉʳ cycle de l'ère chinoise ont commencé l'an 2637 A. E., la 61ᵉ année du règne de *Hoâng-tĭ*. Le nom de chaque cycle, en chinois, est formé de deux caractères, dont le premier est pris sur dix caractères horaires, appelés *Shĭ-kān* (les dix tiges), et dont le second est pris sur douze autres caractères horaires, appelés *Shĭ-eùl-tchī* (les douze branches), de sorte que les deux séries mettent 60 ans pour reprendre les mêmes noms. Cette combinaison des systèmes décimal et duodécimal offre un avantage pour l'histoire et la littérature, en ce qu'elle donne des noms particuliers à chaque année de la série de 60 ans. L'année 1864, appelée *Kĭa-tsè*, a été la 1ʳᵉ du 76º cycle. L'année 1924, la 1ʳᵉ du 77ᵉ cycle, aura le même nom. — Voir *Chinese Repository*, vol. X, page 121.

La manière chinoise de calculer le temps est commune aux peuples voisins de la Chine, tels que les Japonais, les Coréens, les Siamois, les Cochinchinois, etc.

| 林 *Hōa-lĭn (Morr.)*, forêt de fleurs, bordel. — Lieu de prostitution, également appelé *Hōa-tchwĕn*, bateau de fleurs, d'après Médhurst.

| 馬池 *Hōa-mà-tchĭ*. — Lac du *Shèn-sī*, situé dans le district de *Tĭng-piēn*. département de *Yên-ngān (C. K.)*.

| 腦 *Hōa-nào (Cart. Chin.)*, cervelle de fleur. — Ile de la mer de Corée, à l'ouest de *Tsin-shān*.

| 胥 *Hôa-sū (D. G.)*. — Nom d'un ancien royaume.

| 丹 *Hōa-tān (Fl. Sin.)*. — Nom d'une localité du district de *Shùn-tĕ*, département de *Kwàng-tcheōu (Kwàng-tōng)*, mentionnée dans l'industrie de la soie.

| 州臺 *Hōa-tcheōu-tăy (Ch. Rep.)*, en cantonnais *Wa-chau-toi*, tribune de la reine des fleurs. — Couvent boudhiste, situé dans les montagnes *Lô-feôu*, département de *Hoéy-tcheōu (Kwàng-tōng)*.

| 地 *Hōa-tĭ (Fl. Sin.)*, terre des fleurs, vulgairement *Fati*. — Jardins situés sur la rive droite du fleuve (*Sī* ou *Tchū-kiāng*), en face et en amont de Canton (*Kwàng-tcheōu-fòu, Kwàng-tōng*).

| 原郡 *Hōa-ywên-kùn (Cart. Jap.)*, ou 荏原 *Jĭn-ywên (autre carte)*. — Une des 22 villes préfectorales de la province de *Où-tsāng (Musasi)*, située au sud de *Yédo*.

| 圓鎮 *Hōa-ywên-tchĭn (Fl. Sin.)*, marché du jardin des fleurs. — Village que l'on rencontre entre *Ngān-kĭng-fòu* et *Tōng-liêou-hién*, du département de *Tchĭ-tcheōu (Ngān-hoéy)*.

華 *Hōa (Perny)*. — Principauté sur le territoire de *Kwàng-tcheōu (Hò-nān)*. — Même nom (*Bĭot*) pour désigner une ancienne principauté, département de *Tōng-tcheōu (Shèn-sī)*.

華番和合通書 *Hôa-fān-hô-hŏ-tōng-shū* (*Ch. Rep.*), almanach chinois et étranger. — Livre publié en Chine par les missionnaires protestants, qui entre dans la catégorie des ouvrages répandus pour la vulgarisation des idées européennes, et dont l'ancien consul de *Nǐng-pō*, Rob. Thom, l'illustre auteur du *Vocabulaire chinois-anglais*, a été un des grands promoteurs. Nous donnerons plus loin, au nom de *Tŏng-shū*, l'explication de ce terme qui, en chinois, signifie *livre des connaissances universelles*, ou *dictionnaire universel*.

| 夏 *Hôa-hia* (*Ch. Rep.*), été fleuri. — Nom vulgaire de l'empire chinois, généralement appelé *Tá-tsĭng-kwĕ*, royaume de la grande limpidité, et que le *Chinese Repository* traduit par *fleur des cinq couleurs*.

| 架 *Hôa-kia* (*Cart. Chin.*). — Ile du golfe du *Tchĭ-lì*.

| 山 *Hôa-shān* (*Cart. Chin.*), montagne fleurie. — Montagne du *Shèn-sī*, près de la limite du *Hô-nân*. — Même nom (*Ch. Rep.*) pour désigner les montagnes occidentales, situées dans le département de *Sī-ngān* (*Shèn-sī*), qui sont considérées comme une *Où-yŏ*, ou des cinq principales montagnes de la Chine. On les distingue entre *Tá-hôa* les plus hautes, et *Siào-hôa* les plus petites; elles font partie de la grande chaîne du *Tsĭn-lìng*. — Même nom (*Biot*) pour désigner celui, sous les *Heôu-tcheōu*, de *Hôa-tcheōu*, département de *Tŏng-tcheōu* (*Shèn-sī*).

| 捨山 *Hôa-shè-shān* (*Alb. Jap.*), montagne des aumônes fleuries. — Montagne qui se trouve près de la douane de *Kwān*, entre les provinces d'*Ise* et d'*Ômi*.

| 盛頓 *Hôa-shing-tún* (*Bridgm.*). — Washington, capitale des États-Unis d'Amérique.

| 胥 *Hôa-sū* (*D. G.*). — Nom d'un royaume (*D. G.*). Le caractère *Hôa* est synonyme de *Hôa* 嚳 et *Hôa* 蘗. On trouve encore, sous le nom de *Sū*, le caractère *Sū* 須 qui, d'après De Guignes, désigne un nom de royaume et, d'après Medhurst et Morrison, un nom de lieu. On trouve aussi le caractère *Sú* 徐 qui, d'après Morrison, désigne le nom d'un ancien État. — Voir *Pŏu-sū* (*Medh.*).

| 州 *Hôa-tcheōu* (*Ch. Rep.*), district fleuri. — Un des 10 districts, mais moyen, du département de *Tŏng-tcheōu* (*Shèn-sī*). Le chef-lieu est situé sur la rive droite de la rivière *Wéy*, par 34° 30' lat. N. et 6° 37'-54" long. W.

| 池 *Hôa-tchĭ* (*Biot*). — Nom, sous les *Oéy* occidentaux, de *Hô-shwi-hién*, département de *Kîng-yâng* (*Kān-sŏ*).

| 巛 *Hôa-tchwĕn* (*Biot*). — Nom, sous les *Tăng*, de *I-oŭ-hién*, département de *Kīn-hôa* (*Tchĕ-kiāng*).

華亭縣 *Hôa-tíng-hién (Ch. Rep.).* — Un des 8 districts du département de *Pîng-leáng* (*Kān-sŏ*). Le chef-lieu est situé sur le *Swí-shwí*, au pied du *Lōng-shān*, par 35° 18' lat. N. et 9° 53' 30" long. W. — Même nom (*Ch. Rep.*) pour désigner un des 6 districts du département de *Sōng-kiāng* (*Kiāng-sōu*).
Le chef-lieu, affecté à celui du département, est, comme ce dernier, situé par 31° 40' lat. N. et 4° 29' long. E.

| 清 *Hôa-tsíng (Biot).* — Nom d'un ancien arrondissement des *Tăng*, au sud-ouest de *Kĭn-tcheōu* (*Kwǎng-tōng*).

| 陽 *Hôa-yâng (Biot).* — Nom de divers anciens territoires.

| | *Hôa-yâng* (territoire fleuri)-*hién* (*Ch. Rep.*). — Un des 16 districts du département de *Tchĭng-tōu* (*Ssé-tchwĕn*).

| 容 *Hôa-yông* (aspect fleuri)-*hién* (*Ch. Rep.*). — Un des 4 districts du département de *Yŏ-tcheōu* (*Kiāng-sī*). Le chef-lieu est situé dans un estuaire formé par des branches du grand fleuve et du lac *Tōng-tîng*, par 29° 30' lat. N. et 4° 6' 30" long. W. — Voir *Hô-yâng-hién* (*Ch. Rep.*).

| 陰 *Hôa-ȳn (Cart. Chin.).* — Montagne au sud-ouest du *Hôu-nân*, sur la limite du *Kwǎng-tōng*. — Même nom (*Medh.*) pour désigner le côté nord de la montagne *Hôa*. — Voir *Hôa-shān* (*Shèn-sī*). — Même nom (*Biot*) pour désigner celui d'un ancien arrondissement établi par les premiers *Sóng*, près de *Siāng-yâng* (*Hôu-kwǎng*).

| | *Hôa-ȳn* (ombres fleuries)-*hién* (*Ch. Rep.*). — Un des 10 districts du département de *Tŏng-tcheōu* (*Shèn-sī*). Le chef-lieu est situé sur le *Oéy-hô*, par 34° 35' lat. N. et 6° 31' 30" long. W.

華胥 *Hôa-sū (D. G.).* — Nom d'un ancien royaume. Le caractère *Hôa* est synonyme de *Hōa* (*D. G.*).

SON *HOAN*.

Prononciation française. . . . . *Hoan, Hoane, Hoann, Hwan.*
 — américaine, anglaise . . *Hwan.*
 — espagnole, portugaise . . *Hoan.*

ORDRE DES CLEFS :

寰 澤 瓙 讙

CLEFS :	40	85	96	149
TRAITS :	13	13	13	18

寰   *Hoân (D. G.).* — Palais entouré de murs.

| 區   *Hoân-kŭ (D. G.).* — Nom d'un district féodal.

| 州   *Hoân-tcheōu (Biot).* — Nom, sous les cinq dynasties postérieures, de *Mà-ĭ-hiĕn*, département de *Tăy-tŏng (Shān-sĭ)*.

| 宇   *Hoân-yu (D. G.).* — Tout l'univers.

澴   *Hoân (Morr.).* — Nom de rivière.

| 县   *Hoân-hiĕn (Ch. Rep.),* district des colliers. — Un des 5 districts du département de *King-yâng (Kān-sŏ)*. Le chef-lieu est situé sur une branche ou affluent du *King-hô*, au pied des montagnes appelées *Hīng-lông-shān*, par 36° 39' lat. N. et 9° 21' 30" long. W.

| 河   *Hoân-hô (Ch. Rep.),* rivière des anneaux. — Rivière du département de *King-yâng*, province du *Kān-sŏ*, qui se réunit au *Jâo-ywèn*, pour former le *Mà-liĕn*. — Même nom *(C. K.)* pour désigner une rivière du département de *King-yâng (Kān-sŏ)* qui se réunit à celle appelée *Shù-ywèn-tchwĕn*.

| 州   *Hoân-tcheōu (Biot).* — Nom, sous les *Tăng*, de *Hido-kàn-hiĕn*, département de *Hán-yâng (Hôu-pĕ)*. — Le caractère *Hoân* n'est pas dans De Guignes.

瀇家廠 *Hoăn-kiā-yn* (C. H.) ou *Moèn-kiā-yng* (C. K.). — Station du *Shān-tōng*, département de *Tsáo-tcheōu*, au pied d'une chaîne de montagnes, par 35° 20′ lat. N. et 0° 4′ long. E.

| 蓮 *Hoăn-liên* (C. K.). — Station du *Shíng-kīng*, située près de la rive droite du *Yâ-lŏ-kiāng*, par 40° 10′ lat. N. et 8° 5′ long. E.

| 山 *Hoăn-shān* (Cart. Chin.), montagne des anneaux. — Ile et montagne du département de *Wèn-tcheōu*, province du *Tchĕ-kiāng*.

| 州 *Hoăn-tcheōu* (Biot). — Ancien nom de *Ywèn-meŏu*, puis, sous les *Swî*, de *Hoăn-hién*, département de *Kīng-yâng* (Kān-sŏ).

| 岳 *Hoăn-yŏ* (D. G.). — Nom d'un certain royaume.

讙 *Hoăn* (Medh.). — Nom de pays. — Nom de colline.

| 頭 *Hoăn-teŏu* (Medh.). — Nom d'un ancien État.

SON *HOANG.*

Prononciation française. . . . . *Hoang, Hoangue, Hwang.*
— américaine, anglaise . . *Hwang.*
— espagnole, portugaise . *Hoam.*

ORDRE DES CLEFS :

横 湟 潢 皇 荒 鄗 鄧 黄

| CLEFS : | 75 | 85 | 85 | 106 | 140 | 163 | 163 | 201 |
| TRAITS : | 12 | 9 | 12 | 4 | 6 | 6 | 9 | |

横 *Hoăng* ou *Hông* (Morr.). — **Nom de district.**

横溪河 *Hoâng-kĭ-hô* (*Ch. Rep.*), rivière, ruisseau transversal. — Cours d'eau du *Tchĕ-kiāng*.

｜山 *Hoâng-shān* (*Medh.*), montagne qui est coupée. — Montagne entre les départemens de *Kwàng-tĕ* et de *Hoēy-tcheōu* (*Ngān-hoēy*).

｜當 *Hoâng-tāng* (*G. C.*), qui défend la passe, ou *Hoâng-tāng-shān*. — Position fortifiée à l'entrée de la rivière de Canton (*Kwàng-tōng*).

｜當山 *Hoâng-tāng-shān* (*C. G.*), montagne qui croise la route. — Ile du district de *Tōng-kwān* (*Kwàng-tōng*), sur laquelle les Chinois ont construit des fortifications, pour défendre l'entrée du *Tchŭ-kiāng*. — Voir *Hoâng-tāng*.

｜州 *Hoâng-tcheōu* (*Ch. Rep.* — Un des 6 districts, mais inférieur, du département de *Nān-nîng* (*Kwàng-sī*). Le chef-lieu se trouve sur un affluent du *Yù-kiāng*, par 22° 37' lat. N. et 7° 31' 54" long. W.

｜陽溪 *Hoâng-yâng-kĭ* (*Ch. Rep.*), ruisseau du territoire transversal. — Ruisseau du *Tchĕ-kiāng*, le premier qui se trouve sur la côte méridionale de la province. Il est formé de deux branches, l'une sud, l'autre nord. Sur quelques cartes, il porte le nom de fleuve (*kiang*). Il est lié à la rivière *Fēy-yûn*, ce qui le fait ressembler à un canal, coulant du nord au sud, dans le département de *Wēn-tcheōu*, depuis le district de *Pĭng-yâng*, jusqu'à celui de *Shwi-ngān*.

湟 *Hoâng* (*Medh.*). — Nom de district. — Nom de rivière, tributaire du fleuve Jaune.

｜河 *Hoâng-hô* (*Ch. Rep.*). — Rivière de la province du *Kān-sŏ*, qui est le nom de la rivière Jaune (*Hoâng-hô*) à son passage dans le département de *Sī-nîng*.

｜水 *Hoâng-shwi* (*Ch. Rep.*). — Rivière du *Kwàng-tōng*, une des deux branches, celle occidentale, du *Pĕ-hô*, et qui descend des *Tōu-pāng-lìng*, département de *Liên*.

｜州 *Hoâng-tcheōu* (*Biot*). — Nom, sous les *Sóng*, de *Sī-nîng-fòu* (*Kān-sŏ*).

｜中 *Hoâng-tchōng* (*Biot*). — Ancien nom de *Sī-nîng-fòu* (*Kān-sŏ*).

潢 *Hoâng* (*D. G.*), *Morr.* — Étang (*D. G.*). — Nom de rivière (*Morr.*).

｜耳山 *Hoâng-eùl-shān* (*C. K.*). — Montagne du *Hô-nân*, à l'ouest, département de *Shèn* (*C. K.*).

｜河 *Hoâng-hô* (*Ch. Rep.*). — Rivière qui prend sa source au milieu des pics des montagnes intérieures, appelées *Hīng-ngān*, du

Shăn-sĭ, et qui, sur la carte de Klaproth, porte le nom de *Kieōu-shwī* à sa partie supérieure, et de *Tăng-hô* dans sa partie inférieure. C'est la limite septentrionale des provinces du *Tchĭ-lĭ* et du *Shĭng-kīng*.

潢吳山 *Hoâng-oû-shăn* (*C. K.*). — Montagne du *Shăn-sĭ*.

皇朝輿地全圖 *Hoâng-tchăo-yû-tĭ-tsuên-tŏu* (*Cart. Chin.*). — Grande carte de l'empire chinois.

Cette carte est établie sur une échelle de 200 *lĭ* au degré, pour ceux de latitude, et de 150 *lĭ* pour ceux de longitude. Les longitudes orientale et occidentale partent de l'observatoire de Pékin ; ces degrés sont perpendiculaires à l'équateur et marqués par des lignes brisées ; ceux qui sont marqués par des lignes continues sont perpendiculaires à l'écliptique. Selon la légende chinoise, l'empire de la Chine s'étend, à l'est de Pékin, jusqu'à 31° de longitude orientale, c'est-à-dire jusqu'aux limites extrêmes de l'archipel du Japon, et, à l'ouest, jusqu'à 46° de longitude occidentale, au pays du Turkestan, où est située la ville de Kashgar, ensemble 77°. Du nord au sud, cet empire s'étendrait des monts *Hīng-ngān*, limites des Sibéries russe et chinoise, sur le *Hĕ-lông-kiāng* (*Sagalien-Oula*), au 61° de latitude nord, jusqu'au sud de l'île de *Hày-năn*, de la province de *Kwàng-tōng*, vers 18°, ce qui comprend une étendue de 43° en latitude. En mesures chinoises, cet empire comprend, du sud au nord, 8,600 *lĭ* et, de l'est à l'ouest, 11,500 *lĭ*.

Cette carte a paru à l'Exposition universelle de Paris, en 1867, et a été décrite par M. Pauthier.

御西埶圖志 *Hoâng-yú-sī-ĭ-tŏu-tchĭ* (*Ch. Rep.*), autrement *Sī-ĭ-tŏu-tchĭ* (*Ch. Rep.*). — Description des contrées occidentales soumises à la Chine. Ouvrage publié, en 1763, par ordre impérial et en 52 volumes. — Voir *Chinese Repository*, vol. XVII, page 580.

越律例 *Hoâng-ywĕ-lŭ-lĭ* (*N. C.*), en annamite *Hoang-viet-lua-le*. — Code annamite, lois et règlements du royaume d'Annam, traduit du texte chinois, par M. G. Aubaret, capitaine de frégate. Paris, 1865.

Hoāng (*Medh.*). — Nom de lieu (*Medh.*).

荒服 *Hoāng-fŏ* (*Biot*), territoire désert. — Ancien nom de *Yòng-ning-tcheōu*, département de *Ngān-shún* (*Kwéy-tcheōu*).

井 *Hoāng-tsing* (*Cart. Jap.*), puits de la famine. — 31ᵉ station du *T'okaïdo*, route orientale du Japon, située entre *Où-fàn* et *Pĕ-sū-hô*. Dans le texte il est fait mention de *Yú-fàn-sŏ*, habitation impériale, de *Pīn-mĭng-kiāo*, pont remarquable et de *Kāo-tswĭ-shăn*. Cette station est située sur le côté occidental de la grande lagune qui se trouve dans le département de *Pīn-mĭng*, à l'extrémité de la province de *Ywĕn-kiāng* (*Tonomi*). Elle est de la catégorie de celles appelées *Kŭe-sŏ* (*Cart. Jap.*).

邟 *Hoâng (D. G., Medh.).* — Nom de ville.

郒 *Hoâng (Medh., Morr.).* — Nom d'un ancien district.

黃 *Hoâng (Perny).* — Royaume de la province du *Hôu-kwàng*. — Principauté sur le territoire de *Kwàng-tcheōu (Hô-nân)*. — Medhurst dit que c'est le nom d'une contrée, d'un département et d'un district; Morrison, celui d'une ancienne contrée, d'une montagne et d'un district. — Même nom *(Biot)* pour un royaume, à l'époque du *Tchŭn-tsieŏu*, ainsi que celui d'une ville du nord-ouest de la Corée.

| 峯 *Hoâng-fōng (Cart. Jap.)*, sommet jaune. — Montagne au sud du *Hôu-nân*, sur la limite du *Kwàng-tōng*.

| 海 *Hoâng-hày (Biot)*, mer jaune. — Mer de la Chine, qui prend son nom du fleuve Jaune *(Hoâng-hô)*. — Même nom pour désigner une province au nord-ouest de la Corée, dont les principaux arrondissemens sont *Hoâng* et *Hày*.

| 縣 *Hoâng-hién (Ch. Rep.)*, district jaune. — Un des 10 districts du département de *Tēng-tcheōu (Shān-tōng)*. Le chef-lieu est situé au pied du *Lây-shān*, par 37° 40' lat. N. et 5° 8' 30" long. E.

| 興 *Hoâng-hīng (Biot)*. — Nom d'une ancienne ville de 3ᵉ ordre, sous les *Tsín*, à 180 *lì* au nord-ouest de *Yòng-sīn-hién (Kiāng-sī)*.

| 河 *Hoâng-hô (Ch. Rep.)*, rivière jaune. — Appelée le *Hô* ou rivière par excellence, comme le *Yâng-tsè-kiāng* est appelé le *Kiāng* ou fleuve par excellence. C'est une des plus grandes rivières ou fleuves de l'univers, car son parcours est de près de 4,000 kilomètres (2,480 miles anglais, *Chinese Repository*, vol. XIX, page 509). Elle prend naissance dans la province de la Mongolie *(Môṅg-kòu)* appelée *Tsīng-hày*, vers 35° lat. N. et 49° long. W., au pied d'une montagne appelée *Ngáy-tă-sóu-tsĭ-lâo-shān* et qui fait partie de la grande chaîne du *Kokonor (Kòu-kŏ-nŏ-eùl)*. Les deux lacs *Tchă-lìng* et *Ngŏ-lìng* sont regardés comme les réservoirs de ses nombreuses sources, dont l'ensemble a reçu le nom de *Sīng-sŏ-hày*. La tête de ce magnifique cours d'eau est appelée *Hô-ywén*, et sa branche principale, sous le nom de *Ngō-kĕ-tān-hô*, coule entre deux pics du *Bayankara*, l'un au nord appelé *Ngō-lă-kĕ-shă-eùl* et l'autre au sud appelé *Tchŏ-tsó-kĕ-tsiĕn-tōng-lă*.

Le fleuve Jaune, dans son cours supérieur, est élevé d'environ 2,700 mètres au-dessus du niveau de la mer. Il est regardé comme la patrie naturelle de la vraie rhubarbe. Repoussé vers le nord-ouest du *Ssé-tchwĕn* par les monts *Mín*, il entre en Chine par le district de *Kwéy-tĕ*, département de *Sī-ning*, au nord du *Kān-sŏ*, où il reçoit deux grands cours d'eau, le *Tá-tōng* et le *Tchoāng-láng*, et au sud deux autres affluens, le *Tá-hia* et le *Tāo-hô*.

Dans le milieu de son cours, après avoir longé la chaîne orientale du *Hô-lân*, il s'approche de la grande muraille, reçoit le *Tsĭng-shwĭ* et le

Tsòu-lì; plus loin, se divisant en un grand nombre de bras, il reparaît, sous la forme d'un lac, appelé *Tĕng-kĕ-li-pŏ.*

Sur les confins du *Shān-sī*, il forme un grand coude, appelé *Hô-tâo*, reçoit un grand nombre de torrens, parmi lesquels figurent, en première ligne, le *Eŭl-kēn*, le *Kŭ-yè* et le *Oŭ-tíng;* plus loin, il se réunit à deux de ses plus grands tributaires, le *Fĕn* et le *Lŏ.*

Dans son cours inférieur, au delà des monts *Tá-hôa*, il entre dans le *Ngān-hoëy,* où il reçoit son plus fort affluent, le *Hoéy,* grossi des rivières *Kīng* et *Tān;* puis, il parcourt le *Hô-nân,* où il reçoit le *Tsīn* et le *Oéy,* et se jette dans la mer Jaune, à laquelle il donne son nom ou plutôt sa qualification, non loin du chef-lieu du département de *Hoây-ngān.*

Le cours du fleuve Jaune a été très-variable. On peut voir dans une notice de la *Revue maritime et coloniale* de 1870, page 585, intitulée *Géologie de la Chine,* tous les changements survenus depuis plus de quatre mille ans; d'où il résulte que l'ancienne embouchure a été complètement mise à sec vers l'année 1858, et qu'au lieu de se jeter dans la mer Jaune, le fleuve s'est dirigé à 1,000 kilomètres de distance vers le nord, et tombe actuellement dans le golfe du *Tchĭ-lì,* après s'être emparé du lit de la rivière du *Shān-tong,* appelée *Tá-tsīng,* à laquelle il a ajouté un volume d'eau six fois plus considérable.

黃花路 *Hoâng-hōa-lóu.* — Passe à la bifurcation de la grande muraille, district de *Tchăng-pĭng,* du département de *Shún-tiĕn (Tchĭ-lì) (C. K.).*

| 盆湖 *Hoâng-ĭ-hôu (Ch. Rep.).* — Lac situé au nord-est de la province du *Hôu-nân (Ch. Rep.).*

| 岡 *Hoâng-kăng* (sommets jaunes)-*hién (Ch. Rep.).* — Un des 8 districts du département de *Hoâng-tcheōu (Hôu-pĕ).* Le chef-lieu, affecté à celui du département, est, comme ce dernier, par 30° 26′ 24″ lat. N. et 1° 40′ 45″ long. W.

| 岡司 *Hoâng-kăng-ssē (Ch. Rep.),* ou *Hoâng-kăng-tching.* — Juridiction inférieure ou station militaire du district de *Jâo-pĭng (Kwàng-tōng),* et qui se trouve à l'embouchure d'une petite rivière, appelée *Yăng-kĭ.*

| 磯 *Hoâng-kī (Fl. Sin.).* — Rivière du *Kiāng-sī,* qui se réunit au *I-kī,* près de *I-hoâng-hién (Fòu-tcheōu-fòu).*

| 旗國 *Hoâng-kī-kwĕ (Bridgm.),* royaume du pavillon jaune. — Nom donné par les Cantonais au royaume de Prusse. — Voir *Pŏ-lòu-sī-kwĕ (Bridgm.).*

| 雞澳 *Hoâng-kī-ngáo (C. H.),* baie de la poule jaune. — Port du *Fóu-kién,* département de *Tsuĕn-tcheōu,* district de *Hoéy-ngān.*

黄江 *Hoâng-kiāng* (Ch. Rep.), fleuve jaune. — Rivière du département inférieur de *Fŏ-kăng*, province du *Kwàng-tōng*, un des tributaires du *Pĕ-hŏ*. — Même nom (C. K.) pour désigner une rivière du *Ssé-tchwĕn*, département de *Sù-tcheōu*, qui se jette dans le *Kīn-shā-kiāng*, rive droite, un peu en amont de *Sú-tcheōu-fòu*.

| 巾 *Hoâng-kīn* (D. C.), bonnets jaunes. — Rebelles chinois qui se soulevèrent, sous les deux derniers empereurs de la dynastie des *Hán* orientaux.

| 珂山 *Hoâng-kò-shān* (N. L.). — Montagnes situées à 2 *li* du district de *Hīng-kwĕ*, département de *Où-tchāng* (*Hôu-pĕ*), où l'on trouve du minerai d'argent (G. R.).

| 古 *Hoâng-kòu* (C. K.). — Village du *Shíng-kīng*, situé par 39° 39' lat. N. et 5° 36' long. E.

| 瓜 *Hoâng-kwā* (C. G.), courge jaune. — Ile près d'*Amoy* (*Fŏ-kién*).

| 梁都司 *Hoâng-leâng-tōu-ssē* (Ch. Rep.). — Juridiction inférieure du district de *Hiāng-shān*, et qui est située à l'extrémité sud-ouest de la péninsule, à l'opposé de *Macao* (*Kwàng-tōng*).

| 運 *Hoâng-liên* (Fl. Sin.). — Nom d'un bourg du district de *Shún-tĕ*, mentionné dans l'industrie de la soie.
Même nom, ancien territoire de *Níng-hóa-hién*, département de *Tíng-tcheōu* (*Fŏ-kién*), sous les *Tāng* (Biot).

| 陵城 *Hoâng-ling-tchíng* (Biot). — Nom d'une ancienne ville, arrondissement de *Mà-yâng-hién*, département de *Ywên-tcheōu* (*Hôu-nân*).

| 嶺山 *Hoâng-lìng-shān* (Ch. Rep.). — Montagnes du *Hôu-nân*, situées dans le département moyen appelé *Tchín-tcheōu*, sur les frontières du *Kwàng-tōng*.

| 茅 *Hoâng-mào* (G. C.). — Ile de l'archipel de la rivière de Canton, située à l'ouest de celles appelées *Leâng-yĕ* et *Pôu-tăy*, district de *Sīng-nîng* (*Kwāng-tōng*).

| 梅 *Hoâng-mêy* (prunes jaunes)-*hién* (Ch. Rep.). — Un des 8 districts du département de *Hoâng-tcheōu* (*Hôu-pĕ*). Le chef-lieu est situé sur un affluent du grand fleuve, sur la limite du *Ngān-hoëy*, par 30° 12' lat. N. et 1° 25' 30" long. W.

| 安 *Hoâng-ngān* (Biot). — Nom d'une ancienne ville, établie par les *Oéy* occidentaux, au sud de *Kiēn-tcheōu*, département de *Pào-nîng* (*Ssé-tchwĕn*).

| | 県 *Hoâng-ngān-hién* (Ch. Rep.). — Un des 8 districts du département de *Hoâng-tcheōu* (*Hôu-pĕ*).

黃春浦 *Hoâng-tchûn-pŏu (Cart. Jap.)*, rives du printemps jaune. — Nom de la mer entre l'île sur laquelle est située la cité de *Pĭng-kóu* et les autres du groupe ou archipel de *Où-tào*.

| 土 *Hoâng-tŏu (N. L.)*, vulgairement *Wougdou*. — Localité sérifère du *Kiāng-sōu*, indiquée dans une carte anglaise. — Même nom (*C. K.*) d'une station du *Hô-nân*, département de *Kwàng*, sur la frontière du *Hôu-pĕ*. — Même nom (*Biot*) d'un ancien arrondissement du temps des *Heóu-tcheōu*, à l'est de *Yûn-sī*.

| 土 嶺 *Hoâng-tŏu-lìng (C. G.).* — Passage de l'archipel de *Tcheōu-shān*, district de *Tíng-hày*, département de *Ning-pō* (*Tchĕ-kiāng*). — Même nom (*C. H.*) pour désigner une montagne du département de *Tchâo-tcheōu* (*Kwàng-tōng*).

| | 關 *Hoâng-tŏu-kwān (C. H.).* — Douane du *Fóu-kién*, située près de la frontière du *Kiāng-sī*, par 27° 15' lat. N. et 0° 48' long. E., département de *Sháo-où*.

| 草 笆 *Hoâng-tsăo-pā (Fl. Sin.).* — Espèce de retranchement placé sur la limite du département de *Hīng-í* (*Kwéy-tcheōu*), et porté sur la carte du P. du Halde.

| 全 *Hoâng-tsuĕn (Biot).* — Nom d'un arrondissement et d'une ville de 3ᵉ ordre, département de *Suēn-hóa* (*Tchĭ-lí*), au nord-ouest du chef-lieu. On écrit aussi *Wân-tsuĕn (Biot)*.

| 陽 尖 *Hoâng-yâng-tsiēn (C. G.).* — Pic élevé de l'île de *Tcheōu-shān*, district de *Tíng-hày*, département de *Ning-pō* (*Tchĕ-kiāng*).

| 巖 縣 *Hoâng-yèn-hién (Ch. Rep.).* — Un des 6 districts de *Tăy-tcheōu* (*Tchĕ-kiāng*). Le chef-lieu est situé par 28° 42' lat. N. et 4° 49' 30" long. W.
Sous les *Hán*, *Yòng-ning*; sous les *Suī*, *Yòng-kīa (Biot)*.

| 印 *Hoâng-yn (Fl. Sin.).* — Localité du département de *Tŏng-jin* (*Kwéy-tcheōu*), située au nord-est du chef-lieu, sur la frontière du *Hôu-nân*, par 27° 16' lat. N. et 7° 28' long. W.

SON *HOAY*.

Prononciation française. . . . . *Hoay, Hoaï.*
— américaine, anglaise. . *Hwae, Hwai.*
— espagnole, portugaise. *Hoay.*

ORDRE DES CLEFS :

懷 槐 淮 褱

CLEFS :	61	75	85	145
TRAITS :	16	10	8	11

懷 *Hoây* (D. G.). — Synonyme de *Hoây* 褱 (D. G.).

| 化 *Hoây-hóa* (Biot). — Ancien nom de *Fān* ou *Păn-yŭ*, sous les premiers *Sóng.* — Même nom, pour désigner un ancien arrondissement de 2ᵉ ordre, antérieur aux *Sóng*, à l'ouest de *Nān-ning-fòu* (Biot).

| 邑 *Hoây-ĭ.* — Ancien nom de *Où-tchĭ-hién*, à l'époque du *Tchŭn-tsieŏu* (Biot).

| 柔 *Hoây-jeôu* (district pour raffermir la faiblesse)-*hién* (Ch. Rep.). — L'un des 7 districts de la commanderie de *Pĕ-lóu* (Tchĭ-lí). Le chef-lieu se trouve sur un affluent du *Pĕ-hô*, par 40° 19' lat. N. et 0° 9' 30" long. E.

| 仁 *Hoây-jin* (Biot). — Ancien nom de *Kán-yŭ*, sous les 5 dynasties postérieures.

| | *Hoây-jin* (germe de paix)-*hién* (Ch. Rep.). — Un des 10 districts du département de *Tá-tŏng* (Shān-sī). Le chef-lieu est situé sur un affluent du *Sāng-kān-hô*, par 39° 54' lat. N. et 3° 21' 30" long. W.

| 慶 *Hoây-king-fòu* (Ch. Rep.). — Un des 13 départemens du *Hô-nân*, qui comprend 8 districts *hién*, savoir : *Hô-nwí, Wēn,*

Où-tchĭ, Ywên-où, Tsĭ-ywên, Sieōu-où, Yâng-où et *Móng*. Il est renommé pour la production de ses bois, de ses céréales et d'une racine médicinale et tinctoriale appelée *Tí-hoâng*. Le chef-lieu, à 1800 *li* de *Pĕ-kīng*, est situé sur la rivière *Tsîn-shwĭ*, par 35° 6' 34" lat. N. et 3° 28' 30" long. W.

懷來 *Hoây-lây* (district qui devient pacifique)-*hién* (*Ch. Rep.*). — L'un des 10 districts du département du *Suēn-hóa* (*Tchĭ-lì*). Le chef-lieu est situé par 40° 23' lat. N. et 0° 40' 30" long. W. Sa population est d'environ 5,000 âmes.

｜里火禿河 *Hoây-lì-hò-tŏ-hô* (*Cart. Chin.*). — Rivière tributaire du fleuve Jaune, au nord des *Hía-lòu-mĭ-sēng-fān*.

｜安 *Hoây-ngān* (*Biot*). — Nom d'une ancienne ville du temps des *Sóng*, à l'ouest de *Fŏ-tcheōu-foù* (*Fŏ-kién*). — Même nom pour désigner un ancien district du temps des *Sóng*, au sud-est de *Kīn-tăng-hién* (*Ssé-tchwĕn*).

｜｜ *Hoây-ngān* (district du repos pacifique)-*hién* (*Ch. Rep.*). — L'un des 10 districts du département de *Suēn-hóa* (*Tchĭ-lì*). Le chef-lieu est situé sur la rivière *Yâng-hô*, par 40° 27' lat. N. et 1° 56' 30" long. W.

｜恩 *Hoây-ngēn* (*Biot*). — Nom d'une ancienne ville de 3ᵉ ordre, sous les *Tăng*, au sud-ouest de *Tchāng-pöu-hién* (*Fŏ-kién*).

｜寧 *Hoây-nîng* (district du repos et de la félicité)-*hién* (*Ch. Rep.*). — L'un des 6 districts du département de *Ngān-kīng* (*Ngān-hoĕy*). Le chef-lieu est situé par 30° 37' 10" lat. N. et 0° 35' 19" long. E.

｜聖寺 *Hoây-shing-ssé* (*Ch. Rep.*), monastère sacré des souvenirs. — Mosquée mahométane, située à l'ouest, dans l'intérieur de la cité de Canton, est remarquable par sa tour *Kwàng-tă*, de 165 pieds de haut. Elle a été construite au commencement de la dynastie des *Tăng*, vers 620 D. E. Dix-sept centres de familles musulmanes sont groupés autour d'elle, formant une population d'environ 3,000 âmes : c'est la première mosquée établie en Chine.

｜州 *Hoây-tcheōu* (*Biot*). — Ancien nom de *Hoây-kīng-foù*, sous les seconds *Oéy* et les *Tăng*, et de *Hô-nwí-hién*, sous les *Tăng*.

｜德 *Hoây-tĕ* (*Biot*). — Nom d'un ancien arrondissement de 3ᵉ ordre, sous les *Tăng*, au nord-est de *Sīn-ĭ-hién* (*Kwàng-tōng*).

｜集 *Hoây-tsĭ-hién* (*Ch. Rep.*). — Un des 5 districts du département de *Oû-tcheōu* (*Kwàng-sĭ*). Le chef-lieu est situé sur un affluent du *Swí-kiāng*, au pied du *Kwéy-ling*, par 23° 55' lat. N. et 4° 44' 30" long. W.

懷玉山 *Hoây-yŏ-shān* (Cart. Chin.), montagne des trésors du cœur. — Montagne du *Kiāng-sī*, sur la limite du *Ngān-hoēy* et du *Tchĕ-kiāng*.

| 遠 *Hoây-ywèn* (Biot). — Nom, sous les *Tsīn*, de *Hoây-tsĭ-hién*, département de *Oû-tcheōu* (*Kwàng-sī*).

| | *Hoây-ywên* (éloigné et pacifique)-*hién* (Ch. Rep.). — Un des 7 districts du département de *Fóng-yâng* (*Ngān-hoēy*). Le chef-lieu est situé, au confluent du *Kō-hô* avec le *Hwây-hô*, par 33° lat. N. et 0° 39′ 30″ long. E. — A l'époque du *Tchŭn-tsieōu*, territoire de *Pĕy*; sous les *Oéy*, *Kí-tchîng* (Biot). — Même nom pour désigner un des 8 districts du département de *Lièu-tcheōu* (*Kwàng-sī*). Le chef-lieu est situé sur un affluent du *Lông-kiāng*, par 25° 45′ 55″ lat. N. et 7° 44′ 30″ long. W. — Primitivement territoire de *Tsăng-hô* (Biot). — Même nom pour désigner un des 5 districts du département de *Yû-lin* (*Shān-sī*). Le chef-lieu est situé sur un affluent du *Où-tíng-hô*, près et en dedans de la grande muraille, par 37° 54′ lat. N. et 7° 38′ 30″ long. W.

槐河 *Hoây-hò* (Ch. Rep.), rivière des sophoras. — Rivière du *Shān-tōng*, qui prend sa source dans le sud de la province, au pied des montagnes appelées *Mŏ-ling* et qui se jette au nord dans le golfe du *Tchĭ-lì*.

| 里 *Hoây-lì* (Biot). — Nom, sous les *Hán*, de *Hīng-pîng-hién*, département de *Sī-ngān* (*Shèn-sī*). Le caractère *Hoây* ne paraît pas correct dans Biot.

淮 *Hoây* ou *Hoây-hô* (D. G.). — Petite rivière qui vient du département de *Kwēy-tĕ* (*Hô-nân*) et se jette dans le lac *Tsè-hôu*, du département de *Ssé* (*Ngān-hoēy*).

| 河 *Hoây-hô* (Ch. Rep.), appelé *Hoây-tŏ* (Medh.). — Le plus grand cours d'eau intérieur du *Hô-nân*, qui compte 32 tributaires. Il prend sa source dans le département de *Nân-yâng*, et se perd dans les lacs qui bordent la côte nord-est du *Kiāng-nân*.

| 康 *Hoây-kăng*. — Ancien nom de *Jù-ning-foù*, sous les *Sóng* (Biot).

| 南 *Hoây-nân* (Biot). — Ancien royaume, sous les *Hán* (Biot).

| 安 *Hoây-ngān*. — Ancien nom de *Hoây-ngān-foù*, sous les *Sóng* (Biot).

| | *Hoây-ngān-foù* (Ch. Rep.). — Un des 12 départemens du *Kiāng-sōu*, qui comprend 6 districts, savoir: *Shān-yâng*, *Yên-tching*, *Feòu-ning*, *Ngān-tōng*, *Tsīng-hô* et *Táo-ywên*. — Le chef-lieu, à 1975 li de *Pĕ-kīng*, est situé, près du grand canal, à peu de distance de son entrée dans le fleuve Jaune, par 33° 32′ 24″ lat. N. et 2° 45′ 42″ long. E.

淮寧 *Hoây-ning-hién* (Ch. Rep.). — Un des 7 districts du *Tchĭn-tcheōu* (*Hô-nân*). Le chef-lieu est situé dans la métropole départementale.

| 濱 *Hoây-pīn*. — Ancien nom de *Tăo-ywĕn*, sous les *Sóng* (Biot).

| 州 *Hoây-tcheōu* (Biot). — Nom, sous les *Oéy* occidentaux, de *Tăng-hién*, département de *Nâng-yâng* (*Hô-nân*).

| 瀆 *Hoây-tŏ* (Medh.). — Nom du *Hoây-hô*, un des plus grands cours d'eau du *Hô-nân* et du *Kiāng-sōu*.

| 陰 *Hoây-ȳn*. — Ancien nom de *Hoây-ngān-fòu*, sous les *Tsĭn* (Biot).

襄 *Hoây* (D. G.). — Synonyme de *Hoây* 懷 (D. G.).

SON *HOE*.

Prononciation française. . . . . *Hoé*.
— américaine, anglaise. . *Hwo, Hwoh, Woh*.
— espagnole, portugaise. *Ho, Oe*.

ORDRE DES CLEFS :

或 獲

CLEFS : 62 94
TRAITS : 4 14

或土 *Hŏe-tŏu* (Cart. Jap.), terre de l'erreur. — Station de la province de *Hiá-yè* (*Simodske*) sur Nifon, éloignée de 23 *ris* de *Yédo*.

獲嘉 *Hŏe-kĭa* (Biot). — Nom de *Hŏe-kĭa-hién*, département de *Oéy-hoĕy* (*Hô-nân*).

獲嘉 *Hŏe-kĭa-hién (Ch. Rep.).* — Un des 10 districts du département de *Oéy-hoĕy (Hô-nân).* Le chef-lieu est situé par 35° 20′ lat. N. et 3° 41′ 30″ long. W. — Sous les *Hán, Hŏe-kĭa*; sous les *Tsĭn, Yn-tcheōu*; sous les *Oéy* orientaux, *Sieōu-où (Biot).*

鹿 *Hŏe-lŏ-hién (Ch. Rep.).* — Un des 14 districts du département de *Tching-ting (Tchĭ-lĭ).* Le chef-lieu est situé sur les bords du *Lōu-tŏ-hô*, par 38° 8′ lat. N. et 2° 2′ 54″ long. W. Autrefois, *Shĭ-ĭ*; sous les *Swĭ, Lŏ-tsuĕn*; sous les *Tăng, Hŏe-lŏ (Biot).* Le caractère *Lŏ* est écrit *Lĭ* 麗 dans le *Chinese Repository.*

SON *HOEN.*

Prononciation française. . . . . *Hoen, Hoene, Hoenn, Hwen.*
— américaine, anglaise. . *Hwan.*
— espagnole, portugaise. . *Hoen.*

ORDRE DES CLEFS :

啬 渾 琿

CLEFS : 72 85 96
TRAITS : 5 9 9

啬 *Hoēn.* — Voir *Tōng-hoĕn (Biot).*

渾源 *Hoĕn-ywĕn.* — Nom de *Hoĕn-ywĕn-tcheōu*, département de *Tá-tŏng (Shān-sĭ)*, sous les *Tăng (Biot).*

| | *Hoĕn-ywĕn* (source trouble)-*tcheōu (Ch. Rep.).* — Un des 10 districts du département de *Tá-tŏng (Shān-sĭ).* Le chef-lieu est situé au pied du *Hĕng-shān*, à la naissance du *Kieŏu-shwĭ*, par 39° 41′ lat. N. et 2° 43′ 30″ long. W.

琿春城 *Hoĕn-tchŭn-tching (Ch. Rep.).* — Une des 7 villes fortifiées, subordonnées à *Kĭ-lĭn-tching* ou à *Nĭng-kòu-tă*, province de *Kĭ-lĭn*, sur les frontières de la Corée, où l'on trouve du *ginseng* en grande abondance.

SON *HOEY*.

Prononciation française. . . . . *Hoey.*
   — américaine, anglaise . . *Hwui, Hwuy, Hwei.*
   — espagnole, portugaise. . *Hoei.*

ORDRE DES CLEFS :

	回	徽	惠	摀	會	洧	澮	灰	睢	蔋	煇
CLEFS :	31	60	61	64	73	85	85	86	109	140	159
TRAITS :	3	14	8	12	9	9	13	2	8	12	8

回 黑   *Hoêy-hĕ*, ou *Ouïgours*. — Ancienne tribu turque, d'après Biot.

| | *Hoêy-hĕ* (*Ch. Rep.*), ou *Hoêy-hŏ* ou *kŏ* (*Ch. Rep.*). — Ouigours, peuplade de Turcs.

| 鶻   *Hoêy-hŏ* ou *kŏ* (*Medh.*). — Nom des anciens Turcs.

| 回   *Hoêy-hoêy* (*Medh.*). — Nom généralement donné aux mahométans. — Ce nom est appliqué également aux individus des quatre religions étrangères à la Chine, mahométans, juifs, parsis et chrétiens (*Ch. Rep.*). Cette dénomination, d'après Biot, De Guignes, Medhurst et Morrison, s'appliquerait seulement aux musulmans. D'après les cartes chinoises, ce sont les peuples du Turkestan, les Turkomans, les Boukhares. — Voir *Hoêy-hé* (*Ch. Rep.*), *Hoêy-kŏ* (*Ch. Rep.*), *Hoêy-mîn* (*Medh.*), *Hoêy-tsè* (*Medh.*).

| | 墳   *Hoêy-hoêy-fên* (*Ch. Rep.*), tombeau mahométan. — C'est un monument funéraire élevé, en dehors de la porte nord de Canton, la 3ᵉ année du règne de *Tchîng-kwān* (629 D. E.), à la mémoire du premier iman qui vint apporter la doctrine de Mahomet et qui éleva la première mosquée, appelée *Hoây-shîng-ssé*. Le *Chinese Repository* mentionne un autre tombeau mahométan, appelé *Hiàng-fên* 饗墳, c'est-à-dire *tombe à échos*, situé au nord de Canton, près du village de *Tsōng-hóa*, juste après avoir passé la station de *Tsāo-tchăng-sīn* et le pont de *Liĕŏu-hóa*. Plus haut, page 101, au nom de *Hiàng-fên*, on a indiqué un caractère fautif pour *fen*. — Voir *Ch. Rep.*, vol. XX, page 77.

回回教 *Hoêy-hoêy-kiáo* (*Medh.*), religion des mahométans. — Islamisme, mahométisme, musulmanisme, disciples de Mahomet, sectateurs de l'islam et d'Ismaël, très-nombreux en Chine, surtout dans le *Kān-sŏ* et les colonies voisines. La Boukharie est un des principaux siéges du mahométisme.

｜｜堂 *Hoêy-hoêy-tāng* (*Ch. Rep.*), temple des musulmans. — Temple signalé à *Ning-pō*, dans le *Ch. Rep.*, vol. XIII, page 34.

｜｜祖國 *Hoêy-hoêy-tsòu-kwĕ* (*Cart. Chin.*). — Boukharie.

｜鶻 *Hoêy-kŏ* (*Ch. Rep.*), ou *Hoêy-hĕ* (*Ch. Rep.*). — Nom des anciens Turcs (*Biot*).

｜民 *Hoêy-mîn* (*Medh.*). — Musulmans (*Medh.*).

｜浦 *Hoêy-pŏu*. — Ancien nom de *Nîng-hày-tcheōu*, sous les *Hán* (*Biot*).

｜城八 *Hoêy-tching-pă* (*Ch. Rep.*). — Les 8 cités mahométanes qui font partie du *Turkestan oriental* (*Tiĕn-shān-nân-lòu*) et qui sont :
1° *Kĕ-lă-shā-eùl*, ou *H'harashar;*
2° *Kôu-tchĕ*, ou *Koutchay;*
3° *Ngō-kĕ-sōu*, ou *Aksou*, ou *Oksou;*
4° *Oū-shĭ*, ou *Yòng-nîng*, ou *Outchi;*
5° *Hô-tiĕn*, ou *Yŭ-tiĕn*, ou *Hoten*, ou *Koten;*
6° *Yĕ-eùl-kiăng*, ou *Yerkiang*, ou *Yarkand;*
7° *Kĕ-shĭ-kĭe-eùl*, ou *Kashkar*, ou *Cashgar;*
8° *Yng-kĭ-shā-eùl*, ou *Yengi-hissar*.

｜子 *Hoêy-tsè* (*D. G.*). — Mongols (*D. G.*). — Mahométans (*Ch. Rep.*). — Musulmans (*Medh.*). — Nom donné aux Mongols mahométans.

｜雁峯 *Hoêy-yén-fōng* (*Cart. Chin.*), montagne des grues corrompues. — Montagne du département de *Hêng-tcheōu*, province du *Hôu-nân*.

徽縣 *Hoēy-hién* ou *Hoēy-tcheōu* (*Biot*).

｜州 *Hoêy-tcheōu*. — Nom d'un ancien chef-lieu, établi par les *Tăng*, dans le *Yûn-nân*, à l'ouest de *Yâo-ngān-fòu* (*Biot*).

｜｜ *Hoēy-tcheōu*, ou *Hoēy-hién* (*Ch. Rep.*). — Un des 5 districts du département inférieur de *Tsĭn-tcheōu* (*Kān-sŏ*). Le chef-lieu est situé au pied du *Tsĭng-nì-lîng*, près des limites des provinces du *Kān-sŏ* et du *Shèn-sī*, par 33° 46′ lat. N. et 10° 24′ 30″ long. W.
Même nom, pour désigner un ancien chef-lieu, établi par les *Tăng*, dans le *Yûn-nân*, à l'ouest de *Yâo-ngān-fòu* (*Biot*).

回州府 *Hoēy-tcheōu-fòu (Ch. Rep.).* — Un des 13 départemens de la province du *Ngān-hoēy*, producteur de thé vert principalement. Il comprend 6 districts, savoir : *Hĭ*, *Oú-ywĕn*, *I-hién*, *Tsĭ-kĭ*, *Hieōu-ning* et *Kĭ-mên*.

Le chef-lieu, à 2,850 *li* de *Pĕ-kīng*, est situé sur la rive gauche du *Swī-ngān-kiāng*, par 29° 58′ 30″ lat. N. et 2° 3′ 20″ long. E.

惠來 *Hoéy-lây* (prochain et bienfaisant)-*hién (Ch. Rep.).* — Un des 10 districts du département de *Tchăo-tcheōu (Kwăng-tōng)*, situé sur la côte orientale de la mer de Chine. Ses principaux villages sont *Tsĭng-hày-sò*, *Shĭ-ngáo*, *Tchĭ-ngáo*, *Kĭ-tōng*, *Ngáo-kĭo* et *Shĭn-tsuĕn-ssē*. Ce dernier se distingue par une petite rivière, appelée *Lông-kiāng*, qui présente, à son embouchure, trois roches, dont la plus saillante est appelée *Kwēy-hôu-tūn*. Le chef-lieu est situé par 23° 10′ lat. N. et 0° 8′ 30″ long. W. Au nord de cette ville est une montagne appelée *Kiā-ling*, renommée par ses cours d'eau et ses plantes marécageuses.

｜民 *Hoéy-min* (peuple bienfaisant)-*hién (Ch. Rep.).* — L'un des 10 districts du département de *Où-tíng (Shān-tōng)*. Le chef-lieu est situé par 37° 33′ lat. N. et 1° 12′ 6″ long. E.

｜安 *Hoéy-ngān (Biot).* — Nom, sous les *Sóng*, de *Hoéy-ngān-hién*, département de *Tsuēn-tcheōu (Fóu-kién)*.

｜｜ *Hoéy-ngān* (tranquille et bienfaisant)-*hién (Ch. Rep.).* — L'un des 6 districts du département de *Tsuĕn-tcheōu (Fóu-kién)*. Le chef-lieu est situé au fond d'une baie, par 25° 2′ lat. N. et 2° 33′ 30″ long. E.

｜｜部 *Hoéy-ngān-póu.* — Station ou poste d'observation, situé sur un affluent du *Tiēn-shwi*, au nord du *Kān-sŏ (C. K.)*.

｜寧城 *Hoéy-ning-tching (Ch. Rep.).* — Une des 9 villes fortifiées du département de *Hoéy-ywèn*, au nord-est de *Hoéy-ywèn-tching*.

｜山 *Hoéy-shān (Ch. Rep.)*, montagne bienfaisante. — Montagne du *Kiāng-nān*, située entre *Où-sĭ* et *Tchăng-tcheōu-fòu*, et sur laquelle se trouve le fameux monastère appelé *Hoéy-shān-ssé*.

｜｜寺 *Hoéy-shān-ssé (Ch. Rep.).* — Monastère de *Hoéy-shān*, célèbre par la visite qu'y fit, en 1751, l'empereur *Kiēn-lông*.

｜繩山 *Hoéy-shing-shān (C. K.).* — Montagne du *Kiāng-sōu*, près du *Jù-kāo-hién (Tōng-tcheōu)*.

｜州府 *Hoéy-tcheōu-fòu (Ch. Rep.).* — Un des 15 départemens de la province de *Kwàng-tōng*, comprenant 10 districts, savoir : *Kwēy-shén*, *Hày-fōng*, *Lŏ-fōng*, *Yòng-ngān*, *Hô-ywĕn*, *Lông-tchwĕn*, *Hô-ping*, *Liēn-ping-tcheōu*, *Pŏ-lŏ* et *Tchăng-ning*. Le chef-lieu, à 5,884 *li* de *Pĕ-kīng*, est situé sur la rivière *Tōng*, par 23° 2′ 24″ lat. N. et 3° 16′ long. W.

Cette ville est remarquable par l'habileté de ses ouvriers, qui font toutes sortes d'ouvrages en écaille. Dans les environs, au nord-est, est une montagne, appelée *Lô-feòu-shān*, où l'on trouve de magnifiques papillons *grands Atlas*, qui s'envoient à la cour et servent d'ornemens pour la toilette des dames. Au nord, sont d'autres montagnes appelées *Kiêòu-lóng-shān* et *Kîn-ling*, remarquables par leurs nombreuses forêts de pins et de cèdres.

惠遠 *Hoéy-ywèn (Ch. Rep.).* — Un des 3 départemens de la province de Dzongarie (*Tiĕn-shān-pĕ-lòu*), et qui comprend 9 stations fortifiées ou garnisons *tching*, savoir : *Hoéy-ywèn*, *Hoéy-ning*, *Hī-tchăn*, *Swī-ting*, *Kwàng-jīn*, *Tchēn-tĕ*, *Kòng-shīn*, *Tă-eùl-kī* et *Ning-ywèn*.

| | 城 *Hoéy-ywèn-tching (Ch. Rep.).* — Capitale de la colonie appelée *I-lì*, métropole d'un des 3 départemens de même nom, de la province de Dzongarie (*Tiĕn-shān-pĕ-lòu*), et qui porte en mongol le nom de *Gouldja* ou *Kuldsha*. Elle est à 10,009 *lì* de *Pĕ-kīng*, située sur la rivière *I-lì*, par 43° 46' lat. N. et 33° 58' long. W.

搗島 *Hoēy-tào (Cart. Jap.)*, île fendue, en japonais *Oeysima*. — Ile faisant partie du groupe appelé *Tiĕn-tsǎo*, au sud-est de la province de *Fizen* sur *Kiusiu*.

會稽 *Hoéy-kī (Biot).* — Ancienne province du temps des *Tsīn* et des *Tăng*. Elle comprenait le *Tchĕ-kiāng*, le sud du *Kiāng-nān* et le nord du *Fŏ-kién*.

| | 縣 *Hoéy-kī-hién (Ch. Rep.).* — Un des 8 districts de *Sháo-hīng* (*Tchĕ-kiāng*). Le chef-lieu est situé par 30° 6' lat. N. et 4° 0' 17" long. E.
Biot dit que c'est le nom d'un arrondissement et d'une ville de 3ᵉ ordre, compris, avec *Shān-ȳn*, dans l'arrondissement spécial de *Sháo-hīng-fòu*.

| 理州 *Hoéy-lì-tcheōu (Ch. Rep.).* — Un des 5 districts, mais inférieur, du département de *Ning-ywèn* (*Ssé-tchwĕn*). Le chef-lieu est situé au pied du *Máng-shān*, par 26° 33' 36" lat. N. et 13° 32' 15" long. W.

| 寧 *Hoéy-ning*, district de *Hoéy-lì*, département de *Ning-ywèn*. — Ancien nom de *Hoéy-ning-hién* sous les seconds *Oéy* (Biot). — Voir également *Tsing-lòu-oéy*.

| | 府 *Hoéy-ning-fòu (Cart. Chin.).* — Ville du royaume de Corée.

| | *Hoéy-ning* (tranquillité parfaite)-*hién (Ch. Rep.).* — Un des 10 districts du département de *Kòng-tchāng* (*Kān-sŏ*). Le chef-lieu est situé sur un affluent du fleuve Jaune, au pied du *Kùu-où-shān*, par 35° 45' lat. N. et 11° 21' 30" long. W. — Sous les *Hán*, *Tchī-yāng*; sous les *Kīn*, *Sī-ning* (Biot).

會寧城 *Hoéy-ning-tching* (*Ch. Rep.*), autrement appelé *Pā-lǐ-kwĕn*. — Ville fortifiée située au sud de *Barkoul*, département de *Tchin-sī* (*Kān-sŏ*).

| 昌 *Hoéy-tchăng* (*Biot*). — Ancien nom, sous les *Tăng*, de *Līn-tŏng-hién*, département de *Sī-ngān* (*Shèn-sī*).

| | 県 *Hoéy-tchăng-hién* (*Ch. Rep.*), district des lumières réunies. — L'un des 9 districts de *Kán-tcheōu* (*Kiāng-sī*). Le chef-lieu est situé sur un affluent du *Kōng-kiāng*, par 25° 32′ 24″ lat. N. et 0° 46′ 1″ long. W.

| | 河 *Hoéy-tchăng-hô* (*Ch. Rep.*), rivière des lumières réunies. — Rivière du *Tchĕ-kiāng*.

| 州 *Hoéy-tcheōu*. — Ancien nom de *Hoân-hién*, sous les *Heōu-tcheōu*; de *Hoéy-ning-hién*, sous les *Oéy* occidentaux; de *Meōu-tcheōu*, sous les *Swī* (*Biot*).

| 城 *Hoéy-tching* (*Biot*). — Nom, sous les *Swī*, de *Káo-ywĕn-hién*, département de *Tsĭng-tcheōu* (*Shān-tōng*).

| 巛 *Hoéy-tchwĕn*. — Ancien nom de *Tsĭng-hién*, sous les *Kĭn* (*Biot*).

| | 衛 *Hoéy-tchwĕn-oéy*. — Nom d'un arrondissement, à l'ouest du *Ssé-tchwĕn*, situé par 26° 30′ lat. N. et 14° 10′ 30″ long. W., à la naissance d'un affluent du *Kīn-shā-kiāng*. — Même nom pour désigner une station du *Ssé-tchwĕn*, près de la frontière du *Yûn-nân*, district de *Hoéy-lì*, département de *Ning-ywèn* (*C. K.*).

| 同 *Hoéy-tŏng* (*Cart. Chin.*), réunion. — Localité de l'île de *Tsĭng-lân*, dans la mer de Chine, et que l'on présume être *Hày-nân*.

| | *Hoéy-tŏng* (ensemble parfait)-*hién* (*Ch. Rep.*). — Un des 13 districts du département de *Kiōng-tcheōu* (*Kwàng-tōng*). Le chef-lieu est situé par 19° 10′ lat. N. et 6° 19′ 30″ long. W. — Sous les *Tăng*, territoire de *Lô-hoéy* (*Biot*). — Même nom pour désigner un des 3 districts du département moyen appelé *Tsĭng-tcheōu* (*Hôu-nân*). Le chef-lieu est situé par 26° 50′ lat. N. et 7° 1′ 30″ long. W. Autrefois territoire de *Lâng-kiāng* (*Biot*).

| 澤県 *Hoéy-tsĕ-hién* (*Ch. Rep.*). — Le seul district du département de *Tōng-tchwĕn*. Il est situé dans l'étranglement formé par les provinces du *Kwéy-tcheōu* et du *Ssé-tchwĕn*.

| 津 *Hoéy-tsīn* (*Cart. Jap.*), ponts réunis, en japonais *Ay-dzou*. — Cité au nord-ouest de la province de *Fitats*, sur l'île *Nifon*, Japon. Dans la carte routière de la province d'*Osyou* (*Moutsou*), insérée dans le *Traité de l'éducation des vers à soie au Japon*, par M. L. de Rosny, cette ville est indiquée sous le nom de *Ay-dzou-wakamatsou*, vers les 37° 20′ lat. N. et 23° 34′ long. E.

會邘 *Hoéy-yè.* — Nom d'un ancien arrondissement de 2ᵉ ordre, sur le territoire de *Yà-tcheōu*, au nord-ouest du chef-lieu (*Biot*).

浿江 *Hoéy-kiāng.* — Ancien nom de *Kiāng-shān-hién* (*Tchĕ-kiāng*) (*Biot*).

澮河 *Hoéy*, caract. *Kwéy-hô* (*Ch. Rep.*). — Rivière du *Ngān-hoēy*, l'un des principaux affluens du fleuve Jaune.

灰田 *Hoēy-tiĕn* (*Cart. Jap.*), champ des cendres. — Partie du territoire de *Kanassava*, dans la baie de *Yédo*.

睢 *Hoēy*, prononcez *Swī*. — Voir *Swī-hô*.

薩泚 *Hoēy-kuén* (*Cart. Chin.*). — Ile de l'archipel Indien, au midi, dans la mer de Chine, entre *Yá-tsĭ* et *Lĭng-kī*. Le texte porte *Hoēy-kuén-lâng-sān-fŏ-tsĭ-kóu-tchi* ｜｜郎三佛齊故趾

光軍發 *Hoēy-fă* (*Ch. Rep.*), ou *Hoeifan-hotun.* — Poste militaire de la commanderie de *Kĭ-lĭn*, situé sur une des branches du *Songari*.

｜縣 *Hoēy-hién* (*Ch. Rep.*). — Un des 10 districts du département de *Oéy-hoēy* (*Hô-nān*). Le chef-lieu est situé par 35° 30′ lat. N. et 2° 28′ 30″ long. W.

｜州 *Hoēy-tcheōu* (*Biot*). — Nom, sous les *Kīn*, de *Hoēy-hién*, département de *Oéy-hoēy* (*Hô-nān*).

｜特部 *Hoēy-tĕ-póu* (*Ch. Rep.*), ou tribu des *Koits.* — Une des 5 tribus mongoles de la province de *Tsĭng-hày*, ne comprenant qu'une seule bannière.

SON *HONG.*

Prononciation française. . . . . *Hong, Hongue, Houng.*
— américaine, anglaise. . *Hung.*
— espagnole, portugaise . *Hum.*

ORDRE DES CLEFS :

厷 哄 宏 弘 橫 洪 浺 紅 虹 鴻

CLEFS :	28	30	40	57	75	85	85	120	142	196
TRAITS :	2	6	4	2	12	6	7	3	3	6

厷齊橋 *Hōng-tsĭ-kiăo (Medh.).* — Pont sur le *Oú-hô*, rivière du district de *Où-ywên*, département de *Hoēy-tcheōu* (*Ngān-hoēy*). — Le caractère *Hōng* est prononcé *Kēng* par De Guignes, *Kwāng* par Medhurst, et *Kōng* par *Kāng-hī*, ce qui est un nouvel exemple de la multiplicité et de la variabilité des indications des auteurs.

哄寶蘭枔 *Hōng-pào-lân-jeôu (Cart. Chin.).* — Islande, ou terre de glace, grande île, située au nord-ouest de l'Écosse et à l'est du Groënland.

宏農 *Hông-nông (Biot).* — Nom d'un ancien arrondissement sous les *Tsín*, près de *Tĕ-hóa-hién* (*Kiāng-sĭ*),

弘農 *Hông-nông (Biot).* — Ancien nom donné au territoire de *Hôa-tcheōu*, département de *Tŏng-tcheōu* (*Shèn-sĭ*), ainsi qu'à celui de *Lûng-pào-hién*, département de *Shèn* (*Hô-nân*), sous les *Hán* (*Biot*).

∣ ∣ 河 *Hông-nông-hô (C. K.).* — Rivière de la province du *Hô-nân*, qui prend sa source dans les *Tsăn-shān* et se jette dans le fleuve Jaune, près de *Wĕn-hiāng-hién*, département de *Shèn*.

∣ 前 *Hông-tsiên, (Cart. Jap.),* jadis grand, en japonais *Ficomaï* (*C. S.*). — Cité de la province de *Lîng-ngáo* (*Mudsu*), sur Nifon, éloignée de 184 *ris* de *Yédo*. — Sur la carte du P. du Halde, cette ville est appelée *Nivata*.

橫見郡 *Hông-kién-kún (Cart. Jap.).* — Une des 22 préfectures de la province japonaise de *Où-tsāng* (*Musasi*), située au centre.

∣ 磨 *Hông-mò (Cart. Jap.),* meules transversales, en japonais *Halima* ou *Farima*. — Province de *Nifon*, baignée au sud par la mer intérieure, appelée en cet endroit *Hông-mô-yāng* et limitée au nord par *Tsōu-mà* ; à l'est par *Tān-pō* et *Yâng-tsīn* ; à l'ouest par *Yâng-tsò* ; au sud-ouest par *Pĭ-tsiên*,

Cette province comprend 4 cités, 14 préfectures et 7 stations.

Tchin-lóu, cité, éloignée de	147 *ris* de *Yédo*.
Mîng-shĭ, cité, —	144 —
Lĭ-yè, cité, —	160 —
Tchĭ-hoēy, cité, —	154 —

```
Sān-jĭ-ywĕ, station, —       160 ris de Yédo.
Shān-kĭ, station, —          164   —
Lĭn-tiĕn, station, —         160   —
Siào-yè, station, —          147   —
Ngān-lóu, station, —         160   —
Sān-tsào, station, —         130   —
```

Dans la mer intérieure, appelée *Halimanada*, on trouve plusieurs îles dont les principales sont *Tá-tào* et *Ngān-tào*.

横磨瀇 *Hông-mô-yōng* (Cart. Jap.), en japonais *Halimanada*. — Mer intérieure devant la province de *Hŏng-mô*. On y trouve plusieurs îles, parmi lesquelles sont *Ngān-tăo* et *Tá-tào*. — Le caractère *Yōng* est pris pour *Yāng* 洋.

｜八 *Hông-pă* (Cart. Jap.) — Cité et port de la province de *Musasi*, Japon.

｜濱 *Hông-pīn* (Cart. Jap.), rivage traversé ou *Yú-kāy-kiāng-hông-pīn* (Cart. Jap.), en japonais *Yokohama*. — Station japonaise à 17 milles (27 kilomètres) de Yédo. C'est là que se trouvent les établissemens étrangers ou plutôt des nations occidentales. Cette ville est entourée d'un canal, éloigné des quais, d'environ 600 à 700 mètres. En face de la grande darse, ou double jetée, en venant du large de la baie, on rencontre la douane, à droite la ville japonaise, à gauche les consulats étrangers; et enfin, derrière, le quartier des filles de joie, le *Yoshimara*, où, le 26 novembre 1866, prit le feu qui consuma la moitié de la ville.

｜浦 *Hông-pŏu*. — Ancien nom de *Nân-ngān-fòu* (*Kiāng-sī*), sous les *Hán* (Biot).

｜山 *Hông-shān*. — Nom d'un ancien arrondissement de 3ᵉ ordre, établi sous les *Tăng*, à l'est de *Nân-nĭng-fòu* (Biot).

｜順賀 *Hông-shún-hó* (Cart. Jap.). — Cité de la province de *Totomi*, île de *Nifon*. Elle est éloignée de 58 *ris* de *Yédo*.

｜須賀 *Hông-sū-hó* (Alb. Jap.) ou *Kwán-sū-hó* (Alb. Jap.), en japonais *Yokosouka* ou *Yokoska*. — Arsenal japonais, établi sur le bord de la baie d'Yédo, près de la pointe de *Sagami*. Sur l'album, il y a à droite *Tchăng-pău* et à gauche *Tá-tsīn*, qui font partie de la même localité. La pointe extrême de Sagami est appelée *Sān-kĭ*, les trois chemins escarpés, la rive *Kwān-tchwĕn*, rivière des magistrats.

｜島 *Hông-tào* (Cart. Jap.). — Iles faisant partie du groupe appelé *Tséng-tào*. — Même nom pour des îles.

｜｜ *Hông-tào* (Cart. Jap.), îles en travers, en japonais *Yobokosima* (P. H.). — Ile ou groupe d'îles, situé dans le détroit de Corée, entre *Oki* et *Firando*, sur la côte de la province de *Fĭzen*.

横州 *Hông-tcheōu (Ch. Rep.).* — Un des 6 districts du département de *Nân-nîng (Kwàng-sĭ).* Le chef-lieu est situé par 22° 37' lat. N. et 7° 31' 30" long. W., sur les bords de la rivière appelée *Yû-kiāng.* — Sous les *Hán*, territoire de *Kāo-leâng;* sous les *Leâng, Kién-yâng;* sous les *Swĭ, Ywĕn-tcheōu (Biot).*

| 田 川 *Hông-tiĕn-tchwĕn (Alb. Jap.),* ruisseau du champ en croix. — Cours d'eau de la province d'Omi qui coule près de *Shwĭ-keòu.*

洪河 *Hông-hô (Ch. Rep.).* — Un des tributaires du *Hoây*, au sud de la province de *Hô-nân.*

| | *Hông-hô (C. R.).* — Rivière du *Hô-nân*, département de *Iù-nîng*, tributaire du *Hoây-hô.*

| 濛 *Hông-mông (Morr.),* brouillard ou vapeur naturelle *(Morr.).* — De Guignes dit qu'un certain pays de l'Orient, où le soleil se lève, s'appelle *Hông-mông.* — Voir *Hông.*

| 水 *Hông-shwĭ (Medh.),* débordement des eaux, déluge, inondation. — D'après les traditions chinoises, il y aurait eu deux déluges successifs, l'un qui aurait eu lieu 3,400 ans A. E., époque considérée comme mythologique, l'autre mentionné dans le *Shū-kīng* de Confucius, qui présente un époque plus historique; il aurait eu lieu 2,297 ans A. E., sous le règne de *Yào*, à la suite des débordements réunis des deux plus grands cours d'eau de la Chine, le fleuve Bleu et le fleuve Jaune. Les annales de la Chine disent qu'ils prirent de telles proportions, qu'ils menacèrent d'envahir les plus hautes montagnes. Parmi les anciennes inondations, Morrison rapporte celle du fleuve Jaune, qui eut lieu à la suite d'un tremblement de terre et qui se répandit dans 36 districts, parmi lesquels figure le célèbre *Lô-yâng*, du département et province de *Hô-nân.* Le *Chinese Repository* rapporte aussi celles de 1446 et de 1462, qui détruisirent la synagogue de *Kày-fōng-fóu*, ainsi que celle de 1642, où le fleuve, ayant rompu ses digues, envahit complètement la même ville et la détruisit avec ses habitans.

Le *Chinese Repository* raconte qu'en 1833, une grande inondation eut lieu sur les frontières du *Kwàng-tōng* et du *Fóu-kién*, par suite du débordement du fleuve *Hán* et des autres cours d'eau de ces contrées. 36 villages furent couverts par les eaux, ce qui causa beaucoup de victimes. La rivière de Canton, dont le lit est très-large, s'éleva à plus de 3 mètres au-dessus des eaux ordinaires.

En 1849, eut lieu la plus grande crue que l'on cite du *Yâng-tsè-kiāng* (fleuve Bleu). Les eaux s'élevèrent à 7 palmes, plus de 3 mètres, au-dessus du niveau connu des plus hautes eaux. Les villes de *Hán-keòu, Hán-yâng-fóu* et *Où-tchāng-fóu* furent plus complètement submergées; l'eau atteignit les étages supérieurs des édifices publics. Les cercueils dansaient sur les eaux.

Sur les rives rocheuses de certaines îles du fleuve Bleu, telles qu'*Orphan roc*, on a désigné le maximum des plus grandes crues, dont l'une s'élève à plus de 10 mètres. Le voyageur Blackiston raconte que dans la gorge de *Fōng-siáng*, département de *I-tchang (Hôu-pĕ),* où le fleuve Bleu n'a pas plus de 100 mètres de large, la profondeur est très-considérable, puisqu'à 18 brasses, près de 30 pieds, il ne put toucher le fond. Le niveau des plus hautes et des plus basses eaux dépasse 80 pieds (27 mètres).

Il résulte de ces crues et du délaissement où se trouvent les digues, par suite des embarras du gouvernement chinois, que les lits et les embouchures des cours d'eaux changent continuellement. On voit, dans une ancienne carte chinoise, le fleuve Bleu se jeter dans la mer, par trois grands bras, appelés *Sān-kiāng* (les trois fleuves), tandis qu'aujourd'hui il ne présente qu'un seul lit, divisé à son embouchure par la grande île et district de *Tsŏng-mĭng*.

En 1858, la principale digue du fleuve Jaune s'étant rompue dans les districts de *Fōng-pĕ*, département du *Sû-tcheōu* (*Kiāng-sōu*), le lit ordinaire resta à sec, et les eaux se dirigèrent d'un autre côté, vers le nord-est, formant un immense delta, de sorte qu'aujourd'hui, d'après le voyageur Pumpelly, le fleuve Jaune, au lieu de se déverser dans la mer Jaune (*Hoâng-hày*), aurait son embouchure dans le département de *Où-tíng* (*Shān-tōng*), plus de 4° au nord dans le golfe du *Tchĭ-lĭ*.

洪塲 *Hông-tchăng* (*Alb. Jap.*), débarcadère, en japonais *Roxingo* (*Kœmpf*. — Passage supérieur des bateaux sur la rivière qui coule près de *Kwasaki*, 2ᵈ station sur le *Tokaïdo*. Le passage inférieur est appelé *Tcheōu-hông-tchăng*. Cette rivière, qui porte, en chinois, les noms de *Lō-hiāng-tchwĕn* et de *Tá-shĭ-hô*, est également appelée *Roxingava* en japonais.

| 州 *Hông-tcheōu* (*C. R.*). — Tribu paisible de *Miâo-tsè*, habitant le département de *Lĭ-pîng* (*Yûn-nân*), où elle se livre à l'agriculture. Les femmes sont habiles au filage et au tissage du chanvre, qui est distingué, sous le nom de *Hông-tcheōu-mâ*.

| | *Hông-tcheōu*. — Ancien nom, sous les *Swĭ* et sous les *Tăng*, de *Nân-tchăng-fòu* (*Kiāng-sī*) et de *Lîn-kiāng-fòu* (*Kiāng-sī*), (Biot).

| 洞 *Hông-tóng* (vallée inondée)-*hién* (*Ch. Rep.*). — Un des 11 districts du département de *Pĭng-yâng* (*Shān-sī*). Le chef-lieu est situé au confluent du *Kiĕn* et du *Fên*, par 36° 17' lat. N. et 4° 40' 30'' long. W. — A l'époque du *Tchăn-tsieōu*, royaume de *Yâng*; sous les *Hán*, *Yâng-hién* (Biot).

| 都府 *Hông-tōu-fòu* (Biot). — Premier nom, sous les *Mîng*, de *Nân-tchăng-fòu* (*Kiāng-sī*).

| | 河 *Hông-tōu-hô* (*F. S.*). — Rivière du *Kwéy-tcheōu*, mentionnée, sous le nom de *Hom-tou-ho*, sur la carte du P. du Halde, et qui se jette dans le *Où-kiāng*, rive gauche, au nord de la province.

| 雅県 *Hông-yă-hién* (*Ch. Rep.*). — Un des 8 districts du département de *Kiā-tîng* (*Ssé-tchwĕn*). Le chef-lieu est situé sur un affluent du *Wên-kiāng*, par 29° 50' lat. N. et 13° 2' long. W., approximativement.

浧通 *Hông-tŏng (Fl. Sin.)*, vulgairement *Hiongtong*. — Nom de la plage qui conduit à la rivière de Tourane (Cochinchine).

紅海 *Hông-hày (Bridgm.)*, mer rouge. — Golfe allongé de l'océan Indien, qui sépare l'Afrique de l'Asie. Les Chinois ont connu, depuis longtemps, ces parages par les Arabes qui vinrent trafiquer chez eux, depuis au moins le xe siècle.

| | 澳 *Hông-hày-ngào (F. S.)*. — Baie du district de *Hày-fōng*, département de *Hoéy-tcheōu (Kwăng-tōng)*, près des îles *Tōng-tīng* et *Sī-tīng*. Archipel de la rivière de Canton.

| 酤池 *Hông-hày-tchy (Cart. Chin.)*, en mongol *Haramani-nor*. — Étang ou lac de la Mongolie intérieure, au nord du *Kān-sŏ* et du *Shèn-sī*, dans le pays des *Ortous*, situé par 40° 30′ lat. N. et 8° 10′ long. W.

| 香爐 *Hông-hiāng-lôu (Ch. Rep.)*, fourneau odorant et rouge. — Localité de *Hong-kong (Hiāng-kiàng)*. — Nom d'une vallée, située en face de la langue de terre appelée *Hāo-lông*, ou *Tsièn-shā-tswĭ*. — Voir *Ch. Rep.*, vol. XI, page 82.

| 伊 *Hông-ĭ (Ch. Rep.)*, étrangers rouges. — Tribus sauvages entre le *Tōng-kīng* et le *Yûn-nân*.

| 江 *Hông-kiāng (Ch. Rep.)*, vulgairement *Hong-kong*. — Voir *Hiāng-kiāng*. — Ile de l'archipel de la rivière de Canton, de 26 à 27 milles (43 kilomètres) de tour, très-montagneuse, occupée, depuis 1842, par les Anglais. La capitale, *Victoria*, située par 22° 16′ 30″ lat. N. et 2° 30′ 24″ long. W., s'étend sur la côte septentrionale. C'est une des merveilles de notre siècle et qui témoigne de l'esprit d'entreprise et de la persévérance du commerce britannique. Le climat est très-peu salubre en été. Dans les mois les plus chauds, le thermomètre monte jusqu'à 35° centigrades, et ne descend pas plus bas que 26°. La température moyenne de l'hiver est de 18° au-dessus de zéro. — La population est d'environ 115,000 âmes, dont 2,000 Européens, au plus.

| 橋 *Hông-kiáo (Medh.)*, pont rouge. — Village à 8 milles (22 *li*) de *Shǎng-hày*, où l'on compte une centaine de maisons.

| 馬 *Hông-mà* (cheval rouge)-*hôu (Ch. Rep.)*. — Lac du département de *Hán-yâng (Hŏu-pĕ)*.

| 毛 *Hông-mào (Bridgm.)*, poils rouges. — Nom vulgairement donné aux Anglais par les Chinois. — Nom donné jadis aux Hollandais.

| | *Hông-mào (Voc. An.)*, poils rouges, vulgairement *Hong-mau* et *Ingli*. — Nom des Anglais (*Vocabulaire Aubaret*).

紅毛隩 *Hông-mâo-kwŏ*, royaume des poils rouges. — Nom donné au département actuel de *Tăy-wăn*, île de Formose (*Fòu-kien*), sous les *Ming*, quand il était occupé par les Hollandais, appelés étrangers rouges (*Biot*).

｜｜寨 *Hông-mâo-tcháy* (*C. H.*), fort des poils rouges. — Fortification construite par les Hollandais, en 1634, au bout de la grande île de *Pông-hôu*, archipel des pêcheurs, et qui fait partie du département de *Tăy-wăn* ou Formose. — Voir *Mà-kòng*.

｜｜城 *Hông-mâo-tchîng* (*Cart. Chin.*), cité des poils rouges. — Ville sur la côte occidentale de Formose.

｜濛 *Hông-mòng* (*D. G.*). — Pays de l'Orient où le soleil se lève. — Voir *Hông* 洪.

｜山 *Hông-shān*. — Montagne rouge, du département et province du *Yûn-nân* (*C. K.*).

｜水江 *Hông-shwĭ-kiāng* (*F. S.*), rivière à eau rouge. — Prend sa source dans la montagne à l'est du *Yŭn-nân*, et se réunit au *Où-lìng-kiāng* sur le territoire indépendant de *Ná-tí-tcheōu* (*Kwàng-sī*).

｜｜｜ *Hông-shwĭ-kiāng* (*Fl. Sin.*), rivière du *Kwàng-sī*. — Branche supérieure du *Où-lìng-kiāng*.

｜｜｜ *Hông-shwĭ-kiāng* (*Ch. Rep.*), fleuve à eaux rouges. — Rivière dont le nom se confond avec celui du fleuve des perles, et qui se perd, en prenant celui de *Tsĭn-kiāng*, dans le département de *Tsĭn-tcheōu*, province du *Kwàng-sī*.

｜巛 *Hông-tchwĕn* (*C. K.*). — Station du *Yûn-nân*, département de *Lĭ-pĭng* située sur les frontières du *Hôu-nân* et du *Kwàng-sī*, par 25° 57′ lat. N. et 7° 4′ long. W.

｜野 *Hông-yè*. — Station du *Kān-sŏ*, située entre les départemens de *Kān-tcheōu* et de *Sŏ*, par 39° 12′ lat. N. et 17° long. W (*C. K.*).

｜鹽江 *Hông-yén-kiāng* (*C. K.*), rivière du sel rouge. — Rivière du *Kwàng-sī*, département de *Tchĭn-ngān*.

虹縣 *Hông-hién* (*Biot*). — Un des 8 districts, mais inférieur, du département de *Fóng-yâng* (*Ngān-hoēy*), situé par 33° 28′ lat. N. et 1° 16′ 30″ long. E. — Autrefois, sous le nom de *Hía-pĕ-ĭ*, apanage du prince *Hiá*; sous les *Hán*, *Hía-kieōu*; sous les *Heóu-tcheōu*, *Tsĭn-lĭng* (*Biot*).

｜州 *Hông-tcheōu* (*Biot*). — Ancien nom de *Lĭng-pĭ-hién*, département de *Fóng-yâng* (*Ngān-hoēy*), sous les *Swī* (*Biot*).

VOCAB. GÉOG. CHINOIS.

虹集湖 *Hông-tsĭ-hôu (C. K.).* — Grand lac qui sépare les provinces de *Ngān-hoëy* et du *Kiāng-sōu (C. K.).* C'est un des quatre plus grands lacs de la Chine. — Voir *Ssé-hôu (Fl. Sin.).*

鴻溝 *Hông-keōu.* — Ancien nom de *Sĭ-hôa-hién*, département de *Tchin-lieôu (Hô-nân)*; sous les *Swĭ (Biot).*

SON *HOU.*

Prononciation française. . . . . *Hou.*
— américaine, anglaise . . . *Hoo, Hu.*
— espagnole, portugaise . . *Hu.*

ORDRE DES CLEFS :

	呼	壺	戶	扈	湖	滹	滸	濩	狐	瑚
CLEFS :	30	33	63	63	85	85	85	85	94	96
TRAITS :	5	9	—	7	9	11	11	14	5	9

	盱	祜	胡	苦	葫	虎	虖	隝
CLEFS :	109	113	130	140	140	141	141	163
TRAITS :	3	5	5	5	9	2	5	11

呼爾哈河 *Hōu-eùl-ngŏ-hô (Ch. Rep.)*, en mandchou *Hourha*, rivière qui prend naissance dans les monts *Tchăngpĕ*, à l'est de Kirin, traverse le lac *Póu-nĭ* et se joint au *Songarı.*

— 171 —

呼蘭 *Hōu-lân* (Ch. Rep.), ou *Hōu-lâng-tchīng*, en mandchou *Tchoulgue-hotun*. — Ville de la province de Mandchourie, située à la jonction de la rivière de même nom avec le *Songari*, en face d'*Altchouai*.

| | 河 *Hōu-lân-hô* (C. R.). — Rivière de la Mandchourie, appelée *Houlacou* et qui se jette dans le *Songari*.

| | 城 *Hōu-lân-tchīng*, ou *Hōu-lân* (Ch. Rep.), en mandchou, *Hurun*, ou *Tchoulgue-hotun*. — Un des 6 commandemens militaires de la province de *Hĕ-lông-kiāng*.

| 倫貝爾城 *Hōu-lân-péy-eùl-tching*, en mandchou *Huron-pir* (Ch. Rep.). — Un des 6 commandemens militaires de la province de *Hĕ-lông-kiāng*.

| | 池 *Hōu-lân-tchĭ* (Ch. Rep.), vulgairement appelé *Hurun*, ou *Coulon-omo* ou *Coulon-nor*, ou *Dalaï* ou *Kulun*. — Lac de la Mandchourie qui se trouve près de la naissance de la rivière *Ergone*, ou première branche du fleuve Amour (*Hĕ-lông-kiāng*), occupe une surface de 240 milles (340 kilom.) de circonférence. — Sa position géographique est vers les 49° lat. N. et 1° long. E.

| 圖壁 *Hōu-tŏu-pĭ* en mongol *Kōutoupi*, autrement appelée *King-hóa-tching* (Ch. Rep.). — Ville de garnison du département inférieur, appelé *Tĭ-hóa-tcheōu* (*Kān-sö*).

壺口 *Hôu-keōu* (Ch. Rep.). — Nom d'une gorge resserrée, où passe le fleuve Jaune, près de *Kĭ-tcheōu*, département de *Pin-yâng* (*Shān-sī*), par 36° 13' lat. N. et 6° 8' 30" long. W.

| 江 *Hôu-kiāng* (C. G.). — Ile située sur la côte de *Fŏ-kién*, près de l'entrée de la rivière *Mĭn*.

| 關 *Hôu-kwān* (douane des cuves)-*hién* (Ch. Rep.). — Un des 7 districts du département de *Lóu-ngân* (*Shān-sī*). — Le chef-lieu est situé sur un affluent du *Tchăng-hô*, au pied de *Pāo-lóu-shān*, par 36° 02' lat. N, et 4° 23" long. W. — Autrefois, territoire du royaume de *Lĭ* (Biot).

戶根川 *Hóu-kĕn-tchwĕn* (N. L.), en japonais *Tonékava*. — Rivière du Japon.

| 島 | *Hóu-tào-tchwĕn* (Cart. Jap.), ruisseau de l'île de la porte. — Cours d'eau de la province de *Tchŭ-yŭ* (*Dewa*), île de *Nifon*, qui se jette dans la mer de Corée, près de la cité, appelée *Kieòu-pàō-tiĕn*.

| 塚 *Hóu-tchòng* (Cart. Jap.), tombeau de la porte. — 5° station du *Tokaïdo*, route impériale du Japon, située entre *Tchĭng-kĭ-kŏ* et *Tĕng-tsĕ*, au pied d'une suite de collines, à une faible distance de la baie de *Sagami*, département de *Liĕn-kùn*.

戸田川 *Hóu-tiĕn-tchwĕn* (*Cart. Jap.*), rivière des champs extérieurs, autrement appelée *Yŭ-tiĕn-tchwĕn*. — Noms donnés au fleuve *Okava* à *Yédo*, dans la partie nord-ouest de *Yédo*.

扈 *Hóu*. — Ancienne principauté, sous les *Hiá* (*Biot*). — Voir *Hóu-hién*. — Même nom pour désigner un certain royaume (*D. C.*).

湖 *Hòu* (*Cart. Jap.*), le lac ou *Tsū-fang-hôu*, en japonais *Suwa*. — Lac de la province de *Sinano* (*Sín-nŏng*), situé par 36° 2′ lat. N. et 21° 46′ long. E., près de la cité de *Kāo-twí*, et d'où s'écoule la grande rivière de la province de *Ywĕn-kiŏng*, appelée *Tiĕn-lŏng-tchwĕn*. — Même nom, pour désigner un lac situé au centre de la province de *Shăng-yè* (*Kodske*), et au pied d'une montagne appelée *Táy-mìng-shān*.

| 口 *Hôu-keŏu-hién* (*Ch. Rep.*). — District de l'embouchure du lac, un des cinq du département de *Kieōu-kiāng*. (*Kiāng-sĭ*). — Le chef-lieu est situé à l'extrémité nord du lac *Sĭ-pŏ*, par 29° 54′ lat. N. et 0° 10′ 30″ long. W. — Autrefois simple bourg *Tchin* (*Biot*).

| 廣 *Hôu-kwàng*. — Ancienne dénomination d'un gouvernement central, actuellement divisé en deux provinces, le *Hôu-pĕ* et le *Hôu-nân*, lesquelles ensemble sont appelées *Leàng-hôu*.

| 南 *Hôu-nân* (midi des lacs)-*seng* (*Ch. Rep.*). — Une des deux provinces centrales de la Chine propre. — *Tchōng-hôa* ou *Tchōng-kwĕ*, ne formant jadis qu'un seul gouvernement, sous le nom de *Hôu-kwāng*.

Elle comprend 16 départemens, dont 9 *fóu*, 4 *tcheōu* et 3 *tĭng*, savoir : *Tchăng-shā*, *Yŏ-tcheōu*, *Pào-king*, *Hêng-tcheōu*, *Tchăng-tĕ*, *Shĭn-tcheōu*, *Ywĕn-tcheōu*, *Yòng-tcheōu*, *Yŏng-shun*; puis, *Lĭ*, *Kwéy-yâng*, *Tsĭng* et *Tchĭn*; enfin, *Kiĕn-tcheōu*, *Fóng-hoâng* et *Yòng-swì*.

Ces départemens comprennent 69 districts, dont 64 *hién*, 3 *tcheōu* et 2 *tĭng*.

On compte, en outre, un grand nombre de stations, ou postes de douanes et militaires, de juridictions inférieures, ou villes de peu d'importance. Voici les noms qui sont indiqués sur la carte de Klaproth : *Nân-yŏ-ssē*, *Kieōu-ni-ssē*, *Lôu-hông*, *Kiāng-siāng-ssē*, *Kwéy-yâng*, *Yŏng-lông*, *Sōu-ki*, *Ngān-kiāng-ssé*, *Mên-kiāng-ssē*, *Tĭe-keōu*, *Tsĭng-pŏ*, *Tsĕ-yâng*, *Lŏng-tăn*, *Shi-yŏng-tōng*, *Ling-tchŭ-hoâng*, *Lôu-tchĭ-tōng*, *Tiĕn-kiā-tōng*, *Lă-jĕ-tōng*, *Tá-tōng*, *Lŏng-kwā*, *Shāng-tōng*, *Hiá-tōng*, *Kieōu-kĭ-oéy*, *Tiĕn-ping*, *Kieōu-ssē*, *Kiĕn-tcheōu-oéy*, *Tá-yōng*.

Les principales rivières du *Hôu-nân* sont le *Ywĕn*, le *Tsē* et le *Siāng* qui coulent du midi au nord, recevant de nombreux tributaires, jusqu'à leurs embouchures sur trois points différens du grand lac *Tŏng-tĭng*. Voici les nom des différens cours d'eau que nous rencontrons, soit dans le *Chinese Repository*, soit sur la carte de Klaproth : au nord, *Tĭe-shwi*, *Li*, *Kieōu-kĭ*, *Liĕn-hôu*; au nord-est *Lieóu-tchwĕn*, *Yàng-oéy*, *Ping-kiāng*; au sud, le *Pĕ*, le *Tông*, le *Stào*, et le *Siāng*; à l'est, le *Leâng*, le *Kwēy*, le *Lieóu-yâng*, le *Lôu*, le *Tchŭ-lĭng*, le *Mĭ*; au sud-est, le *Lwì* et le *Kĭ*; au sud-ouest, le *Tsē-yâng*, le *Tchŏ-tcheōu*, le *Kŭ* et le *Kĭ-où*; enfin à l'ouest, le *Shĭn*, le *Shĭ*, le *Lôu*, le *Mâ-yâng*, le *Shoāny-lông*, le *Tsĭng-shwi*, le *Où* et le *Liĕn*.

Les principaux lacs sont le *Tōng-tĭng* et le *Hoâng-ĭ*, au nord-est; ainsi que le *Tsâo-tiĕn*, le *Tsĭ-lĭ* et le *Mà-nĭ*, au nord.

Les montagnes de cette province sont des branches de la grande chaîne des *Nân-lĭng*, qui forment les limites méridionales du bassin du fleuve Bleu (*Yâng-tsè*). Les sommets les plus élevés sont les *Hĕng-shān*, les *Hoâng-lĭng*, les *Kĭ-tiĕn* et les *Kieōu-ĭ*. — Au milieu du lac *Tōng-tĭng*, on signale une île formée d'une haute montagne, appelée *Kūn-shān*.

La province du *Hôu-nân* est renommée par ses plantes médicinales, ses productions de soie sauvage et domestique, ses cultures de blé et de riz, ses arbres à vernis, à casse, ses fruits, ses noix et ses légumes de toutes sortes, ses jardins ont une grande réputation pour certaine variété d'oranges dont on fait un grand commerce : voir *Tchăng-tĕ*. — Les poissons du département de *Yŏ-tcheōu* sont très-renommés. Les mines de cinabre et de talc de celui de *Tchăng-shā* passent pour être très-riches. On cite également des mines d'or, d'argent, de mercure, de marbre, de mica et d'autres minéraux. Les forêts du département de *Hēng-tcheōu* sont très-abondantes et le gibier réputé excellent.

湖北 *Hôu-pĕ*, (nord des lacs)-*seng* (*Ch. Rep.*). — Une des deux provinces centrales de la Chine propre *Tchŏng-kwĕ*, qui ne formaient jadis qu'un seul gouvernement sous le nom de *Hôu-kwàng*. — Elle comprend 11 départemens dont 10 *fòu* et 1 *tcheōu*, savoir : *Òu-tchāng*, *Hán-yâng*, *Ngān-lŏ*, *Siāng-yâng*, *Yûn-yâng*, *Tĕ-ngān*, *Hoâng-tcheōu*, *Kīng-tcheōu*, *I-tchăng*, *Shĭ-nân* et *Kīng-men*. — Ces 11 départemens sont subdivisés en 67 districts, dont 59 *hién* et 8 *tcheōu*. Ils comprennent, en outre, un grand nombre de postes ou stations de douanes militaires, de villages, de villes de peu d'importance, distribuées sur toute la surface du territoire, dont voici quelques noms empruntés à la carte de Klaproth : *Pîng-tsīng*, *Pĕ-shā*, *Hòu-tĕou*, *Ong-mên*, *Yû-yâng*, *Pĕ-niên*, *Shĭ-leâng*, *Shĭ-eùl*, *Pĕ-tōu*, *Òu-shîng*, *Fân-tchîng*, *Yòng-méy*, *Kāo-lŏ*, *Tchōng-tōng*, *Kĭ-fōng Mòu-tsè*, *Tchōng-kién*, *Mân-shwì*, *Lă-pĭ*, *Tá-wăng*, *Tōng-lieôu*, *Tâng-yây*, *Tchōng-hido*, *Tchōng-lôu*, *Kin-tōng*, *Fên-shwi,-lîng*, *Suēn-ngān* et *Pĕ-lĭng*.

Parmi les nombreux cours d'eau de cette province, on cite particulièrement le *Hán*, le *Tsīng*, le *Pā*, le *Pŏ-tĭng*, le *Lông* et le *Où-hôu*. Nous trouvons, en outre, sur la carte de Klaproth, les noms suivants : le *Tâng*, le *Kŭen*, le *Lŭ*, le *Tchăng*, le *Sīn-tchăng*, le *Kăo-ngăn*, le *Tchā*, le *Mào*, le *Pĕ*, le *Yâng-tchāng*, le *Táng-yĕ*, le *Tsâng-láng* et le *Tsīng-niâng*.

Les lacs ne sont pas moins nombreux. On mentionne le *Leâng-tsè*, le *Fòu-tĕou*, le *Tsīng-nîng* et le *Oéy-ywēn*, puis, le *Mién-yâng*, le *Pĕ-nĭ*, *Tchĭ yĕ*, ainsi que le *Nièou*; ensuite le *Tá-pĕ*, le *Hông-mà*, le *Sān-hôu*, le *Yâng-yĕ* et le *Sân-tăy*; le *Sáy*, le *Kwéy*, le *Sân-kāng*, le *Kūn* et le *Pē-liên*, qui successivement forment de faciles communications naturelles avec la grande artère de la Chine, le fleuve Bleu (*Yâng-tsè*) et le grand réservoir de la province voisine, le célèbre *Tōng-tsīng-hôu*.

Parmi les montagnes, on cite, au nord-ouest, le *Tá-pīe*, le *Tie-kŏ*, le *Tòu-tĭ* et le *Kiáy*; puis à l'ouest le *Où* et le *Lông*; ensuite, au sud, le *Où-tăng*, le *Yn-tiăo* et le *Tōng-pé*; enfin, à l'est, les *Tiĕn-jìn* et les *Hō*, qui appartiennent principalement à la province voisine le *Ngān-hoēy*.

Les productions naturelles et industrielles de cette fertile contrée sont très-nombreuses et très-remarquables. Outre les céréales, les légumes, les fruits, la soie, le thé, le coton, le chanvre, on cite la cire d'arbre qu est le produit d'un insecte hémiptère, de la famille des cigales (*Flata limbata, Fab.*) et qui vit sur une espèce de troëne (*Ligustra cebifera. Fl. Sin.*). — Voir *Ch. Rep.*, vol. XX, page 422.

湖心亭 *Hôu-sīn-tĭng* (Medh.), portique ou cœur du lac. — Temple situé sur un îlot, au milieu du lac de *Sān-pĕ-lâng*, près de *Pĭng-váng*, du district de *Tsĭng-pŏu* (*Kiāng-sōu*). (*Excursion dans les pays du thé, de la soie et de la porcelaine.*)

| | | *Hôu-sīn-tĭng* (*Ch. Rep.*), portique du cœur du lac. — Temple ou pagode sur un îlot du lac, près de *Pĭng-Wáng*.

| 司 *Hôu-ssē* (*C. H.*), juridiction du lac. — Poste militaire du *Kwéy-tcheōu*, situé à l'extrême frontière du *Hôu-nân*, par 26° 28' lat. N. et 7° 14' long. W.

| 州府 *Hôu-tcheōu-fòu* (*Ch. Rep.*), département de la contrée des lacs. — Un des 11 départemens de la province du *Tchĕ-kiāng*, le plus renommé pour l'industrie serigène et qui comprend 7 districts ou villes fortifiées, savoir : 1° *Où-tchīng*; 2° *Kwey-ngān*; 3° *Tchǎng-hông*; 4° *Tŏ-tsĭng*; 5° *Où-kāng*; 6° *Ngān-kĭ-tcheōu*; 7° *Hiáo-fōng*, outre un grand nombre de villes secondaires ou de villages.

Le chef-lieu, à 3,720 *lì* de *Pĕ-kīng*, situé, par 30° 52' 48" lat. N. et 3° 28' 54 long. E., sur un des bras du grand canal (*Yûn-hô*), dont les nombreuses ramifications l'entourent de toutes parts, est une ville considérable par ses richesses, ses industries agricole et manufacturière, par son commerce en thé et en soie, par la fertilité des terres, par la beauté de ses eaux et des sites qui l'entourent.

Les environs de cette ville intéressante sont appelés par les géographes chinois, *le district des vers à soie*. La fertilité du sol, la salubrité du climat, la facilité de l'irrigation naturelle des terres ont rendu cette localité l'une des plus renommées de la province du *Tchĕ-kiāng* et les sites pittoresques qui abondent sur les bords du grand lac *Tây hôu* y ont appelé un grand nombre de résidens fortunés.

La ville de *Hôu-tcheōu*, suivant le plan de du Halde, vol. I, page 263, représente une forme irrégulière, sillonnée par de nombreux et larges canaux, eux-mêmes traversés par de grands et magnifiques ponts. L'un d'eux, qui est au centre de la cité, a trois arches qui ont plus de 16 mètres de hauteur. On l'appelle *Pà-yà-kiáo*, (le pont des dents arrêtées). La circonférence des murailles est d'environ 24 *lì* ou 11 kilom. Au nord de la cité est un ancien monastère boudhiste qui date de la dynastie des *Tâng*.

est surmonté par une tour appelée *Fèy-ȳng-tă*, c'est-à-dire *tour des fleurs volantes*. Derrière la résidence du préfet, au milieu de la cité, est une terrasse, appelée *Ngái-shān-tâng*, c'est-à-dire *terrasse favorable pour le point de vue*. Au milieu de la cité est un lac appelé *Ywĕ-hôu*, c'est-à-dire *en forme de demi-lune*.

Parmi les montagnes situées dans les environs de *Hôu-tcheōu* est le *Piĕn-shān* (mont du bonnet), qui a 50 kilomètres de circonférence, et si élevé qu'il conserve de la neige jusque pendant la belle saison ; on le dit infesté par les serpens et les bêtes sauvages. Il y a une grotte célèbre par ses stalactites et par ses stalagmites. Une autre montagne remarquable est celle appelée *Tiēn-mŏ* (œil du ciel), d'où la vue se promène sur quatre préfectures, celles de *Hôu-tcheōu*, de *Hâng-tcheōu*, de *Nīng-kwĕ* de *Hoéy-tcheōu*, sur une superficie de plus de 2,000 *kīng* (12,000 hectares). Elle est célèbre dans la pharmacopée par ses différentes plantes médicinales.

Le département de *Hôu-tcheōu* est situé au sud du lac *Tăy-hôu*, d'où il a pris son nom. Il comprend 190 *li* (84 kil.) de l'est à l'ouest, et 138 *li* (61 kil.) du nord au sud. — La ville de *Hôu-tcheōu* est éloignée de 210 *li* (93 kilom., de *Sōu-tcheōu*, qui est dans la direction du nord-est. Elle est éloignée de 120 *li* (53 kilom.) de *Hâng-tcheōu* qui est au sud, et de 130 *li* (58 kilom.) de *Kwâng-tĕ-tcheōu* qui est à l'occident, et de la même distance de *Kiá-hīng*, qui est à l'est. Sa distance de *Pĕ-kīng* est estimée à 3,720 *li* (1,652 kilom.), plus de 400 lieues.

Hôu-tcheōu est la même contrée que *Yâng-tcheōu* 楊 dont il est question dans les temps de *Yú*, 2,205 ans avant notre ère, d'après le *Shou-king*. Pendant la dynastie des *Hiá*, elle constitua le pays de *Fāng-fōng* 防風. Pendant celle de *Tcheōu*, elle fit partie des trois royaumes de *Oû* 吳, de *Ywĕ* 越 et de *Tsòu* 楚. Quand l'empereur *Shi-hoâng-té*, de la 7ᵉ dynastie, dite des *Héou-tsīn*, qui fit brûler les livres, fit une nouvelle division de la Chine, le pays fut appelé *Hoéy-kī* 會稽. Dans le temps des trois royaumes (an 224 de notre ère), elle fit partie du royaume de *Oû* 吳. C'est pendant la dynastie des *Tăng*, qu'elle a pris le nom de *Hôu-tcheōu* qu'elle a conservé, presque sans interruption, jusqu'à nos jours (*Medh.*).

C'est de ce territoire que proviennent les grèges si renommées dans le commerce, sous les noms de *Tsatli* (*Tsĭ-lì*), de *Taysaan* (*Tá-tsăn*), et de *Yunfa* (*Ywĕn-hwā*). — Près de *Hôu-tcheōu*, sur les bords d'un affluent du canal, on voyait l'habitation d'une riche famille, appelée *Lou*, et célèbre depuis un temps immémorial pour sa production de la soie. C'est un nom qui n'est pas seulement célèbre par son industrie, mais qui a fourni récemment à la littérature le sujet de romans et de drames de la plus grande popularité. La famille *Lou* habite une ferme plutôt confortable que luxueuse. Les bâtiments sont plutôt confortables que luxueux. Ils offrent des logemens tant au chef de la maison qu'aux belles-filles et aux petits-enfans. Quelquefois, rarement cependant, on permet à quelques filles favorisées d'amener leurs maris sous le toit paternel, contrairement aux usages du pays. La soie grège, aussitôt filée, est portée dans des magasins qui joignent les habitations. Quand on en a une quantité suffisante, on la place sur de grands bateaux plats, d'où elle est transportée sur le grand canal. Une fois sur cette grande voie commerciale, sa destinée est encore incertaine, car elle peut être achetée, soit pour la spéculation, soit pour la consommation immédiate sur les lieux, soit pour être dirigée sur les marchés de *Hâng-tcheōu* et de *Sháng-hày*.

Le département de *Hôu-tcheōu* contient trois millions de *Meou*, environ 183,600 hectares, cultivés.

湖東 *Hôu-tōng* (G. C.). — Petite ville fortifiée, sur le côté est de la petite rivière appelée *Niào-kăn*, district de *Lŏ-fōng* (*Kwān-iōng*).

湖邊嶼 *Hôu-tsūn-sú* (C. H.). — Ile au sud du *Fóu-kién*, située par 23° 37′ lat. N. et 1° 12′ long. E.

｜銀山 *Hôu-yn-shān* (C. H.). — Ile du *Fóu-kién*, située par 26° 35′ lat. N. et 3° 45′ long. E.

滹 *Hôu* (Medh.). — Affluent du *Hoảy*, 淮 rivière du *Kiāng-nân*.

｜溪山 *Hōu-kī-shān* (C. K.). — Montagnes du département de *Fēn-tcheōu*, dans la province du *Shān-sī*.

｜沱河 *Hòu-tŏ-hô.* (Ch. Rep.). — Rivière du *Shān-sī* qui prend sa source près de *Fân-tchi* dans le département de *Tǎy*, au pied du *Hêng-shān* et se jette dans le lac *Tá-lŏ-tsè*, du département de *Shùn-tĕ* (*Tchĭ-lì*). — Même nom, pour désigner une rivière ou canal naturel du *Tchĭ-lì* qui communique entre le lac *Tá-lŏ-tsè* et le canal impérial.

滸墅關 *Hóu-shú-kwān* (Medh.), porte de la ville arrosée. — Passe, au nord-ouest, de *Sōu-tcheōu-fóu* (*Kiāng-sōu*). (*Excursion dans les pays de la soie, du thé et de la porcelaine.*)

濩澤 *Hòu-tsĕ*. — Ancien nom de *Yâng-tchîng-hién*, département de *Tsĕ-tcheōu* (*Shān-sī*) (Biot).

狐讘 *Hôu-tchĕ*. — Ancien nom de *Hòng-hô-hién*, département de *Sī-tcheōu* (*Shān-sī*) (Biot).

瑚㚓 *Hôu-hiēn* (N. L.), esprit étranger. — Culte pratiqué par certains peuples situés à l'occident de la Chine.

｜瑪爾河 *Hôu-mà-eùl-hô* (Ch. Rep.). — Rivière de la Mandchourie, tributaire du fleuve *Amour* et qui s'appelle *Houmari*, en mandchou. Il descend des monts *I-lĕ-hôu-lì*.

盱 *Hōu*, car. *Kū* (D. G.). — Voir *Kū*.

祜 *Hòu*, voir *Yâng-hou-tchîng* (Biot).

胡里改江 *Hôu-lì-kày-kiāng* (Cart. Chin.), *Houra-pira* en tartare. — Rivière de la Mandchourie qui vient des monts appelés *Agigue-chan-alin*, au sud de *Ningouta* et qui se jette dans le *Songari*, près de *Loketecajan*. — Voir *Hôu-eùl-kè-hô* (Ch. Rep.).

苦 *Hŏu*, car. *Kŏu* (D. G.). — Voir *Kŏu*.

葫蘆 *Hôu-lōu* (C. R.). — Tribu soumise de *Miâo-tsè*, habitant le *Kwéy-tcheōu*, principalement le district de *Tíng-fān*, du département de *Kwéy-yâng*. — C'est une tribu pillarde et vagabonde.

— 177 —

葫司 *Hôu-ssé (Fl. Sin.).* — Juridiction inférieure du *Kwéy-tcheōu*, sur la frontière du *Hôu-nán*, portée sur la carte du P. du Halde, par 26° 30′ lat. N. et 7° 15′ long. W.

│追 *Hôu-tchwĭ (Fl. Sin.),* ou *Hôu-tswĭ-ssē (C. H.).* — Localité du département de *Kwéy-yāng,* (*Kwéy-tcheōu*), située par 26° 38′ lat. N. et 9° 46′ long. W., environ.

│崒司 *Hôu-tswĭ-ssē (C. H.),* ou *Hou-tchwĭ (C. K.).*

虎可 *Hòu-kú (C. K.),* ou *Hòu-kú-kwān (C. H.).* — Station du *Yûn-nân,* sur la frontière des Birmans, située par 23° 58′ lat, N. et 18° 40′ long. W., entre les rivières appelées *Pīn-lâng* et *Lông-tchwĕn.* — C'est une des dernières stations de l'empire chinois, au sud-ouest.

│ │關 *Hòu-kú-kwān (C. H.),* ou simplement *Hòu-kú (C. K.).* — Douane du *Yûn-nân.*

│窂 *Hòu-lâo, (Medh.).* — Nom de lieu.

│門 *Hòu-mên (G. C.),* porte du tigre, vulgairement appelé *Bogue* ou *Bocca tigris.* — Nom de l'embouchure du *Tchū-kiāng* (*Kwàng-tōng*).

│廘 *Hòu-pòu (Cart. Chin.),* premières traces du tigre. — Ile de la mer de Chine, au nord de l'archipel de *Tcheōu-shān.* — Le caractère *Pòu* est dans *Kāng-hī.*

│西坻 *Hòu-sī-tchī (C. H.),* ou *Hòu-sī-tchîng (C. K.).*

│ │城 *Hòu-sī-tchîng (C. K.).* — Station située sur la côte sud-est du *Fòu-kién,* près de *Hía-mên-tchwĕn.* — La carte du P. du Halde la désigne sous le nom de *Hòu-sī-tchī.*

│頭 *Hòu-teŏu (C. K.),* tête de tigre. — Station du *Hôu-pĕ,* département de *Tĕ-ngān,* située près de la limite du *Hô-nân,* par 31° 28′ lat. N. et 4° 32′ long. W.

│ │山 *Hòu-tĕou-shān (C. G.).* — Ile de la côte de *Fŏ-kién,* département de *Tchāng-tcheōu,* sur la route de *Namoh* à *Amoy.* Autre de même nom, située sur la côte du *Tchĕ-kiāng,* département de *Wēn-tcheōu.*

│ │城 *Hòu-tĕou-tchîng.* — nom d'une ancienne ville du *Ssé-tchwĕn,* arrondissement de *Fóu-shún* (Biot).

│井嶼 *Hoù-tsìng-sú (C. K.),* île du puits du tigre, ou simplement *Hòu-tsìng (C. R.).* — Ile de l'archipel ou district de *Pēng-hôu,* département de *Tăg-wān,* située par 23° 28′ lat. N. et 3° 2′ long. E.

虎蹟 *Hòu-tsûn (Cart. Chin.).* — Ile au nord du *Chusan*.

虖沱河 *Hōu-tŏ-hô (Cart. Chin.).* — Rivière qui prend sa source dans le département de *Tăy*, province du *Shān-sī* et qui se jette, dans le lac, appelé *Tá-lou* de la province du *Tchĭ-lĭ*. — Le caractère *Hōu* est écrit, probablement par erreur, avec la clef 85. — Voir *Hōu-tŏ-hô (C. H.)*.

陽無邑 *Hóu (Perny).* — Principauté sur le territoire de *Hóu-hien*, département de *Sī-ngān (Shèn-sī).* — Le caractère désigné par le P. Perny est 無邑, qui ne se trouve pas dans *Kāng-hī*. — Même nom, pour désigner un district du *Shèn-sī*, situé par 34° 6′ lat. N. et 7° 50′ long. W., près de la capitale de la dynastie des *Tcheōu*, appelée *Fōng* (*Medh.*).

｜縣 *Hóu-hién (Ch. Rep.).* — Un des 18 districts du département de *Sī-ngān (Shèn-sī).* — Son chef-lieu est une ville de 3ᵉ ordre, située par 34° 8′ de lat. N. et 7° 50′ 30″ de long W.

SON HU.

Prononciation française. . . . . *Hu.*
— américaine, anglaise. . *Heu, Heue.*
— espagnole, portugaise . *Heu, Hiue.*

ORDRE DES CLEFS :

	肝	虗	許	無邑
CLEFS :	109	141	149	163
TRAITS :	3	8	4	12

盱眙 *Hù-i, car. Tchî* (joie vue d'en haut)-*hién* (*Ch. Rép.*). — L'un des 3 districts du département inférieur, appelé *Ssé-tcheōu* (*Ngān-hoëy*). Le chef-lieu est situé à 7 *lì*, au sud de *Ssé-tcheōu*, par 33° 2' lat. N. et 1° 51' 30'' long. E.
Sous les *Tsìn*, appelé *Lìn-hoây* (*Biot*).

虞 *Hū* (*Biot*). — Ancien nom de *Ngŏ-kīa-hién*, département de *Tsŏu-hiông* (*Yûn-nân*).

許 *Hù* (*Perny*). — Nom d'une ancienne principauté. Royaume, sous le nom de *Hù-kwĕ*, dans la province de *Hô-nân*, sous les *Tcheōu*. Medhurst dit aussi que c'est le nom d'une cité, d'une contrée. Ce caractère pris pour 無邑 *Hù*, indique un état attribué aux descendans de l'empereur *Yen* (?).

| *Hù*, ou *Hù-kwĕ* (*Biot*). — Ancien royaume feudataire, d'après le *Tchŭn-tsieōu* et dont la métropole était *Hù-tcheōu*.

| 昌 *Hù-tchăng* (*Biot*). Ancien nom de *Hù-tcheōu*, sous les *Oéy*.

| 州 *Hù-tcheōu* (*Biot*). — Ancien nom de *Hù-tcheōu*, sous les *Heóu-tcheōu*.

| | *Hù-tcheōu* (*Ch. Rep.*). — Un des 13 départemens, mais inférieur, de la province de *Hô-nân*, comprenant 4 districts *hién*, savoir : *Lîng-ўng*, *Tchăng-kŏ*, *Yèn-tchîng* et *Siâng-tchîng*. Le chef-lieu, à 1,790 *lì* de *Pě-kīng*, est situé au confluent des rivières *Tchŭ* et *Yng*, par 34° 6' lat. N. et 2° 28' 30'' long. W.
Sous les *Tcheōu*, principauté feudataire du *Hù* ; sous les *Oéy*, territoire de *Hù-tchăng* ; sous les *Tsí* du nord, de *Nân-tchîng* ; sous les *Héou-tcheōu*, de *Hù-tcheōu* ; et sous les *Sóng*, de *Yng-tchăng*.

無邑 *Hù* (*Medh.*). — Nom d'un état attribué aux descendans de l'empereur *Yen* (?). Caractère pris pour 許 *Hù*.

SON *HUEN.*

Prononciation française. . . . . *Huen, Huene, Huenn.*
— américaine, anglaise. . *Hwan.*
— espagnole, portugaise . *Huen, Hun.*

ORDRE DES CLEFS :

氵 玄

CLEFS : 85 95
TRAITS : 9 —

泫氏 *Huên-shî (Biot).* — Ancien nom de *Lĭng-tchwĕn-hién*, et de *Kāo-pĭng-hién*, sous les *Hán (B.).*

丨州 *Huên-tcheōu (Biot).* — Ancien nom de *Hīng-tăng-hién*, sous les *Tăng (B.).*

玄海瀼 *Huên-hày-yōng (Cart. Jap.)*, rivière de la mer Bleue, vulgairement, passage de *Van der Capellen.* — Nom indiqué sur la carte générale du Japon pour désigner l'entrée du détroit de *Simonoseki*, entre les provinces de *Tchăng-mên*, sur *Nifon*, et de *Tchŏ-tsiên*, sur *Kiu-siu.*

丨武 *Huên-où (Biot).* — Ancien nom de *Tchōng-kiăng-hién*, département de *Tŏng-tchwĕn (Ssé-tchwĕn)*, sous les *Héōu-tcheōu.*

丨州 *Huên-tcheōu (B.).* — Ancien nom de *Tŏng-tcheōu, Shún-tiĕn-foù (Tchĭ-lî)*, sous les *Tăng.*

丨突洞 *Huên-yào-tōng (Fl. sin.)*, grottes sombres et cachées, vulgairement, *Onhian onhiet dang.* — Un des deux noms des pagodes mystérieuses, établies dans les excavations des montagnes de marbre *Où-kieòu-shān*, situées sur la côte de Cochinchine. Ces noms sont inscrits sur les principales portes d'entrée. Voir *Yùn-nân-tōng (Fl. Sin.)*

SON *HUN*.

Prononciation française. . . . . *Hun, Hune, Hunn.*
— américaine, anglaise. . *Heun, Hiun.*
— espagnole, portugaise . *Hiun.*

ORDRE DES CLEFS :

勳 獯 訓

CLEFS : 19 94 149
TRAITS : 14 14 3

勳 *Hūn-tcheŏu (Biot).* — Ancien nom de *Tsĭ-shăn-hién*, sous les *Tsĭ* septentrionaux (B.).

獯河 *Hūn-hô (N. L.).* — Rivière du bassin houiller de *Chaitany*, à l'ouest de *Pĕ-kīng*, et qui se jette dans le fleuve Blanc.

｜鬻 *Hūn-tchŏ (D. G.)*, peuples septentrionaux *(D. G.).* — Morrison dit que ce sont certaines hordes du nord, qui dans l'histoire portent différens noms. Ce nom est un de leurs plus récents.

訓 *Hún (Medh.).* — Nom de district *(Medh.).*

｜邯 *Hún-hân (Medh.).* — Nom d'une ville du pays de *Hán* 漢 *(Medh.).*

SON *HWAN*.

Prononciation française. . . . . Hwan, Houan, Hwane, Hwann.
— américaine, anglaise . . Hwan.
— espagnole, portugaise. . Hoan.

ORDRE DES CLEFS :

丸 換 煥 皖

CLEFS : 3 64 86 106
TRAITS : 2 9 9 7

丸岡 *Hwǎn-kāng* (*Cart. Jap.*), montagne ronde. — Cité de la province de *Ywĕ-tsiên* (*Yetsizen*), sur Nifon, éloignée de 120 *ris* de *Yédo*.

換須賀 *Hwán-sū-hó* (*Alb. Jap.*), ou *Hông-sū-hó* (*Alb. Jap.*), en japonais *Yokoska*. — Arsenal établi sur la rive de la baie de *Yédo*, près de *Kamakoura*, sur la pointe de *Sagami*. Le nom diffère, suivant les cartes.

煥文 *Hwán-wén-shān* (*Cart. Chin.*), montagne des caractères brillants. — Montagne du *Yûn-nân*, département de *Lĭn-ngān*, où se trouve la caverne de *Yen-tong*, indiquée sur la carte de Klaproth par 23° 35′ lat. N. et 13° 10′ long. W.

皖 *Hwàn* (B.) ou *Hwàn-kwĕ* (D. G.). — Ancien royaume. Sous les *Sóng*, territoire de *Ngān-kĭng-fòu* (*Kiāng-sōu*).

| *Hwàn-hién* (*Biot*). — Ancien nom de *Hoǎy-ning-hién*, et autres, sous les *Hán* (*Biōt*).

皖江 *Hwàn-kiāng*, ou *Hwàn-tŏng* (D. G.). — Ancien nom de *Ngān-kîng-fòu* (*Kiāng-sōu*).

| 公 *Hwàn-kōng* (D. G.). — Montagne du *Kiāng-nân* (D. G.).

| *Hwàn-tchîng* (Biot). — Ancien nom de *Hoây-nîng-hién*, sous les *Oû* (Biot). — Voir *Hoǎn*.

| 桐 *Hwàn-tŏng*, ou *Hwàn-kiāng* (D. G.).

SON I.

Prononciation française. . . . . I, Y.
— américaine, anglaise . . E, I, Yi, Yih.
— espagnole, portugaise. . I, Y, Ye.

ORDRE DES CLEFS :

一	乙	亦	以	伊	儀	刈	壹	夷	宜
CLEFS :	1	5	8	9	9	9	18	33	37	40
TRAITS :	—	—	4	3	4	13	2	9	3	5

嶧	弋	彝	意	掖	日	易	汭	沂	泄
CLEFS :	46	56	58	61	64	72	72	85	85	85
TRAITS :	13	—	16	9	8	—	4	2	4	5

洢	涀	溢	熙	猗	異	益	矣	義	翼
CLEFS :	85	85	85	86	94	102	108	111	123	124
TRAITS :	6	8	10	9	8	7	5	2	7	12

苢	薏	衣	邑	郼	黟
CLEFS :	140	140	145	163	163	203
TRAITS :	5	13	—	—	8	6

一官 *I-kwān (Cart. Jap.)*, première douane. — Station de la province de *Shâng-tsŏng (Kadsusa)* sur *Nifon*, éloignée de 15 *ris* de *Yédo*.

I-mên (G. C.), premier passage. — C'est une espèce de détroit formé par les deux îles *Tān-kwén-teŏu* et *Yè-tcheŏu*, dans l'archipel formé à l'embouchure de la rivière de Canton.

｜南 *I-nân (Cart. Jap.)*, premier midi. — Station de la province de *Lĭng-ngáo (Mudsu)* sur *Nifon*, éloignée de 175 *ris* de *Yédo*.

｜賜樂業 *I-ssé-lŏ-nĭe (Ch. Rep.)*, héritage joyeux conféré par l'Être suprême. — Israélites, partisans du culte d'Israël, appelé *Tāo-kĭn-kiâo*, c'est-à-dire *secte au nerf coupé*, par allusion à la circoncision (*Ch. Rep.*, vol. XIV, page 329), qui est pratiqué par le peuple de cette tribu. C'est un synonyme de Juifs et d'Hébreux. La traduction chinoise est celle donnée dans le *Chinese Repository*, tom. XX, pages 450 et 452. D'après le témoignage d'une des tables de pierre, qui est dans la synagogue de *Kăy-fōng-fŏu (Hô-nân)*, les israélites entrèrent d'abord, en Chine, sous la dynastie des *Hán*, l'an 206 A. E., au nombre de 70 familles, et les lettres des jésuites nous apprennent, de plus, qu'ils vinrent encore, sous le règne de *Ming-tí*, ans 58 à 75 D. E., du *Sī-yû*, c'est-à-dire des régions occidentales. Il paraît, par tout ce qu'on a pu apprendre d'eux, que cette contrée occidentale est la *Perse*, et qu'ils débouchèrent du *Khorastan* et de *Samarcande*. Ils ont plusieurs mots persans dans leur langage, et ils ont eu pendant longtemps de grands rapports avec ce pays.

｜塔 *I-tă (Ch. Rep.)*, première colline. — Nom donné à la fameuse tour de porcelaine à Nankin, également appelée *Pào-ngēn-ssé, Lieôu-li-tă*, etc. — Voir *Ch. Rep.*, vol. XIII, page 264.

｜湊 *I-tseŏu (Cart. Jap.)*, premier étang. — Point signalé au nord-ouest de l'île de *Wŏ-kieòu-tào (Yakunosima)*.

乙 *I.* — Voir *Tsòu-ĭ-tōu (Biot)*.

亦烏鬼 *I-oū-kwèy-kwĕ (Cart. Chin.)*. — Abyssinie, état de l'Afrique. — Voir *Ngŏ-pĕ-sī-nĭ-yá (Ch. Rep.)*.

｜佐 *I-tsó-hién (Ch. Rep.)*. — Nom d'un arrondissement et d'une ville de 3ᵉ ordre, département de *Kĭo-tsĭng (Yûn-nân)*. Le chef-lieu est situé sur une des branches supérieures du *Hông-shwĭ*, par 25° 20' lat. N. et 12° 2' 30" long. W. Sous les *Hán*, *Ywèn-wèn*; sous les *Tâng*, *Pàn-tcheŏu (Biot)*.

以 *I (Medh., Morr.)*. — Nom de rivière. — Nom d'un ruisseau des montagnes, prononcé *Sĭĕ* par De Guignes. On trouve *Sĭĕ-kĭ*, pour certain cours d'eau du *Tchĕ-kiāng*.

以大利 *I-tá-li-kwĕ* (Bridgm.). — Italie, dont la ville la plus ancienne et la plus célèbre est Rome. — Voir *I-tá-li-yá* (Ch. Rep.).

伊二地砂河 *I-eùl-tí-shā-hô* (N. L.), en russe *Irtysh*. — Rivière qui prend sa source dans les monts *Altaï*, traverse le lac *Dsaisang*, se dirige au nord par Semipolatinsk et Tobolsk et se réunit au fleuve *Oby*, autre grand cours d'eau qui a la même origine.

| 尒虎 *I-eùl-hòu-shān* (Cart. Chin.). — Montagne de la Mandchourie, qui fait partie de la grande chaîne des monts Dauriens.

| *I-hô* (C. K.). — Rivière du *Hô-nân*, département de *Tchāng-tĕ*, tributaire du *Oéy-hô* (C. K.).

| 賀 *I-hô* (Cart. Jap.), présent manifeste, en japonais *Iga*. — Province centrale de *Nifon*, limitée au nord par *Omi* (*Kín-kiāng*); à l'est, par *Isé* (*I-shí*); au sud, par *Jamato* (*Tá-hô*); à l'ouest, par *Jamasiro* (*Shān-tchĭng*). Cette province comprend 4 cité et 4 préfectures. La cité *Sháng-yè* est éloignée de 107 ris de *Yédo*.

| 克 *I-kĕ* (Ch. Rep.), en langage local *Yik*, est un lac situé dans la partie nord-est du Thibet ultérieur.

| | 昭 *I-kĕ-tchāo-mĭng* (Ch. Rep.), en mongol *Ekatchous*. — Un des 6 corps des bords du fleuve Jaune, appartenant à la province appelée *Nwí-mông-kòu* et ne comprenant que la seule tribu des *Ngŏ-eùl-tō-ssē*.

| 計間 *I-kí-kiēn* (Ch. Rep.), vulgairement *Ikima*. — Une des 7 îles du petit groupe de *Tá-pĭng-shān*, dans le petit archipel de *Madjicosima*.

| 闕 *I-kŭe*. — Ancien nom de *Sōng-hién* et de *I-yâng-hién*, sous les *Swí* (Biot).

| 勒呼里 *I-lĕ-hōu-lì-shān* (Ch. Rep.). — Montagne de la Mandchourie, qui donne naissance à la rivière, appelée *Hôu-mà-eùl*, et qui fait partie des *Daouriens* intérieurs (*Nwí-kīng-ngān*).

| 犁 *I-lí* (Cart. Chin.), charrues réglées. — Nom d'un grand territoire de l'Asie centrale appelé *Turkestan* et faisant partie de l'empire chinois (*Tá-tsĭng-kwĕ*). Ce pays, habité par différentes tribus, est divisé en deux circonscriptions, enfermées par les monts Célestes, ou *Tiēnshān*; l'une boréale ou *Pĕ-lóu* et l'autre méridionale ou *Nân-lóu*. L'*I-lí* est borné, au nord, par la chaîne de l'*Altaï*, qui le sépare des Cosaques de la Tartarie indépendante; au nord-est, par les monts *Tchamar* et la rivière *Irtish*, qui le séparent de la Mongolie; à l'est et au sud, par les départe-

mens d'*Oroumtsi* et de *Barkoul*, actuellement faisant partie du *Kān-sŏ;* au sud, par le désert de *Cobi* et les monts *Kwĕn-lûn*, qui le séparent du Tibet; enfin, à l'ouest, par les monts *Belour*, qui le séparent de la Boukharie. La capitale de l'*I-li* est *Hoéy-ywèn-tchĭng*, appelée en mongol *Gouldja.*

Voir *Chinese Repository*, vol. I, page 170, vol. IX, page 117, et vol. XIII, page 566. Renvoi à l'article *I-li-hô (Ch. Rep.).*

伊犂 *I-li-hô (Ch. Rep.),* en mongol *Ili mouren.* — Grande rivière de Tartarie qui donne son nom à la grande circonscription extérieure de l'empire chinois. Cette rivière est formée par deux branches supérieures : le *Tekes* et le *Konges.* La première, la plus considérable, descend de solitudes alpestres, de rochers peuplés de chamois et d'ours, de glaciers que le pied de l'homme n'a jamais franchis, et que domine, de sa masse puissante, le *Tengritag,* montagne d'au moins 6,700 mètres de haut, qui trône au milieu de nombreux amas de glaces et de neiges. Le *Konges* recueille les eaux des monts que commande en arrière le puissant *Bogdo-ola,* qui est probablement le pic le plus élevé des montagnes Célestes (*Tiĕn-shān*) et le plus riche en frimats éternels.

L'*Ili* traverse la province chinoise qui a pris de lui son nom, et dont la capitale *Kouldja* est bâtie sur sa rive droite. Au-dessus de son confluent avec le *Tcharyn*, l'*Ili* quitte le territoire chinois, pour entrer dans les possessions russes. En ce point de son cours, la rivière, coulant entre l'*Alatau-dzongare* et l'*Alatau-transtilien*, se trouve à une altitude de 400 à 500 mètres. Ses rives sont basses, plates, tantôt rocheuses, tantôt sablonneuses et marécageuses; la largeur est de 300 à 600 mètres. Prenant ensuite la direction du nord-ouest, l'*Ili* court vers le lac *Balkhach*, dont le sépare une chaîne qu'il éventre par des gorges profondes, pittoresques, bordées de rocs à pics. La percée a bien 32 kilomètres de long; la rivière en ressort pour déboucher dans les steppes. Sur les derniers rochers de porphyre, dont il lave la base, sont gravées des figures de Boudha et des inscriptions tibétaines, marquant sans doute la limite extrême qu'atteignait jadis l'empire des Dzoungares.

L'*Ili* devient navigable à environ 75 kilomètres au-dessous de *Kouldja;* les Chinois se servent de cette voie pour approvisionner la ville; les Russes y naviguent aussi, d'avril en novembre, mais les rapides qui en interrompent le cours, dans les gorges de *Tamgalitas,* contrarient beaucoup la marche des bateaux, sans être pourtant un obstacle insurmontable; des barques ont remonté jusqu'à *Iliisk.* A partir des sources du *Tekes,* l'*Ili* a de 1,100 à 1,300 kilomètres de parcours, dont près de moitié sur territoire russe; la largeur varie entre 400 et 500 mètres, la profondeur entre 3 et 6 mètres; le courant est fort, excepté dans les bras qui forment l'embouchure dans le lac *Balkhach;* son eau est généralement trouble et peu poissonneuse.

伊那 *I-nô-kún (Cart. Jap.).* — Une des 10 préfectures de la province japonaise de *Sin-nông (Sinano)*, située au sud.

伊勢 *I-shî (Cart. Jap.),* force manifeste, en japonais *Isé.* — Province de Nifon, baignée au sud et au nord par l'océan Oriental; à l'est par *Sma* (*Tchi-mô*); au sud-est par *Kii* (*Kì-ĭ*); au sud-ouest par *Samato*

(*Tă-hŏ*) et *Iga* (*I-hŏ*); au nord-ouest par *Omi* (*Kīn-kiāng*), *Mino* (*Měy-nông*) et *Ovari* (*Wèy-tchāng*).

Cette province comprend 4 cités, 13 préfectures et 5 stations.

Voici les points cités :

Tsīn-tchĭ, station éloignée de 102 ris de *Yédo*.
Kieòu-kăo, — — 106 —
Sāng-ming, cité — 94 —
Kwèy-shān, — — 103 —
Tchăng-tào, — — 92 —
Shĭn-hóu, — — 104 —

伊勢岐 *I-shí-kĭ* (*Cart. Jap.*). — Station de la province de *Sháng-yè* (*Kodske*) sur *Nifon*, éloignée d'environ 28 *ris* de *Yédo*.

| 達郡 *I-tă-kún* (*N. L.*), en japonais *Date* ou *Dategori*. — Arrondissement de la province de *Moutsou*, renommé pour ses produits sérigènes. — Même nom pour désigner une localité séricicole de la province d'*Osyou* (*Ngào-tcheōu*), d'après le rapport au ministre, fait par M. L. de Rosny.

| *I-tcheōu*. — Ancien nom de *Sōng-hién*, sous les *Swĭ* (*Biot*).

| 豆 *I-teóu* (*Cart. Jap.*), culture de légumes, en japonais *Idsu* ou *Izou*. — Province de *Nifon*, située sur une presqu'île de l'océan Oriental. Elle est bornée au nord-ouest par les provinces de *Tsŭn-hó* (*Surug*) et de *Siāng-môu* (*Saganu*). On y compte 4 préfectures : *Tiĕn-fāng*, *Kŭn-tsĕ*, *Nô-hó* et *Kiā-kiáy*, et 1 station, cette dernière, appelée *Hiá-tiĕn*, qui se trouve éloignée de 102 ris de *Yédo*. Il y a, en outre, les 7 îles appelées *Tsĭ-tào*, ou *I-teóu-tsĭ-tào*, en japonais *Ousima* ou *Vries*, qui forment un groupe considérable d'îles, au sud-est. Il y a encore plus loin, dans la même direction, un autre groupe, appelé les 8 îles *Pă-tchăng-tào*, en japonais *Fatsizio*. *Simoda*, port récemment ouvert au commerce étranger, fait partie de cette province, où l'on signale la production de la soie, particulièrement de celle obtenue du ver *yamamaï*, qui se nourrit des feuilles du chêne.

| | 七島 *I-teóu-tsĭ-tào* (*Cart. Jap.*), les 7 îles de *Idsu*, ou simplement *Tsĭ-tào*. — Groupe de 7 îles de la province de *Idsu*, sur *Nifon*.

| 土 *I-tŏu* (*N. L.*), territoire étendu, vulgairement *Itu*. — Territoire, sur les bords du fleuve Bleu, situé dans une plaine, entre *Hán-keŏu* et *I-tchang-fòu*, de la province de *Hôu-pĕ* (*G. R.*).

| 子 *I-tsĕ* (*C. K.*). — Poste du *Kwéy-tcheōu*, situé sur le *Tchĭ-shwì*, dans le département de *Tá-tíng*, près de *Lông-tchăng-yng*, par 27° 32' lat. N. et 10° 48' long. W., au pied de montagnes neigeuses, près de la frontière ouest de la Chine.

伊 隊   *I-twĭ* (*Cart. Jap.*), glissant et étendu, en japonais *Ijo* ou *Iyo*. — Province de *Sikok*, baignée au nord et à l'ouest par la mer intérieure, entre *Nifon* et *Kiu-siu*, et au sud par l'océan Oriental. Elle est limitée à l'est par la province de *Tŏu-tsò* (*Tosa*), et au nord-est par celles de *Ngō-pō* (*Awa*) et *Tsăn-kĭ* (*Sanuki*).

Cette province comprend 6 cités, 13 préfectures et 5 stations.

Sī-tiăo,	cité éloignée de	205	*ris* de *Yédo*.
Sōng-shăn, —	—	218	—
Líng-tchí, —	—	201	—
Siăo-sōng, —	—	200	—
Yù-tào, —	—	278	—
Kĭ-tsĕ, station	—	271	—
Tá-tsién, cité	—	240	—
Sīn-kūn, station	—	241	—

Au milieu du détroit, s'avance un isthme ou langue de terre longue et sinueuse, appelée *Săn-kièou-kwèy*, et qui forme le passage le plus étroit, entre *Sikok* et *Kiu-siu*.

Le seul cours d'eau important de cette contrée est le *Siăo-tsŭn-tchwĕn*, qui se trouve au nord-ouest. Les montagnes les plus considérables et situées à l'est, sont *Shĭ-tchwĭ-shăn* et *Tăng-tiăo-shăn*. La mer intérieure qui baigne les rives de cette province est appelée *Ijonada* (*I-twĭ-yăng*).

Sur le canal de *Bongo*, le P. du Halde mentionne le port de *Dongo*.

| | 洋   *I-twĭ-yăng* (*Cart. Jap.*), en japonais *Ijonada*. — Mer intérieure qui baigne les rives de la province de *Ijo*, sur *Sikok*.

| 陽   *I-yăng-hién* (*Ch. Rep.*). — Un des 4 districts du département secondaire appelé *Jù* (*Hô-năn*), et contenant de riches mines de cuivre. Le chef-lieu est situé par 34° 12′ lat. N. et 3° 58′ 30″ long. W., sur la rive gauche du *Jù-hô*.

儀 封   *I-fōng* (colline convenable)-*tīng* (*Ch. Rep.*). — Un des 17 districts, mais inférieur, et station militaire du département de *Kăy-fōng* (*Hô-năn*), situé sur la rive droite du fleuve Jaune par 34° 55′ lat. N. et 1° 20′ long. W.

| 興   *I-hīng*. — Ancien nom de *I-hīng-hién*, sous les *Tsīn* (*Biot*).

| 隴   *I-lông* (digue convenable)-*hién* (*Ch. Rep.*). — Un des 10 districts du département de *Shún-kĭng* (*Ssé-tchwĕn*). Le chef-lieu est situé sur un petit affluent du *Tōng-kiāng*, par 31° 28′ lat. N. et 40° 3′ 30″ long. W. Sous les *Hán*, territoire de *Leăng-ĭchōng*; sous les *Tăng*, *Tăng-tcheōu* (*Biot*).

| | *I-lông-hôu* (*C. K.*), lac de la digue convenable. — Lac du *Yŭn-năn*, du département de *Lĭn-ngăn*.

儀章 *I-tchăng.* — Ancien nom de *Kwéy-yâng-tcheōu*, sous les *Tăng* (Biot).

丨州 *I-tcheōu.* — Ancien nom de *Leâo-tcheōu*, sous les *Tăng* (Biot).

丨眞 *I-tchĭn* (Biot). — Voir *I-tchīng-hién* (Ch. Rep.).

丨 *I-tching.* — Nom d'une ancienne ville, près de *Lân-yâng-hién*, département de *Kăy-fōng* (Biot).

丨徵 *I-tchīng-hién* (Ch. Rep.). — Un des 8 districts du département de *Yâng-tcheōu* (Kiāng-sōu). Le chef-lieu est situé sur un affluent du fleuve Bleu, par 32° 18' lat. N. et 2° 40' 30" long. W.
Le caractère *Tching* est écrit 眞 *Tchĭn* dans Biot.

刈陵 *I-lĭng.* — Ancien nom de *Lôu-tching-hién*, sous les seconds *Oéy* (Biot).

壹岐 *I-kĭ* (Cart. Jap.), première colline, en japonais *Yki* ou *Iki*, autrement appelée *I-kĭ-tào* (Alb. Jap.). — Petite province formée d'une île principale ou d'un petit archipel, situé au nord-ouest de la province de *Fizen* sur *Kiusiu*, et au sud-est de *Tsussima*, dans le détroit de Corée.
Elle est composée de 2 préfectures : *I-kĭ* et *Shĭ-tiĕn*, et de 2 stations : *Shĭ-tiĕn* et de *Shĭng-pèn*, cette dernière éloignée de 35 *ris* de la préfecture de *Sóng-pòu* sur *Fizen* et de 48 *ris* de *Fòu-tchōng* sur *Tsussima*. Une seule île, appelée *Tchŏ-shān*, est signalée sur la carte. Le centre de l'île est par 33° 46' lat. N. et 13° 10' long. E. — Même dénomination pour désigner la préfecture de la province de même nom, située au nord-est de l'île, par 33° 44' lat. N. et 13° 10' long. E.

丨丨島 *I-kĭ-tào* (Alb. Jap.), île de la première colline, en japonais *Ikisima* ou *Iki*, autrement appelée *I-kĭ.* — Voir ce dernier nom. La dénomination d'*I-kĭ-tào* se trouve dans la géographie japonaise intitulée *Kwĕ-kŭn-tsuĕn-tŏu*. Cette province fait partie de la circonscription, appelée *Eŭl-tào*, en même temps que *Twĭ-mà*.

夷 *I* (Medh.), ou *I-jĭn* (Medh.), barbare, étranger. — Tel est le nom donné aux étrangers venus de l'occident. Ceux du nord sont appelés *Mân* 蠻 et ceux du sud *Mĕ* 貊 (Medh.).

丨猳 *I-hiâ* (Kœmpf.), autrement *Hiâ-i* (Ch. Rep.), porcs barbares. — *Iéso* ou *Iésogasima*, île au nord de *Nifon*.

丨亻 *I-jĭn* (Medh.), ou simplement *I*, barbare, étranger (Medh.).

夷陵 *I-lĭng-tcheōu (Biot)*. — Nom d'un arrondissement et d'une ville de 2ᵉ ordre, département de *Kīng-tcheōu (Hôu-pĕ)*. Le premier caractère s'écrit aussi 彞 *(Biot)*. Le chef-lieu est situé par 30° 49′ lat. N. et 5° 18′ 10″ long. W. — Autrefois dépendance du royaume de *Tsŏu*; sous les *Hán*, du pays de *Shŏ*, territoire de *Sī-ling*; sous les *Heóu-tcheōu, Hiá-tcheōu*; actuellement *I-tchăng-fòu (Biot)*.

| 門 *I-mên*. — Nom d'une ancienne ville, à l'est de *Kăy-fōng-fòu (Biot)*.

| 道 *I-táo*. — Ancien nom de *I-tōu-hién*, sous les *Hán (Biot)*.

| 廌 *I-tchăy-tchwĕn (Cart. Jap.)*, ruisseau de l'unicorne sauvage. — Petit cours d'eau de la province de *Shăng-tsōng (Kadsusa)* sur *Nifon*, qui se jette dans l'océan Oriental.

| *I-tcheōu*. — Ancien nom de *Shĭ-tsiĕn-fòu* et de *Swī-yáng-hién*, sous les *Tăng (Biot)*.

宜豐 *I-fōng*. — Ancien nom de *Sīn-kiĕn-hién* sous les *Tsĭn*, et de *Sīn-tchăng-hién* sous les *Oŭ (Biot)*.

| 風 *I-fōng*. — Nom d'un ancien arrondissement et d'une ville de 3ᵉ ordre, du temps des *Tăng*, au sud de *Yòng-fŏ-hién*, département de *Kwéy-lĭn (Biot)*.

| | *I-fōng (C. K.)*. — Station du *Hô-nân*, département de *Kăy-fōng*, située sur la rive droite du fleuve Jaune, près de la frontière du *Shān-tōng*.

| 興 *I-hīng-hién (Ch. Rep.)*. — Un des 9 districts du département de *Tchăng-tcheōu (Kiāng-sōu)*. Le chef-lieu est situé, près du lac appelé *Yŏng*, par 34° 28′ lat. N. et 3° 20′ 6″ long. E. On y recueille la qualité de thé vert appelée *Hân-kāo*.

| 河 *I-hô (Fl. Sin.)*. — Rivière du *Hô-nân*, qui prend sa source dans les monts, appelés *Sōng*, et qui se jette dans le *Lŏ*, au-dessous de *Hô-nân-fòu*.

| *I-hô (C. K.)*. — Rivière du département et province de *Hô-nân*, qui descend des *Hiōng-eúl-shān*, et se jette dans le *Lŏ-hô*.

| 禾 *I-hô* (grains propices)-*hién (Ch. Rep.)*. — Un des 4 districts du département de *Tchín-sī (Kān-sŭ)*. Le chef-lieu est situé par 43° 40′ lat. et 22° 28′ 54″ long. W.

| 黃 *I-hoâng* (district du jaune convenable)-*hién (Ch. Rep.* — Un des 6 districts du département de *Fòu-tcheōu (Kiāng-sī)*. Le chef-lieu est situé sur le *I-kī*, par 27° 32′ lat. N. et 0° 46′ 30″ long. W.

宜磯 *I-kī (Fl. Sin.)*. — Rivière du *Kiāng-sī*, qui se réunit au *Hoáng-kī*, près de *I-hoâng-hién*, département de *Fôu-tcheōu*.

| 君 *I-kūn* (chefs propices)-*hién (Ch. Rep.)*. — Un des 3 districts du département moyen appelé *Fōu (Shèn-sī)*. Le chef-lieu est situé par 35° 28′ lat. N. et 7° 26′ 30″ long. W.

| 良 *I-leâng* (excellent et propice)-*hién (Ch. Rep.)*. — Un des 11 districts du département de *Yûn-nân*. Le chef-lieu est situé près du *Pă-tă-hô*, par 24° 58′ lat. N. et 13° 14′ 30″ long. W.

| 龍 *I-lông* (dragons propices)-*hôu (Fl. Sin.)*. — Lac au sud-ouest de la province de *Yûn-nân*, dans le département de *Lîn-ngān*.

| 倫 *I-lûn*. — Nom d'un ancien arrondissement comprenant, sous les *Leâng*, une partie du district de *Tān-tcheōu (Kiông-tcheōu)* (Biot).

| 賓 *I-pīn* (hôte favorable)-*hién (Ch. Rep.)*. — Un des 13 districts du département de *Sû-tcheōu (Ssé-tchwēn)*. Le chef-lieu est situé près du *Fâng-shān*, par 28° 38′ lat. N. et 11° 43′ 16″ long. W.

| *I-shān (C. K.)*. — Montagnes du sud du *Shān-tōng*, situées au nord du lac *Tōu-shān-hôu*, entre les départemens de *Kwèn-tcheōu* et de *I-tcheōu*.

| 山 *I-shān* (montagne propice)-*hién (Ch. Rep.)*. — Un des 5 districts du département de *Kīng-ywên (Kwàng-sī)*. Le chef-lieu est situé par 24° 26′ 24″ lat. N. et 8° 4′ 24″ long. W.

| 壽 *I-sheōu*. — Ancien nom de *Tcheōu-tchĭ-hién*, sous les *Tāng* (Biot).

| 浚 *I-sûn-hô (C. K.)*. — Rivière du *Shîng-kīng*, affluent du *Lwân-hô*.

| 昌 *I-tchăng*. — Nom d'une ancienne ville, établie par les *Tsin*, sur l'arrondissement de *I-tōu* (Biot).

| | *I-tchăng* (lumière propre)-*fôu (Ch. Rep.)*. — Un des 11 départemens de la province de *Hôu-pĕ*, comprenant 7 districts, dont 2 *tcheōu* et 5 *hién*, ainsi qu'il suit : *Tōng-hôu, Tchăng-yâng, Tchăng-lŏ, Hŏ-fōng, Kwēy, Hīng-shān* et *Pā-tōng*. Le chef-lieu de ce département, à 3,540 *lĭ* de *Pĕ-kīng*, est situé sur la rive gauche du fleuve Bleu, par 30° 49′ lat. N. et 5° 18′ 10″ long. W. Dans la gorge de *Fōng-siáng*, le fleuve a une telle profondeur, qu'à 18 brasses (près de 30 mètres) le capitaine Blackiston rapporte qu'on ne put toucher le fond. Le niveau des plus hautes et des plus basses eaux dépasse 80 pieds (27 mètres) (G. R.).

宜章 *I-tchāng-hién* (Ch. Rep.). — Un des 5 districts du département moyen appelé *Tchĭn-tcheōu*. Le chef-lieu est situé au pied du *Hoáng-lĭng-shān*, sur un affluent supérieur du *Tchĭng-kiāng*, par 25° 47' lat. N. et 3° 50' 54" long. W.

│ 州 *I-tcheōu*. — Ancien nom de *Kĭng-ywèn-foù* sous les *Táng*, de *Yáo-tcheōu-hién* sous les *Oéy* occidentaux, et de *Tĭĕn-hô* sous les *Táng* (Biot). — Même nom pour désigner un ancien district du temps des *Leáng*, dans le territoire de *I-lĭng-tcheōu* (Biot).

│ 城 *I-tchíng* (cité propice)-*hién* (Ch. Rep.). — Un des 7 districts du département de *Siāng-yâng* (*Hôu-pĕ*). Le chef-lieu est situé sur le *Hán-kiāng*, par 31° 40' lat. N. et 4° 20' 30" long. W.

│ 春 *I-tchŭn* (Biot). — Nom, sous les *Hán*, de *Ywèn-tcheōu-foù* et de *Sīn-yŭ-hién*, département de *Lín-kiāng* (*Kiāng-sī*).

│ │ *I-tchŭn* (district du printemps propice)-*hién* (Ch. Rep.). — Un des 4 districts du département de *Ywèn-tcheōu* (*Kiāng-sī*). Le chef-lieu est situé par 27° 54' 32" lat. N. et 2° 6' 48" long. W.

│ 川 *I-tchwĕn*. — Ancien nom de *Ngān-tĭng-hién*, département de *Yĕn-ngān* (*Shĕn-sī*), sous les *Sóng* (Biot).

│ │ *I-tchwĕn* (ruisseau propice)-*hién* (Ch. Rep.). — Un des 10 districts du département de *Yĕn-ngān* (*Shĕn-sī*). Le chef-lieu est situé à l'ouest de la chaîne des *Mŏ-yŭn-lĭng*, sur un petit affluent de la rivière Jaune, par 36° 8' lat. N. et 6° 28' 54" long. W.

│ 都 *I-tōu* (habitation propice)-*hién* (Ch. Rep.). — Un des 7 districts du département de *Kīng-tcheōu* (*Hôu-pĕ*). Le chef-lieu est situé sur la rive droite du fleuve Bleu, par 30° 28' lat. N. et 5° 9' 30" long. W.

│ 陽 *I-yâng* (territoire propice)-*hién* (Ch. Rep.). — Un des 10 districts du département de *Hô-nân*. Le chef-lieu est situé sur la rivière *Lŏ*, par 34° 31' 20" lat. N. et 4° 18' 30" long. W.

嶧 *I* (collines réunies)-*hién* (Ch. Rep.). — Un des 10 districts du département de *Kwĕn-tcheōu* (*Shān-tōng*). Le chef-lieu est situé sur un affluent du grand canal, par 34° 53' lat. N. et 1° 22' 30" long. E.

弋居 *I-kŭ*. — Nom d'un ancien arrondissement du 3ᵉ ordre, du temps des *Hán*, au sud de *Nĭng-tcheōu* (?) (Biot).

│ 陽 *I-yâng*. — Ancien nom de *Kwáng-tcheōu-hién* (*Hô-nân*) (Biot).

│ │ *I-yâng* (district des objets obscurs)-*hién* (Ch. Rep.). — Un des 7 districts du département de *Kwáng-sīn* (*Kiāng-sī*). Le chef-lieu est situé sur le *Kīn-kiāng*, par 28° 35' lat. N. et 1° 4' 30" long. E.

— 193 —

彝陵 *I-ling-tcheõu*. — Synonyme de *I-ling-tcheõu* (Biot).

意良部 *I-leâng-póu* (*Ch. Rep.*), vulgairement *Idiabu*. — Une des 7 îles principales du petit groupe de *Tá-pĭng-shān*, dans le petit archipel de *Madjicosima*.

｜大里亞 *I-tá-li-yá* (*Ch. Rep.*). — Italie, contrée méridionale d'Europe. — Voir *I-tá-li-kwĕ* (*Bridgm.*).

掖 *I* (district de la muraille)-*hién* (*Ch. Rep.*). — Un des 7 districts du département de *Lây-tcheõu* (*Shān-tōng*). Le chef-lieu est situé par 37° 9′ 36″ lat. N. et 6° 44′ 54″ long. E. — Même nom pour désigner l'ancien territoire de *Tcháo-ywên-hién*, sous les *Hán* (Biot).

日昭 *I*, car. *Jĭ-tcháo* (éclat du soleil)-*hién* (*Ch. Rep.*). — Un des 7 districts du département de *I-tcheõu* (*Shān-tōng*). Le chef-lieu est situé par 35° 27′ lat. N. et 3° 24′ 30″ long. E., au sud du *Lâng-yè-shān*, près de la côte, à l'embouchure d'un petit cours d'eau.

易 *I* (district uni)-*hién*. — Ancien nom de *Hiông-hién*, sous les *Hán* (Biot).

｜門 *I-mên* (porte facile)-*hién* (*Ch. Rep.*). — Un des 14 districts du département de *Yûn-nán*. Le chef-lieu est situé par 24° 45′ lat. N. et 14° 9′ 30″ long. W.

｜州 *I-tcheõu* (*Ch. Rep.*), contrée unie. — Un des 6 départemens *tcheõu* de la province du *Tchĭ-lí*, contenant 2 districts *hién*, savoir : *Lây-shwĭ* et *Kwàng-tchăng*. Le chef-lieu est situé par 39° 24′ lat. N. et 0° 53′ 30″ long. W.

｜城 *I-tchîng*. — Ancien nom de *Hiông-hién*, sous les *Tsĭn* (Biot).

氿 *I* (*Morr.*). — Nom de rivière (*Morr.*). — Prononcé *Ngày* par Medhurst, indique le nom d'un ruisseau.

沂河 *I-hô* (*C. K.*). — Rivière du *Shān-tōng*, qui prend sa source au sud des monts *Kĭ-où-shān* du *Shān-tōng*, et qui se jette dans le lac appelé *Lŏ-mà-hôu* du *Kiāng-sōu* (*C. K.*).

｜水 *I-shwĭ* (eaux des sources de *I*)-*hién* (*Ch. Rep.*). — Un des 7 districts du département de *I-tcheõu* (*Shān-tōng*). Le chef-lieu est situé au pied du *Kĭ-où-shān*, par 35° 46′ lat. N. et 2° 34′ 30″ long. E.

｜州 *I-tcheõu* (contrée des eaux chaudes)-*fôu* (*Ch. Rep.*). — Un des 12 départemens de la province du *Shān-tōng*, comprenant 7 districts, savoir : *Lân-shān*, *Tân-tchîng*, *Féy-hién*, *Mông-yn*, *I-tcháo* *Kùu-tcheõu* et *I-shwĭ*. Le chef-lieu, à 1,600 *lĭ* de *Pĕ-kīng*, est situé sur le *I-hô*, par 35° 8′ lat. N. et 2° 4′ 30″ long. E.

VOCAB. GÉOG. CHINOIS. 25

泲 *I* (D. G.). — Nom d'une rivière du *Hô-nân*.

況 *I* (Medh., Morr.). — Les bords d'une rivière.

溢脈 *I-mĕ-hô* (C. K.). — Rivière du *Yûn-nân*, affluent du *Li-siĕn-kiāng*.

| 樂 *I-yŏ*. — Ancien nom du chef-lieu de *Mîn-tcheōu* (?) (Biot).

熙 *I*, car. *Hī*. — Voir *Tsĭn-ĭ-kûn* (Biot).

猗海 *I-hày* (Fl. Sin.), mer des soupirs. — Petit lac situé à l'ouest du *Kwéy-tcheōu*, district de *Oĕy-ning*, département de *Tä-ting*, le seul indiqué sur la carte de Klaproth; malgré que les relations diverses annoncent une contrée très-montagneuse, très-accidentée, et sillonnée de nombreux cours d'eau.

| 氏 *I-shĭ* (famille de soupirs)-*hién* (Ch. Rep.). — Un des 6 districts du département de *Pŏu-tcheōu* (*Shān-sī*). — Le chef-lieu est situé par 35° 44′ lat. N. et 5° 45′ 30″ long. W. — Autrefois principauté de *Sûn* (Biot).

| 節 *I-tsie-sin* (C. H.). — Bureau de poste ou marché du *Kwéy-tcheōu*, situé au sud-ouest du lac appelé *I-hày*.

異 *I-tching*. — Ancien nom de *Kiāng-tchwĕn-hién*, sous les *Hán* (Biot).

盆 *I-hién*. — Ancien nom de *I-tōu-hién*, sous les *Hán* (Biot).

| 昌 *I-tchăng*. — Ancien nom de *Tchâo-hôa-hién*, sous les premiers *Sóng*, et de *Yōng-tsĭn-hién*, sous les *Hán* (Biot).

| *I-tcheōu*. — Ancien nom de *Ning-tcheōu* (*Lûn-ngān-fŏu*), de *Tching-tŏu-fŏu*, de *Yûn-nân-fŏu* et de *Mông-hôa-fŏu* (*Yûn-nân*), et de *Tchĭ-shwi-oéy* (*Kwéy-tcheōu*), sous les *Hán* (Biot).

| 都 *I-tōu* (Biot). — Ancien nom, sous les *Oéy*, de *Tsĭng-tcheōu-fŏu* (*Shān-tōng* (Biot).

| | *I-tōu* (cour utile)-*hién* (Ch. Rep.). — Un des 44 districts du département de *Tsĭng-tcheōu* (*Shān-tōng*). Le chef-lieu est situé sur la rive droite du fleuve Bleu, par 30° 28′ lat. N. et 5° 9′ 54″ long. W. — Sous les *Hán*, *I-hién* (Biot).

益都 *I-tōu-shān (Fl. Sin.)*. — Montagne du *Ssé-tchwĕn*, au nord du departement de *Sŭ-tcheōu-fòu*.

| 津 *I-tsĭn*, bac utile. — Ancien nom de *Pā-tcheōu-hién*, sous les *Táng (Biot)*.

| | *I-tsĭn-kún (Cart. Jap.)*. — Une des 7 préfectures de la province japonaise de *Tsŭn-hô (Surug)*, située au sud-ouest.

| 陽 *I-yĕng*. — Ancien nom de *I-tchŭn-hién*, sous les *Tsĭn (Biot)*.

| | *I-yáng* (territoire utile)-*hién (Ch. Rep.)*. — Un des 12 districts du département de *Tchāng-shā (Hôu-nân)*. Le chef-lieu est situé sur la rive gauche du *Tsŭ-kiāng*, à peu de distance de son embouchure dans le lac *Tōng-tĭng*, par 28° 35′ lat. N. et 4° 49′ 10″ long. W. — Même nom pour désigner *Sĭn-hóa-hién*, *Nĭng-hiāng-hién* et *Ywĕn-kiāng-hién*, département de *Tchăng-tĕ*, sous les *Hán (Biot)*.

矣邦池 *I-pāng-tchĭ (Ch. Rep.)*. — Lac du *Yûn-nân*, sur les bords duquel est située la ville départementale de *Kwáng-sĭ*.

義豐 *I-fōng*. — Ancien nom de *Kĭ-tcheōu*, département de *Pào-tĭng (Tchĭ-lĭ) (Biot)*.

| 鄉 *I-hiāng*. — Ancien nom, du temps des *Tsĭn*, de contrées du *Tchĕ-kiāng (Biot)*.

| 興 *I-hĭng*. — Ancien nom, du temps des *Tsĭn*, de contrées du *Tchĕ-kiāng*.

| 渠 *I-kŭ*. — Ancien nom de *Nĭng-tcheōu-hién*, sous les *Tsĭn*; de *Kĭng-yâng-fòu (Kān-sŏ)*, à l'époque du *Tchŭn-tsieŏu (Biot)*.

| 陵 *I-lĭng*. — Ancien nom de *Tchăng-tĕ-fòu (Hôu-nân)*, et de *Sú-pŏu-hién*, sous les *Hán (Biot)*.

| 梅 *I-mêy-ssē (C. K.)*. — Station du *Ssé-tchwĕn*, à l'extrême frontière orientale du *Hôu-nân* et du *Kwéy-tcheōu*, par 28° 24′ lat. N. et 7° 28′ long. W.

| 安 *I-ngān*. — Ancien nom de *Tchăo-tcheōu-fòu*, sous les *Tsĭn*, et de *Tōng-lĭng-hién*, sous les *Táng (Biot)*. — Même nom pour désigner une ancienne ville de *Tsĭ*, à l'ouest de *Siāng-yâng-fòu (Biot)*.

| 寧 *I-nĭng (Biot)*. — Nom, sous les seconds *Oéy*, de *Tsĭn-tcheōu-fòu (Shān-sĭ) (Biot)*.

| | *I-nĭng* (paisible et éminent)-*hién (Ch. Rep.)*. — Un des 10 districts du département de *Kwéy-lĭn (Kwáng-sĭ)*. Le chef-lieu est situé sur un des affluens du *Kĭ-où-hô*, par 25° 22′ lat. N. et 6° 28′ 30″ long. W.

義寧　*I-ning-tcheōu* (*Ch. Rep.*). — Un des 8 districts du département de *Nân-tchāng* (*Kiāng-sī*). Biot ne mentionne pas le nom de cet arrondissement, dont la position n'est indiquée nulle part.

| 烏　*I-oū-hién* (*Ch. Rep.*). — Un des 8 districts de *Kīn-hóa* (*Tchĕ-kiāng*). Le chef-lieu est situé sur le *Shoāng-kĭ*, entre le *Yŭ-yŭn-shăn* et le *Tsāng-ling*, par 25° 22′ lat. N. et 3° 42′ 51′ long. E.

| | 崔　*I-oū-lŭ-shān* (*C. K.*). — Montagne du *Shíng-kīng*.

| 巴　*I-pā-hô* (*Fl. Sin.*). — Rivière du *Kwéy-tcheōu*, district de *Kiĕn-sī*, département de *Tá-tsíng*, et portée sur la carte de Du Halde.

| 賓　*I-pīn*. — Ancien nom pour désigner *I-pīn-hién*, département de *Sú-tcheōu* (*Ssé-tchwĕn*) sous les *Táng* (*Biot*).

| 章　*I-tchāng*. — Ancien nom de *I-tchāng-hién*, sous les *Swĭ* (*Biot*).

| 招　*I-tchāo*. — Nom d'un ancien arrondissement des *Tsín*, au midi de *Tá-pŏu-hién* (*Biot*).

| 　*I-tcheōu*. — Un des 4 districts du département de *Kīn-tcheōu* (*Shíng-kīng*). Le chef-lieu est situé par 41° 30′ lat. N. et 4° 47′ 10″ long. E. — Même nom pour désigner un ancien district, au sud du *Ssé-tchwĕn*, sous les *Táng*, ainsi que d'autres anciens territoires.

| 州城　*I-tcheōu-tching* (*Ch. Rep.*). — Ville fortifiée du *Shíng-kīng*. Une des 13 garnisons subordonnées à celle supérieure de *Shíng-kīng*.

| 城溪　*I-tching-kĭ* (*Ch. Rep.*), ruisseau de la cité juste. — Cours d'eau du *Tchĕ-kiāng*.

| 成　*I-tchíng*. — Nom d'un ancien arrondissement des *Táng*, à l'est de *Tsīn-kĭ-hién*, département de *Oû-tcheōu* (*Biot*). — Même nom pour désigner une ancienne ville, près de *Ssé-tcheōu* (?) (*Biot*).

| 　*I-tchwĕn*. — Ancien nom de *Lôu-shi-hién*, sous les *Oéy* occidentaux, et de *I-tchwĕn*, sous les *Oéy* postérieurs (*Biot*).

| 子　*I-tsè-hô* (*Fl. Sin.*). — Rivière du *Kwéy-tcheōu*, district de *Kiĕn-sī*, département de *Tá-tíng*, et portée sur la carte de Du Halde.

| 泉　*I-tsuĕn*. — Ancien nom de *Shĭ-tsiĕn-fôu* et de *Swĭ-yâng-hién*, sous les *Táng* (*Biot*).

翼城 *I-tchîng*. — Ancien nom du pays feudataire, appelé *Tsîn*, sous la dynastie des *Tcheōu* (Biot).

｜｜ *I-tchîng* (cité lumineuse)-*hién* (Ch. Rep.). — Un des 11 districts du département de *Pîng-yǎng* (*Shān-sī*). Le chef-lieu est situé sur un affluent du *Fuên-hô*, par 35° 37′ lat. N. et 4° 41′ 54″ long. W.

苢岡 *I-kāng-kǐ* (Ch. Rep.), ruisseau des montagnes où croît le plantain. — Cours d'eau du *Tchĕ-kiāng*.

薏鹿薏也 *I-lŏ-ĭ-yĕ* (Cart. Chin.). — Grèce. — Voir *Hī-lĭe* (Bridgm.).

衣 *I.* — Voir *Tsĭng-ĭ* (Biot).

邑 *I* (D. G.). — Cité. — Voir *Kwàn-shĭ-ĭ* (Biot).

｜梅洞 *I-mêy-tóng.* — Nom d'une ville et d'un district du *Ssétchwĕn* oriental, 70 *li* à l'ouest de *Shîn-kĭ-hién* (*Hôunân*) (Biot).

｜市 *I-shî.* — Nom d'un ancien chef-lieu du 3ᵉ ordre, au nord-ouest de *Lôu-nân-tcheōu* (*Yûn-nân*) (Biot).

｜巛 *I-tchwĕn* (Cart. Jap.), ruisseau de la cité, en japonais *Sinagava* ou *Sinagawa*. — Port de la baie de *Yédo*, situé à l'embouchure du *Locoo*, en face de *Kwasaki*. — Voir *Pīn-tchwĕn*. Le nom de *Sinagawa* s'applique à un faubourg mal famé de *Yédo*, qui commence à 3 kilomètres au sud de cette ville, et se relie au quartier, appelé *Takanawa*.

郳 *I-tchîng.* — Nom d'une ancienne ville de l'époque du *Tchŭn-tsieŏu*, sur le territoire de *Tseōu* et de *Téng* (*Shān-tōng* (Biot).

黟県 *I-hién* (Ch. Rep.). — Un des 6 districts du département de *Hoēy-tcheōu* (*Ngān-hoēy*). Ce nom est écrit *Hī-hién* dans Biot). Le chef-lieu est situé par 30° 4′ lat. N. et 1° 33′ 30″ long. E. — Voir *Hī-hién*.

SONS *IOUAN, IOUEN*.

Voir *Ywen*.

SON *JANG*.

Prononciation française. . . . . *Jang, Jangue.*
— américaine, anglaise . . . *Jang.*
— espagnole, portugaise . . *Jam.*

ORDRE DES CLEFS :

瀼 穰

CLEFS :	85	115
TRAITS :	17	17

瀼 *Jăng*, car. *Năng-tcheōu*. — Nom d'un ancien district des *Tăng*, 280 *li* au sud de *Năn-ning-fòu* (*Kwàng-sĭ*) (*Biot*).

穰邑 *Jăng-ĭ*. — Ancien nom de *Téng-tcheōu*, du département de *Năn-yăng* (*Hòu-năn*), sous les *Tsĭn* (*Biot*).

SON *JAO*.

Prononciation française. . . . . *Jao, Jeou.*
—   américaine, anglaise . . . *Jau, Jaou, Jow.*
—   espagnole, portugaise. . . *Jao.*

ORDRE DES CLEFS :

杼 饒

CLEFS :   75   184
TRAITS :   5   12

杼   *Jào*, car. *Shù-ywèn-tchwĕn (Ch. Rep.).* — Rivière du *Kān-sŏ*, département de *Kīng-yâng*, qui se réunit au *Hoân-hô*, pour former le *Mà-liên-hô*.

饒   *Jâo (Medh.).* — Nom de pays. — Nom de district.

| 安   *Jâo-ngān.* — Nom d'un ancien arrondissement du temps des *Tsín* et des *Tâng*, à l'est de *Tsăng-tcheōu (Tchĭ-lì) (Biot).*

| 平   *Jâo-pĭng* (tranquille et riche)-*hién (Ch. Rep.).* — Un des 10 districts du département de *Tchâo-tcheōu (Kwàng-tōng)*. Le chef-lieu se trouve par 23° 56′ lat. N. et 0° 12′ 30″ long. E., sur une petite rivière appelée *Yăng-kī*, et qui se jette dans la mer, près d'une juridiction secondaire, ou station militaire, appelée *Hoâng-kāng*. Sur les limites occidentales de ce district, est un endroit appelé *Yĕn-tsín*, où l'on s'occupe probablement de la préparation du sel.

| 州   *Jâo-tcheōu* (contrée riche)-*fòu (Ch. Rep.).* — Un des 14 départemens de la province du *Kiāng-sī*, qui comprend 7 districts, savoir : *Pŏ-yâng, Ngān-jín, Wān-niên, Lŏ-pĭng, Tĕ-hīng, Yú-kān* et *Feôu-leâng*. Le chef-lieu, à 3,305 *lĭ* de *Pĕ-kīng*, est situé sur la rivière *Tchāng*, près de son embouchure dans le lac *Pŏ-yâng*, par 28° 57′ 20″ lat. N. et 0° 15′ 14″ long. E. Ce département est très-renommé pour la fabrication de la porcelaine.

饒陽 *Jâo-yâng* (district du territoire fertile)-*hién* (*Ch. Rep.* — Un des 3 districts du département de *Shīn-tcheōu* (*Tchĭ-lĭ*). Le chef-lieu est situé par 38° 15' lat. N. et 0° 7' 30" long. W.

SON *JE.*

Prononciation française. . . . . *Je.*
— américaine, anglaise. . *Je, Jay.*
— espagnole, portugaise. . *Je.*

ORDRE DES CLEFS :

熱

EFS : 86
TRAIT : 12

熱河 *Jĕ-hô* (*Ch. Rep.*), rivière chaude, ou *Tchĭng-tĕ-fòu*, province de *Shĭng-kīng*. — Ville située par 41° 4' lat. N. et 1° 21' long. E., où se trouve la résidence impériale, visitée en 1793 par l'ambassadeur anglais lord Maccartney. On l'appelle vulgairement *Jéhol*, *Zéhol* et *Zhéhol*.

SON *JEN*.

Prononciation française. . . . . *Jen, Jène, Jenn.*
— américaine, anglaise . . *Jen, Jan.*
— espagnole, portugaise. . *Gen, Jen.*

ORDRE DES CLEFS :

	冉	染	然
CLEFS :	13	75	86
TRAITS :	3	5	8

冉家蠻 *Jèn-kiā-mân (Ch. Rep.).* — Tribu soumise de *Miáo-tsè*, qui se livre à la pêche et réside autour de *Ssē-nân-fòu (Kwéy-tcheōu).*

染二 *Jèn-eùl (Callery).* — Ancien nom d'une rivière du *Ssé-tchwĕn*, d'après le *Péy-wên-yún-fòu.*

|田邦 *Jèn-tiēn-kùn (Cart. Jap.)*, ville des champs de teinture. — Une des 9 préfectures de la province japonaise de *Hía-yĕ (Simodske)*, située au sud-ouest.

然 *Jên.* — Voir *Liên-jên (Biot).*

SON JI.

Prononciation française. . . . . *Ji.*
— américaine, anglaise. . *Jih.*
— espagnole, portugaise . *Ge, Ji.*

ORDRE DES CLEFS :

入 日

CLEFS : 11 72
TRAITS :

入 部 *Jĭ-póu* (Cart. Jap.), en japonais *Fionga*. — Ville maritime sur la mer intérieure, mentionnée par le P. Du Halde, province de *Setsu* (*Yâng-tsĭn*).

日 耳 曼 *Jĭ-eùl-mwân* (Bridg.). — Germanie ou Allemagne, contrée centrale d'Europe.

| 坂 *Jĭ-fàn* (L. J.), colline du soleil. — 25ᵉ station du *Tokaïdo* ou route impériale du Japon, située entre *Kĭn-kŏ* et *Kwá-tchwĕn*, au pied d'une très-haute montagne dénudée, appelée *Wôu-kiĕn-shān*. Cette station fait partie du département de *Tú-ywĕn*, province de *Ywĕn-kiāng* (*Totomi*).

| 富 巛 *Jĭ-fóu-tchwĕn* (Cart. Jap.). — Cours d'eau de la province de *Kĭ-i* (*Kii*) sur *Nifon*.

| 向 *Jĭ-hiáng* (Cart. Jap.), œil du soleil, en japonais *Fiuga* ou *Hiuga*. — Grande province de *Kiusiu*, baignée, à l'est, par l'océan Oriental, et limitée, au nord, par *Fōng-heóu*; à l'ouest, par *Fêy-heóu*; au sud-ouest, par *Să-mô*; au sud, par *Tá-yû*.
Cette province comprend 5 cités, 4 préfectures et 4 stations.

Tchíng-kāng, cité, éloignée de 351 *ris* de *Yédo*.
Eúl-póu, — 343 —
Kāo-kō, — 382 —
Tsó-tŏu-ywên, — 392 —
Kuên-fêy, — 382 —

Dans le triangle formé à l'extrémité sud-ouest de cette province, par celles de *Féy-heóu*, *Tá-yû* et *Să-mô*, se trouve un volcan en activité, appelé *Lóu-tào-shān*.

De nombreux cours d'eau sillonnent cette province; les principaux sont : *Lĭng-lây-tchwĕn*, *Kīa-kŏu-tchwĕn* et *Kāo-tchīng-tchwĕn*.

La mer qui se trouve entre cette province et celle de *Ijo* sur *Sikok*, est appelée *Hiuganada*.

日向洋 *Jĭ-hiáng-yâng* (*Cart. Jap.*), mer de l'œil du soleil, en japonais *Hiuganada*. — Partie de la mer orientale, entre la province de *Hiuga* sur *Kiusiu* et celle de *Ijo* sur *Sikok*.

| 喝則 *Jĭ-hŏ-tsĕ* (*Ch. Rep.*). — Nom d'une ville du Thibet ultérieur, située près de *Tchashilomboa*, et quelquefois appelée *Zhikatsé*.

| 光 *Jĭ-kwāng* (*Cart. Jap.*), lumière du soleil. — Cité de la province de *Simodske*, sur l'île de *Nifon* (Japon).

| 南 *Jĭ-nân* (*Ch. Rep.*), midi du soleil.— Ancien nom d'un royaume ou d'une principauté, d'où dépendait la Cochinchine, alors qu'elle s'appelait *Nân-kiāo* et *Siáng-lîn*. La capitale portait aussi différens noms, tels que *Sì-tchîng*, cité du sceau impérial, *Wáng-hây-tchîng*, cité d'où l'on aperçoit la mer, *Ywĕ-wâng-tchîng*, cité du roi de Cochinchine. Il en est question, en 166 de notre ère, sous *Hwān-tì*, lors de l'ambassade de *An-tun* (M. A. Antonin, empereur romain), laquelle passa par ce royaume de *Jĭ-nân* pour se rendre en Chine. Voir le *Tableau de Cochinchine*, par MM. Cortambert et Rosny.

| 本 *Jĭ-pèn* (*Cart. Jap.*), origine du soleil, ou *Jĭ-pèn-kwĕ* (*Voc. An.*), en japonais *Nifon*, *Niphon* ou *Nipon*, en annamite *Nhut bon*. — Nom donné à l'île principale de l'archipel ou grand royaume du Japon, comprenant 50 provinces dont les noms japonais suivent : 1. *Aki* (*Ngān-ĭ*); 2. *Ava* (*Ngān-fâng*); 3. *Bingo* (*Pí-heòu*); 4. *Bisen* (*Pí-tsièn*); 5. *Bıtsyu* (*Pĭ-tchōng*); 6. *Dewa* (*Tchў-yù*); 7. *Fida* (*Féy-tān*); 8. *Fitats* (*Tchăng-lŏ*); 9. *Foki* (*Pĕ-kĭ*); 10. *Halima* (*Hŏng-mô*); 11. *Idsu* (*I-teóu*); 12. *Idsumo* (*Tchŭ-yŭn*); 13. *Iga* (*I-hó*); 14. *Inaba* (*Yn-fān*); 15. *Isé* (*I-shì*); 16. *Isumi* (*Hô-tsuĕn*); 17. *Iwami* (*Shĭ-kién*); 18. *Jamasiro* (*Shān-tchīng*); 19. *Jamato* (*Tá-hô*); 20. *Kadsusa* (*Shán-tsāng*); 21. *Kuga* (*Kīa-hó*); 22. *Kay* (*Kīa-fì*); 23. *Kii* (*Kì-ĭ*); 24. *Kodske* (*Shǎng-yè*); 25. *Kwatsi* (*Hŏ-nwì*); 26. *Mikava* (*Sān-hô*); 27. *Mimasaka* (*Ywĕn-tsó*); 28. *Mino* (*Mèy-nông*); 29. *Mudsu* (*Lĭng-ngāo*); 30. *Musasi* (*Où-tsăng*); 31. *Negato* (*Tchăng-mên*); 32. *Noto* (*Nêng-tēng*); 33. *Omi* (*Kĭn-kiāng*); 34. *Owary* (*Wèy-tchăng*); 35. *Sagami* (*Sīang-môu*); 36. *Setsu* (*Yâng-tsīn*); 37. *Simodske* (*Hía-yè*); 38. *Simosa* (*Hía-tsōng*); 39. *Sinano* (*Sín-nông*); 40. *Sima* (*Tchí-mô*); 41. *Suruga* (*Tsún-hô*); 42. *Suwo* (*Tcheōu-fâng*); 43. *Tanba* (*Tān-pō*); 44. *Tango* (*Tān-heóu*); 45. *Tatsima* (*Tsōu-mà*); 46. *Totomi* (*Ywĕn-kiāng*); 47. *Yetsigo* (*Ywĕ-keóu*); 48. *Yetsizen* (*Ywĕ-tsièn*); 49. *Yetsiyu* (*Ywĕ-tchōng*); 50. *Wakasa* (*Jŏ-lây*).

Pour l'ordre alphabétique des mêmes provinces, en noms chinois, voir *Jĭ-pèn-kwĕ* (*Voc. An.*).

日本橋 *Jĭ-pèn-kiáo* (*Cart. Jap.*), pont de l'origine du soleil, en japonais *Nifonbas*, — Tel est le nom du pont célèbre de *Yédo*, qui se trouve en face du palais impérial, et d'où partent toutes les mesures itinéraires du Japon. Il se trouve en tête du quartier sud de cette ville, appelé *Tanakava*, et par conséquent de la fameuse route de l'océan Oriental, le *Tokaïdo*, qui relie *Yédo* à *Kioto*, les deux capitales principales du Japon.

日本國 *Jĭ-pèn-kwĕ* (*Voc. An.*), royaume de l'origine du soleil, en annamite *Nuoc Nhut bon*. — Nom donné au Japon, dont l'île principale, celle de *Nifon*, comprend 50 provinces, savoir : 1. *Fēy-tăn* (*Fida*); 2. *Hia-tsŏng* (*Simosa*); 3. *Hia-yè* (*Simodske*); 4 *Hô-nwi* (*Kwadsi*); 5. *Hô-tsuĕn* (*Isumi*); 6. *Hông-mô* (*Halima*); 7. *I-hó* (*Iga*); 8. *I-shí* (*Isé*); 9. *I-teóu* (*Idsu*); 10. *Jŏ-lây* (*Wakasa*); 11. *Kīa-fĭ* (*Kay*); 12. *Kīa-hó* (*Kaga*); 13. *Kĭ-ī* (*Kii*); 14. *Kín-kiāng* (*Omi*); 15. *Lîng-ngáo* (*Mudsu*); 16. *Mèy-nông* (*Mino*); 17. *Mèy-tsò* (*Mimasaka*); 18. *Nêng-tēng* (*Noto*); 19. *Ngān-fâng* (*Ava*); 20. *Ngān-i* (*Aki*); 21. *Où-tsăng* (*Musasi*); 22. *Pĕ-kĭ* (*Foki*); 23. *Pí-heóu* (*Bingo*); 24. *Pí-tchōng* (*Bitsyu*); 25. *Pí-tsiên* (*Bizen*); 26. *Sān-hô* (*Mikava*); 27. *Shān-tchĭng* (*Jamasiro*); 28. *Shăng-tsŏng* (*Kadsusa*); 29. *Shàng-yè* (*Kodske*); 30. *Shĭ-kién* (*Iwami*); 31. *Siāng-môu* (*Sagamo*); 32. *Sín-nông* (*Sinano*); 33. *Tá-hô* (*Jamato*); 34. *Tān-heóu* (*Tango*); 35. *Tān-pō* (*Tanba*); 36. *Tchăng-lŏ* (*Fitats*); 37. *Tchăng-mén* (*Nagato*); 38. *Tcheōu-fâng* (*Suwo*); 39. *Tchi-mô* (*Sima*); 40. *Tchŭ-yŭ* (*Dewa*); 41. *Tchŭ-yŭn* (*Idsumo*); 42. *Tsōu-mà* (*Tatsima*); 43. *Tsún-hô* (*Surug*); 44. *Wèy-tchăng* (*Owari*); 45. *Yâng-tsīn* (*Setsu*); 46. *Yn-fān* (*Inaba*); 47. *Ywĕ-keóu* (*Yetsigo*); 48. *Ywĕ-tchōng* (*Yetsyu*); 49. *Ywĕ-tsiên* (*Yetsizen*); 50. *Ywên-kiāng* (*Totomi*).

Pour l'ordre alphabétique des mêmes provinces en noms japonais, voir *Jĭ-pèn* (*Cart. Jap.*).

Suivant le *Hày-kwĕ-tŏu-tchí*, le Japon comprend 5 grandes principautés, appelées *kĭ*, 7 circonscriptions ou départemens et 3 îles principales, le tout divisé en 115 préfectures, formant 587 districts. On y compte 3,850 îles, grandes et petites.

HISTORIQUE.

En 1868, le gouvernement japonais a présenté aux puissances occidentales un mémoire, en prévision de la nouvelle situation créée par l'ouverture des différens ports.

Le *shiogoun* ou *taïcoun* a remis, entre les mains du *mikado*, les pouvoirs que lui et ses ancêtres exerçaient depuis 250 ans (commencement du XVIIe siècle).

La monarchie japonaise, représentée aujourd'hui par les *mikados*, date depuis plus de 2,000 ans, avant le règne actuel (IIIe siècle A. E.). Leur autorité s'étant affaiblie graduellement, passa aux *fandjiwara*, leurs premiers ministres.

Deux grandes familles, les *Guendjis* et les *Fechis*, se partageaient alors l'autorité militaire. A l'est dominaient les premiers, à l'ouest les seconds. Ces derniers, devenus un instant les maîtres absolus, surpassèrent en tyrannie les anciens *fandjiwaras*. Le *mikado* se vit forcé de se mettre sous la protection des *Guendjis*, qui vengèrent sur les *Fechis* la mort de leurs ancêtres. Le *mikado*, délivré de ses oppresseurs, investit ses protecteurs de toute l'autorité militaire. Ce fut alors (xiiie siècle D. E.) qu'apparurent les premiers *shiogouns*, les ancêtres de la dynastie actuelle des *Tokougawa*, qui, de droit, devaient occuper le *taïcounat* ou administration militaire. Cet état de choses dura environ 400 ans, au milieu d'alternatives de paix et de dissensions, jusqu'au moment où parut l'ancêtre des *shiogouns* ou *taïcouns* de la dynastie actuelle, le grand *Gouguensaura*, qui doit être considéré comme le créateur de la puissance gouvernementale du Japon. C'est lui (commencement du xviie siècle D. E.) qui fit adopter la constitution qui régit actuellement le Japon, par laquelle tous les *daïmos* doivent habiter *Yédo* pendant un temps déterminé, et former un état fédératif pour le soutien du pouvoir et contre tout empiétement étranger.

Mais, pendant cette longue période, le reste du monde avait marché rapidement dans une voie nouvelle. Le Japon ne pouvait rester en arrière du progrès; il devenait évident qu'il fallait renoncer au vieux système de l'exclusion des étrangers et conclure des traités avec les nations occidentales.

Une telle mesure radicale devait produire des changemens à l'intérieur. Dans cette circonstance, le *shiogoun* actuel a cru devoir, dans l'intérêt de la dynastie actuelle, résigner ses pouvoirs. Tous les grands du pays ont été convoqués pour s'entendre sur la situation actuelle et reviser la constitution.

Depuis la publication de ce document, de grands événemens ont surgi au Japon, le *mikado* a repris entièrement son pouvoir suprême primitif, le *taïcounat* a disparu.

L'île *Niphon* est séparée de *Jéso*, au nord, par le détroit de *Sangar*, *Tsongar* ou *Matsmaï*; au sud, de *Sikoff* et de *Kiu-siu* par la mer intérieure; elle est baignée, à l'est, par l'océan Oriental; à l'ouest, par le détroit de Corée, et au nord-ouest par la mer du Japon.

Au nord-ouest est une île que le P. Du Halde appelle *Awasima* et une ville du nom de *Canazawa*; au nord-est, un cap appelé *Croanberg*. On comprend sous le nom de *Kwantô*, dit Bonafous, les provinces situées à l'est de la barrière des monts *Fakone* et qui sont *Musasi*, *Sagami*, *Ava*, *Kadsusa*, *Simosa*, *Fitats*, *Simodske* et *Kodske*.

Le Japon est encore appelé *Oĕy-kwĕ*, suivant Médhurst, *Wŏ-kwĕ*, suivant De Guignes, et *Fôu-sāng*, suivant divers auteurs. Les Japonais emploient les caractères chinois pour désigner les noms des lieux et donnent à ces caractères la prononciation locale. Ainsi *Yédo*, en japonais, s'écrit *Kiāng-hóu* en chinois.

L'ancien nom du Japon, suivant Marco Polo, est *Zipangri*; d'après le *Chinese Repository*, on l'appelait jadis *Jamato* en langage local, et on écrivait *Tá-hô* en chinois. Ce dernier nom est resté à l'une des provinces centrales de l'île de *Nifon*. Il ajoute encore qu'avant la période *Hăn-hēng*, c'était une contrée dépendante du royaume de *Wō*.

日 嶼　*Jĭ-sŭ* (C. G.), en fokinois *Tchiseu*. — Ile près d'*Amoy*.

丨 島　*Jĭ-tào* (Cart. Jap.), île de la lumière. — Petite île située à l'ouest de *Náy-lieŏu-tào*, du groupe de *Où-tào* (Gotto).

日照縣 *Ji* ou *I-tcháo-hién* (*Ch. Rep.*). — Un des 7 districts du département de *I-tcheōu* (*Shān-tōng*). Le chef-lieu est situé sur une petite rivière qui se jette dans la mer, par 35° 27′ lat. N. et 3° 24′ 30″ long. E.
Sous les *Hán*, territoire de *Hày-kĭo* (*Biot*).

| 中城 *Ji-tchōng-tchĭng*. — Nom d'une ancienne construction au sud de *Hoày-jĭn-hién* (*Shān-sĭ*) (*Biot*).

| 出 *Jĭ-tchŭ* (*Cart. Jap.*), en japonais *Ousouki* (*C. S.*). — Cité de la province de *Fōng-heóu* (*Bongo*) sur *Kiusiu*, éloignée de 262 *ris* de *Yédo* et située au fond d'une grande baie.

SON *JIN*.

Prononciation française. . . . . *Jin, Jine, Jinn.*
— américaine, anglaise . . *Jin.*
— espagnole, portugaise. . *Gin, Jen.*

ORDRE DES CLEFS :

人 仁 任 棆 稔 胚 荏

CLEFS :	9	9	9	75	115	130	140
TRAITS :		2	4	8	8	4	6

人岡 *Jin-kāng* (*Cart. Jap.*), montagne de l'homme. — Localité de l'île *Fatsizio*, située à l'ouest.

| 吉 *Jin-kĭ* (*Cart. Jap.*), bonheur de l'homme. — Cité de la province de *Fêy-heóu* sur *Kiusiu*, éloignée de 350 *ris* de *Yédo*.

| 間邦 *Jin-kiēn-kún* (*Cart. Jap.*). — Une des 22 préfectures de la province de *Où-tsāng* (*Musasi*), située à l'ouest de *Yédo*, au centre de la province.

入代邢 *Jin-táy-kún (Cart. Jap.)*. — Une des 4 préfectures de la province japonaise de *Kia-fï (Kay* ou *Coshio),* située au sud-ouest.

| 阜島 *Jin-tsào-tào (Cart. Jap.)*, île de l'homme noir, en japonais *Jogasima*. — Ile, à la pointe méridionale de la province de *Satsuma*, où se trouvent des mines de houille.

仁和縣 *Jin-hô-hién (Ch. Rep.)*. — Un des 9 districts de *Hăng-tcheōu (Tchĕ-kiāng)*. Le chef-lieu est situé par 30° 20′ 20″ lat. N. et 3° 45′ 10″ long. E.
Sous les *Hán*, *Yén-kwān*; sous les cinq dynasties postérieures, *Tsiēn-kiāng (Biot)*.

| 化 *Jin-hóa* (établissement de charité)-*hién (Ch. Rep.)*. — Un des 6 districts du département de *Shâo-tcheōu (Kwàng-tōng)*. Le chef-lieu est situé au confluent de deux affluens du *Tchĭng-kiāng*, au pied des monts *Tá-yú* et *Oū-tchū*, par 25° 15′ lat. N. et 3° 15′ 30″ long. W.
Primitivement, territoire de *Kio-kiāng (Biot)*.

| 懷 *Jin-hoây* (félicité et charité)-*hién*. — Un des 5 districts du département de *Tsūn-í*. Le chef-lieu est situé par 28° 20′ lat. N. et 10° 40′ long. W. approximativement, à peu de distance du confluent du *Tchă-lăng-hò* avec le *Tchĭ-shwï*.

| | *Jin-hoây* (félicité et charité)-*tĭng (Ch. Rep.)*. — Un des 16 départemens, mais inférieur, de la province de *Kwéy-tcheōu*. Le chef-lieu est une station militaire, située sur une petite rivière appelée *Tchĭ-shwì*, par 28° 20′ lat. N. et 10° 48′ 30″ long. W. Il commande l'extrême frontière nord-ouest, qui sépare ce département du *Ssé-tchwĕn*. Le district, appelé *Jin-hoây-hién*, qui se trouve à peu de distance, au nord de *Jin-hoây-tĭng*, fait partie du département de *Tsūn-í*.

| 埋 *Jin-mây (Cart. Jap.)*. — Côte de la province du *Tchĭ-lì*. Distance de *Nangasaki*: 430 *ris*. — Voir *Féy-tsiēn-kwĕ-tchăng-kĭ-tsīn*.

| 壽縣 *Jin-sheóu-hién*. — Un des 4 districts du département moyen, appelé *Tsē-tcheōu*. Le chef-lieu est situé au nord-ouest de *Tsíng-yèn*, par 30° lat. N. et 8° 30″ long. W.
Sous les *Hán*, territoire de *Oú-yâng*; sous les *Oéy* occidentaux, *Pôu-nĭng*.

| 正寺 *Jin-tchĭng-ssé (Cart. Jap.)*. — Station de la province de *Kin-kiāng*, île de *Nifon*. Elle est située, près de la limite nord-est de la province, à peu de distance de *Shwĭ-keŏu*; elle est éloignée de 108 *ris* de *Yédo*.

任 *Jin (Perny)*. — Ancienne principauté de la province du *Hôu-pĕ*, à l'époque du *Tchŭn-tsieōu*.

任縣 *Jin-hién*, district protecteur. — Un des 9 districts du département de *Shún-tĕ* (*Tchĭ-lĭ*). Le chef-lieu est situé par 37° 12' lat. N. et 1° 39' 30" long. W.

｜邱 *Jin-kieŏu* (district des collines entassées)-*hién* (*Ch. Rep.*). — Un des 11 districts du département de *Hô-kiēn* (*Tchĭ-lĭ*). Le chef-lieu est situé par 38° 43' lat. N. et 0° 13' 30" long. W.
Autrefois, territoire de *Kāo-yâng*; sous les *Sóng*, *Tching-tcheōu* (*Biot*).

｜國 *Jin-kwĕ*. — Nom de *Yēn-tcheōu-fòu* (*Shān-tōng*) (*Biot*).

｜邢 *Jin-nò*. — Nom d'un royaume secondaire, au sud-est de la Corée.

｜州 *Jin-tcheōu* (*Biot*). — Nom de *Yēn-tcheōu-fòu* (*Shān-tōng*) (*Biot*). — Même nom (*C. K.*), pour désigner une station du département de *Tá-lì* (*Yûn-nân*), située sur la rive gauche du *Păo-kiāng*, par 25° 57' lat. N. et 15° 21' long. W.

｜城 *Jin-tching* (*Biot*). — Nom de *Yēn-tcheōu-fòu*, sous les *Hán* orientaux.

棯岳 *Jin-yŏ* (*Cart. Jap.*), montagne des dates. — Montagne située à l'est de la province de *Ywĕ-heóu* (*Yetsigo*) sur *Nifon*, près de la limite de celle de *Ling-ngáo* (*Mudsu*) sur *Nifon*.

稔山石 *Jin-shān-shĭ* (*C. G.*). — Ile sur la côte méridionale du district de *Kwēy-shén* (*Kwàng-tōng*.

旺崎 *Jin-kĭ* (*Cart. Chin.*), en japonais *Dorosima*. — Ile au nord-ouest du Japon, au sud-ouest de *Tsusima*. — Voir *Tchŏ-tào* (*Cart. Jap.*).

荏幼縣 *Jin-pĭng-hién* (*Ch. Rep.*). — Un des 10 districts du département de *Tōng-tchăng* (*Shān-tōng*). Le chef-lieu est situé par 36° 42' lat. N. et 10° 3' 30" long. W.
Autrefois *Tchōng-kieŏu* (*Biot*).

｜原 *Jin-ywên* (*Cart. Jap.*), ou *Hōa-ywên-kún* (*autre carte*). — Une des 22 préfectures de la province de *Où-tsăng* (*Musasi*), située au sud de *Yédo*.

SON *JO.*

Prononciation française. . . . . *Jo.*
— américaine, anglaise. . *Jo, Joh.*
— espagnole, portugaise . *Jo.*

ORDRE DES CLEFS :

若	郜
CLEFS : 140	163
TRAITS : 5	9

若 *Jŏ (Morr.).* — Nom de rivière.

｜河 *Jŏ-hò (Ch. Rep.).* — Rivière du *Tchĕ-kiāng*, département de *Shào-hìng.* — Voir *Kīng-hōu (Ch. Rep.).*

｜林 *Jŏ-lây (Cart. Jap.),* en japonais *Wakasa.* — Province occidentale de l'île de *Nifon*, baignée à l'ouest par la mer de Corée et limitée, au nord, par *Ywĕ-tsiên;* à l'est, par *Kin-kiāng* et *Shān-tchīng,* et au midi par *Tān-pō.*
Cette province comprend 1 cité, 3 préfectures et 3 stations.
Siào-pīn, cité, éloignée de 139 *ris* de *Yédo.*
La baie, qui est au nord-est, est appelée *Sān-fāng-hôu*, du nom d'une préfecture située au sud-est.
Sur la côte ouest de la province, la carte de Bonafous signale le port de *Deyssi.*
Sous le nom de *Sodaï*, cette province est mentionnée pour ses productions sérigènes.

｜木 *Jŏ-mŏ (Medh.).* — Nom de lieu.

｜水 *Jŏ-shwì (Medh.).* — Nom de rivière.

VOCAB. GÉOG. CHINOIS.

郜 *Jŏ (Biot).* — Nom d'une ancienne ville, à l'ouest de *I-tchĭng*, arrondissement de *Siāng-yâng-fòu (Biot).* — Même nom, pour désigner une principauté du *Hôu-kwàng*, d'après le P. Perny, à l'époque du *Tchŭn-tsieŏu*. Médhurst dit que c'est le nom d'un ancien État, situé sur les limites des *Tsĭn* et des *Tsòu*, ou entre les provinces du *Hô-nân* et du *Shèn-sĭ*. Il ajoute que le même caractère, prononcé *Shŏ*, désigne le nom d'une cité.

| 縣 *Jŏ-hién.* — Nom d'une ancienne ville, sous les *Tsĭn (Biot).*

| 鄴 *Jŏ-yĕ (?).* — Nom d'une rivière du *Tchĕ-kiāng*, qui alimente le lac *King-hôu*.

SON *JONG.*

Prononciation française. . . . . *Jong, Joung, Jongue.*
— américaine, anglaise . . *Jung.*
— espagnole, portugaise. . *Jum.*

ORDRE DES CLEFS :

戎 絨 襛

CLEFS :	62	120	145
TRAITS :	2	6	13

戎 *Jông.* — Nom de peuplades étrangères de l'occident *(Biot).*

| 格 *Jông-kĕ.* — Nom d'une nouvelle ville, au sud-est de *Sĭ-nĭng-fòu (Kān-sŏ) (Biot).*

| 州 *Jông-tcheōu.* — Nom d'un ancien district comprenant le nord-est du *Yûn-nân* et le sud du *Ssé-tchĕn.* — Voir *Sú-tcheōu-fòu (Ssé-tchwĕn) (Biot).*

| 城 *Jông-tchĭng.* — Nom d'un ancien arrondissement du temps des *Swĭ*, 20 *lĭ* au sud-ouest de *Tsăng-où-hién (Kwàng-sĭ) (Biot).*

絨轄城 *Jông hĭe-tchíng (Ch. Rep.)*, en thibétain *Jonghia*. — Une des 7 places fortes et district du Thibet ultérieur (*Heóu-tsăng*). Elle est située au sud de la province, entre *Ghieding* et *Nielam*.

禮塘 *Jông-tăng (Cart. Chin.)*, étang couvert. — Une des deux sources du fleuve Bleu, la plus éloignée.

SON *JOU.*

Voir *Ju.*

SON *JOUN.*

Prononciation française. . . . . *Joun, Jòune, Jounn, Jun.*
— américaine, anglaise. . *Jun.*
— espagnole, portugaise . *Jun.*

ORDRE DES CLEFS :

润 閏

CLEFS : 86   169
TRAITS : ── ──
         12   4

润州 *Joún-tcheōu.* — Ancien nom de *Tchín-kiāng-fòu (Kiāng-sōu)*, sous les *Swĭ (Biot)*.

閏州山 *Joún-tcheōu-shān (Cart. Chin.)*, montagne de la contrée intercalaire. — Ile de l'extrémité sud-ouest de la province du *Kwàng-tōng*, dans le golfe du *Tonkin*.

SON JU.

Prononciation française. . . . . *Ju, Jou.*
— américaine, anglaise. . *Ju, Juh, Joo.*
— espagnole, portugaise. . *Ju.*

ORDRE DES CLEFS :

乳	儒	如	孺	汝	茹
CLEFS : 5	9	38	39	85	140
TRAITS : 7	14	3	14	3	6

乳源 *Jŭ-ywên* (fontaine du lait)-*hién* (*Ch. Rep.*). — Un des 6 districts du département de *Shào-tcheōu* (*Kwàng-tōng*). Le chef-lieu est situé près du *Yào-shān*, par 24° 52′ lat. N. et 3° 38′ 30″ long. W. Premièrement, territoire de *Kĭo-kiāng* (*Biot*).

儒州 *Jŭ-tcheōu* (*Biot*). — Ancien nom de *Yên-kĭng-tcheōu* (*Tchĭ-lĭ*), sous les *Tăng* (*Biot*).

| 峒水 *Jŭ-tŏng-shwĭ* (*Ch. Rep.*). — Rivière d'eau salée du district de *Tién-pĕ*, département de *Kāo-tcheōu* (*Kwàng-tōng*).

如皋縣 *Jŭ-kāo-hién* (*Ch. Rep.*). — Un des 2 districts du département de *Tŏng-tcheōu* (*Kiāng-sōu*). Le chef-lieu est situé au confluent de plusieurs canaux artificiels et naturels et non loin du *Hoéy-shĭng-shān*, par 32° 26′ 33″ lat. N. et 3° 57′ 45″ long. E.
Sous les *Hán*, territoire de *Kwàng-lĭng* (*Biot*).

| 直 *Jŭ-tchĭ* ou *Nŭu-tchĭ*. — Tartares orientaux, d'après Biot.

| 城 *Jŭ-tchĭng*. — Ancien nom de *Kwéy-yăng*, du département de *Tchĭn-tcheōu* (*Hôu-năn*), sous les *Tsĭn* (*Biot*).

| 陰 *Jŭ-ȳn*. — Ancien nom de *Yng-tcheōu-fòu* et de *Hŏ-fêy-hién* (*Biot*).

孺山 *Jú-shān (Medh.)*, montagne enfant. — Montagne située, près du grand canal, dans les environs de *Hôu-tcheōu-fòu (Tchĕkiāng)*.

汝 *Jù (Medh.).* — Nom de ruisseau et de district.

| 河 *Jù-hô (Ch. Rep.).* — Rivière du *Ngān-hoēy*, l'un des affluens de la rivière Jaune. — Autre de même nom, rivière du *Hô-nân*, tributaire du *Shā-hô*. — Autre de même nom, un des tributaires de la rivière *Hoây*, au sud de la province de *Hô-nân*.

| 南 *Jù-nân (Biot)*, midi de la rivière *Jù*. — Nom, sous les *Hán*, de *Jù-nîng-fòu (Hô-nân)*; sous les *Tsín*, de *Kiāng-hía-hién*, département de *Où-tchăng (Hôu-pĕ)*, et, sous les *Suï*, de *Kīa-hién*, département de *Jù (Hô-nân)*.

| 寧 *Jù-nîng*, tranquillité du ruisseau *Jù (Ch. Rep.).* — Un des 13 départemens du *Hô-nân*, comprenant 9 districts, dont 8 *hién* et 1 *tcheōu*, savoir: *Jù-yâng*, *Tchîng-yâng*, *Lô-shān*, *Sī-pîng*, *Sīn-tsăy*, *Kīo-shān*, *Suī-pîng* et *Shâng-tsăy*; puis *Sīn-yâng*. Ce département est producteur de thé.
Le chef-lieu, à 2,300 *lì* de *Pĕ-kīng*, est situé sur la rive droite de la rivière *Jù*, au sud des *Fōu-yú-shān*, par 31° 1′ lat. N. et 2° 7′ 30″ long. W.
A l'époque du *Tchŭn-tsieōu*, pays divisé entre les deux royaumes de *Tchîn* et de *Tsăy*; sous les *Tsín*, dépendance de *Yng-tchwĕn*; sous les *Hán*, *Jù-nân*; sous les *Heóu-tcheōu*, *Yú-tcheōu*, *Shū-tcheōu* et *Tsēn-tcheōu*; sous les *Tăng*, *Tsăy-tcheōu*; sous les *Sóng*, *Hoây-kăng (Biot)*.

| 水 *Jù-shwì (Cart. Chin.).* — Rivière du département et province de *Hô-nân*.

| 州 *Jù-tcheōu (Ch. Rep.).* — Un des 13 départemens, mais inférieur, de la province de *Hô-nân*, comprenant 4 districts *hién*, savoir: *Pào-fōng*, *Kīa*, *Lòu-shān* et *I-yâng*. Le chef-lieu est situé, près des sources du *Jù-hô*, au milieu des montagnes qui furent le théâtre de grandes luttes, pendant l'époque dite des guerres civiles, par 34° 14′ lat. N. et 3° 34′ 30″ long. W.
A l'époque du *Tchŭn-tsieōu*, pays compris dans le royaume de *Tchîng* et de *Tsöu*; à l'époque des guerres civiles, dans les royaumes de *Hán* et de *Oéy*; sous les *Tsín*, dans le district des trois cours d'eau *Sān-tchwĕn*, et sous les *Hán*, dans le district de *Hô-nân*; sous les *Heóu-tcheōu*, appelé *Hô-tcheōu*; sous les *Tăng*, *Lîn-jì (Biot)*.

| 陽縣 *Jù-yâng-hién (Ch. Rep.).* — Un des 9 districts du département de *Jù-nîng (Hô-nân)*. Sous les *Suï*, *Yn-shwì (Biot)*.

茹渃安南 *Jù-yăy-ngān-nân (Voc. An.)*, royaume annamite, vulgairement *Nha-nuoc-an-nan*. — Le royaume ou l'empire d'Annam, composé du Tonkin et de la Cochinchine (*Vocabulaire Aubaret*).

SON *JWI*.

Prononciation française. . . . . *Joui, Jouy, Jwi, Jwy.*
— américaine, anglaise . . . *Jui, Juy.*
— espagnole, portugaise. . . *Jui, Juy.*

ORDRE DES CLEFS :

汭 芮

CLEFS : 85 140
TRAITS : 4 3

汭 *Jwi (Medh.).* — Nom d'une rivière au sud-ouest du *Shān-sı.*

| 河 *Jwi-hô (Fl. Sin.).* — Petite rivière du *Kiāng-sī*, dans le district de *Ywên-shān*, département de *Kwàng-sin.*

芮 *Jwi (Perny).*—Ancienne principauté sur le territoire de *Jwi-tchĭng-hién*, département de *Kiáy (Shān-sī).* De Guignes dit que c'est le nom d'un royaume.

| 國 *Jwi-kwĕ.* — Ancienne principauté *(Biot).*

| 城 *Jwi-tching* (cité du royaume de *Jwi*)-*hién (Ch. Rep.).* — Un des 4 districts du département inférieur appelé *Kiày-tcheōu (Shān-sī).* La ville est située au sud-ouest du chef-lieu, près du fleuve Jaune, par 34° 50′ lat. N. et 6° 6′ 30″ long. W.

Autrefois, principauté de *Jwi (Biot).*

SON *KAN*.

Prononciation française. . . . . *Can, Kan, Kane, Kann.*
— américaine, anglaise . . . *Kan, Khan.*
— espagnole, portugaise . . *Can, Kan.*

ORDRE DES CLEFS :

軋 乾 咸 干 感 旰 澉 灨 甘 磼 竿 贑 灨

CLEFS :	5	5	30	51	61	72	85	85	99	112	118	154	154
TRAITS :	8	10	6	—	9	3	12	24	—	12	3	14	17

軋 *Kăn.* — Synonyme de *Kăn* 乾 (*D. G.*). — Voir également au son *Kiĕn.* — Ancien nom de *Tchĭng-ngān-hién*, du département de *Kwàng-pĭng* (*Tchĭ-lĭ* (*Biot*).

| 江 *Kān-kiāng* (*C. K.*). — Rivière du *Kiāng-sī*, qui prend sa source dans les monts *Hiāng-lôu-fōng*, et passe successivement à *Kién-tchăng-fòu* et à *Fòu-tcheōu-fòu*, pour aller tomber dans le lac *Pŏ-yăng*.

| 寧 *Kăn-nĭng* ou *Kiĕn-nĭng*. — Ancien nom, sous les *Tăng*, de *Tsĭng-hién*, département de *Tiĕn-tsīn* (*Tchĭ-lĭ*).

| 州 *Kān-tcheōu* (*Biot*). — Nom d'un arrondissement et ville de 2ᵉ ordre, département de *Sī-ngān* (*Shèn-sī*).
Situation de la ville : 34° 37′ lat. N. et 8° 8′ 30″ long. W.
Cet arrondissement est devenu département. — Voir *Kiĕn-tcheōu* (*Biot*).

| | *Kān-tcheōu* ou *Kiĕn-tcheōu*. — Voir ce dernier nom. — *Kān* synonyme de *Kiĕn*.

| 祐 *Kăn-yeóu*. — Ancien nom de *Tchĭn-ngān-hién*, département de *Sī-ngān* (*Shèn-sī*), sous les 5 dynasties postérieures (*Biot*).

乾侯 Kán-heôu (Morr.). — Nom de lieu.

咸恩 Kăn-ngēn (Cart. Chin.), faveur et concorde. — Localité de l'île de Tsĭng-lân, autrement appelée Hày-nân, dans la mer de Chine.

干 Kăn. — Voir Lân-kăn (Biot).

｜礦 Kăn-lân (Ch. Rep.) ou Kàn-lân (Ch. Rep.). — Vallée de l'île de Tcheōu-shān, district de Tĭng-hày, département de Nĭng-pō (Tchĕ-kiāng). Le caractère Lân n'est pas sûr ; du moins, celui indiqué par le *Chinese Repository* ne paraît pas classique.

｜闌 Kăn-lân (Cart. Chin.). — Montagne de la Mongolie.

｜｜河源 Kăn-lân-hô-ywên (Cart. Chin.). — Sources du Kăn-lân.

｜拿大 Kăn-nà-tá (Bridgm.). — Canada, contrée de l'Amérique du Nord. — Voir à la clef 99, plus bas.

｜豆 Kăn-teôu (Cart. Chin.). — Ile au sud-ouest de *Formose*.

咸義 Kàn-i (Biot). — Nom d'un ancien arrondissement, sous les Tăng, à l'ouest de Tĕng-hién, département de Oû-tcheôu (Kwàng-sĭ).

｜恩 Kàn-ngēn (inspiration libérale)-hién (Ch. Rep.). — Un des 13 districts du département de Kiông-tcheōu, dans l'île de Hày-nân (Kwàng-tōng). Le chef-lieu est situé sur la côte occidentale du golfe du Tōng-kĭng, par 18° 50′ lat. N. et 8° 8′ 30″ long. W.

旰江 Kán-kiāng. — Ancien nom de Kién-tchăng-fòu, sous les Hán, dépendance de la province de Yú-tchāng (Biot).

澉浦 Kàn-pŏu (Ch. Rep.). — Bourg au sud-ouest de Hày-yên-hién, du département de Kīa-hīng (Tchĕ-kiāng).

灨江 Kán-kiāng (Ch. Rep.), autrement appelée Tchăng-kiāng (C. K.). — Rivière du Kiāng-sĭ, qui divise cette province en deux parties et se jette dans le lac Pŏ-yâng par un grand nombre de bras, qui forment autant d'îles et îlots remarquables par leur fertilité.

｜州 Kán-tcheōu (D. G.). — Ville du Kiāng-sĭ (D. G.).

甘江 Kăn-kiāng (Fl. Sin.). — Petite rivière du Kiāng-sĭ, qui se réunit au Tōng-kiāng à Kién-tchăng-fòu.

甘谷 *Kān-kŏ*, vallée agréable. — Nom d'un ancien arrondissement du temps des *Kīn*, à l'est de *Tōng-oéy-hién*, vers les 35° 6' lat. N. et 11° long. W., c'est-à-dire à environ 70 *li*, suivant Biot.

| 公城 *Kān-kōng-tching (Biot)*. — Nom d'une ancienne ville, au nord de *Nân-lŏ-hién*, près du *Hoéy-hô*.

| 陵 *Kān-lîng (Biot)*. — Ancien nom de *Kòu-tchîng-hién* et de *Tsĭng-hô-hién*, sous les *Hán*.

| 羅城 *Kān-lŏ-tching (Biot)*. — Nom d'une ancienne ville, au nord-ouest de *Hoây-ngān-fòu*, de la province du *Kiāng-sōu*, vers les 33° 50' lat. N. et 2° 48' long. E., près du fleuve Jaune.

| 拿大 *Kān-nâ-tá (Ch. Rep.)*. — Canada, contrée de l'Amérique du Nord. — Voir à la clef 51, plus haut.

| 肅 *Kān-sŏ* (respect agréable)-*sēng* (1) *(Ch. Rep.)*. — Une des 3 provinces occidentales de la Chine propre, comprenant 15 départemens, 9 supérieurs, savoir : *Lân-tcheōu*, métropole, *Pĭng-leâng*, *Kòng-tchăng*, *King-yâng*, *Nîng-hía*, *Sī-nîng*, *Leâng-tcheōu*, *Kān-tcheōu*, et *Tchin-sī* ou *Barkoul*, et 6 inférieurs *tcheōu*, savoir : *King*, *Kiāy*, *Tsĭn*, *Sŏ*, *Ngān-sī* et *Tĭ-hóa* ou *Oroumtsi*.

Cette province offre beaucoup de pâturages; on y cultive le blé, le maïs, le sarrasin et les fèves; on y trouve les fruits communs aux contrées froides et tempérées.

Les montagnes du *Kān-sŏ* sont, à l'est, les chaînes élevées du *Pĕ-lĭng* et du *Kĭ-liên*, et, à l'ouest, les *Tiĕn-shān*, ainsi que leur prolongement vers l'Orient, les monts *Tĕng-kĕ-lĭ*.

Ses rivières sont nombreuses; toutes sont tributaires du fleuve Jaune, qui parcourt cette province pendant plus de 600 miles (1,000 kilomètres). Voici les principales : *Tá-tŏng* et *Tchoāng-láng* au nord, *Tá-hía* et *Tăo-hô* au sud, ainsi que *Tsòu-lí* et *Tsĭng-shwì*; puis, les nombreuses branches du *King* et du *Oéy*, dont les plus fortes sont le *Kòu-shwì* et le *Mà-liên*; enfin, les rivières intérieures *Ngĕ-tsì-nă* et *Tăo-láy*, qui se jettent dans les lacs *Kĭi-yên-hày*; les *Pôu-lông-kĭ* et *Sī-eùl-hô-eùl-sún*, qui se perdent dans le lac *Ngō-lă*, et le *Lô-kĕ-lŭn*, qui alimente le lac *Ngō-yà-eùl-pŏ*. Il y a en outre deux lacs appelés le *Ngō-lă-kĕ-pŏ* et le *Tă-pā-sún-pŏ*, alimentés par deux petites rivières au nord.

On trouve sur la carte de Klaproth les montagnes suivantes : *Kīa-lân*, *Hĭng-lông*, *Kièou-oû*, *Tsĭ-shĭ*, *Sĭ-kīng*, *Où-tōu*, *Kōng-tōng*, *Shĭ-pā-pān*, *Fén-shwì*, *Pŏ-kīa*, *Kièou-tchĭ*, *Tsĭng-nì* et *Kĭ*. Les rivières sont : *Tiĕn-shwì*, *Hoâng-hô* et *Hoâng-shwì-hô*, *Tĭe-tsāng-hô*, *Mĭn*, *Hĕ-shwì*, *Sī-nieōu*, *Tchāng*, *Oéy*, *Swĭ-shwì*, *Yăng-shwì*, *Hĕ-yú-hô* et *Hĕ-hô*. Les stations sont : *Oéy-tchîng-pôu*, *Pào-fōng*, *Shān-tching*, *Tĭe-pān-tching*, *Tĭe-kĭo-tching*, *Shĭ-kóng-ssé-pôu*, *Hoéy-ngān-pôu*, *Tōng-hày-pŏ*, *Mĭng-shā-pôu*, *Mà-lân*, *Tsĭn-wâng*, *Oū-shū*, *Mà-ȳng-tùn*, *Yòng-kòu-tching*, *Nân-kòu-tching*, *Lĭ-ywèn-pôu*,

(1) Le nom de *Kān-sŏ* est, d'après le *Chinese Repository*, formé par la combinaison des territoires de *Kān-tcheōu-fòu* et de *Sŏ-tcheōu*.

Hông-yĕ, *Yă-mĭ*, *Tsĭng-shwĭ-póu*, *Mà-shān*, *Où-tōu*, *Sī-kòu-tchĭng*, *Tchoăng-lăng* et *Sān-hiāng*.

Le désert de *Kō-pĭ*, en mongol *Gobi*, divise le *Kān-sŏ* en deux parties entièrement différentes : l'une, en dedans de la grande muraille, est chinoise; l'autre, à l'extérieur, est mongole. Dans la première se trouve un grand lac appelé *Pā-eùl-kŏu-eùl*, ou lac *Barka*, ainsi que deux autres lacs appelés *Sĕ-eùl-tēng* ou grand et petit lac *Serteng*. Dans la seconde se trouve le grand lac appelé *Lô-póu-pŏ* ou *Lop-nor*, qui reçoit la grande rivière appelée *Yarkand* ou *Tarim*. Tous ces lacs sont salés, quoiqu'ils n'aient aucun rapport avec l'Océan.

甘松嶺 *Kān-sōng-lĭng* (*Ch. Rep.*), montagne du pin agréable. — Pic élevé de la chaîne des montagnes appelées *Yûn-lĭng*, dans le département inférieur de *Sōng-păn*.

| 棠 *Kān-tăng*. — Ancien nom du territoire de *I-yăng* (*Hô-năn-fòu*), sous les *Oéy* (*Biot*).

| 州 *Kān-tcheōu* (contrée agréable)-*fóu* (*Ch. Rep.*). — Un des 15 départemens du *Kān-sŏ*, comprenant 3 districts, 2 *hién* et 1 *tĭng*, savoir : *Tchāng-ĭ*, *Shān-tān* et *Fòu-ĭ-tĭng*. Le chef-lieu est situé au sud-ouest de la grande muraille, sur la rive gauche du *Hĕ-hô*, par 39° 0' 40" lat. N. et 15° 32' 30" long. W.

| 竹 *Kān-tchŏ* (*Fl. Sin.*). — Nom d'un bourg du district de *Shún-tĕ*, département de *Kwàng-tcheōu* (*Kwàng-tōng*), mentionné comme producteur de certaine qualité secondaire de soie.

| 亭 *Kān-tĭng*. — Ancien nom de *Hóu-hién*, du département de *Sī-ngān* (*Shèn-sī*) (*Biot*).

| 泉 *Kān-tsuên* (fontaine agréable)-*hién* (*Ch. Rep.*). — Un des 10 districts du département de *Yén-ngān* (*Shèn-sī*). Le chef-lieu est situé sur une des branches supérieures du *Lŏ-hô*, par 36° 24' lat. N. et 7° 15' 30" long. W. — Même nom pour désigner un des 8 districts du département de *Yăng-tcheōu* (*Kiāng-sōu*). Le chef-lieu est situé par 32° 26' 32" lat. N. et 2° 55' 19" long. W.

| | 市 *Kān-tsuên-shĭ*. — Ancien nom du district de *Tsĭng-hô*, du département de *Kwàng-pĭng* (*Biot*).

礉礦 *Kàn-lân* (*Ch. Rep.*) ou *Kān-lân* (*Ch. Rep.*).

竿土島 *Kān-tŏu-tào* (*Cart. Jap.*), île du territoire des bambous ronds et longs. — Ile située au sud-ouest de la terre, ou île méridionale de la province de *Twĭ-mà* (*Tsusima*).

章貢縣 *Kăn-hién* (*Biot*). — Nom, sous les *Hán*, de *Nân-kăng-hién*, département de *Nân-ngān*, ainsi que *Nĭng-tōu-tcheōu* (*Kiāng-sī*).

章貢梌縣 *Kán-yú-hién (Ch. Rep.).* — Un des 2 districts du département de *Háy-tcheōu (Kiāng-sōu).* Le chef-lieu est situé sur le bord de la mer, par 34° 52′ lat. N. et 2° 58′ long. E.

Le caractère *Kán* est quelquefois remplacé par *Kán* 灨 et *Kán* 贛 (D. G.). Biot prononce le même caractère *Han* et *Kan*.

贛縣 *Kán-hién (Ch. Rep.),* district de la rivière *Kán.* — Un des 9 districts du département de *Kán-tcheōu (Kiāng-sī).* Le chef-lieu, affecté à celui du département est, comme ce dernier, situé par 25° 52′ 48″ lat. N. et 1° 40′ 54″ long. W.

｜州府 *Kán-tcheōu-fòu (Ch. Rep.).* — Un des 14 départemens de la province du *Kiāng-sī,* qui comprend 8 districts *hién* et 1 district *tĭng,* savoir : *Kán, Sín-fōng, Lóng-ngān, Hoêy-tchăng, Ngān-ywên, Tchăng-ning, Hīng-kwĕ* et *Yú-tōu,* ainsi que *Tíng-nân.* Ce département est renommé pour ses thés et ses laques. Le chef-lieu, à 4,135 *li* de *Pĕ-kīng,* est situé entre les rivières *Káng* et *Tchăng,* par 25° 52′ 48″ lat. N. et 1° 40′ 54″ long. W.

SON *KANG.*

Prononciation française.	Kang, Kangue, Cangue.
— américaine, anglaise . . .	Kang, Khang.
— espagnole, portugaise . .	Càm, Kam.

ORDRE DES CLEFS :

亢 岡 康 忼

CLEFS :	8	46	53	61
TRAITS :	2	5	8	4

亢 *Kăng* (D. G. — Voir *Lóng-kăng* (Biot).

岡喝 *Kăng-hŏ* (*Ch. Rep.*), *Ganga* ou *Sengé-k'ha-bab*. — Supposé, par les uns, être le Gange (voir *Hĕng-shwi, Fl. Sin.*)., et par les autres, le *Sinhd* ou *Indus*. — Voir *Yn-tóu-hô*. Ce grand fleuve a deux branches supérieures principales, l'une appelée *Lâng-tchôu* et l'autre *Sà-tchôu*. La première vient du lac appelé *Mapamdalaï*, au nord des monts *Kèngtise* ou *Kangtiseri*, qui séparent le grand Thibet du petit, vers 30° de lat. N. L'autre prend naissance un peu au nord, dans les monts *Senkeh*, et puis l'un et l'autre se réunissent en un seul corps pour former ce qui est généralement appelé le *Ganga*, et se jeter dans la mer, après avoir traversé le royaume de Népaul et les grandes Indes.

| 花 *Kăng-hōa* (*N. L.*), fleur des montagnes. — Ile et ville situées à l'embouchure du fleuve salé qui conduit à *Seóul*, capitale de la Corée, d'après le *Récit de l'expédition navale commandée par le contre-amiral français Roze, Moniteur* du 27 décembre 1866. — Voir *Hán-tchīng* et *Kīng-kĭ-tào* (*Ch. Rep.*).

| 崎 *Kăng-kĭ* (*Cart. Jap.*), montagne dangereuse. — Cité de la province de *Sān-hô* (*Mikava*), île de *Nifon*; elle est éloignée de 77 *ris* de *Yédo*.

| | *Kăng-kĭ* (*Cart. Jap.*), passage dangereux dans les montagnes. — 38ᵉ station du *Tokaïdo*, route orientale du Japon, cité ou ville située entre *Tĕng-tchwĕn* et *Tchĭ-lĭ-fóu*.

| 部 *Kăng-póu* (*Cart. Jap.*), division des montagnes. — 21ᵉ station du *Tokaïdo*, route orientale du Japon, entre *Kĭo-tsè* et *Tĕng-tchĭ*. Cette station est située au milieu des montagnes, près d'un ruisseau, appelé *Tchăo-pĕ-náy-tchwĕn*, ainsi que *Shăo-tsīn-tchwĕn*. Elle fait partie du département de *I-tsīn*, province de *Tsīn-hô* (*Surug*).

| | *Kăng-póu* (*Cart. Jap.*), station dangereuse. — Station de *Oú-tsăng* (*Musasi*), éloignée de 19 *ris* de *Yédo*.

| 山 *Kăng-shān* (*Cart. Jap.*), montagne de la corniche, en japonais *Okayma* (*C. S.*). — Cité éloignée de 173 *ris* de *Yédo* et située au sud de la province de *Bizen* (*Pí-tsiĕn*), près de l'embouchure du *Kīn-tchwĕn*, dans la mer intérieure.

| 上 *Kăng-shàng* (*Cart. Jap.*), sommet des montagnes dangereuses. — Point signalé au nord, sur l'île de *Tchòng-tsè-tào* (*Tanegasima*).

| 石州 *Kăng-shĭ-tcheōu* (*C. K.*). — Ile du district de *Oú-tchwĕn* (*Kwăng-tōng*), indiquée sur la carte de Klaproth, par 21° 15' lat. N. et 5° 30' long. W.

| 州 *Kăng-tcheōu* (*Biot*). — Ancien nom de *Sīn-hoéy-hiĕn*, département de *Kwàng-tcheōu* (*Kwàng-tōng*), sous les *Tăng*.

岡达 *Kăng-tchĭ (Cart. Jap.).* — Cité de la province de *Fōng-heóu* (*Bongo*) sur *Kiusiu*, éloignée de 27 *ris* de Yédo.

|田郡 *Kăng-tiĕn-kún (Cart. Jap.).* — Une des 12 préfectures de la province japonaise de *Hia-tsòng* (*Simosa*), située au nord-ouest.

康 *Kăng (Ch. Rep.).* — Synonyme de *Tsiĕn-tsăng*. Province du Thibet, appelée *Kham*, *Kam*, *Kamba*, *K'hamyul* et *Potchen*. Elle fait partie du Thibet propre ou antérieur, et sa métropole est *Tsă-mŏ-tō*.

|居 *Kăng-kŭ (Ch. Rep.).* — Ancien nom de la Sogdiane, contrée de l'Asie centrale.

|羅 *Kăng-lô (Biot).* — Nom d'une ancienne ville de 3ᵉ ordre, sous les *Tsīn*, 20 *lĭ* à l'est de *Sīn-tchăng*, département de *Shwi-tcheōu* (*Kiāng-sī*). — Même nom pour désigner, à la même époque, *Wán-tsày-hién*, département de *Ywên-tcheōu* (*Kiāng-sī*).

|肅 *Kăng-sŏ* ou *Kăng-ssē (C. H.).* — Porté sur la carte de Du Halde, probablement le même que *Kăng-tsò*.

|州 *Kăng-tcheōu (Biot).* — Ancien nom de *Lô-tĭng-tcheōu* (*Kwàng-tōng*) et de *Tĕ-kĭng-tcheōu*, département de *Tchào-kĭng* (*Kwàng-tōng*).

|特獅里 *Kăng-tĕ-ssē-lĭ (Ch. Rep.),* en thibétain *Kengtise* ou *Kangtiseri*. — Montagnes situées sur les frontières orientales de la contrée thibétaine appelée *Ngō-lĭ* (*Ari* ou *Ngari*).

|左 *Kăng-tsò (C. K.).* — Localité au sud de *Kwéy-tcheōu*, sur les frontières du *Miáo-tsĕ*, située par 25° 35′ lat. N. et 10° 45′ long. W., département de *Ngăn-shún*.

忼龍河 *Kăng-lông-hô (C. K.).* — Rivière du *Yûn-nân*, département de *Pŏu-eùl*, et qui se jette dans le *Lân-tsăng-kiāng*, rive droite. Elle est appelée *Căng-lân-hô* dans la carte du P. du Halde.

SON *KAO*.

Prononciation française. . . . . *Kao, Khao, Cao.*
— américaine, anglaise . . . *Kau, Kaou, Khaou.*
— espagnole, portugaise . . *Cao, Kao.*

ORDRE DES CLEFS :

尻 皋 篙 考 藁 郜 鄗 高

CLEFS :	44	106	118	125	140	163	163	189
TRAITS :	2	5	10	2	14	7	10	—

尻矢崎 *Kăo-shì-kĭ* (*Cart. Jap.*), cap du dard épineux, en japonais *Toriwisaki*. — Cap de la pointe nord de la province de *Lĭng-ngào* (*Mudsu*), situé à l'entrée est du détroit de *Tsougar* (*Sōng-tsiĕn*), par 41° 33′ lat. N. et 24° 30′ long. E.

皋蘭 *Kāo-lân* (bleu élevé)*-hién* (*Ch. Rep.*). — Un des 7 districts du département de *Lăn-tcheōu* (*Kăn-sŏ*). Le chef-lieu est situé par 36° 8′ 24″ lat. N. et 2° 33′ 54″ long. W.

| 洩 *Kāo-sĭe* (*Ch. Rep.*). — Vallée de l'île de *Tcheōu-shăn*, district de *Tíng-hày*, département de *Nĭng-pō* (*Tchĕ-kiāng*).

篙宮 *Kāo-kōng* (*Fl. Sin.*). — Nom d'un bourg ou village du district de *Shŭn-tĕ*, département de *Kwàng-tcheōu* (*Kwàng-tōng*), mentionné dans l'industrie de la soie.

考嘉燕 *Kào-kīa-yén* (*Fl. Sin.*). — Station placée entre le grand canal et le lac *Hông-tsè*, département de *Hoáy-ngán* (*Kiāng-sōu*) (*C. K.*).

| 城縣 *Kào-tchíng-hién* (*Ch. Rep.*). — Un des 10 districts du département de *Oéy-hoēy* (*Hô-nán*). Le chef-lieu est situé par 34° 47′ lat. N. et 1° 1′ 30″ long. W.

考陽 *Kào-yáng.* — Ancien nom de *I-fōng-hién*, département de *Kăy-fōng* (*Hô-nân*) (Biot).

藁城縣 *Kăo-tchíng-hién* (Ch. Rep.), district de la cité de paille. — Un des 14 districts du département de *Tching-ting* (*Tchĭ-lì*). Le chef-lieu est situé par 38° 5′ lat. N. et 1° 29′ 30″ long. W.

郜 *Káo* (D. G.). — Nom de royaume, nom de lieu (D. G.). Nom d'une ville, pendant la dynastie des *Tcheōu*; d'une autre ville, sous celle des *Sóng*, ainsi que sous celle des *Tsín* (Medh.).

｜林 *Káo-lĭn* (Cart. Jap.), forêt peuplée. — Cité de la province de *Sháng-yĕ* (Kodske), éloignée de 27 *ris* de *Yédo*.

鄗縣 *Kāo-hién.* — Ancien nom de *Kāo-ĭ-hién*, département de *Tchào-tcheōu* (*Tchĭ-lì*), sous les *Hán* (Biot).

｜魚 *Kāo-yû.* — Nom d'une ancienne ville, arrondissement de *Yúntching*, département de *Tsáo-tcheōu* (*Shān-tōng*) (Biot).

高爾河 *Kāo-eùl-hô* (C. K.). — Poste du *Shíng-kīng*, situé sur la côte, par 40° 44′ lat. N. et 3° 38′ long. E.

｜附 *Kāo-fóu* (Ch. Rep.). — Ancien nom de Caboul, capitale de l'Afghanistan (*Ngō-fóu-kăn*), située par 34° 40′ lat. N. et 47° 43′ 54″ long. W.

｜縣 *Kāo-hién* (Ch. Rep.), district élevé. — Un des 13 districts du département de *Sú-tcheōu* (*Ssé-tchwĕn*). Le chef-lieu est situé par 28° 48′ lat. N. et 14° 55′ 30″ long. W.

｜興 *Kāo-hīng.* — Ancien nom de *Kāo-tcheōu-fóu*, à l'époque des trois royaumes (Biot).

｜湖 *Kāo-hôu* (C. K.). — Lac du *Tchĕ-kiāng*, département de *Sháohīng*, au sud de *Pĭ-hôu*.

｜｜嶺 *Kāo-hôu-lĭng* (Medh.), collines du lac élevé. — Montagnes ainsi appelées à cause d'un lac qui se trouve au sommet. On y remarque deux espèces de dykes ou piliers, appelés *Mŏ-fòu-tĭng* et *Fòu-fōng*, ce dernier ainsi désigné, à cause de sa forme de hache. Derrière le premier, se trouve un orifice, d'où part un jet de gaz ou de fumée gazeuse, qui s'élève à une grande hauteur, ce qui l'a fait appeler *Tōng-tiĕn-kiâo*, c'est-à-dire *ouverture qui communique avec le ciel.* Cette montagne singulière est située dans le district de *Où-ywĕn*, département de *Hoēytcheōu* (*Ngān-hoēy*). (Excursion dans les pays du thé, de la soie et de la porcelaine.)

｜邑 *Kāo-ĭ* (district de la cité éminente)-*hién* (Ch. Rep.). — Un des 5 districts du département de *Tchào-tcheōu* (*Tchĭ-lì*). Le chef-lieu est situé par 37° 40″ lat. N. et 1° 41′ 30″ long. W.

高岡 *Kāo-kāng (Cart. Jap.)*, défilé élevé, en japonais *Fakoura (C. B.)*. — Station de la province de *Hia-tsŏng (Simosa)*, sur *Nifon*, éloignée de 19 *ris* de *Yédo*.

| 崎 *Kāo-kĭ (Cart. Jap.)*, escarpé et élevé. — Cité de la province de *Shàng-yè (Kodske)*, éloignée de 34 *ris* de *Yédo*.

| | *Kāo-kĭ (N. L.)*, sommets élevés, en japonais *Takasaki*. — Ville de la province de *Kodzouké*, où se fabriquent principalement les soieries employées pour doublures.

| 亘 *Kāo-kiāng (Cart. Jap.)*, limites élevées. — Cité de la province dé *Mino (Mèy-nông)*, île de *Nifon*. Elle est éloignée de 97 *ris* de *Yédo*.

| 橋日 *Kāo-kiāo-jĭ (C. K.)*, soleil du pont élevé. — Village de la côte du *Shing-king*, situé par 40° 59′ lat. N. et 4° 24′ long. E.

| 京 *Kāo-kīng (Fl. Sin.)*, cour élevée. — Ancien nom de *Lŏ-yâng*, sous *Fŏ-hī*.

| 鍋 *Kāo-kō (Cart. Jap.)*, marmite élevée. — Cité de la province de *Jĭ-hiāng (Hiuga)* sur *Kiusiu*, éloignée de 382 *ris* de *Yédo*.

| 渠 *Kāo-kŭ*. — Nom d'un ancien arrondissement, établi sous les *Oéy* occidentaux, dans le territoire de *Yên-tĭng*, département de *Tŏng-tchwĕn (Ssé-tchwĕn) (Biot)*.

| 句麗 *Kāo-kúu-lĭ* ou *Kāo-lĭ*. — Nom de la Corée *(Biot)*. — Même nom pour désigner la province de *Leâo-tōng* sous les *Swī (Biot)*.

| 官川 *Kāo-kwān-tchwĕn (Alb. Jap.)*, rivière des hauts magistrats. — Cours d'eau près de *Shĭ-yŏ-tswī*, 44ᵉ station sur le *Tokaïdo*.

| 欄 *Kāo-lân (C. G.)*, balustrade élevée. — Ile du district de *Sīn-hoéy (Kwàng-tōng)*.

| 瀾 *Kāo-lân (Ch. Rep.)*, vagues élevées. — Côte d'une île du *Kwàng-tōng*, près de *T'ie-lôu*.

| 凉 *Kāo-leâng*. — Ancien nom de *Kāo-tcheōu-fóu* et d'un de ses districts, *Shĭ-tching*, ainsi que de *Yâng-tchŭn-hién* de *Tcháo-king-fóu (Kwàng-tōng)*, sous les *Hán (Biot)*.

| 梁城 *Kāo-leâng-tching*. — Nom de deux anciennes villes du temps des *Hán* et des seconds *Oéy*, arrondissement de *Hông-tcheōu (Kwàng-sī)* et de *Tsĭ-shān (Shān-sī) (Biot)*.

高麗 *Kāo-li (Medh.)*, d'où est dérivé *Corée*. — Ancien nom d'un royaume situé au nord-est de la Chine. Le nom moderne est *Tchǎo-siēn*. Sa capitale est *Kīng-kĭ-táo*, située par 37° 36′ lat. N. et 10° 39′ 6″ long. E. — Voir *Kāo-kú-li (Biot)*. — Même nom pour désigner la province de *Leâo-tōng*, sous les *Tâng (Biot)*.

| | 郡 *Kāo-li-kún (Cart. Jap.)*, en japonais *Iwatouki (C. B.)*. — Une des 22 préfectures de la province de *Où-tsāng (Musasi)*, à l'ouest de *Yédo*, au centre de la province.

| | 國 *Kāo-li-kwĕ (D. G.)* ou *Tchǎo-siēn (D. G.)*. — Royaume de Corée, appelé *Solho-kouroun* par les Mantchous, ou royaume de *Solho*. Il comprend 8 provinces, savoir : 2 septentrionales, *Pîng-ngān* et *Hién-kīng*; 2 occidentales, *Hoǎng-hǎy* et *Tchū-tsīn*; 1 centrale, *Kīng-kĭ*; 2 orientales, *Kīng-ywèn* et *Kīn-shān*, et 1 méridionale, *Tsiěn-lô*.

| 黎井 *Kāo-li-tsìng (Cart. Chin.)*. — Montagne du *Yûn-nân*, près du *Lö-tchwĕn-kiāng*.

| 柳 *Kāo-lieòu (Cart. Jap.)*, saule élevé. — Cité de la province de *Yǎng-tsīn (Setsu)*, île de *Nifon*. Elle est éloignée de 132 *ris* de *Yédo*.

| 嶺 *Kāo-lìng (Ch. Rep.)*. — Colline située à l'est du village de *Kīng-tĕ-tchín*, et qui a donné son nom à la matière argileuse propre à la fabrication de la porcelaine.

| 陵 *Kāo-ling* (collines élevées)-*hién (Ch. Rep.)*. — Un des 18 districts du département de *Sī-ngān (Shān-sī)*. Le chef-lieu est situé près du *Tsîn-shwi*, par 34° 30′ lat. N. et 7° 24′ 30″ long. W.

| 樂 *Kāo-lŏ (C. K.)*. — Station du *Hôu-pĕ*, département de *Shī-nān*, faisant partie d'un groupe de tribus presque indépendantes, et placées dans des contrées montagneuses, entre le *Hôu-nân*, le *Kwéy-tcheôu* et le *Ssé-tchwĕn*.

| 密 *Kāo-mĭ* (secret de *Kāo*)-*hién (Ch. Rep.)*. — Un des 7 districts du département de *Lǎy-tcheōu (Shān-tōng)*. Le chef-lieu est situé au sud du lac appelé *Pĕ-nǐe*, par 36° 23′ lat. N. et 4° 10′ 30″ long. E.

| 明 *Kāo-mîng* (lumière élevée)-*hién (Ch. Rep.)*. — Un des 13 districts du département de *Tchǎo-kīng (Kwàng-tōng)*. Le chef-lieu est situé par 22° 54′ lat. N. et 4° 10′ 30″ long. W. C'est un pays producteur de soies.

| 安 *Kāo-ngān*. — Nom, sous les *Tsĭ* du nord, de *Lô-shān-hién*, département de *Jù-nîng (Hô-nân) (Biot)*.

| | *Kāo-ngān* (district du repos éminent)-*hién (Ch. Rep.)*. — Un des 3 districts du département de *Swí-tcheōu (Kiāng-sī)*. Le chef-lieu est situé par 28° 24′ 40″ lat. N. et 1° 11′ 18″ long. E.

高安河 *Kāo-ngān-hô* (*Fl. Sin.*). — Rivière du *Hôu-pĕ*, affluent du fleuve Bleu (*Yáng-tsè*), rive gauche, département de *Où-tchăng*.

| 奴 *Kāo-nôu*, esclave élevé. — Ancien nom de *Ngān-sĕ-hién*, du département de *Yên-ngān* (*Shèn-sĭ*), sous les *Hán* (Biot).

| 平 *Kāo-pîng* (Biot). — Nom, sous les *Heóu-tcheōu*, de *Tsĕ-tcheōu-fòu* (*Shān-sī*); sous les *Hán*, de *Tchîn-ywên-hién* et de *Kóu-ywên-tcheōu*, département de *Pĭng-leâng* (*Kān-sŏ*).

| | *Kāo-pîng* (paisible et élevé)-*hién* (*Ch. Rep.*). — Un des 5 districts du département de *Tsĕ-tcheōu* (*Shān-sĭ*). Le chef-lieu est situé par 35° 45' lat. N. et 3° 35' 30" long. W.

| 坡 *Kāo-pŏ* (*Ch. Rep.*). — Tribu de *Miáo-tsè* soumis, du *Kwéy-tcheōu*, généralement noirs, et qui vivent d'agriculture, dans le département de *Pîng-ywèn*, département de *Tá-tîng*.

| 砂 *Kāo-shā* (*Cart. Jap.*), sable élevé. — Côte de la province du *Fŏ-kién*. Distance de *Nangasaki* : 640 *ris*. — Voir *Féy-tsién-kwĕ-tchîng-kĭ-tsīn*.

| 山 *Kāo-shān* (*Cart. Jap.*), montagne élevée. — Cité de la province de *Fida* (*Féy-tān*), île de *Nifon*. Elle est éloignée de 120 *ris* de *Yédo*.

| 奢 *Kāo-shē* (*Ch. Rep.*). — Corruption de *Pāo-shé*, nom de la Perse.

| 師山 *Kāo-shī-shān* (*Alb. Jap.*), montagne de la pagode élevée. — Station du *Tokaïdo* où se trouve la résidence impériale de *Yú-fān-sŏ*, à *Hoāng-tsing*.

| 順 *Kāo-shŭn* (*Cart. Jap.*), agréable et élevé, en japonais *Quifu* (*C. H.*). — Cité de la province de *Mino* (*Méy-nông*), île de *Nifon*. Elle est éloignée de 95 *ris* de *Yédo*.

| 淳縣 *Kāo-shŭn-hién* (*Ch. Rep.*). — Un des 7 districts du département de *Kiāng-nîng* (*Kiāng-sōu*). Le chef-lieu est situé près du lac appelé *Sieóu-hôu*, par 31° 28' lat. N. et 2° 20' long. E.

| 小集 *Kāo-siáo-tsĭ* (*Ch. Rep.*). — Ville du district inférieur appelé *I-fōng*, département de *Kăy-fōng* (*Hô-nān*).

| 松 *Kāo-sōng* (*Cart. Jap.*), pins élevés, en japonais *Imabari* (*P. H.*). — Cité de la province de *Sanuki* (*Tsán-kĭ*), sur *Sikok*, éloignée de 185 *ris* de *Yédo*.

| 丹河 *Kāo-tān-hô* (*Fl. Sin.*). — Rivière du *Ssĕ-tchwēn*, département de *Tchóng-kîng*, tributaire du fleuve Bleu, rive gauche.

高唐 *Kāo-tăng*, lac élevé. — Ancien nom de *Sŏ-sōng-hièn*, département de *Ngān-kīng* (*Ngān-hoēy*) (*Biot*).

｜｜邑 *Kāo-tăng-ĭ*. — Ancien nom de *Kāo-tăng-tcheōu*, département de *Tōng-tchăng* (*Shān-tōng*), à l'époque du *Tchŭn-tsieŏu* (*Biot*).

｜｜州 *Kāo-tăng-tcheōu* (*Ch. Rep.*). — Contrée de l'empereur *Tsòu*, de la dynastie des *Tăng*, un des 10 districts du département de *Tōng-tchăng* (*Shān-tōng*). Le chef-lieu est situé par 36° 58′ lat. N. et 0° 4′ 30″ long. W.

｜島 *Kāo-tào* (*Cart. Jap.*), île élevée. — Ile au sud-ouest de la province de *Fēy-tsiĕn* (*Fizen*), sur *Kiusiu*, et faisant partie du groupe sud des 99 îles appelées *Kieòu-shĭ-kieòu-tào*.

｜｜ *Kāo-tào* (*Cart. Jap.*), île élevée. — Cité de la province de *Sĭn-nŏng* (*Sinano*), éloignée de 54 *ris* de *Yédo*.

｜臺県 *Kāo-tăy-hièn* (*Ch. Rep.*). — Le seul district du département inférieur appelé *Sŏ-tcheōu* (*Kān-sŏ*). Le chef-lieu est situé par 39° 25′ lat. N. et 17° 11′ 30″ long. W.

｜札場 *Kāo-tchă-tchăng* (*Cart. Jap.*), autel à la table élevée. — Temple signalé sur la carte de *Kwă-tchwĕn*, 26ᵉ station du *Tokaïdo*, route orientale du Japon.

｜昌 *Kāo-tchăng* (*Ch. Rep.*). — Nom du pays des Ouïgours antérieurs, fixés au vıᵉ siècle de notre ère, au nord de *Shā-tcheōu* (*Kān-sŏ*). Medhurst dit qu'au pays de *Kāo-tchăng*, il y a une plante dont le fruit, semblable à une coque, est fourni de fibres, dont on fait une belle étoffe blanche, appelée *Pĕ-tĭe*.

｜｜ *Kāo-tchăng* (*Biot*). — Nom d'une ancienne ville des *Où*, 50 *li* à l'ouest de *Kĭ-ngān-fòu* (*Kiāng-sī*).

｜鄣 *Kāo-tchăng* (*N. C.*), lumière élevée. — Royaume des Oigours. — Voir *Hoēy-hĕ* et *Hoēy-kŏ* (*Ch. Rep.*).

｜州 *Kāo-tcheōu*. — Nom d'une ancienne ville du 2ᵉ ordre, sous les *Leâng*, comprenant le territoire de *Lŏ-ngān-hièn*, département de *Fòu-tcheōu* (*Kiāng-sī*) (*Biot*).

｜｜ *Kāo-tcheōu* (contrée élevée)-*fóu* (*Ch. Rep.*). — Un des 15 départemens de la province du *Kwàng-tōng*, comprenant 6 districts, savoir : *Meóu-ming*, *Tiĕn-pĕ*, *Hóa-tcheōu*, *Shĭ-tching*, *Oŭ-tchwĕn* et *Sin-ĭ*. Le chef-lieu est situé sur la rivière *Oŭ*, par 21° 48′ lat. N. et 6° 2′ 15″ long. W.

｜知 *Kāo-tchī* (*Cart. Jap.*), savoir élevé. — Cité de la province de *Tossa* (*Tŏu-tsŏ*), sur *Sikok*, éloignée de 245 *ris* de *Yédo* et située sur un estuaire, à l'embouchure de plusieurs cours d'eau.

高城 *Kāo-tchíng.* — Ancien nom attribué à plusieurs territoires, d'après Biot.

｜｜巛 *Kāo-tchíng-tchwĕn* (*Cart. Jap.*), ruisseau de la cité élevée. — Cours d'eau de la province de *Jĭ-hiāng* (*Hiuga*), sur *Kiusiu*, et qui se jette dans l'océan Oriental.

｜知 *Kāo-tchū* (*Cart. Jap.*), gouverneur éclairé. — Cité de la province de *Tossa*, sur l'île de *Sikok*, Japon.

｜夫神 *Kāo-tiĕn-shīn* (*Alb. Jap.*), dieu du ciel élevé, en japonais *Tori* (*Kœmpf.*). — Porte triomphale, située entre *Kwá-tchwĕn* et *Táy-tsìng*, 26e et 27e stations du *Tokaïdo*, sur un pont de la rivière appelée *Eúl-tchì-láy-tchwĕn*. Auprès est un oratoire.

｜｜｜城 *Kāo-tiĕn-shīn-tchíng* (*Cart. Jap.*), cité des génies célestes et élevés. — Nom donné à *Kwá-tchwĕn*, 26e station du *Tokaïdo*, route impériale du Japon, que l'on croit être *Kioto*, malgré que ce nom soit ordinairement synonyme de *Miaco*.

｜田 *Kāo-tiĕn* (*Cart. Jap.*), champ élevé. — Cité de la province de *Ywĕ-heóu* (*Yetsigo*), sur *Nifon*, éloignée de 72 *ris* de *Yédo*.

｜｜村 *Kāo-tiĕn-tsūn* (*Cart. Jap.*), village du champ élevé. — Village situé à l'ouest du *Midsi*, à *Yédo*, près du *Lông-pĭng-ywĕn-kiāng*.

｜都 *Kāo-tōu* (*Biot*). — Nom d'un ancien territoire sous les *Hán*.

｜齊忑 *Kāo-tsĭ-tĕ* (*Ch. Rep.*). — Khaotchit ou Haotchit, tribu de Mongols habitant au sud-ouest des monts *Hīng-ngān*.

｜幛 *Kāo-tsiāo* (*Cart. Jap.*), île élevée. — Sous-préfecture du département de *Sóu-fàng*, province de *Sinano*, située sur le bord oriental d'un grand lac.

｜井郡 *Kāo-tsìng-kún* (*Cart. Jap.*), ville du puits élevé. — Une des 10 préfectures de la province japonaise de *Sin-nông* (*Sinano*), située au nord.

｜坐｜ *Kāo-tsó-kún* (*Cart. Jap.*). — Une des 9 préfectures de la province japonaise de *Wă-môu* (*Sagami*), située au nord.

｜作集 *Kāo-tsó-tsĭ* (*Ch. Rep.*). — Grande ville située entre *Yâng-hô-tchín* et *Sû-tcheôu-fòu*, près du fleuve Jaune.

｜取 *Kāo-tsŭ* (*Cart. Jap.*). — Cité de la province de *Tá-hô* (*Jamato*), île de Nifon. Elle est éloignée de 133 *ris* de *Yédo*.

高師山 *Kāo-tswĭ-shān (Cart. Jap.)*, montagne du chef élevé. — Montagne mentionnée dans le texte de *Hoǎng-tsìng*, 34ᵉ station du *Tokaïdo*, route orientale du Japon. Le caractère *Tswĭ*, prononcé également *Shwĭ* et *Sŏ* par De Guignes, *Shoǎy* par Medhurst, est prononcé *Shwĭ* et *Shŭ* dans le *Kāng-hī*.

| 追 *Kāo-twĭ (Cart. Jap.)*, chapeau élevé. — Cité de la province de *Sín-nông (Sinano)*, éloignée de 64 *ris* de *Yédo*.

| 陽縣 *Kāo-yāng-hién (Ch. Rep.)*. — District de *Kāo-yāng*, ancien empereur, un des 17 districts du département de *Pàoting (Tchĭ-lĭ)*. Le chef-lieu est situé sur le *Tchū-lông-hô*, par 38° 44' lat. N. et 0° 32' 30" long. W.

| | 湖 *Kāo-yāng-hôu* ou *Pĭ-shé-hôu*. — Grand lac du *Kiāng-sōu*, situé près de *Kāo-yeôu-tcheōu*, du département de *Yāng-tcheōu (C. K.)*.

| 要 *Kāo-yāo* (ceinture élevée)-*hién (Ch. Rep.)*. — Un des 13 districts du département de *Tcháo-kīng (Kwàng-tōng)*. Le chef-lieu est situé par 23° 4' 48" lat. N. et 4° 24' 54" long. W.

| 野 *Kāo-yè (Cart. Jap.)*, désert élevé. — Cité de la province de *Jamato*, Japon.

| | 山 *Kāo-yè-shān (Cart. Jap.)*, montagne du désert élevé, en japonais *Wakayama (C. H.)*. — Montagne de la province de *Kii (Kĭ-ī)*.

| 郵州 *Kāo-yeôu-tcheōu (Ch. Rep.)*. — Un des 8 districts du département de *Yāng-tcheōu (Kiāng-sōu)*. Le chef-lieu est situé sur les bords du grand canal, par 32° 47' lat. N. et 2° 54' 30" long. E.

| 甬山 *Kāo-yòng-shān (Cart. Jap.)*, montagne luxuriante et élevée. — Montagne au sud-ouest de la province d'*Iwami (Shĭ-kién)*, située près des limites de celle de *Nagato (Tchăng-mên)*, et qui a donné ou pris le nom de la rivière de *Kāo-yòng*.

| | 巛 *Kāo-yòng-tchwĕn (Cart. Jap.)*. — Cours d'eau de la province d'*Iwami (Shĭ-kién)*, qui se jette dans la mer de Corée, au pied de la montagne de *Kāo-yòng*.

| 苑 *Kāo-ywèn*. — Ancien nom, sous les *Swĭ*, de *Tsĭ-yâng*, département de *Tsì-nân (Shān-tōng)* et de *Ywĕn-tsiāng (Biot)*.

| | *Kāo-ywèn* (ménagerie de *Kāo-yâng*)-*hién (Ch. Rep.)*. — Un des 11 districts du département de *Tsīng-tcheōu (Shān-tōng)*. Le chef-lieu est situé près du *Siào-tsīng-hô*, par 37° 10' lat. N. et 0° 36' 54" long. W.

SON *KAY.*

Prononciation française. . . . . *Kay, Cay, Caï.*
— américaine, anglaise . . . *Kae, Khae, Kai.*
— espagnole, portugaise . . *Cai, Kai.*

ORDRE DES CLEFS :

凱 愷 改 盖 蓋 開

CLEFS : 16 61 66 108 140 169
TRAITS : 10/10 10/10 3/3 6/6 10/10 4/4

凱 *Käy (Biot).* — Synonyme de 開 *Káy (Biot).*

愷安城 *Káy-ngān-tchíng (Ch. Rep.)*, autrement appelé *Tsi-mŏ-să.* — Ville de garnison du département inférieur de *Tĭ-hóa-tcheōu (Kān-sŏ).*

改新教人 *Káy-sīn-kiáo-jín (N. C.)*, partisans de la religion nouvelle réformée. — Protestans, réformés, calvinistes, luthériens, anglicans, etc.

盖州 *Káy-tcheōu.* — Ancien nom de *Tsĕ-tcheōu-fóu (Shān-sī)*, sous les *Míng (Biot).*

蓋 *Káy (Biot).* — Nom de la seconde ville de l'ancien royaume de *Tsi (Shān-tōng).*

| 厂 *Káy-hàn (Fl. Sin.).* — Montagne du territoire de *Lóu-ngān-fòu (Shān-sī)* où l'on recueille le *ginseng, Panacea Sinica (Fl. Sin.).*

| 平県 *Káy-píng-hién (Ch. Rep.).* — Un des 11 districts du département de *Fòng-tiēn (Shíng-kīng).* — Voir *Káy-píng* ou *Sháng-tōu.*

| 州 *Káy-tcheōu (Biot).* — Ancien nom de *Kāo-píng-hién*, département de *Tsĕ-tcheōu (Shān-sī)*, sous les *Tăng.*

| | 城 *Káy-tcheōu-tchíng (Ch. Rep.).* — Une des 13 garnisons inférieures subordonnées à celle supérieure de *Shíng-kīng*, et située par 40° 30' lat. N. et 5° 57' 10" long. E.

開封府 *Kăy-fōng-fòu (Ch. Rep.).* — Un des 13 départemens de la province de *Hô-nân*, jadis renommé pour ses productions sérifères. Il comprend 17 districts dont 14 *hién*, 2 *tcheōu* et 1 *tĭng*, savoir : *Tsiăng-fòu*, *Lân-yâng*, *I-fōng*, *Tŏng-hòu*, *Tchĭn-Lieôu*, *Kĭ*, *Tchōng-meôu*, *Tchíng*, *Yòng-tsĕ*, *Yòng-yâng*, *Ssé-shwĭ*, *Oéy-shĭ*, *Yēn-lĭng*, *Oèy-tchwĕn*, *Sīn-tchĭng*, *Mĭ* et *Yù.* Biot désigne deux autres districts ou arrondissemens sous les noms de *Hô-ȳn* et *Kĭ-shwĭ.* Le chef-lieu de ce département et capitale de la province, qui fut la métropole de la Chine sous les dynasties *Leâng* et *Sóng*, est situé à 1,540 *lĭ* de *Pĕ-kīng*, par 34° 52' 5" lat. N. et 1° 55' 30" long. W., sur la rive droite du fleuve Jaune, dont les inondations fréquentes lui causent de grands dommages. Cette ville est remarquable par les synagogues des juifs, qui font remonter leur entrée en Chine de l'an 200 à 226 de notre ère. (*Ch. Rep.*, vol. XX, page 434.)

| 縣 *Kăy-hién (Ch. Rep.).* — Un des 6 districts du département de *Kwêy-tcheōu (Ssé-tchwĕn).* Le chef-lieu est situé sur le *Tsīng-kī*, par 31° 18' lat. N. et 7° 58' 30" long. W.

| 化 *Kăy hōa (Biot).* — Nom d'une ancienne ville des *Oéy* occidentaux, à l'ouest de *Shâng-tsīn*, département de *Yún-yâng* (*Hôu-pĕ*).

| | 府 *Kăy-hóa-fòu (Ch. Rep.).* — Un des 21 départemens de la province de *Yûn-nân*, ne comprenant que le seul district appelé *Wĕn-shān-hién.* Le chef-lieu, ancien poste militaire à 6,360 *lĭ* de *Pĕ-kīng*, est situé, près de la frontière du *Tōng-kīng*, par 23° 26' 15" lat. N. et 12° 15' long. W. Le pays est une région pauvre et peu peuplée.

| | | *Kăy-hóa-fòu.* — Nom d'un des départemens du *Tchĕ-kiāng* compris, dit Biot, dans celui de *Kŭ-tcheōu.* Le chef-lieu serait situé par 29° 9' 15" lat. N. et 2° 7' 45" long. E.

| | 縣 *Kăy-hóa-hién (Ch. Rep.).* — Un des 5 districts de *Kŭ-tcheōu* (*Tchĕ-kiāng*). Le chef-lieu est situé sur le *Kīn-kī*, par 29° 9' 43" lat. N. et 2° 6' 54" long. E.

| 夷 *Kăy-î (Biot).* — Nom d'un ancien arrondissement des *Swî*, au nord de *Shī-tcheōu-oéy* (*Hôu-pĕ*).

| 建 *Kăy-kién* (réglé et ouvert)-*hién* (*Ch. Rep.*). — Un des 13 districts du département de *Tcháo-kīng* (*Kwàng-tōng*). Le chef-lieu est situé sur un petit affluent du *Hô-kiāng*, par 23° 45' lat. N. et 5° 4' 30" long. W.

| 南 *Kăy-nân.* — Ancien nom du département de *Kìng-tōng-fòu* (*Yûn-nân*), sous les *Ywĕn* (*Biot*).

| 寶 *Kăy-pào (Biot).* — Nom d'un arrondissement de 3ᵉ ordre, établi par les *Sóng*, à l'est de *Leâng-tăng-hién*, département de *Tsīn-tcheōu* (*Shèn-sī*).

開平 *Kăy-pĭng* (Biot) ou *Shăng-tōu*. — Ancienne capitale des Mongols à la fin du xive siècle, située par 42° 25' lat. N. et 0° 8' 30" long. W. — Voir *Kăy-pĭng-hién*, département de *Fòng-tiĕn* (*Shĭng-kīng*).

| | *Kăy-pĭng* (paisible et ouvert)-*hién* (*Ch. Rep.*). — Un des 13 districts du département de *Tchăo-kĭng* (*Kwàng-tōng*). Le chef-lieu est situé par 22° 30' lat. N. et 4° 34' 30" long. W.

| | 縣 *Kăy-pĭng-hién* (*Ch. Rep.*). — Un des 13 districts du département de *Tchăo-kĭng* (*Kwàng-tōng*). Le chef-lieu est situé sur une des nombreuses branches de l'estuaire du *Kwàng-tcheōu*, par 22° 30' lat. N. et 4° 34' 54" long. W.

| 泰 *Kăy-tăy* (paix ouverte)-*hién* (*Ch. Rep.*). — Un des 5 districts du département de *Lĭ-pĭng* (*Kwéy-tcheōu*). Le chef-lieu est situé au département, par 26° 40' lat. N. et 7° 28' 54" long. W.

| 州 *Kăy-tcheōu* (*Ch. Rep.*), contrée ouverte. — Un des 7 districts du département de *Tá-mĭng* (*Tchĭ-lì*). Le chef-lieu est situé par 35° 46' lat. N. et 1° 12' 30" long. W. Jadis *Shên-ywên*; sous les *Hán*, *Tŭnkieŏu*; sous les *Tăng*, *Shên-tcheōu* (Biot). — Autre de même nom, un des 8 districts du département de *Kwéy-yâng* (*Kwéy-tcheōu*). Le chef-lieu est situé sur la rive gauche d'un affluent du *Tsĭng-shwì*, par 26° 55' lat. N. et 9° 55' long. W.

| | *Kăy-tcheōu*. — Ancien nom de *Kăy-tchĭng-fòu* (Corée), sous les *Sóng* et les *Mĭng* (Biot).

| 城 *Kăy-tchĭng*. — Ancien nom de *Kòu-ywên-tcheōu*, département de *Pĭng-leâng* (*Kăn-sŏ*), sous les *Ywên* (Biot).

| | 府 *Kăy-tchĭng-fòu*. — Nom d'un arrondissement central de la Corée, d'après Biot. Le chef-lieu est situé par 37° 55' lat. N. et 10° 19' 30" long. E. Sous les *Sóng* et les *Mĭng*, il était appelé *Kăy-tcheōu*.

| 中汛 *Kăy-tchōng-sĭn* (*C. H.*). — Bureau de poste ou marché du *Kwéy-tcheōu*, situé dans le district de *Oéy-nĭng*, département de *Tá-tĭng*, par 26° 40' lat. N. et 11° 25' long. W.

| 陽 *Kăy-yâng*. — Ancien nom de *Lô-tĭng-tcheōu* (*Kwàng-tōng*), sous les *Tăng* (Biot).

| 原縣 *Kăy-ywên-hién* (*Ch. Rep.*). — Un des 14 districts du département de *Fòng-tiĕn* (*Shĭng-kīng*). Le chef-lieu est situé par 42° 40' lat. N. et 6° 46' 30" long. E.

| | 城 *Kăy-ywên-tchĭng* ou *Kăy-ywên* (*Ch. Rep.*). — Une des 13 garnisons subordonnées à celle supérieure de *Shĭngkīng*. D'après Biot, la ville est située par 42° 40' lat. N. et 7° 46' 30" long. E. Elle est indiquée sur la carte de Klaproth sous le nom de *Kăy-ywên*.

SON *KE*.

Prononciation française. . . . . *Ke.*
— américaine, anglaise. . . *Kih, Keh, Khih.*
— espagnole, portugaise . . *Ke, Ko.*

ORDRE DES CLEFS :

克 喀 客 格 鬲

CLEFS : 10 30 40 75 193
TRAITS : 5 9 6 6

克門河 *Kĕ-mên-hô (C. H.).* — Rivière du *Kwéy-tcheōu*, portée sur la carte de Du Halde, et qui coule au sud du département de *Ngān-shún*, près des contrées montagneuses des *Miâo-tsè* indépendans.

| 孟枯羊 *Kĕ-móng-kòu-yâng (Ch. Rep.).* — Tribu des *Miâo-tsè*, habitant le district de *Kwàng-shún*, département de *Kwéy-yâng (Kwéy-tcheōu).*

| 倫克騰 *Kĕ-shĭ-kĕ-tĕng* ou *Kĕ-sī-kĕ-tĕng (Ch. Rep.)*, en mongol *Ketchiktens*. — Une des 8 tribus, sous une seule bannière, et faisant partie du corps appelé *Tchāo-oū-tă.*

| | 米爾 *Kĕ-shĭ-mi-eùl (Bridg.).* — Nom de l'État indien, appelé *Kashemir* ou *Cachemire*, qui est situé au pied de l'Himalaya, entre la Chine et le Thibet.

| 西克騰 *Kĕ-sī-kĕ-tĕng* ou *Kĕ-shĭ-kĕ-tĕng (Ch. Rep.).* — Tribu de Mongols.

| 魚倫河 *Kĕ-yŭ-lún-hô (Cart. Chin.),* en mandchou, *Kerlon-pira* ou *Kerlon.* — Rivière de la Mandchourie, qui descend des monts *Burkan-kaldun* et qui se réunit à celle d'*Onon*, au sud de la frontière russe.

喀尔喀河 *Kĕ-eùl-kĕ-hô* (*Cart. Chin.*), rivière des Kalkas, en mongol *Kalkapira*. — Rivière qui sort d'une montagne appelée *Suelki* et qui fait partie de la chaîne appelée *Yakalin* ou montagne des Yaks, située vers 48° lat. N. et 5° long. E. Cette rivière, après un parcours d'environ 400 kilomètres, entre dans un grand lac ou étang, appelé *Poui-nor*, puis ressort, sous le nom d'*Ourson*, et prend la direction du nord, pour se jeter dans un plus grand étang ou lac, appelé *Coulon-nor*.

| | | 部落 *Kĕ-eùl-kĕ-póu-lŏ* (*Cart. Chin.*). — Tribu de Kalkas, résidant sur les bords de la rivière appelée *Ngō-eùl-hoên*. — Autre tribu du même nom campée au sud des Bayencharuch.

| 爾 | *Kĕ-eùl-kĕ* (*Ch. Rep.*), *Kalkas* ou *Khalkas*, en mongol. — On distingue les Kalkas du Nord, qui habitent le désert de *Kō-pĭ*, où l'on trouve certaine racine médicinale, dite des Kalkas. Ils comprennent 4 tribus, savoir : 1° *Tŏu-sie-tŏu* ; 2° *Sān-ÿn-nŏ-yên* ; 3° *Tchĕ-tchîn* ; 4° *Tchă-să-kĕ-tŏu*. On distingue aussi les Kalkas du sud (*Kĕ-eùl-kĕ-póu*), qui habitent les environs du lac *Kokonor*, autrement appelé *Mer d'Azur*.

| | | 部 *Kĕ-eùl-kĕ-póu* (*Ch. Rep.*), ou tribu de Kalkas qui habite certaine partie du Kokonor ; on la distingue de celle des Kalkas (*Kĕ-eùl-kĕ*), qui habitent le désert de *Kō-pĭ*.

| | | 三音諾顏部 *Kĕ-eùl-kĕ, Sān-ÿn-nŏ-yên-póu* (*Ch. Rep.*), c'est-à-dire tribu des *Kalkas-sannoin*, comprenant 24 bannières. — Elle habite une région sauvage, couverte de montagnes et sillonnée par des rivières nombreuses.

| | | 山 *Kĕ-eùl-kĕ-shān* (*Ch. Rep.*), en mandchou *Harhar*. — Partie des monts *Tchăng-pĕ*.

| | | 札薩克圖汗部 *Kĕ-eùl-kĕ, Tchă-să-kĕ-tŏu, Kān-póu* (*Ch. Rep.*), c'est-à-dire tribu du chef des *Kalkas-dzassaktou*. — Comprenant 19 bannières, à l'est du département de *Tchin-sī* (*Kān-sŏ*).

| | | 車臣汗部 *Kĕ-eùl-kĕ, Tchĕ-tchîn, Kān-póu* (*Ch. Rep.*), c'est-à-dire tribu du chef des *Kalkas-tsetsen*, comprenant 24 bannières, et qui habite les bords de la rivière *Kerlon* (*Kĕ-lòu-lûn*) et ses tributaires.

| | | 土謝圖汗部 *Kĕ-eùl-kĕ, Tŏu-sie-tŏu, Kān-póu* (*Ch. Rep.*), c'est-à-dire tribu du chef des *Kalkas Toutchetous*, comprenant 20 bannières. — Elle est limitée au nord par la Russie, à l'est par la chaîne des *Kèng-tĕ-shān*, et à l'ouest par la rivière *Onghin* et les branches de la rivière *Selenga*. La ville principale est *Kŏu-lûn* ou *Ourga*. C'est vers 50° 20′ lat. N. et 9° 20′ long. W. que se trouve *Màỵ-mày-tchin*, ville célèbre par ses marchés avec la Russie.

喀爾喀左翼 *Kĕ-eùl-kĕ, tsò-ĭ (Ch. Rep.)*, en mongol *Kalkas*, de l'aile gauche. — Une des 8 tribus, sous une seule bannière, et faisant partie du corps appelé *Tchāo-oū-tă*.

| | | 右 | *Kĕ-eùl-kĕ, Yeóu-ĭ (Ch. Rep.)*, en mongol *Kalkas*, de l'aile droite. — Une des 4 tribus, sous une seule bannière, faisant partie du corps des *Oū-lân-tchă-póu*.

| | 喇沁 *Kĕ-eùl-lă-tsîn (Ch. Rep.)*, en mongol *Karachine*. — Une des 2 tribus du corps appelé *Tchŏ-sŏ-tōu* et comprenant 3 bannières. Elle s'étend au nord-est du *Tchĭ-lì*, vers 41° lat. N. et 2° lat. E., d'après la carte de Danville. Le P. du Halde appelle leur pays *Karshin* ou *Karshing*. — Voir *Tching-tĕ-fòu*.

| | 什城 *Kĕ-eùl-shĭ-tchĭng (N. L.)*, vulgairement *Karçhi*. — Ville du pays de *Bokhara*, située dans la vallée du *Syrderia*, par 38° 30' lat. N. et 63° 0' 30'' long. W.

| 庫薩 *Kĕ-kòu-să (Fl. Sin)*, en thibétain *Kakous*. — Peuplades du royaume d'*Assam*, qui vivent sur les rives orientales de l'*Irrawady*, et dont le territoire produit du riz, du sucre, du poivre, des graines de moutarde, du coton et de la soie. — Voir *Chinese Repository*, vol. V, pag. 100.

| 喇厄尓七克 *Kĕ-lă-ngê-eùl-tsĭ-kĕ (Cart. Chin.)*. — Tribu campée au pied des monts *Ngō-eùl-tăy*, au nord du grand désert de *Shā-mŏ*.

| | 烏蘇 *Kĕ-lă-oū-sōu (Ch. Rep.)*, rivière d'eau noire, en mongol *Kara-oussou*. — Rivière qui prend sa source sur les frontières du Thibet et est regardée comme la branche supérieure du fleuve Salween qui se jette dans le golfe de Martaban.

| | 沙爾城 *Kĕ-lă-shā-eùl-tchĭng (Ch. Rep.)*, ou *Kĕ-lă-shā-lă*, ou *Hŏ-lă-shā-lă*, en turkestan *H'haraskar*. — Une des 8 cités mahométanes et la principale de la province (*Tiĕn-shān-nân-lóu*). Elle est située par 42° 15' lat. N. et 29° 23' 30'' long. E., près du lac *Pō-ssē-tăng*.

| | 沙拉 *Kĕ-lă-shā-lă* ou *Kĕ-lă-shā-eùl-tchĭng (Ch. Rep.)*.

| 勒爾河 *Kĕ-lĕ-eùl-hò (Ch. Rep.)*, en mongol *Kailar*. — Rivière qui se jette dans le fleuve Amour, à sa naissance.

| 魯橋 *Kĕ-lòu-kiáo (C. K.)*. — Pont sur la petite rivière *Kĕ-lòu*, qui se trouve sur les limites du *Kwéy-icheōu* et du *Yûn-nân*.

| | 倫河 *Kĕ-lòu-lùn-hò (Ch. Rep.)*, en mongol *Kerlon*. — Rivière qui coule au sud des monts *Kèng-tĕ*, vers

48° 45′ lat. N. et qui prend sa source vers une partie des monts *Kèng-tĕ*, appelée *Pā-yén-tsĭ-lòu-kĕ*. C'est une des deux têtes du fleuve Amour (*Hĕ-lōng-kiāng*).

喀魯川 *Kĕ-lòu-tchwĕn (Fl. Sin.).* — Petite rivière sur la limite du *Yûn-nân* et du *Kwéy-tcheōu*.

什藹爾城 *Kĕ-shĭ-kie-eùl-tchīng (Ch. Rep.)*, en turkestan *Kashkar* ou *Cashgar*. — Une des 8 cités mahométanes du Turkestan oriental (*Tiĕn-shān-nân-lóu*). Ville fortifiée, située sur la rivière de même nom, par 39° 25′ lat. N. et 42° 32′ 50″ long. W.

Le caractère *Kie* est écrit 葛 *Kŏ* dans Biot et 噶 *Kie* dans le *Chinese Repository*, mais ce dernier caractère, quoique correct, ne se trouve dans aucun classique.

Cette ville était jadis appelée *Sōu-lĕ* et *Kieōu-shā*, ainsi que *Tchĭ-lĭ* et *Kĭ-lĭ-to-ti*, d'après M. Pauthier. C'est une place très-fréquentée par les caravanes venant de Bokhara, de Lahore et de Caboul.

客 *Kĕ (Voc. Ann.)*, autrement *Kĕ-tchù* et *Shōang*, vulgairement *Khach*, *Khach-chu* et *Chec*. — Nom des Chinois en Cochinchine. (*Vocabulaire Aubaret.*)

主 *Kĕ-tchù (Voc. Ann.)*, seigneur hôte, autrement *Shōang* et *Kĕ*, vulgairement *Khach chu*, *Chec* et *Khach*. — Nom des Chinois dans le pays d'*Annam*. (*Vocabulaire Aubaret.*)

格爾格河 *Kĕ-eùl-kĕ-hô (Ch. Rep.).* — Rivière des Kalkas, qui descend des *Sialkoi* ou *Hīng-ngān* intérieurs, et qui est tributaire du fleuve Amour, à sa naissance.

必齊河 *Kĕ-eùl-pĭ-tsĭ-hô (Ch. Rep.).* — Un des affluens du fleuve Amour, et qui est apppelé en mongol *Kerbetchi pira*, ou *Aigué kerbetchi*, ou *Ergone*.

楞河 *Kĕ-līng-hô (Ch. Rep.)*, en mandchou *Kerin*. — Grande rivière qui se jette au nord dans le Sagalien, à son embouchure.

州 *Kĕ-tcheōu (Biot).* — Nom d'un ancien district, sous les *Sóng*, dans l'arrondissement de *Hăy-ywĕn*, département de *Lieòu-tcheōu (Kwàng-sī).*

鬲 *Kĕ*, car. *Lĭ (Biot).* — Ancien nom du district de *Pīng-ywĕn*, département de *Tsĭ-nân (Shān-tōng).*

饒鎭 *Kĕ-jáo-tchin (C. H.).* — Marché du *Kwéy-tcheōu*, situé par 25° 58′ lat. N. et 10° 24′ long. W.

鬲津 *Kĕ*, car. *Lĭ-tsīn (Biot)*. — Ancien nom de *Lŏ-lĭng-hién*, département de *Où-tíng (Shān-tōng)*, ainsi que de *Yĕn-shān-hién*, département de *Tiĕn-tsīn (Tchĭ-lí)*.

| | *Kĕ-tsīn (Biot)*. — Nom, sous les *Suï*, de *Lŏ-lĭng-hién*, département de *Où-tíng (Shān-tōng)*.

SON *KEN*.

Prononciation française. . . . . *Ken, Kene, Kenn*.
— américaine, anglaise. . . *Kan*.
— espagnole, portugaise . . *Ken*.

ORDRE DES CLEFS :

根

CLEFS : 75
TRAITS : 6

根 *Kĕn (Medh.)*, racine. — Voir *Yáng-kèn (Biot)*.

| 牟 *Kĕn-meôu (D. G.)*. — Nom de royaume.

SON *KENG*.

Prononciation française. . . . . *Keng, Kengue.*
— américaine, anglaise . . . *Kang, Khang.*
— espagnole, portugaise . . *Kem.*

ORDRE DES CLEFS :

坑 庚 更 梗 耿 肯

CLEFS : 32 53 73 75 128 130
TRAITS : 4 5 3 7 4 4

坑 *Kĕng* (D. G.). — Canal naturel, fosse (D. G.). — Voir *Shīn-kĕng-lìng.*

庚 *Kēng.* — Voir *Où-kēng.*

｜中堂 *Kēng-tchōng-tăng* (Alb. Jap.). — Temple sur le *Tokaïdo*, entre *Yédo* et *Sinagava.*

更級郡 *Kēng-kĭ-kún* (Cart. Jap.). — Une des 10 préfectures de la province japonaise de *Sīn-nóng* (*Sinano*), située au centre.

梗山頭 *Kèng-shān-teŏu* (Ch. Rep.). — Localité mentionnée sur la carte de *Hong-kong* (*Hiāng-kiàng*).

｜陽 *Kèng-yâng.* — Ancien nom de *Tsīng-ywên-hién*, département de *Tăy-ywên* (*Shān-sī*), à l'époque du *Tchŭn-tsieŏu* (Biot).

耿 *Kèng.* — Royaume, capitale sous les *Sháng.* — Voir *Hô-tsīn-hién,* département de *Kiāng-tcheōu* (*Shānsī*) (Biot).

｜州 *Kèng-tcheōu.* — Ancien nom de *Kĭ-tcheōu*, département de *Pîng-yâng* (*Shān-sī*) (Biot).

肯 特 山 *Kĕng-tĕ-shān (Cart. Chin.), Kentei* ou *Burkan-kaldun*. — Montagnes de la Mandchourie qui font partie de l'Altaï et la limite des tribus ou kanates, appelées *Tsetsen* et *Touichetou*. Elles sont au sud du lac *Baikal*, dans la Mongolie, autrement appelées *Burkankaldun*. C'est au pied d'un de ces pics que le fleuve Amour (*Hĕ-lông-kiāng*) prend naissance. Ces lieux sont célèbres par la naissance de *Gengis-Khan*.

SON *KEOU*.

Prononciation française. . . . . *Keou*.
— américaine, anglaise. . . *Kau, Khau, Kow, Khow*.
— espagnole, portugaise . . *Keu*.

ORDRE DES CLEFS :

轟 勾 口 句 洶 狗 緱

CLEFS :	13	20	30	30	85	94	120
TRAITS :	8	2	—	2	5	5	9

轟 部 *Keóu-póu (Cart. Jap.)*, administration des dix millions. — Cité au nord-est de la province de *Mudsu* sur l'île *Nifon* (Japon).

｜昌 山 *Keóu-tchăng-shān (Cart. Jap.)*, montagne des dix millions d'éclats. — Montagne de verdure et boisée, située au sud-ouest de la cité de *Shĭng-kāng*, province de *Mudsu* sur l'île *Nifon* (Japon).

勾｜ *Keōu-tchăng* ou *Keóu-tchăng*. — Ancien nom de *Yn-hiĕn*, département de *Ning-pō* (*Tchĕ-kiāng*), et de *Tsĕ-kĭ*, du même département, sous les *Hán*, ainsi que de *Ting-hày*, du même département, sous les *Tsĭn*. (Biot.)

口北三廳 *Keŏu-pĕ-sān-tĭng* (Ch. Rep), ou *Keŏu-pĕ-tdo* (Ch. Rep.).

口口道 *Keŏu-pĕ-tdo* (Ch. Rep), ou *Keŏu-pĕ-sān-tĭng* (Ch. Rep.), arrondissement du nord de la porte. — Un des 19 départemens du *Tchĭ-lĭ* qui comprend 3 districts, savoir : *Tchāng-kiā-keŏu, Tŏ-shĭ-keŏu* et *Tŏ-lŭn-nŏ-eŭl*, tous trois stations militaires ou *tĭng*. C'est dans ce département inférieur que se trouve *Sī-wān*, résidence du vicaire apostolique nommé par le pape, village chinois, au nord de la grande muraille, à une journée de distance du chef-lieu du département de *Suēn-hóa*. On trouve aussi dans ce département inférieur de grands pâturages appelés *Tsáo-tì*, fréquentés par les bergers de la Mongolie.

口島 *Keŏu-táo* (Cart. Jap.), île de l'embouchure, en japonais *Ynosima*. — Petite île située à l'ouest de *Sī-táo*, du groupe de *Où-táo* (Gotto). Même nom, pour désigner une île de la baie de *Yédo*, au bout de la pointe de la province de *Sagami*, où se trouve le temple de *Daïbouts*.

口外 *Keŏu-wáy* (Fl. Sin.), *Keou-ouai* (A. G.), extérieur de la porte. — Territoire de la Tartarie chinoise, signalé dans le Prodrome de Candole.

句章 *Keóu*, car. *Kúu-tchāng* ou *Keŏu-tchāng*. — Ancien nom de *Yn-hién*, département de *Nĭng-pō* (Tchĕ-kiāng) et de *Tsĕ-kĭ*, du même département, sous les *Hán*, ainsi que de *Tĭng-hày*, du même département, sous les *Tsĭn*. (Biot).

泃河 *Keóu-hó* (Ch. Rep.), rivière qui fait du bruit. — Rivière du département de *Shún-tien* (Tchĭ-lì) et qui traverse la grande muraille.

狗國 *Kèou-kwĕ* (Medh.), royaume où l'on aboye comme les chiens. — Nation d'individus, à corps d'hommes et tête de chiens, qui ne portent aucun vêtement et ne parlent aucune langue. Elle se trouve à l'ouest de l'Himalaya, et est regardée comme fabuleuse.

口口 *Keòu-kwĕ* (Cart. Ch.), royaume des petits chiens. — Medhurst dit que c'est une nation d'individus à corps humain et tête de chiens, qui ne portent aucun vêtement, ni ne parlent aucune langue; on la dit à l'ouest de la chaîne de l'Himalaya. Sur la carte générale de la Chine, elle est indiquée à l'extrémité orientale de la Mandchourie.

口西番 *Keòu-sī-fān* (Cart. Chin.). — Tribus campées en dehors de la grande muraille, dans le territoire de Eluths.

緱氏 *Keóu-shí*. — Nom d'un ancien canton, à l'époque des guerres civiles, département de *Hŏ-nân* (Hŏ-nân) (Biot).

SON *KI*.

Prononciation française. . . . . *Ki, Ky.*
— américaine, anglaise . . . *Ke, Khe, Ki, Kih, Khi.*
— espagnole, portugaise . . *Ki, Kie, Ky.*

ORDRE DES CLEFS :

冀 几 剞 劇 古 基 奇 契 姬 岐

CLEFS :	12	16	18	18	30	32	37	37	38	46
TRAITS :	14	—	8	13	3	8	5	6	6	4

崎 急 旗 曁 杞 桔 棘 汔 汲 泲

CLEFS	46	61	70	72	75	75	75	85	85	85
TRAITS	8	5	10	12	3	6	8	3	4	5

淇 溪 畿 祁 祈 箕 紀 綨 芞 萁

CLEFS :	85	85	102	113	113	118	120	120	140	140
TRAITS :	8	10	10	3	4	8	9	8	3	8

薊 蘄 羈 起 邔 雞 騎 virus 鶏 麒

CLEFS	140	140	146	156	163	172	187	194	196	198
TRAITS	13	16	19	3	3	10	8	12	10	8

冀幸 *Ki-hing.* — Ancien État, situé dans la province actuelle du *Tchĭ-lĭ* (Morr.).

州 *Ki-tcheōu* (Ch. Rep.), contrée de l'espérance. — Un des 6 départemens *tcheōu* de la province du *Tchĭ-lĭ,* comprenant 5 districts, savoir : *Tsào-kiāng, Sīn-hô, Nân-kŏng, Hêng-shwĭ* et *Où-ĭ.* Le chef-lieu, à 633 *lĭ* de *Pĕ-kīng,* est situé au sud-est du grand-lac appelé *Tá-lŏ-tsĕ,* par 37° 38' 15" lat. N. et 0° 46' 30" long. W. Biot le désigne comme un département dépendant de celui de *Tchin-tîng* ou plutôt *Tching-tîng.*

VOCAB. GÉOG. CHINOIS.

冀州 *Kí-tcheōu*. — Ancien nom de la capitale de la Chine, sous *Yâo* (2,357 A. E.), actuellement *Tá-ywén-fòu* (*Shān-sī*). D'après le chapitre *Yù-kōng*, cité par Biot, cette dénomination désigne une ancienne division de la Chine, qui comprenait le *Shān-sī*, ainsi qu'une partie du *Tchĭ-lĭ*, jusqu'à l'ancien cours du fleuve Jaune, vers le nord.

｜城 *Kí-tching*. — Ancien territoire de *Fŏu-kiăng-hién*, département de *Kòng-tchăng* (*Kān-sŏ*) (*Biot*).

几固道 *Kĭ-kóu-táo* (*Voc. Ann.*), disciples du Christ, vulgairement *Ke-co-dao* et *Bon dao*. — Nom des chrétiens en Cochinchine. Le christianisme ou foi chrétienne est appelé *Co-dao*. (*Vocabulaire Aubaret*.)

刳架 *Kĭ-kia* (*Fl. Sin.*), cadre de burin. — Montagne volcanique du district de *Fóng-hóa* (*Nĭng-pō-fòu*, *Tchĕ-kiāng*), où l'on trouve beaucoup de pierres-ponces. En 1828, il y eut une irruption qui fut très-remarquable. — Voir *Chinese Repository*, vol. XVII, p. 248.

劇 *Kĭ*. — Nom d'un ancien arrondissement de *I-shwĭ-hién*, du département de *I-tcheōu* (*Shān-tōng*) (*Biot*).

吉 *Kĭ* (*Biot*). — Nom d'un ancien district des *Tâng*, formant la moitié du territoire de *Yŭ-tchăng*, et compris dans le département de *Lîn-kiāng* (*Kiāng-sī*) (*Biot*).

｜岡 *Kĭ-kăng* (*Ch. Rep.*), sommet heureux des montagnes, en japonais *Kitsukau*. — Localité du territoire cuprifère de *Pĭ*. — Voir *Chinese Repository*, vol. IX, p. 94.

｜林 *Kĭ-lin* (*Ch. Rep.*), forêt fortunée, *Kirin* ou *Ghilin*. — Une des 2 provinces de la Mantchourie (*Moèn-tcheōu*) divisée en 3 commanderies, savoir : *Kĭ-lin-li-ssē-tĭng*, *Pĕ-tōu-nŏ-li-ssé-tĭng* et *Tchăng-tchăn-tĭng*. La capitale de cette province est appelée *Kĭ-lin-tching*.

｜｜河 *Kĭ-lin-hô* (*C. H.*). — Branche supérieure du *Songari* (*Sōng-hōa-hô*).

｜｜理事 *Kĭ-lin-li-ssé* (affaires d'administration de *Kirin*)-*tĭng* (*Ch. Rep.*), située sur la rivière *Songari*. — Une des 3 commanderies de la province de *Kirin*. Elle est appelée en mandchou *Kirin-ula-hotun*, et elle a *Hoĕy-fă*, sous sa juridiction.

｜｜城 *Kĭ-lin-tching*, en mandchou *Kirin-oula* (*Ch. Rep.*). — Capitale de la province de *Kirin* (*Moèn tcheōu*), qui commande à 7 villes fortifiées, savoir : 1° *Tá-sēng-oŭ-lă-tching* ; 2° *Pĕ tōu-nŏ-tching* ; 3° *Lă-lin-tching* ; 4° *Ngō lĕ-tsŏu-kĕ-tching* ; 5° *Sān-sing-tching* ; 6° *Nĭng-kòu-tà-tching* et 7° *Hoên-tchăn-tching*. Elle est située sur la partie du cours supérieur du *Songari*, par 43° 45′ lat. N. et 10° 3′ 50″ long. E.

吉安 *Kĭ-ngān* (tranquille et heureux)-*fòu* (*Ch. Rep.*). — Un des 14 départemens de la province du *Kiāng-sĭ*, et qui comprend 10 districts, savoir : *Lôu-ling*, *Tăy-hô*, *Wán-ngān*, *Lông-tsuèn*, *Yòng-sīn*, *Yòng-ning*, *Liēn-hōa-ling*, *Kĭ-shwĭ*, *Yòng-fong* et *Ngān-fòu*. Le chef-lieu, à 4,220 *lĭ* de *Pĕ-kīng*, est situé près du confluent du *Lôu-kiāng*, dans le *Tchāng-kiāng*, par 27° 7' 54" lat. N. et 1° 34' 5" long. W.

| 貝 *Kĭ-péy* (*Ch. Rep.*), heureuse perle, ou *Kĭ-péy-sú* (*C. H.*). — Ile de l'archipel ou district de *Pĕng-hôu*, département de *Tăy-wān* (*Fôu-kién*), située par 23° 48' lat. N. et 2° 59' long. E.

| 水縣 *Kĭ-shwĭ-hién* (*Ch. Rep.*), district de l'eau heureuse. — Un des 10 districts du département de *Kĭ-ngān* (*Kiāng-sĭ*). Le chef-lieu est situé près du confluent de *Ngēn-kiāng* avec le *Tchāng-kiāng*, par 27° 14' lat. N. et 1° 26' 30" long. W. Sous les *Hán*, territoire de *Kĭ-yâng* (*Biot*).

| 州 *Kĭ-tcheōu* (*Ch. Rep*), district fortuné. — Un des 11 districts du département de *Pĭng-yâng* (*Shān-sĭ*). Le chef-lieu est situé sur un petit affluent de la rive gauche du fleuve Jaune, par 36° 6' lat. N. et 5° 54' long. W. — Même nom pour désigner *Yòng-ning-hién*, *Kĭ-ngān-fòu*, *Lôu-ling-hién*, du département de *Kĭ-ngān* (*Kiāng-sĭ*) (*Biot*).

| 田 *Kĭ-tiĕn* (*Cart. Jap.*), champ du bonheur, en japonais *Yosida*. — 34° station du *Tokaïdo*, route orientale du Japon, située entre *Eúl-tchwĕn* et *Yû-yeôu*. — Même nom, pour désigner une cité de la province de *Mikava* (*Japon*), éloignée de 72 *ris* de *Yédo*. — Même nom pour désigner un point au nord-est de l'île japonaise, appelée *Yakunosima*. — Même nom, pour désigner le village d'un territoire sérifère du Japon, signalé par M. de Rosny.

| | *Kĭ-tiĕn* (*Cart. Jap.*), champ du bonheur. — Station ou poste de l'île de *Sozuzima*, dans l'*Halimanada*, mer intérieur, sur la côte de *Sikok*, par 34° 28' lat. N. et 17° 51' long. E., à 13 *ris* de *Sān-ywén*, préfecture de l'île et province d'*Awadsi*.

| 冊 *Kĭ-tsĕ* (*Cart. Jap.*). — Station de la province de *I-twĭ* (*Yo*), sur *Sikok*, éloignée de 271 *ris* de *Yédo*.

| 井 *Kĭ-tsìng* (*N. L.*), puits du bonheur, en japonais *Yosii*. — Village de la province de *Zyosyou*, renommé pour ses productions sérigènes.

| 陽 *Kĭ-yâng* (*Biot*). — Ancien nom de *Kĭ-shwĭ-hién*, département de *Kĭ-ngān* (*Kiāng-sĭ*), de *Pĭng-lĭ-hién*, département de *Hīng-ngān* (*Shèn-sĭ*); de *Ngān-lŏ-fòu* (*Hôu-pĕ*). — Même nom pour désigner une ancienne ville des *Tsĭn* orientaux, à l'ouest de *Tchŏ-kĭ-hién*, département de *Yûn-yâng* (*Hôu-pĕ*) (*Biot*). — Même nom pour désigner une ancienne ville de 3° ordre, sous les *Swĭ*, au sud de *Yng-shān-hién*, département de *Tĕ-ngān* (*Hôu-pĕ*) (*Biot*). — Même nom pour désigner une ancienne ville des *Táng*, 100 *lĭ* au nord-ouest de *Yây-tchēou-hién*, département de *Kiŏng-tcheōu* (*Kwàng-tōng*) (*Biot*).

吉原宿 *Kĭ-ywĕn-sŏ*, ou simplement *Kĭ-ywĕn* (*Cart. Jap.*), demeure des sources heureuses. — 14ᵉ station du *Tokaïdo*, route orientale du Japon, entre *Ywĕn-sŏ* et *Pŏu-ywĕn*, au pied de montagnes ardues. Ici la route bordée d'arbres magnifiques forme plusieurs zigzags, au milieu de champs inondés. Cette station, située près des diverses branches d'une petite rivière, appelée *Tchăng-tchwĕn*, fait partie du département de *Fŏu-tsé*, province de *Surug*; c'est là qu'on prend le sentier pour monter au sommet du *Fouzi-yama*. — Voir *Kieŏu-hŏ-mō*.

基利士當人 *Kĭ-lĭ-ssé-tăng-jĭn* (*Medh.*), hommes du temple du Christ, autrement appelés *Kido-tchōng-jŏu*. — Chrétiens, individus pratiquant la religion du Christ, introduite en Chine vers le commencement du VIIᵉ siècle de notre ère. — Voir *Sī-ngān-fŏu* (*Ch. Rep.*). Le christianisme est appelé *Yĕ-sōu-kidó*, c'est-à-dire *doctrine de Jésus*. Le catholicisme, dans le sens de Rome, se dit *Tiĕn-tchù-kidó*, c'est-à-dire *doctrine du Seigneur du Ciel*.

| 州 (*Hôu-pĕ*). *Kĭ-tcheōu* (*Biot*). — Nom d'un ancien district comprenant, sous les *Tăng*, une partie du district actuel de *Kīng-mĕn-tcheōu* (*Hôu-pĕ*).

奇台縣 *Kĭ-tăy-hiĕn* (*Ch. Rep.*). — Un des 4 districts du département de *Tchĭn-sī* (*Kān-sŏ*).

契風 *Kĭ-fōng* (*C. K.*). — Station du *Hôu-pĕ*, département de *Shī-nân*, faisant partie d'un groupe de tribus presque indépendantes et placées dans des contrées montagneuses, entre le *Hôu-nân*, le *Kwéy-tcheōu* et le *Ssé-tchwĕn*.

| 離毒地 *Kĭ-lĭ-tŏ-tĭ* (*Fl. Sin.*). — Ancien nom de *Kachgar*, ainsi que *Sōu-lĕ*, *Kieŏu-shā*, et *Tchī-lĭ*.

| 丹 *Kĭ-tān*. — Nom des anciens Tartares orientaux, d'après Biot.

| | 國 *Kĭ-tān-kwĕ* (*Morr.*). — Nation qui occupait une partie du nord de la Chine au XIIIᵉ siècle (*Morr.*). D'après le même auteur, il y avait aussi, au sud de la Chine, des peuples appelés *Kĭ*. Abel Rémusat, dans ses *Mélanges asiatiques*, dit que le nom de *Cathai* ou *Khitaï*, qui était celui de la Chine, au moyen âge, et qui s'est encore conservé en Russie de nos jours, vient de *Khitans*, peuples du midi de la Chine. Le caractère *Kĭ* est aussi prononcé *Sĭe*. — Voir *Sĭe-tán* (*P. H.*).

姬神山 *Kĭ-hĭa-shān* (*Cart. Jap.*), en japonais *Fikawa-jamma*. — Montagne au nord de la province de *Mudsu* (*Lĭng-ngáo*).

岐山 *Kĭ-shān* (*Ch. Rep.*). — Montagne du département de *Fŏng-tsiāng* (*Shĕn-sī*).

| | *Kĭ-shān*. — Montagne du district de *Tchĭng*, département de *Kiāy* (*Kān-sŏ*) (*C. K.*).

岐山縣 *Kĭ-shān-hién (Ch. Rep.).* — Un des 8 districts du département de *Fóng-tsiăng (Shèn-sī)*. Le chef-lieu est situé sur un petit affluent du *Oéy-hô*, par 34° 20' lat. N. et 8° 48' 30" long. W.

｜州 *Kĭ-tcheōu et Kĭ.* — Ancien nom de *Fóng-tsiăng-fòu (Shèn-sī)*, sous les *Swĭ (Biot)*.

崎枝 *Kĭ-tchī (Ch. Rep.).* — Ile faisant partie du groupe de *Madjicosima*. — Voir la *Relation du capitaine anglais Belcher (Ch. Rep.,* vol. XIII, p. 160).

｜頭 *Kĭ-teŏu (C. G.)* ou 旗頭 *Kĭ-teŏu (C. G.).* — Pointe ou promontoire de la côte du *Tchĕ-kiăng*, département de *Nĭng-pō*, située par 29° 52' 9" lat. N. et 5° 38' 13" long. E.

｜亭 *Kĭ-tíng.* — Nom d'un ancien arrondissement de 3ᵉ ordre, établi du temps des *Tsĭ* et des *Leăng*, à l'ouest de *Mà-tchĭng (Tchĭ-lì) (Biot)*.

｜陽 *Kĭ-yâng.* — Ancien territoire de *Fôu-fōng-hién*, et de *Fóng-tsiăng-fòu (Shèn-sī) (Biot)*.

｜玉 *Kĭ-yŏ (Cart. Jap.),* ou *Kién-yŏ-kŭn*, suivant une autre carte. Cité des pierres précieuses des montagnes. — Une des 22 préfectures de la province de *Où-tsăng (Musasi)*, située au nord.

急水門 *Kĭ-shwĭ-mên (C. G.),* passage de l'eau rapide. — Ile au sud du district de *Sīn-ngăn (Kwàng-tōng)*.

旗頭 *Kĭ-teŏu (C. G.),* ou *Kĭ-teŏu (C. G.).* — Cap situé sur la côte du *Tchĕ-kiăng*, département de *Nĭng-pō*, par 29° 52' 9" lat. N. et 5° 38' 13" long. E. *(C. G.)*

暨安 *Kĭ-ngăn.* — Nom d'une ancienne ville des *Swĭ*, au nord de *Tchăng-hóa-hién*, du département de *Kiŏng-tcheōu (Kwăng-tōng) (Biot)*.

｜陽 *Kĭ-yâng.* — Ancien nom de *Kiăng-ȳn-hién*, département de *Tchăng-tcheōu (Kiăng-sōu) (Biot)*.

杞 *Kĭ* ou *Kĭ-kwĕ*, royaume des saules *(Biot).* — Ancien nom d'un petit état feudataire, d'après le *Tchŭn-tsieŏu*, et dont la capitale était *Kĭ*.

｜縣 *Kĭ-hién (Ch. Rep.),* district des saules. — Un des 17 districts du département de *Kăy-fōng (Hô-năn)*, situé par 34° 42' lat. N. et 1° 23' 30" long. W.

｜武河 *Kĭ-où-hô (C. K.).* — Rivière tributaire du *Ywên*, qui coule au sud-ouest du *Hôu-năn*, département de *Tsĭng*.

杞武山 *Kĭ-où-shān* (*C. K.*). — Montagne du département de *Tsĭng-tcheōu*, partie sud-est (*Shān-tōng*).

｜州 *Kĭ-tcheōu* (*Biot*). — Ancien nom, sous les *Swĭ*, du territoire de *Kĭ-hién*, département de *Kăy-fōng* et de *Siāng-tchĭng-hién* département de *Hù-tcheōu* (*Hô-nân*).

桔澳 *Kĭ-ngáo* (*C. G.*). — Ile du district de *Sīn-ngān*.

棘津 *Kĭ-tsīn*. — Nom d'une ancienne ville, arrondissement de *Tūng-kwāng*, du département de *Hô-kiēn* (*Tchĭ-lí*) (*Biot*).

汜河 *Kĭ-kiāng* (*Fl. Sin.*). — Rivière du *Hôu-nân*, département de *Tchín*, et l'une des 3 branches supérieures du *Lwĭ-hô* (*C. K.*).

｜水縣 *Kĭ-shwĭ-hién* (*Ch. Rep*). — Un des 19 districts du département de *Kăy-fōng* (*Hô-nân*). Le chef-lieu est situé par 34° 55' lat. N. et 3° 8' 30" long. W. Autrefois, territoire de *Kwĕ* oriental ou *Tōng-kwĕ*. Sous les *Hán*, *Tchĭng-kāo* (*Biot*).

汲 *Kĭ* (*Biot*). — Nom, sous les *Tsĭn*, de *Oéy-hoëy-fòu* (*Hô-nân*).

｜縣 *Kĭ-hién* (*Ch. Rep.*). — Un des 10 districts du département de *Oéy-hoëy* (*Hô-nân*). Le chef-lieu est situé par 35° 27' 40" lat. N. et 2° 12' 54" long. W., sur la rive droite du *Kĭ-hô*, près de son embouchure dans le *Oéy-hô*. Jadis, il était appelé pays de *Mŏ-yè*. C'était la métropole de la principauté de *Oéy*, d'après le *Tchŭn-tsieōu* (*Biot*).

沛鄉 *Kĭ* ou *Shĭ-hiāng*. — Nom d'une ancienne ville des *Tsĭn*, au sud de *Fâng-hién*, département de *Yún-yâng* (*Hôu-pĕ*) (*Biot*).

淇 *Kĭ* (*D. G.*). — Nom d'une rivière de la province du *Hô-nân*.

｜縣 *Kĭ-hién* (*Ch. Rep*). — Un des 10 districts du département de *Oéy-hoëy* (*Hô-nân*). Le chef-lieu est situé près de l'embouchure du *Kĭ-hô* dans le *Oéy-hô*, par 35° 38' lat. N. et 2° 7' 54" long. W.

｜河 *Kĭ-hô* (*Fl. Sin.*). — Rivière du *Hô-nân*, qui prend sa source dans les montagnes appelées *Sōu-mên-shān*, et qui se jette dans le *Oéy-hô*, au-dessus de *Oéy-hoëy-foŭ*.

｜澳 *Kĭ-ngáo* (*C. G.*). — Ile au sud-ouest du district de *Hiāng-shān* (*Kwàng-tōng*).

｜水 *Kĭ-shwĭ* (*Cart. Chin.*). — Rivière du département de *Tchăng-tĕ*, province du *Hô-nân*.

溪口 *Kǐ-kĕou* (*Cart. Jap.*), embouchure du torrent. — Station de la province de *Yn-kǐ* (*Oki*), éloignée de 270 *ris* de *Yédo*.

｜州 *Kǐ-tcheōu*. — Ancien nom de *Yòng-shŭn-fòu*, et de *Pào-tsǐng-hién*, département de *Yòng-shŭn* (*Hóu-nân*) (*Biot*).

｜東 *Kǐ-tōng* (*Ch. Rep.*). — Nom d'une des branches de la rivière *Hân*, dans le département de *Tchảo-tcheōu* (*Kwáng-tōng*).

｜洞 *Kǐ-tóng*. — Ancien nom de *Tchǐn-ywên-fòu* (*Kwéy-tcheōu*) (*Biot*).

畿 *Kǐ* (*Medh.*). — Territoire de 1,000 *li* d'étendue que les souverains administraient eux-mêmes.

｜內 *Kǐ-nwī* (*Alb. Jap.*), intérieur caché. — Localité du Japon, mentionnée dans la géographie intitulée *Kwĕ-kŭn-tsuĕn-tŏu*. — Voir *Où-kǐ-nwī*.

祁奚縣 *Kǐ-hī-hién*. — Ancien nom de *Kǐ-hién*, sous les *Hán*. (*Biot*.)

｜縣 *Kǐ-hién* (*Ch. Rep.*), vaste district. — Un des 44 districts du département de *Tảy-ywên* (*Shān-sǐ*). Le chef-lieu est situé par 37° 23′ lat. N. et 4° 10′ 30″ long. W.

｜連山 *Kǐ-liên-shān* (*Ch. Rep.*), grand nénuphar. — Chaîne de montagnes élevées qui s'étendent dans la partie orientale de la province du *Kān-sŏ*.

｜門 *Kǐ-mên* (*Ch. Rep.*), vaste porte. — Un des 6 districts du département de *Hoĕy-tcheōu* (*Ngān-hoĕy*). Le chef-lieu est situé par 29° 55′ lat. N. et 4° 20′ 60″ long. E.

｜州 *Kǐ-tcheōu* (*Ch. Rep.*), contrée étendue. — Un des 17 districts du département de *Pào-tíng* (*Tchǐ-li*). Le chef-lieu est situé au confluent des rivières *Tảng*, *Shā* et *Tsū* par 38° 27′ lat. N. et 4° 2′ 30″ long. W. Biot écrit 祈州 *Kǐ-tcheōu*.

｜陽 *Kǐ-yâng* (vaste territoire)-*hién* (*Ch. Rep.*). — Un des 8 districts du département de *Yòng-tcheōu* (*Hóu-nân*). Le chef-lieu est situé par 26° 30′ lat. N. et 4° 36′ 30″ long. W.

祈州 *Kǐ-tcheōu* (*Biot*). — Nom d'un arrondissement et d'une ville du 2ᵉ ordre, département de *Pào-tíng* (*Tchǐ-li*). — Voir *Kǐ-tcheōu*. (*Ch. Rep.*)

箕州 *Kī-tcheōu*. — Ancien nom de *Leáo-tcheōu* (*Shān-sī*), sous les *Tâng* (Biot).

｜城 *Kī-tching*. — Ancien nom de *Sī-hôa-hién*, département de *Tchĭn-tcheōu* (*Hô-nán*), sous les *Tâng* (Biot).

｜子國 *Kī-tsĕ-kwĕ* (*Cart. Chin.*). — Ancien nom de la Corée. Le nom moderne est *Tchăo-siēn*, d'après les cartes chinoises. Sur une carte japonaise on lit les noms suivans : *Tōng-lăy, Tiĕn-shān-hày, Nêng-tchwĕn, Tsăo-leâng-lwĭ, Hô-kún* de l'est à l'ouest. — Voir *Kāo-lĭ* (Ch. Rep.).

紀 *Kĭ* (Ch. Rep.). — Territoire cuprifère, où se trouve la mine de *Péy-pŏ*. — Voir *Chinese Repository*, vol. IX, p. 91.

｜ *Kĭ*. — Nom d'une ancienne principauté des *Tcheōu*, comprenant *I-shwĭ-hién*, département de *I-tcheōu* (*Shān-tōng*) (Biot).

｜伊 *Kĭ-ī* (*Cart. Jap.*), en japonais *Kii* ou *Kinokini*. — Province de *Nifon*, baignée partie par la mer intérieure, partie par l'océan Oriental, et limitée au nord-ouest par *Isumi* (*Hô-tsŭen*) et *Kwadsi* (*Hô-nwĭ*); au nord-est par *Jamato* (*Tá-hô*) et *Isé* (*I-shĭ*). Cette province comprend 3 cités, 7 préfectures et 6 stations. Ses cours d'eau sont appelés *Tcheōu-sēng-tchwĕn* et *Jĭ-fòu-tchwĕn*.

Hô-kō-shān, cité éloignée de 146 *ris* de *Yédo*,
Tiĕn-kieòu, cité — 144 *ris* environ de *Yédo*,
Sīn-kwān, cité — 142 —

La pointe extrême du promontoire est appelée *Tchū-yûn-kĭ*.

｜｜殿 *Kĭ-ī-tién* (*Cart. Jap.*). — Établissement public, situé dans le *Midsi*, à *Yédo*.

｜州 *Kī-tcheōu*. — Nom d'un ancien arrondissement de 2ᵉ ordre établi par les *Swĭ*, au nord de *Tsĭn-ngān-hién*, département de *Tsĭn-tcheōu* (*Kān-sŏ*) (Biot).

綦江 *Kĭ-kiāng* (fleuve d'un bleu mélangé)-*hién* (Ch. Rep.). — Un des 14 districts du département de *Tchóng-kĭng* (*Ssé-tchwĕn*). Le chef-lieu est situé sur le *Kĭ-kiāng-hô*, par 28° 56′ lat. N. et 9° 39′ 30″ long. W.

｜｜河 *Kĭ-kiāng-hô* (C. K.). — Rivière du *Ssé-tchwĕn*, département de *Tchóng-kĭng*, tributaire du fleuve Bleu, rive droite.

｜市 *Kĭ-shĭ*. — Ancien nom de *Kĭ-kiāng-hién*, département de *Tchóng-kĭng* (*Ssé-tchwĕn*) (Biot).

苢府 *Kĭ-fòu* (*Cart. Jap.*), siège de la chicorée. — Station de la province de *Pĭ-tchōng* (*Bitsyu*), sur *Nifon*, éloignée de 178 *ris* de *Yédo*.

— 249 —

萁山 *Kĭ-shān (Cart. Chin.)*, montagne des chaumes. — Montagne du département de *Hoëy-tcheōu*, province du *Ngān-hoëy*.

薊 *Kí (Biot)*. — Ancien nom du territoire de *Tá-hīng (Tchĭ-lĭ)*, sous les *Tsĭn*.

｜丘 *Kĭ-kiěou*. — Nom d'une ancienne ville, à l'ouest de l'ancienne capitale du royaume de *Yén*, environ de *Pĕ-kīng (Biot)*.

｜馬寨 *Kĭ-mà-tcháy (C. K.)*. — Palissade située sur la frontière sud-est de la province du *Kwéy-tcheōu*, au-delà des *Sēng-mǎo-tsè*, sur les limites du *Kwāng-sī*, par 25° 54' lat. N. et 7° 3' long. W. Ce point est désigné sur la carte du P. du Halde, sous le nom de *Kĭ-mà-tcháy-shān*.

｜｜｜山 *Kĭ-mà-tcháy-shān (C. H.)* ou *Kĭ-mà-tcháy (C. K.)*.

｜州 *Kĭ-tcheōu (Ch. Rep.)*, contrée des chardons. — Un des 7 districts de la commanderie de *Tŏng-lóu*, département de *Shùn-tiēn (Tchĭ-lĭ)*. Le chef-lieu est situé par 40° 5' lat. N. et 0° 53' 30" long. W., sur le grand canal.

｜｜運河 *Kĭ-tcheōu-yûn-hô (C. K.)*. — Rivière du *Tchĭ-lĭ*, qui prend sa source dans les montagnes au nord de la province sur la frontière de la Mantchourie, et qui se jette dans le golfe.

蘄縣 *Kĭ-hién*. — Ancien nom du district de *Tcháo-hién*, département de *Lôu-tcheōu (Ngān-hoëy)*, sous les *Leâng (Biot)*.

｜水 *Kĭ-shwĭ (eau au fenouil)-hién (Ch. Rep.)*. — Un des 8 districts du département de *Hoāng-tcheōu (Hôu-pĕ)*. Le chef-lieu est situé par 30° 29' lat. N. et 1° 17' 30" long. W.

｜州 *Kĭ-tcheōu (Ch. Rep.)*, district du fenouil. — Un des 8 districts, mais moyen, du département de *Hoāng-tcheōu (Hôu-pĕ)*. Le chef-lieu est situé par 30° 4' 48" lat. N. et 1° 8' 20" long. W.

｜城 *Kĭ-tchíng*. — Ancien nom de *Hoáy-ywèn-hién*, département de *Fóng-yâng (Ngān-hoëy)*, sous les *Óéy (Biot)*.

｜春 *Kĭ-tchŭn*. — Ancien nom des districts de *Kwǎng-tsi*, de *Lô-tiĕn*, de *Kĭ-shwĭ* et de *Kĭ-tcheōu*, tous du département de *Hoāng-tcheōu (Hôu-pĕ) (Biot)*.

｜陽 *Kĭ-yâng*. — Ancien nom du district de *Kĭ-tcheōu*, département de *Hoāng-tcheōu (Hôu-pĕ)*, sous les *Tsĭn (Biot)*.

羈縻州 *Kī-mi-tcheōu.* — Ancien nom de *Kwàng-sī-fòu (Yûn-nân)*, et de *Tăy-pîng-fòu (Kwàng-sī)* sous les *Táng*. Le caractère *Mi* est écrit 麻 dans Biot. — Même nom, pour désigner un ancien arrondissement établi par les *Sóng*, dans le sud-ouest de *Hôu-nân* et le nord du *Kwéy-tcheōu (Biot)*.

起兵 *Kī-pīng.* — Ancien nom de *Nân-yâng-fòu (Biot)*.

| 州 *Kī-tcheōu.* — Ancien nom de *Kúu-lŏ-hién*, département de *Shún-tĕ (Tchĭ-lí)*, sous les *Táng (Biot)*.

邔 *Kì (D. G., Medh.).* — Nom de ville *(D. G.)*. — Nom d'un ancien district du *Hôu-pĕ (Medh.)*.

| *Kì.* — Nom d'une ancienne ville, sous les *Hán*, au nord de *I-tchîng-hién*, département de *Siāng-yâng (Hôu-pĕ) (Biot)*.

雞犬皐頭 *Kī-kīng-kāo-teōu (Cart. Chin.).* — Cap nord de l'île Formose. — Voir *Kī-lông-tchîng (C. K.)*. Le caractère *Kī* est également écrit avec la clef 196 sur certaines cartes.

| 頸頭 *Kī-kìng-teōu (G. C.)*, cap du cou de la poule. — Pointe de l'île appelée *Tăn-tsè*, en face à l'ouest de Macao *(Kwàng-tōng)*.

| 冠山 *Kī-kwān-shān (C. G.)*, bonnet de poule. — Ile du département de *Tăy-tcheōu*, province du *Tchĕ-kiāng*.

| 籠 *Kī-lông (Ch. Rep.)*, cage à poule. — Ile de l'archipel ou district de *Pĕng-hôu*, département de *Tăy-wān (Fóu-kién)*.

| 龍山 *Kī-lông-shān (C. G.).* — Petite île, au nord, près de *Nân-ngáo (Kwàng-tōng)*. Autre sur la côte méridionale du district de *Hày-fōng*, département de *Tchâo-tcheōu (Kwàng-tōng)*.

| | 城 *Kī-lông-tchîng (Fl. Sin.).* — Station fortifiée située au nord de l'île *Formose (Fóu-kién)*, par 25° 40' lat. N. et 5° 12' long. E.

| 澎 *Kī-pŏng (G. C.).* — Ile dans le voisinage de Macao *(Ngáo-mên, Kwàng-tōng)*, où se trouve une haute montagne appelée *Claw point*, ou la pointe de la Griffe, en chinois *Kiĕn-tchōng-wèy*.

| 心 *Kī-sīn (C. G.)*, cœur de poule. — Ile du district de *Sīn-hoéy (Kwàng-tōng)*.

| | 嶼 *Kī-sīn-sú (C. G.)*, île au cœur de poule. — Sur la côte méridionale du district de *Hăy-fōng*, département de *Tchâo-tcheōu (Kwàng-tōng)*.

雞嶼 *Kī-sŭ* (*C. G.*), Ile de la poule. — Ile près d'*Amoy* (*Fŏ-kién*).

｜巛 *Kī-tchwĕn* (*Biot*). — Nom d'un ancien arrondissement établi par les *Sóng*, au nord-ouest de *Tsĭn-ngān*, ancien nom de *Tsĭn-kiāng-hién*, département de *Tsuên-tcheōu* (*Fŏ-kién*).

｜頭 *Kī-téou* (tête de poule)-*shān* (*Ch. Rep.*). — Montagnes du *Kān-sŏ*, du département de *Kĭng-yâng*.

｜東 *Kī-tōng* (*C. G.*). — Village sur la côte orientale du district de *Hoéy-lây* (*Kwàng-tōng*).

｜澤県 *Kī-tsĕ-hién* (*Ch. Rep.*), district du lac des poules. — Un des 10 districts du département de *Kwàng-pĭng* (*Tchĭ-lí*). Le chef-lieu est situé par 37° lat. N. et 1° 28′ 30″ long. W. Sous les *Hán*, *Kwàng-pĭng* (*Biot*).

騎田 *Kī-tiĕn* (champ de cavaliers)-*lìng* (*Ch. Rep.*). — Montagnes situées au sud de la province de *Hôu-nân*.

貕 *Kī* (*Morr.*). — Peuples du sud de la Chine.

雞冠山 *Kī-kwān-shān* (*C. G.*), île à la coiffe de poule. — Ile de la côte du *Tchĕ-kiāng*, à l'ouest de *Tá-lŏ-shān*, et appelée par les Anglais *Tchinki*.

｜闌門 *Kī-tchă-mén* (*Ch. Rep.*). — Localité signalée dans la carte de *Hong-kong* (*Hiāng-kiáng*). Le caractère *mén* qui signifie *porte, passage d'entrée et de sortie*, s'applique à d'autres endroits, tels que ceux-ci : 雙簹門鯉魚門 *Shoāng-tchú-mén*, *Lĭ-yŭ-mén*, etc.

麒麟山 *Kī-lîn-shān* (*Cart. Ch.*), montagne de l'unicorne. — Chaine de montagnes qui sépare la province du *Kwàng-sī* du royaume du *Tonkin*. C'est sur un de ses points les plus hauts que l'on a élevé la fameuse colonne de cuivre, appelée *Tŏng-tchú*, pour perpétuer le souvenir des victoires et conquêtes de la Chine.

SON *KIA*.

Prononciation française. . . . . *Kia, Quia.*
— américaine, anglaise. . . *Kea, Kia, Kiah, Keah.*
— espagnole, portugaise . . *Kia.*

ORDRE DES CLEFS :

佳	加	叚	呷	嘉	夾	家
CLEFS : 9	19	29	30	30	37	40
TRAITS : 6	3	7	5	11	4	7

岬	枷	甲	砑	葭	袷	郟
CLEFS : 46	75	102	112	140	145	163
TRAITS : 5	5	1	5	9	5	7

佳橋 *Kīa-kĭao* (N. L.), joli pont, vulgairement *Kajow*. — Territoire sérifère du *Kiang-sou*, indiqué sur une carte anglaise.

加貨 *Kīa-hó* (Cart. Jap.), amas de richesses, en japonais *Kaga*. — Province occidentale de l'île *Nifon*, baignée par la mer de Corée, et limitée au nord par les provinces de *Noto* (*Nêng-tēng*) et *Yetsyu* (*Ywĕ-tchōng*); à l'est, par celle de *Fida* (*Fēy-tăn*); au midi, par celle de *Yetsizen* (*Ywĕ-tsiên*). Elle comprend 4 préfectures, 3 cités et 2 stations.

Kīn-tchĭ, cité éloignée de 151 *ris* de *Yédo*;
Tăy-shĭng-ssé, — — 149 —

Les principales montagnes sont celles de *Eúl-yŏ-shān* et de *Kién-yŏ*. Sur la côte ouest, la carte Bonafous signale le port *Daisioosi*.

|戒郡 *Kīa-kiáy-kún* (Cart. Jap.), en japonais *Simoda*. — Une des 4 préfectures de la province japonaise de *I-teóu* (*Idsu*), située au sud.

加古 *Kĭa-kŏu* (*Cart. Jap.*), vieux cadre, en japonais *Hakasi*. — Sous-préfecture de la province de *Halima*, située par 34° 40′ lat. N. et 18° 33′ long. E., sur la côte sud, dans le détroit qui débouche de l'*Halimanada* dans l'*Isuminada*, deux parties de la mer intérieure, séparée par l'île d'*Awadsi*.

｜｜川 *Kĭā-kŏu-tchwĕn* (*Cart. Jap.*). — Cours d'eau de la province de *Jĭ-hiáng* (*Hiuga*) sur *Kiu-siu*, et qui se jette à l'est dans l'océan Oriental.

｜利弗尼 *Kĭa-li-fŏ-ni* (*Cart. Ch.*), Californie. — Vaste contrée de l'Amérique du Nord, située sur l'océan Pacifique, divisée en deux parties distinctes, savoir : la basse et la vieille Californie, qui fait partie de la République mexicaine, et la haute et nouvelle Californie, un des États de l'Union américaine, dont la ville principale est *San-Francisco*, en chinois *Fāng-tsĭ-kŏ* (*N. L.*), où se trouve une nombreuse colonie de Chinois, qui y ont porté les habitudes d'ordre, d'économie et de travail. — La superficie de la nouvelle et haute Californie est évaluée à 489,444 kilomètres carrés; sa population était en 1870 de 560,000 âmes, dont 52,000 chinois; sa capitale est *Sacramento*. La découverte de gisemens aurifères *placers* d'une richesse extraordinaire a attiré sur cette contrée l'attention du monde entier. L'or se trouve surtout le long de la *Sierra Nevada* et dans les fleuves. L'exploitation s'élève à plus de 250 millions de francs par an. Des chemins de fer relient cet état avec les autres de l'Union américaine, et surtout avec New-York, ce qui fait que la Chine et le Japon, principalement *Shang-hay*, ont de continuelles relations ensemble. — Voir *Kŏ*.

｜里勿 *Kĭa-li-vŏe* (*Cart. Chin.*). — Kamtchatka, extrémité du territoire asiatique.

｜留巴 *Kĭa-lieôu-pā* (*Bridgm.*) ou *Kŏ-lă-pā* (*Bridgm.*). — Batavia, capitale de Java.

｜莫 *Kĭa-môu* (*Cart. Jap.*), en japonais *Ka-mo*. — Préfecture de la province de *Idsu* (*I-teôu*), d'où dépend la ville et port de *Simoda*, ouvert au commerce étranger. — Même nom, pour désigner une montagne près de *Kioto*, sur laquelle est l'oratoire de *Simoyasiro*.

｜納 *Kĭa-nă* (*Cart. Jap.*). — Cité de la province de *Mino* (*Mèy-nôrg*), île de *Nifon*; elle est éloignée de 97 *ris* de *Yédo*. — Même nom, en japonais *Oyava* (*Cart. Jap.*), station de la province de *Yetsyu* (*Ywĕ-tchōng*).

｜臺 *Kĭa-tăy* (*Cart. Jap.*), observatoire élevé. — Cité de la province de *Ling-ngáo* (*Mudsu*) sur *Nifon*, éloignée de 86 *ris* de *Yédo*.

｜寨川 *Kĭa-tcháy-tchwĕn* (*Cart. Jap.*), en japonais *Kanagawa*. — Port de la baie de *Yédo*, ouvert au commerce français. — Voir *Shin-năy-tchwĕn* (*Alb. Jap.*).

加 州 *Kia-tcheōu (Cart. Jap.).* — Établissement public situé dans le *Midsi* à *Yédo*, près de *Shwĭ-hóu-tién*.

| 祭 川 *Kia-tsi-tchwĕn (Cart. Jap.)*, vulgairement *Kanagava*. — Station du *Tokaïdo*, route orientale du Japon, port considérable de la baie de *Musasi*, département de *Kiáo-shū*. — Voir *Shinnáy-tchwĕn*, autre dénomination.

| 叢 郡 *Kia-tsŏng-kún (Cart. Jap.)* ou *Hŏ-mèy*, d'après une autre carte. — Une des 22 préfectures de la province de *Où-tsăng* (*Musasi*), située au nord-ouest.

| 定 *Kia-ting (Fl. Sin)*, développement de la paix. — Nom chinois de la basse Cochinchine, dont l'appellatif annamite est *Gia-dinh*, qui signifie maison des jugemens. Aujourd'hui ce nom de *Gia-dinh* ne s'applique plus qu'à la province dont *Saïgon* est la métropole. Cette province comprend trois préfectures ou *phu*, savoir : 1° phu de *Tay-ninh*, en 3 sous-préfectures ou *huyen*; 2° phu de *Tan-binh* (chef-lieu *Saïgon*); 3° phu de *Tan-an*.

| | *Kia-ting (Fl. Sin)*, développement de la paix. — Nom chinois de *Gia-dinh*, appellation annamite de *Saïgon*, capitale de la partie de la basse Cochinchine formant la possession française, située par 10° 46' 40" lat. N. et 9° 20' 25" long. W.

La ville de *Saïgon*, chef-lieu de province et de préfecture, est placée sur la rivière de même nom, le plus grand affluent du *Don-naï*, à 100 kilomètres du cap Saint-Vincent, à 90 de *Mytho*, à 20 de *Bien-hoa*. A 5 kilomètres, se trouve la ville de *Cho-len*, nommée aussi *Than-long*, par opposition à *Than-binh* qui est quelquefois l'appellation de *Saïgon*. Dans le temps de l'occupation annamite, *Cholen* et *Saïgon* ne formaient qu'une même cité, à l'époque où la population s'élevait à 100,000 âmes. Aujourd'hui *Saïgon* ne peut être considéré que comme un gros bourg, dont la population n'est pas de plus de 7 à 8,000 âmes, sans y comprendre la ville chinoise de *Cholen* qu'on peut évaluer de 12 à 15,000 âmes. — Voir l'ouvrage intitulé *Onze mois de sous-préfecture en basse Cochinchine*, par L. de Grammont, capitaine au 44° de ligne.

Des géographes ont cru retrouver l'ancienne *Thinœ* dans la ville de *Saïgon*. On a découvert, à peu de distance, des ruines de grands édifices, ce qui vient à l'appui de leur assertion. Quoi qu'il en soit, au IX° siècle de notre ère, cette ville était déjà florissante; des Arabes qui la virent à cette époque ont vanté ses mousselines et ses tissus.

Les productions de la Cochinchine ont été signalées dans les différens articles insérés dans les Annales publiées par le ministère de l'agriculture et du commerce. Voici les productions particulières à la possession française, indiquées par les échantillons envoyés successivement par les vice-amiraux Charner et Bonnard :

1° *Bois. Produits végétaux.* — Ébène (*diospyros ebenum*), pour ébénisterie; santal musqué (*santalium odoratum*); santal rougé (*santalinus pterocarpus*);

2° *Plantes textiles*. — Chanvre de Saïgon (*urtica nivea*); fibres d'ananas et de bananier ; coton de *Saïgon*;

3° *Matières tinctoriales et tannantes*. — Gomme gutte (*stalagmites cambodjioides*); rocou (*bixa orellana*); boa-tam-pai-jang (*sterculia scaphigera*); indigo ; bois de *krahi*, peut-être de *coliatour*; bois de *tan*, pour teinture noire ; bois de *keelay*, pour teinture jaune ; bois de sapan (*cœsalpima sappang*) ; bois de palétuvier (*rhizophora mangle*); bois de safran (*curcuma longa*);

4° *Baumes, gommes et résines*. — Benjoin (*styrax benjoin*); basilic (*oxymum basilicum*); cachou (*areca catechu*); aloès ou bois d'aigle (*aquilaria agallocha*); bois de xalut (*alixia aromatica*); anis étoilé (*illicium anisatum* ; résines à calfatage, gommes laques à vernis ;

5° *Matières oléagineuses*. — Arachides (*arachis hypogœa*) ; sésame rouge (*sesamum orientale*); sésame noir (*sesamum indicum*) ; graines de palmier *krabao*;

6° *Sucres*. — Cassonade durcie, coagulée ;

7° *Épices*. — Cardamone (*amomum cardamomum*); cardamone sauvage (*amomum xanthioides*) ; poivre (*piper nigrum aromaticum*);

8° *Matières médicinales*. — Noix d'arec (*areca catechu*) ; maklau (*adenanthera pavonina*) ; noix vomique (*strychnos nux vomica*);

9° *Céréales, légumes,* etc. — Riz (*oryza sativa*); haricots du Cambodge (*phaseolus Cambodgioides*); haricots dorés (*phaseolus lunatus*); haricots jaunes de Saïgon (*phaseolus Tunkinensis*); haricots noirs de Mytho (*phaseolus niger*); haricots embériques (*phaseolus embericus*); amandes sauvages (*amygdalus Cochinchinensis*); tabac (*nicotiana fructicosa*);

10° *Produits animaux*. — Cire d'abeilles, soie de vers sauvages, soie de vers domestiques, moules sèches, chevrettes, nids d'hirondelles, salanganes, tripangs, holothuries, ailerons de requin, estomacs de poissons, encornets secs, mollusques, ichtyocolle (vessies natatoires de poissons), grande tortue molle, plastrons de tortue terrestre, graisse de bœuf ou de buffle, corne de buffles, peaux, défenses et os d'éléphans, cornes et nerfs de daims ; cornes et peaux de rhinocéros ; peau de raie d'armadille ; têtes de tigre ; plumes de martin-pêcheur, de paon et de pélican ;

11° *Produits minéraux*. — Sel de Bien-hoa et alun naturel.

加定縣 *Kīa-tíng-hién* (*Ch. Rep.*), en langage local *Cading*. — Petite ville du *Kiāng-sōu*, département de *Tăy-tsăng*, chef-lieu de district, située à 33 miles (53 kilomètres) de *Shăng-hăy-hién*, par 31° 22′ lat. N. et 4° 35′ 30″ long. E. Cette ville forme un parallélogramme parfait, dont les deux côtés plus allongés se dirigent de l'est à l'ouest. Elle est sur la rivière appelée *Lieôu*, entourée d'un fossé et de murailles. La population est évaluée à environ 100,000 habitans. — Voir *Chinese Repository*, vol. XVII, p. 468.

叚氏 *Kīa-tchī*, car. *Shĭ*. — Tribu barbare. Ancien nom de *Yôngning-fòu* (*Yûn-năn*), sous les *Sóng* (*Biot*).

呷 *Kĭa (Bridg.).* — Cap de Bonne-Espérance. Promontoire au sud de l'Afrique ; établissement anglais. Les Chinois commencent à y avoir des relations. Le caractère *Kĭa* n'est pas classique ; il faut l'écrire *Kĭa*, avec la clef 46 ou 102.

嘉興 *Kĭa-hīng* (district élevé et excellent)-*hién (Ch. Rep.).* — Un des 7 districts du département de *Kĭa-hīng (Tchĕ-kiāng)*, situé, ainsi que celui de *Sieóu-shwĭ*, au chef-lieu du département. C'est de cet endroit que furent tirées, en 1845, des graines de vers à soie trivoltins, très-remarquables et dont les âges successifs ont été appelés *Teŏu-tsăn, Eúl-tsăn* et *Sān-tsăn*. — Voir la *Description méthodique*.

| | 府 *Kĭa-hīng-fòu (Ch. Rep.).* — Un des 11 départemens du *Tchĕ-kiāng*, qui comprend 7 districts, savoir : *Kĭa-hīng, Sieóu-shwĭ, Kĭa-shén, Hăy-yên, Shĭ-mên, Pîng-hôu,* et *Tōng-hiāng,* outre *Tsōng-tĕ,* indiqué par Biot. Il est remarquable par ses établissemens sérifères et sérigènes. Le chef-lieu, à 3200 *li* de *Pĕ-kīng*, est situé sur le grand canal impérial, par 30° 52' 48" lat. N. et 4° 4' 11" long. W. A l'époque du *Tchŭn-tsieŏu, Tchāng-shwĭ* et *Tswī-lĭ* ; pays divisé entre les royaumes de *Oú* et de *Ywe,* puis compris dans le seul royaume de *Ywe* ; sous les *Tsîn,* compris dans la province de *Hoēy-kĭ* ; à l'époque des trois royaumes, sous les *Oú, Kĭa-hô* ; sous les *Swī,* dépendance du *Sōu-tcheōu* ; sous les *Tăng,* département de *Hāng-tcheōu* ; sous les 5 dynasties postérieures, *Sieŏu-tcheōu (Biot).*

| 禾 *Kĭa-hô.* — Ancien nom de *Kĭa-hīng-hién* et de *Kĭa-hīng-fòu (Tchĕ-kiāng),* ainsi que de *Kièn-nîng-hién,* département de *Kièn-nîng-fòu (Fŏ-kièn) (Biot).* — Même nom pour désigner un arrondissement, au sud-ouest de *Kwéy-yâng-tcheōu (Hôu-nân) (Biot).*

| | 県 *Kĭa-hô-hién (Ch. Rep.).* — Un des 3 districts du département moyen appelé *Kwéy-yâng (Hôu-nân).* Le chef-lieu est situé sur le *Kwéy-shwĭ,* par 25° 32' lat. N. et 4° 19' long. W.

| 義 *Kĭa-ĭ* (justice excellente)-*hién (Ch. Rep.).* — Un des 6 districts du département de *Táy-wān (Fŏ-kièn).* La chef-lieu est situé par 23° 26' lat. N. et 4° 4' long. E.

| 嶺 *Kĭa-ling (Fl. Sin.).* — Montagne du département de *Hoéy-tcheōu (Kwàng-tōng).*

| 陵 | *Kĭa-ling-kiāng (Ch. Rep.),* fleuve des collines récentes. — Une des 4 grandes rivières qui ont formé le nom de la province du *Ssé-tchwēn.*

| 山 *Kĭa-shān (Cart. Chin.),* montagne des réjouissances. — Montagne du royaume de Corée.

| | *Kĭa-shān.* — Nom d'un arrondissement du nord-ouest de la Corée, à l'ouest de *Kwŏ-shā (Biot).*

嘉善縣 *Kia-shén-hién (Ch. Rep.).* — Un des 7 districts du département de *Kia-hĭng (Tchĕ-kiāng).* Le chef-lieu est situé par 30° 53' lat. N. et 4° 12' long. E. autrefois *Oéy-tăng-tchin (Biot).*

| 州 *Kia-tcheōu.* — Ancien nom de *Kia-ting-fòu (Ssé-tchwĕn),* sous les *Tăng* et les *Sóng;* ainsi que de *Mĕy-tcheōu (Ssé-tchwĕn),* sous les *Tăng (Biot).*

| 城 *Kia-tching.* — Ancien nom de *Sōng-păn-tĭng (Ssé-tchwĕn) (Biot).*

| 登舍 *Kia-tĕng-shĕ (C. K.).* — Station de la côte sud-ouest de Formose *(Fōu-kién),* située par 22° 30' lat. N. et 4° 22' long. E. *(C. K.).*

| 定 *Kia-ting* (repos gai)-*fóu (Ch. Rep.).* — Un des 26 départemens de la province du *Ssé-tchwĕn,* comprenant 8 districts, savoir 7 *hién* et 1 *tĭng,* ainsi qu'il suit : *Lŏ-shān, Kiĕn-oĕy, Oĕy-ywên, Kia-kiāng, Hông-yà, Yông-hién, Ngô-mĕy* et *Ngô-piĕn-tĭng.* Le chef-lieu, à 5,105 *li* de *Pĕ-kīng,* est situé au confluent du *Yâng-kiāng,* dans le *Min-kiāng,* par 29° 27' 36" lat. N. et 12° 33' 30" long. W.

| | 縣 *Kia-ting-hién (Ch. Rep.).* — Un des 4 districts du département de *Tăy-tsăng (Kiāng-sōu).* Le chef-lieu est situé par 31° 22' lat. N. et 4° 34' 30" long. E.

| | 通志 *Kia-ting-tōng-tchi (N. C.),* en annamite *Gia-ding-thung-chi.* — Histoire et description de la basse Cochinchine, pays de *Gia-dinh,* traduites, d'après le texte chinois, par M. Aubaret, capitaine de frégate. Paris, 1864. Cet ouvrage a été publié vers 1840, par un lieutenant du vice-roi de *Gia-dinh.* Il est à remarquer que le nom des officiers français qui ont tant contribué à aider le roi Gia-long à pacifier et organiser le pays, n'y est pas nommé une seule fois. — Voir l'ouvrage de M. Duc-Chaigneau, intitulé *Souvenirs de Hué.*

| 祥 *Kia-tsiăng* (pronostics gais)-*hién (Ch. Rep.).* — Un des 3 districts du département inférieur appelé *Tsi-ning (Shān-tōng).* Le chef-lieu est situé par 35° 32' lat. N. et 0° 2' long. E. Primitivement territoire de *Kùu-yè (Biot).*

| 陽城 *Kia-yâng-tching.* — Nom d'une ancienne ville, établie par les *Hán,* arrondissement de *Ping-shān (Biot).*

| 應 *Kia-yng* (correspondance excellente)-*tcheōu (Ch. Rep.).* — Un des 15 départemens, mais moyen, de la province du *Kwàng-tōng,* comprenant 4 districts, savoir: *Hīng-ning, Tchin-ping, Tchăng-lŏ* et *Ping-ywên.* Le chef-lieu est situé sur un des tributaires du *Hân-kiāng,* par 24° 40' lat. N. et 0° 20' 30" long. W. — Voir *Tching-hiāng (Biot).*

| 峪口 *Kia-yú-keōu (Cart. Ch.)* ou *Kia-yú-kwān (Ch. Rep.),* passage de la vallée agréable. — Au nord du district de *Kāo-tăy,* département de *Sŏ,* province de *Kān-sŏ,* vers l'extrémité de la grande muraille, par 40° lat. N. et 19° long. W.

VOCAB. GÉOG. CHINOIS.

嘉峪關 *Kīa-yú-kwān* (*Ch. Rep.*) ou *Kīa-yú-kĕou* (*Cart. Ch.*), douane de la vallée agréable.

｜｜｜ *Kīa-yú-kwān* (*Ch. Rep.*), c'est-à-dire passage de la vallée agréable. — Se trouve vers 39° lat. N. et 16° 1/2 long. W., à l'extrémité occidentale de la grande muraille, dans le département inférieur de *Sŏ* (*Kan-sŏ*).

｜魚 *Kīa-yû* (poisson riant)-*hién* (*Ch. Rep.*). — Un des 10 districts du département de *Où-tchăng* (*Hôu-pĕ*). Le chef-lieu est situé par 30° lat. N. et 3° 41′ 30″ long. W.

夾江 *Kīa-kiāng* (fleuve comprimé)-*hién* (*Ch. Rep.*). — Un des 8 districts du département de *Kīa-ting* (*Ssé-tchwĕn*). Le chef-lieu est situé sur un affluent du *Yâng-kiāng*, par 29° 38′ lat. N. et 12° 47′ 30″ long. W.

｜谷 *Kīa-kŏ*, vallée étroite. — Ancien nom de *Lây-oû-hién*, département de *Tây-ngān* (*Shān-tōng*) (*Biot*).

家喀土 *Kīa-kĕ-tŏu* (*N. L.*), en russe *Kiakhta*. — Ces caractères chinois, dont celui de *Kĕ*, qui n'est pas classique, sont indiqués dans les *Mélanges asiatiques* d'Abel Rémusat. Tel est le nom d'une rivière qui se jette dans le *Sélenga*, et sur la partie droite de laquelle se trouve située, par 50° 20′ lat. N. et 11° 8′ 20″ long. W., la ville russe qui porte le même nom de *Kiakhta*, tandis que, sur la rive opposée, séparée par un pont de bois, se trouve la ville chinoise qui porte le nom de *Méy-méy-tchín*.

｜木 *Kīa-mŏ* (*C. K.*), arbre de la maison. — Poste du *Yún-nān*, département de *Lín-ngān*, situé par 23° 27′ lat. N. et 12° 58′ long. W.

岬 *Kīa* (*Medh.*). — Voir *Kīa* (*Bridg.*).

柳榴吧 *Kīa-lieôu-pā*, ou 葛喇巴 *Kŏ-lă-pā* (*Bridg.*), ou 巴地 *Pā-ti* (*Medh.*). — Noms donnés à Batavia, capitale de l'île de Java, ville située par 6° 9′ lat. S. et 9° 37′ long. W.

｜陳城 *Kīa-tchĭn-tchĭng* (*Cart. Chin.*). — Ville du grand désert, située au nord du lac appelé *Lô-kiāng-hăy*.

甲斐 *Kīa-fi* (*Cart. Jap.*), bigarrures de rejetons, en japonais *Kaï* ou *Kahi*. — Province centrale de *Nifon*, située au sud-est, entre *Surug* (*Tsún-hŏ*), *Sagami* (*Siāng-môu*), *Musasi* (*Où-tsăng*) et *Sinano* (*Sĭn-nŏng*). Elle comprend 1 cité, 4 préfectures et 1 station.

La cité appelée *Fòu-tchōng*, est éloignée de 36 *ris* de *Yédo*.

Cette province est signalée pour la production de la soie, principalement pour celle obtenue du ver *yama-maï*, qui se nourrit des feuilles du chêne.

甲斐國 *Kïa-fĭ-kwĕ (Cart. Jap.)*, en japonais *Kay* (P. H.), autrement appelée *Coshio (Cart. Jap)*. — Province centrale de l'île de *Nifon*. Elle comprend 4 préfectures dont 1 au nord, *Shān-li*; 1 à l'est, *Tōu-lieóu*; au sud de cette province est située la partie nord-ouest de la montagne volcanique appelée *Fouzi-yama*.

| 山 *Kïa-shān (Cart. Jap.)*, montagne des rejetons. — Montagne de la province de *Setsu (Yāng-tsīn)*, île de *Nifon*. Elle est située au sud-ouest, près de *Sān-tiĕn*.

| 水 *Kïa-shwĭ*. — Nom d'une ancienne ville, établie par les *Swĭ*, au nord de *Tsïn-tcheōu-fòu (Shān-sĭ) (Biot)*.

| 子江 *Kïa-tsè-kïāng (G. C.)*, vulgairement *Kuptchi*. — Baie de la rivière et de la ville du même nom *(Kwàng-tōng)*.

| | 所 *Kïa-tsè-sŏ (C. K.)* ou *Kïa-tsè-tching (Ch. Rep.)*.

| | 城 *Kïa-tsè-tching* ou *Kïa-tsè-sŏ (C. G.)*. — Station militaire située sur la côte orientale du district de *Lŏ-fōng*, département de *Hoéy-tcheōu (Kwàng-tōng)*.

砷 *Kïa (Medh.)*. — Voir *Kïa (Bridg.)*.

葭蘭山 *Kïa-lân-shān*. — Montagnes situées en dehors de la grande muraille, sur les frontières de la Mongolie et sur la rive gauche du fleuve Jaune *(C. K.)*.

| 嶺 *Kïa-lìng (Fl. Sin.)*, montagne des roseaux. — Montagne située au nord de *Hoéy-lây-hién (Tchāo-tcheōu-fòu, Kwàng-tōng)*.

| 萌 *Kïa-mông*. — Ancien nom de *Kwàng-ywên* et de *Tchāo-hóa-hién*, département de *Pào-ning (Ssé-tchwên) (Biot)*.

| 州 *Kïa-tcheōu (Ch. Rep.)*, district des roseaux. — Un des 10 districts, mais moyen, du département du *Yû-lin (Shèn-sĭ)*. Le chef-lieu est situé sur un petit affluent du fleuve Jaune, rive droite, par 38° 8' lat. N. et 6° 8' 30" long. W.

神戶 *Kïa-hóu (N. L.)*, en japonais *Kobé*. — Petit port, près d'*Osaka*.

郟縣 *Kïa-hién (Ch. Rep.)*. — Un des 4 districts du département inférieur, appelé *Jù (Hô-nân)*. Le chef-lieu est situé sur la rive gauche du *Jù-hô*, par 34° 4' lat. N. et 3° 18' 30" long. W. A l'époque du *Tchûn-tsieŏu*, territoire du royaume de *Tching*; sous les seconds *Oéy*, *Lông-shān*; sous les *Swĭ*, *Jù-nân* et *Kïa-tching (Biot)*.

| 城 *Kïa-tching*. — Ancien nom de *Kïa-hién*, sous les *Swĭ (Biot)*.

SON *KIANG*.

Prononciation française. . . . . *Kiang, Kiangue, Khiang.*
— américaine, anglaise. . . *Keang, Keang, Kiang.*
— espagnole, portugaise . . *Kiam.*

ORDRE DES CLEFS :

壃	姜	江	絳	羌
CLEFS : 32	38	85	120	123
TRAITS : 13	6	3	7	2

壃 *Kiāng (Fl. Sin.).* — Village du *Shĕn-sī*, dont le célèbre poëte *Tŏu-fóu* rappelle les souvenirs. Il est situé à 40 *lì* de *Tchăng-ngān (Sī-ngān-fòu).*

姜 *Kiāng (D. G.).* — Nom de fleuve (*D. G.*). — Ancien nom du *Oéy-hô (Shèn-sī) (Fl. Sin.).*

丨 邑 *Kiāng-ĭ.* — Nom d'une ancienne ville des *Tcheóu,* département de *Fóng-tsiăng (Shèn-sī) (Biot).*

江 夏 *Kiāng-hîa (Biot),* été du fleuve. — Nom, sous les *Hán,* de *Où-tchăng-fòu,* de *Hán-yáng-fòu* et de *Tĕ-ngān-fòu (Hôu-pĕ).* — Nom, sous les *Swī,* de *Hiên níng-hién,* département de *Où-tchăng (Hôu-pĕ).*

丨 丨 *Kiāng-hîa* (été du fleuve)-*hién (Ch. Rep.).* — Un des 10 districts du département de *Où-tchăng (Hôu-pĕ).* Le chef-lieu est situé par 30° 34′ 50″ lat. N. et 2° 15′ 24″ long. W.

丨 華 *Kiāng-hôa* (fleur du fleuve)-*hién (Ch. Rep.).* — Un des 8 districts du département de *Yòng-tcheōu (Hôu-nán).* Le chef-lieu est situé à l'extrémité sud du département, sur la limite des provinces du *Kwàng-sī* et du *Kwàng-tōng,* par 25° 19′ lat. N. et 4° 56′ 30″ long. W.

江戶 *Kiāng-hôu (Cart. Jap.)*, porte du fleuve, en japonais *Yédo*. — Une des 5 villes impériales du Japon, la plus considérable de cet empire, située au fond d'une baie de l'océan Oriental, par 35° 8' lat. N. et 22° 40' long. E. On y compte 1,800,000 habitans sur une superficie de 8,500 hectares, près de trois fois celle de Paris. Il y a de grands cours d'eau dont le principal est le *Yōng-ȳn-tchwĕn*, en japonais *Okava;* les autres sont le *Kwèy-kiāng*, le *Nān-tchōng-tchwĕn* et le *Yŏ-tchwĕn*. De nombreux ponts relient toutes les parties de cette vaste cité. Le principal est le *Ji-pèn-kiáo*, en japonais *Nifonbas*, d'où partent toutes les mesures itinéraires de l'Empire, d'où convergent les 8 routes principales, conduisant sur tous les points du Japon. C'est à Yédo que fut conclu, en 1858, le traité de commerce avec la France, qui ouvrit les ports de *Hacodadé*, de *Kanagava* et de *Nangasaki*, et qui resserra l'ouverture de ceux d'*Osaka*, de *Hiogo* et de *Nagata* pour des époques plus éloignées.

Dans une carte intitulée *Yû-yên-tchī-tsuĕn-tŏu*, on mentionne les noms des localités voisines de Yédo, plus particulièrement connues des étrangers. Ce sont : *Sinagava, Yokahama, Bluff, Kanassava, Fodogaï, Ondogaï* et *Kamakoura*.

Voici les noms de quelques grands quartiers de Yédo : *Takanawa* ou *Siba-takanawa*, *Atakosta*, situés du sud au nord, le long de la baie; *Megouro-siroga-neben*, *Asobou*, *Akasaka*, à l'ouest des deux quartiers précédens ; *Avoïyama*, *Sendakatane* et *Youstouïa*, à l'ouest des trois précédens.

A l'entrée du golfe de Yédo est une île, appelée *Miakésima*, qui se distingue par une haute et large sommité recouverte de neiges éternelles. Le canal d'*Uraya* est un bassin resserré de ce même golfe. *Uraga* est le nom du port devant lequel s'est arrêtée l'escadre du commodore Perry en 1853, lorsqu'il fut envoyé au Japon pour obtenir un traité de commerce. La baie au-dessus d'*Uraga* est appelée baie de *Susquehanna*. La baie de *Mississipi* est dans les mêmes parages ; le cap *Saratoga* est en face de la côte orientale. De là on aperçoit au loin, vers le sud-ouest, le piton solitaire volcanique de *Fouzyama*, couvert de neiges perpétuelles.

La ville de Yédo peut se diviser en trois enceintes bien distinctes :

1° La ville marchande, qui forme un cordon non interrompu autour du noyau principal, sur une circonférence d'environ 20 milles (32 kilomètres);

2° La ville noble, habitée par les *daïmos*, par les fonctionnaires et toutes personnes attachées à l'administration publique; la race des oisifs, des rentiers ou riches inutiles n'existant pas au Japon;

3° La ville impériale, renfermant les palais du *taïcoun* et des hauts fonctionnaires composant le personnel de la maison impériale.

L'enceinte impériale et celle des *daïmos* sont entourées de fossés extérieurement revêtus de blocs de granite, assemblés sans ciment à la façon cyclopéenne et couronnés d'une double ligne de cèdres, formant chemin de ronde autour de ses murailles.

Ces renseignemens sont extraits d'un ouvrage de Ch. de Chassiron, attaché à l'ambassade du baron Gros au Japon, en 1858-60, et intitulé *Notes sur le Japon, la Chine et l'Inde*, où se trouvent deux plans originaux, extrêmement curieux, de *Yédo* et de *Nangasaki*, indiquant tous les détails de ces deux villes, les canaux, les ponts, les temples, les palais, les jardins, les arsenaux, les fortifications, les édifices publics et privés. Le plan de *Yédo* porte le nom de *Pào-tsī-pāo-tĭng*.

江尻 *Kiāng-kǎo* (*L. J.*), croupion du fleuve. — 18ᵒ station du *To-kaïdo*, route orientale du Japon, entre *Tchōng-tsīn* et *Fòu-tchōng*. Cette station est située entre deux cours d'eau qui portent les noms de *Kiāng-kǎo-tchwĕn* et de *Tsīng-shwi-kiāng* à leur embouchure dans la mer. Elle fait partie du département de *Yeóu-tóu*, province de *Surug*.

｜｜巛 *Kiāng-kǎo-tchwĕn* (*Cart. Jap.*). — Rivière du département de *Yeóu-tóu*, province de *Tsīn-hô* (*Surug*).

｜口鎮 *Kiāng-keǒu-tchin* (*C. H.*). — Marché du *Kwéy-tcheōu*, situé sur les bords du *Tchāng-kǐ-hô*, par 27° 34′ lat. N. et 7° 50′ long. W.

｜陵 *Kiāng-ling* (colline du fleuve)-*hién* (*Ch. Rep.*). — Un des 7 districts du département de *Kīng-tcheōu* (*Hôu-pĕ*). Le chef-lieu est situé par 30° 26′ 40″ lat. N. et 4° 24′ 4″ long. W.

｜路 *Kiāng-lóu* ou *Ywĕn-kiāng-lóu*. — Ancien nom de *Tchè-lŏ-tién-tchāng-kwān*, sous les *Ywĕn* (*Biot*).

｜門 *Kiāng-mên* (*C. G.*), porte de la rivière. — Ville considérable, située à l'entrée de la rivière de Canton, dans le voisinage de *Sīn-hoéy-hién*, et très-fréquentée par les jonques qui passent par le passage intérieur *Broad way river*, que les Chinois appellent *Tá-hoâng-kieōu*.

｜牡嶼 *Kiāng-meòu-sú* (*C. G.*). — Ile sur la côte méridionale du district de *Hày-fōng* (*Kwàng-tōng*).

｜敏城 *Kiāng-min-tchíng* (*Ch. Rep.*), en thibétain *Kiangmin*. — Une des 15 villes fortifiées et districts du Thibet propre (*Tsiĕn-tsāng*). Elle est située au sud-ouest de *H'lassa* et près de *Tchashi-lounbo*. — Le caractère *min* est écrit 孜 dans le *Chinese Repository*.

｜母嶼 *Kiāng-mòu-sú* (*C. G.*). — Ile sur la côte méridionale du district de *Hày-fōng* (*Kwàng-tōng*).

｜南 *Kiāng-nân* (*Ch. Rep.*), midi du fleuve. — Dénomination d'une ancienne grande province qui a été divisée en deux parties, la partie orientale, appelée le *Kiāng-sōu*, et la partie occidentale, appelée le *Ngān-hoëy*, célèbres par leurs productions sérifères et théifères. Elle s'étend de 29° à 35° lat. N. et de 1° long. W. à 5° long. E.

｜安 *Kiāng-ngān* (repos du fleuve)-*hién* (*Ch. Rep.*). — Un des 3 districts du département moyen appelé *Lôu* (*Ssé-tchwĕn*). Le chef-lieu est situé sur la rive droite du *Tá-kiāng*, par 28° 42′ lat. N. et 11° 20′ 30″ long. W.

｜寧府 *Kiāng-ning-fòu* (*Ch. Rep.*). — Un des 12 départemens de la province du *Kiāng-sōu*, qui comprend 7 districts, savoir : *Kiāng-ning*, *Shàng-ywĕn*, *Kāo-shún*, *Kún-yóng*, *Kiāng-pōu*, *Li-shwi* et *Lŏ-hô*. Le chef-lieu, capitale de la province, à 2,445 li de *Pĕ-kīng*, est l'ancien *Nán-kīng*, métropole de l'empire chinois du milieu du x⁰ siècle au commencement du xv⁰, époque de l'avénement des *Mīng*, qui transportèrent leur résidence a *Pĕ-kīng*. Cette belle et grande cité est située à cheval sur le fleuve Bleu (*Yáng-tsè-kiāng*) et le grand canal (*Yún-hô*), par 32° 4' 40" lat. N. et 2° 18' 30" long. E. C'est une des villes les plus remarquables de la Chine par son histoire, ses monumens, sa population, et surtout par ses industries cotonnières et sérifères. L'insurrection des *Táy-pīng* a porté un grand coup à sa prospérité, mais sa situation favorable lui rendra un nouvel éclat dès que le calme renaîtra.

江寧縣 *Kiāng-ning-hién* (Ch. Rep.). — Un des 7 districts du département de même nom (*Kiāng-sōu*). Le chef-lieu est situé au département.
Sous les *Tsín*, *Mŏ-ling*; sous les *Tsín*, *Kién-nĭe*; sous les *Tāng*, *Kīn-lìng* et *Pĕ-hía* (Biot).

| 北廳 *Kiāng-pĕ-tīng* (Ch. Rep.). — Un des 14 districts, station militaire du département de *Tchóng-kīng* (*Ssé-tchwĕn*).

| 浦 *Kiāng-pŏu* (Cart. Jap.), bords du fleuve. — Détroit entre les îles de *Tōng-tào* et de *Tīng-kieòu-tào*, du groupe de *Où-tào* (*Gotto*).

| | 縣 *Kiāng-pŏu-hién* (Ch. Rep.). — Un des 7 districts du département de *Kiāng-ning* (*Kiāng-sōu*). Le chef-lieu est situé sur la rive gauche du fleuve Bleu (*Yáng-tsè-kiāng*), par 32° 5' lat. N. et 2° 10' 30" long. E.

| 山 | *Kiāng-shān-hién* (Ch. Rep.). — Un des 5 districts de *Kŭ-tcheōu* (*Tchĕ-kiāng*). Le chef-lieu est situé sur un affluent du *Kĭu-kĭ*, par 28° 47' 20" lat. N. et 2° 22' 3" long. E.

| 乘 *Kiāng-shīng*. — Ancien territoire de *Shāng-ywên-hién*, du département de *Kiāng-ning* (*Kiāng-sōu*), sous les *Tsín* (Biot).

| 西 *Kiāng-sī* (Biot). — Nom d'un arrondissement de la Corée, partie nord-ouest.

| | *Kiāng-sī* (occident du fleuve)-*sĕng* (Ch. Rep.). — Une des 5 provinces orientales de la Chine intérieure (*Tchōng-kwĕ*), comprenant 14 départemens, dont 13 *fòu* et 1 *tcheōu*, savoir : *Nán-tchāng*, *Jáo-tcheōu*, *Kwàng-sín*, *Nán-kāng*, *Kieòu-kiāng*, *Kién-tchāng*, *Fòu-tcheōu*, *Lín-kiāng*, *Shwĭ-tcheōu*, *Ywên-tcheōu*, *Kĭ-ngān*, *Kán-tcheōu*, *Nán-ngān* et *Níng-tōu*.
Cette province fait partie du gouvernement particulier appelé *Leāng-kiāng*. Elle comprend 78 districts, dont 75 *hién*, 1 *tcheōu* et 2 *tīng*, outre un grand nombre de cités de moindre importance, de stations, de postes militaires, de douanes, et dont voici quelques noms indiqués sur la carte de Klaproth : *Tsáo-pīng*, *Fán-lôu*, *Tsín-yāng*, *Wên-lin*, *Tsiáo-lìng*, *Fĕn-shwì*, *Leáo-tchŭ*, *Tŏng-shwì*, *Yŭn-tsĭ*, *Má-lìng*, *Liên-hōa*, *Sān-kwān*, *Tĕ-shīng*, *Shĭ-tchīng*, *Tīng-nán*, *Máy-kwān*, *Mòu-tching*, enfin le fameux marché et centre de la fabrication de la porcelaine appelé *King-tĕ-tchin*.

La province du *Kiāng-sī* est renommé par son lac, appelé *Pŏ-yâng*, dont la partie nord est appelée *Sī-pŏ*. Il communique avec le fleuve Bleu (*Yâng-tsè*) à *Kieòu-kiāng-fòu*, et reçoit de nombreux cours d'eau, dont les principaux sont la grande rivière centrale, appelée *Kán* ou *Tchāng*, et ses tributaires : à l'ouest, le *Shù-kiāng*, le *Sieóu-kiāng*, le *Lôu-shwì*, le *Lôu-kiāng*, le *Shwì-kiāng*, le *Mêy-kiāng* et le *Tchāng-shwì*; à l'est, le *Tōng-kiāng* et ses affluens, le *Lìn-kĭ*, le *Hoâng-kĭ*, le *Nân-kiāng* et le *I-kĭ*; au sud-est, le *Ngën-kiāng*, le *Kóng-kiāng* et ses tributaires, le *Kīn-shwì-kiāng*, le *Liên-shwì*, le *Swí-kiāng* et le *Mêy-lieòu-kiāng*; au sud, le *Tào-kiāng*, qui descend des montagnes qui limitent la province de celle du *Kwàng-tōng*, le *Mêy-kiāng*, le *Kōng-kiāng* et le *Tchāng-kiāng*; enfin on cite encore, à l'ouest, le *Lôu-shān-kiāng*, le *Sieóu-hô*, le *Shoāng-kĭ*, le *Siāng-lòng-kiāng* et le *Lông-kiāng*; à l'est, le *Tŏng-tsè-kiāng*, le *Tchāng-kiāng*, le *Où-hô*, le *Lŏ-pĭng-kiāng*, le *Pŏ-kiāng*, le *Kīn-kiāng* et ses tributaires, le *Pĕ-tă-hô*, le *Sieóu-kĭ* et le *Jwì-hô*. Ces eaux, couvertes de lis aquatiques (*liên-hōa*), sont peuplées de poissons très-variés et très-abondans, principalement de truites, de saumons et d'esturgeons.

Les montagnes du *Kiāng-sī* sont couvertes de forêts de camphriers et d'arbres à suif (*stillingia sebifera*); leurs sommets sont renommés par leurs plantes médicinales. Parmi ces montagnes, on cite, au nord, le *Lôu-shān* et le *Hāo-shān*; au nord-ouest, le *Kieòu-kóng-shān*; à l'est, le *Hiāng-lôu-fōng*, et, plus au centre de la province, le *Où-kōng-shān*; enfin, au nord-est, le *Lông-shān*, sur la limite du *Tchĕ-kiāng*; au sud-ouest, le *Mêy-lìng* et le *Siào-mêy-lìng*, et, au sud, le *Hìa-teòu-lìng* et le *Tá-liên-yû-shān*, qui séparent le *Kiāng-sī* du *Kwàng-tōng*.

Ces montagnes, particulièrement celles du nord-est, recèlent des minéraux précieux, parmi lesquels on cite des dépôts de quartz pur (*pĕ-tūn-tsè*) et de kaolin (*kāo-lìng-shĭ*), qui sont employés pour la fabrication de la porcelaine.

De nombreuses vallées présentent de riches cultures de riz, de sucre, de tabac, de toutes sortes de plantes textiles, alimentaires et fourragères.

江湘司 *Kiāng-siāng-ssē* (*C. K.*). — Station du *Hôu-nân*, département de *Hêng-tcheōu*, située près du *Siāng-kiāng*, par 26° 41' lat. N. et 4° 30' long. W.

蘇 *Kiāng-sōu* (réunion de *Kiāng* et de *Sōu*)-*sēng* (*Ch. Rep.*). — Une des 5 provinces orientales de la Chine intérieure (*Tchōng-kwĕ*), qui comprend 12 départemens, 8 supérieurs ou *fòu* et 4 inférieurs, 3 *tcheōu* et 1 *tĭng*, savoir : *Kiāng-nìng*, *Sōu-tcheōu*, *Sōng-kiāng*, *Tchāng-tcheōu*, *Tchín-kiāng*, *Hoâỳ-ngān*, *Yâng-tcheōu* et *Sû-tcheōu*; puis *Hày*, *Tŏng* et *Tăy-tsàng*; enfin, *Hày-mên*.

Cette province, détachée de l'ancien gouvernement appelé *Kiāng-nân*, fait partie de la triple administration particulière appelée *Leàng-kiāng*. C'est une des plus riches de l'empire, tant sous le rapport de la population que sous celui des productions territoriales et des établissemens industriels.

Elle doit sa prospérité tant à la fertilité de son sol qu'à ses grandes voies de communication fluviales. Outre le fleuve Bleu (*Yâng-tsè*), le fleuve Jaune

(*Hoâng-hô*) et le grand canal (*Yûn-hô*), elle possède d'autres rivières moins considérables, telles que le *Tsĭo-oéy*, le *I*, le *Mŏ*, le *Kiĕn*, le *Tchĭng-tsŭ*, le *Où-sōng*, le *Hoâng-pŏu*, le *Sĭn-yâng*, le *Lieôu*, etc., ainsi qu'un grand nombre de lacs, parmi lesquels on cite le *Pĕ-lông-tăng*, le *Oéy-shān*, le *Lŏ-mà*, le *Tcháo-pĕ*, le *Kwăng-yáng*, le *Sieóu*, le *Shĭ-hiāng*, le *Shé-yâng*, le *Hông-tsè*, le *Kăo-yâng*, le *Pi-shé*, le *Lŭ-yâng*, le *Tá-tsŏng*, le *Shĭ-kieòu*, le *Tiĕn-shān*, le *Tăy*, le *Kōu-tchĭng* et le *Sĭ-kwéy*.

Cette province est surtout remarquable par ses plaines couvertes de cultures de mûriers, d'arbres à thé, de cotonniers à fleurs blanches et jaunes, de diverses espèces de chanvre; aussi les montagnes y sont-elles plus rares qu'ailleurs. La carte de Klaproth ne signale que celles-ci : *Tá-lwĭ*, *Tchōng*, *Où-yă*, *Meóu*, *Hoéy-shīng* et *Hoâng-ni*, mais ce sont probablement la plupart de simples collines.

江達城 *Kiāng-tă-tchĭng* (Ch. Rep.), en thibétain *Ghiamda*. — Une des 45 villes fortifiées et district du Thibet propre (*Tiĕn-tsăng*). Elle est située au centre de cette province, entre *H'lassa* et *H'lari*.

| 州 *Kiāng-tcheōu* (Biot). — Nom, sous les *Oéy*, de *Hán-tchwĕn-hién*, département de *Hán-yâng* (*Hôu-pĕ*); sous les *Hán*, de *Kiāng-tsĭn-hién*, département de *Tchóng-kīng* (*Ssé-tchwĕn*); sous les *Oéy* occidentaux, de *Pōng-shān-hién*, département de *Méy* (*Ssé-tchwĕn*); sous les *Hán*, de *Tchóng-kīng-fòu* (*Ssé-tchwĕn*); sous les *Hán*, de *Nân-kăng-fòu* et, sous les *Tsĭn*, de *Nân-tcháng-fòu* (*Kiāng-sī*); sous les *Tsĭn*, de *Pā-hién*, département de *Tchóng-kīng* (*Ssé-tchwĕn*), et, sous les *Leâng*, de *Kieòu-kiāng-fòu* (*Kiāng-sī*) (Biot).

| | *Kiāng-tcheōu* (Ch. Rep.). — Un des 14 départemens, mais indépendant, de la province du *Kwàng-sī*. Le chef-lieu est situé par 22° 22′ lat. N. et 9° 23′ 30″ long. W., sur une des branches supérieures du *Tsò-kiāng*. Biot indique le district de *Lô-pĕ* comme faisant partie de ce département. — Même nom pour désigner *Hán-tchwĕn-hién*, département de *Hán-yâng* (*Hôu-pĕ*); *Ngān-kīng-fòu* (*Hôu-pĕ*); *Kiāng-tsĭn-hién*, département de *Tchóng-kiāng* (*Ssé-tchwĕn*); *Pōng-shān-hién*, département de *Méy-tcheōu* (*Ssé-tchwĕn*); *Tchóng-kīng-fòu* (*Ssé-tchwĕn*); *Nān-tcháng-fòu* (*Kiāng-sī*); *Pā-kwĕ* (*Ssé-tchwĕn*), et *Kieòu-kiāng-fòu* (*Kiāng-sī*).

| 巛 *Kiāng-tchwĕn*. — Ancien nom de *I-tōu-hién*, département de *Kīng-tcheōu* (*Hôu-pĕ*) (Biot).

| | 県糸 *Kiāng-tchwĕn-hién* (Ch. Rep.). — Un des 4 districts du département de *Tchĭng-kiāng* (*Yûn-nân*). Le chef-lieu est situé sur le bord du lac appelé *Yng-tĭng-hôu*, par 24° 32′ lat. N. et 13° 30′ 30″ long. W.

| 瀆 *Kiāng-tŏ* (Medh.). — Nom attribué au *Yâng-tsè-kiāng* (fleuve Bleu).

| 東 *Kiāng-tông*. — Nom d'un ancien arrondissement de la Corée, partie nord-ouest (*Biot*).

江都縣 *Kiāng-tōu-hién (Ch. Rep.).* — Un des 8 districts du département de *Yâng-tcheōu (Kiāng-sōu).* Le chef-lieu est situé par 32° 26′ 32″ lat. N. et 2° 55′ 35″ long. E.

｜ 丰 *Kiāng-tsă (Ch. Rep.).* — Contrée du Thibet, arrosée par le fleuve Bleu (*Kīn-shā-kiāng*).

｜ 刺 *Kiāng-tsĕ (Cart. Jap.)*, épines du fleuve, en japonais *Sataque (C. H.).* — Ville ou préfecture de la province de *Mudsu* (*Ling-ngáo*).

｜ 津 *Kiāng-tsīn* (gué du fleuve)-*hién (Ch. Rep.).* — Un des 14 districts du département de *Tchóng-kíng (Ssé-tchwĕn).* Le chef-lieu est situé sur la rive droite du grand fleuve, par 29° 15′ lat. N. et 10° 8′ 30″ long. W.

｜ 陽 *Kiāng-yâng.* — Ancien nom de *Lòu-tcheōu-hién (Ssé-tchwĕn);* de *Fóu-shún-hién (Ssé-tchwĕn);* de *Kiāng-tsīn-hién (Ssé-tchwĕn);* de *Kiāng-ngān-hién (Ssé-tchwĕn);* de *Kiāng-tōu-hién (Kiāng-sī);* de *Nă-kī-hién (Ssé-tchwĕn) (Biot).*

｜ 油 *Kiāng-yeŏu* (huile de fleuve)-*hién (Ch. Rep.).* — Un des 4 districts du département de *Lóng-ngān (Ssé-tchwĕn).* Le chef-lieu est situé près du confluent du *Siào-kiāng* et du *Feôu-kiāng*, par 34° 45′ lat. N. et 11° 36′ 30″ long. W.

｜ 陰縣 *Kiāng-ȳn-hién (Ch. Rep.).* — Un des 9 districts du département de *Tchăng-tcheōu (Kiāng-sōu).* Le chef-lieu est situé près de l'embouchure du *Yâng-tsè-kiāng*, par 34° 58′ lat. N. et 3° 48′ long. E. — Même nom, pour désigner un ancien arrondissement de 3ᵉ ordre, établi sous les *Heóu-tcheōu*, au sud de *Vôu-shān-hién*, département de *Kwêy-tcheōu (Ssé-tchwĕn).*

｜ 原 *Kiāng-ywén.* — Ancien nom de *Tsŏng-kíng-tcheōu*, département de *Tchīng-tōu*, de *Tá-ĭ-hién* et de *Kiŏng-tcheōu (Ssé-tchwĕn) (Biot).* — Même nom pour désigner une division de la Corée orientale, qui s'étend de 37° à 40° lat. N. *(Biot).*

｜ 猿 *Kiāng-ywén (Cart. Jap.)*, autrement appelé *Yú-tsăy-mŏ-tsăng (Cart. Jap.).* — Emplacement carré situé dans le quartier de *Hondjo* à *Yédo*, à l'est, entre les deux grands canaux.

絳縣 *Kiáng-hién (Ch. Rep.).* — Un des 5 districts de *Kiáng-tcheōu (Shān-sī).* Le chef-lieu est situé au pied du *Lì-shān*, près de la source du *Kiáng-shwĭ*, par 35° 29′ lat. N. et 4° 48′ 30″ long. W.

｜ 邑 *Kiăng-ĭ.* — Ancien nom de *I-tchíng-hién*, département de *Pĭng-yâng (Shān-sī) (Biot).*

绛水 *Kiáng-shwi (C. K.).* — Rivière du *Shān-sī,* qui prend sa source dans les montagnes appelées *Lì-shān,* et qui se jette dans le fleuve Jaune au-dessous de *Hô-tsīn-hién,* du département de *Kiáng.*

州 *Kiáng-tcheōu (Ch. Rep.),* département du fleuve *Kiáng.* — Un des 20 départemens, mais inférieur, de la province du *Shān-sī,* précédemment compris dans celui de *Pĭng-yâng,* et formant 5 districts, savoir : *Wên-hi, Kiáng, Ywên-kio, Tsǔ-shān* et *Hô-tsīn.* Le chef-lieu, à 4,800 *li* de *Pĕ-kīng,* est situé sur le *Fên-hô,* par 35° 37′ lat. N. et 4° 57′ 15″ long. W.

羌 *Kiăng (Ch. Rep.)* ou *Sī-kiăng (Ch. Rep.).* — Nom générique des peuplades tartares qui habitent au nord-ouest de la frontière du Thibet. Kafiristan, contrée montagneuse qui s'étend le long de la frontière nord du Caboul, au pied de l'Hindou Kouch, ou Caucase de l'Inde, qui est un prolongement des Himalayas.

Kiăng ou *Sī-kiăng (Ch. Rep.).* — Anciens peuples de race thibétaine, au nord-ouest de la Chine.

戎 *Kiăng-jŏng (Fl. Sin.).* — Pays des étrangers. — Voir *Kòng-tchāng-fōu (Kān-sŏ) (Biot).*

SON *KIAO.*

Prononciation française. . . . . *Kiao, Khiao.*
— américaine, anglaise . . . *Keau, Kheau, Keaou, Kheaou.*
— espagnole, portugaise . . *Kiao.*

ORDRE DES CLEFS :

交 校 橋 膠 茭 莜 虓

CLEFS :	8	75	75	130	140	140	141
TRAITS	4	6	12	11	6	6	9

交河縣 *Kiāo-hŏ-hién (Ch. Rep.)*, district des rivières réunies. — Un des 11 districts du département de *Hŏ-kiēn (Tchĭ-lĭ)*. Le chef-lieu est situé entre le *Hŏu-tŏ-hŏ* et le *Lào-tchăng-shŏ-hŏ*, par 38° 6' lat. N. et 0° 8' 30" long. W.

｜磯 *Kiāo-kī (C. K.)*. — Petite rivière du département de *Fŏ-ning (Fóu-kién)*, une des trois branches principales qui coulent dans le district de *Fŏ-ngān*.

｜州 *Kiāo-tcheōu (Biot)*. — Nom d'un district établi par les *Tăng*, à l'ouest de *Tsĭn-ngān-hién*, département de *Tsĭn-tcheōu (Kān-sŏ)*.

｜｜ *Kiāo-tcheōu (Biot)*. — Nom, sous les *Hán*, de *Oû-tcheōu-fòu (Kwàng-sī)*.

｜｜府 *Kiāo-tcheōu-fòu (Ch. Rep.)*, métropole des contrées réunies. — Capitale du *Tŏng-kĭng* ou *Tonquin*, située sur la rive droite du fleuve appelé *Songka* ou *Songkaï*, par 21° 20' lat. N. et 10° 38' 30" long. W., à 180 kilomètres de la mer. Son nom vulgaire est *Kesho*, qui signifie *marché*. On l'appelle encore *Tham-lueng-tham* ou *ville du dragon*, en langage relevé. Jadis, elle portait le nom de *Dông-kinh* (cour orientale), en chinois *Tŏng-kĭng*, d'où le pays a pris ce nom. Cette ville contient 150,000 habitans.

｜趾 *Kiāo-tchĭ (Ch. Rep.)*, doigts de pied réunis. — Ancien nom des Cochinchinois. Le nom de *Cochinchine* a été donné par les premiers navigateurs portugais, qui trouvèrent que le pays des Cochinchinois ressemblait à celui de *Cochin*, de la côte du Malabar, et par la raison qu'il était voisin de la Chine, ce qui fit *Cochin* et *Chine*.

｜城 *Kiāo-tchíng* (cité amie)*-hién (Ch. Rep.)*. — Un des 11 districts du département de *Tăy-ywén (Shān-sī)*. Le chef-lieu est situé sur la rive droite du *Fên-hŏ*, par 37° 36' lat. N. et 4° 22' 30" long. W.

校涕州 *Kiáo*, car. *Hiáo-ì-tcheōu (G. C.)*, île des barreaux de chaise. — Ile au sud du district de *Sīn-ngān*, située dans l'archipel de Canton (*Kwàng-tōng*).

｜杯｜ *Kiáo-pēy-tcheōu (G. C.)*. — Ile de la côte sud du *Kwàng-tōng*, district de *Tién-pĕ*, département de *Kāo-tcheōu*.

橋 *Kiáo (D. G.)*, pont, ouvrage en pierre, en bois, et élevé sur un cours d'eau. — Morrison dit que les premiers ponts établis en Chine sur les rivières datent de la dynastie des *Tcheōu*, vers l'an 900 A. E. On distingue les ponts en bois (*mŏ-kiáo*), qui existent dans beaucoup d'endroits; un des plus remarquables est celui de Yédo, au Japon, le *Jĭ-pèn-kiáo*; les ponts flottans (*tcheōu-kiáo*), formés de bateaux, tel celui de *Nîng-pŏ*; les ponts en pierre (*shĭ-kiáo*), comme celui appelé *Suēn-tcheōu-kiáo*, qui est regardé comme le plus beau de la Chine. Il est formé de deux parties séparées par un château; sa longueur est de près de 3 kilomètres. Il y a encore les ponts en fer (*tĭe-kiáo*); puis les ponts suspendus (*kāng-kiáo*), dans le genre de celui de *Pĭ-tsĭe-hién*, de la province du *Kwéy-tcheōu*, qui est formé d'énormes madriers, soutenus par des crampons en fer, et qui traverse, à une grande hauteur, une vallée large et profonde. D'après le P. Perny, on compte 334 ponts remarquables. Barrow mentionne celui qui est sur le grand canal, à *Háng-tcheōu-fòu*, du *Tchĕ-kiāng*, qui aurait 90 arches; mais le plus considérable, d'après le *Chinese Repository* (vol. XVI, pag. 490), à l'égard de sa grandeur, des matériaux énormes qui y ont été employés, et surtout de son antiquité, c'est le pont appelé *Wān-sheōu* (*dix mille siècles*), de *Fòu-tcheōu-fòu*, du *Fòu-kién*, sur la rivière *Mĭn*. Il a 1,698 pieds (566 mètres) de long, est tout en granite, sur 35 piles raccordées par des dalles qui n'ont pas moins de 48 pieds de longueur sur 3 d'épaisseur; il date de plus de 800 ans.

橋樹郡 *Kiáo-shú-kŭn* (Cart. Jap.). — Une des villes préfectorales de la province de *Où-tsāng* (*Musasi*), située au sud de Yédo.

| 州 *Kiáo-tcheōu*. — Nom d'un ancien arrondissement au nord de *Kĭng-yâng-fòu* (*Kān-sŏ*) (Biot).

| 頭汛 *Kiáo-teōu-sin* (C. H.), marché des têtes de pont. — Station du nord du *Yûn-nân*, située à l'embouchure d'un affluent du fleuve Bleu (*Kĭn-shā-kiāng*), par 27° 40' lat. N. et 16° 28' long. W.

| 子舖 *Kiáo-tsè-pōu* (Medh.). — Village sur la route de *Kwàng-tĕ* à *Tsĭ-kĭ* (*Ngān-hoēy*).

膠河 *Kiáo-hô* (C. K.). — Rivière du *Shān-tōng*, qui se jette dans la mer, au-dessus de *Kiáo-tcheōu*, département de *Lây-tcheōu* (*Shān-tōng*). — Même nom pour désigner une autre rivière de la même province du *Shān-tōng*, qui porte, à sa naissance, le nom de *Lŏ-shĭ-hô*, et qui se jette dans le golfe du *Tchĭ-lí* (C. K.).

| 水 *Kiáo-shwĭ*. — Ancien nom de *Pĭng-tóu-tcheōu*, département de *Lây-tcheōu* (*Shān-tōng*) (Biot).

| 西 *Kiáo-sī*. — Ancien nom de *Kiáo-tcheōu*, département de *Lây-tcheōu* (*Shān-tōng*) (Biot).

| 州 *Kiáo-tcheōu* (Ch. Rep.), contrée de la colle. — Un des 7 districts du département de *Lây-tcheōu* (*Shān-tōng*). Le chef-lieu est situé au fond d'une baie, par 36° 44' 20" lat. N. et 3° 55' 30" long. E.

| 東 *Kiáo-tōng*. — Ancien nom de *Lây-tcheōu-fòu* (*Shān-tōng*) (Biot).

茭溪 *Kiáo-kĭ* (Ch. Rep.), ruisseau du foin. — Petite rivière sur laquelle est bâtie la ville de *Tăy-shún-hién*, département de *Wēn-tcheōu* (*Tchĕ-kiāng*).

荍 | *Kiáo-kĭ (Fl. Sin.)*, ruisseau des plantes médicinales. — Petite rivière du département de *Fŏ-ning (Fóu-kién)*, qui se réunit au *Píng-kĭ* et au *Tŏ-kĭ*.

虓 *Kiáo*. — Nom d'une ancienne ville des *Hán*, sur le territoire de *Kí-tcheōu*, département de *Tchín-tíng* ou *Tching-tíng (Tchĭ-lí)* (Biot).

| 陽 *Kiáo*, car. *Kwĕ-yâng*. — Nom d'une ancienne ville des *Hán*, au nord-ouest de *Jáo-tcheōu-fòu (Kiāng-sī)*. Medhurst prononce *Kĭ* et Morrison *Kĭ* ou *Kwŏ* le caractère prononcé *Kiáo* ou *Kwĕ* par Biot.

SON *KIAY.*

Prononciation française. . . . . *Kiay, Kiaï.*
    —   américaine, anglaise . . . *Keae, Kheae, Kiai.*
    —   espagnole, portugaise . . *Kiai, Kiay.*

ORDRE DES CLEFS :

介 价 界 解 階

CLEFS :	9	9	102	148	170
TRAITS :	2	4	4	6	9

介休 *Kiáy-hieōu* (Biot). — Ancien nom de *Kiáy-hieōu-hién*, département de *Fên-tcheōu (Shān-sī)*, sous les *Tsín*.

| | 縣 *Kiáy-hieōu-hién* (Ch. Rep.). — Un des 8 districts du département de *Fên-tcheōu (Shān-sī)*. Le chef-lieu est situé sur la rive droite du *Fên-hô*, à l'ouest des monts appelés *Mièn*, par 37° 5′ lat. N. et 4° 37′ 30″ long. W.

| 州 *Kiáy-tcheōu*. — Ancien nom de *Fên-tcheōu-fòu (Shān-sī)*, sous les *Heóu-tcheōu* (Biot).

价 巛 *Kiáy-tchwĕn*. — Nom d'un arrondissement au nord de la Corée, par 39° 48′ lat. (Biot).

界橋 *Kiày-kiáo (Ch. Rep.)*, pont des limites. — Village du département de *Ywĕn-tcheōu (Kiāng-sī)*, où l'on recueille du thé appelé *hōa-tchă*.

｜里汎 *Kiày-lì-sin (C. H.)*. — Bureau de poste ou marché du *Kwéy-tcheōu*, district de *Oéy-ning*, département de *Tá-ting*, situé par 26° 40' lat. N. et 114° 56' long. W.

｜嶺 *Kiày-ling (C. K.)*. — Montagne au nord-ouest du *Hôu-pĕ*.

解縣 *Kiày-hién*. — Ancien nom de *Kiày-tcheōu (Shān-sī)*, sous les *Hán (Biot)*.

｜汭 *Kiày-leâng*. — Ancien nom de *Kiày-tcheōu (Kān-sŏ)*, à l'époque du *Tchŭn-tsieŏu*, et de *Lín-tsin-hién*, département de *Pŏu-tcheōu (Shān-sī)*, sous les *Hán (Biot)*.

｜州 *Kiày-tcheōu (Ch. Rep.)*, département de *Kiày*. — Un des 20 départemens, mais inférieur, de la province du *Shān-sī*, comprenant 4 districts, savoir : *Píng-lŏ*, *Jwĭ-tching*, *Ngān-i* et *Hía*. Le chef-lieu, à 1,450 lĭ de *Pĕ-kīng*, est situé par 34° 59' lat. N. et 5° 38' 30" long. W.

階｜ *Kiày-tcheōu (Ch. Rep.)*. — Un des 15 départemens, mais inférieur, de la province du *Kān-sŏ*, comprenant 2 districts, *Wĕn-hién* et *Tchīng-hién*. Le chef-lieu, à 3,940 lĭ de *Pĕ-kīng*, est situé sur le *Hĕ-shwi-kiāng*, au pied des monts *Où-tōu-shān*, par 33° 49' 12" lat. N. et 12° 24' 3" long. W.

SON *KIE*.

Prononciation française. . . . . *Kie*.
 — américaine, anglaise. . . *Kee, Kheĕ, Keay, Kheay*.
 — espagnole, portugaise. . *Kie*.

ORDRE DES CLEFS :

揭 靭水 碣 結 茄

CLEFS :	64	85	112	120	140
TRAITS :	9	6	9	6	5

揭陽 *Kie-yáng*. — Ancien nom de *Hày-yàng-hién*, de *Jâo-pĭng-hién*, de *Tchĭng-hiāng-hién*, du département de *Tchâo-tcheōu* (*Kwàng-tōng*); de *Nĭng-tōu-tcheōu* (*Kiāng-sī*) (*Biot*).

揭陽 *Kie-yáng* (territoire découvert)-*hién* (*Ch. Rep.*). — Un des 40 districts du département de *Tchâo-tcheōu* (*Kwàng-tōng*). Le chef-lieu est situé dans un îlot, sur la rive gauche du *Kĭn-kiāng*, par 23° 32′ lat. N. et 0° 23′ 30″ long. W., au nord-ouest de *Tsĭng-hày* (*G. C.*).

韌水 *Kie* (*D. G.*). — Nom de fleuve (*D. G.*).

碣石港 *Kie-shĭ-kiàng* (*C. G.*). — Petite rivière, près de la baie appelée *Tsiĕn-ngáo*, sur la côte méridionale du district de *Lŏ-fōng*, département de *Hoéy-tcheōu* (*Kwàng-tōng*).

碣石澳 *Kie-shĭ-ngào* (*Fl. Sin.*). — Baie de la rivière de *Hie-shĭ*, autrement appelée *Kie-shĭ-oéy* (*C. G.*).

碣石衞 *Kie-shĭ-oéy*. — Autrement dite *Kie-shĭ-tchĭng* (*C. G.*).

碣石城 *Kie-shĭ-tchĭng*. — Station militaire située sur la petite rivière de même nom (*Kwàng-tōng*).

碣洲司 *Kie-tcheōu-ssē* (*C. G.*). — Station militaire établie sur l'île appelée *Mà-ngàn-shān*, du district de *Où-tchwĕn* (*Kwàng-tōng*).

結倫州 *Kie-lūn-tcheōu* (*Biot*). — Nom d'un arrondissement et d'une ville de 3ᵉ ordre du département de *Tây-pĭng* (*Kwàng-sī*). La ville est au nord-est du chef-lieu et à l'est de *Tōu-kie-tcheōu*, de la même province. C'est un district indépendant.

結安州 *Kie-ngān-tcheōu* (*Biot*). — Nom d'un arrondissement et d'une ville de 2ᵉ ordre, département de *Tây-pĭng* (*Kwàng-sī*). La ville est au nord du chef-lieu de la province. C'est un district indépendant.

結定城 *Kie-tĭng-tchĭng* (*Ch. Rep.*), en thibétain *Ghieding*. — Une des 7 places fortes et district du Thibet ultérieur, située au sud de *Tchashi-h'lombo*.

茄 *Kie* (*Morr.*). — Nom d'un ancien État (*Morr.*). — Nom de pays (*Morr.*).

SON *KIEN.*

Prononciation française. . . . . *Kien, Kiene, Kienn, Khien.*
— américaine, anglaise. . . *Keen, Kheen.*
— espagnole, portugaise . . *Kian, Kien.*

ORDRE DES CLEFS :

乿 乾 劍 建 柬 樫 泮 澗 犍 監

CLEFS :	5	5	18	54	75	75	85	85	93	108
TRAITS :	8	10	13	6	6	11	6	12	9	9

箭 芡 蕳 蕑 虔 見 鉗 鑑 黔

CLEFS :	118	140	140	140	141	147	167	167	203
TRAITS	12	4	10	12	4	—	5	14	4

乿 *Kiĕn.* — Synonyme de 乾 *Kiĕn* ou *Kān.* — Voir *Kiĕn-tcheōu* (*Ch. Rep.*).

| 州 *Kiĕn-tcheōu* (Biot) ou *Kān-tcheōu* (Biot).

乾隆府廳州縣圖志 *Kiĕn-lóng-fòu-tĭng-tcheōu-hiéu-tŏu-tchí* (*Ch. Rep.*). — Description et cartes des départemens et districts, publiés sous l'empereur *Kiĕn-lóng.*

| 州 *Kiĕn* ou *Kān-tcheōu* (*Ch. Rep.*). — Un des 12 départemens, mais moyen, de la province de *Shèn-sī,* comprenant 2 districts *hièn,* savoir : *Où-kōng* et *Yòng-sheōu.* Le chef-lieu de ce département, à 2,695 *li* de *Pĕ-kīng,* est situé sur la rivière appelée *Hán-kŏ,* par 34° 37′ lat. N. et 8° 8′ 30″ long. W. — Ce département est mentionné dans Biot sous le nom de *Kān,* caractère synonyme de *Kiĕn,* et comme faisant partie du département supérieur de *Sī-ngān.* — Sous les *Hán,* territoire de *Tchĭ-yáng;* sous les *Táng,* territoire de *Fòng-tiĕn.*

VOCAB. GÉOG. CHINOIS.

乾州廳 *Kiĕn-tcheōu-tīng (Ch. Rep.).* — Un des 16 départemens, mais inférieur, de la province de *Hôu-nân*, ne comprenant qu'une seule station militaire, à 3,900 *li* de *Pĕ-kīng*, sur la frontière ouest de la province. Elle a au nord le département inférieur de *Yòng-swī*, à l'est le département supérieur de *Shīn-tcheōu*, au sud le département inférieur de *Fóng-hoâng*, et à l'ouest la province de *Kwĕy-tcheōu*. Sa situation géographique positive est encore incertaine.

劍湖 *Kién-hôu (Ch. Rep.).* — Lac du district de même nom, dans le département de *Lī-kiāng*, près de *Kién-tchwĕn*, où se trouvent des mines d'or (*Yûn-nân*).

| 江 *Kién-kiāng (Ch. Rep.)*, rivière des glaïeuls. — Rivière du *Kwàng-sī*, département de *Oû-tcheōu*, tributaire du fleuve des Perles.

| 羌 *Kién-kiāng.* — Ancien nom de *Pĕ-shīng-tcheōu*, département de *Yòng-níng (Yûn-nân)*, sous les *Táng (Biot).*

| 膪 *Kién-kŏ*, car. *tchĕ (Biot).* — Nom d'une ancienne ville de 3ᵉ ordre établie par les *Tsín*, dans le territoire de *Kién-tcheōu (Biot)*. Le caractère *tchĕ* n'est prononcé *kŏ* par aucun des grands lexiques, ni *Kāng-hī*, ni *Morrison*, ni *Medhurst*.

| 門山 *Kién-mên-shān (C. K.)*, montagne de la porte au glaive à deux tranchans. — Pic élevé de la chaîne des monts *Yùn-lìng*, dans le département de *Pào-ning (Ssé-tchwĕn).*

| 南 *Kién-nân.* — Ancien nom de *Tchīng-tōu-fòu (Ssé-tchwĕn)* sous les *Táng (Biot).*

| | 長 *Kién-nân-tchāng.* — Nom d'un district établi par les *Míng* dans le territoire de *Shī-nân-fòu (Hôu-pĕ) (Biot).*

| 甫 *Kién-pòu*, car. *fòu.* — Ancien nom de *Nân-pīng-hién*, département de *Yên-pīng (Fŏ-kién)*, sous les *Táng* méridionaux (*Biot*).

| 山 *Kién-shān (Cart. Jap.)*, montagne du poignard. — Montagne située au nord-est de la province de *Ietsyu (Ywĕ-tchōng)* sur *Nifon*, près de la limite de celles de *Sinano (Sīn-nông)* et de *Ietsigo (Ywĕ-heóu).*

| 州 *Kién-tcheōu (Ch. Rep.)*, district du poignard. — Un des 9 districts du département de *Pào-ning (Ssé-tchwĕn)*. Le chef-lieu est situé sur un affluent du *Kīa-lìng*, par 32° lat. N. et 10° 50′ 30″ long. W. — Il est renommé par ses différentes qualités de thé. — Même nom pour désigner le département de *Yên-pīng-fòu (Fŏ-kién)* sous les *Táng* méridionaux (*Biot*).

| 城 *Kién-tchíng.* — Nom du chef-lieu actuel du département de *Tsâo-tcheōu (Shān-tōng) (Biot).*

— 275 —

劍巛 *Kién-tchwĕn*. — Ancien nom de *Lóng-tsuên-hién*, département de *Tchŭ-tcheōu* (*Tchĕ-kiāng*), sous les *Sóng* (*Biot*).

||州 *Kién-tchwĕn-tcheōu* (*Ch. Rep.*). — Un des 5 districts, mais inférieur, du département de *Lí-kiāng* (*Yŭn-năn*). Le chef-lieu est situé sur les bords du lac *Kiĕn-hóu*, par 26° 35′ lat. N. et 17° 22′ 30″ long. W.

|岳 *Kién-yŏ* (*Cart. Jap.*), montagne du poignard. — Montagne située à l'est de la province de *Kaga* (*Kīa-hô*), près des limites de celles de *Fida* (*Fĕy-tăn*) et de *Ietsyu* (*Ywĕ-tchōng*).

建福 *Kién-fŏ* (*Biot*). — Nom d'un ancien arrondissement des *Sóng*, 50 *lì* à l'est de *Ong-ywĕn-hién*, département de *Shâo-tcheōu* (*Kwàng-tōng*).

|興 *Kién-hīng*. — Nom d'une ancienne ville de 3ᵉ ordre, fondée par les *Oéy* occidentaux, dans le territoire actuel de *Mièn-yâng-tcheōu*, département de *Hán-yâng* (*Hôu-pĕ*) (*Biot*).

|雄 *Kién-hiông*. — Ancien nom de *Pīng-yâng-fòu* (*Shān-sī*), sous les *Leâng* postérieurs (*Biot*).

|康 *Kién-kăng*. — Ancien nom de *Kiāng-nîng-fòu* (*Kiāng-sōu*), sous les *Tsîn* (*Biot*).

|嘉王 *Kién-kīa-wâng* (*Fl. Sin.*). — Nom d'un village sur la route de *Tiĕn-tsîn* à *Tōng-tcheōu*, cité lors de l'expédition anglo-française, en 1860.

|江 *Kién-kiāng* (*Ch. Rep.*). — Nom d'un fleuve de l'île de *Hăy-năn*, appelé *Lî-mòu-kiāng* par le P. Du Halde et *Lî-mòu-shwĭ* sur la carte de Klaproth.

|陵 *Kién-lîng*. — Ancien nom de *Sieōu-jîn-hién*, département de *Pîng-lŏ* (*Kwàng-sī*), sous les *Oú* (*Biot*).

|安縣 *Kién-ngān-hién* (*Ch. Rep.*). — Un des 7 districts du département de *Kién-nîng* (*Fŏ-kién*), où se trouvent les fameuses montagnes appelées *Oú-î*, vulgairement *Bohi*. Le chef-lieu est situé par 27° 3′ 36″ lat. N. et 4° 55′ 31″ long. E.

|業 *Kién-niĕ*. — Ancien nom de *Kiăng-nîng-fòu* (*Kiăng-sōu*), sous les *Oú* (*Biot*).

|寧 *Kién-nîng*. — Ancien nom de *Yŭn-năn-fòu* (*Yŭn-năn*), sous les *Hán*. — Même nom, pour désigner un ancien arrondissement établi par les *Oú*, à l'ouest de *Siāng-tăn-hién*, département de *Tchăng-shā* (*Hôu-năn*); ainsi qu'un autre arrondissement du temps des *Tăng*, au sud-est de *Pŏ-pĕ-hién*, département de *Yŏ-lîn* (*Kwàng-sī*); ainsi qu'un ancien arrondissement du temps des premiers *Sóng*, sur le territoire de *Mà-tchîng-hién*, département de *Hoâng-tcheōu* (*Hôu-pĕ*) (*Biot*).

建寧 *Kién-ning* (repos établi)-*hién* (*Ch. Rep.*). — Un des 4 districts du département de *Sháo-où* (*Fŏ-kién*). Le chef-lieu est situé sur une des branches supérieures du *Kīn-kĭ*, par 26° 48′ 30″ lat. N. et 3° 30′ long. E.

| | 府 *Kién-ning-fòu* (*Ch. Rep.*). — Un des 12 départemens de la province du *Fŏ-kién*, renommé pour ses thés noirs. Il comprend 7 districts, savoir : *Kién-ngān, Ngeōu-ning, Tching-hô, Sōng-kĭ, Pŏu-tching, Kién-yâng* et *Tsŏng-ngān*. Le chef-lieu est situé à l'embouchure du *Tchă-kī*, dans le *Tá-ssē-kĭ*, par 27° 3′ 36″ lat. N. et 1° 59′ 25″ long. E.

| 武 *Kién-où*. — Ancien nom de *Kién-tchăng-fòu* (*Kiāng-sī*), sous les *Tăng* méridionaux (*Biot*).

| 平 *Kién-ping*. — Ancien nom de *Vôu-shān-hién*, département de *Kwĕy-tcheōu* (*Ssé-tchwēn*), sous les *Tsin* (*Biot*). — Même nom pour désigner une ancienne ville, arrondissement de *Hing-tăy*, département de *Shún-tĕ* (*Tchĭ-lĭ*) (*Biot*).

| | *Kién-ping* (tranquille et réglé)-*hién* (*Ch. Rep.*). — Le seul district du département inférieur de *Kwàng-tĕ* (*Ngān-hoēy*). Le chef-lieu est situé sur la branche principale supérieure du *Shwi-yâng-hô*, près de la montagne appelée *Où-yă-shān*, par 34° 12′ lat. N. et 2° 36′ 30″ long. E.

| | 山 *Kién-ping-shān* (*Fl. Sin.*). — Montagne du *Ssé-tchwēn*, au nord du département de *Swī-ting*, sur la frontière du *Shèn-sī*.

| 始 *Kién-shi* (commencement établi)-*hién* (*Ch. Rep.*). — Un des 6 districts du département de *Shī-nân* (*Hôu-pĕ*). Le chef-lieu est situé sur un affluent du *Tsing-kiāng*, par 30° 42′ lat. N. et 6° 43′ 30″ long. W.

| 水 *Kién-shwi* (*Fl. Sin.*). — Rivière du *Fŏ-kién*, tributaire du *Min*.

| | 県糸 *Kién-shwi-hién* (*Ch. Rep.*). — Un des 8 districts du département de *Lin-ngān* (*Yûn-nân*). Biot l'appelle *Kién-shwi-tcheōu* et dit que c'est le nom d'un arrondissement et d'une ville de 2ᵉ ordre, chef-lieu du département. Pour la position géographique, voir à *Lin-ngān-fòu*.

| | 磯 *Kién-shwi-kĭ* (*C. K.*). — Rivière du *Fóu-kién*, affluent de la rivière *Min*, au-dessus de *Fōu-tcheōu-fóu*.

| | 州 *Kién-shwi-tcheōu*. — Nom d'un arrondissement et d'une ville de 2ᵉ ordre, chef-lieu du département de *Lin-ngān* (*Yûn-nân*). Premier établissement sous les *Ywên*. L'arrondissement est actuellement de 3ᵉ ordre (*Biot*).

建昌 *Kién-tchăng.* — Nom d'un nouveau district du *Ssé-tchwĕn* et qui, d'après Biot, serait à l'ouest du département de *Kia-ting.*

| | *Kién-tchăng* (lumière établie)-*fòu (Ch. Rep.).* — Un des 14 départemens du *Kiāng-sī*, comprenant 5 districts *hién*, savoir : *Nân-tching, Sīn-tching, Nân-fōng, Kwàng-tchăng* et *Lôu-kĭ.* Le chef-lieu, à 3,605 *li* de *Pĕ-kīng*, est situé sur les bords du *Kán-kiāng* à son confluent avec le *Tōng-kiāng*, par 27° 33' 36" lat. N. et 0° 12' 18" long. E.
Ce département n'est pas très-fertile et le riz qu'on y récolte n'a pas bonne renommée, mais le vin de riz (*sān-shwĭ*) qu'on en obtient a plus de réputation. On y fabrique certaines toiles de chanvre, produit de l'ortie à feuilles blanches (*urtica nivea*, Lin.), que les Anglais appellent improprement *grass cloth*, et dont on se sert pendant les chaleurs de l'été. Il y a aussi une espèce de riz rouge, qui est cultivé dans les montagnes, de l'espèce des riz secs, qui a bon goût et est sain pour l'alimentation.

| | *Kién-tchăng* (lumière établie)-*hién (Ch. Rep.).* — Un des 6 districts du département de *Tchīng-tĕ (Tchĭ-lì).* La situation du chef-lieu, en dehors de la grande muraille, n'est indiquée nulle part.

| | 県 *Kién-tchăng-hién (Ch. Rep.).* — Un des 5 districts du département de *Nân-kăng (Kiāng-sī).* Le chef-lieu est situé sur le *Sieóu-hô*, près du lac *Pô-yâng*, par 29° 5' lat. N. et 0° 35' 30" long. E. — Sous les *Hán*, territoire de *Hày-hoēn* (Biot). — Même nom pour désigner les districts de *Tá-tchăng*, département de *Kwéy-tcheōu (Ssétchwĕn)*; de *Tsĭng-ngān*, département de *Nân-tchăng (Kiāng-sī)*; de *Yŏ-tcheōu-fòu (Hôu-nân) (Biot).*

| 州 *Kién-tcheōu (Biot).* — Ancien nom de *Kién-ning-fòu* et de *Fōu-tcheōu-fòu (Fŏ-kién)*, sous les *Tăng*; de *Tsĕ-tcheōu-fòu* sous les seconds *Oéy*, et de *Pào-kīng-fòu* sous les *Swī*.

| 城 *Kién-tchīng (N. C.)*, cité établie, en langage local *Napakiang*. — Ville principale ou capitale de l'archipel des îles de *Lieōu-kieŏu*, située sur la grande île qui se trouve au sud-ouest, par 26° lat. N. et 12° long. E.

| | *Kién-tching.* — Ancien nom de *Sīn-tchăng-hién*, de *Shāng-kāo-hién* et de *Kāo-ngān-hién*, département de *Shwĭ-tcheōu (Kiāng-sī)*, ainsi que de *Tsĭng-kiāng-hién*, département de *Lĭn-kiāng (Kiāng-sī) (Biot).*

| 德 *Kién-tĕ (Biot)*, vertu établie. — Nom donné, sous les *Sóng*, au pays de *Yĕn-tcheōu-fòu.*

| | *Kién-tĕ* (vertu établie)-*hién (Ch. Rep.).* — Un des 6 districts du département de *Yĕn-tcheōu (Tchĕ-kiāng)*, renommé pour ses thés verts. Le chef-lieu est situé par 30° 45' 41" lat. N. et 0° 54' 40" long. E. — Autre de même nom du département de *Tchĭ-tcheōu (Ngān-hoêy).* Le chef-lieu est situé sur un petit affluent du grand fleuve Bleu, au pied de la montagne appelée *Shĭ-mên*, par 30° 16' lat. N. et 0° 34' 6" long. E.

建鈞所 *Kién-tiáo-sŏ (C. H.).* — Fort de la côte du *Tchĕ-kiāng*, district de *Ning-hày*, département de *Tăy-tcheōu*, situé par 29° 8′ lat. N. et 5° 1′ long. E.

｜陽 *Kién-yáng.* — Nom d'une ancienne ville, à l'est de *Tchū-tcheōu-fòu*, et de *Láy-ngān-hién*, du même département, sous les *Hán*; ainsi que celui d'une ancienne ville du temps des *Oú*, sur le territoire de *Shĭ-sheòu-hién*, département de *Kīng-tcheōu (Hôu-pĕ) (Biot)*.

｜｜縣 *Kién-yáng-hién (Ch. Rep.).* — Un des 7 districts du département de *Kién-ning*. Le chef-lieu est situé au confluent de deux branches supérieures du *Tchă-kĭ*, par 27° 22′ 44″ lat. N. et 1° long. E. — Primitivement, territoire de *Kién-ngān*; sous les *Tsín*, *Kién-yáng*; sous les *Sóng*, *Kia-hô (Biot)*.

東島 *Kièn-tào (Cart. Jap.)*, île remarquable. — Ile au sud du groupe des 29 îles *Eúl-shĭ-kièou-tào*, faisant partie d'un archipel au sud-ouest du Japon.

樫立 *Kiēn-lĭ (Cart. Jap.)*, édifice solide. — Localité de l'île principale de *Fatsizio*, située au nord. — Le caractère *Kiĕn*, quoique régulier, ne se trouve dans aucun classique; c'est probablement une forme japonaise.

汧縣 *Kiĕn-hién.* — Ancien nom de *Lòng-tcheōu-hién*, département de *Fóng-tsiăng (Shèn-sĭ) (Biot)*.

｜陽 *Kiĕn-yáng* (territoire de la rivière *Kiĕn*)-*hién (Ch. Rep.).* — Un des 8 districts du département de *Fóng-tsiăng (Shèn-sĭ)*. Le chef-lieu est situé sur un affluent du *Oéy-hô*, par 34° 35′ lat. N. et 10° 47′ 30″ long. W.

湕 *Kién.* — Voir *Nân-kién (Biot)*.

犍 *Kiēn (C. K.).* — Station du *Ssé-tchwĕn*, située près de *Tchāo-hóa-hién*, département de *Pào-ning*, par 32° 14′ lat. N. et 10° 48′ long. W.

｜爲 *Kiēn-oéy.* — Nom d'une ancienne province du *Ssé-tchwĕn* sous les *Hán*. — Voir *Sú-tcheōu-fòu*, *Kĭa-tĭng-fòu* et *Tchăng-ning-hién*, du département de *Sú-tcheōu*, de la province du *Ssé-tchwĕn (Biot)*.

｜｜縣 *Kiēn-oéy-hién (Ch. Rep.).* — Un des 8 districts du département de *Kĭa-ting (Ssé-tchwĕn)*. Le chef-lieu est situé sur la rive droite du *Wĕn-kiāng*, par 29° 9′ lat. N. et 12° 20′ 30″ long. W.

監利 *Kiēn-lì* (utile à observer)-*hién (Ch. Rep.).* — Un des 7 districts du département de *Kīng-tcheōu (Hôu-pĕ)*. Le chef-lieu est situé sur la rive gauche du fleuve Bleu, au milieu d'un estuaire formé par les mille bras du *Hán-kiāng*, par 29° 49′ lat. N. et 3° 45′ 30″ long. W.

簡州 *Kièn-tcheōu (Ch. Rep.).* — Un des 46 districts du département de *Tchĭng-tōu* (*Ssé-tchwĕn*). Le chef-lieu est situé près du *Tchŏng-kiāng*, par 30° 25′ lat. N. et 44° 54′ long. W. — Même nom pour désigner un ancien district, sous les *Tchĭn* et les *Tāng*, dans le territoire de *Hoâng-tcheōu-hién*, et *Nân-nĭng-fòu*, de la province du *Kwàng-sī* (*Biot*).

| 陽 *Kièn-yâng.* — Ancien nom de *Hoâng-tcheōu-hién*, département de *Nân-nĭng-fòu* (*Kwàng-sī*), sous les *Leâng* (*Biot*).

筧河 *Kièn-hô (Ch. Rep.).* — Un des affluens du *Hoâỳ*, au nord de la province du *Hô-nân*. — Autre petite rivière ou canal naturel du *Kiāng-sōu*, département de *Hoâỳ-ngān*. — Autre rivière affluent du *Fēn* (*Shān-sī*).

| 江 *Kièn-kiāng (C. K.).* — Rivière du *Ssé-tchwĕn*, qui se jette dans le grand fleuve près de *Feôu-tcheôu*. — Autre de même nom de la province du *Kiāng-sī*, tributaire du *Sī-kiāng*.

| | *Kièn-kiāng (C. K.).* — Station du *Hôu-pĕ*, département de *Shī-nân*, faisant partie d'un groupe de tribus presque indépendantes et placées dans des contrées montagneuses, entre le *Hôu-nân*, le *Kwéy-tcheōu* et le *Ssé-tchwĕn*.

蒹架山 *Kiēn-kia-shān (Cart. Chin.),* montagne de roseaux. — Ile de l'archipel indien, au sud-ouest dans la mer de Chine, entre *Siào-kwēn-lin* et *Sîe-tsè*.

蘭蕖 *Kiēn-kŭ (Ch. Rep.).* — Fleuve Bleu, ainsi nommé à cause de ses eaux azurées, et qui sont semblables aux fleurs bleues du nénuphar dont il est couvert. Le *Chinese Repository* dit que c'est une expression erronée, mais elle est dans le même ordre d'idées que les noms de fleuve Jaune, fleuve Noir, fleuve Blanc, etc. Le fleuve Bleu porte les différens noms de *Mŏ-lòu-oū-sōu*, puis de *Kīn-shā*, ensuite de *Tá-kiāng*, enfin de *Yâng-tsè-kiāng*. — Voir *Tsīng-kiāng* (N. L.).

虔南 *Kièn-nân.* — Ancien nom de *Lông-nân-hién*, du département de *Kán-tcheōu* (*Kiāng-sī*), sous les *Tāng* (*Biot*).

| 州 *Kièn-tcheôu.* — Ancien nom de *Kán-tcheōu-fòu* (*Kiāng-sī*) sous les *Swî* et les *Tāng* (*Biot*).

見附 *Kién-fóu (Cart. Jap.),* place à voir. — 28ᵉ station du *Tokaïdo*, ou route orientale du Japon, située entre *Táy-tsìng* et *Pīn-sōng*, sur une rivière appelée *Tiēn-lông-tchwēn.* Cette station fait partie du département de *Tsáo-tiĕn*, province de *Ywēn-kiāng* (*Totomi*).

| 玉郡 *Kién-yŏ-kún (Cart. Jap.),* ou *Kĭ-yŏ*, suivant une autre carte. Une des 22 préfectures de la province de *Où-tsāng* (*Musasi*), à l'ouest de *Yédo* et de la province.

鉗州衞 *Kiĕn-tcheōu-oéy (C. K.).* — Station du *Hôu-nân*, département de *Shin-tcheōu*, située sur le *Lôu-kĭ*, par 28° 12′ lat. N. et 7° 2′ long. W.

｜虫尾 *Kiĕn-tchông-wèy (G. C.),* queue de la pince de l'insecte. — Montagne de l'île *Kī-pŏng*, des environs de Macao (*Ngáo-mên*), également appelée les *oreilles d'âne*.

鑑湖 *Kién-hôu (Ch. Rep.),* lac du miroir. — Autrement appelé *King-hôu (Tchĕ-kiāng)*.

黔 *Kiĕn (Biot).* — Ancien nom de la province de *Kwéy-tcheōu,* qu'elle a perdu depuis la dynastie des *Ming*.

｜江 *Kiĕn-kiāng (Fl. Sin.).* — Rivière du *Ssé-tchwĕn*, département de *Tchóng-kîng,* tributaire du fleuve Bleu (rive droite). — Même nom pour désigner une rivière du *Kwàng-sī*, département de *Oú-tcheōu*.

｜｜ *Kiĕn-kiāng* (fleuve noir)*-hién (Ch. Rep.).* — Un des 3 districts du département moyen de *Yeòu-yâng (Ssé-tchwĕn).* Le chef-lieu est situé par 29° 21′ lat. N. et 10° 5′ 54″ long. W. Sous les *Swī, Shĭ-tchîng (Biot)*.

｜山 *Kiĕn-shān (C. K.).* — Montagne au nord-ouest du *Hô-nân,* et qui paraît faire partie de la même chaîne que le *Hiông-eùl-shān (C. K.)*.

｜西 *Kiĕn-sī* (occident du pays de *Kiĕn*)*-tcheōu (Ch. Rep.).* — Un des 5 districts, mais moyen, du département de *Tá-tîng (Kwéy-tcheōu).* Le chef-lieu est situé près de la source d'un affluent du *Lóu-kwàng,* par 26° 58′ lat. N. et 10° 32′ long. W.

｜州 *Kiĕn-tcheōu.* — Nom d'un ancien district établi par les *Táng,* dans le département de *Ssē-nân-fòu* et dans le sud du *Ssĕ-tchwĕn*.

｜中 *Kiĕn-tchōng (Biot).* — Nom d'une ancienne province sous les *Tsîn* et les *Hán*. — Voir *Tchăng-tĕ-fòu* et *Lì-tcheōu (Hôu-nân); Shĭ-tcheōu-oéy (Hôu-pĕ); Ssē-nân-fóu, Ssé-tcheōu-fóu* et *Oéy-tsîng-hoéy (Kwéy-tcheōu); Tchăng-sheóu-hién,* département de *Tchóng-kîng (Ssé-tchwĕn)*.

｜陬 *Kiĕn-tseōu.* — Ancien nom du territoire de *Kiāo-tcheōu-hién,* département de *Lây-tcheōu-fòu (Shān-tōng) (Biot)*.

｜陽 *Kiĕn-yáng* (territoire noir)*-hién (Ch. Rep.).* — Un des 3 districts du département de *Ywên-tcheōu (Hôu-nân).* Le chef-lieu est situé sur le *Tsīng-shwì,* par 27° 9′ lat. N. et 6° 58′ 30″ long. W.

SON *KIEOU.*

Prononciation française. . . . . *Kieóu.*
— américaine, anglaise. . . *Kew, Khew, Kiu, Khiu.*
— espagnole, portugaise . . *Kieu.*

ORDRE DES CLEFS :

丘	久	九	仇	勤	叕	次	臼	韮	邱	鳩	龜
CLEFS : 1	4	5	9	19	28	35	134	140	163	196	213
TRAITS : 4	2	1	2	11	2	3	—	9	5	2	—

丘 縣 *Kieóu-hién (Biot).* — Voir au caractère 邱 *Kieóu.*

久 合 目 *Kieóu-hŏ-mŏ (Cart. Jap.)*, les neuf yeux réunis. — Dernier degré ou dernière station du sentier qui conduit au sommet du *Fouzi-yama*. Le 1ᵉʳ degré ou 1ʳᵉ station s'appelle *I-hŏ-mŏ*, le 2ᵉ *Eúl-hŏ-mŏ*, ainsi de suite. Cette dénomination s'applique aussi bien au sentier du sud-ouest, qui commence à *Tsŭn-shān*, qu'à celui du nord qui commence à *Pĭ-yĕn-tiĕn*, et qu'à celui de l'est.

| 尻 *Kieóu-kăo (Cart. Jap.)*, durable station, en japonais *Nisiki (C. H.)*. — Station de la province de *I-shí*, île de *Nifon*. Elle est éloignée de 106 *ris* de *Yédo*.

| 留 里 *Kieóu-lieóu-lĭ (Cart. Jap.).* — Station de la province de *Shăng-tsōng (Kadsusa)*, sur *Nifon*, éloignée de 22 *ris* de *Yédo*.

| | 米 *Kieóu-lieóu-mĭ (Cart. Jap.).* — Cité de la province de *Tchŏ-heóu* sur *Kiusiu*, éloignée de 251 *ris* de *Yédo*.

| 能 御 山 *Kieóu-nĕng-yû-shān (L. J.).* — Montagne du Japon qui domine la cité appelée *Fòu-tchōng*, sur la route orientale ou *Tokaïdo*.

久保田 *Kieòu-pào-tiĕn (Cart. Jap.)*, champ protégé. — Cité de la province de *Tchŭ-yû (Dewa)*, sur *Nifon*, éloignée de 143 *ris* de *Yédo*.

| 慈郡 *Kieòu-tsĕ-kŭn (Cart. Jap.).* — Une des 11 villes préfectorales de la province japonaise de *Tchăng-lŏ (Fitats)*, située au nord.

| | 川 *Kieòu-tsĕ-tchwĕn (Cart. Jap.).* — Grand cours d'eau du Japon qui donne son nom à un département situé au nord de la province de *Fitats*, et qui se jette dans la mer à l'est de *Nŏ-kŏ*.

九河 *Kieòu-hô* ou *Kŭ-hô (Fl. Sin.).* — Rivière du *Hô-nân*, département de *Tsĭng*, et tributaire du *Ywĕn-kiāng*.

| 華山 *Kieòu-hôa-shān (Cart. Chin.)*, montagne des neuf fleurs. — Montagne du département de *Tchĭ-tcheōu*, province du *Ngān-hoēy*.

| 黄河 *Kieòu-hoâng-hô (C. K.).* — Rivière du *Hô-nân*, district de *Swī-tcheōu*, département de *Kwēy-tĕ (Hô-nân) (C. K.)*.

| | 島 *Kieòu-hoâng-tào (C. K.).* — Ile située sur la côte orientale du *Shān-tōng*, département de *Lây-tcheōu*.

| 嶷 *Kieòu-i* (neuf sources)-*lĭng (Ch. Rep.).* — Chaîne de montagnes située au sud de la province de *Hôu-nân*.

| 溪河 *Kieòu-kĭ-hô (C. K.)*, rivière des cinq affluens. — Affluent du *Lĭ-shwĭ*, département de *Lĭ (Hôu-nân)*.

| | 衞 *Kieòu-kĭ-oéy (C. K.).* — Station du *Hôu-nân*, département de *Lĭ*, située sur la rivière *Kieòu-kĭ*, par 29° 33′ lat. N. et 5° 45′ long. W.

| 麂河 *Kieòu-kĭ-hô (Fl. Sin.).* — Rivière du *Hôu-nân* qui se jette dans le *Lĭ-shwĭ*, dans le département de *Lĭ*.

| | 山 *Kieòu-kĭ-shān (C. G.).* — Ile appelée vulgairement *Laouka* et située sur la côte du *Tchĕ-kiāng*, département de *Wēn-tcheōu*, par 27° 59′ 2″ lat. N. et 4° 44′ 14″ long. E.

| 江 *Kieòu-kiāng (Biot).* — Ancien nom de *Kieòu-kiāng-fòu (Kiāng-sī)*, sous les *Swĭ*. — Ancien nom de province.

| | *Kieòu-kiāng (Biot).* — **Province comprenant** différentes parties de la province du *Kiāng-sī*, sous les *Tsĭn (Biot)*. — Voir *Lĭn-kiāng-fòu*.

九江 *Kieòu-kiāng* (neuf rivières)-*fòu* (*Ch. Rep*.). — Un des 14 départemens du *Kiāng-sī*, qui comprend 5 districts, savoir : *Tĕ-hóa, Tĕ-ngān, Pŏng-tsĕ, Hôu-kèou* et *Shwĭ-tchāng*.

Le chef-lieu, à 2,945 *lǐ* de *Pĕ-kīng*, est situé à peu de distance des *Lôu-shān*, sur la rive droite du fleuve Bleu (*Yâng-tsè*), à l'entrée du lac *Pŏ-yâng*, par 29° 54' lat. N. et 0° 15' 30'' long. W.

C'est une ville commerciale très-importante, un des ports intérieurs ouverts au commerce étranger. En 1865, les bureaux de douanes étaient au nombre de 14, savoir : *Fòu-tcheōu-fóu* (*Fóu-kién*), *Hán-keòu* (*Hôu-pĕ*), *Hía-mên* (*Fóu-kién*), *Kī-lông, Kieòu-kiāng-fòu* (*Kiāng-sī*), *Kwàng-tcheōu-fòu* (*Kwàng-tōng*), *Nieòu-tchoāng-tchīng* (*Shíng-kīng*), *Ning-pŏ-fòu* (*Tchĕ-kiāng*), *Tán-shwĭ-tăng* (*Fóu-kién*), *Tchăo-tcheōu-fòu* (*Kwàng-tōng*), *Tchĭ-fòu* (*Shān-tōng*), *Tiĕn-tsīn-fòu* (*Tchĭ-lì*), *Tchīn-kiāng-fòu* (*Kiāng-sōu*), *Tá-kōu* (*Tchĭ-lì*).

| | 城 *Kieòu-kiāng-tching*. — Nom d'une ancienne ville, arrondissement de *Hoâng-mĕy*, département de *Hoâng-tcheōu* (*Hôu-pĕ*) (*Biot*).

| 貢 山 *Kieòu-kóng-shān* (*C. K.*). — Montagnes situées au nord-ouest du *Kiāng-sī*, et qui séparent cette province du *Hôu-pĕ*.

| 龜 *Kieòu-kwēy* (*Cart. Jap.*), les neuf tortues. — Cité de la province de *Sanuki* (*Tsán-kí*) sur *Sikok*, éloignée de 184 *ris* de *Yédo*. Le caractère *Kwēy* est une forme japonaise particulière. — Voir *Kwēy-shān* (*Cart. Jap.*).

| 龍 *Kieòu-lông* (*G. C.*) ou *Kieòu-lông-sín* (*Ch. Rep.*).

| | *Kieòu-lông*. — Ancien nom de *Kàn-ngēn-hién*, du département de *Kiông-tcheōu* (île de *Hày-nân*) (*Biot*).

| | *Kieòu-lông* (*Cart. Chin.*), les neuf dragons. — Montagne du département de *Hīng-hōa*, province du *Fóu-kién*.

| | *Kieòu-lông* (*Ch. Rep.*), neuf dragons, en cantonnais *Kouloun*. — Partie montagneuse du district de *Sīn-ngān*, en face de l'île de *Hiāng-kiāng* (*Kwàng-tōng*). — Même nom pour désigner *Kàn-ngēn-hién*, du département de *Kiông-tcheōu*, de l'île de *Hày-nân* (*Kwàng-tōng*), sous les *Hán* (*Biot*).

| | 江 *Kieòu-lông-kiāng* (*Cart. Chin.*), fleuve des neuf dragons. — Fleuve du *Fóu-kién*.

| | | *Kieòu-lông-kiāng* (*C. K.*). — Nom de la rivière qui passe à *Tchăng-tăy-hién*, département de *Tchăng-tcheōu* (*Fóu-kién*).

| | | *Kieòu-lông-kiāng* (*Ch. Rep.*), autrement appelé *Lân-tsāng*. — Grande rivière qui descend des monts *Bayankara* du Thibet, traverse toute la partie médiale du *Yûn-nân* et, après un parcours de 2,400 kilomètres (1,500 miles), se réunit à la rivière *Meikon*, qui elle-même se jette dans le fleuve *Cambodge*. — Voir *Să-tsōu* (*Ch. Rep.*).

九龍山 *Kieòu-lông-shān (Fl. Sin.).* — Montagne au nord de *Hoéy-tcheōu-fòu (Kwàng-tōng).*

｜｜汛 *Kieòu-lông-sìn (Ch. Rep.)* ou simplement *Kieòu-lông (G. C.).* — Côte de la terre ferme opposée à Victoria, sur l'île de *Hiāng-kiàng.*

｜名九姓 *Kieòu-mîng-kieòu-sìng (Ch. Rep.).* — Tribu de *Miáo-tsè* soumis qui habite le district de *Tŏ-shān*, département de *Tōu-yûn (Kwéy-tcheōu).*

｜蒙山 *Kieòu-mông-shān (C. K.).* — Montagne du *Tchĕ-kiāng*, département de *Tăy-tcheōu (C. K.).*

｜澳 *Kieòu-ngáo (G. C.).* — Ile à l'est de Macao *(Kwàng-tōng),*

｜岷司 *Kieòu-nî-ssē (C. K.).* — Station du *Hôu-nân*, département de *Kwéy-yâng*, située près des limites du *Kwàng-sī* et du *Kwàng-tōng*, par 25° 48′ lat. N. et 4° 48′ long. W., sur un affluent du *Siáo-shwi.*

｜無山 *Kieòu-oú-shān.* — Montagnes du *Kān-sŏ*, situées au nord-est du département de *Lân-tcheōu (C. K.).*

｜十九島 *Kieòu-shĭ-kieòu-tào (Cart. Jap.)*, en japonais *Hirado*, les quatre-vingt-dix-neuf îles. — Groupe d'îles ou archipel situé sur la côte de la province de *Tchŭ-yú (Dewa)*, sur *Nifon*. Les principales sont *Tchwāng-tào* et *Tchōng-tào*. — Même nom pour désigner un groupe d'îles ou archipel à l'ouest de la province de *Féy-tsiên (Fizen)*, sur *Kiusiu*. Les principales îles sont *Nân-tào*, *Lĭ-tào*, *Mŏ-tào*, *Tchĭ-tào*, *Sōng-tào*, *Shīn-tào*, *Hiáng-tào*, *Yĕn-tào* et *Kāo-tào*, ces dernières au sud du cap appelé *Tchwāng-ȳn-tào*. La principale de *Hirado* est située par 33° 20′ lat. N. et 12° 50′ long. E.

｜星 *Kieòu-sīng (C. G.)*, les neuf îles. — Groupe d'îles au sud du district de *Hiāng-shān (Kwàng-tōng).*

｜｜土司 *Kieòu-sīng-tŏu-ssē (C. K.).* — Station du *Ssé-tchwĕn*, sur la frontière du *Kwéy-tcheōu*, située par 28° 32′ lat. N. et 10° 52′ long. W.

｜司 *Kieòu-ssē (C. K.).* — Station du *Hô-nân*, département de *Kwéy-yâng*, située près des frontières du *Kwàng-sī* et du *Kwàng-tōng*, par 25° 20′ lat. N. et 4° 52′ long. W.

｜州 *Kieòu-tcheōu (N. L.)*, les neuf contrées, en japonais *Kiou-siou*. Ces caractères sont extraits du *Dictionnaire des signes idéographiques*, par M. L. de Rosny. — Grande île située au sud-ouest de celle de *Nifon*, dont elle est séparée par le détroit de *Simonoséki*, qui débouche sur la mer intérieure, et, à l'est, par l'île de *Sikok*, dont elle est séparée par la mer intérieure et un large détroit qui conduit à l'océan Oriental. L'île de *Kiou-siou* est baignée au nord, à l'ouest et au sud par la mer du détroit de Corée. Elle est divisée en 9 provinces, savoir : 1° *Bongo* (*Fōng-heóu*); 2° *Buzen* (*Fōng-tsiĕn*); 3° *Figo* (*Fêy-heóu*); 4° *Fizen* (*Fêy-tsiĕn*); 5° *Hiuga* (*Jĭ-hiāng*); 6° *Osumi* (*Tá-yŭ*); 7° *Satsuma* (*Să-mŏ*); 8° *Sikugo* (*Tchŏ-heóu*); 9° *Sikuzen* (*Tchŏ-tsiĕn*).

C'est sur l'île de *Kiou-siou* que furent jetés, en 1542, par une tempête, les trois Portugais, premiers Européens qui aient abordé au Japon.

Les îles les plus voisines et les plus remarquables sont les groupes de *Gotto*, de *Firado*, d'*Amakusa* et autres disséminés à l'entour.

九州鎮 *Kieòu-tcheōu-tchĭn*. — Ancien nom de *Hoéy-tchăng-hién*, département de *Kán-tcheōu* (*Kiāng-sī*) (Biot).

｜洲 *Kieòu-tcheōu* ou *Kieòu-sīng* (G. C.), les neuf îles. — Groupe en dehors de la barre appelée *Kŭ-tchă*, entre Macao et la baie de *Kīn-sīng-mĕn* (*Kwàng-tōng*).

｜｜江 *Kieòu-tcheōu-kiāng* (Ch. Rep.), rivière des neuf îles. — Branche principale du *Lĭng-lŏ-kiāng*, du district de *Shĭ-tchīng*, département de *Kăo-tcheōu* (*Kwàng-tōng*).

｜原 *Kieòu-ywên*. — Sous les *Tsín*, ancien nom du district de *Shĭng-tcheōu*, département de *Yû-lĭn* (*Shén-sī*).

仇池 *Kieòu-tchĭ*. — Ancien nom de *Tchĭng-hién*, département de *Kiāy* (*Kān-sŏ*), sous les seconds *Oéy* (Biot).

｜｜山 *Kieòu-tchĭ-shān*. — Montagne du district de *Tchăng*, département de *Kiāy* (*Kān-sŏ*) (C. K.).

｜猶 *Kieòu-yeóu*. — Ancien nom de *Yú-hién*, département de *Pĭng-tĭng* (*Shān-sī*) (Biot).

勤 *Kĭn* ou *Kĭn-hién* (Ch. Rep.) ou *Yn-hién* (Biot), district laborieux. — Un des 6 districts du département de *Nĭng-pŏ* (*Tchĕ-kiāng*). Le chef-lieu est situé par 30° 42′ lat. N. et 4° 13′ 6″ long. E. Le caractère *Kĭn* du *Chinese Repository* n'est désigné dans aucun lexique chinois, ni même dans Morrison et Medhurst, comme nom de pays. C'est probablement une prononciation locale qu'il faut reporter au caractère *Yn* des divers géographes.

尛猶 *Kieòu-yeóu*. — Ancien nom de *Sŏ-tsiĕn-hién*, département de *Sû-tcheōu* (*Kiāng-sōu*) et de *Ssé-tcheōu* (*Ngān-hoēy*), sous les *Hán* (Biot).

汍 *Kieòu* (Medh.). — Nom de lieu.

臼杵 *Kieòu-meóu* (Cart. Jap.), vases à mortier, en japonais *Usuki* (C. H.). — Cité de la province de *Fōng-heóu* (*Bongo*), sur *Kiu-suu*, éloignée de 278 *ris* de *Yédo*.

韭 山 *Kieòu-shān (C. G.)*, montagne des poireaux, vulgairement appelé *Quesan*. — Groupe d'îles sur la côte du *Tchĕ-kiāng*, département de *Tăy-tcheōu*. Ces îles, au nombre de 11, produisent beaucoup de patates ou pommes de terre douces et s'étendent de 29° 21′ 30″ à 29° 28′ lat. N. et de 5° 41′ 6″ à 5° 47′ 36″ long. E.

| 水 *Kieòu-shwi (Fl. Sin.)*, rivière des poireaux. — Nom donné à la branche supérieure du *Tăng-hô*, avant son passage à travers la grande muraille intérieure, entre le *Shān-sī* et le *Tchi-li*.

| 小 汛 *Kieòu-siào-sìn (C. H.)*, petit marché des poireaux. — Station intérieure du *Yún-nǎn*, située par 24° 43′ lat. N. et 14° 40′ long. W.

| 青 山 *Kieòu-tsīng-shān (C. H.)*. — Ile de la côte du *Tchĕ-kiāng*, située par 28° 36′ lat. N. et 5° 13′ long. E.

邱 縣 *Kieòu-hién (Ch. Rep.)*, district de *Kieòu*. — Un des 3 districts du département inférieur appelé *Lin-tsīng*, jadis faisant partie du département de *Tōng-tchăng (Shān-tōng)*. Le chef-lieu est situé près du confluent de deux branches supérieures du *Tchăng-shwi*, par 36° 47′ lat. N. et 1° 8′ 30″ long. W. — Voir au caractère 丘 *Kieòu*.

| 昌 夫 山 *Kieōu-tchăng-tiĕn-shān (Fl. Sin.)*. — Montagne du district de *Hô-kieòu-hién (Ngān-hoéy)*.

九鳩間 *Kieōu-kiēn (Ch. Rep.)*, vulgairement appelée *Hatoma*. — Une des 9 îles du groupe de *Madjicosima*. — Voir *Pă-tchóng-shān*.

| | *Kieōu-kiēn (Ch. Rep.)* ou *Kieōu-kiēn-shān (N. L.)*. — Groupe d'îles de l'archipel de *Madjicosima*, et situées à l'ouest, par 23° lat. N. et 6° long. E. environ, par le travers de Formose.

| | 山 *Kieōu-kiēn-shān (N. L.)* ou *Kieōu-kiēn (Ch. Rep.)*, vulgairement *Kòu-kiēn-sān*. — Voir *Chinese Repository*, vol. XIII, pag. 160.

| 茲 邑 *Kieōu-tsē-ĭ*. — Ancien nom de *Où-hôu-hién*, département de *Tăy-pīng (Ngān-hoēy) (Biot)*.

龜 沙 *Kieōu-shā (Fl. Sin.)*. — Ancien nom de *Kashgar*, également appelé *Tchī-li* et *Ki-li-tŏ-ti*, ainsi que *Sōu-lĕ*.

| 石 河 *Kieòu-shĭ-hô (C. K.)*. — Rivière du *Yún-nǎn*, département de *Yŏng-tchăng*, et qui se jette dans le *Lóng-tchwĕn-kiāng*, près de la frontière de *Li-sōu*.

| 茲 *Kieòu*, car. *Kwēy-tsē (Biot)*. — Ancien royaume du temps des *Hán*, à l'ouest de celui de *Yēn-kĭ*.

SON *KIN*.

Prononciation française. . . . . *Kin, Kine, Kinn.*
— américaine, anglaise. . . *Kin, Khin.*
— espagnole, portugaise . . *Kin.*

ORDRE DES CLEFS :

今 擒 欽 泫 琴 禁 近 金 錦

CLEFS :	9	64	76	85	96	113	162	167	167
TRAITS :	2	13	8	4	8	8	4	—	8

今泉 *Kĭn-tsuĕn (Cart. Jap.).* — Point signalé sur l'île de *Shăng-yŭn-kĭ*.

擒水江 *Kĭn-shwĭ-kiāng (C. K.).* — Rivière du *Kiāng-sī*, qui se jette dans le *Méy-kiāng*, au-dessous de *Nĭng-tōu-fòu*.

｜昌 *Kĭn-tchăng.* — Ancien nom de *Siāng-lĭng-hién*, département de *Pĭng-yăng (Shān-sī) (Biot).*

欽河 *Kĭn-hô (Ch. Rep.).* — Rivière impériale, sur laquelle est situé le chef-lieu du district appelé *Kĭn*, du département de *Kĭn-tcheōu (Kwàng-tōng).*

｜江 *Kĭn-kiāng.* — Nom d'un ancien arrondissement du temps des *Sóng*, à l'est de *Kĭn-tcheōu*, du département de *Liĕn-tcheōu (Kwàng-tōng) (Biot).*

｜｜ *Kĭn-kiāng (Fl. Sin.).* — Rivière du *Kwàng-tōng*, tributaire du *Hân-kiāng*, auquel elle se réunit au-dessous de *Tchăo-tcheōu-fòu*.

｜嶺 *Kĭn-lĭng (C. K.).* — Montagne au nord de *Hoéy-tcheōu-fòu (Kwàng-tōng).*

欽州縣 *Kĭn-tcheōu-hién (Ch. Rep.).* — Un des 3 districts du département de *Liên-tcheôu (Kwǎng-tōng)*, situé sur une petite rivière appelée *Kĭn-hô* et qui se jette dans le golfe du *Tōng-kĭng*, à peu de distance des montagnes appelées *Lô-feôu* et *Fēn-shwĭ-lĭng*, par 21° 58′ lat. N. et 7° 21′ 30″ long. W. Ce district est la limite la plus reculée de l'Empire chinois vers le sud-ouest, où se trouve la rivière *Ngān-nân*, qui a donné son nom à l'Empire annamite.

定大清會典圖 *Kĭn-tĭng-tá-tsĭng-hoéy-tiĕn-tôu (Ch. Rep.).* — Cartes des départemens accompagnant la collection des statuts de l'Empire, indiquant les limites, les rivières et les distances.

都 *Kĭn-tōu (Ch. Rep.).* — Rivière de la Mandchourie qui se réunit au *Tsīng-kĭ-lĭ*; *Kimtou* en mandchou.

汮 *Kĭn (Medh.).* — Nom d'un ruisseau du *Shān-tōng*.

琴張洋 *Kĭn-tchāng-yâng (Cart. Jap.).* — Nom de la mer de Corée au nord-ouest de la province de *Tān-heôu (Tanba)*, sur *Nifon*.

禁汜羌 *Kĭn-kĭ-kiǎng (Cart. Chin.).* — Station du Grand Désert, près de *Tsǎng-nĭ-tchīng*.

近江 *Kĭn-kiāng (Cart. Jap.)*, fleuve rapproché, en japonais *Omi* ou *Oomi*. — Province centrale de *Nifon*, située entre *Iamasiro (Shān-tchĭng)*, au sud-ouest; *Iga (I-hó)*, au sud-est; *Ise (I-shĭ)*, à l'est; *Mino (Mĕy-nông)*, au nord-est; *Ietsizen (Ywĕ-tsiĕn)*, au nord; *Wakasa (Iŏ-lây)*, au nord-ouest, et *Tanba (Tān-pō)*, à l'ouest.

Elle comprend 3 cités, 11 préfectures et 5 stations diverses. Voici les noms cités :

Sān-hán, cité	éloignée de	108	*ris* de *Yédo*.
Shén-sŏ, cité	—	107	—
Shwĭ-keŏu, cité	—	109	—
Jĭn-tchĭng-ssé, station	—	108	—
Tá-keōu, station	—	107	—
Kwān-tchwĕn, station	—	119	—
Shān-shâng, station	—	117	—
Sān-shâng, station	· —	119	—

Au milieu de la province, il y a un grand lac célèbre, appelé *Pĭ-pá-hôu* (en japonais *Biwa*), qui donne naissance à plusieurs cours d'eau, notamment au *Shīn-pĭng-tchwĕn*. Dans ce lac est une île appelée *Tĭng-sēng-tào*.

Cette province est productrice de soie ; elle a fourni quelques graines au marché européen, et parmi elles des vers bivoltins.

金 *Kĭn*. — Nom d'une dynastie que Biot place entre les *Sóng* et les *Ywên*, c'est-à-dire de l'an 1115 à 1232 D. E. Sa capitale était *Yén-tchĭng*, au sud-ouest de *Pĕ-kĭng (Tchĭ-lĭ)*.

金 *Kĭn*, ou *Kĭn-tcheōu*, ou *Kĭn-hién*. — Voir ces derniers noms.

| 峯 *Kĭn-fōng* (*Cart. Jap.*), sommet doré. — Montagne de la province de *Kay* (Japon).

| 鄉 *Kĭn-hiāng* (bourg d'or)-*hién* (*Ch. Rep.*). — Un des 3 districts du département inférieur appelé *Tsĭ-nīng* (*Shān-tōng*). Le chef-lieu est situé par 35° 11' lat. N. et 0° 7' 30'' long. E. — A l'époque du *Tchăn-tsieōu*, *Sōng-ĭ*; sous les *Hán*, *Tōng-mĭn*; sous les *Tăng*, *Kĭn-tcheōu* (*Biot*).

| | 衛 *Kĭn-hiāng-oéy* (*C. K.*). — Poste fortifié situé sur la côte du *Tchĕ-kiāng*, département de *Wēn-tcheōu*.

| 縣 *Kĭn-hién*, ou *Kĭn*, ou *Kĭn-.cheōu*. — Un des 7 districts du département de *Lăn-tcheōu* (*Kăn-sŏ*). Le chef-lieu est situé sur un petit affluent du fleuve Jaune, par 35° 55' lat. N. et 12° 20' 30'' long. W. (*Ch. Rep.*).

| 華 *Kĭn-hóa* (*Fl. Sin.*). — Montagne célébrée par les anciens poëtes chinois.

| | *Kĭn-hóa* (fleurs dorées)-*fòu* (*Ch. Rep.*). — Un des 11 départemens du *Tchĕ-kiāng* et qui comprend 8 districts, savoir : *Kĭn-hóa*, *Lăn-kĭ*, *Tōng-yâng*, *I-oŭ*, *Yòng-kăng*, *Oŭ-ĭ*, *Pŏu-kiāng* et *Tăng-kĭ*. Le chef-lieu, à 3,650 *lĭ* de *Pĕ-kīng*, est situé au confluent du *Shoāng-kĭ* et du *Méy-kĭ* dans le *Tsiēn-tăng*, par 29° 10' 48'' lat. N. et 3° 22' 27'' long. E. Ce département est situé partie dans des montagnes, partie dans des plaines où l'on cultive du riz, d'où l'on retire un vin ou alcool assez estimé. On y fait un grand commerce de prunes sèches, de jambons, et de suif que l'on tire de certains arbrisseaux dont la fleur ressemble au jasmin.

| | 縣 *Kĭn-hóa-hién* (*Ch. Rep.*). — Un des 8 districts du département de *Kĭn-hóa* (*Tchĕ-kiāng*). Le chef-lieu est situé dans celui même du département.

| 鴻湖 *Kĭn-hông-hôu*, lac de la cigogne dorée. — Lac du *Kiāng-sōu*, sur la route de *Sōu-tcheōu-fòu* à *Kwān-shān-hién*. (*Excursion dans le pays de la soie, du thé et de la porcelaine.*)

| 剛水 *Kĭn-kăng-shwĭ* (*Cart. Jap.*), eau forte dorée. — Source d'eau ferrugineuse qui se trouve à mi-côte de la montagne appelée *Kĭn-shĭ-shān*.

| 溪 *Kĭn-kĭ* (*C. K.*), ruisseau doré. — Rivière du département de *Yên-pĭng*, qui se réunit au *Fŏu-tûn-kĭ* (*Fóu-kién*).

| 磯 *Kĭn-kĭ* (*Ch. Rep.*), ruisseau doré. — Une des branches supérieures du *Tsiēn-tăng-kiāng* (*Tchĕ-kiāng*).

VOCAB. GÉOG. CHINOIS. 37

金谿県 *Kĭn-kĭ-hién* (*Ch. Rep.*), district du canal d'or. — Un des 6 districts du département de *Fòu-tcheōu* (*Kiāng-sī*). Le chef-lieu est sur un affluent du *Kán-kiāng*, par 27° 52' lat. N. et 0° 24' 30" long. E. Sous les *Táng*, *Sháng-mŏ-tchín* (*Biot*).

| 江 *Kĭn-kiāng* (*Ch. Rep.*). — Rivière du *Kiāng-sī*, qui se jette dans le lac *Pŏ-yáng*. — Même nom pour désigner une rivière du *Ssé-tchwĕn*, affluent du *Mĭn-kiāng*.

| | *Kĭn-kiāng* (*Ch. Rep.*). — Rivière du *Kwàng-sī* et du *Kwàng-tōng*, un des noms de la partie supérieure du grand fleuve occidental, également appelé *Sī-kiāng* et *Tá-kiāng*. La carte de Klaproth en fait mention au-dessus de *Tĕ-kĭng-hién*, département de *Tcháo-kĭng*.

| 谷 *Kĭn-kŏ* (*L. J.*), vallée dorée. — 24ᵉ station du *Tokaïdo* ou route impériale du Japon, entre *Táo-tiĕn* et *Jĭ-fàn*. Après avoir franchi le passage difficile de la rivière appelée *Tá-tsĭng-tchwĕn*, on arrive aux mines et hauts fourneaux de *Liĕn-táy*. Cette station, située sur la rive droite de la rivière, fait partie de la préfecture de *Tsĭ-ywĕn*, province de *Ywĕn-kiāng* (*Totomi*).

| 匱県 *Kĭn-kwéy-hién* (*Ch. Rep.*). — Un des 9 districts du département de *Tcháng-tcheōu* (*Kiāng-sōu*). Le chef-lieu, dit Biot, est situé au sud-est de celui du département.

| 利墟 *Kĭn-lĭ-hóu*, car. *kŭ* (*Ch. Rep.*). — Marché situé sur le bord de la rivière, à l'ouest de Canton (*Kwàng-tcheōu-fòu*, *Kwàng-tōng*).

| 潾 *Kĭn-lĭn* (*Medh.*). — Nom d'un endroit de Cochinchine (*Medh.*).

| 陵 *Kĭn-lĭng*. — Ancien nom de *Kiāng-nĭng-hién* et de *Kiāng-nĭng-fòu* (*Kiāng-sōu*) (*Biot*).

| 門 *Kĭn-mĕn* (*C. G.*), porte d'or, ou *Kĭn-mĕn-sŏ* (*C. H.*), vulgairement appelée *Quemoy*. — Pointe où se trouve la pagode occidentale, près d'*Amoy* (*Fŏ-kién*).

| | 所 *Kĭn-mĕn-sŏ* (*C. H.*) ou *Kĭn-mĕn* (*C. G.*).

| 朙 *Kĭn-mĭng*, autrement | 明 *Kĭn-mĭng*. — Ancien nom de *Ngān-sĕ-hién* et de *Yĕn-ngān-fòu* (*Shĕn-sī*) (*Biot*).

| 泥 *Kĭn-nĭ* (*Cart. Jap.*), boue dorée. — Station de *Oû-tsāng* (*Musasi*) sur *Nifon*, éloignée de 12 ris de *Yédo*.

| 北山 *Kĭn-pĕ-shān* (*Cart. Jap.*), montagne du nord doré. — Montagne de l'île et province de *Sado* (Japon).

金沙河 *Kĭn-shā-hô* (*Ch. Rep.*), rivière au sable d'or. — Rivière du *Tchĕ-kiāng*.

｜｜江 *Kĭn-shā-kiāng* (*Ch. Rep.*), fleuve au sable d'or. — Une des plus grandes branches supérieures du *Yâng-tsè-kiāng*, dans les provinces de *Yûn-nân* et de *Ssé-tchwĕn*.

｜山 *Kĭn-shān* (*Cart. Jap.*), montagne dorée. — Cité de la province de *Sanuki* (Japon).

｜｜ *Kĭn-shān* (*Cart. Jap.*), mont d'or. — Montagne de la province de *Tsó-tóu* (*Sado*).

｜｜ *Kĭn-shān* (*Ch. Rep.*), monts d'or. — Montagne secondaire du département de *Wĕn-tcheōu* (*Tchĕ-kiāng*) (*Biot*). — Nom, sous les *Swĭ*, de *Kĭn-tăn-hién*, département de *Tchĭn-kiāng* (*Kiāng-sōu*).

｜｜ *Kĭn-shān* (*Ch. Rep.*). — Montagne qui domine le fameux lac appelé *Tōng-tĭng*, et d'où vient, dit M. Blakiston, le fameux thé (vert) pour l'usage exclusif de l'empereur.

｜｜ *Kĭn-shān* (*C. H.*), montagne d'or. — Nom donné à une province placée au sud-est du royaume de Corée : c'est l'ancien *Tchĭn-hán*.

｜｜ *Kĭn-shān* (*Ch. Rep.*), montagne d'or, en japonais *Kınsan*. — Localité du territoire cuprifère de *Tsó*. Les fonderies se trouvent dans la vallée appelée *Kĭn-kŏ*, que traverse le *Tokaïdo*. Pour tout ce qui a rapport à l'extraction et au travail du cuivre, voir *Chinese Repository*, vol. IX, page 91.

｜｜ *Kĭn-shān* (*Ch. Rep.*), monts d'or. — Chaîne de montagnes, appelées en mongol *Altaï-alin* et en mantchou *Altaï-in-oula*, qui forme la limite méridionale des grandes plaines sibériennes. Cette chaîne règne à l'ouest, vers 20° lat. N. et 47° long. W., à l'extrémité des colonies Kirghis. Elle s'étend depuis les riches mines des montagnes du Serpent et le confluent de l'*Uba* et de l'*Irtysh* jusqu'au méridien du lac Baïkal. On distingue l'*Altaï* propre et le *Polywanski-Altaï*. Les plus hauts pics de ce dernier sont ceux appelés *Bielucha* et *Katunia*. Le premier a 3,372 m. de haut et le *Katunia* a la même élévation que l'Etna (3,237 m.). Les monts *Tangnou-oula*, *Sayansk* et autres forment les limites des régions sibériennes, russes et chinoises.

｜｜縣 *Kĭn-shān-hién* (*Ch. Rep.*). — Un des 8 districts du département de *Sōng-kiāng* (*Kiāng-sōu*). Le chef-lieu est situé, dit Biot, au sud-est de *Sōng-kiāng-fòu*.

｜時山 *Kĭn-shĭ-shān* (*Alb. Jap.*), montagne de la saison dorée. — Montagne en forme de dé à coudre, qui domine le *Tokaïdo*, près de *Tĕng-tsè*, où se trouve, à mi-côte, un établissement d'eaux ferrugineuses appelé *Kĭn-hiāng-shwĭ*.

金水 *Kĭn-shwĭ (Biot).* — Nom d'un ancien arrondissement du 3ᵉ ordre, établi par les *Táng* au sud-est de *Sīn-tōu-hién*, du département de *Tchĭng-tōu (Ssé-tchwĕn).*

| 廂石汛 *Kĭn-siāng-shĭ-sĭn (Ch. Rep.),* ou *Kĭn-siāng (Ch. Rep.).* — Iles de la côte méridionale du *Kwăng-tōng*, du district de *Lŏ-fōng*, où se trouve une station militaire appelée *Kĭn-siāng (Kwăng-tōng).*

| 星門 *Kĭn-sĭng-mĕn (C. G.),* mouillage d'or. — Baie, vulgairement appelée *Capsimoun* et *Kumsingmoon*, située à 12 miles (20 kilomètres) au nord de *Macao (Kwăng-tōng).*

| 嶼 *Kĭn-sú (C. G.),* îles d'or. — Iles qui se trouvent au large de l'embouchure du *Tá-tĕ-kiāng*, sur la côte méridionale du district de *Hày-fōng (Kwăng-tōng).*

| 壇県 *Kĭn-tăn-hién (Ch. Rep.).* — Un des 4 districts du département de *Tchĭn-kiāng (Kiāng-sōu).* Le chef-lieu est situé par 34° 50' lat. N. et 3° 4' 30" long. E. — Sous les *Tsĭn*, territoire de *Kiongŏ*; sous les *Swĭ, Kĭn-shān (Biot).*

| 塘 *Kĭn-tăng (C. G.),* ou *Kĭn-tăng-shān (C. K.).* — Promontoire de l'île de *Tcheōu-shān (Tchĕ-kiāng)*, dont le sommet, élevé de 505 mètres au-dessus du niveau de la mer, est situé par 30° 4' 7" lat. N. et 5° 25' 13" long. E.

| | *Kĭn-tăng.* — Nom d'une île entre *Tíng-hày-hién* et *Ning-pŏ-fòu (Tchĕ-kiāng).* La ville est située par 30° lat. N. et 4° 21' 30" long. E. *(Biot).*

| 堂 *Kĭn-tăng* (temple d'or)-*hién (Ch. Rep.).* — Un des 16 districts du département de *Tchĭng-tōu (Ssé-tchwĕn).* Le chef-lieu est situé par 30° 52' lat. N. et 12° 6' 30" long. W.

| 島 *Kĭn-tào (N. L.),* île d'or, en japonais *Kinsima.* — Ile à 50 miles à l'est-nord-est d'*Osiu (Kœmpfer).*

| 昌 *Kĭn-tchăng (Biot).* — Nom donné, sous les *Kĭn*, à l'ancienne ville de *Hô-nân-fòu (Hô-nân).*

| 昭 *Kĭn-tchāo (C. H.).* — Nom des Mantchous qui ont dominé la Chine vers le xiiiᵉ siècle.

| 州 *Kĭn-tcheōu.* — Nom d'une ancienne ville, près de *Lwĭ-yâng-hién*, département de *Héng-tcheōu (Hòu-nân) (Biot).*

| | *Kĭn-tcheōu,* ou *Kĭn-hién,* ou *Kĭn.* — Voir ces derniers noms.

金州 *Kĭn-tcheōu (C. K.)* ou *Kĭn-tcheōu-tchĭng (Ch. Rep.).* — Une des 13 garnisons inférieures subordonnées à celle supérieure de *Shĭng-kĭng*. D'après la carte de Klaproth, cette place serait située par 39° 10' lat. N. et 5° 44' long. E.

| | *Kĭn-tcheōu.* — Ancien nom de *Kĭn-hiāng-hién*, département de *Tsĭ-nĭng (Shān-tōng)*, sous les *Tăng*, ainsi que de *Hīng-ngăn-fòu (Shèn-sĭ)*, sous les *Oéy* occidentaux (*Biot*).

| | *Kĭn-tcheōu (Ch. Rep.).* — Nom d'une ville du *Leáo-tōng* ou *Shĭng-kĭng*, à la pointe sud-ouest nommée par les Anglais *Épée du prince régent.* — Voir *Lieòu-shún*.

|沢 *Kĭn-tchĭ (Cart. Jap.)*, en japonais *Kamats (C. B.).* — Cité de la province de *Kĭa-hó (Kaga)*, éloignée de 151 *ris* de *Yédo*. Le caractère *tchĭ* est probablement une forme japonaise, d'après le texte.

|池山 *Kĭn-tchĭ-shān (Cart. Jap.)*, montagne de l'étang doré. — Ile à l'est de la cité de *Sōng-tào*, province de *Mudsu*, île de *Nifon* (Japon).

|齒城 *Kĭn-tchĭ-tchĭng (Ch. Rep.)*, ville aux dents d'or. — Surnom donné par les Mongols au chef-lieu du département de *Yòng-tchăng*, par la raison que les habitans ont l'habitude de couvrir leurs dents avec de l'or.

|城 *Kĭn-tchĭng.* — Ancien nom de *Lân-tcheōu-fòu, Kĭn-hién, Tsĭng-lòu-oéy* et *Lĭn-tào-fòu (Kān-sŏ)*; de *Hīng-pĭng-hién*, département de *Sĭ-ngān (Shèn-sĭ)*, et de *Yng-tcheōu-hién*, département de *Tá-tōng (Shān-sĭ) (Biot)*.

| | *Kĭn-tchĭng.* — Nom d'une ancienne ville, près de *Shâng-ywén-hién*, département de *Kiāng-nĭng (Kiāng-sōu) (Biot)*.

|川 *Kĭn-tchwĕn (Cart. Jap.)*, ruisseau doré. — Cours d'eau qui prend naissance dans la province de *Wén-tsó* et se jette au sud de celle de *Pĭ-tsién*, dans la mer intérieure.

| | *Kĭn-tchwĕn (Ch. Rep.)*, ruisseaux d'or. — Nom d'un ancien royaume, comprenant les districts des montagnes centrales du *Ssé-tchwĕn*.

| | *Kĭn-tchwĕn (Ch. Rep.)*, ruisseau d'or. — Contrée du *Kwéy-tcheōu*, département de *Tsūn-ĭ*, que l'empereur *Kiĕn-lóng* soumit en 1766, et dans laquelle il envoya le P. d'Arocha pour en faire l'étude. Le missionnaire décrivit ses sentiers impraticables, ses précipices affreux, ses cascades, ses torrens, ses rochers inaccessibles. — Voir *Chinese Repository*, vol. XVIII, page 531.

|斗城 *Kĭn-teòu-tchĭng.* — Nom d'une ancienne ville, à l'ouest de *Lôu-tcheōu-fòu (Ngān-hoēy) (Biot)*.

金東 *Kin-tŏng* (C. K.). — Station du *Hôu-pĕ*, département de *Shı̆-năn*, faisant partie d'un groupe de tribus, presque indépendantes, et placées dans des contrées montagneuses, entre le *Hôu-năn*, le *Kwéy-tcheōu* et le *Ssé-tchwĕn*.

| 銅大鳥居 *Kin-tŏng-tá-niáo-kū* (Alb. Jap.). — Station du *Tokaïdo*, entre *Kwà-tcheōu* et *Tăy-tsìng*, où se trouve une porte triomphale sur le pont de la rivière de *Eúl-tchi-láy* et où se trouve un oratoire élevé aux génies de l'or et du cuivre.

| 青河 *Kin-tsı̆ng-hô* (Fl. Sin.). — Rivière du *Shèn-sı̄*, branche supérieure du *Tsăng-lóng-shwi*.

| 瞳 *Kin-twăn* (N. L.), vulgairement Beacon. — Localité du *Kiăng-sōu*, indiquée sur une carte anglaise, territoire sérifère.

| 陽關 *Kin-yăng-kwān* (C. H.). — Station de douane du *Fóu-kién*, située sur la frontière nord-ouest du *Kiăng-sı̄*.

| | 城 *Kin-yăng-tchı̆ng*. — Nom d'une ancienne ville fondée par les *Sóng*, arrondissement de *Pào-ngăn-hién*, département de *Yĕn-ngăn* (*Shèn-sı̄*) (Biot).

| 淵 *Kin-ywĕn*. — Nom d'un ancien arrondissement de 3ᵉ ordre, établi par les *Oéy* occidentaux sur le territoire actuel de *Kin-tăng-hién*, département de *Tchı̆ng-tōu* (*Ssé-tchwĕn*) (Biot).

錦縣 *Kin-hién* (Ch. Rep.), district pittoresque. — Un des 4 districts du département de *Kin-tcheōu* (*Shı̆ng-kı̄ng*). Le chef-lieu est situé par 44° 6′ lat. N. et 5° 49′ long. E.

| 江 *Kin-kiāng* (Ch. Rep.), fleuve varié de couleurs. — Rivière du département de *Shāo-tcheōu*, province du *Kwàng-tōng*, tributaire du *Pĕ-hô*.

| 屏 *Kin-pı̆ng* (écran bigarré)-*hién* (Ch. Rep.). — Un des 5 districts du département de *Li-pı̆ng* (*Kwéy-tcheōu*). Le chef-lieu, dit Biot, est situé au nord-est de celui du département, près du *Tsı̄ng-shwi*, vers 26° 36′ lat. N. et 7° 18′ long. W.

| 州府 *Kin-tcheōu-fòu* (Ch. Rep.). — Un des 2 départemens du *Shı̆ng-kı̄ng*, et qui comprend 4 districts, 2 *tcheōu* et 2 *hién*, savoir : *Nı̆ng-ywĕn-tcheōu*, *I-tcheōu*, *Kin-hién* et *Kwàng-nı̆ng-hién*. Le chef-lieu, à 1,000 *li* de *Pĕ-kı̄ng*, est situé sur la côte du golfe de *Leáo-tōng*, par 44° 6′ lat. N. et 4° 45′ 10″ long. E. Ce département est séparé au nord et au nord-ouest par une palissade fortifiée.

| 城 *Kin-tchı̆ng*. — Ancien nom de *Tchı̆ng-tōu-fòu* (*Ssé-tchwĕn*), sous les *Tchı̆n* (Biot).

SON *KING*.

Prononciation française. . . . . *King, Kingue.*
— américaine, anglaise. . . *King, Khing.*
— espagnole, portugaise . . *Kim.*

ORDRE DES CLEFS :

京 慶 景 涇 竟 荊 鏡 陘

CLEFS :	8	61	72	85	117	140	167	170
TRAITS :	6	11	8	7	6	6	11	7

京 *Kīng (Cart. Jap.),* la cour, ou *Kīng-tá-hoéy (Cart. Jap.).* — Nom de *Miaco* sur une carte japonaise. — Voir *Kīng-tōu (Cart. Jap.), Kīng-tá-hoéy (Cart. Jap.), Eúl-tiáo* ou *Eúl-tiáo-yú-tchīng, Sān-tiáo.*

│ *Kīng (Cart. Jap.),* cour, ou *Kīng-tōu (Alb. Jap.).* — Kioto ou *Miako,* cité impériale de la province de *Shān-tchīng (Iamasiro)* sur *Nifon.* — Voir *Eúl-tiáo-yú-tchīng (Alb. Jap.).*

│ 畿 *Kīng-kĭ (C. H.),* province de la cour. — Province orientale de la Corée *(Kāo-lĭ),* une des 8 provinces de ce royaume, dont la capitale est *Kīng-kĭ-táo.*

│ │ 道 *Kīng-kĭ-táo (Biot).* — Capitale du royaume de Corée *(Kāo-lĭ),* ordinairement appelée *Hán-yâng-tchīng,* située par 37° 36′ lat. N. et 10° 35′ 10″ long. E. Cette ville est située dans la province appelée *Kīng-kĭ.*

│ 山 *Kīng-shān* (montagne lumineuse)*-hién (Ch. Rep.).* — Un des 4 districts du département de *Ngān-lŏ (Hôu-pĕ).* Le chef-lieu est situé sur une petite rivière, par 31° 5′ lat. N. et 13° 25′ 30″ long. W. — Sous les *Hán,* territoire de *Yûn-tōu;* sous les *Leâng, Sin-yâng;* sous les seconds *Oéy, Wēn-tcheōu (Biot).*

│ 司 *Kīng-ssē (C. K.).* — Station du *Hô-nân,* département de *Nân-yâng,* sur la frontière du *Shèn-sĭ.*

京師 *King-ssē* (*Ch. Rep.*). — Ancien nom de *Háng-tcheōu-fòu* (*Tchĕkiáng*) du temps de Marco Polo. Nom donné aussi à *Pĕ-kīng* (*Tchĭ-lĭ*) sur quelques cartes chinoises (*Biot*).

| 大繪 *King-tá-hoéy* (*Cart. Jap.*), grand tableau de la cour, ou simplement *King* (*Cart. Jap.*). — Nom de *Miaco* sur une carte japonaise intitulée *King-tá-hoéy-tŏu*.

| 兆 *King-tcháo* (*Biot*). — Ancien nom donné au territoire de *Hôa-tcheōu*, sous les *Hán*.

| 都 *King-tōu* (*Ch. Rep.*), cité impériale. — Nom de *Kioto* ou *Miaco*, sur la carte du *Tokaïdo*, route orientale du Japon, demeure du *micado* ou chef spirituel de l'Empire. Dans le texte il est question du *Eŭl-tiáo-yŭ-tchīng*, du *Sān-tiáo-tōng* et du *Sān-tiáo-tá-kiáo*.

Le nom de *King-tōu* est le dernier porté, à l'est, sur la carte qui comprend 53 stations depuis *Yédo*.

Voir *Tōng-hày-táo* (*Cart. Jap.*). — Voir également le *Chinese Repository*, vol. IX, page 306.

| | *King-tōu* (*Alb. Jap.*), séjour de la cour, en japonais *Kioto*. — Véritable nom de la cité impériale de la province de *Shān-tchīng* (*Iamasiro*), celui de *Miako* (1), qu'on lui donne aussi, étant le sens verbal de *capitale*. Kioto est au centre d'une plaine fertile, ouverte au midi et bornée au nord-est par une chaîne de collines verdoyantes, derrière lesquelles s'étend le grand lac d'*Oitz*, également appelé *Biwa*.

La contrée est réputée pour la douceur de son climat et pour être la moins exposée aux ouragans et aux tremblemens de terre si fréquents au Japon. Kioto est dominé par une montagne appelée *Kamo*, sur laquelle est situé un célèbre temple appelé *Simoyasiro*. Cette ville est éloignée de 140 *ris* de *Yédo*, et se trouve la 54ᵉ station, depuis cette capitale, sur le *Tokaïdo*.

慶符 *King-fòu* (signes de félicité)-*hién* (*Ch. Rep.*). — Un des 13 districts du département de *Sú-tcheōu* (*Ssé-tchwĕn*). Le chef-lieu est situé sur un affluent de la rive droite du *Kīn-shā*, par 28° 24′ lat. N. et 11° 55′ 30″ long. W.

| 山 *King-shān*. — Ancien nom du territoire de *Lin-tōng-hién*, département de *Sīn-ngān* (*Shèn-sī*), sous les *Tăng* (*Biot*).

| 尙 *King-sháng*. — Nom d'un district de la Corée, au sud-est (*Biot*).

| 綏城 *King-swī-tchīng* (*Ch. Rep.*), autrement appelée *Kŏu-eŭl-kĕ-lă-oū-sōu-tching*. — Principale ville du département de ce dernier nom. Elle est située sur la rivière *Kour*, au pied et au nord des montagnes Célestes.

(1) Le nom de *Miako* est celui du château du *Mikado*, où se trouve la cour, le *Daïri* de ce souverain. Les historiens indigènes emploient souvent le nom de *Miako* au lieu de *Kioto*, nom propre de la ville où réside le *Mikado*, et celui de *Daïri* à la place de *Mikado*. — Voir *Kœmpfer*.

慶州 *King-tcheōu.* — Ancien nom du territoire de *King-yâng-fou* (*Kān-sŏ*), sous les *Swî* et les *Tăng* (Biot).

| 都縣 *King-tōu-hién* (*Ch. Rep.*). — Un des 18 districts du département de *Pào-tíng* (*Tchĭ-lĭ*). Le chef-lieu est situé près du *Tăng-hô*, par 38° 45′ lat. N. et 1° 14′ 30″ long. W.

| 陽 *King-yâng* (territoire de la félicité)-*fou* (*Ch. Rep.*). — Un des 15 départemens du *Kān-sŏ*, comprenant 5 districts, dont 4 *hién* et 1 *tcheōu*, savoir : *Ngān-hóa*, *Tchíng-níng*, *Hoân* et *Hŏ-shwï*; puis *Níng*. Le chef-lieu, à 2,500 *lĭ* de *Pĕ-kīng*, est favorablement situé, par 36° 3′ lat. N. et 8° 46′ long. W., à la jonction du *Hoân-hô* et du *Jâo-ywén-tchwĕn*, deux cours d'eau qui s'unissent pour former le *Mà-liên*. C'est une ville forte, entourée de murailles et de fossés.
Les productions de ce département sont le froment, le millet, l'or, l'argent, le vernis, la cire, les tissus de feutre, les drogues, le bois et toutes les denrées qui s'expédient à *Pĕ-kīng*, par la voie du *Shĕn-sī*.

| 雲縣 *King-yún-hién* (*Ch. Rep.*), district des nuages propices. — Un des 7 districts du département de *Tiĕn-tsīn* (*Tchĭ-lĭ*). Le chef-lieu est situé sur la lisière de cette province et de celle du *Shān-tōng*, par 37° 57′ lat. N. et 1° long. E.

| 元 *King-ywên.* — Ancien nom de *Níng-pō-fou* (*Tchĕ-kiāng*), sous les *Sóng* (Biot).

| | *King-ywên* (source de félicité)-*hién* (*Ch. Rep.*). — Un des 10 districts du département de *Tchŭ-tcheōu* (*Tchĕ-kiāng*). Le chef-lieu est situé sur les limites de cette province et de celle du *Fŏ-kién*, par 27° 42′ lat. N. et 2° 35′ 30″ long. E.

| 遠 *King-ywên* (éloigné et heureux)-*fou* (*Ch. Rep.*). — Un des 12 départemens de la province du *Kwàng-sī*, comprenant 6 districts, dont 3 *hién*, 2 *tcheōu* et 1 *tĭng*, savoir : *I-shān*, *Tiĕn-hô*, *Ssē-ngĕn*, *Hô-tchĭ*, *Nân-tān* et *Tōng-lân*, plus un district appelé *Nô-tĭ-tcheōu*, suivant Biot, mais qui fait partie de territoires indépendans, plus un autre district ou arrondissement appelé *Hīn-tchíng* ou *Hīn-tchíng-hién*. Sous les *Hán*, pays divisé entre les deux provinces appelées *Kiāo-tchĭ* et *Jĭ-nân*; sous les *Tăng*, *Ywĕ-tcheōu*, *I-tcheōu* et *Lông-shwï* (Biot). Le chef-lieu du département, à 5,229 *lĭ* de *Pĕ-kīng*, est situé sur la rive droite du *Lông-kiāng*, par 24° 26′ 24″ lat. N. et 8° 4′ long. W.
Ce département est renommé pour ses aréquiers et pour ses cours d'eau qui charrient de l'or.

景化城 *King-hóa-tchíng* (*Ch. Rep.*), ou *Hōu-tŏu-pĭ.* — Ville de garnison du département inférieur appelé *Tĭ-hóa-tcheōu* (*Kān-sŏ*).

| 陵 *King-líng* (Biot). — Nom d'un arrondissement et d'une ville de 3e ordre, département de *Ngān-lŏ* (*Hôu-pĕ*). Le chef-lieu est situé par 30° 42′ lat. N. et 3° 23′ 10″ long. W.

景陵 *King-ling.* — Nom d'une ancienne ville, arrondissement de *Pîng-yâo*, département de *Fĕn-tcheōu* (*Shān-sī*) (Biot).

| 麻 *King-mâ.* — Ancien nom de *Mŏng-tíng-fòu* (*Yûn-nân*) (Biot).

| 寧縣 *King-ning-hién* (*Ch. Rep.*). — Un des 10 districts de *Tchù-tcheōu* (*Tchĕ-kiāng*). Le chef-lieu est situé par 27° 56′ lat. N. et 3° 11′ 30″ long. E.

| 州 *King-tcheōu* (*Ch. Rep.*), district de l'éclat du soleil. — Un des 11 districts du département de *Hô-kiēn* (*Tchĭ-lí*). Le chef-lieu est situé près du grand canal, par 37° 46′ 15″ lat. N. et 0° 6′ 30″ long. E.

| 城 *King-tchîng* (Biot). — Nom, sous les *Hán*, de *Hién-hién*, département de *Hô-kiēn* (*Tchĭ-lí*).

| 德鎭 *King-tĕ-tchín* (*Ch. Rep.*), ou marché de *King-tĕ*. — Bourg fondé en 1004 D. E. par l'empereur *King-tĕ*, de la dynastie des *Sóng*, et célèbre par ses fabriques de porcelaine. Il est situé dans le district de *Feôu-leāng*, département de *Jâo-tcheōu* (*Kiāng-sī*), par 29° 16′ lat. N. et 0° 45′ 30″ long. E., sur la rivière *Tchāng*, dont les eaux sont, dit-on, favorables à cette fabrication.
Pour la description des porcelaines, pour leur histoire, leur fabrication, etc., renvoi à l'article spécial des délégués, inséré dans l'*Étude pratique du commerce d'exportation de la Chine*, page 178.

| 東府 *King-tōng-fòu* (Biot). — Nom d'un département et de son chef-lieu, province du *Yûn-nân.* — Voir *King-tōng-tīng* (*Ch. Rep.*).

| | 廳 *King-tōng-tīng* (*Ch. Rep.*). — Un des 21 départemens, mais inférieur, du *Yûn-nân.*
Le chef-lieu, à 7,075 *li* de *Pĕ-kīng*, seule administration et station militaire de ce département, est situé par 24° 30′ 40″ lat. N. et 15° 24′ 30″ long. W. A l'est de la ville est un pont suspendu avec des chaînes de fer, sur une profonde vallée, plus effrayant par son balancement et son frêle appui que celui de Fribourg en Suisse.
Ce département est montagneux et ses habitans sont sauvages. Ils ont beaucoup de rapports avec les Birmans, leurs voisins. — Voir *King-tōng-fòu* (Biot).

涇縣 *Kīng-hién* (*Ch. Rep.*), district de la fontaine. — Un des 6 districts du département de *Ning-kwĕ* (*Ngān-hoëy*). Le chef-lieu est situé sur le *Tsǐng-ĭ-niâng*, par 30° 46′ lat. N. et 1° 53′ 30″ long. E.

| | *Kīng-hién.* — Ancien nom de *Tày-pìng-hién*, département de *Ning-kwĕ* et de *Tsǐng-yâng-hién*, département de *Tchĭ-tcheōu* (*Ngān-hoëy*), sous les *Hán* (Biot).

涇河 *King-hô* (*Ch. Rep.*). — Rivière qui prend sa source dans les montagnes du *Kān-sŏ* appelées *Kī-teŏu*, et qui, mêlant ses eaux troubles à celles plus limpides de l'*Oéy*, se jette dans la rivière Jaune au-dessous de *Sī-ngān* (*Shèn-sī*).

｜水九決 *King-shwĭ-kieŏu-kŭ* (*C. K.*). — Rivière du *Shèn-sī*, département de *Pīn*, petit affluent du *King-hô*.

｜州 *King-tcheōu* (*Ch. Rep.*). — Un des 45 départemens, mais inférieur, de la province du *Kān-sŏ*, comprenant 3 districts : *Ling-tăy*, *Tchin-ywèn* et *Tsŏng-sĭn*. Le chef-lieu, à 3,045 *li* de *Pĕ-kīng*, est situé sur une des branches du *King-hô*, par 35° 22' lat. N. et 9° 8' 54" long. W.

｜陽 *King-yâng* (territoire de la rivière *King*)-*hién* (*Ch. Rep.*). — Un des 48 districts du département de *Sī-ngān* (*Shèn-sī*). Le chef-lieu est situé près du *King-hô*, rive gauche, par 34° 30' lat. N. et 7° 43' 30" long. W.

｜原 *King-ywén*. — Ancien nom de *Ping-leâng-fòu* (*Shèn-sī*), sous les *Sóng* (Biot).

竟陵 *King-ling*. — Nom donné sous les *Hán* au territoire compris par le district de *Mièn-yâng*, département de *Hán-yâng* (*Hôu-pĕ*), ainsi qu'à celui de *King-lĭng-hién*, département de *Ngān-lŏ*, autrement dit *Tchíng-tiĕn-fòu* (*Hôu-pĕ*) (Biot).

荊 *King* (*Ch. Rep.*). — Ancienne désignation du territoire de la province actuelle du *Hôu-pĕ*, et qui a donné son nom à une espèce de mûrier qui vient dans les provinces centrales et méridionales.

｜溪 *King-kĭ*, rivière des mûriers épineux. — Ancien nom de *I-hīng-hién*, département de *Tchăng-tcheōu* (*Kiāng-sōu*) (Biot).

｜｜縣 *King-kĭ-hién* (*Ch. Rep.*). — Un des 9 districts du département de *Tchăng-tcheōu* (*Kiāng-sōu*).

｜門 *King-mén* (porte des buissons)-*tcheōu* (*Ch. Rep.*). — Un des 11 départemens, mais moyen, de la province du *Hôu-pĕ*, comprenant 2 districts *hién*, savoir : *Ywèn-ngān* et *Tăng-yâng*. Le chef-lieu, à 3,290 *li* de *Pĕ-kīng*, est situé sur une des petites branches de la rivière *Hán*, par 31° 5' lat. N. et 4° 23' 30" long. W.

｜南 *King-nân*. — Ancien nom de *King-tcheōu-fòu* (*Hôu-pĕ*), sous les *Sóng* (Biot).

｜浦溪 *King-pŏu-kĭ* (*Ch. Rep.*), ruisseau aux bords épineux. — Ruisseau du *Tchĕ-kiāng*.

｜山 *King-shān*, montagne buissonneuse. — Pic très-élevé, situé près de *Siāng-yâng-fòu* (*Hôu-pĕ*) (*Ch. Rep.*).

荆山 *King-shan.* — Nom d'une ancienne ville établie par les *Leáng*, au nord de *Hoáy-ywen-hién*, département de *Fóng-yáng* (*Ngān-hoëy*) (*Biot*).

| 臺 *King-táy.* — Nom d'une ancienne ville établie par les *Swï*, à l'ouest de *King-mên-tcheōu* (*Hôu-pĕ*) (*Biot*).

| 州 *King-tcheōu.* — Ancien nom de *Tēng-tcheōu-hién*, département de *Nân-yâng* (*Hô-nân*), sous les seconds *Oéy* (*Biot*).

| | *King-tcheōu* (*Biot*). — Ancien nom de *Kòng-ngān-hién*, du département *King-tcheōu* (*Hôu-pĕ*), sous les *Tchin* (*Biot*).

| | *King-tcheōu* (contrée des buissons)-*fòu* (*Ch. Rep.*). — Un des 11 départemens de la province du *Hôu-pĕ*, comprenant 7 districts *hién*, savoir : *Kiāng-ling*, *Sōng-tsē*, *Tchï-kiāng*, *I-tōu*, *Kōng-ngān*, *Shĭ-sheòu* et *Kiēn-lĭ*. Le chef-lieu, à 3,380 *lĭ* de *Pĕ-king*, est situé sur la rive gauche du *Yâng-tsè-kiāng*, par 30° 26′ 40″ lat. N. et 4° 24′ 40″ long. W.

鏡湖 *King-hōu* (*Ch. Rep.*) ou *Kién-hôu*, lac dont les eaux ressemblent à un miroir. — Lac situé au nord de la province du *Tchĕ-kiāng*, tout près de la ville de *Sháo-hīng*. Il est alimenté par la rivière *Jŏ-hô*, l'un des affluens du fleuve *Tsiĕn-tăng*. Il a 310 *lĭ* (137 kilom.) de tour, mais pas plus de 20 *lĭ* (9 kilom.) environ de large. Il en est souvent question dans les poésies chinoises, où l'on cite les nénuphars qui y poussent en abondance. Aussi l'époque de leur floraison était l'occasion d'une véritable fête, où les jeunes filles faisaient de grands frais de toilette et de coquetterie, et où l'affluence était énorme.

| 泊 *King-pŏ* (*Cart. Chin.*), en mantchou *Pilten.* — Lac de la Mantchourie, au sud de *Ningouta*, situé vers 44° 5′ lat. N. et 42° long. E.

| 州 *King-tcheōu.* — Nom d'un ancien chef-lieu de district, établi sous les *Tăng*, dans la province de *Yûn-nân*, département de *Tá-lĭ* (*Biot*).

陘 *King.* — Voir *Tsing-king-hién* (*Ch. Rep.*).

SON *KIO*.

Prononciation française. . . . . *Kio, Khio.*
— américaine, anglaise. . . *Keo, Kheo, Kioh.*
— espagnole, portugaise. . *Kio, Kioh.*

ORDRE DES CLEFS :

拒	曲	彀	確	菊	角	鞠
CLEFS : 64	73	79	112	140	148	177
TRAITS : 5	2	8	10	8		8

拒 陽 *Kĭo-yâng.* — Voir *Kŭ* ou *Kŭu-yâng (Biot).*

曲 阜 *Kĭo-feòu (De Guig).* — Nom de lieu. — Nom de colline *(Medh.).*

| | *Kĭo-feòu* (collines variées)-*hién (Ch. Rep.).* — Un des 10 districts du département de *Kwèn-tcheōu (Shān-tōng),* ancienne capitale du pays de *Lòu* et patrie du célèbre Confucius *(Kŏng-fōu-sēng).* Le chef-lieu est situé sur la rivière appelée *Ssé-hô,* par 35° 52′ lat. N. et 0° 44′ 30″ long. E.

| 河 *Kĭo-hô (Fl. Sin.),* rivière qui serpente, autrement appelée *Pŏu-tóu-hô.* — Rivière qui alimente le lac du *Yûn-nân* appelé *Kwēn-ming* ou *Tiĕn-tchĭ.*

| 江 *Kĭo-kiāng.* — Ancien nom de *Lŏ-tchāng,* département de *Shâo-tcheōu (Kwàng-tōng),* sous les *Hán (Biot).*

| | *Kĭo-kiāng* (fleuve qui serpente)-*hién (Ch. Rep.).* — Un des 6 districts du département de *Shâo-tcheōu (Kwàng-tōng).* Le chef-lieu est situé par 24° 55′ lat. N. et 3° 20′ 24″ long. W.

| 梁 *Kĭo-leâng.* — Ancien nom de *Yòng-niĕn-hién,* département de *Kwàng-pĭng (Tchĭ-lì),* sous les *Hán (Biot).*

曲馬河 *Kĭo-mà-hŏ (Fl. Sin.).* — Rivière du *Tchĭ-lì*, tributaire du lac *Tcháy-hô-tiĕn*.

| 蒙山 *Kĭo-mông-shān (Fl. Sin.).* — Montagne du *Tchĕ-kiāng*.

| 安 *Kĭo-ngān*. — Ancien nom de *Kĭo-tcheōu-hién*, département de *Kwàng-pĭng (Tchĭ-lĭ)*, sous les *Oéy (Biot)*.

| 逆 *Kĭo-nĭ*. — Ancien nom de *Wân-hién*, département de *Pào-tíng (Tchĭ-lĭ)*, sous les *Tsĭn (Biot)*.

| 洧 *Kĭo-oèy (Biot)*. — Nom, à l'époque du *Tchŭn-tsieŏu*, de *Oèy-tchwĕn-hién*, département de *ăy-fōng (Hô-nân)*.

| 水 *Kĭo-shwĭ (Biot)*. — Ancien nom du chef-lieu *Wên-hién*, département de *Kiāy-tcheōu (Kān-sŏ)*.

| 臺 *Kĭo-tăy*. — Nom d'un ancien arrondissement établi par les *Tăng* au sud-est de *Lây-tcheōu-fòu (Shān-tōng) (Biot)*.

| 州 *Kĭo-tcheōu*. — Ancien nom de *Kĭo-tsĭng-fòu (Yûn-nân)*, sous les *Tăng (Biot)*.

| | *Kĭo-tcheōu (district du tissu varié)-hién (Ch. Rep.)*. — Un des 10 districts du département de *Kwàng-pĭng (Tchĭ-lĭ)*. Le chef-lieu est situé au confluent du *Lào-tchâng-shŏ-hô* avec le *Tchâng-shān*, par 36° 52′ lat. N. et 4° 22′ 30″ long. W.

| 城 *Kĭo-tchîng*. — Nom d'un ancien arrondissement établi par les *Hán*, 60 *lĭ* au nord-est de *Lây-tcheōu-fòu (Shān-tōng) (Biot)*.

| 巛 *Kĭo-tchwĕn (Alb. Jap.)*, ruisseau tortueux. — Rivière près de *Shĭ-póu*, sur le *Tokaïdo*.

| 豆岡 *Kĭo-teóu-kăng (Cart. Jap.)*, en japonais *Kennis (C. B.)*. — Cap de la province de *Fitats*, à l'embouchure de la rivière de *Kieòu-tsĕ*.

| 靖 *Kĭo-tsĭng* (tranquille et pittoresque)*-fòu (Ch. Rep.)*. — Un des 24 départemens du *Yûn-nân*, comprenant 8 districts, dont 2 *hién* et 6 *tcheōu*, savoir : *Nân-nîng* et *Pĭng-i*; puis *Lô-pĭng, Lŏ-leâng, Mà-lông, Tchĕn-ĭ, Suĕn-oēy* et *Tsĭn-tién*. Biot mentionne un autre arrondissement sous le nom de *I-tsó*.
Le chef-lieu, à 5,640 *lĭ* de *Pĕ-kĭng*, est situé sur une des branches supérieures du *Pă-tă-hô*, appelée le *Tĭe-tchĭ-kiāng*, et qui communique avec le lac appelé *Tchōng-yên*, par 25° 32′ 24″ lat. N. et 12° 38′ 30″ long. W.

| 陽 *Kĭo-yâng* (district du paysage varié)*-hién (Ch. Rep.)*. — Un des 2 districts du département de *Tîng-tcheōu (Tchĭ-lĭ)*. Le chef-lieu est situé sur les bords du *Shā-hô*, par 38° 39′ lat. N. et 4° 40′ 30″ long. W.

曲沃 *Kio-yŭ*, car. *wŏ* (Biot). — Nom, sous les *Swĭ*, de *Tíng-ywên-hién*, département de *Fóng-yâng* (*Ngān-hoēy*).

| | *Kio-yû*, car. *wŏ* (gras et pittoresque)-*hién* (*Ch. Rep.*). — Un des 11 districts du département de *Pîng-yâng* (*Shān-sī*). Le chef-lieu est situé sur un affluent du *Fên-hô*, par 35° 42′ lat. N. et 4° 47′ 30″ long. W.

| 阿 *Kio-wō*, car. *ngō*. — Ancien nom de *Kīn-tăn-hién* et de *Tān-yâng*, département de *Tchín-kiāng*, sous les *Tsín*, ainsi que de *Où-tsín-hién*, département de *Tchăng-tcheōu* (*Kiāng-sōu*) (Biot).

觳 *Kio* ou *Kŏ*. — Voir *Yâng-kŏ-hién* (*Ch. Rep.*).

確山県 *Kio-shān-hién* (*Ch. Rep.*). — Un des 9 districts du département de *Jù-níng* (*Hô-nân*). Le chef-lieu est situé sur le *Siào-shŏ-hô*, par 32° 51′ lat. N. et 2° 27′ 30″ long. W.

菊坂 *Kio-fàn* (*Cart. Jap.*), colline des chrysanthènes. — Colline située près de *Kio-tchwên-sŏ*, avant de franchir le *Tsó-yé-tchōng-shān*, sur la route du *Tokaïdo*, entre *Kīn-kŏ* et *Jĭ-fàn*.

| 巛 所 *Kio-tchwĕn-sŏ* (*Cart. Jap.*), village du ruisseau des chrysanthènes. — Petite station du *Tokaïdo*, route orientale du Japon, entre *Kīn-kŏ* et *Jĭ-fàn*. Elle est placée près d'une rivière appelée *Kio-tchwĕn*, et le pont est appelé *Kio-tchwĕn-kiáo*.

角雪汛 *Kio-sŭe-sin* (*C. H.*). — Bureau de poste ou marché du *Kwéy-tcheōu*, situé dans le district de *Oēy-níng*, département de *Tá-tíng*, et porté sur la carte du P. Du Halde, par 26° 48′ lat. N. et 12° 30′ long. W.

| 雲寺 *Kio-yûn-ssé* (*Cart. Jap.*), temple des nuages anguleux. — Petite pagode située à l'extrémité sud-ouest du *Midsi*, à *Yédo*, sur la route appelée *Tá-shān-táo*.

鞠子 *Kio-tsè* (*L. J.*). — 20ᵉ station du *Tokaïdo*, entre *Fòu-tchōng* et *Kāng-póu*. Un ruisseau, appelé *Kio-tsè-tchwĕn*, sur lequel est un pont appelé *Kio-tsè-kiáo*, sillonne ses sites accidentés. Dans les montagnes qui dominent cette station, on rencontre une auberge appelée *Twăn-tsè-kién-shí-tchī-pĭ*, où l'on s'approvisionne de certains fruits blancs appelés *pĕ-twăn-tsè*, que l'on présume être des tubercules d'Angrec (orchidées), très-renommés pour leurs vertus corroborantes. Cette station fait partie de la préfecture appelée *I-tsīn*, province de *Tsín-hô* (*Surug*).

Le caractère *Kio* est également écrit 九 *Kieòu* sur la grande carte des environs de *Yédo*.

SON *KIONG*.

Prononciation française. . . . . *Kiong, Khiong, Khioung.*
— américaine, anglaise. . . *Kheung, Keung, Kiung.*
— espagnole, portugaise . . *Kiom, Kium.*

ORDRE DES CLEFS :

瓊 節 邛

CLEFS	96	118	163
TRAITS :	15	6	3

瓊 山 *Kiŏng-shān* (Cart. Chin.), montagne des pierres précieuses. — Également appelée *Kiŏng-tcheōu.*

| | *Kiŏng-shān.* — Ancien nom de *Kiŏng-tcheōu-fòu* et de *Tīng-ngān-hién*, du même département, sous les *Tăng* (Biot).

| | *Kiŏng-shān* (montagne aux cornalines)-*hién* (Ch. Rep.). — Un des 13 districts du département de *Kiŏng-tcheōu* (*Kwàng-tōng*). Le chef-lieu est situé dans celui du département, près d'une rivière ou canal naturel appelé *Fēn-shwi.*

| 州 *Kiŏng-tcheōu* (Cart. Chin.), contrée des pierres précieuses. — Capitale d'une île de la mer de Chine, présumée être *Hày-nân*, et que l'on nomme *Tsīng-lân*. Cette capitale est également appelée *Kiŏng-shān.*

| | *Kiŏng-tcheōu* (contrée des cornalines)-*fòu* (Ch. Rep.). — Un des 15 départemens de la province du *Kwàng-tōng*, comprenant toute l'île de *Hày-nân*, et divisé en 13 districts, savoir : *Kiŏng-shān, Tīng-ngān, Wēn-tchăng, Hoéy-tŏng, Tchīng-mày, Lŏ-hoéy, Līn-kāo, Tchăng-hóa, Kān-ngēn, Ling-shwi, Wăn-tcheōu, Tān-tcheōu* et *Yăy-tcheōu.* Le chef-lieu, à 7,304 *li* de *Pĕ-kīng*, est un assez bon port pour le cabotage ; il est situé sur une passe appelée *Nieôu-shi-kiàng*, à l'embouchure du *Li-mòu*, par 19° 55' lat. N. et 6° 43' 54" long. W. C'est un des 5 nouveaux ports ouverts au commerce étranger par le traité anglais du 26 juin 1858, dit traité de *Tiĕn-tsīn.* — Voir *Hày-nân.*

筇州 *Kiŏng-tcheōu* (*Biot*), pays des bambous propres à faire des bâtons. — Nom d'une ville établie par les *Ywĕn*, au nord-est de *Sĭ-ngŏ-hién*, département de *Lĭn-ngān* (*Yûn-nân*), près du lac appelé *Yng-tsĭng*.

邛部 *Kiŏng-póu*. — Nom d'un district du Thibet au sud-ouest du *Ssé-tchwĕn*, vers 28° lat. N. et 46° long. W.

|州 *Kiŏng-tcheōu* (*Ch. Rep.*), département pauvre. — Un des 26 départemens, mais moyen, de la province de *Ssé-tchwĕn*, comprenant 2 districts *hién*, savoir : *Tă-ĭ* et *Pŏu-kiāng*. Le chef-lieu, à 4,895 *li* de *Pĕ-kīng*, est situé sur un affluent ou branche supérieure du *Kīn-kiāng*, au versant oriental des montagnes appelées *Mông-shān*, par 30° 28′ lat. N. et 42° 54′ 30″ long. W. Pour l'éclairage de cette ville, on emploie le gaz hydrogène, obtenu au moyen de puits artésiens et conduit dans des tuyaux de bambou. — Voir *Tseóu-lieóu-tsing* (*Ch. Rep.*).

SON *KIOUE*.

Voir *Ku*.

SON *KIOUEN*.

Voir *Kuen*.

SON *KIU*.

Voir *Ku*, etc.

SON *KIUN*.

Voir *Kun*, *Kuen*, *Kwan*, *Kwen*.

SON KO.

Prononciation française . . . . *Ko, Co.*
— américaine, anglaise . . . *Ko, Kho, Koh.*
— espagnole, portugaise . . *Ko.*

ORDRE DES CLEFS :

個	可	各	噶	堀	岢	峇	崞	戈
CLEFS : 9	30	30	30	32	46	46	46	62
TRAITS : 8	2	3	13	8	5	6	8	

果	柯	歌	殼	渦	滒	科	穀	菓
CLEFS : 75	75	76	79	85	85	115	115	140
TRAITS : 4	5	10	8	9	9	4	10	8

葛	谷	過	郭	鍋	閣	骨
CLEFS : 140	150	162	163	167	169	188
TRAITS : 9	—	9	8	9	6	—

個倫北亞 *Kó-lûn-pĕ-yá (Ch. Rep.).* — Colombie, contrée de l'Amérique du sud. — Voir *Kó-lûn-póu-yá (Bridg.).*

❘ ❘ 布亞 *Kó-lûn-póu-yá (Bridgm.).* — Colombie, contrée de l'Amérique du sud. — Voir *Kó-lûn-pĕ-yá (Ch. Rep.).*

可汗 *Kŏ-hán (Morr.).* — Nom tiré du perse ou du tartare et dont on a fait *kan* ou *khan,* chef de tribus.

可胠海 *Kŏ-tchĭ-hày (Cart. Chin.).* — Lac situé au nord-ouest du *Yûn-nân*, sur les frontières du Thibet.

各 *Kŏ*, pour 方濟各 *Fāng-tsì-kŏ (N. L.).* Nom omis à sa place respective. — Nom chinois adopté pour désigner saint François-Xavier, l'apôtre catholique des Indes-Orientales. — Même nom pour désigner San Francisco, ville de la nouvelle Californie, située à l'embouchure du fleuve le Sacramento, renommée pour ses placers aurifères. Depuis l'année 1850, époque où cette ville a pris un grand développement, les Chinois y ont afflué en grand nombre.

｜山 *Kŏ-shān (Cart. Jap.).* — Cité de la province de *Sma*, Japon.

噶尔旦 *Kŏ-eùl-tán (Cart. Chin.).* — Khotan. Le caractère *Kŏ* n'est pas classique. — Voir *Hŏ-tiĕn-tchĭng (Ch. Rep.).*

｜喇巴 *Kŏ-lă-pā (Bridgm.),* ou *Kīa-lieôu-pā (Bridgm.).* — Batavia, capitale de Java.

堀田鴻之呸 *Kŏ-tiĕn-hông-tchĭ-pĕy (Cart. Jap.).* — Établissement d'éducation situé dans le *Midsi*, à *Yédo*, au sud-ouest.

｜因川 *Kŏ-ȳn-tchwĕn (Cart. Jap.),* ruisseau des cavernes. — Cours d'eau qui vient de l'intérieur de la province de *Sinano*, traverse celle de *Yetsigo* et se jette dans la mer de Corée, en formant de nombreux estuaires par sa réunion avec d'autres affluens, tels que le *Tá-pĕ-tchwĕn* et le *Pă-shĭ-eùl-tchwĕn.*

岢嵐 *Kŏ-lân* (montagne appelée *Kŏ-lân)-tcheôu (Ch. Rep.).* — Un des 11 districts du département de *Táy-ywĕn (Shān-sī).* Le chef-lieu est situé sur le *Kŏ-lân-shwĭ*, sur le versant des montagnes appelées *Kwàn-kăn-shān*, par 38° 52′ lat. N. et 4° 55′ 30″ long. W.

｜｜水 *Kŏ-lân-shwĭ (C. K.).* — Rivière du *Shān-sī*, tributaire du fleuve Jaune, rive gauche.

岺圀 *Kŏ-kièn (Cart. Jap.).* — Cité de la province de *Tcheôu-fâng (Suwo),* sur *Nifon*, éloignée d'environ 243 ris de *Yédo*.

崞 *Kŏ.* — Nom de district et de montagne du *Shān-sī (Medh.).*

｜県 *Kŏ* ou *Kwŏ-hién (Ch. Rep.),* district de la montagne *Kwŏ.* — Un des 3 districts du département inférieur appelé *Táy-tcheôu (Shān-sī).* Le chef-lieu est situé sur un petit affluent de la rivière *Hōu-tŏ-hô*, au pied de la chaîne de montagnes appelée *Yûn-tchōng-shān*, par 38° 58′ lat. N. et 3° 40′ 54″ long. W.

戈壁 *Kō-pĭ* (*Ch. Rep.*), mur de lances, ou *Tá-kō-pĭ*, ou *Shā-mŏ*, et *Hán-hày*. — Grand désert de *Cobi* ou *Gobi*, qu'une ancienne tradition mongole dit avoir été une île au milieu d'une mer. On y trouve *Erghi*, ville située par 45° 34' lat. N. et 5° 2' 54" long. W., à une hauteur de 780 mètres au-dessus du niveau de la mer. Dans les environs sont des lacs d'eau salée, et des plantes salines dans le genre de celles qui croissent sur le bord de la mer Caspienne (*Ch. Rep.*, vol. XX, pag. 70).

On rencontre dans ce désert le coq de bruyère tridactyle (*syrrhaptes paradoxus*, Moou.), appelé *nucturu* par les Mongols, *buldruk* par les Kirghis et *Altin* par les Djowodanzes. Cet oiseau se nourrit de graines de moutarde et de baies de houx. On le rencontre également dans les monts Altaï et au Thibet.

| 什塔 *Kō-shĭ-tă* (*Cart. Chin.*). — Calcutta. Principale présidence du Bengale. — Voir *Kòu-lĭ-kō* (*Bridgm.*).

果州 *Kò-tcheōu*. — Ancien nom de *Nân-tchŏng-hién* et de *Shŭn-kīng-fòu* (*Ssé-tchwĕn*), sous les *Tăng* (*Biot*).

柯城 *Kō-tchĭng*. — Nom d'une ancienne ville du royaume de *Lóu*, arrondissement de *Néy-hoăng-hién*, département de *Tchăng-tĕ* (*Hô-năn*) (*Biot*).

歌 *Kō*. — Voir *Tchāo-kō* (*Biot*).

殼 *Kŏ* ou *Kĭo*. — Voir *Yăng-kŏ-hién* (*Ch. Rep.*).

渦 *Kō* ou *Kwā*. — Nom de district. — Nom de rivière (*Medh.*).

| *Kō* ou *Wō*. — Nom de rivière du *Hô-năn* (*Medh.*).

| 河 *Kō-hô* (*Ch. Rep.*). — Un des affluens de la rivière *Hoáy*, au nord de la province du *Hô-năn*.

淯 *Kō* ou *Hō*. — Nom de rivière (*Medh.*).

| 澤 *Kō-tsĕ*. — Nom actuel du chef-lieu du département de *Tsáo-tcheōu* (*Shān-tōng*) (*Biot*).

科爾海 *Kŏ-eùl-hày* (*N. L.*), en mongol *Courban* ou *Gourban-nor*. — Lac de Mongolie, nommé *Courtchahan-nor* sur la carte des jésuites, formant 3 petits lacs, situés vers 43° 41' lat. N. et 0° 52' long. W.

| 尔泌 *Kŏ-eùl-pi* (*Cart. Chin.*), en tartare *Cortchin*. — Tribu campée sur les bords du *Toro-pira*.

科爾泌公 *Kŏ-eùl-pĭ-kōng (Cart. Chin.).* — Tribu des *Cortchin*, campée sur la rive droite du *Toro-pira*.

｜｜｜親王 *Kŏ-eùl-pĭ-tsĭn-wăng (Cart. Chin.).* — Tribu des *Cortchin*. Il y en a une campée de chaque côté des rives du *Toro-pira*.

｜｜｜王 *Kŏ-eùl-pĭ-wăng (Cart. Chin.).* — Tribu des *Cortchin*, campée sur la rive droite du *Toro-pira*.

｜｜沁部 *Kŏ-eùl-tsĭn-póu (Ch. Rep.)*, en mongol *Kortchin*, *Cortchin* ou *Khorchins*. — Une des 4 tribus du corps appelé *Tchĕ-lĭ-mŏ* et comprenant 6 bannières. Elle est placée dans les vallées où le *Songari* prend naissance, vers 46° lat. N. et 5° long. E., d'après la carte de Danville.

｜勒蘇河 *Kŏ-lĕ-sōu-hŏ (Ch. Rep.)*, en mantchou *Kioursou*. — Tributaire du fleuve Amour *(Hĕ-lōng-kiāng)*, à sa naissance.

｜布多 *Kŏ-póu-tō ,(Ch. Rep.).* — Province de la colonie chinoise appelée *Oū-lĭ-yà-sièn-tăy*, comprenant 9 tribus situées entre les lacs *Dzaisang* et *Iki-aral-nor*, près des limites de la Sibérie russe. Ces tribus comprennent 31 bannières, ainsi désignées :

Turbets (*Tōu-eùl-pĕ-tĕ*), aile gauche 3, aile droite 11, total 14
Khoits (*Hoēy-tĕ*) antérieurs et postérieurs. 2
Eleuths (*Ngĕ-lòu-tĕ*) 1
Ming-aots (*Mĭng-ngâo-hăn*) 1
Ouriankay (*Oū-leâng-hày*) des monts Altaï. 7
Nouveaux Hoshoits (*Hŏ-shĭ-tĕ*) : 1
Nouveaux Tourgouths (*Tŏu-eùl-hóu-tĕ*) 2
Karchins (*Kĕ-eùl-tsĭn*) 1
Ouriankay du lac Altaï. 2

Ces tribus sont sous la surveillance et l'autorité du gouverneur de Cobdo.

｜｜｜城 *Kŏ-póu-tō-tchīng (Ch. Rep.).* — Ville fortifiée de la province de *Cobdo, Khobdo* ou *Gobdo*, en chinois *Kŏ-póu-tō*, commandée par un officier général résidant à *Oū-lĭ-yà-sièn-tăy*. Cette ville est située au milieu des monts Altaï, vers 48° 35′ lat. N. et 26° 25′ long. W. approximativement.

｜色 *Kŏ-sĕ (Ch. Rep.)*, en mantchou *Koshi*. — Pic des monts *Hīng-ngān* qui domine la rivière *Tsīng-kĭ-lĭ*.

穀 *Kŏ (Medh.)*. — Nom de contrée. — Nom de rivière.

｜ *Kŏ*. — Pays de *Kŏ*. — Voir *Kŏ-tchīng-tcheōu* et *Kwàng-hóa-hién*, du département de *Siāng-yâng (Hôu-pĕ) (Biot)*.

穀昌 *Kŏ-tchăng*. — Nom d'une ancienne ville de 3ᵉ ordre, fondée par les *Hán*, 10 *li* au nord de *Yûn-nân-fòu* (*Yûn-nân*) (*Biot*).

| 州 *Kŏ-tcheóu*. — Nom d'un ancien district du temps des *Kĭn*, sur l'arrondissement de *Tsĭn-tcheōu-fòu* (*Shān-sī*). — Ancien nom également de *Kăo-tchĭng-hién*, du département de *Oéy-hoēy* (*Hô-nân*) (*Biot*).

| 城 *Kŏ-tchĭng* (cité des fruits)-*tcheōu* (*Ch. Rep.*). — Un des 7 districts du département de *Siāng-yâng* (*Hôu-pĕ*). Le chef-lieu est situé près du *Hán-kiāng*, par 32° 48′ lat. N. et 4° 48′ 30″ long. W.

| 定鎮 *Kŏ-tĭng-tchĭn* (*C. H.*). — Marché du *Shān-tōng*, département de *Tsăo-tcheóu*, au sud-ouest du lac *Tŏu-shān*, sur la lisière du *Kiāng-sōu*, par 35° 40′ lat. N. et 0° 26′ long. E.

| 遠 *Kŏ-ywèn*. — Ancien nom de *Yŏ-yâng-hién*, département de *Pĭng-yâng* (*Shān-sī*), et de *Tsĭn-ywĕn-hién*, département de *Tsĭn-tcheōu* (*Shān-sī*) (*Biot*).

葉良廳 *Kò-leâng-tĭng* (*C. H.*). — Localité du département de *Tá-tĭng*, district de *Oēy-nĭng* (*Kwéy-tcheōu*), situé par 26° 54′ lat. N. et 11° 52′ long. W.

| 門 *Kò-mên* (*C. H.*). — Ile de la côte du *Fóu-kién*, située par 25° 20′ lat. N. et 3° 30′ long. E.

| 洲 *Kò-tcheōu* (*G. C.*), île aux fruits. — Ile au sud du district de *Sĭn-ngān* (*Kwàng-tōng*).

葛 *Kŏ* (*Biot*) ou *Kŏ-pĕ-kwĕ* (*Biot*). — Ancienne principauté feudataire. — Nom de *Nĭng-lĭng-hién*, département de *Kwēy-tĕ* (*Hô-nân*) (*Biot*).

| 尓拜 *Kŏ-eùl-páy* (*Cart. Chin.*), en tartare *Courban-perlon-alin*. — Montagnes situées au nord du grand désert de *Shā-mŏ*, vers 47° 30′ lat. N. et 4° 50′ long. W. — Le caractère *Kŏ* est écrit avec la clef 30 + 12 traits; il n'est pas classique.

| 喇巴 *Kŏ-lă-pā* (*Bridgm.*) ou *Kīa-lieôu-pā* (*Ch. Rep.*). — Noms donnés à Batavia, capitale de l'île de Java, située par 6° 8′ 55″ lat. N. et 9° 35′ 30″ long. W.

On y a importé beaucoup de variétés de mûriers, ainsi que d'arbres à thé, qui n'ont donné jusqu'ici que des produits médiocres. La *Description de produits recueillis dans un voyage en Chine* mentionne un fait d'une haute importance sur la question de déterminer la limite de la culture du mûrier. C'est la présence de trois variétés de mûriers sauvages, trouvés par M. Hedde, en 1845, sur les flancs du mont volcanique le *Gédé*. Ce fait, passé inaperçu, prouve l'indigénéité du mûrier dans les contrées les plus reculées, les plus sèches et les plus brûlantes de la ligne équinoxiale, problème jusqu'ici irrésolu. Ces mûriers portent en malais le nom de *bebesahran*, mais les botanistes les ont désignés sous les noms de *morus Australis*, *morus Javanica* et *morus Indica*.

葛蘖城 *Kŏ-nĭe-tchĭng*. — Nom d'une ancienne ville, arrondissement de *Fêy-hiāng-hién*, département de *Kwàng-pĭng* (*Tchĭ-lĭ*), ou simplement *Kŏ* (*Biot*).

| 伯國 *Kŏ-pĕ-kwĕ* ou simplement *Kŏ* (*Biot*).

| 西 *Kŏ-sī* (*Cart. Jap.*), ou *Kūn-shī-kún* suivant une autre carte. — Une des 22 préfectures de la province japonaise de *Où-tsăng* (*Musasi*).

| 司帚 *Kŏ-ssē-kún* (*Cart. Jap.*). — Une des 12 préfectures de la province de *Hĭa-tsŏng* (*Simosa*), située au sud-ouest.

| 支里 *Kŏ-tchī-lĭ* (*Ch. Rep.*). — Kedgerie, port de Calcutta (*Kòu-lĭ-kŏ-tă*), situé à l'embouchure d'un des bras du Gange, d'où part pour la Chine la majeure partie des chargemens de caisses d'opium.

| 陽 *Kŏ-yâng*. — Ancien nom de *I-yâng-hién*, département de *Kwàng-sĭn* (*Kiāng-sī*), sous les *Où* (*Biot*).

谷花 *Kŏ-hōa* (*C. K.*), fleur de la vallée. — District indépendant de la province du *Kwàng-sī*, porté sur la carte de Klaproth, par 23° 20' lat. N. et 9° 45' long. W. environ.

| 口 *Kŏ-keŏu*, gorge de la vallée. — Ancien nom de *Lĭ-tsuên-hién*, département de *Sī-ngān* (*Shèn-sī*), sous les *Hán* (*Biot*).

| 蹸 *Kŏ-lĭn* (*Ch. Rep.*). — Tribu de *Miáo-tsè*, habitant antour de *Tĭng-fân* (*Kwéy-tcheōu*).

| 水 *Kŏ-shwĭ* (*Cart. Chin.*), rivière des vallées. — Rivière de la Mongolie intérieure.

| 田部 *Kŏ-tiên-póu* (*Cart. Jap.*), station du champ de la vallée. — Station de la province de *Tchăng-lŏ* (*Fitats*) sur *Nifon*, éloignée de 36 *ris* de *Yédo*.

| 陽 *Kŏ-yâng*, territoire de la vallée. — Ancien nom de *Tān-tŏu-hién*, département de *Tchĭn-kiāng* (*Kiāng-sōu*) (*Biot*).

過爾羅 *Kŏ-eùl-lŏ* (*N. L.*). — Ville mahométane située à 450 *lĭ* de Tourfan, où l'on compte environ 700 familles. ⇢ Voir *Chinese Repository*, d'après P. Amiot, vol. IX, pag. 122.

郭爾喀 *Kŏ-eùl-kĕ* (*Ch.*) ou Ghorkas du Nipal, dans l'Inde.

｜｜羅斯 *Kŏ*, car. *Kwŏ-eùl-lô-ssē* (*Ch. Rep.*), en mongol *Korlos*. — Une des 4 tribus mongoles du corps appelé *Tchĕ-li-mŏ*, et comprenant 2 bannières; elle est placée au nord-ouest de *Shĭng-kīng*.

鍋盖嶼 *Kō-káy-sú* (*C. G.*). — Petite île sur la côte ouest du district de *Tcháo-yâng* (*Kwàng-tōng*).

閣 *Kŏ* (*D. G.*), terrasse, galerie, temple, pagode. — Ce terme s'applique à certains édifices religieux ou à des espèces d'observatoires publics. Il y en a qui sont assis pittoresquement sur des massifs de roches entassées, où l'on fait croître de la verdure, principalement le *ficus religiosa*, que l'on a surnommé le *figuier des pagodes*, et qui se multiplie à l'infini; quelquefois au milieu de cascades que la piété et le génie des Chinois ont su former pour embellir ces lieux. La pagode d'*Amako*, près de Macao, en partie dédiée à la déesse *Kwān-yn* (la vierge chinoise), en offre un exemple remarquable, ainsi que celles d'*Amoy*, de *Fóu-tcheōu* et de *Ning-pŏ*. La plus ancienne et la plus singulière dont il soit fait mention est celle située à 14 miles (22 kilomètres) nord de *Yng-tĕ-hién*, du département de *Sháo-tcheōu* (*Kwàng-tōng*), et dédiée à la Vierge de miséricorde, la protectrice des femmes, des enfans, des matelots, de tous ceux qui souffrent et qui sont dans la peine. La roche sur laquelle elle est assise est un calcaire métamorphique, d'un noir grisâtre, dont les cavités semblent avoir été causées par la chute de débris organiques. On y trouve beaucoup de stalactites.

骨利 *Kŏ-li*. — Tartarie septentrionale, d'après Biot.

｜龍 *Kŏ-lông*. — Nom d'un ancien district établi par les *Ywén*, au nord de *Kwéy-yâng-fòu* (*Kwéy-tcheōu* (Biot).

｜都 *Kŏ-tōu* (*Ch. Rep.*). — Vallée du district de *Hiāng-shān*, du département de *Kwàng-tcheōu* (*Kwàng-tōng*), où se trouvent les eaux chaudes minérales de *Yōng-mĕ*.

SON *KONG*.

Prononciation française. . . . . *Kong, Koung, Kongue.*
— américaine, anglaise. . . *Kung, Khung.*
— espagnole, portugaise . . *Kom, Kum.*

ORDRE DES CLEFS :

公	其	孔	宮	崆	弓	恭	拱
CLEFS :							
12/2	12/4	39/1	40/7	46/8	57/—	61/6	64/6

珙	空	貢	鞏	龔
CLEFS				
96/6	118/6	154/3	177/6	212/6

公其的 *Kōng-kòng-tĭ (W.)*, associés du but universel. — Catholiques.

｜安縣 *Kōng-ngān-hién (Ch. Rep.)*. — Un des 7 districts du département de *Kīng-tcheōu (Hôu-pĕ)*. Le chef-lieu est situé par 30° 4' lat. N. et 4° 31' 10" long. W.
Sous les *Hán*, territoire de *Tsăn-ling*; sous les premiers *Sóng, Nân-pĭng*; sous les *Tchin, Kīng-tcheōu (Biot)*.

其 *Kōng*. — Nom d'une ancienne principauté. — Voir *Hoēy-hién*, département de *Oéy-hoēy (Hô-nân) (Biot)*. — Même nom pour désigner un ancien canton, district de *Mĭ-yŭn-hién*, commanderie de *Pĕ-lóu*, département de *Shŭn-tiĕn (Tchĭ-li) (Biot)*.

｜縣 *Kōng-hién*. — Nom de *Hoēy-hién*, sous les *Hán (Biot)*.

｜山 *Kōng-shān (Fl. Sin.)*. — Montagne du *Shān-sī*.

｜城 *Kōng-tching*. — Nom de *Hoēy-hién*, sous les *Swï (Biot)*.

孔明碑 *Kŏng-ming-pĕy (Cart. Chin.).* — Station militaire au sud de la province du *Yŭn-nân*.

宮古 *Kŏng-kŏu (N. L.)*, capitale, en japonais *Miako*. — Nom quelquefois donné à la capitale du Japon, principale ville de la province de *Iamasiro*, sur *Nifon*, et à laquelle nous avons donné le nom chinois de *Eŭl-tiăo*, d'après des cartes japonaises.

| | 島 *Kŏng-kŏu-tăo (Ch. Rep.)*, île capitale ou île de l'ancien palais, en japonais *Miakosima*. — Ile principale d'un groupe de 7 îles, appelé *Typinsan* et faisant partie de l'archipel de *Lieŏukieŏu*, à l'est de l'archipel de *Madjicosima*. La position géographique de cette île est par 24° lat. N. et 9° long. E. environ. — Voir *Chinese Repository*, vol. XIII, page 460.

崆峒 *Kŏng-tŏng (Ch. Rep.).* — Pic du *Pĕ-lĭng*, qui se trouve près de la source du *Kīng-hô*, dans le département de *Pĭng-leăng* (*Kān-sŏ*).

| | 山 *Kŏng-tŏng-shān (Fl. Sin.).* — Montagne du département de *Kòng-tchăng* (*Kān-sŏ*).

| | 島 *Kŏng-tŏng-tāo (R. Morr.).* — Groupe d'îles sur la côte du *Shān-tōng*. L'île voisine d'Alceste est située par 34° 6' lat. N. et 5° 56' 6" long. E. — Voir le *Guide commercial* de Morrison, page 52.

弓坊郡 *Kòng-fāng-kún (Cart. Jap.).* — Une des 12 préfectures de la province japonaise de *Ywĕn-kiāng (Totomi)*, située à l'ouest.

恭化 *Kōng-hóa (Biot).* — Nom d'un ancien arrondissement du temps des *Tăng*, à l'est de *Yòng-nĭng-tcheŏu (Kwéy-tcheŏu)*.

| 水 *Kŏng-shwĭ.* — Ancien nom de *Tŏng-tào-hién*, département de *Tsīng-tcheōu (Hôu-nân) (Biot)*.

| 州 *Kōng-tcheōu (Biot).* — Nom d'un ancien district, établi sous les *Sòng*, dans le territoire de *Kĭ-kiāng-hién* et de *Pā-hién*, département de *Tchóng-king (Ssé-tchwĕn)*.

| | *Kōng-tcheōu.* — Nom d'un ancien arrondissement établi par les *Swĭ*, dans le territoire actuel de *Kĭo-tsĭng-fòu (Yŭn-nân)* (Biot).

| 城 *Kōng-tchĭng* (cité vénérable)-*hién (Ch. Rep.).* — Un des 8 districts du département de *Pĭng-lŏ (Kwăng-sī)*. Le chef-lieu est situé par 24° 33' lat. N. et 5° 42' 30" long. W.

拱宸城 *Kòng-shĭn-tchĭng (Ch. Rep.).* — Une des 9 villes fortifiées du département de *Hoéy-ywĕn (I-lĭ)*, située à l'ouest de *Hoéy-ywĕn-tchĭng*, près de la rivière *I-lĭ*.

珙縣 *Kòng-hién* (*Ch. Rep.*), district des tablettes officielles. — Un des 13 districts du département de *Sú-tcheōu* (*Ssé-tchwĕn*). Le chef-lieu est situé près du *Hoăng-kiāng*, par 28° 15′ lat. N. et 11° 40′ 30″ long. W.

空殼 *Kŏng-kĭo* (*Ch. Rep.*) ou *Kŏng-kĭo-sú* (*C. H.*).

| | *Kŏng-kĭo* (coquille vide)-*sú* (*C. H.*). — Ile de l'archipel ou district de *Pĕng-hôu*, département de *Tăy-wān* (*Fóu-kién*), située par 23° 48′ lat. N. et 2° 52′ long. E.

| 桑 *Kŏng-sāng* (*D. G.*, *Morr.*). — Nom de colline (*Morr.*). Nom de montagne (*D. G.*). Amiot dit que *Shào-hī*, 4ᵉ empereur de la dynastie dite *des cinq souverains*, portait le nom de *Kŏng-sāng-shé*, parce qu'il avait fondé la ville de *Kŏng-sāng*.

| 船洲 *Kŏng-tchwĕn-tcheōu* (*C. G.*). — Ile au sud du district de *Sīn-ngān* (*Kwàng-tōng*).

貢江 *Kóng-kiāng* (*C. K.*). — Rivière qui descend des montagnes au sud-est de la province du *Kiāng-sī* et se jette dans la rivière *Kán*, près de *Kán-tcheōu-fòu*, après avoir reçu de nombreux affluens.

| | 汛 *Kóng-kiāng-sín* (*C. H.*). — Marché du nord du *Yûn-nân*, situé sur une branche supérieure du *Lăn-tsăng-kiāng*, par 27° 2′ lat. N. et 46° 56′ long. W.

| 靈山 *Kóng-lĭng-shān* (*Fl. Sin.*). — Montagne au sud du *Ngān-hoëy*, dans le département de *Hoēy-tcheōu*.

鞏縣 *Kòng-hién* (*Ch. Rep.*). — Un des 10 districts du département et province de *Hô-nân*. Le chef-lieu est situé par 34° 53′ lat. N. et 3° 22′ 30″ long. W., sur la rivière *Lŏ*, près de son embouchure. Sous les *Tcheōu*, *Kòng-pĕ-ĭ*, principauté de *Kòng* (*Biot*).

| 寧城 *Kòng-nĭng-tchĭng* (*Ch. Rep.*), ou *Oō-lōu-mŏ-tsĭ*. — Ville de garnison du département inférieur de *Tĭ-hóa-tcheōu* (*Kan-sŏ*).

| 伯邑 *Kòng-pĕ-ĭ*. — Ancien nom de *Kòng-hién*, département de *Hô-nân* (*Hô-nân*) (*Biot*).

| 昌 *Kòng-tchāng* (lumière forte)-*fòu* (*Ch. Rep.*). — Un des 15 départemens du *Kān-sŏ*, comprenant 10 districts, dont 8 *hién*, 1 *tcheōu* et 1 *tĭng*, savoir : *Lòng-sī*, *Tchāng*, *Nĭng-ywén*, *Fŏ-kiăng*, *Sī-hŏ*, *Ngān-tĭng*, *Tŏng-oéy* et *Hoéy-nĭng*; puis *Mĭn*; enfin *Tăo-tcheōu*.

Le chef-lieu, à 3,921 *lĭ* de *Pĕ-kīng*, est situé sur le *Oéy-hŏ*, au pied des monts *Shĭ-pă-păn*, par 34° 56′ 24″ lat. N. et 11° 45′ long. W.

La chaîne des monts *Min*, branche du *Pĕ-ling*, s'étend dans ce département venant du *Ssé-tchwĕn*. C'est le pays du musc, de la rhubarbe, de différentes drogues médicinales et de divers métaux.

巩州 *Kòng-tcheōu.* — Ancien nom de *Kòng-tchăng-fòu* (*Kān-sŏ*), sous les *Sóng* (Biot).

龔江 *Kōng-kiāng* (Ch. Rep.), fleuve respectable. — Nom du fleuve des perles, après sa jonction avec le *Mōng-kiāng*, dans le district de *Tĕng*, département de *Oû-tcheōu*, avant sa sortie du *Kwàng-sī*.

| | *Kōng-kiāng* (C. K.). — Petite rivière, affluent du *Mĕy-lieòu-kiāng*, et qui descend des montagnes qui sont sur la limite du *Fòu-kién*.

| 丘 *Kōng-kieōu.* — Ancien nom de *Ning-yàng-hién*, département de *Kwĕn-tcheōu* (*Yĕn-tcheōu*, *Shān-tōng*) (Biot).

| 州 *Kōng-tcheōu.* — Nom d'un ancien arrondissement sous les *Tāng*, comprenant *Pīng-nân-hién* et une partie du district de *Sīn* ou *Tsīn-tcheōu-fòu* (*Kwàng-sī*) (Biot).

SON *KOU*.

Prononciation française.......... *Kou, Khou, Cou.*
— américaine, anglaise... *Koo, Ku, Kuh.*
— espagnole, portugaise.. *Cu, Ku.*

ORDRE DES CLEFS :

古	咕	固	姑	孤	庫	故
CLEFS : 30	30	31	38	39	53	66
TRAITS : 2	5	5	5	5	7	5

稒	鼓	苦	菰	賈	顧	鼓
CLEFS : 75	107	140	140	154	181	207
TRAITS : 9	9	5	8	6	12	—

古阜郡 *Kòu-feòu-kún (Biot).* — Nom d'un arrondissement du district de *Tsuēn-lô,* sud de la Corée (*Biot*).

| 河 *Kŏu-hô (Cart. Jap.),* vieille rivière. — Cité de la province de *Hía-tsōng* (*Simosa*), sur *Nifon,* éloignée de 46 ris de *Yédo,* et située sur les limites des provinces de *Musasi,* de *Simodske* et de *Kodske.*

| 岡 *Kŏu-kāng (Cart. Jap.),* vieille montagne. — Point signalé au nord-est de l'île de *Wŏ-kieòu-tào* (*Yakunosima*).

| 格 *Kŏu-kĕ (Ch. Rep.),* en thibétain *Gougé.* — Territoire du *Ngari* (*Ngō-lì*). Il fait partie du Thibet ultérieur (*Heóu-tsáng*). Ses villes principales sont *Tsaprang, Tholing, Gartokh, Rodokh* (*Lô-tŏ-kĕ*), *Leh* et autres.

| 崎 *Kŏu-kĭ (Cart. Jap.),* ancien cap, en japonais *Yrokosaki* (*Cart. Jap.*). — Extrémité de la province de *Mikava,* sur l'océan Oriental.

| 浪縣 *Kòu-láng-hién (Ch. Rep.).* — Un des 6 districts du département de *Leáng-tcheōu.* Le chef-lieu est situé sur un affluent du *Hoáng-hô,* et dans un repli de la grande muraille, par 37 45′ lat. N. et 43° 22′ long. W.

| 雷司 *Kŏu-lwî-ssē (C. K.).* — Poste militaire du *Ssé-tchwĕn,* sur la frontière du Thibet, situé par 29° 22′ lat. N. et 45° 30′ long. W.

| | 頭 *Kŏu-lwî-teŏu (C. G.).* — Pointe d'une baie de l'île de *Tŏng-shān-yng* (*Fŏ-kién*).

| 莽 *Kòu-máng (Medh.).* — Nom de pays. — Voir *Máng.*

| 巴 *Kŏu-pā (Ch. Rep.).* — Cuba, île des Antilles, colonie espagnole d'Amérique.

| 北口 *Kòu-pĕ-keŏu,* porte ancienne du nord. — Une des passes les plus importantes de la grande muraille, située dans le département de *Suēn-hōa* (*Tchĭ-lí*), par 40° 43′ lat. N., près du sépulcre des empereurs.

| 蘇城圖 *Kŏu-sōu-tchíng-tŏu (Cart. Chin.).* — Plan de l'ancienne ville ou cité intérieure de *Sōu-tcheōu,* province du *Kiāng-sōu.*

| 思港 *Kŏu-ssē-kiàng (Cart. Chin.).* — Ile de l'archipel Indien, appelée sur une autre carte *Ssē-kŏu-kiàng.* Peut-être l'île de Sandal?

| 州 *Kòu-tcheōu (Biot).* — Nom d'un arrondissement du temps des *Sóng,* au nord-ouest de *Lĭ-pĭng-fòu* (*Kwéy-tcheōu*).

古州 *Kŏu-tcheōu* (contrée antique)-*tĭng* (*Ch. Rep.*). — Un des 5 districts, mais inférieur et station militaire du département de *Lĭ-pĭng* (*Kwéy-tcheōu*).

| 赤 *Kŏu-tchĭ* (*Cart. Chin.*). — Juthia? Ancienne capitale du royaume de Siam.

| 之里 *Kŏu-tchĭ-lĭ* (*Cart. Chin.*). — Coupang, ville principale de Timor, située par 10° 10' lat. S. et 5° 20' long. E.

| 城 *Kŏu-tchĭng* (*Ch. Rep.*), c'est-à-dire vieille cité, autrement appelée *Fōu-ywèn-tchĭng*.— Cité du département inférieur appelé *Tĭ-hóa-tcheōu* (*Kān-sŏ*).

| | *Kŏu-tchĭng* (*Cart. Chin.*), cité antique. — Ile ou terre de l'archipel Indien, au sud-ouest dans la mer de Chine, entre *Sīn-tcheōu-kiāng* et *Pōu-hày*. La légende porte : *Kŏu-tchĭng-lâng-lĭn-pā-kŏu-hŭ-tchăng-shĭ-tchĭ-kiáy* | | 郞林吧 | 越裳氏之界

| | *Kòu-tchĭng* (*Biot*) ou *Kóu-tchĭng-hién*. — Un des 4 districts du département de *Hô-kién* (*Tchĭ-lĭ*) (*Biot*).

| | 岩 *Kŏu-tchĭng-yên* (*Medh.*), montagne de la vieille cité, autrement appelée *Kwān-yīn-yên*. — Montagne escarpée, au-dessus du pont de *Hōng-tsĭ*, sur le *Oú-hô* (*Ngān-hoĕy*), et sur laquelle est élevée une pagode consacrée à la vierge *Kwān-ȳn*.

| 莊山 *Kŏu-tchoāng-shān* (*Fl. Sin.*). — Montagnes situées au sud-ouest du *Tchĕ-kiāng*, district de *Swî-tchăng*, département de *Tchŭ-tcheōu*.

| 地問 *Kŏu-tĭ-wén* (*Cart. Chin.*), autrement appelé *Tchĭ-hién* (*C. G.*). — Ile ou groupe d'îles de l'archipel Indien, situé entre *Kŏu-ssē-kiāng* et *Mà-shĭn*, au sud de *Vōu-sóng-kiāng*. Serait-ce *Flores* ? — Voir *Fòu-lĕ-eùl-tĭ* (*N. L.*).

| 田 *Kŏu-tiĕn* (*Biot*). — Nom ancien, sous les *Mĭng*, du chef-lieu, arrondissement de *Yòng-nĭng-tcheōu?* (*Biot*).

| | *Kòu-tiĕn* (*Biot*). — Ancien nom de *Nĭng-tĕ-hién*, département de *Fóu-nĭng* (*Fóu-kién*).

| | 縣 *Kòu-tiĕn-hién* (*Ch. Rep.*).— Un des 10 districts du département de *Fóu-tcheōu* (*Fŏ-kién*). Le chef-lieu est situé par 26° 41' lat. N. et 2° 25' 30" long. E. Premièrement, territoire de *Heóu-kwān*. — Même nom pour désigner l'ancien nom de *Nĭng-tĕ-hién*, département de *Fóu-nĭng-fòu* (*Fŏ-kién*) (*Biot*).

| 雜泊 *Kŏu-tsă-pŏ* (*Ch. Rep.*). — Petit lac au nord-ouest du *Ssĕ-tchwĕn*, d'où sort un torrent qui tombe dans la rivière appelée *Yă-lông*.

古玉門 *Kŏu-yŏ-mên (Cart. Chin.)*, ancienne porte des perles. — Ancienne station du Grand Désert, district de *Swi-lây*, département de *Tĕ-hōa (Kăn-sŏ)*.

咕哩噶瘩 *Kŏu-li-kŏ-tă (Bridgm.)*. — Calcutta, ville et 1ʳᵉ présidence du gouvernement de l'Inde (Bengal). Son port est appelé Kedgerie. Elle est située par 22° 23′ lat. N. et 28° 5′ 54″ long. W. On y rencontre déjà beaucoup de Chinois. Les caractères *Kŏu* et *Kŏ* ne sont pas classiques. — Voir *Kŏ-shĭ-tă (Cart. Chin.)*.

| | 寨 *Kòu-li-tchăy (C. H.)*. — Retranchement placé à la pointe d'une péninsule, au sud du *Fóu-kién*.

固陵 *Kóu-ling (Biot)*. — Nom, sous les *Hán*, du pays de *Shŏ*, de *Kwĕy-tcheōu-fòu (Ssé-tchwĕn)*.

| 安縣 *Kóu-ngăn-hién (Ch. Rep.)*, district du repos opiniâtre. — Un des 7 districts de la commanderie de *Năn-lôu*. Le chef-lieu est situé sur les bords du *Sāng-kiĕn-hô*, par 39° 25′ lat. N. et 0° 6′ 30″ long. W.

| 始縣 *Kóu-shĭ-hién (Ch. Rep.)*. — Un des 4 districts du département inférieur appelé *Kwāng (Hô-năn)*. Le chef-lieu est situé sur la rivière appelée *Shĭ-kwĕy*, par 32° 18′ lat. N. et 0° 54′ 30″ long. W.

| 城 *Kóu-tching (Biot)*. — Nom d'une ancienne ville, arrondissement de *Tíng-tcheōu*.

| 貞 *Kòu-tchīng (Ch. Rep.)*. — Cochin, principale ville de la province indienne appelée *Travamore* et située par 9° 54′ lat. N. et 40° 12′ long. W. Elle a donné son nom à la Cochinchine.

| 原 *Kóu-ywĕn* (origine durable)-*tcheōu (Ch. Rep.)*. — Un des 6 districts du département de *Pĭng-leăng (Kăn-sŏ)*. Le chef-lieu est situé sur le *Tiĕn-shwi*, par 36° 3′ 30″ lat. N. et 10° 7′ 30″ long. W.

姑婆 *Kōu-pŏ (Ch. Rep.)*, grande tante. — Île de l'archipel ou district de *Pĕng-hôu*, département de *Táy-wān (Fóu-kién)*.

| 博嶺 *Kōu-pŏ-lìng (Fl. Sin.)*. — Montagne du *Tchĕ-kiāng*, département de *Sháo-hĭng (C. K.)*.

| 嫂塔 *Kŏu-sào-tă (C. G.)*. — Pagode située sur une île près d'*Amoy (Fŏ-kién)* par 24° 42′ lat. N. et 2° 13′ 6″ long. E. (*M. G.*, page 6).

| 孰 *Kōu-shŏ (Biot)*. — Nom donné, sous les premiers *Sóng*, aux territoires de *Táy-pĭng-fòu* et de *Tāng-tôu-hién (Ngăn-hoĕy)*.

— 320 —

姑蘇城 *Kōu-sōu-tchīng (Fl. Sin.)*, cité ancienne de *Sōu*. — Cité intérieure et murée du chef-lieu du département de *Sōu-tcheōu (Kiāng-sōu)*. Elle forme un carré long, d'environ 10 kilomètres de long sur 7 kilomètres de large, bordé à l'ouest par le canal impérial (*Tă-yù-hô*), d'environ 100 mètres de large, et des trois autres côtés par d'autres canaux un peu moins larges, mais tous aussi animés par les constructions et le mouvement de la population. La superficie de cette ville intérieure, en y comprenant les canaux extérieurs, est évaluée à plus de 5 kilomètres carrés, soit 5,000 hectares. Le circuit total est évalué à 30 kilomètres. — Voir *Fōng-mên*. Sa population était estimée en 1727, suivant le *Tăy-tsīng-tōng-shĭ*, ou Géographie universelle de la Chine, à 3,335,584 habitans. M. de Rienzi, dans son *Dictionnaire usuel de géographie*, ne l'évalue qu'à 214,000 habitans. Cette ville intérieure est en outre environnée de quatre faubourgs principaux, dont le principal, appelé *Tchăng*, est situé à l'ouest et s'étend à 8 kilomètres au delà de la porte de cité intérieure. Ce faubourg, d'après le *Sōu-tchīng-wĕ-tōu*, décrit dans l'ouvrage intitulé *Description méthodique de produits recueillis en Chine*, est le siège des principales fabriques, dites de *Sōu-tcheōu*, surtout de celles de soie, et d'un grand commerce en tous genres. — Voir *Tchăng-mên*. Les trois autres faubourgs sont : au midi *Pân*, à l'est *Fōng* et au nord *Tsĭ*.

| 城湖 *Kōu-tchīng-hôu (El. Sin.)*. — Lac situé sur la limite sud-ouest des provinces du *Kiāng-sōu* et du *Ngān-hoēy (C. K.)*.

孤盧河 *Kōu-lôu-hô (C. K.)*. — Rivière du *Hô-nân (Kăy-fòng)*, branche supérieure du *Shā-hô (C. K.)*.

| 州 *Kōu-tcheōu (Biot)*. — Nom d'une ancienne ville du temps des *Tăng*, située 40 *lĭ* au sud-est de *Pīng-lŏ-fòu (Kwàng-sĭ)*.

| 竹 *Kōu-tchŏ (Medh.)*. — Nom du district de *Lwân-tcheōu*, département de *Yòng-pīng (Tchĭ-lĭ)*, sous les *Shāng (Biot)*.

庫爾河 *Kôu-eùl-hô (Ch. Rep.)*, en mongol *Kour*. — Rivière du département appelé *Kourkara-ousou*. Les villes de *Kīng-swī* et de *Ngān-feòu* sont situées sur ses bords.

| | | *Kôu-eùl-hô (Ch. Rep.)*, en mongol *Kour* ou *Onguin-pira*. — Rivière de la Mongolie, qui prend naissance à un lac appelé *Kourahan-oulen-nor*, par 44° 9′ lat. N. et 10° long. W.

| 爾喀喇烏蘇 *Kôu-eùl-kĕ-lă-oū-sōu (Ch. Rep.)*, en mongol *Kourkara-ousou*. — Un des 3 départemens de l'arrondissement colonial nord des monts Célestes (*Tiĕn-shān-pĕ-lóu*), qui se trouve au sud-est du lac *Kaltar*. La principale ville est appelée *Kôu-eùl-kĕ-lă-oū-sōu-tchīng* ou *Kīng-swī-tchīng*. Une autre ville fortifiée est appelée *Ngān-feòu-tchīng*; toutes deux sont situées sur la rivière *Kour*.

| | | | | 城 *Kôu-eùl-kĕ-lă-oū-sōu-tchīng (Ch. Rep.)*. — Ville principale du département de même nom, de l'arrondissement nord des monts Célestes, située, d'après

la carte de Danville, par 44° 10' lat. N. et 10° 6' long. W., à la naissance de la rivière *Kour*, autrement appelée *Onguin pira*. C'est, à ce qu'on suppose, l'ancienne *Karakum* ou *Couran*, métropole de l'empire de Gengiskan et de ses successeurs.

庫可諾爾 *Kŏu-kŏ-nŏ-eùl* (*Ch. Rep.*), en mongol *Kokonor*. — Nom mongol d'un lac situé au pays des Éluths, vers 48° lat. N. et 20° long. W., appelé par les Chinois *Tsĭng-hăy* ou *mer d'azur*. Il a donné son nom à la province ainsi qu'à la chaîne de montagnes de la Mongolie (*Mŏng-kòu*).

| 倫 *Kŏu-lûn* (*Ch. Rep.*) ou *Ourga*. — Grande ville de la tribu des *Kalkas*, *Tŏu-sie-tŏu*, de la Mongolie extérieure, et qui est située sur la rivière *Tola*, branche du *Selinga*. C'est la résidence des chefs princiers du pays.

| 車城 *Kŏu-tchĕ-tching* (*Ch. Rep.*), en turkestan *Kou-tchay*. — Une des 8 cités mahométanes du Turkestan oriental, regardée comme la clef de la province. Elle est située à l'ouest de *H'harashar*, par 44° 37' lat. N. et 33° 33' 30'' long. W.

| 屯衞 *Kŏu-tŭn-oéy* (*C. K.*). — Fortification de la côte du *Shing-kĭng*, située par 41° 10' lat. N. et 5° 28' long. E.

| 葉 *Kŏu-yĕ* (*Ch. Rep.*), en mantchou *Kuyiks*. — Tribu sauvage qui habite le centre de l'île de *Tarakay* (*Pĕ-kia-fŏ*).

故鄣 *Kóu-tchāng* (*Biot*). — Ancien nom de *Ngān-kĭ-tcheōu* et de *Tchăng-hīng-hién*, département de *Hôu-tcheōu* (*Tchĕ-kiāng*), sous les *Hán* (*Biot*).

| 城縣 *Kóu-tching-hién* (*Ch. Rep.*) ou *Kòu-tching* (*Biot*), district de la cité antique. — Un des 14 districts du département de *Hô-kién* (*Tchĭ-lĭ*). Le chef-lieu est situé par 37° 29' lat. N. et 0° 12' 30'' long. W.

| 冶 *Kóu-yè* (*Biot*). — Nom d'une ancienne ville de 3ᵉ ordre, sou les *Hán*, au nord de *Fóu-tcheōu-fòu* (*Fŏ-kién*).

| 雍 *Kóu-yōng* (*Biot*). — Ancien nom de *Fóng-tsiăng-hién*, département de *Fóng-tsiăng* (*Shèn-sī*).

楛山 *Kŏu-shān* (*C. K.*). — Montagnes qui limitent les provinces du *Tchĕ-kiāng* et du *Fŏ-kién*, mais plus particulièrement le département de *Wēn-tcheōu* (*C. K.*).

鼓角 *Kòu-kĭo* (*G. C.*), pointe du tambour. — Ile de la côte méridionale du district de *Sīn-nîng*, département de *Kwàng-tcheōu* (*Kwàng-tōng*).

苦 *Kŏu* ou *Hŏu*. — Nom d'une ancienne ville sur le territoire de *Lŏ-ĭ-hién*, département de *Kwēy-tĕ* (*Hô-nân*). Sous les *Tsín*, territoire de *Kŏ-yâng* (*Biot*).

| 倫毋海 *Kŏu-lûn-oû-hày* (*Cart. Chin.*), en tartare *Coulon-nor, Colon-omo* ou *Dalaï*. — Grand lac de la Mantchourie, situé vers 49° lat. N. et 1° long. W. — Voir *Hōu-lân-tchi* (*Ch. Rep.*).

| 氷河 *Kŏu-shwĭ-hô* (*Fl. Sin.*), rivière à eau amère. — Branche supérieure principale du *Kīng*, de la province du *Kān-sŏ*.

| 竹城 *Kŏu-tchŏ-tchíng*. — Nom d'une ville de l'ancien royaume de *Oû*, au sud de *Sháo-hīng-fòu* (*Tchĕ-kiāng*) (*Biot*).

菰龍 *Kōu-lông* (*C. K.*) ou *Kōu-lông-ssē* (*C. H.*). — Localité du district de *Kăy*, département de *Kwéy-yâng* (*Kwéy-tcheōu*), située près du *Tsīng-shwĭ-hô*, par 26° 40′ lat. N. et 9° 49′ long. W.

| | 司 *Kōu-lông-ssē* (*C. H.*) ou *Kōu-lông* (*C. K.*).

| 城 *Kōu-tchíng* (*Biot*). — Ancien nom de *Hōu-tcheōu-fòu* (*Tchĕ-kiāng*), dépendance du royaume de *Tsŏu*, à l'époque des guerres civiles.

| 茨 *Kōu-tsĕ* (*C. G.*). — Ile de l'archipel de *Tcheòu-shān*, au nord de *Lĭ-tiáo* (*Tchĕ-kiāng*).

賈復城 *Kòu-fŏ-tchíng* (*Biot*). — Nom d'une ancienne ville, au nord de *Tăng-hién*, département de *Pào-tíng* (*Tchĭ-lì*).

顧渚山 *Kóu-tchù-shān* (*Ch. Rep.*). — Montagnes qui se trouvent près de celles appelées *Lóng-pĕ-shān*, et où l'on trouve d'excellent thé.

鼓浪嶼 *Kòu-lâng-sú* (*C. G.*). — Petite île en face d'Amoy, d'environ 4,586 mètres de circonférence, où l'on trouve le *caryoptera* d'après Vachell, l'*isatis* d'après Fortune, etc. Le sol est granitique et le plus haut point est élevé de 84 mètres au-dessus du niveau de la mer.

| 城 *Kòu-tchíng* (*Biot*). — Ancien nom de *Tsín-tcheōu*, département de *Tchíng-tíng* (*Tchĭ-lì*), sous les *Swí*.

| 子國 *Kòu-tsè-kwĕ* (*Biot*). — Ancien royaume, territoire de *Tsín-tcheōu*, département de *Tchíng-tíng* (*Tchĭ-lì*), à l'époque du *Tchŭn-tsieōu*.

SON *KU*.

Prononciation française. . . . . *Ku, Kuu, Cu, Kue, Kioue, Kiu, Khue.*
— américaine, anglaise. . . *Ku, Keu, Keue, Kiue, Kiueh, Kheu, Khiu.*
— espagnole, portugaise . . *Ku, Khiu.*

ORDRE DES CLEFS :

	尻	刨	區	厥	句	居	屈
CLEFS :	16	19	23	27	30	44	44
TRAITS :	3	5	9	10	2	5	5

	巨	拒	決	渠	矩	朐	莒
CLEFS :	48	64	85	85	111	130	140
TRAITS :	2	5	4	9	6	5	7

	蕖	衢	郥	鄾	鉅	鋸	闕
CLEFS :	140	144	163	163	167	167	169
TRAITS :	12	18	8	9	5	8	10

尻沙 *Kū-shā (Cart. Chin.).* — Babuyanes. Petit archipel de la mer de Chine, situé au nord de Luçon.

刨勞犀 *Kŭ-lâo-sī (Voc. An.)*, île du rhinocéros, ou *Sī-tcheŏu*, vulgairement *Cu-lao-tay* et *Te-chau*. — Ile de la mer de Cochinchine (*Vocabulaire Aubaret*, pages 408 et 539).

區 *Kŭ (Medh.).* — Lieu, habitation. — Voir *Tōng-kŭ (Biot)*.

厥 *Kŭ.* — Voir *Tŏ-kŭ (Biot)*.

句蒙山 *Kúu-mông-shān (C. K.)*. — Montagne du *Tchĕ-kiāng*, au sud de *Kwān-lĭng*.

| 章 *Kú* ou *Kúu-tchāng (Biot)*. — Ancien nom de *Tĭng-hày-hién* et de *Tsĕ-kĭ-hién*, département de *Nĭng-pō (Tchĕ-kiāng)*. Le caractère *Kú* ou *Kúu* se prononce également *Keóu*.

| 注 *Kú* ou *Kúu* ou *Keóu-tchú (Cart. Chin.)*. — Montagne du département de *Táy*, province du *Shān-sī*.

| 町 *Kú* ou *Kúu-tĭng*. — Ancien nom de *Lĭng-ngān-fòu (Yûn-nân) (Biot)*. Le caractère *Kú* se prononce également *Keóu*.

| 容縣 *Kú* ou *Kúu-yông-hién (Ch. Rep.)*. — Un des 7 districts du département de *Kiāng-nĭng (Kiāng-sōu)*. Le chef-lieu est situé sur un affluent du *Tsieôu-oéy-hô*, par 31° 58' lat. N. et 2° 41' 30" long. E.

居河 *Kū-hô (C. K.)*. — Rivière du *Hô-nân*, tributaire du *Hoáy (C. K.)*.

| 石 *Kū-shĭ (C. K.)* ou *Kū-shĭ-kwān (C. H.)*. — Station du *Yûn-nân*, située sur la frontière des Birmans, par 24° 45' lat. N. et 18° 42' long. W.

| | 關 *Kū-shĭ-kwān (C. H.)* ou simplement *Kū-shĭ (C. K.)*. — Douane du *Yûn-nân*.

| 巢 *Kū-tchảo*. — Ancien nom de *Tchảo-hién*, département de *Lóu-tcheōu (Ngān-hoëy) (Biot)*.

| 延城 *Kū-tchwĕn-tchĭng (Cart. Chin.)*. — Cité située au sud-ouest du lac de même nom.

| | 澤 *Kū-tchwĕn-tsĕ (Cart. Chin.)*. — Sobo et Sogok *(N. L.)*, lac du désert de *Cobi*, situé au nord de la cité de *Kū-tchwĕn*. — Voir *Kū-tchwĕn-hày (Ch. Rep.)*.

| 延海 *Kū-yĕn-hày (Ch. Rep.)*. — Lacs de *Sobo* ou *Sogok*, où se jettent les deux rivières d'*Edsiney* et de *Tola*, dans le désert de *Kō-pĭ*.

屈 *Kŭ*. — Synonyme de 渠 *Kŭ (Biot)*.

| 僂河 *Kŭ-leôu-hô (C. K.)*. — Rivière du *Shĭng-kĭng*.

| 產 *Kŭ-tsăn*. — Ancien nom de *Shĭ-leôu-hién*, département de *Fén-tcheōu (Shān-sī) (Biot)*.

| 野 *Kŭ-yĕ* (déserts environnans)-*hô (Ch. Rep.)*. — Rivière du *Shèn-sī*, au delà de la grande muraille. C'est un des affluens de la rivière Jaune.

巨橋 *Kú* ou *Kúu-kiáo*, grand pont. — Ancien nom de *Kwĕn-yáng-tcheōu*, département de *Yûn-nân* (*Yûn-nân*), sous les *Sóng* (*Biot*).

| 馬 *Kú-mà* (*Ch. Rep.*), grand cheval. — Rivière du *Tchĭ-lĭ* qui se jette dans le lac *Tcháy-hô-tiĕn*, près de *Hiông-hién*, département de *Pào-tíng*.

| 摩郡 *Kù* ou *Kùu-mô-kún* (*Cart. Jap.*). — Une des 4 préfectures de la province japonaise de *Kĭa-fĭ* (*Kay* ou *Coshio*), située à l'ouest.

| 晤山 *Kŭ-où-shān* (*Fl. Sin.*), montagnes de la grande clarté. — Montagnes du *Kăn-sŏ*, situées vers 36° 30' lat. N. et 11° long. W.

| 田汛 *Kù-tiĕn-sín* (*C. H.*), marché du grand champ. — Station au nord du *Yûn-nân*, située sur la rive droite du fleuve Bleu (*Kĭn-shă-kiāng*), par 27° 28' lat. N. et 16° 35' long. W.

| 津州 *Kú* ou *Kúu-tsīn-tcheōu*, contrée de la grande poutre. — Nom d'un arrondissement et d'une ville de 2° ordre, département de *Lĭ-kiāng* (*Yûn-nân*), à 310 *li* nord-ouest du chef-lieu (*Biot*).

拒陽 *Kú* ou *Kúu-yâng*. — Ancien nom de *Lô-nân-hién*, département de *Sháng-tcheōu* (*Shèn-sĭ*). — Le caractère *Kú* ou *Kúu* de De Guignes est aussi prononcé *Kío* par Biot.

決 *Kŭ* (*Medh.*). — Nom de rivière.

渠縣 *Kú-hién* (*Ch. Rep.*), district du canal. — Un des 10 districts du département de *Shún-kíng* (*Ssé-tchwĕn*). Le chef-lieu est situé sur un affluent du *Tōng-kiāng*, par 30° 53' lat. N. et 9° 35' 30" long. W. — Sous les *Hán*, territoire de *Tăng-tsín*; sous les *Oéy* occidentaux, *Lieôu-kiāng*; sous les *Leâng*, *Kŭ-tcheōu* (*Biot*).

| 河 *Kŭ-hô* (*Ch. Rep.*). — Rivière du *Ssé-tchwĕn*, qui se trouve dans la partie orientale de cette province, et qui reçoit le *Tōng-tchwĕn* et le *Téng-tsè*, près de *Swī-tíng*. — Le même nom, autre rivière de la province de *Hôu-nân*, département de *Tsĭng*, une des branches supérieures du *Ywĕn*.

| | *Kŭ-hô* (*C. K.*). — Rivière du *Hôu-nân*, département de *Tsĭng*, qui se réunit au *Tsĭng-shwì-hô*.

| 江 *Kŭ-kiāng* (*Biot*). — Nom d'une ancienne ville du temps des *Tăng*, au nord de *Kwàng-ngăn-tcheōu*, département de *Shún-kíng* (*Ssé-tchwĕn*), vers 30° 58' lat. N. et 9° 50' 30" long. W.

| 丘 *Kŭ-kieôu*. — Ancien nom de *Ngăn-kieôu-hién*, département de *Tsĭng-tcheōu* (*Shăn-tōng*) (*Biot*).

渠水 *Kŭ-shwĭ* (*Ch. Rep.*). — Rivière de la province de *Hŏ-nân*, affluent de la rivière *Lô*.

｜州 *Kŭ-tcheōu*. — Ancien nom de *Kŭ-hién*, département de *Shŭn-kîng* (*Ssé-tchwĕn*), sous les *Leăng* (*Biot*).

｜陽 *Kŭ-yâng*. — Ancien nom de *Tsĭng-tcheōu* (*Hôu-nân*), sous les *Sóng* (*Biot*).

｜｜司 *Kŭ-yâng-ssē* (*C. H.*). — Juridiction du *Kwéy-tcheōu*, située par 25° 47' lat. N. et 10° 30' long. W.

矩州 *Kù* ou *Kùu-tcheōu*. — Nom d'un ancien district établi par les *Tăng*, au nord du département actuel de *Ssē-nân* (*Kwéy-tcheōu*) (*Biot*).

胊 *Kŭ*. — Synonyme de *Kŭu* (*Biot*).

｜縣 *Kŭ-hién* (*Ch. Rep.*). — Ancien nom de *Hày-tcheōu* (*Kiāng-sōu*), sous les *Tsĭn* (*Biot*).

｜朐 *Kŭ-jìn*. — Ancien nom de *Yûn-yâng-hién*, département de *Kwêy-tcheōu*, ainsi que de *Leăng-shān-hién*, département de *Tchōng* (*Ssé-tchwĕn*) (*Biot*). Le caractère *Jìn* ne se trouve pas dans De Guignes, mais il existe dans Medhurst et principalement dans *Kăng-hĭ*, qui signale le nom d'un certain village appelé *Sŭn-jìn*.

莒 *Kùu*, ou *Kùu-tsè*, ou *Kùu-tsè-kwĕ* (*Biot*). — Ancien état feudataire, d'après le *Tchŭn-tsieŏu*, et dont la capitale était *Kùu-tcheōu*.

｜縣 *Kùu-hién* (*Biot*). — Ancien nom de *Kùu-tcheōu*, département de *I-tcheōu* (*Shān-tōng*), sous les *Hàn*.

｜州 *Kùu-tcheōu* (*Ch. Rep.*), contrée des plantes propres à faire des cordes. — Un des 7 districts du département de *I-tcheōu* (*Shān-tōng*). Le chef-lieu est situé par 35° 35' lat. N. et 2° 51' 30" long. W., sur la rivière *Shū-hô*.

｜子國 *Kùu-tsè-kwĕ* (*Biot*). — Ancien nom de *Kùu-tcheōu*, département de *I-tcheōu* (*Shān-tōng*).

蘧 *Kŭ*. — Voir *Kiēn-kŭ* (*Ch. Rep.*).

瞿 *Kŭ*. — Synonyme de 渠 *Kŭ* (*Biot*).

｜州 *Kŭ-tcheōu* (*D. G.*). — Ville du *Tchĕ-kiāng* (*D. G.*). — Nom de district (*Morr.*).

｜｜府 *Kŭ-tcheōu-fòu* (*Ch. Rep.*). — Un des 11 départemens de la province du *Tchĕ-kiāng*, qui comprend 5 districts, savoir : *Sī-ngān*, *Lông-yeôu*, *Kiāng-shān*, *Tchāng-shān* et *Kāy-hóa*. Le chef-lieu, à 3,740 *lì* de *Pĕ-kīng*, est situé entre deux affluens du *Kīn-kĭ*, par 29° 2′ 33″ lat. N. et 2° 35′ 12″ long. E.

郡 *Kū* (*D. G.*). — Nom de royaume (*D. G.*, *Medh.*, *Morr.*).

丨 僬 儸 *Kū-tchē-lô* (*N. C.*). — Gourdjara ou Guzarate, état de l'Indoustan propre, qui fournit à la Chine une classe très-remarquable de commerçans. La ville de *Surat* fait partie de cet État.

鄅 *Kù* (*D. G.*). — Voir *Yù* (*Medh.*), même caractère.

鉅 鹿 縣 *Kú* ou *Kúu-lŏ-hién* (*Ch. Rep.*), district des grands cerfs. — Un des 9 districts du département de *Shún-tĕ* (*Tchĭ-lí*). Le chef-lieu est situé dans l'estuaire formé par les deux rivières appelées *Tchāng-shwì* et *Fòu-yâng-hô*, avant leur embouchure dans le lac *Tá-lôu-tsè*, par 37° 17′ lat. N. et 37° 17′ 30″ long. W.

丨 野 *Kúu-yè*. — Ancien nom de *Kīa-tsiāng-hién*, département de *Tsì-nîng* (*Shān-tōng*) (*Biot*).

丨 丨 *Kúu-yè* (grands déserts)-*hién* (*Ch. Rep.*). — Un des 11 districts du département de *Tsāo-tcheōu* (*Shān-tōng*). Le chef-lieu est situé dans une grande plaine, par 35° 27′ lat. N. et 1° 12′ 30″ long. W.

丨 丨 河 *Kúu-yè-hô* (*Fl. Sin.*). — Rivière du *Shèn-sī*, qui se jette dans le fleuve Jaune au-dessus de *Kīa-tcheōu*, département de *Yû-lîn*.

鋸 岳 *Kúu-yŏ* (*Cart. Jap.*), sommet à dents de scie, en japonais *Fit-jango-yama*. — Haute montagne de la province de *Surug*, en face de la pagode de *Sān-tào*, et qui se termine en pointe comme une pyramide. Elle se trouve entre les 11e et 12e stations du *Tokaïdo*. Le nom de *Kún-yŏ* s'applique au sommet, tandis que la montagne elle-même s'appelle *Ngáy-ȳn-shān*.

闕 閘 *Kŭ-tchă* (*G. C.*), fermeture. — Vulgairement appelée la barre de Macao (*Ngāo-mên*), et qui se trouve près du groupe des Neuf Sœurs (*Keóu-tcheōu*) (*Kwàng-tōng*).

SON *KUEN.*

Prononciation française.......... *Kiouen, Kiouan, Kiwen, Kuen*
Cuen, Kuene, Kuenn.
— américaine, anglaise... *Kiuen, Keuen, Kheuen.*
— espagnole, portugaise.. *Kiuan, Kiuen.*

ORDRE DES CLEFS :

卷	圈	拳	捲	涓	犬	甄	畎	綣
CLEFS : 26	31	64	64	85	94	98	102	120
TRAITS : 6	8	6	8	7	—	9	4	8

卷 *Kuén* (Biot). — Nom d'une ancienne ville de *Yông-yâng-hién*, département de *Kăy-fōng* (*Hô-nân*).

圈東 *Kuĕn-tōng* (Alb. Jap.), orient circulaire, en japonais *Kwanto* (Alb. Jap.). — Territoire sérifère comprenant 8 provinces, savoir : *Musasi, Sagami, Ava, Kadsusa, Simosa, Fitats, Simodske* et *Kodske*, situées à l'est de la barrière (*Yú-kwān-sŏ*) établie sur les monts *Akoni* ou *Fakone*, qui sont couronnés par le piton volcanique du *Fouzyama*. — Voir l'*Art d'élever les vers à soie au Japon*, par *Ouekaki-moricouni*, traduit par Hoffmann, annoté par Bonafous, pages 50, 66, 113, 142 et 143, ainsi que les planches 14 et 24. Voici les autres localités sérifères du Japon, citées dans le même ouvrage : *Dansaki, Date*, page 50 ; *Fatsisio*, 44 ; *Fakone*, 50, 66 ; *Halima*, 44 ; *Kakogava*, 44 ; *Kahi*, 59 ; *Lieŏu-kieŏu*, 44 ; *Miako*, 44, 50 ; *Mitsinokou, Mouko*, 27 ; *Moutsou, Osiu*, 50, 65, 66, 112, 120, 143, 144 et 145 ; *Omi*, 50, 66, 112, 113 et 144 ; *Oueda*, 50 ; *Sinano*, 50, 113 et 143 ; *Sinobou*, 50 ; *Suruga*, 121 ; *Tanba, Tango* et *Tatsima*, 65, 112, 119, 127, 143 et 144 ; *Tojora*, 94 ; *Tsoukousi*, 27 ; *Yamamoto*, 131, et *Youki*, 44.

拳母 *Kuĕn-oú* (Cart. Jap.). — Cité de la province de *Sán-hô* (*Mikava*), île de *Nifon* ; elle est éloignée de 79 *ris* de *Yédo*.

捲沢郡 *Kuĕn-tchĭ-kún* (Cart. Jap.), ou *Tsēn-tsĕ*, suivant une autre carte. — Une des 22 préfectures de la province de *Où-tsāng* (*Musasi*), située au nord.

涓 *Kuĕn (Medh.).* — Nom de rivière.

犬河 *Kuĕn-hô (Fl. Sin.).* — Rivière du département de *Siāng-yâng*, au nord de la province du *Hôu-pĕ*, et qui se réunit au *Tăng* pour tomber dans le *Hán*.

丨戎 *Kuĕn-jông.* — Ancien nom des peuplades étrangères du nord, d'après Biot.

甄 *Kuén (D. G.).* — Nom de lieu (*D. G.*).

丨肦 *Kuén-féy (Cart. Jap.).* — Cité de la province de *Jĭ-hiáng (Hiuga)* sur *Kiusiu*, et éloignée de 382 *ris* de *Yédo*.

畎口營 *Kuĕn-keŏu-yng (Fl. Sin.).* — Campement placé au sud du département de *Ngān-shún (Kwéy-tcheōu)*, sur la frontière des *Miâo-tsè* indépendans, et porté sur la carte du P. Du Halde.

綣部 *Kuén-póu (Cart. Jap.).* — Station de la province de *Tăn-pō (Tango)*, éloignée de 140 *ris* de *Yédo*.

SON *KUN*.

Prononciation française.	*Kun, Kiun, Cun, Kune, Kunn.*
— américaine, anglaise. . .	*Keun, Kiun.*
— espagnole, portugaise. . .	*Keun, Kiun.*

ORDRE DES CLEFS :

君 均 群 菨 裙 軍 郡 鈞

CLEFS :	30	32	123	140	145	159	163	167
TRAITS :	4	4	7	7	7	2	7	4

君山 *Kūn-shān (Cart. Chin.).* — Montagne du département de *Yŏ-tcheōu*, de la province de *Hôu-nân*; elle est indiquée au milieu du lac *Tóng-tĭng*, sur la carte de Klaproth et sous le nom de *Kiūn-shān*.

君山 *Kūn-shān (Ch. Rep.).* — Pic principal de l'île de la côte du Fŏ-kién appelée *Hày-tăn*, et élevé de 473 mètres au-dessus du niveau de la mer, par 25° 35′ 7″ lat. N. et 3° 22′ 9″ long. E.

｜｜ *Kūn-shān (C. K.).* — Ile et montagne du lac *Tōng-tĭng (Hôu-nân)*.

｜澤郡 *Kūn-tsĕ-kún (Cart. Jap.).* — Une des 4 préfectures de la province japonaise de *I-teóu (Idsu)*, située au nord.

均湖 *Kūn-hôu (Ch. Rep.),* lac uni. — Lac du département de *King-tcheōu*, et dont les eaux, réunies à celles des lacs appelés *Sān-kăng* et *Pĕ-liên*, forment communication au nord avec la rivière *Hán* et au midi avec le grand lac appelé *Tōng-tĭng*.

｜州 *Kūn-tcheōu (Biot).* — Territoire de *Hīng-tcheōu*, sous les *Leâng (Biot)*.

｜｜ *Kūn-tcheōu (Ch. Rep.),* district uni. — Un des 7 districts du département de *Siāng-yâng (Hôu-pĕ)*. Dans ce district se trouve une très-haute montagne, appelée *Où-tăng-shān,* où l'on compte 37 pics et 24 lacs. Le chef-lieu est situé sur la rivière *Hán*, par 32° 42′ lat. N. et 5° 20′ 30″ long. W.
Sous les *Tsĭn* et les *Tăng*, *Où-tăng*. Sous les *Leâng*, *Hīng-tcheōu*.

｜陽 *Kūn-yâng.* — Nom d'une ancienne ville des *Leâng*, au nord-ouest de la précédente *(Biot)*.

群馬郡 *Kŭn-mà-kún (Cart. Jap.).* — Une des 14 préfectures de la province japonaise de *Shàng-kăo (Kodske)*, située au centre.

蒻師｜ *Kūn-shĭ-kún (Cart. Jap.),* ou *Kŏ-sī,* suivant une autre carte. — Une des 22 préfectures de la province japonaise de *Où-tsāng (Musasi)*, située à l'est.

裙帶路 *Kŭn-táy-lóu (Ch. Rep.).* — Localité signalée sur la carte de *Hong-kong*.

軍都 *Kūn-tōu.* — Ancien nom de *Tchăng-pĭng-tcheōu*, département de *Shún-tiĕn (Tchĭ-lĭ) (Biot)*.

郡 *Kún.* — Voir *Lòu-kún*.

｜加川 *Kún-kīa-tchwĕn (Cart. Jap.).* — Cours d'eau de la province de *Tchăng-lŏ (Fitats)*, et qui se jette dans l'océan Oriental après avoir reçu les eaux d'un autre affluent, appelé *Siĕn-tchí*, au sud de la cité *Shwĭ-hóu*.

郡山 *Kún-shān (Cart. Jap.)*, montagne de la province. — Cité de la province de *Tă-hŏ (Iamato)*, île de *Nifon*. Elle est éloignée de 116 *ris* de *Yédo*.

鈞州 *Kūn-tcheōu*. — Ancien nom de *Yù-tcheōu*, département de *Kăy-fōng (Hŏ-năn) (Biot)*.

SON *KUU*.
Voir *Ku*.

SON *KWA*.

Prononciation française. . . . . *Koua, Kwa*.
— américaine, anglaise. . . *Kwa, Khwa, Kwah*.
— espagnole, portugaise. . . *Kua*.

ORDRE DES CLEFS :

娟 掛 渦 瓜

CLEFS	38	64	85	97
TRAITS :	9	8	9	

娟 *Kwă*. — Nom de montagne (*Morr.*).

掛川 *Kwá-tchwĕn (Cart. Jap.)*, ruisseau suspendu, en japonais *Kako-gava* ou *Kakegava*, autrement appelée *Kāo-tiĕn-shĭn-tchîng*. — Cité de la province de *Totomi (Ywĕn-kiāng)*, île de *Nifon*. Elle est éloignée de 55 *ris* de *Yédo*, et se trouve la 26ᵉ station sur le *Tokaïdo*, entre *Ji-fàn* et *Tăy-tsìng*.

Cette ville est située au pied d'une montagne en partie dénudée, appelée *Tiĕn-wăng-shān*. En face et au nord est une autre montagne, mais boisée, qui porte le nom de *Siào-lĭ-ywĕn-shān*. Deux cours d'eau baignent les sinuosités de la cité, où l'on remarque trois pagodes, appelées *Kāo-tchă-tchăng*, *Tá-hó-tĭng* et *Mà-tăn-tĭng*. Cette ville est une sous-préfecture du département de *Shān-ming*.

渦縣 *Kwā* ou *Wō-hiĕn* (Ch. Rep.). — Un des 10 districts du département de *Oéy-hoëy* (*Hó-nán*). Le chef-lieu est situé par 35° 38' lat. N. et 4° 40' 54" long. W., sur les bords du *Oéy-hó*.

瓜開 *Kwā-hán* (Fl. Sin.), vulgairement *Cua-han*, port des citrouilles. — Port de Tourane (Cochinchine).

丨州 *Kwā-tcheōu*, contrée des courges. — District de la Mongolie, au sud des monts *Tiĕn-shān*, d'après Biot. Le chef-lieu serait par 40° 15' lat. N. et 21° 18' 30" long. W.

丨丨 *Kwā-tcheōu* (Medh.). — Endroit situé à environ 6 miles (10 kilomètres) de distance de l'entrée du grand canal dans le *Yăng-tsè-kiāng*, entre *Tchin-kiāng-fòu* et *Yăng-tcheōu-fòu* (*Kiāng-sōu*). — Même nom pour désigner une ville près de *Nán-kīng* (*Kiāng-sōu*), ainsi qu'une autre place située au delà de la grande muraille et au nord-est (Morr.).

丨哇 *Kwā-wā* ou *Tchào-wā* (Bridgm.). — Java, île principale des possessions néerlandaises, dans les Indes-Orientales.

SON *KWAN*.

Prononciation française.........	*Kouan, Couan, Couon, Kwan, Kwane, Kwann*.
— américaine, anglaise...	*Kwan, Khwan*.
— espagnole, portugaise...	*Cuan, Cuon, Kuan*.

ORDRE DES CLEFS :

冠	官	寬	灌	管	觀	舘	開	關	館
CLEFS : 14	40	40	85	118	147	167	169	169	184
TRAITS : 7	5	12	18	8	18	8	5	11	8

冠縣 *Kwān-hién (Ch. Rep.)*, district du bonnet. — Un des 10 districts du département de *Tōng-tchăng (Shān-tōng)*. Le chef-lieu est situé près de la limite de la province du *Tchĭ-lî*, par 36° 33' lat. N. 0° 49' 30" long. W. *Hist.* à l'époque du *Tchŭn-tsieŏu*, territoire de *Kwān-shĭ-ĭ*; sous les *Hán*, territoire de *Kwàn-tăo*; sous les *Ywên*, *Kwān-tcheōu (Biot)*.

| 嶺 *Kwān-lìng (Fl. Sin.)*. — Montagne du *Tchĕ-kiāng*, département de *Kīn-hóa*.

| 氏邑 *Kwān-shĭ-ĭ*. — Ancien nom du district de *Kwān* et de *Kwàn-tăo*, département de *Tōng-tchăng (Shān-tōng)*.

| 州 *Kwān-tcheōu*. — Ancien nom de *Kwān-hién*, département de *Tōng-tchăng (Shān-tōng)*, sous les *Ywên (Biot)*.

| 湔河 *Kwān-tsiēn-hô (Fl. Sin.)*. — Rivière du *Ssé-tchwĕn*, affluent du *Fŏ-kiāng*, rive droite.

官 *Kwān (Cart. Jap.)*. — 44ᵉ station du *Tokaïdo*, route orientale du Japon, située entre *Où-hày* et *Mĭ-mìng*.

| 海 *Kwān-hày (C. K.)* ou *Kwān-hày-oéy (C. H.)*. — Station navale située sur la côte nord-est du *Tchĕ-kiāng*, par 30° 23' lat. N. et 4° 3' long. E.

| | 衞 *Kwān-hày-oéy (C. H.)* ou *Kwān-hày (C. K.)*. — Station navale située sur la côte du *Tchĕ-kiāng*, district de *Yn-yáo*, département de *Sháo-hīng*.

| 戶川 *Kwān-hóu-tchwĕn (Cart. Jap.)*, rivière de la porte magistrale, autrement appelée *Yŭ-tiēn-tchwĕn (Cart. Jap.)*. — Nom donné au fleuve *Okava* sur la grande carte de *Yédo*.

| 奴城 *Kwān-nôu-tching (Biot)*. — Nom d'une ancienne ville des *Hán*, à l'est de *Nĭng-pô-fòu (Tchĕ-kiāng)*.

| 山 *Kwān-shān (C. G.)*. — Ile de l'archipel de *Tcheòu-shān*, située près de celle de *Táy-shān (Tchĕ-kiāng)*.

| | *Kwān-shān (Cart. Jap.)*, montagne de la douane. — Station de la province de *Ngān-făng (Ava)*, sur *Nifon*, éloignée de 35 *ris* de *Yédo*.

| 島 *Kwān-tào (Cart. Jap.)*, île de la douane. — Ile sur la mer intérieure, province de *Suwo (Japon)*.

| 川 *Kwān-tchwĕn (Cart. Jap.)*, ruisseau de la douane. — Station de la province de *Kĭn-kiāng (Omi)*, île de *Nifon*; elle est éloignée de 119 *ris* de *Yédo*.

官津 *Kwăn-tsīn Cart. Jap.*), bac des mandarins. — Cité de la province de *Tăn-heóu (Tanba)*, sur *Nifon*, éloignée de 149 *ris* de *Yédo*.

寬州 *Kwăn-tcheōu*. — Ancien nom de *Tsĭng-kién-hién*, département *Swī-tĕ (Shèn-sī̆)*, sous les *Tăng (Biot)*.

灌縣 *Kwán-hién (Ch. Rep.)*. — Un des 16 districts du département de *Tchĭng-tōu (Ssé-tchwĕn)*. Le chef-lieu est situé sur une des branches supérieures de la rivière *Mĭn*, par 30° 59′ lat. N. et 13° 46′ 30″ long. W. — Sous les *Hán* du pays de *Shóu*, *Tōu-ngān*; sous les *Tăng*, *Păn-lŏng* et *Tăo-kiāng (Biot)*.

| 江 *Kwán-kiāng (Fl. Sin.)*. — Rivière du *Kwàng-sī̆*, département de *Kwéy-lĭn*, tributaire du *Siāng-kiāng*, rivière du *Hôu-nân*.

| 陽 *Kwán-yāng* (territoire de la rivière *Kwăn*)-*hién (Ch. Rep.)*. — Un des 10 districts du département de *Kwéy-lĭn (Kwàng-sī̆)*. Le chef-lieu est situé près du *Kwán-kiāng*, par 25° 21′ 36″ lat. N. et 5° 29′ 20″ long. W. — Sous les *Hán*, territoire de *Lĭng-lĭng (Biot)*.

| 嬰澳 *Kwān-ȳn-ngáo (C. K.)*. — Ile du *Fóu-kién*, dont la station principale est située par 25° 28′ lat. N. et 2° 59′ long. E.

| | 城 *Kwán-ȳn-tchĭng*. — Nom d'une ancienne ville près de *Nân-tchăng-fòu (Kiāng-sī̆) (Biot)*.

管 *Kwàn (Biot)*. — Ancien nom de *Tchĭng-tcheōŭ*, département de *Kăy-fōng*.

| 乾山 *Kwàn-kăn*, car. *kiĕn-shān (Fl. Sin.)*. — Montagne du *Shān-sī̆*, également appelée *Kwàn-tsĭn-shān*.

| 點 *Kwàn-tièn (W.)*, vulgairement *Coulis*. — Paysans de la campagne qui se rendent à la ville (Macao et Canton), pour y chercher de l'emploi, et que les racoleurs embauchent pour les emporter à Cuba ou au Pérou. Quand ils sont engagés, on leur donne le nom de *tchóutcháy* (doubles porcs). Les autres coulis ou portefaix des villes sont appelés *tiăo-fóu*.

| 涔山 *Kwàn-tsĭn*, car. *tchĭn-shān* ou *Kwàn-kăn-shān (Ch. Rep.)*. — Montagne du *Shān-sī̆*, où la rivière *Fén* prend sa source.

觀理院 *Kwăn-lĭ-ywén (Cart. Jap.)*. — Maison de plaisance située dans le *Soto-siro*, près de *Lieôu-tchī̆*.

| 山 *Kwăn-shān (Ch. Rep.)*, colline du regard. — Colline sur laquelle est située la partie méridionale du chef-lieu du district de *Fóu-yáng*.

觀世音 *Kwăn-shí-ȳn (Cart. Jap.)*, autrement *Tsiĕn-tsăo-ssé (Cart. Jap.)*. — Temple d'*Akatsa*, situé à *Yédo*, dans le *Midsi*, sur la rive droite de l'*Okava*, et dédié à la déesse *Kwăn-ȳn*.

｜州 *Kwăn-tcheŏu*. — Nom d'un ancien chef-lieu de district, sous les *Sóng*, à l'est de *Nân-tăn-tcheŏu*, département de *Kĭng-ywĕn* (*Kwàng-sī*) (*Biot*). — Même nom pour désigner *Tŏng-kwăn-hién*, département de *Hó-kiĕn* (*Tchĭ-lí*) (*Biot*).

｜城 *Kwăn-tchíng* (cité de l'observatoire)-*hién* (*Ch. Rep.* — Un des 11 districts du département de *Tsăo-tcheŏu* (*Shăn-tŏng*). Le chef-lieu est situé sur la limite du département du *Tchĭ-lí*, par 36° lat. N. et 0° 51′ 30″ long. W. Biot le place dans le département de *Tŏng-tchăng*.

Histor. Ancienne principauté de *Shăo-kăng*, des *Hia*; sous les *Hán*, *Pân-kwăn*; sous les *Hán* orientaux, royaume de *Oéy*.

｜音山 *Kwăn-ȳn-shăn* (*Ch. Rep.*), montagne de *Kwăn-ȳn*. — Rocher perpendiculaire de 150 mètres environ de haut, dans les anfractuosités duquel on a élevé un temple de deux étages à la déesse *Kwăn-ȳn*, la sainte Vierge des Chinois. Ce temple se voit sur les bords du *Pĕ-hô*, à 22 kilomètres environ de *Yng-tĕ-hién*, département de *Shăo-tcheŏu*, province du *Kwàng-tŏng*. D'après De Guignes, il aurait été construit, sous la dynastie des *Tăng*, il y a environ mille ans. Le premier étage est à environ 30 mètres au-dessus de l'eau et l'autre étage à 15 mètres plus haut. Il repose entièrement sur le roc, qui a été taillé pour y pratiquer des escaliers et des reposoirs. La pierre est un calcaire à couleur foncée, qui donne au local un certain air de solennité. Une saillie du rocher, qui forme le toit du temple, offre l'apparence d'une énorme stalactite. On présume que la forme particulière de cette roche est due à l'action incessante de l'eau. Quelques prêtres bouddhistes habitent cette singulière demeure fréquentée par les pèlerins qui viennent faire des offrandes en faveur du culte de la déesse de miséricorde, la sainte Vierge révérée, dans tous les pays bouddhistes, comme la protectrice des femmes, des enfans et des malheureux. — Voir *Pŏu-tŏu-shăn*, *Tiĕn-tchí*, *Kwĕn-míng-hôu*, etc.

｜｜岩 *Kwăn-ȳn-yén*, montagne de *Kwăn-ȳn*, également appelée *Kŏu-tching-yén*. — Montagne escarpée sur laquelle est perchée une pagode à 9 étages, dédiée à la vierge *Kwăn-ȳn*, au-dessus du pont de *Hŏng-tsï*, sur le *Oú-hô* (*Ngăn-hoĕy*). (Excursion de Medhurst à travers les pays de la soie, du thé et de la porcelaine.)

舘甘山 *Kwàn-kăn-shăn* (*Fl. Sin.*). — Montagnes situées au nord-ouest du *Shăn-sī*.

｜氏邑 *Kwàn-shí-ĭ*, cité de la famille *Kwàn*. — Ancien nom de *Kwàn-tăo-hién*, département de *Tŏng-tchăng* (*Shăn-tŏng*) (*Biot*).

｜陶 *Kwàn-tăo* (poteries d'essieu)-*hién* (*Ch. Rep.*). — Un des 10 districts du département de *Tŏng-tchăng* (*Shăn-tŏng*). Le chef-lieu est situé près du *Oéy-hô*, par 36° 42' lat. N. et 0° 49' 30" long. W. — A l'époque du *Tchŭn-tsieōu*, territoire de *Kwàn-shĭ-ĭ*; sous les *Heóu-tcheōu*, *Mâo-tcheōu* (Biot).

開川 *Kwăn-tchwĕn* (Cart. Jap.). — Rivière de la cité de *Kwēy-shăn*, province d'*Ise*.

｜｜ *Kwăn-tchwĕn* (Cart. Jap.), ruisseau de la douane. — Ruisseau ou rivière près de laquelle est situé *Kwēy-shăn*, 46ᵉ station du *Tokaïdo*, entre *Tchoăng-yè* et *Kwăn*.

關 *Kwăn* (Cart. Jap.), douane. — 47ᵉ station du *Tokaïdo*, route orientale du Japon, située entre *Kwēy-shăn* et *Fàn-hta*.

｜隸鎮 *Kwăn-lĭ-tchĭn*. — Ancien nom de *Tchĭng-hô-hién*, département de *Kién-nĭng* (*Fŏ-kién*), sous les 5 dynasties postérieures (Biot).

｜內 *Kwăn-néy*, car. *nwĭ*. — Ancien nom de *Sī-ngăn-fòu* (*Shèn-sī*) sous les *Tăng* (Biot).

｜山 *Kwăn-shăn* (N. L.), montagne de la barrière, en anglais *barrier range*. — Chaîne de montagnes de la grande muraille, au nord du *Shăn-sī*. A mesure que l'on s'élève au-dessus des plaines du *Suēn-hóa-fòu*, lesquelles s'étendent sur des dépôts lacustres (*lake terrace deposits*), on rencontre une crête (*spur*) à l'ouest des montagnes. Cette crête, à doubles bords, est formée de deux lits de quartzite, de grès rouge argileux et d'une roche blanche compacte, qui semble de l'argilite altérée. La partie nord est en porphyre de *Kalgan*, qui appartient aux séries trachytiques. Au midi de cette crête, on aperçoit le terrain argileux (*terrace loam*), au-dessus de bancs de grès rouge et blanc tufacé, au milieu duquel se montre une gorge, effet évident de l'érosion ou échappement des eaux lacustres (G. R.).

｜｜ *Kwăn-shăn* (C. G.). — Iles situées sur la côte du *Fŏ-kién*, département de *Fŏ-nĭng*. On en distingue deux principales, le *Pĕ-kwăn* au nord et le *Nân-kwăn* au sud. Elles se trouvent sur la limite de la province du *Tchĕ-kiăng*.

｜西 *Kwăn-sī*. — Nom de *Fóng-tsiăng-fòu* (*Shèn-sī*), sous les 5 dynasties postérieures (Biot).

｜閘 *Kwăn-tchă* (Morr.). — Barrière ou porte qui sépare l'établissement des Portugais du territoire chinois, dans la presqu'île de *Hiăng-shăn* (*Kwàng-tōng*).

｜展 *Kwăn-tchĕn* (Cart. Chin.). — Poste de douane du Grand Désert, près de *Kīa-tchĭn-tchĭng*.

｜中 *Kwăn-tchōng*. — Ancien nom de *Sī-ngăn-fòu* (*Shèn-sī*) sous les *Tsĭn* (Biot).

關頭寨 *Kwăn-teŏu-tchăy* (C. H.), palissade de la tête de la douane. — Fort de la côte du *Tchĕ-kiāng*, département de *Tăy-tcheŏu*, situé par 29° 7′ lat. N. et 5° 1′ long. E.

| 東 *Kwăn-tōng* (Alb. Jap.), barrière orientale, en japonais *Kanto* ou *Kwanto*. — Nom sous lequel on entend les 8 provinces orientales de *Nifon*, que l'on désigne également sous le nom japonais de *Togokou*.

| | *Kwăn-tōng*, orient de la douane. — Nom de la province orientale de *Leâo-tōng* (Biot). — Même nom pour désigner, sous les *Hán*, le pays à l'est de *Sī-ngān-fòu* (*Shèn-sī*) (Biot).

| 青 *Kwăn-tsīng* (C. H.). — Ile de la côte du *Fóu-kién*, département de *Fóu-nīng*, située par 26° 45′ lat. N. et 3° 30′ long. E.

館 *Kwàn*, hôtellerie, auberge. — Voir *Yn-kwàn* (Biot).

SON KWANG.

Prononciation française.	*Kouang, Couang, Kwang, Kwangue.*
— américaine, anglaise. . .	*Kwang, Khwang.*
— espagnole, portugaise . .	*Kuam, Cuam.*

ORDRE DES CLEFS :

光 匡 廣 狂

CLEFS :	10	22	53	94
TRAITS :	4	4	13	4

光化 *Kwăng-hóa* (établissement de splendeur)-*hién* (Ch. Rep.). — Un des 7 districts du département de *Siāng-yăng* (*Hóu-pĕ*). Le chef-lieu est situé sur la rivière appelée *Hán-kiāng*, par 32° 27′ lat. N. et 4° 43′ 30″ long. W. *Histor.* Autrefois, pays de *Kŏ*; sous les *Hán*, territoire de *Tsăn-hién*; sous les *Oéy, Yn-tchīng* (Biot).

光義 *Kwāng-ì.* — Ancien nom de *Nân-tchîng-hién*, département de *Hán-tchōng* (*Shèn-sī*), sous les *Oéy* occidentaux (*Biot*).

| 武城 *Kwāng-où-tchîng.* — Nom d'une ancienne ville fondée par *Kwāng-où* des *Hán*, au sud de *Hô-nân-fòu* (*Hô-nân*).

| 山縣 *Kwāng-shān-hién* (*Ch. Rep.*). — Un des 4 districts du département inférieur appelé *Kwāng* (*Hô-nân*). Le chef-lieu est situé sur le *Siáo-hoâng*, par 32° 8′ lat. N. et 1° 37′ 30″ long. W.
Historique. A l'époque du *Tchŭn-tsieŏu*, pays de *Hién*; sous les *Hán*, *Sī-yâng* (*Biot*).

| 州 *Kwāng-tcheōu* (*Ch. Rep.*). — Un des 13 départemens, mais inférieur, de la province de *Hô-nân*, comprenant 4 districts *hién*, savoir : *Kóu-shì*, *Shāng-tchîng*, *Kwāng-shān* et *Sī*. Le chef-lieu, à 2,400 *lì* de *Pĕ-kīng*, est situé dans une plaine fertile, arrosée par la rivière *Hoây* et ses affluens, par 32° 12′ 36″ lat. N. et 1° 28′ 30″ long. W. *Histor.* A l'époque du *Tchŭn-tsieŏu*, territoire divisé entre les principautés de *Hién*, de *Hoâng* et de *Tsiâng*; sous les *Hán*, *I-yâng* (*Biot*).

| | *Kwāng-tcheōu.* — Ancien nom de *Lây-tcheōu-fòu* (*Shān-tōng*), sous les seconds *Oéy* (*Biot*).

| 澤 *Kwāng-tsĕ* (lac de la splendeur)-*hién* (*Ch. Rep.*). — Un des 4 districts du département de *Sháo-où* (*Fŏ-kién*). Le chef-lieu est situé sur le *Fòu-tūn-kī*, par 27° 32′ lat. N. et 0° 59′ 30″ long. E. *Histor.* Premièrement, territoire de *Sháo-où* (*Biot*).

匡邑 *Kwăng-ì.* — Ancien nom de *Tchăng-ywên-hién*, département de *Tá-mîng* (*Tchĭ-lĭ*) (*Biot*).

| 州 *Kwāng-tcheōu.* — Ancien nom de *I-leâng-hién*, département de *Yûn-nân* (*Yûn-nân*), sous les *Táng* (*Biot*).
Même nom pour désigner un ancien district dans le département de *Yŏ-lîn* (*Kwàng-sī*) (*Biot*).

| 城 *Kwāng-tchîng.* — Ancien nom de *Tchăng-ywên-hién*, département de *Tá-mîng* (*Tchĭ-lĭ*), sous les *Swĭ*, et de *Tây-kăng-hién*, département de *Tchĭn-tcheōu* (*Hô-nân*), sous les *Swĭ* (*Biot*).

| 通 *Kwāng-tōng* (*Biot*). — Ancien nom de *Lóu-tăn* (*Yûn-nân*).

廣豐 *Kwàng-fōng.* — Ancien nom de l'arrondissement de *Fōng-tchîng-hién*, département de *Nân-tchăng* (*Kiāng-sī*) (*Biot*).

| | *Kwàng-fōng* (fécondité étendue)-*hién* (*Ch. Rep.*). — Un des 7 districts du département de *Kwàng-sîn* (*Kiāng-sī*).
Le chef-lieu est situé sur une branche supérieure du *Kīn-kiāng*, par 28° 31′ lat. N. et 1° 54′ 30″ long. E.
Historique. Primitivement territoire de *Shāng-jâo*; sous les *Táng*, *Yòng-fōng*. C'est sous ce dernier nom qu'il est décrit par Biot.

廣漢 *Kwàng-hán.* — Ancien nom de *Hán-tcheōu*, département de *Tchīng-tōu (Ssé-tchwĕn)*; de *Pŏng-kī-hién*, de *Yĕn-tīng-hién*, département de *Tŏng-tchwĕn (Ssé-tchwĕn)*, de *Tchīng-tōu-fòu*, de *Tŏng-tchwĕn-fòu* et de *Shé-hŏng-hién*, département de *Tŏng-tchwĕn-fòu (Ssé-tchwĕn) (Biot)*.

| 海衛 *Kwàng-hày-oéy (Ch. Rep.)*, poste militaire de la mer étendue. — Synonyme de *Kwàng-hày-tcháy*.

| | 寨 *Kwàng-hày-tcháy (Ch. Rep.)*, autrement appelé *Kwàng-hày-oéy*, palissade de la mer étendue. — Poste militaire situé sur la côte sud-est du district de *Sīn-níng (Kwàng-tōng)*. C'est là que jadis les premiers jésuites débarquèrent lorsqu'ils se rendirent en Chine.

| 興 *Kwàng-hīng.* — Ancien nom de *Shâo-tcheōu-fòu (Kwàng-tōng)*, sous les premiers *Sóng (Biot)*.

| 化 *Kwàng-hóa.* — Ancien nom de *Hoēy-tcheōu*, département de *Tsīn (Kān-sŏ)*, sous les seconds *Oéy (Biot)*. — Même nom pour désigner un ancien arrondissement du temps des *Où*, au nord-ouest de *Yàng-kiāng-hién*, département de *Tcháo-kīng (Kwàng-tōng) (Biot)*.

| 枌 *Kwàng-jeōu.* — Ancien nom de *Shĭ-tsuĕn-hién*, département de *Lông-ngān (Ssé-tchwĕn)*, sous les *Hán (Biot)*.

| 仁 *Kwàng-jīn* (bienfaisant et étendu)-*tchíng (Ch. Rep.)*. — Une des 9 villes fortifiées du département de *Hoéy-ywèn (Tiĕn-shān-pĕ-lòu)*, au nord-ouest de *Hoéy-ywèn-tchíng*, près de la frontière des Kirghis.

| 口 *Kwàng-keŏu (Fl. Sin.)*, embouchure étendue. — Nom d'un bourg ou village du district de *Shún-tĕ*, *Kwàng-tcheōu-fòu (Kwàng-tōng)*, mentionné dans les Annales de l'industrie sérifère de cette province.

| 頼 *Kwàng-lây (Cart. Jap.)*. — Station de la province de *Tchŭ-yûn (Idsumo)*, sur *Nifon*, éloignée de 232 *ris* de *Yédo*.

| 陵 *Kwàng-líng.* — Ancien nom de *Jŭ-kāo-hién*, département de *Tŏng-tcheōu (Kiāng-sōu)*; de *Kiāng-tōu-hién*, département de *Yàng-tcheōu (Kiāng-sōu)*; de *Tiĕn-tchāng-hién*, département de *Ssē (Ngān-hoéy)*, et de *Hoăy-ngān-fòu (Kiāng-sōu)*, sous les *Hán (Biot)*.

| 靈 *Kwàng-lìng* (génie étendu)-*hién (Ch. Rep.)*. — Un des 10 districts du département de *Tá-tōng (Shān-sī)*. Le chef-lieu est situé au pied des *Héng-shān*, par 39° 46′ lat. N. et 2° 7′ 30″ long. W.

Historique. Sous les *Hán*, territoire de *Yĕn-lìng*; sous les *Tăng*, *Ngān piĕn (Biot)*.

| 樂 *Kwàng-lŏ.* — Ancien nom de *Ngān-sĕ-hién*, département de *Yén-ngān (Shèn-sī)*, sous les *Oéy* postérieurs *(Biot)*.

廣明 *Kwàng-ming*. — Nom d'un ancien arrondissement du temps des *Táng*, à l'est de *I-ning-hién*, département de *Kwéy-lin* (*Kwàng-sī*) (Biot).

| 內 *Kwàng-nà*, car. *nwi*. — Nom d'un ancien arrondissement du temps des *Táng*, au sud de *Tŏng-kiāng-hién*, département de *Pào-ning* (*Ssé-tchwĕn*) (Biot).

| 南 *Kwàng-nân* (Cart. Chin.), midi étendu. — Ile ou terre de l'archipel Indien, au sud-ouest dans la mer de Chine, entre l'île de *Hày-nân* et la péninsule malaise. La légende porte : | | 本安 南地漢爲日南郡隋唐驄州明義安府 興交趾東京隔邑水 *Kwàng-nân-pèn-ngān-nân-tī-hán-oĕy-jĭ-nân-kŭn-tchŭ-tāng-tsŏng-tcheōu-ming-ī-ngān-fòu-hīng-kiāo-tchĭ-tōng-kīng-kĕ-ĭ-shwì*. On voit qu'il s'agit du *Tonkin* et de la *Cochinchine*, dont font partie les territoires voisins de *Shûn-hóa*, *Sīn-tcheōu*, *Kŏu-tchîng*, *Pŏu-hày* et *Tōng-póu*.

| | *Kwàng-nân* (midi étendu)-*fòu* (Ch. Rep.). — Un des 21 départemens de la province de *Yûn-nân*, ne comprenant que le seul district de *Pào-ning-hién*. Biot en mentionne une autre sous le nom de *Fóu-tcheōu*. Le chef-lieu, à 6,600 *li* de *Pĕ-kīng*, est situé près de la frontière du *Kwàng-sī*, à la naissance d'une rivière appelée *Sī-yâng*, par 24° 9′ 36″ lat. N. et 11° 22′ 35″ long. W. — *Histor*. Sous les *Sóng*, district de *Tĕ-mô* (Biot).

| 安 *Kwàng-ngān*. — Ancien nom de *Kwàng-ngān-tcheōu*, département de *Shûn-kîng* (*Ssé-tchwĕn*), sous les *Sóng* (Biot).

| | *Kwàng-ngān* (repos étendu)-*tcheōu* (Ch. Rep.). — Un des 10 districts du département de *Shûn-kîng* (*Ssé-tchwĕn*). Le chef-lieu est situé sur la rive droite du *Tōng-kiāng*, par 30° 31′ 26″ lat. N. et 9° 49′ 40″ long. W. *Hist*. Sous les *Hán*, *Tăng-kŭu* et *Ngān-hán*; sous les *Sóng*, *Kwàng-ngān* (Biot).

| 澳 *Kwàng-ngáo* (C. G.), port étendu. — Nom d'une baie sur l'île de *Tă-hâo-sú*, ou cap de Bonne-Espérance, côte ouest du district de *Tchăo-yâng* (*Kwàng-tōng*).

| 寧 *Kwàng-ning* (tranquille et étendu)-*hién* (Ch. Rep.). — Un des 4 districts du département de *Kîn-tcheōu* (*Shîng-kīng*). Le chef-lieu est situé par 41° 40′ lat. N. et 5° 27′ 10″ long. E. Cette ville et *I-tcheōu* sont les deux premières de la province du *Shîng-kīng*, que l'on rencontre quand on vient de la Mongolie.

Autre de même nom, un des 13 districts du département de *Tchăo-kîng* (*Kwàng-tōng*). Le chef-lieu est situé sur un petit affluent du *Swī-kiāng*, par 23° 39′ 26″ lat. N. et 4° 29′ 35″ long. W.

Autre de même nom, pour désigner *Sieōu-où-hién*, département de *Hoǎy-kīng* (*Hô-nân*), sous les *Oéy* orientaux, et de *Tsîn-shwi-hién*, département de *Tsĕ-tcheōu* (*Shān-sī*), sous les *Heóu-tcheōu* (*Biot*).

廣寧 *Kwàng-nîng* (cité pacifique et étendue)-*ichīng* (*Ch. Rep.*). — Une des 13 garnisons d'ordre inférieur, subordonnées à la cité supérieure de *Shíng-kīng-pèn-tchīng* (*Shíng-kīng*). La position géographique est la même que celle du chef-lieu. — Voir *Fòng-tiĕn-fòu*.

| 武 *Kwàng-où*. — Ancien nom de *Táy-tcheōu* (*Shān-sī*), sous les *Oéy*; de *Tchíng-tcheōu*, département de *Kǎy-fōng* (*Hô-nân*), sous les *Oéy* orientaux, et de *Ywĕn-où-hién*, département de *Hoǎy-kīng* (*Hô-nân*), sous les *Oéy* occidentaux (*Biot*).

| | 城 *Kwàng-où-tchīng*. — Nom d'une ancienne ville du temps des *Swī*, près de *Lân-tcheōu-fòu* (*Kān-sŏ*) (*Biot*).

| 平 *Kwàng-pîng*. — Ancien nom de *Kwàng-pîng-fòu* (*Tchĭ-lì*) sous les *Hán* (*Biot*).

| | *Kwàng-pîng* (département paisible et étendu)-*fòu* (*Ch. Rep.*). — Un des 19 départemens de la province du *Tchĭ-lì*, comprenant 10 districts, savoir : *Yòng-niên*, *Tchíng-ngān*, *Féy-hiāng*, *Kwàng-pîng*, *Hân-tān*, *Tsĕ-tcheōu*, *Kī-tsĕ*, *Oéy-hién*, *Tsīng-hŏ* et *Kĭo-tcheōu*. Le chef-lieu, à 950 *lì* de *Pĕ-kīng*, est situé sur la rive gauche du *Fòu-yâng-hŏ*, par 36° 45' 30" lat. N. et 4° 34' long. W.

| | *Kwàng-pîng* (district paisible et étendu)-*hién* (*Ch. Rep.*). — Un des 10 districts du département de *Kwàng-pîng*. Le chef-lieu est situé sur le *Tchǎng-shwi*, par 36° 34' lat. N. et 4° 22' 30" long. W.

| 鄱澤 *Kwàng-pŏ-tsĕ* (*Fl. Sin.*), autrement appelé *Tá-lŏ-tsĕ* sur la carte de Klaproth. — Lac du département de *Shún-tĕ* (*Tchĭ-lì*).

| 壽 *Kwàng-sheóu*. — Ancien nom de *Yòng-sheóu-hién*, département de *Kién* (*Shèn-sī*) (*Biot*).

| 順 *Kwàng-shún* (complaisance étendue)-*tcheōu* (*Ch. Rep.*). — Un des 8 districts, mais moyen, du département de *Kwéy-yâng* (*Kwéy-tcheōu*). Le chef-lieu est situé par 26° 8' lat. N. et 10° 14' 30" long. W.

| 西 *Kwàng-sī* (occident étendu)-*sēng*. — Un des 11 gouvernemens particuliers (*Leàng-kwàng*), une des 4 provinces méridionales de la Chine intérieure (*Tchōng-kwĕ*), et qui comprend 12 départemens, dont 11 *fòu* et 1 *tcheōu*, savoir : *Kwéy-lîn*, *Lieòu-tcheōu*, *Kīng-ywĕn*, *Ssē-ngēn*, *Ssé-tchīng*, *Pîng-lŏ*, *Où-tcheōu*, *Sīn-tcheōu*, *Nân-nîng*, *Táy-pîng*, *Tchĭn-ngān* et *Yŏ-lîn*. Il y a en outre les départemens de *Ssē-mîng*, de *Kiāng-tcheōu*, de *Lí-tcheōu*, de *Lŏ-yâng-hién* et de *Tōu-kāng-tcheōu*, d'après Biot; ainsi que les territoires ou districts indépendans de *Kĭe-lûn*, de *Kĭe-*

ngăn, de *Kwéy-tĕ*, de *Lông-yng*, de *Ná-tĭ*, de *Shăng-hĭa-tōng*, de *Ssē-lĭng*, de *Ssē-tcheōu*, de *Tāy-pĭng*, de *Tiĕn-tcheōu*, de *Tōu-kĭe* et de *Wān-tchĭng*. La carte de Klaproth cite également les noms suivans, qui se trouvent dans le cercle des territoires indépendans : *Kŏ-hŏa*, *Pĭng-tsiăng*, *Móng-yng* et *Tchōng*.

Cette province comprend un territoire au nord, couvert de grandes forêts et de hautes montagnes, dont les principales sont le *Yāo-shān* à l'ouest et le *Kwéy-lĭng* à l'est. Les principales rivières sont le *Sī-kiāng*, qui porte également les noms de *Sī-yáng*, de *Kīn-kiāng* et de *Tá-kiāng;* puis le *Kwéy-kiāng*, qui porte également les noms de *Kwéy-lĭng-kiāng*, de *Fôu-kiāng* et de *Kiĕn-kiāng*. Parmi les cours d'eau qui arrosent le *Kwàng-sī*, nous trouvons encore les rivières suivantes citées sur la carte de Klaproth : *Kwán-kiāng*, *Yù-kiāng* ou *Tsò kiāng*, *Pîng-lŏ-kiāng*, *Lŏ-tsĭng-kiāng*, *Tsīng-shwĭ-kiāng*, *Où-lĭng-kiāng*, *Lông-kiāng*, *Yòng-fŏ-shwĭ*, *Tá-tchăng-kiāng*, *Hông-yĕn-kiāng*, *Hông-shwĭ-kiāng* et *Hó-kiāng*.

Cette province renferme des mines d'or, d'argent, d'étain, de cuivre rouge et de cuivre blanc, de plomb, de fer, de zinc et de cinabre. Les productions végétales y sont aussi fort nombreuses. Outre le riz, on y trouve des orangers, des arbres de fer, des canneliers, des arbres à cire végétale et animale, des arbres à fécule alimentaire, du miel, de la cire d'abeilles et du suif végétal. Parmi les animaux sauvages, on cite de petits singes, des porcs-épics et des oiseaux rares.

廣西府 *Kwàng-sī-fòu* (*Yûn-nán*) (*Biot*). — Voir *Kwàng-sī-tcheōu* (*Ch. Rep.*).

| | 州 *Kwàng-sī-tcheōu* (*Ch. Rep.*) ou *Kwàng-sī-fòu* (*Biot*). — Un des 21 départemens de la province du *Yûn-nán*, comprenant 2 districts : *Ssē-tsōng* et *Mĭ-lĕ*. Le chef-lieu, à 5,870 *li* de *Pĕ-kīng*, est situé au nord d'un petit lac, par 24° 39' 36" lat. N. et 42° 38' 40" long. W. *Histor.* Autrefois royaume de *Tiĕn;* sous les *Hán*, territoires de *I-tcheōu* et de *Tsăng-hô;* sous les *Táng*, *Kĭ-mì-tcheōu* (*Biot*).

| 信 *Kwàng-sìn.* — Ancien nom de *Fōng-tchwĕn-hién*, département de *Tcháo-kĭng* (*Kwàng-tōng*), et de *Tsăng-où-hién*, département de *Où-tcheōu* (*Kwàng-sī*) (*Biot*).

| | *Kwàng-sīn* (vérité étendue)-*fòu* (*Ch. Rep.*). — Un des 14 départemens de la province du *Kiāng-sī*, comprenant 7 districts *hién*, savoir : *Shàng-jáo*, *Kwàng-tōng*, *Jŏ-shān*, *Ywĕn-shān*, *Hīng-ngān*, *I-yáng* et *Kwéy-kĭ*.

Le chef-lieu, à 3,805 *li* de *Pĕ-kīng*, est situé sur la principale branche du *Kīn-kiāng*, par 28° 27' 36" lat. N. et 1° 37' 6" long. E.

Les montagnes de ce département sont cultivées et fournissent des carrières de quartz pur, employé pour *pĕ-tūn-tsè* dans la fabrication de la porcelaine.

Historique. A l'époque du *Tchŭn-tsieōu* et à celle des guerres civiles, pays divisé entre les royaumes de *Où* et de *Tsòu;* sous les *Tsĭn*, dépendance de *Hoéy-kĭ;* sous les *Hán*, *Yù-kān* et *Táy-mŏ*, deux arrondissemens du 3ᵉ ordre; sous les *Táng* et les *Sóng*, *Sín-tcheōu* (*Biot*).

廣大姚 *Kwàng-tá-yáo (C. H.)*. — Ile de la côte du *Tchĕ-kiāng*, département de *Wĕn-tcheōu*, située par 29° 3' lat. N. et 4° 40' long. E.

| 島 *Kwàng-tào (Cart. Jap.)*, île étendue, en japonais *Yewakouni (C. S.)*. — Cité de la province de *Yù-ì (Aki)*, sur *Nifon*, éloignée de 240 *ris* de *Yédo* et située sur un vaste estuaire formé par les deux bras d'un cours d'eau qui se jette dans la mer intérieure.

| 門 *Kwàng-tchă (Fl. Sin.)*, barrière du *Kwàng-tōng*. — Muraille et porte qui séparent l'établissement portugais de Macao du territoire chinois.

| 昌縣 *Kwàng-tchăng-hién (Ch. Rep.)*, district de la lumière étendue. — Un des 5 districts du département de *Kiéntchăng (Kiāng-sī)*. Le chef-lieu est situé à la réunion d'un petit affluent du *Hán-kiāng*, par 26° 55' lat. N. et 0° 15' long. W. *Historique*. Primitivement, territoire de *Nân-fōng (Biot)*.
Même nom pour désigner un des 2 districts du département de *I (Tchĭ-lĭ)*. Le chef-lieu est situé sur la limite occidentale de la province, par 39° 24' lat. N. et 2° 8' 30" long. W. *Historique*. Autrefois, *Féy-hôu-keŏu* ; sous les *Hán*, *Kwàng-tcheōu* ; sous les *Heóu-tcheōu*, *Où-lông (Biot)*.

| 州 *Kwàng-tcheōu*. — Ancien nom de *Kwàng-tcheōu-fòu (Kwàng-tōng)*, sous les *Où*, et de *Lòu-shăn-hién*, département de *Jù (Hô-nân)*, sous les *Oéy (Biot)*.

| | *Kwàng-tcheōu* (contrée étendue)-*fòu (Ch. Rep.)*. — Un des 15 départemens de la province du *Kwàng-tōng*, comprenant 15 districts, dont 14 *hién* et 1 *tăng*, savoir : *Nân-hày*, *Păn-yù*, *Tōng-kwān*, *Hiāng-shān*, *Sīn-ngān*, *Shún-tĕ*, *Sīn-hoéy*, *Sīn-ning*, *Tsēng-tchíng*, *Lôngmên*, *Tsŏng-hóa*, *Sāng-shwì*, *Tsĭng-ywên* et *Hōa* ; enfin *Tsiĕn-shăn-tchăy*.
La métropole, connue des étrangers sous le nom vulgaire de *Canton*, altération du nom de la province de *Kwàng-tōng*, est une grande ville de près de 2,000,000 d'habitans (1), renommée, depuis longues années, par ses manufactures de soieries et par son commerce avec l'étranger. Les Français y sont venus en 1516. Les Arabes et d'autres peuples de l'Occident trafiquaient déjà depuis longtemps avec cette ville.
Elle est située à 5,494 *li* de *Pĕ-kīng*, sur le *Tchū-kiāng*, qui sépare la ville principale du grand faubourg de *Hô-nân*, par 23° 7' 10" lat. N. et 3° 14' 24" long. W.
Historique. A l'époque du *Tchŭn-tsieŏu*, pays des *Nân-ywĕ*, avec le nom de *Yâng-tchíng* ; sous les *Tsĭn*, province de *Nân-hày* ; sous les *Où*, *Kwàng-tcheōu* ; sous les *Swí*, *Fān* ou *Păn-tcheōu* ; sous les *Tăng* et les *Sóng*, *Tsĭng-hày (Biot)*.

---

(1) M. de Rienzi n'évalue cette population qu'à 500,000 âmes. En 1844, nous avons pu nous assurer qu'il y avait plus de 84,000 bateaux enregistrés sur la rivière, ce qui, à 6 personnes chaque en moyenne, fait plus que ce nombre.

廣城 *Kwàng-tchîng.* — Ancien nom de *Hiên-hién*, département de *Hô-kiēn* (*Tchĭ-lí*), sous les *Hán* (Biot).

| | *Kwàng-tchîng* (Biot). — Nom de *Hiên-hién*, sous les *Swĭ*.

| 巛 *Kwàng-tchwĕn.* — Ancien nom de *Kîng-tcheōu*, département de *Hô-kiēn* (*Tchĭ-lí*), sous les *Hán*; de *Kí-tcheōu* (*Tchĭ-lí*), sous les *Hán*, et de *Tsào-kiāng-hién*, département de *Kí-tcheōu* (*Tchĭ-lí*), sous les *Tsín* (Biot).

| 德 *Kwàng-tĕ.* — Ancien nom de *Kwàng-tĕ-tcheōu* (*Ngān-hoēy*), sous les *Hán*, et de *Liên-shān-hién*, département de *Liên* (*Kwáng-tōng*), sous les *Leâng* (Biot).

| | 州 *Kwàng-tĕ-tcheōu* (Ch. Rep.), contrée de la vertu étendue. — Un des 13 départemens de la province du *Ngān-hoēy*, n'ayant qu'un seul district, celui de *Kién-pîng*. Le chef-lieu départemental, à 2,780 li de *Pĕ-kīng*, est situé sur une des branches supérieures du *Shwĭ-yâng-hô*, par 31° lat. N. et 2° 54' 6" long. E. A l'époque du *Tchŭn-tsieōu*, la contrée était dépendante du royaume de *Oû*, sous le nom de *Tŏng-jwi*; ensuite elle fut divisée entre les royaumes de *Ywĕ* et de *Tsöu*. Sous les *Tsĭn*, le pays fut compris dans la province de *Tchāng*; sous les *Hán*, il fut appelé *Kwàng-tĕ*; sous les *Leâng*, *Shĭ-fōng* et *Tá-leâng*; sous les *Swĭ*, *Swī-ngān*; sous les *Tāng*, *Tāo-tcheōu* et *Suēn-tcheōu*.

| 定 *Kwàng-tîng.* — Ancien nom de *Pŏu-kiāng-hién*, département de *Kiŏng* (*Ssé-tchwĕn*), sous les *Oéy* occidentaux (Biot).

| 東 *Kwàng-tōng* (orient étendu)-*sēng* (Ch. Rep.). — Une des 4 provinces méridionales, un des 11 gouvernemens particuliers (*Leâng-kwàng*) de la Chine propre ou intérieure (*Tchōng-kwĕ*), qui comprend 15 départemens, savoir: 9 *fòu*, 4 *tcheōu* et 2 *tîng*: *Kwàng-tcheōu*, *Shâo-tcheōu*, *Hoéy-tcheōu*, *Tchâo-tcheōu*, *Tchâo-kîng*, *Kāo-tcheōu*, *Liên-tcheōu*, *Lwí-tcheōu* et *Kiông-tcheōu*; puis *Lô-tîng*, *Nân-hiông*, *Kīa-yng* et *Liên*; enfin *Li-yâo* et *Fŏ-kāng*.

La côte sud-est est peuplée d'un grand nombre d'îles; elle s'étend depuis les districts de *Jâo-pîng* et de *Nân-ngáo*, sur la lisière du *Fóu-kién*; elle suit successivement les districts de *Tchîng-hày*, de *Kwéy-shên*, de *Kie-yâng*, de *Tchâo-yâng*, de *Hoéy-lây*, de *Lŏ-fōng*, de *Hày-fōng*, de *Sīn-ngān*, de *Tōng-kwān* et de *Hiāng-shān*; puis ceux de *Sīn-hoéy*, de *Sīn-nîng*, de *Yâng-kiāng*, de *Tién-pĕ*, de *Oû-tchwĕn*, de *Swí-kĭ*, de *Hày-kāng* et de *Sû-wĕn*; enfin, laissant au nord-est la grande île de *Hày-nân*, elle s'étend dans le golfe du *Tōng-kīng*, jusqu'à la limite extrême du district de *Kīn-tcheōu*; à l'embouchure du *Ngān-nân*, frontière de l'empire chinois et du royaume annamite.

Les montagnes principales de la province du *Kwàng-tōng* sont celles de *Où-tchŭ-lîng* et de *Tá-yú-lîng*, de *Méy-lîng* et de *Siào-méy-lîng*, de *Yâng-lîng*, au nord; de *Mâo-yòng-shān*, au sud-est; de *Lông-mŏ-shān*, de *Lîng-yâng-hĭa*, de *Hày-mŏ-lîng*, de *Sān-tăy-shān* et de *Lì-shān*, au sud; de *Lô-*

— 345 —

feôu-shăn et de *Fĕn-shwi-lìng*, au sud-ouest; de *Yāo-shān*, au nord-ouest; de *Hĭa-teŏu-lìng* et de *Tá-liên-yú*, au nord; de *Tchă-hōa-lìng*, au centre de la province; de *Lô-feŏu-shăn*, à l'est de Canton et de *Pĕ-shān*, au nord-ouest de la même ville; de *Hoâng-tŏu-lìng*, du département de *Tchăo-tcheōu*, de *Tá-tchŭn-lìng*, de *Fêy-tsuên-lìng*, de *Wán-fōng*, de *Kīa-lìng*, de *Siăo-nieŏu-lìng* et de *Oú-pŏ-lìng*, du district de *Hày-fōng*; ainsi que les *Où-tchĭ-shān* ou *Tchĭ-shān*, de *Lĭ-mòu-shān* et *Sān-tăy-shān*, de la grande île de *Hày-nân;* ainsi que d'autres telles que *Kĭng-lìng*, du département de *Hoéy-tcheōu* et *Kieòu-lông*, du district de *Sīn-ngān*, etc.

Le principal fleuve du *Kwàng-tōng* est le *Tá-kiāng* ou *Sī-kiāng*, qui porte à Canton (*Kwàng-tcheōu*) le nom de *Tchū-kiāng*. Il reçoit les eaux du *Pĕ-kiāng* et du *Tōng-kiāng*, ainsi que d'autres affluens moins importans; puis il prend à son embouchure le nom de *Ssē-tsè-yâng*. Les autres rivières sont le *Hán kiāng*, le *Tá-tĕ-kiāng*, le *Kĭn-kiāng* ou *Tchăng-shā*, le *Tōng-lòng* ou *Tchăng-lìn*, le *Ong-kiāng* et le *Tchĭng-kiāng*, le *Swi-kiāng*, le *Yâng-kĭ*, le *Shăn-teŏu-tsè*, le *Sīn-kiāng*, le *Ngeōu-tìng*, le *Kĭ-tōng*, le *Heŏu-kĭ*, le *Tsiên-kĭ*, le *Lông-kiāng*, le *Kĭe-shĭ*, le *Nĭáo-kăn*, le *Heŏu-mên-kiāng*, le *Siăo-mô*, le *Fĕn-shwì*, le *Lĭ-mòu-kiāng* ou *Kiĕn-kiāng*, le *Tá-tóu-hô*, le *Páng-tăng-shwì*, le *Kieòu-tcheōu-kiāng*, le *Lìng-lŏ-kiāng*, le *Lô-shwì*, le *Páo-kiāng*, le *Sīn-hô*, le *Sān-kiăo-hô*, le *Jŭ-tōng-shwì*, le *Tŏ-kiāng*, le *Mŏ-yâng-kiāng*, etc.

Parmi les canaux naturels ou districts, on cite : le *Tā-kĭn-mên*, le *Siăo-kĭn-mên*, le *Lŏ-keòu-mên*, le *Hŏ-tóu-mên*, le *Shăn-oéy-kiāng*, le *Pĕ-shă-hôu*, le *Tá-hoâng-keŏu* et *Hĕ-shă-yâng*, etc.

Parmi les bureaux de poste, on mentionne : *Shĭ-mên-sìn*, *Sīn-ngān-sìn*, *Năn-shìng-sìn*, *Kīn-lĭ-hóu*, etc.

Parmi les localités désignées comme marchés, lieux d'échange, nous rencontrons : *Mêy-lŏ* ou *Mêy-lŏ-tchīn*, *Sī-nân-tchīn*, etc. D'autres localités sont désignées, sans en indiquer la spécialité, telles sont les suivantes : *Lĭ-shĭ*, *Shā-kĭ-keŏu*, *Ywĕ-kiāng-leŏu*, *Páo-ywĕ-tăy*, *Yŏ-lìng-teŏu*, *Hĭng-tăy*, *Tá-yòng*, *Hĭa-yông*, *Hoâng-tchŏ-kĭ*, *Tá-tōng-yông*, *Hōa-tĭ*, etc.

Les baies principales sont celles de *Liên-ngáo*, de *Kwàng-ngáo*, de *Tsiên-ngáo*, de *Tsĕ-ngáo*, de *Tá-ngáo*, de *Kĭe-shĭ-ngáo*, de *Kĭ-ngáo*, de *Nieŏu-shĭ-kiāng*, de *Yŭ-lìn-kiāng*, etc.

Parmi les places fortes de la province du *Kwàng-tōng*, on cite les suivantes : *Tá-tchīng-sŏ*, *Hày-mên-sŏ*, *Hày-keŏu-sŏ*, *Hày-ngān-sŏ*, *Shoāng-yŭ-sŏ*, *Tá-pĭng-sŏ*, *Tsĭe-shīng-sŏ*, *Tsīng-hày-sŏ*, *Kĭa-tsĕ-sŏ*. D'autres stations militaires sont celles de *Hày-teŏu-yng*, de *Tá hăo-yng*, de *Kĭe-shĭ-oéy* ou *Kĭe-shĭ-tchīng*, de *Kwàng-hày-tcháy* ou *Kwàng-hày-oéy*, de *Lŏ-ngān-fĕy-tchīng*, de *Nân-ngáo* ou *Nân-ngáo-tchīng*.

Parmi les juridictions inférieures, on remarque les suivantes : *Tăy-pĭng-ssē* (*Hày-nân*), *Tăy-pĭng-ssē* (*T'chdo-kĭng*), *Tchĭ-swì-ssē*, *Shā-lâng-ssē*, *Hoâng-nĭ-wān-ssē*, *Shĭn-ngān-ssē*, *Hoâng-leâng-tōu-ssē*, *Tchăo-nĭng-ssē*, *Suĕn-tchĭ-ssē*, *Pĭng-shān-ssē*, *Pĭ-tiĕn-ssē*, *Pān-tiĕn-ssē*, *Où-tchá-ssē*, *Tá-tsăn-ssē*, *Sān-hô-ssē*, *Hoâng-kăng-ssē* ou *Hoâng-kăng-tchīng*.

Les points principaux et les îles de la côte du *Kwàng-tōng* sont, en commençant à l'est, depuis les limites du *Fŏ-kiĕn*, l'île de *Nân-ngáo*, nom de district du département de *Tchăo-tcheōu;* celles de *Nân-pŏng*, de *Sān-pŏng*, de *Pĕ-pŏng* et de *Tsĭ-sīng-tsiāo;* celles de *Kĭ-lông-shān* et de *Yâng-sŭ;* celles de *Lă-sú*, de *Lieôu-nieôu* et de *Tōng-hòu;* celles de *Tsīng-sú-shān*, de *Sĭ-shān*, de *Sīn-tcheōu*, de *Pĕ-tcheōu* et de *Tsìng-tcheōu;* celles de *Tchĕ-lăng-sú* et de *Kiāng-mòu-sú;* celles de *Sān-sú;* celles de *Où-sú*, dans le district de *Tching-hày;* de *Shĭ-lăng-tcheōu*, de *Tá-lăy-oŭ*, de *Siào-lăy-oŭ* et de *Nĭ-sú*. Les îles principales du district de *Tchăo-yâng* sont celles de *Tchĭ-tsiāo*, de *Tchĭ-ichīn-shĭ*, de *Fáng-kĭ-shān*, de *Tŏu-pĕ-ngáo*, de *Kwéy-sú*, de *Sìn-sú* et de *Tsīng-tsăo-sú;* puis celles de *Kō-káy-sú*, de *Tsáo-sú* et de *Sān-sú*. Près de la baie, appelée *Tsiĕn-ngáo*, on aperçoit deux pointes, le *Tsiĕn-ngáo-pĭ* et le *Lóng-tăn-pĭ*, dont les points remarquables sont le *Fáng-tsè-shān* et le *Liĕn-hōa-fōng;* puis plus loin l'île de *Tsăng-tcheōu*.

En allant plus au sud et laissant le district de *Hoéy-lây*, du département de *Tchǎo-tcheōu*, pour entrer dans le district de *Lŏ-fōng*, du département de *Hoéy tcheōu*, nous trouvons trois roches dont la principale est appelée *Kwéy-hŏu-tūn*. En dehors de la baie appelée *Sōu-kōng-ngáo*, et près des rochers appelés *Lŏ-shĭ-kĭa-tsè-lăn*, nous trouvons l'île *Tōng-kĭ*, au delà de l'éminence appelée *Tiĕn-oéy-piào*, près de l'île *Sĭ-kĭ;* puis les rochers appelés *Lô-kòu-shĭ*. Dans le district de *Hày-fōng*, on remarque les bancs appelés *Shǎng-ȳng* et *Hía-ȳng*, les rochers *Shĭ-ssĕ-teōu* et l'île *Kīn-sú*, puis celles de *Tchĕ-lăng-sú*, de *Măng-sú*, de *Kwēy-ling-sú*, de *Tsăy-sú*, de *Hīa-pŏ-tsiāo*, de *Kiāng-mò-sú* et de *Kĭ-lông-shān*, de *Kĭ-sīn-sú*, de *Kiāng-meòu-sú* et de *Mão-sú*.

Nous arrivons au district de *Kwēy-shēn*, où l'on trouve les îles de *Nwàn-máo-shān*, de *Măng-sú*, dont la pointe est appelée *Niào-shān-teōu;* celles de *Tōng-ting*, de *Sĭ-ting*, de *Tá-sīng* et de *Siào-sīng;* celles de *Yă-pĕ*, de *Tĭe-tchēn*, de *Shíng-kāo*, de *Tsăo-sú*, de *Teòu-hía*, de *Sìn-shān-shĭ* et de *Yén-tcheōu*.

Nous quittons le département de *Hoéy-tcheōu* et nous entrons dans le district de *Sīn-ngān*, du département de *Kwǎng-tcheōu*. Voici la pointe appelée *Tá-lŏ-kĭo*, les îles de *Sān-kwān-pĭ* et de *Eŭl-kwān-pĭ*, de *Hày-tcheōu*, de *Mà-ngān*, de *Tiáo-yŭ-kōng*, de *Tiáo-yŭ-ōng*, de *Tŏ-ning* de *Ywĕ-méy*, de *Tchŏ-kāo*, de *Sān-shwi*, de *Fŏ-kiĕn-teōu*, de *Tsiāng-kūn-ngáo*, de *Yén-păy*, de *Pĭng-tcheōu*, de *Kĭ-ngáo*, de *Lâng-tchwĕn-tcheōu*, de *Siào-kĭn-mên*, de *Tá-kĭn-mên*, de *Kò-tcheōu*, de *Pŏu-tăy*, de *Pĕ-fŏ-tăng-shān* et de *Nán-fŏ-tăng-shān;* de *Tchĭ-tchú*, c'est-à-dire *Hiāng-kiāng;* de *Kiáo-ĭ-tcheōu*, de *Yàng-tchwĕn-tcheōu*, de *Kĭ-shwi-mên*, de *Kōng-tchwĕn-tcheōu*, de *Pĭ-pă-tcheōu*, de *Sháng-mô-tāo*, de *Hīa-mô-tāo*, de *Tchăng-tcheōu-tsè*, de *Lông-kòu*, de *Siáo-tcheōu*, de *Tá-sú-shān*, de *Ling-tìng* et autres.

En face des districts de *Sīn-ngān* et de *Tōng-kwān*, où se trouve encore l'île de *Hwâng-tăng-shān*, est situé celui de *Hiāng-shān*, qui comprend le territoire étranger de Macao (*Ngáo-mên*). Auprès sont les îles *Wán-shān*, puis *Kĭ-ngáo*, *Kīng-sīng-mên*, *Léng-kĭo-shān*, *Kieòu-sīng*, *Shĭ-tsè-mên*, *Tsīng-tcheōu*, *Mà-lieòu-tcheōu*, *Sŏ-tsŭ*, *Liĕn-wǎn-tcheōu*, *Siào* et *Tá-hoâng-kĭn-shān;* enfin *Hŏ-tcheōu* et *Pĕ-têng-tcheōu*.

En dehors du district de *Sīn-hoéy* sont de nombreuses îles, les *Tá*, *Eúl* et *Sān-hòu*, les *Siào* et *Tá-lìn*, les *Tá-năy-tcheōu*, *Tĭe-lòu*, *Kāo-lân*, *Kĭ-sīn* et autres.

Au delà est le district de *Sīn-ning*, avec ses nombreuses îles, les *Yăy-mên*, *Tŏ-yăy*, *Eúl-yăy;* les *Mǎ-tcheōu*, *Yén-tsè-păy*, *Hoâng-máo*, *Sān-kĭo*,

Tchŏ-kāo-oéy; les *Tá-kīn, Fān-kwèy-mào, Tchwĕn-lông, Pĭ-kīa, Où-tchū* et *Pĕ-kīa;* puis *Sháng-tchwĕn* et *Hía-tchwĕn.*

Le district de *Yáng-kiāng,* du département de *Tchāo-kīng,* présente les îles suivantes : *Fán-shĭ, Tchŭ-mòu-teòu, Twĭ-ngān, Tŏ-shĭ-shān, Hày-ling-shān, Mà-ngān-shān, Tŏ-shŭ-tŏ* et *Tsīng-tcheōu;* celles de *Ta-pĭ-hày* et de *Siào-kōu-mên-hày.*

Le district de *Tién-pĕ,* du département de *Kāo-tcheōu,* n'offre que quelques îles, parmi lesquelles on cite *Tōng* et *Nán-shú-shān.* Le district voisin de *Où-tchwĕn* présente celle de *Mà-ngān-shān* et celle de *Kāng-shĭ-tcheōu.* Le district de *Swĭ-kĭ* présente celles de *Tōng-teòu-shān,* de *Tcheōu-kĭ* et de *Tōng-hày.* Le district de *Hày-kāng,* du département de *Lwĭ-tcheōu,* présente celles de *Lŏ-tcheōu* et de *Sīn-mào-tāo,* celles de *Oéy-tcheōu* et de *Tchŭ-mòu·tchĭ-shān.* L'île de *Hày-nān* est littéralement hérissée d'îles. Nous ne connaissons que ces deux noms de *Fēn-yáng-tcheōu* au nord-est, et *Siào-tăy-meóu-tcheōu* au sud-ouest; puis les stations de *Tăy-pīng-ssē, Hày-keòu-sŏ* et *Hày-ngān-sŏ.*

Les productions de la province de *Kwàng-tōng* sont très-variées, tant à cause des différences du sol que de celles des températures. Le riz, le sucre, le tabac, le thé, la soie en sont les principales. On y trouve des fruits en abondance, mais principalement de ceux ordinaires aux contrées tropicales, tels que les bananes, les ananas, les mangues, les oranges, citrons, cédrats et pamplemousses, les persimons ou plaqueminiers, les arachides ou noix de terre, les patates, les ignames et des herbages de toutes sortes. Les bois y sont remarquables ; à côté des pins et des cèdres, on rencontre des arbres d'aigle, de fer et de senteur. Le riz abonde dans les plaines, où il donne deux récoltes annuelles, tandis que le mûrier planté sur les bords des rizières fournit sept et même huit coupes de feuilles annuellement. Il y a des mines abondantes de houille, d'anthracite et de lignite. Cette province est une des plus considérables de l'Empire chinois, tant à cause de son étendue que de sa population, de la richesse de son sol et de la salubrité de son climat.

廣東通志 *Kwàng-tōng-tōng-tchí (Bridgm.).* — Statistique de Canton en 182 livres, par *Hŏ-yŭ-lin,* publiée en 1823 contenant d'abord une carte générale de la province, puis des cartes particulières de chaque département et de chaque district. Dans la carte générale de la province, les latitudes et longitudes sont indiquées en degrés; dans celles des départemens, elles sont indiquées en demi-degrés, et dans celles des districts le degré est divisé en 10 parties de 25 *li* chaque, soit 250 *li* pour le degré. — Voir *Ch. Rep.*), vol. XII, page 312.

L'ouvrage est divisé en 19 chapitres, dont les principaux sont le 6ᵉ, intitulé *Yŭ-tĭ-lĭo,* qui contient des notices topographiques du plus haut intérêt; le 7ᵉ (*Shān-tchwĕn-lĭo*), la nomenclature des montagnes et des cours d'eau; le 8ᵉ (*Kwān-yày*), celle des passes et des douanes; le 9ᵉ, celle des fortifications de toute espèce; le 13ᵉ (*I-wĕn-lĭo*), celle des arts, des sciences et de la littérature du pays; le 14ᵉ (*Kīn-shĭ-lĭo*), celle des antiquités, etc.

通縣 *Kwàng-tōng-hién (Ch. Rep.).* — Un des 7 districts du département de *Tsŏu-hiông (Yùn-nán).* Le chef-lieu est situé au pied des monts *Pĕ-tsăng*, par 25° 15' lat. N. et 14° 39' 30" long. W. — Autrefois territoire de *Lŏu-tân* (*Biot*).

廣 都 *Kwàng-tōu.* — Ancien nom de *Shoāng-lieôu-hién*, département de *Tchīng-tōu* (*Ssé-tchwĕn*), sous les *Han* (*Biot*).

| 濟縣 *Kwàng-tsĭ-hién* (*Ch. Rep.*). — Un des 8 districts du département de *Hoâng-tcheōu* (*Hôu-pĕ*). Le chef-lieu est situé sur un petit affluent du fleuve Bleu, rive gauche, par 30° 10' lat. N. et 0° 50' 30" long. W. Sous les *Han*, territoire de *Kĭ-tchŭn* (*Biot*).

| 晉 *Kwàng-tsĭn.* — Nom d'une ancienne ville des *Tăng*, 150 *lĭ* au nord de *Jâo-tcheōu-fòu* (*Kiāng-sī*) (*Biot*).

| 宗 *Kwàng-tsōng.* — Ancien nom de *Kwàng-tsōng-hién*, département de *Shŭn-tĕ* (*Tchĭ-lĭ*), sous les seconds *Hán* (*Biot*).

| | *Kwàng-tsōng* (district honorable et étendu)-*hién* (*Ch. Rep.*). — Un des 9 districts du département de *Shŭn-tĕ* (*Tchĭ-lĭ*). Le chef-lieu est situé près du *Tchăng-shwi*, par 37° 10' lat. N. et 1° 10' 30" long. W. Sous les *Hán*, *Tăng-yâng*; sous les seconds *Han*, *Kwàng-tsōng*; sous les *Swī*, *Tsōng-tchīng*; sous les *Tăng*, *Tsōng-tcheōu* (*Biot*).

| 阿 *Kwàng-wŏ*, car. *ngō*. — Ancien nom de *Lóng-pĭng-hién*, département de *Tchào-tcheōu* (*Tchĭ-lĭ*), sous les *Han* (*Biot*).

| 陽 *Kwàng-yâng.* — Nom d'un ancien district des seconds *Oéy*, dans l'arrondissement de *Lĭn-tóng*, département de *Sī-ngān* (*Shèn-sī*) (*Biot*).

| | *Kwàng-yâng.* — Nom d'une ancienne province au nord du *Shān-sī*, sous les *Tăng*. — Voir *Shŭn-tiĕn-fòu* (*Tchĭ-lĭ*) et *Pĭng-tĭng-tcheōu* (*Shān-sī*) (*Biot*).

| | 湖 *Kwàng-yâng-hôu* (*Fl. Sin.*). — Lac situé dans le département de *Hoăy-ngān* (*Kiāng-sōu*).

| 野 *Kwàng-yè* (*Cart. Jap.*), désert étendu. — Cité de la province de *Yn-făn* (*Inaba*), sur *Nifon*, éloignée d'environ 190 *ris* de *Yédo*.

| 鬱 *Kwàng-yŏ.* — Ancien nom de *Kwéy-hién*, département de *Sĭn-tcheōu* (*Kwàng-sī*), sous les *Han* (*Biot*).

| 元 *Kwàng-ywĕn* (origine étendue)-*hién* (*Ch. Rep.*). — Un des 9 districts du département de *Pào-nĭng* (*Ssé-tchwĕn*). Le chef-lieu est situé à la réunion d'un petit affluent avec le *Kīa-lĭng*, par 32° 20' lat. N. et 10° 31' 30" long. W. *Histor.* Sous les *Tsĭn*, *Kīa-mông*; sous les *Hán* du pays de *Shŏ*, *Hán-sheóu*; sous les seconds *Oéy*, *Hīng-ngān*; sous les *Leâng*, *Lĭ-tcheōu*; sous les *Swī*, *Miên-kŏ* (*Biot*).

狂青 Kwăng-tsĭng (Voc. An.), vert barbare, vulgairement *Cuong-thanh* et *Rach-lap-to*. — Cours d'eau de la Cochinchine (*Voc. Aubaret*, page 408).

SON *KWAY*.

Prononciation française. . . . . *Kouaï, Couay, Kouay, Kway*.
—   américaine, anglaise. . . *Kwae, Kwa, Kway, Khwae*.
—   espagnole, portugaise . . *Kuai, Cuay*.

ORDRE DES CLEFS :

                    華   澮

CLEFS : $\frac{4}{6}$ $\frac{85}{13}$
TRAITS :

華西 Kwăy-sī. — Nom d'un ancien chef-lieu établi par les *Ywĕn*, dans le département actuel de *Kwéy-yăng-fou* (*Kwéy-tcheōu*) (Biot).

澮河 Kwáy, car. *Kwéy-hô* (Ch. Rep.). — Un des affluens de la rivière *Hoáy*, au nord de la province de *Hô-nân*.

SON *KWE.*

Prononciation française. . . . . *Koue, Kwe, Coue.*
— américaine, anglaise. . . *Kwo, Kwoh.*
— espagnole, portugaise . . *Cue.*

ORDRE DES CLEFS :

國 馘

CLEFS :   31   141
TRAITS : ─   ─
           8   9

國 *Kwĕ (D. G.)*, royaume. — Territoire gouverné par un roi ou souverain. Pour les anciens royaumes de la Chine, voir *Kŏu-kwĕ (N. L.)*. Pour la liste générale des anciens États, voir aux *Prolégomènes*.

|郡全圖 *Kwĕ-kŭn-tsuĕn-tŏu (Alb. Jap.)*, carte générale des provinces et royaumes. — Géographie japonaise comprenant les 68 provinces des 8 principales îles du Japon, savoir : *Nifon, Kiousiou, Sikok, Sado, Oki, Awadsi, Iki* et *Tsusima*.

馘 *Kwĕ (Biot)*. — Nom d'une ancienne principauté, sous les *Tcheōu*, dans le *Hô-nân*. *Kwĕ* occidental, district de *Lôu-shí*, département de *Shèn-tcheōu*; *Kwĕ* oriental, districts de *Kĭ-shwĭ* et de *Yòng-yáng*, département de *Kăy-fŏng*; *Kwĕ* nord, district de *Wēn*. Biot prononce ce caractère *Kiăo*, mais dans un autre sens ; Medhurst le prononce *Kĭ* et Morrison *Kĭ* et *Kwŏ*.

SON *KWEN*.

Prononciation française. . . . . *Kouen, Couen, Kwen, Kwene, Kwenn.*
— américaine, anglaise. . . *Kwan, Khwan.*
— espagnole, portugaise . . *Kuen, Cuen.*

ORDRE DES CLEFS :

崐 崑 昆 粂 棍 混 袞 鄧

CLEFS :	46/8	46/8	72/4	75/6	75/8	85/8	145/4	163/9

崐崘 *Kwĕn-lûn* (*Ch. Rep.*), montagnes sphériques comme les cieux, autrement appelées *Koulkoun* en mongol. — Chaîne de montagnes très-élevées qui séparent le Turkestan du Thibet, vers 35° de latitude nord. Au point d'intersection ouest avec la chaîne appelée *Bolor*, elle prend le nom de *Tsŏng-lìng*. Les *Nân-shān* et les *Yûn-lìng* sont presque regardés comme un prolongement à l'est des *Kwĕn-lûn*.

| | *Kwĕn-lûn* (*Ch. Rep.*) ou *Kwĕn-tŭn* (*Ch. Rep.*). — Nom de l'île de *Poulo-condor*, sur la côte de Cochinchine.

| 山 *Kwĕn-shān.* — Ancien nom de *Kīa-ting-hién*, département de *Tây-tsăng-tcheōu* (*Kiăng-sōu*), sous les *Sĭn* (*Biot*).

| | 県 *Kwĕn-shān-hién* (*Ch. Rep.*). — Un des 10 districts du département de *Sōu-tcheōu* (*Kiăng-sōu*), renommé pour ses séribaphies. Le chef-lieu est situé sur une rivière, ou canal naturel, appelé *Kwĕn-shān-ta-hô*, et qui communique entre *Shang-hày* et *Tcha-pŏu*, par 31° 28' lat. N. et 4° 19' 30" long. E.

Historique. Sous les *Tsĭn*, territoire de *Leôu-hién* (*Biot*).

| | 大河 *Kwĕn-shān-ta-hô* (*Ch. Rep.*), grand fleuve de *Kwĕn-shān*. — Rivière ou canal naturel qui passe à *Kwĕn-shān-hién*, communique avec le lac *Mào*, et va rejoindre le grand canal à la porte appelée *Lôu-mên*, à *Sōu-tcheōu*.

崐屯 *Kwēn-tŭn* (Ch. Rep.), milice des montagnes, ou *Kwēn-lŭn* (Ch. Rep.). — *Poulo-condor* en malais, ce qui signifie *l'île aux calebasses*. Le nom annamite est *Hon-kon-non*. Cette île est un point très-important qui commande les embouchures du Cambodge; elle sert de reconnaissance à tous les navires qui vont à Saigon et à ceux qui se rendent en Chine. La principale des 12 îles qui forment ce pâté montagneux, placée à 75 milles environ dans le sud-ouest du cap Saint-Jacques, ne possède qu'une seule plaine qui se développe dans la partie orientale, sur les bords de la baie d'*An-haï*, où se trouve un village avec un fort, mais dont le mouillage n'est pas tenable à l'époque des vents de nord-est. Dans l'ouest, on trouve une baie plus petite, mais offrant un abri convenable en toutes saisons. C'est une espèce de port, entouré de tous côtés de montagnes élevées, qui tombent à pic dans la mer et qui sont garnies de forêts épaisses de la base au sommet. (Extrait de la *Revue maritime et coloniale*.)

La situation de l'îlot de *Hon-cao*, le plus oriental du groupe de Poulo-kondor, serait de 8° 42′ 13″ lat. N. et 9° 46′ 20″, si l'on prend pour règle de position le phare Saint-Jacques, pointe de la basse Cochinchine, avant d'entrer dans le *Donnaï*, et qui se trouve par 10° 49′ 40″ lat. N. et 9° 24′ 4″ long. W.

崑崘 *Kwēn-lŭn* (Cart. Chin.) ou *Kwēn-tŭn* (Ch. Rep.). — Poulo-condor, île située sur la côte de Cochinchine.

Même nom donné aux monts Koulkoun, grande chaîne, prolongement de l'Hindou-koh.

｜明湖 *Kwēn-ming-hôu* (N. A.), lac des *Kwēn-ming*. — C'est ainsi que *Oû-tĭ*, le 6ᵉ souverain de la dynastie des *Han*, appela, du nom des peuples qu'il avait vaincus, le lac où il avait obtenu sa victoire. Ce lac, alimenté par la rivière *Kĭo*, est aujourd'hui appelé *Tiĕn-tchĭ*; il était entouré d'une terrasse, soigneusement construite, qui avait environ 8 à 10 kilomètres de circuit. Ce lac devint une sorte de théâtre nautique, où l'on représenta des joutes navales et des combats simulés. Le poëte *Tŏu-fŏu*, de la dynastie des *Tăng*, dans une de ses meilleures pièces, célèbre le lac des *Kwēn-ming* et la statue élevée sur ses bords à *Tchĭ-niu* ou la céleste tisseuse, la sainte vierge des tisseurs, qui y est représentée une navette à la main.

Voir la traduction des poésies des *Tăng*, par M. le marquis d'Hervey de Saint-Denis, page 158, note 22.

｜喃 *Kwēn-năn* (Cart. Chin.). — Pouli obi, île située sur la côte de Cochinchine.

崑彌 *Kwēn-mí*. — Ancien nom de *Ta-lĭ-fòu* (*Yûn-nân*), sous les 3 premières dynasties (*Biot*).

｜明 *Kwēn-ming* (Ch. Rep.), autrement appelé *Tiĕn-tchĭ*. — Grand lac de la province du *Yûn-nân*.

｜｜県糸 *Kwēn-ming-hién* (Ch. Rep.), district des lumières nombreuses. — Un des 14 districts du département de *Yûn-nân* (*Yûn-nân*). Le chef-lieu est au siège même du département, par 25° 6′ lat. N. et 13° 35′ 50″ long. W.

Historique. Sous les *Han*, territoire du lac *Tiĕn*; sous les *Swĭ*, *Kwēn-tcheōu* (*Biot*).

Même nom pour désigner *Tŏng-ngān-tcheōu*, du département de *Lĭ-kiāng* (*Yûn-nân*), sous les *Tăng* (*Biot*).

昆州 *Kwēn-tcheōu*. — Ancien nom du district de *Kwēn-mĭng*, département de *Yûn-nân*, et de *Yûn-nân-fòu* (*Yûn-nân*), sous les *Swĭ*; de *Tchĭng-kiāng-fòu* (*Yûn-nân*), sous les *Swĭ*, et de *Lóu-nân-tcheōu*, du département de *Tchĭng-kiāng* (*Yûn-nân*), sous les *Tăng* (*Biot*).

| 陽州 *Kwēn-yâng-tcheōu* (*Ch. Rep.*). — Un des 11 districts du département de *Yûn-nân* (*Yûn-nân*). La ville est située au sud-ouest du grand lac appelé *Tiĕn-tchĭ*, par 24° 45′ lat. N. et 13° 43′ 30″ long. W. — Autrefois, territoire du lac *Tiĕn*; sous les *Sóng*, *Kú-kiăo* (*Biot*).

桒名 *Kwēn-mĭng* (*Alb. Jap.*), en japonais *Kouvana*. — Cité de la province de *Ise*, 42ᵉ station du *Tokaïdo*, entre *Miya* et *Yokaitsi*.

棍 *Kwén*. — Voir *Tān-kwén-teōu*.

混河 *Kwèn-hô* (*C. K.*). — Rivière du *Hôu-pĕ*, département de *Siāng-yâng*, petit affluent du *Tăng-hô*.

| 水江 *Kwèn-shwĭ-kiāng* (*Ch. Rep.*), fleuve aux eaux troubles et sales. — Nom donné au *Tchū-kiāng*, dans son passage à travers la province du *Kwàng-sī*.

| 同 *Kwèn*, car. *Hoèn-tōng* (unis et mélangés)-*hô* (*Ch. Rep.*). — Nom du *Songari* après sa jonction avec le *Nún* et le *Hōu-eùl-ngŏ*.

袞州 *Kwèn-tcheōu* (contrée des habits impériaux)-*fòu* (*Ch. Rep.*). — Un des 12 départemens de la province du *Shān-tōng*, comprenant 10 districts, savoir : *Tsē-yâng*, *Kĭo-feŏu*, *Ssĕ-shwĭ*, *Tseōu-hiĕn*, *Tĕng-hiĕn*, *I-hiĕn*, *Wén-shang*, *Sheŏu-tchāng*, *Yâng-kĭo* et *Nĭng-yâng*. Le chef-lieu, à 1,230 *lĭ* de *Pĕ-kīng*, est situé par 35° 41′ 51″ lat. N. et 0° 29′ 6″ long. E., sur une petite rivière appelée *Ssĕ-hô*, qui se jette dans le grand canal. Biot donne à ce département le nom de *Yēn-tcheōu*. C'est aussi celui porté sur la carte de Klaproth.

| 豆頁 *Kwèn-teōu* (*Fl. Sin.*). — Village du *Shān-tōng*, sur la rive droite du *Ta-tsĭng-hô*, renommé pour ses joncs ou roseaux à faire des nattes.

鄆 *Kwēn* (*Medh.*). — Ville de l'ancien pays de *Oéy*, le moderne *Pŏ*, d'un département du *Shān-tōng*, et située par 35° 47′ lat. N. et 0° 51′ long. W. — Voir *Pŏ-tcheōu-hiĕn*, département de *Tsáo-tcheōu* (*Shān-tōng*).

Même nom pour désigner une autre ville de l'ancienne dynastie des *Tcheōu* (*Medh.*).

| 城 *Kwēn-tchĭng*. — Ancien nom de *Pŏ-tcheōu-hiĕn*, département de *Tsáo-tcheōu* (*Shān-tōng*), sous les *Han* (*Biot*).

VOCAB. GÉOG. CHINOIS.

SON *KWEY*.

Prononciation française.......... *Kouey, Koueï, Couey, Kwey.*
— américaine, anglaise... *Kwey, Khwey, Kwei, Khwey.*
— espagnole, portugaise.. *Cuei, Kuei.*

ORDRE DES CLEFS :

傀 圭 夔 媯 桂 歸 勊 溎 澮 虁

CLEFS :	9	32	35	38	75	77	85	85	85	140
TRAITS :	10	3	19	12	6	14	6	9	13	16

虉 貴 軌 逵 邽 鬼 龜

CLEFS	141	154	159	162	163	194	213
TRAITS :	12	5	2	8	6		

傀儡山 *Kwĕy-lwĭ-shān (Cart. Chin.)*, montagne des statues de bois. — Montagne au sud de Formose.

圭湖墩 *Kwĕy-hôu-tūn (C. G.).* — Le plus saillant des trois rochers qui se trouvent en dehors de la petite rivière appelée *Lông-kiāng*, à l'ouest de *Shĭn-tsŭen-ssē (Kwàng-tōng).*

夔 *Kwĕy* ou *Kwĕy (Biot).* — Nom d'un ancien royaume. — Voir *Kwĕy-tcheōu*, du département de *I-tchang (Hôu-pĕ).*

｜州 *Kwĕy-tcheōu (Biot).* — Ancien nom, sous les *Tâng*, de *Kwĕy-tcheōu-fōu (Biot).*

｜｜府 *Kwĕy-tcheōu-foù (Ch. Rep.).* — Un des 26 départemens de la province du *Ssé-tchwĕn*, comprenant 6 districts, savoir : *Fòng-tsĭe, Où-shān, Yŭn-yâng, Wan, Ta-nĭng* et *Kăy.* Biot désigne un 7ᵉ district, sous le nom de *Tá-tchăng.* Le chef-lieu·est situé au confluent du *Fēn-shwì-hð* avec le fleuve Bleu, par 31° 9' 36'' lat. N. et 6° 53' 30'' long. W. La campagne, aux environs de *Kwéy-tcheōu*, dit M. Blakiston, forme un contraste frappant avec les pays bas du fleuve. Les montagnes qui séparent la province du *Hôu-pĕ*, de celle du *Ssétchwĕn*, disparaissent dans le lointain, et les regards s'étendent sur une belle et vaste plaine, couverte de cultures. Les grains de toutes sortes, les plantes fourragères, les légumes, les arbres fruitiers se partagent le sol, arrosé par une infinité de canaux qui portent et entretiennent partout la fécondité. C'est dans cette région que commence la culture du pavot, avec lequel les chinois obtiennent leur opium.

Historique. A l'époque du *Tchŭn tsieŏu*, royaume du *Kwéy*; sous les *Tsin*, dépendance de la province de *Pā*; sous les *Han* du pays de *Shŏ*, *Kóu-lĭng*; sous les *Leâng*, *Sĭn-tcheōu*; sous les *Tăng*, *Yŭn-ngān* et *Kwĕy-tcheōu*.

媯河 *Kwēy-hð (Fl. Sin.).* — Rivière du *Ngān-hoĕy*, qui vient du district de *Pŏ*, département de *Yng-tcheōu*, et qui se jette dans le lac *Tiĕn-tsĭng*, dans le district de *Où-hô*.

丨州 *Kwēy-tcheōu (Biot).* — Ancien nom de *Yĕn-kīng-tcheōu (Tchĭ-li)*, sous les *Tăng (Biot)*.

桂花城 *Kwéy-hōa-tchĭng (N. L.),* cité des fleurs de cannelliers. — Ville ou territoire des contrées mahométanes, situées dans le pays d'*Ili*. Le *Ch. Rep.* rapporte qu'en 1754, le khan des Éluths s'y étant retiré, les Chinois les poursuivirent et massacrèrent plus d'un million de ces pauvres fugitifs. Vol. IX, p. 117.

丨江 *Kwéy-kiāng (Cart. Jap.),* fleuve des cannelliers. — Rivière du département de *Kwéy-lĭn*, province du *Kwàng-sī*, tributaire du fleuve des Perles.

丨丨 *Kwéy-kiāng,* fleuve des cannelliers, autrement *Kwéy-lìng-kiāng (Ch. Rep.).* — Rivière très-rapide du département de *Kwéy-lĭn (Kwàng-sī) (Ch. Rep.)*.

丨林 *Kwéy-lĭn (Biot).* — Ancien nom de province, sous les *Tsin*, comprenant le département actuel de *Kwéy-lĭn (Kwéy-tcheōu)* (*Biot*).

丨丨 *Kwéy-lĭn* (forêt de cannelliers)-*fòu (Ch. Rep.).* — Un des 12 départemens de la province du *Kwàng-sī*, qui comprend 10 districts, dont 7 *hién*, 2 *tcheōu* et 1 *tĭng*, savoir : *Lĭn-kwéy*, *Yâng-sŏ*, *Yòng-nĭng*, *Yòng-fŏ*, *Lĭng-tchwĕn*, *Hīng-ngān*, *Kwan-yâng*; puis *Tsuēn*, *I-nĭng*; enfin *Lòng-shĭng*. Le chef-lieu de ce département et capitale de la province, à 4,049 *lĭ* de *Pĕ-kīng*, est situé sur les bords ouest du *Kwéy-kiāng*, au-dessus de son confluent avec la rivière *Yâng*, par 25° 13' 12'' lat. N. et 6° 45' 40'' long. W.

丨嶺 *Kwéy-lìng (Ch. Rep.).* — Montagnes faisant suite à la partie sud-ouest de la grande chaîne appelée *Hêng-shān*, au nord du district appelé *Hô (Kwàng-sī)*.

桂嶺江 *Kwéy-lĭng-kiāng (Fl. Sin)*. — Nom que porte le *Kwéy-kiāng*, rivière du *Kwàng-sĭ*, dans la carte des jésuites citée par Du Halde.

｜平縣 *Kwéy-pĭng-hién (Ch. Rep.)*. — Un des 4 districts du département de *Sĭn-tcheōu (Kwàng-sĭ)*. Le chef-lieu est situé par 23° 26' lat. N. et 6° 27' 54" long. W. Sous les *Han*, *Kwéy-shān* (Biot).

｜山 *Kwéy-shān*. — Ancien nom de *Kwéy-pĭng-hién*, département de *Sĭn* ou *Ssĭn-tcheōu (Kwàng-sĭ)*, sous les *Han* (Biot).

｜巢 *Kwéy-tchǎo (C. K.)*. — Station du *Yûn-nân*, près de la frontière du *Kwéy-tcheōu*, située par 23° 24' lat. N. et 10° 48' long. W.

｜東縣 *Kwéy-tōng-hién (Ch. Rep.)*. — Un des 5 districts du département moyen appelé *Tchĭn-tcheōu (Hôu-nân)*. Le chef-lieu est situé sur le *Ki-kiāng*, par 26° 3' 34" lat. N. et 2° 54' 30" long. W. Sous les *Tăng*, territoire de *I-tchāng* (Biot).

｜陽 *Kwéy-yâng (C. K.)*, contrée des cannelliers. — Station du *Hôu-nân*, département de *Yòng-tcheōu*, située sur le *Siāng-kiāng*, par 26° 30' lat. N. et 4° 25' long. W.

｜｜ *Kwéy-yâng*. — Nom d'une ancienne province méridionale, sous les *Han*. — Voir *Shǎo-tcheōu-fòu (Kwàng-tōng)*.

｜｜ *Kwéy-yâng (Biot)*. — Ancien nom de *Liên-tcheōu-hién*, département de *Kwàng-tcheōu (Kwàng-tōng)*, sous les *Han* (Biot).

｜｜縣 *Kwéy-yâng-hién (Ch. Rep.)*. — Un des 5 districts du département moyen appelé *Tchĭn-tcheōu (Hôu-nân)*. Le chef-lieu est situé par 25° 35' lat. N. et 3° 12' 30" long. W. Sous les *Han*, territoire de *Tchĭn*; sous les *Tsĭn*, *Jôu-tchĭng*; sous les *Tăng*, *I-tchāng* (Biot).

｜｜ *Kwéy-yâng* (territoire des monts *Kwéy*)-*tcheōu (Ch. Rep.)*. — Un des 16 départemens, mais moyen, de la province de *Hôu-nân*, comprenant 3 districts *hién*, savoir : *Lĭn-où*, *Kīa-hô* et *Lân-shān*. Le chef-lieu, à 4,214 *li* de *Pĕ-kīng*, est situé près de la rivière *Kwēy*, par 25° 48' lat. N. et 4° 5' 51" long. W. Sous les *Tsĭn*, *Pĭng-yâng* (Biot).

歸化 *Kwēy-hóa (Biot)*. — Ancien nom pour désigner *Tay-mĭng-hién*, département de *Shao-où (Fŏ-kièn)*, sous les *Tăng*; de *Suĕn-hóa-fòu (Tchĭ-li)*, sous les *Leáo*; de *Tsŏng-nĭng-hién*, département de *Tchĭng-tōu (Ssé-tchwĕn)*, sous les 5 dynasties postérieures (Biot).

｜｜ *Kwēy-hóa* (produire et revenir)-*hién (Ch. Rep.)*. — Un des 8 districts du département de *Tĭng-tcheōu (Fŏ-kién)*. Le chef-lieu est situé sur un affluent du *Tá-ssē-kĭ*, par 26° 20' lat. N. et 0° 54' 30" long. E.

歸化城 *Kwēy-hóa-tchîng* (cité Bleue)-*tǐng* (*Ch. Rep.*), district de la cité appelée *Kwēy-hóa*. — Un des 5 districts de l'arrondissement appelée *Kwēy-swī* (*shān-sī*). Le chef-lieu est appelé en mongol Koku-khotu.

| | 廳 *Kwēy-hóa-tíng* (*Ch. Rep.*). — Un des 7 districts, mais inférieur et station militaire du département de *Ngān-shún* (*Kwéy-tcheōu*). La ville est située au sud du chef-lieu du département.
Même nom pour désigner un arrondissement et une ville de 3ᵉ ordre, département de *Yûn-nân* (*Yûn-nân*), dont le chef-lieu est par 24° 52' lat. N. et 13° 32' 30'' long. W. Sous les *Han*, *Ngān-kiāng* (*Biot*).

| 易 *Kwéy-ì* (*Biot*). — Ancien nom, sous les *Han*, de *Hióng-hién*, département de *Pào-tíng* (*Tchǐ-lí*) (*Biot*).

| 義 *Kwēy-ì* (*Biot*). — Ancien nom, sous les *Tâng*, de *Yâng-sŏ-hién*, département de *Kwéy-lîn* (*Kwàng-sī*) (*Biot*).
Même nom pour désigner un arrondissement établi par les *Tâng*, sur le territoire de *Leâng-hiāng-hién*, département de *Shún-tiēn* (*Tchǐ-lí*) (*Biot*).

| 仁 *Kwēy-jîn* (*Biot*). — Nom d'une ancienne ville de 3ᵉ ordre, établie par les *Swī* sur le territoire de *Pă-tcheōu*, au sud-ouest de *Tŏng-kiāng* (*Ssé-tchwĕn*) (*Biot*).

| 江 *Kwēy-kiāng* (*C. K.*) ou *Kwēy-shwǐ* (*Ch. Rep.*). — Rivière du *Hô-nân*.

| 善 *Kwēy-shén* (revenu bon)-*hién* (*Ch. Rep.*). — Un des 10 districts du département de *Hoéy-tcheōu* (*Kwàng-tōng*), sur la côte méridionale de la mer de Chine, situé par 23° 2' 24'' lat. N. et 2° 46' 24'' long. W. et présentant les îles suivantes : *Nwàn-máo-shān*, *Mông-sú* (cette dernière près d'une pointe de terre appelée *Niào-shān-teōu*), puis *Tōng-tíng*, et *Sī-tíng*; *Ta-sīng* et *siào-sīng*; ainsi que *Yă-pĕ*, *Tīe-tchēn*, *Shíng-kāo*, *Tsăo-sú*, *Teòu-hia*, *Jìn chân-shī* et *Yên-tcheōu*, cette dernière devant une grande baie près des limites orientales du district. Sous les *Han*, territoire de *Po-lo*; sous les *Swī*, *Sun-tcheōu* (*Biot*).

| 順州 *Kwēy-shún-tcheōu* (*Ch. Rep.*). — Un des 3 districts, mais secondaire, du département de *Tchín-ngāu* (*Kwāng-sī*). Le chef-lieu est située par 23° 10' lat N. et 10° 24' 30'' long. W.

| 水 *Kwēy-shwǐ* (*Ch. Rep.*) ou *Kwéy-kiāng* (*C. K.*). — Branche ou affluent du *Siāng-kiāng*, à qui elle se réunit au-dessus de *Hêng-tcheōu-fòu* (*Hôu-nân*).
Même nom pour désigner un affluent du *Sāng-kān-hô* (*Tchǐ-lí*).

| 綏嶋 *Kwēy-swī-táo* (*Ch. Rep.*) ou *Kwēy-swī-táo*, *Shŏ-où-tíng*, c'est-à-dire, arrondissement de *Kwēy-swī*, de la province du *Shān-sī*, savoir : *Kwēy-hóa-tchîng-tĕng*, *Hô-lin-kĕ-eùl-tíng*, *Tŏ-kĕ-tŏ-tchîng-tíng*, *Tsīng-shwǐ-hô-tíng* et *Să-lă-tsī-tíng*. Cet arrondissement est

occupé en grande partie par la tribu des Toumets. Le chef-lieu est éloigné de 1,180 *lì* de *Pĕ-kīng*. Il est situé en dehors de la grande muraille. Le département est limité au nord par les tribus mantchoues appelées Tchahar ; à l'est, par les départemens de *Ning-ywèn* et de *Sŏ-pīng* et à l'ouest par les Ortous.

歸綏城 *Kwēy-swī-tching* (*Ch. Rep.*), ou *Kwēy-hóa-tching-tīng*, ou *Swī-ywèn-tching*. — Ville du *Kwēy-swī-tao*, de la province de *Shān-sī*, résidence du magistrat supérieur, qui administre la tribu des Toumets de Koukoukoto.

｜州 *Kwēy-tcheōu* (*Ch. Rep.*). — Un des 7 districts du département de *I-tchāng* (*Hôu-pĕ*). Le chef-lieu est situé sur la rive gauche du fleuve Bleu, par 36° 57′ 36″ lat. N. et et 5° 50′ 27″ long. W. Autrefois, pays compris dans le royaume de *Kwéy*; sous les *Heóu-tcheōu*, *Tsè-kwēy* (*Biot*).

｜德 *Kwēy-tĕ* (*Biot*). — Ancien nom, sous les *Han*, de *Hŏ-shwi-hién*, département de *Kīng-yâng* (*Kān-sŏ*) (*Biot*).

｜｜府 *Kwēy-tĕ-fòu* (*Ch. Rep.*). — Un des 13 départemens du *Hô-nân*, comprenant 8 districts, dont 7 *hién* et 1 *tcheōu*, savoir : *Shāng-kieŏu*, *Hía-ĭ*, *Yòng-tching*, *Nīng-lîng*, *Swī*, *Tché-tching*, *Lŏ-ĭ* et *Yú-tching*. Le chef-lieu de ce département, à 1,800 *lì* de *Pĕ-kīng*, est situé dans une vaste et riche plaine qui s'étend sur la rive droite du fleuve Jaune, par 34° 28′ 40″ lat. N. et 0° 37′ 30″ long. W. On y recueille beaucoup d'oranges et de grenades.

Historique. A l'époque du *Tchŭn-tsieŏu*, pays de *Sóng*; sous les *Tsîn*, *Shāng-kieŏu* et *Pō-ĭ*; sous les *Han*, *Swī-yâng*; sous les *Swī*, *Sóng-tcheōu*; sous les 5 dynasties postérieures, *Kwēy-tĕ*; sous les *Sóng*, *Yng-tiĕn* (*Biot*).

｜｜州 *Kwēy-tĕ-tcheōu* (*Ch. Rep.*). — District dépendant de la province du *Kwàng-sī*. Le chef-lieu est situé sur le *Yŭ-kiāng*, par 23° 50′ lat. N. et 9° 45′ long. W.

浡泥 *Kwēy-ní* (*Cart. Chin.*), également appelée *Ta-ní*. — Nom de la péninsule malaise, située entre le détroit de Malaca et le golfe de Siam, à l'entrée de la mer de Chine.

澮州 *Kwéy* ou *Kway-tcheōu* (*Biot*). — Ancien nom de *I-tching-hién*, département de *Pîng-yâng* (*Shān-sī*), sous les *Tâng*.

夔 *Kwéy* ou *Kwēy* (*Biot*). — Nom d'un ancien royaume.

屬容甸 *Kwēy-yông-tién* (*Cart. Chin.*). — Station rurale, juridiction intérieure du district de *Shĭ-pîng*, département de *Lin-ngān*, province du *Yûn-nân*.

貴鄉 *Kwēy-hiāng* (*Biot*). — Ancien nom de *Ywĕn-tching-hién*, département de *Ta-mîng* (*Tchĭ-lì*), sous les *Oéy*.

貴縣 *Kwéy-hién* (*Ch. Rep.*), district illustre. — Un des 4 districts du département de *Sĩn* ou *Tsĩn-tcheōu* (*Kwàng-sĩ*). Le chef-lieu est situé sur le *Yû-kiāng*, par 23° 7' lat. N. et 7° 10' 30" long. W. — Historique, d'après Biot. Sous les *Han*, *Kwàng-yŏ*; sous les *Tsĩn*, *Yŏ-pĩng*; sous les *Leâng*, *Tĩng-tcheōu*; sous les *Táng*, *Kwéy-tcheōu*.

| 河 *Kwéy-hô* (*C. K.*). — Rivière du *Kwéy-tcheōu*, département de *Kwéy-yâng*.

| 湖 *Kwéy-hôu* (*C. K.*). — Lac du *Hôu-pĕ*, département de *Kĩng-tcheōu*.

| 溪縣 *Kwéy-kĭ-hién* (*Ch. Rep.*), district de la vallée illustre. — Un des 7 districts du département de *Kwàng-sĩn* (*Kiāng-sĩ*). Le chef-lieu est situé par 28° 16' 48" lat. N. et 0° 49' 10" long. E. Sous les *Han*, territoire de *Yû-kān* (Biot).

| 江 *Kwéy-kiāng* (*C. K.*). — Rivière du *Hôu-nân*, département de *Tchāng-shā*, et tributaire du *Siāng-kiāng*, rive gauche. (*Carte de Klaproth.*)

| 安 *Kwéy-ngān* (retour de la tranquillité)-*hién* (*Ch. Rep.* — Un des 7 districts de *Hôu-tcheōu* (*Tchĕ-kiāng*). Cet arrondissement, dit Biot, forme avec celui de *Oû-hĩng*, l'arrondissement spécial du chef-lieu de département. Il est par conséquent situé par 30° 52' 48" lat. N. et 3° 30' 27" long. W.

| 平 *Kwéy-pĩng* (Biot). — Nom d'une ancienne ville du 3ᵉ ordre, établie par les *Oéy*, à l'est de *Shoāng-lieôu-hién*, département de *Tchĩng-tōu* (*Ssé-tchwēn*).

| 山 *Kwéy-shān*, noble montagne. — Ville fortifiée du pays de *Ta-wān*. — Même nom pour désigner *Kwéy-pĩng-hién*, du département de *Tsĩn-tcheōu* (*Kwàng-sĩ*), sous les *Han* (Biot).

| 州 *Kwéy-tcheōu*. — Ancien nom pour désigner *Kwéy-lin-fòu* (*Kwàng-sĩ*), sous les *Leâng* (Biot).

| | *Kwéy-tcheōu* (*Fl. Sin.*). — Nom d'une localité du district de *Shún-tĕ*, département de *Kwàng-tcheōu* (*Kwàng-tōng*), mentionnée dans l'industrie de la soie.

| | *Kwéy-tcheōu*. — Ancien nom de *Kwéy-hién*, département de *Sin-tcheōu* (*Kwàng-sĩ*), sous les *Táng* (Biot).

| | *Kwéy-tcheōu* (contrée honorée)-*sēng* (*Ch. Rep.*). — Une des 4 provinces méridionales de la Chine propre, comprenant 16 départements dont 12 *fòu*, 1 *tcheōu* et 3 *tĩng*, savoir : *Kwéy-yâng*, *Ssē-tcheōu*, *Ssē-nân*, *Tchín-ywèn*, *Tōng-jin*, *Lĭ-pĩng*, *Ngān-shun*, *Hĩng-i*, *Tôu-yún*, *Shĭ-tsiĕn*, *Ta-Tĩng*, et *Tsūn-i*; puis, *Pĩng-ywĕ*; enfin, *Sōng-tào*, *Pôu-ngān* et *Jîn-hoây*.

Outre le thé, la soie, le chanvre, la cire d'arbre, le vernis, la casse, les oranges, on recueille de nombreux articles qui figurent dans l'exportation locale et étrangère : une des productions les plus singulières est celle de la soie obtenue de vers sauvages qui vivent sur le chêne.

On trouve dans cette province, dit le P. Perny, la plupart des fruits d'Europe, tels que l'abricot, la cerise, la pêche, la prune, la poire, la pomme, la noix, le raisin ; mais ces fruits ne sont pas comparables pour la saveur à ceux d'Europe.

Les rivières principales du *Kwéy-tchéou*, sont au nord-est, le *Oū-kiāng*, le *Tsīngshwi-kiāng*, le *Méy-tān-hô*, le *Hông-tōu-hô*, le *I-tsì-hô*, le *I-pā-hô*, le *Yâng-ssē-hô*, le *Sān-pèn*, le *Shún-ki* ; à l'est, le *Ssē-tchēou-hô*, le *Tchang-kĭ*, le *Où-kia*, le *Tchŏ-yēn-kiāng*, le *Tchi-shwĭ* et le *Tchă-lâng* ; au sud, le *Liên-kiāng*, le *Kĕ-mēn-hô*, le *Pān-kiāng* ou *Pā-pān* ou *Pĕ-pan* ; à l'ouest, le *Tsĕ-lì-hô*, le *Kwéy-hô*, le *Où-móng-tsīng-hô*, le *Tsōng-shú-hô*, le *Mòu-tōng-hô*, le *Hô-tóu-hô*, le *Shwi-tān-hô*, le *Leôu-keŏu-ho*, le *Wa-tchā-hô*, le *Tsūn-shù-hô*, le *Shīn-sī-hô* et le *Mà-pïe-hô* ; au nord-ouest, le *Lóu-kwéy* et le *Lôu-kwàng* ; enfin, au centre, le *Pĕ-teôu-hô*, le *Tăy-mīn-hô*, le *Sān-shā-hô*, le *Teôu-oēy-hô* ; *le Nieôu-tchăng-hô*, le *Ngay-teôu-hô*, ainsi qu'un grand nombre de torrents, de lacs, d'étangs et de cours d'eau qui sillonnent les anfractuosités de cette province éminemment montagneuse. La carte des Jésuites, reproduite par le P. du Halde, vol. 1ᵉʳ, p. 254, représente assez bien la configuration de ce sol tourmenté et bouleversé par les révolutions du globe, qui offre les types les plus variés des trois règnes de la nature.

La grande chaîne des *Nân-ling* traverse cette province et y atteint les plus grandes hauteurs, telles que les sommets à l'ouest, appelés *Süe-shan*, et ceux à l'est, appelés *Yûn-tăy*.

Les districts de la province du *Kwéy-tchēou* sont au nombre de 61 dont 34 *hién*, 13 *tchēou* et 14 *tĭng*, savoir :

1° Pour *Kwéy yâng-fòu*, 8 districts dont 4 *hién*, 3 *tchēou* et 1 *tĭng*, dont voici les noms : *Kwey-tchŏ, Sieôu-wèn, Kwéy-tĭng* et *Lông-li* ; *Kăy, Tíng-fān* et *Kwàng-shún* ; *Tchăng-tchay* ;

2° Pour *Ssē-tchēou-fòu*, 2 districts *hién, Yŏ-pîng* et *Tsĭng-kĭ*.

3° Pour *Ssé-nân-fòu*, 3 districts *hién, Ngān-hóa, Yn-kiāng* et *Oú-tchwēn*.

4° Pour *Tchín-ywèn-fòu*, 6 districts, dont 3 *hién*, 1 *tchēou* et 2 *tĭng*, savoir : *Tchín-ywèn, Tiēn-tchú* et *Shī-pîng* ; *Hoâng-pīng* ; *Tăy-kòng* et *Tsĭng-kiāng*.

5° Pour *Tōng-jīn-fòu*, le seul district *hién, Tōng-jīn*.

6° Pour *Li-pīng-fòu*, 5 districts dont 3 *hién* et 2 *tĭng, Kăy-tăy, Yòng-tsōng, Kīn-pīng* ; *Kòu-tchēou* et *Hia-kiāng*.

7° Pour *Ngān-shún-fòu*, 7 districts dont 3 *hién*, 2 *tchēou* et 2 *tĭng*, *Pŏu-tĭng, Tsīng-tchīn, Ngān-pīng* ; *Yòng-ning* et *Tchīn-ning* ; *Kwēy-hóa* et *Lâng-tay*.

8° Pour *Hīng-i-fòu*, 4 districts dont 3 *hién* et 1 *tchēou, Hīng-i, Pŏu-ngān, Ngān-nân* ; *Tchīng-fōng* ;

9° Pour *Tōu-yûn-fòu*, 8 districts dont 3 *Hién*, 2 *Tchēou* et 3 *Tĭng, Toū-yûn, Tsīng-pīng* et *Li-pō* ; *Tŏ-shān* et *Mâ-hŏ* ; *Tāu-kiāng, Pă-tchan* et *Toū-kiāng* ;

10° Pour *Shĭ-tsiĕn-fòu*, le seul district *Hién, Lông-tsuĕn* ;

11º Pour *Ta-tìng-fòu*, 5 districts dont 4 *Hién*, 3 *Tcheōu* et 1 *Tĭng. Pĭ-tsĭe* ; *Pĭng-ywèn, Kiĕn-sī* et *Oēy-nĭng* ; *Shwĭ-tchĭng* ;

12º Pour *Tsūn-é-fòu*, 5 districts dont 4 *hién* et 1 *tcheōu*. *Tsūn-ĭ, Swĭ-yâng, Tŏng-tsè* et *Jĭn-hoây* ; *Tchĭng-ngān* ;

13º Pour *Pĭng-ywĕ-cheōu*, 3 districts *hién*, *Ong-ngān*, *Yû-kĭng* et *Méy-tây*.

14º Pour *Sōng-tăo-tĭng*, le seul district *tĭng*, *Sōng-tăo*.

15º Pour *Pŏu-ngān-tĭng*, le seul district *tĭng*, *Pŏu-ngān*.

16º Pour *Jĭu-hoây-tĭng*, le seul district *tĭng*, *Jĭn-hoây*.

De plus, il y a un grand nombre de localités, des villes de peu d'importance, des stations militaires, des marchés, des postes de douane, des fortifications palissadées, des ponts, des villages plus ou moins considérables. Voici celles indiquées sur la carte de Klaproth, soit par un point noir, soit par une croix :

Tây-tsin, Tchĭng-fân, Ngān-nân, Pŏ-ngān, Töu-tchĭng, Mă-töu, Oû-lô, Pĭng-tĕou, Lông-tchăng-yng, Lŭ-kĭng, Lâng-tchĭng, Tsăo-tăng, Sīng-sī, Tchĭn-sö-óey, Kōu-lông, Hôu-tchwĭ, Yâng-lông, Yĕn-mén, Tsēn-tōng, Pĭng-tĭng, Hōng-tchwĕn, Pā-lân, Tchōng-lĭn, Oû-kiă, Pĭng-lâng, Fóng-nĭng, Pĭng-tcheōu, Siào-tōng, Sĭn-tiĕn, Tchōang-tsăo, Kuĕn-kĕou-yng, Săng-shwĭ, Heóu-sī, I-tsè, Tchĭn-nân, Hoăng-yn, Tsī-sīng, Oéy-fân, Ngān-pĭng, Siāng-pĭ, Oû-lông, Tây-hōa, Mă-hiāng, Kăng-sŏ, Nĭng-kòu, Sĭn-fân, Shâ-yng, Sī-păo, Tān-pĭng, Hoăng-tăo, Tiĕn-sēng-kiăo.

Nous trouvons dans la carte des Jésuites, donnée par le P. du Halde, d'autres noms de localités dont les terminaisons en *se* que nous avons changées en *ssē*, désignent des juridictions intérieures ; celles en *sin*, des bureaux de poste ; en *tchĭn*, des marchés ; en *kwān*, des stations de douane ; en *tchĭng, tchây, yng*, des postes militaires, etc.

Voici les noms : *Tchĭ-shwĭ-sin, Siào-pŏu-sin, Ni-sú-kwān, Tsĭng-shwĭ-tăng, Tsī-lì-kwān, Hĕ-tchăng-sin, Hō-tì-sin, Kò-leâng-tĭng, Sĕ-pŏu-sin, Kiŏ-süe-sin, Kiây-lì-sin, I-tsiĕ-sin, Hō-tchay-sin, Pā-wā-sin, Kăy-tchōng-sin, Yeóu-sin, Shwĭ-tchĭng-sin, Hĕ-hōa-sin, Pĕ-tsiĕ-sin, Tchĭn-nân-kwān, Oû-kiāng-tchĭng, Sī-fóng-ssē, Sieōu-ssē, Lóu-kwàng-sin, Yā-tchī-sin, Tĭng-nân-sin, Ti-eŭl-siăo, Kĕ-jăo-sin, Kŭ-yâng-ssē, Twān-pŏ-tchay, Oēy-ywĕn-ssē, Kăng-ssē, Păn-kiāng-yng, Ywēn-swĭ, Sĭn-tchĭng, Mŏu-shé-töu-tchây, Mă-piēn-tōng, Pĭng-ī-ssē, Yé-tsè-kòng-ĭ, Tchwēn-kiāng-ĭ, Tá-hōa-ssē, Tà-lông-ssē, Tsĭng-ngây, Tchĭn-fân-ssē, Nân-pĭng-ssē, Lĕng-shā-tchây, Pĭng-fä-ssē, Pĭng-fă-yng, Tây-pĭng-ssē, Pĭng-sān-ssē, Tchŏ-tsăo-ssē, Hôu-tswĭ-ssē, Pā-yâng-sin, Yâng-sōng-ssē, Pĭng-sī-ssē, Nân-kwân, Yû-kĭng-ssē, Hién-kĭe-keōu, Piēn-kiăo-ssē, Tchŏ-ngān-kiāng-ĭ, Ngay-mén-ssē, Măo-tsè-tchây, Săng-kiay Miăo-tsè, Pĭng-tĭng-shān-ssē, Oû-kiă-ssē, Sān-kiŏ-tchây, Yn-shwĭ-ssē, Năng-tōng, Hôu-ssē, Leăng-tcheōu-ssē, Ngeōu-yâng-ssē, Lòng-sī-ssē. Pĭng-kiāng, Sĭn-hóa-ssē, Pā-tcheōu-ssē, Sī-shāng-yng, Ki-mà-tchây, Yēn-hô-ssē, Mà-tōu-ssē, Swān-tōng-yng, Lông-teŏu-yng, Tây-pĭng-yng, Méy-tì-yng, Păn-shé-yng, Tchĭn-tă-yng, Ti-kĭ-ssē, Kiāng-keŏu-sin, Hoăng-tăo-ssē, Kĕ-loû-kiăo.*

Le fraisier *fragraria grandiflora* y croit abondamment, son fruit est blanc et n'a pas la saveur de nos fraises de bois. L'arbousier *arbutus uneda* y est très-commun. Ses fruits agréables murissent en juin et juillet ; on les appelle *yâng-mèy*.

VOCAB. GÉOG. CHINOIS.

Le vernis *augia sinica*, le plus estimé de la Chine, se tire de deux de ses départements, de même que la cire végétale *Ligustra sebifera*, qui se trouve dans un grand nombre de districts du midi. Il y a dans les mêmes contrées un arbre fort joli, d'un port majestueux et d'un feuillage très-élégant. Son fruit curieux rappelle le célèbre *Lĭ-tchī* du *Fŏ-kién*, mais il n'est pas comestible, et s'emploie en médecine. Le peuple en fait aussi un grand usage en guise de savon, pour laver le linge et les vêtemens qu'il dégraisse et purifie parfaitement. Cet arbre *sapindus chinensis* porte le nom de *yeŏu-tsăo-tsè*. Le cotonnier y est cultivé et son produit est très-estimé. La banane *musa sinica* y est assez commune.

Un grand arbre très-élégant, appelé *Tŏng-shŭ* (*Dryandra cordata*), produit une noix dont on extrait une huile employée en peinture et en médecine. On trouve dans les bois la jacinthe sauvage (*Hyacintha sylvatica*) qui croit au pied des sapins. L'arbrisseau *Hibiscus mutabilis* appelé *fòu-yòng-hōa* étale une belle fleur double, semblable à la rose.

Le cédratier *Citrus cedra*, en chinois *Fŏ-sheòu-kăn*, produit un fruit monstrueux qui a la forme d'une main dont les doigts sont réunis et un peu crochus en dedans : il est très odoriférant et est employé en médecine.

Il y a un fruit *Diospyra esculenta* qui a la ressemblance de notre pomme d'amour; il s'appelle *shĭ-tsè* et est très-sain et très-agréable. On le cueille avant sa complète maturité, on lui enlève la peau, et on le conserve, comme nous faisons de nos raisins confits.

Le jujubier est très-commun; on en confit les fruits que l'on expédie en grande quantité dans les provinces voisines. Il n'y a presque pas d'ordonnance médicale où l'on ne fasse entrer la jujube sèche. L'arbre à moelle (*OEschynomene paludosa*, en chinois *tōng-shŭ*) est un arbrisseau assez élevé, dont on se sert pour faire un papier que les Anglais appellent *papier de riz* et les Français *feuilles de sureau*. Ce papier a la propriété de donner beaucoup de délicatesse et de moelleux aux dessins qu'on y trace.

Plusieurs départemens du *Kwéy-tcheōu* produisent du miel qui ne le cède point à celui de Narbonne; mais depuis qu'on s'est mis à planter le pavot qui produit l'opium, le miel et la cire des abeilles ont doublé de prix. Il est devenu difficile d'élever des abeilles dans ces localités : le suc délétère des fleurs à opium les enivre et cause leur mort.

On trouve dans le *Kwéy-tcheōu* des mines de cinabre, de mercure et de cuivre. C'est en partie de cette province et de celle du *Yûn-năn* que l'on tire le cuivre blanc dont on se sert pour faire la petite monnaie en usage dans tout l'Empire.

Medhurst dit qu'au *Kwéy-tcheōu* il existe des sources intermittentes, appelées *Tsŏ*, dont les réservoirs se remplissent et se vident cent fois par jour.

貴州宣慰司 *Kwéy-tcheōu-suēn-oéy-ssē (Biot)*. — Nom d'un département central, établi sous les *Ming*, province du *Kwéy-tcheōu*. Le chef-lieu était le même, dit Biot, que celui du département actuel de *Kwéy-yăng*. — Voir *Kwéy-tchŏ-hién (Ch. Rep.)*.

貴池 *Kwéy-tchĭ* (étang illustre)-*hién* (*Ch. Rep.*). — Un des 6 districts du département de *Tchĭ-tcheōu* (*Ngān-hoëy*). Le chef-lieu est situé par 30° 45′ 51″ lat. N. et 0° 58′ 10″ long. E. Sous les *Han*, territoire de *Shĭ-tchīng*; sous les *Swĭ*, *Tsieōu-póu* (*Biot*).

| 筑縣 *Kwéy-tchŏ-hién* (*Ch. Rep.*). — Un des 8 districts du département de *Kwéy-yáng* (*Kwéy-tcheōu*). Le chef-lieu est situé par 26° 30′ lat. N. et 9° 52′ 44″ long. W. — Voir *Kwéy-tcheōu-suēn-oéy-ssē*.

| 德廳 *Kwéy-tĕ-tĭng* (*Ch. Rep.*). — Un des 5 districts du département de *Sī-nĭng* (*Kān-sŏ*), où la rivière Jaune entre dans la province du *Kān-sŏ*. On y trouve la vraie rhubarbe. Le chef-lieu est situé vers 36° lat. N. et 16° long. W.

| 定 *Kwéy-tĭng* (tranquille et honoré)-*hién* (*Ch. Rep.*). — Un des 8 districts du département de *Kwéy-yáng* (*Kwéy-tcheōu*). Le chef-lieu est situé sur une branche du *Tsĭng-shwĭ-kiāng*, par 26° 30′ lat. N. et 9° 22′ 30″ long. W.

| 陽 *Kwéy-yáng* (territoire honoré)-*fòu*. — Un des 16 départemens de la province de *Kwéy-tcheōu*, comprenant 8 districts, dont 4 *hién*, 3 *tcheōu* et 1 *tĭng*, savoir : *Kwéy-tchŏ*, *Tchāng-tchay*, *Kāy*, *Sieōu-wĕn*, *Tĭng-fān*, *Kwàng-shún*, *Kwéy-tĭng* et *Lōng-lĭ*. Le chef-lieu de ce département, à 4,740 *lĭ* de *Pĕ-kīng*, capitale de la province, est situé sur une petite branche du *Où-kiāng*, par 26° 30′ lat. N. et 10° 2′ 20″ long. W.

Autrefois, pays des étrangers du sud-ouest; sous les *Han* et les *Tāng*, pays compris dans la province de *Tsāng-kō*, mais non soumis aux Chinois; sous les *Sóng*, on établit un district central nommé *Tà-wān-kō-lŏ*; les *Ywĕn* substituèrent à ce nom celui de *Shún-ywĕn-lôu* (*Biot*).

軌州 *Kwèy-tcheōu* (*Biot*), contrée de la loi. — Nom d'un ancien arrondissement du *Ssé-tchwĕn*, établi par les *Tăng*, à l'ouest de *Sōng-pān-tĭng* (*Ssé-tchwĕn*).

達泉 *Kwĕy-tsuĕn* (*Morr.*). — Nom d'une ville dans l'ancien royaume de *Lòu* (*Morr.*).

邽 *Kwēy*. — Voir *Hĭa-kwēy*.

鬼 *Kwèy*. — Voir *Fān-kwèy* (*Médh.*).

| 江 *Kwèy-kiāng* (*Cart. Jap.*), fleuve des démons. — Cours d'eau, à l'est du *Yŏng-yūn-tchwĕn* et du *Tōng-tchwĕn*, sur le plan de la ville de Yédo, une des deux capitales du Japon. Il communique avec les différens cours d'eau et les lacs de l'intérieur, notamment le lac appelé *Yn-fān-hôu*, et se jette dans la baie à environ 5 miles (8 miles) de Yédo.

| 畏島 *Kwèy-tsē-tào* (*Cart. Jap.*). — Ile de l'archipel *Lieōu-kieōu*, située au sud de *Ta-tào*.

龜齡嶼 *Kwēy-ling-sú* (C. G.), iles des vieilles tortues. — le sur la côte méridionale du district de *Hày-fōng* (*Kwang-tōng*).

| 山 *Kwēy-shān* (*Cart. Jap.*), montagne de la tortue. — Cité ou ville désignée comme la 46ᵉ station du Tokaïdo, route orientale du Japon, et située près du *Kwān-tchwĕn*, entre *Tchoāng-yè* et *Kwān*.

| | *Kwēy-shān* (*Cart. Jap.*), montagne des tortues. — Cité de la province de *Tān-pō* (*Tanba*), sur Nifon, éloignée de 128 *ris* de *Yédo*. Le caractère *Kwēy* est une forme japonaise.

| | *Kwēy-shān* (*Cart. Jap.*), montagne des tortues. — Cité de la province de *I-shi*, île de Nifon. Elle est éloignée de 103 *ris* de *Yédo*.

| 嶼 *Kwēy-sú* (*Ch. Rep.*), île des tortues. — Ile qui partie du district de *Tchâo-yang*, sur la côte orientale du *Kwàng-tōng*.

| 田 *Kwēy-tiĕn* (*Cart. Jap.*), champ des tortues. — Station de la province de *Tchŭ-yù* (*Dewa*), sur Nifon, éloignée de 143 *ris* de *Yédo*.

| 子港 *Kwēy-tsê-kiàng* (*Fl. Sin.*). — Poste, situé sur une île de la côte ouest de Formose (*Fôu-kién*), par 23° 29′ lat. N. et 3° 45′ long. E. d'après la carte de Klaproth.

SON KWO.

Prononciation française. . . . . *Kwo, Kouo.*
— américaine, anglaise . . . *Kwo, Kwoh, Kwuh, Kuo.*
— espagnole, portugaise . . *Kuo.*

ORDRE DES CLEFS :

惇 廓 括 湃 郭 霩

CLEFS :	46	53	64	85	163	173
TRAITS :	8	10	6	9	8	11

崞 *Kwŏ* ou *Kŏ*. — Voir *Kŏ-hién*.

廓兒喀 *Kwŏ-eûl-kĕ (Morr.)*. — Les Gorkas ou Goorkhas, peuples situés au nord du Bengale.

括河 *Kwŏ-hô (C. K.)*. — Rivière du *Hô-năn*, département de *Tchĭn-tcheōu*, tributaire du *Shā-hô (Ngăn-hoēy) (C. K.)*.

｜州 *Kwŏ-tcheōu*. — Ancien nom de *Tchŭ-tcheōu-fŏu*, sous les *Tăng (Biot)*.

｜蒼 *Kwŏ-tsăng*. — Ancien nom de *Lĭ-shwĭ-hién* et de *Tsĭng-tiĕn-hién*, ainsi que de leur département *Tchŭ-tcheōu*, sous les *Swî (Biot)*.

洭縣 *Kwŏ* ou *Kŏ-hién*. — Nom d'un arrondissement et d'une ville de 3ᵉ ordre, département de *Shŭn-tiĕn-fŏu*, d'après Biot. La ville est à 45 *lĭ*, au sud du chef-lieu.
Historique. Sous les *Han*, territoire de *Tsuĕn-tcheōu*; sous les *Leâng*, *Kwŏ-ȳn (Biot)*.

｜陰 *Kwŏ-ȳn*. — Ancien nom de *Kwŏ-hién*, du département de *Shŭn-tiĕn (Tchĭ-lĭ)*, sous les *Leâo (Biot)*.

郭爾喀 *Kwŏ* ou *Kŏ-eûl-kĕ (Ch. Rep.*— Nipal ou Nepaul, contrée de l'Inde, dont la principale ville est Malebun, située sur la rive occidentale de Gondouk, par 28° 32′ lat. N. et 33° 46′ long. W.

｜山 *Kwŏ-shān*. — Nom d'un arrondissement du nord-ouest de la Corée, par 39° 40′ lat. N. *(Biot)*.

霩渠所 *Kwŏ-kû-sò (C. G.)*. — Station militaire, située sur la côte du *Tchĕ-kiāng*, département de *Ning-pō*.

www.ingramcontent.com/pod-product-compliance
Lightning Source LLC
Chambersburg PA
CBHW070215240426
43671CB00007B/658